新编21世纪哲学系列教材

管理哲学导论

第3版

彭新武　著

The Introduction to
the Management Philosophy

中国人民大学出版社
·北京·

内容简介

本书在对中西方管理理论进行批判反思的基础上，确立起一种适应当代复杂、动态的商务环境的管理哲学的新范式，并力图对中西管理文化的冲突与融合问题做出解答。在写作内容上，本书不仅囊括了中国传统管理理论的众多流派，而且贯穿了西方管理思想的整个发展历程。在写作方式上，本书始终坚持历史与逻辑相统一的原则，寓“论”于“史”，史论结合，进而深入揭示管理哲学的本质及其一般规律。同时，本书力求克服公共管理与企业管理长期分立的局面而进行综合阐述，以充分揭示二者之间的关联和互动。此外，本书立足于中国本土文化和具体管理实践的需要，对西方管理思想进行“中国式观照”，真正实现“洋为中用”。

作者简介

彭新武　中国人民大学哲学院教授，博士生导师，中国人民大学管理哲学研究中心主任。主要从事管理哲学、中西管理思想史、国家治理、社会发展理论、进化论及复杂性科学的研究工作。在《哲学研究》《社会学研究》《政治学研究》《人民日报》《光明日报》等刊物发表论文100余篇，出版著作有：《复杂性思维与社会发展》、《造物的谱系》、《进化管理学》、《企业战略透视》、《西方管理名著赏析》、《中国管理智慧》、《西方管理思想史》、《中国古代治国要略》和《“日本制造”的文化密码》等。2007年，入选“北京市新世纪社科理论人才百人工程”；2011年，入选“教育部新世纪优秀人才支持计划”。

目录

第四章 西方文明中的政治传统

第五章 效率、人性与责任

第六章 组织的结构与行为

第七章 战略、竞争与创新

第八章 管理理论的综合与拓展

第九章 管理研究的范式转换

第十章 管理文化的交汇与融合

绪 论

论管理哲学的缘起与使命

倘若哲学家不能成为管理者！
那么管理者必须成为哲学家。

——霍金森：《领导哲学》

一

近年来，有关管理哲学的话题，引起了人们的广泛重视。这可以从各种各样的“高级总裁人文学堂”的铺天盖地的广告和诸如“中国传统管理哲学与现代企业管理”等广泛报道的学术论坛中略见一斑。与此同时，有关管理哲学的严肃的学术研究，也日益走向深入。有学者甚至断言：管理哲学的崛起，把管理从“科学”引向“哲学”的时代；21世纪可望迎来的是一个“管理哲学的时代”。[①] 尽管这一论断还有待验证，但可以肯定的是，管理哲学在今日的兴盛，绝非人为操作的学术泡沫，而是有其深刻的社会与历史根源。

有人说，“工业化属于19世纪，而管理属于20世纪”（《财富》，1966年）。这其中的道理不难理解，现代社会是一个有组织的社会，每个组织功能的发挥依赖于管理。就像德鲁克（Peter F. Drucker，1909—2005，又译“杜拉克”）所指出的，管理已成为现代社会的一个普遍的、通用的器官，实行管理成为一项关键的社会功能。[②] 在1900年，管理尚未为人所知；现在，它已然成为人类文明的中心活动。相应地，在当下，管理学已成为所有学科中最为活跃的学科之一。

自20世纪初始，西方管理学获得了充足的发展，流派林立、精彩纷呈，而被人们称

① 孔冬. 管理哲学两个基本问题的思考. 社会科学战线，2007 (1).
② 彼得·德鲁克. 管理的前沿. 上海：上海译文出版社，1999：152-153.

为“管理学丛林”。从管理学的发展史来看，管理学是以工程学、经济学、个体心理学以及其他相关学科，如人类学、社会心理学、社会学等为依托而建立起来的，它从所有这些相关学科中汲取知识，借鉴其研究方法，这使得管理学成为一门多范式的软学科。此后，还有一系列新兴学科，像未来学、预测学、行为科学、人才学、信息论、控制论、系统科学等，都已充实到现代管理学的研究之中，相应形成了一系列现代管理方法。管理学的这种多重本体论、认识论范式的存在和无限发散、无限增多的趋势，使得人类对管理的认识很难再聚合成一个体系，各种理论之间缺乏内在的一致性和联系性，很少有共通性。比如说，经济学家更多关注的是市场，而将企业当作一个“黑箱”；心理学家仅仅强调个人，而忽视了组织结构与技术；社会学家仅仅关注组织中的团体和组织的社会、技术环境，而忽略了个人影响力和个人差异对组织的影响；人类学家埋头钻研于组织及其成员复杂的生活过程，而忽略了理论知识的预测功能；运筹学家执着于构建自己的决策模型，而疏忽了一切人文特性；等等。这种学科分立和复杂交汇的局面，显然不利于知识的整合，不利于人们对管理的整体认识。显然，为了获得对管理的统一性认识，我们迫切需要让管理学朝着综合化的方向发展。否则，往往会导致只见树木，不见森林；各自为政，各执一端。因而，当今管理学的研究理应多一些“综合”的视角。

20世纪60年代和80年代，著名管理学家孔茨（Harold Koontz，1908—1984）对现代“管理学丛林”先后进行过两次综合，这意味着人们从繁杂的管理学丛林中寻求某种统一性认识的努力；而综合之后的又一次分立，即当今管理理论“新丛林”的出现，则意味着现有的统一性的理论框架已不再能很好地满足当今管理实践的要求。如今，管理理论的丛林枝叶繁茂，各自在不同的领域开拓、发展，虽然也偶有交叉，但大都各行其是；人们对管理的职能、原理、方法甚至管理的定义，大都缺乏统一的解释；在整个知识体系的构建上，现代管理学与其他学科相比，仍旧显得杂乱无章——诸如浩如烟海的个案分析、千奇百怪的研究视角、八面玲珑的对其他学科的借用，使得管理学看起来更像一个“研究项目报告大拼盘”。①

孔茨对管理理论的两次综合之所以均以失败而告终，究其原因，一方面，是管理理论依循管理实践的发展而变革的逻辑使然；另一方面，则由于孔茨的“综合”充其量只是一种简单的归纳与组合，而非一种建立于坚实哲学基础上的统一与整合。哲学之所以如此重要，就在于作为一种世界观，它首先构成了知识的基础，为各门具体科学奠定了基本的理论前提和思维方法。然而，从当今管理学研究的总体现状来看，作为主流的现代西方管理研究更多地停留在科学和技术层面。尤其在英、美等国，对数字和事实的过分迷恋，产生了诸多烦琐的、令人望而生畏的模型和符号——人们或普遍热衷于数学建模，或囿于经验而使案例分析法大行其道，等等。这种对管理的“科学”方面的过多强调，导致了管理实践的机械化：员工们为了谋生而工作，却不一定能认同公司；管理者除了牟利之外没有更高的企业和生活目标。在实践中，管理者尽管能够运用诸如结构改组、财务重整、人事更换等手段来解决这些危机中的个别问题，但是，诸如企业的使命、经营理念、用人和企业持续发展等根本问题，很难用这种科学手段加以解决。

---

① 杨旭．刍议管理学的学科属性与研究方法．现代管理科学，2006（3）．

当今西方主流管理学的研究之所以陷入了这种过分模型化、数理化的偏执，就在于它长期以来对哲学的忽视。管理学虽然是一门经验性极强的科学，但它的前提性、基础性问题毕竟属于超验哲学所研究的对象。因此，对于管理而言，哲学是不可或缺的。从人类知识的形式历史来看，哲学和管理学之间的联姻源远流长。在管理学尚未取得独立形态之前，哲学作为包罗万象的“科学总汇”就已经存在。然而，传统哲学的总体性、综合性和思辨性的范式在一定程度上又妨碍了近代以来知识的学科化和专业化的倾向，从而激起了近代知识和学科的普遍“反抗”，各种具体科学纷纷脱离哲学并获得了长足的发展。但是，这并不表明科学研究活动及其发展与哲学之间不再有任何联系；相反，在科学的实际发展过程中，科学一刻也没有真正脱离开哲学的支持，它所表现出的理论进步总是有哲学思维伴随其中。如今，我们需要的正是科学与哲学之间所建立起来的这种连接方式。

今日的现实充分昭示，当今人类所面对的许多问题都是全局性的、综合性的，这就要求人们重新审视以往的思维和行为方式，促使科学与哲学的联姻。事实上，正是这种把包括哲学在内的诸多产生于实践领域和不同发展阶段的学科集合起来进行综合研究的时代要求，促使大批相互渗透、相互交叉的学科群体应运而生。总的来看，从古希腊的“一切尽在哲学中”的“包罗万象的哲学”，到中世纪之后的“一切不在哲学中”的各门具体科学从哲学中的分离，再到现当代的“哲学在一切中”的哲学和各门具体科学的联盟，表明了现代哲学的时代特征和基本走势。如此一来，应答具有时代特征实践的呼唤，管理学和哲学的联姻，即管理哲学的研究，必然要成为当代管理研究的主旨。可以说，“一个特定企业的管理人员，不管他们是否研究过他们所继承的哲学遗产，都会按照某种哲学观念来经营自己的企业”①。因此，当代管理哲学的兴起，乃是现代管理学理论及管理实践发展的内在要求。

当然，当今管理哲学的兴起，也是哲学自身回归实践、回归生活的需要。从历史上看，随着学科的分化，哲学在逐渐丧失自己领地的同时，在陷入形而上学的玄思中也逐渐远离了对现实世界的关切，从而使哲学逐渐丧失了原本意义上的那种壮健和生命力，失去其存在的根基。因此，哲学要想成为“时代精神的精华”和“文明之活的灵魂”，必须使哲学普遍性回到具体的有效形式，必须与自然科学、社会科学和思维科学建立起更为紧密且具体的内在联系。而今天管理哲学等一系列“部门哲学”的兴起，正是哲学回归生活的反映。

可见，无论是为了哲学的发展还是为了科学的发展，都应该也必须改变长期以来哲学与科学相互分离的局面，实现二者的结合。从历史上看，中国历代思想家都对管理进行过广泛的思考，所探讨的内容几乎涵盖了管理学科体系中的方方面面，并尤以哲理与艺术见长。无论是儒、道、墨，还是法、兵、纵横各家，都为人类贡献了在今天看来依然是极为宝贵的管理智慧。只不过在哲理与艺术之间，它们的侧重点略有不同而已。概略论之，儒、道、墨重在哲理，如道家的道法自然、自然无为，儒家的修己安人、以民为本，墨家的兼爱、利人；而法、兵、纵横各家则偏于艺术，如法家的崇法尚术、唯法

---

① 约瑟夫·L. 梅西. 管理学概要. 沈阳：辽宁人民出版社，1985：41.

为治，兵家的运筹帷幄、知人善用、随机应变，纵横家的纵横捭阖之术，等等。然而，从当下中国管理界尤其是企业实践层面来看，人们更津津乐道于管理的艺术、技巧，而乏于哲学层面的关注和探讨，表现出“术”盛而“道”衰，甚至“道术分裂”的局面。比如，就当今被广泛沿用的《孙子兵法》而言，人们往往更青睐于其“术”而忽视其“道”。对于兵法中一些有意义的“道”的方面弃之不顾，而将兵法权谋中的机变和巧诈发挥到极致。显然，对于管理者来说，不仅应该熟悉各种管理之方法和手腕等“术”的东西，更应该明“道”，并以“道”来统领“术”，达到“道术合一”。总之，在管理学研究日渐成为“时尚”的今天，我们需要一套完整的管理哲学，以利于我们对管理及其价值的充分理解。

二

自然，像其他许多新兴学科一样，当今人们对管理哲学的认识，也是一个充满意见纷争的领地。其中，一种颇具代表性的观点，是把管理哲学看成哲学的一般原理在管理科学和管理活动中的应用（即所谓“应用哲学”）。问题在于，这种用哲学的一般原理、观点来“套”具体学科，使具体的科学去附会哲学的一般原理的做法，依然停留在具体实证科学的层次上，缺乏哲学的相应概括、抽象和提升，因而无法形成对科学认识的再认识。另外一种较为流行的观点，是把管理哲学看作“企业高层主管”为人处世的基本信念、观念及价值偏好。这种视角将管理哲学局限在管理主体这一单一层面，严重限制了管理哲学的研究视野。

不过，人们在这一点上的认识倒是较为一致的，那就是管理哲学处于管理学和哲学的交叉领域，属于一种部门哲学、专业哲学，就像政治哲学、经济哲学、文化哲学、法哲学、科技哲学一样。然而，对于管理哲学的认识，仅仅停留在这样一个层面是不够的。那么，究竟什么是管理哲学？要说明这一问题，我们还需要从哲学及其自身的特性谈起。

哲学从其诞生之日起，就存在着不同看法。可以说，一部哲学史就是不同的观念、思想、意见堆积的历史，就是一部充满诸多问题和困惑的历史。就连哲学概念本身也是如此。可以说，要给哲学一个众所公认的确切答案或明确定义几乎是不可能的，甚至是不明智的。不过，既然不同的研究者都对“什么是哲学”做出不同的理解，从而形成不同的哲学观，那为什么这些派别所研究的东西仍然被称为“哲学”？其内在的一致性究竟在哪里？这恐怕只能从哲学自身的思维特征中寻求答案了。

按照当今的一般性解释：“哲学是一种系统化、理论化的世界观”。而所谓世界观，按照常规的理解，是指人们对世界的根本看法，是对整个世界的最具有普遍性的问题做出解答。当下流行的哲学教科书也正是以这种研究对象的不同，进而对哲学和各门具体科学做出区分的。具体而言，哲学研究的是整个世界，包括自然界、人类社会以及人的思维；而其他一些具体科学研究的只是这个世界中的一些局部问题而已。问题在于，这种将哲学界定为对世界进行总体解释的做法，只不过是长久以来所形成的哲学的“不良幻想”。现代科学表明，企图在科学之上再建构一种关于整个世界普遍联系的世界观是多余的、不现实的。哲学没有这样的特权，即依靠自然科学以及社会科学的成果来建构关于整个世界的综合图景。事实上，哲学与诸多具体科学在研究对象上的不同，并不是哲学与其他具体科学的真正区别所在，它们之间更体现为一种研究层次上的不同。哲学所思考的对象可以是重大的问题，也可以是小问题，就是日常生活中所常用的概念也可以有很精深的分析。由于任何一种具体科学的研究中都存在哲学问题，因而，从这种意义上讲，哲学并不独立存在，而是深深渗透在了一切具体科学之中，它们相互贯通、共同构成一个相互联结的知识总体。而在这一知识总体中，哲学处于其深层地位，哲学所关注和指涉的是各种知识领域中的深层理念，如各种具体学科研究的出发点、前提假设和一些基本原则、文化信念、思维方式等。

正由于哲学是对周围事物以及人自身进行深层认识的结果，因而哲学成为人类的最高智慧。然而，当今人们惯常的那种将管理学定位于“既是科学又是艺术”的做法，正好忽略了作为其理论基石的哲学层面的问题。其实，管理不仅仅是一门科学，也不仅仅是一门艺术，更是一种哲学。一般而言，管理学是从“科学”层次对管理问题进行研究；管理哲学则是从“哲学”层面，即从世界观和方法论层面对管理理论和管理实践问题的进一步探讨；而管理学和管理哲学的知识在管理实践中的相互结合和有效应用，就会形成相应的管理艺术。因此，从更全面的意义上讲，管理应该是科学、哲学和艺术的“三位一体”。既然如此，那么管理哲学就不应是管理学与哲学的简单叠加，也并非简单的从哲学推演到管理学的结果，哲学其实原本就是管理研究的有机组成。例如，弗雷德里克·温斯洛·泰勒（Frederick Winslow Taylor，1856—1915，也译泰罗）科学管理理论的实质就是一种效率哲学，他在倡导建立科学管理机制的同时，也强调管理者与工人之间的亲密合作。而德鲁克更是将管理提升到前所未有的高度，并建立了个人成就与道德合一的管理价值观，以及自我实现与企业目标合一的目标管理体系等。

既然哲学是一门有关世界观和方法论的学说，那么，管理哲学就是有关管理的世界观和方法论的学说。具体而言，管理哲学是处于一定管理关系中的管理实践者和研究者用以指导其管理行为的世界观，包括对人、组织、管理等基本范畴以及人与人、个人与组织、组织与组织、组织与环境等基本关系的理解；同时，它也是一种方法论，即通过对作为管理学前提的基本理论假设、基本范畴、基本关系及运动规律的揭示，进而为管理实践者提供一种方法上的指导。这样定义管理哲学，事实上也比较符合许多管理理论大师的主张。如泰勒认为，管理哲学就是管理理论和管理中的普遍原则：“科学管理包含着某种普遍原则，是一种能以各种方法运用的哲学观。”① 英国管理哲学家谢尔登（Oliver Sheldon，1894—1951）认为，管理哲学是“一套原则、一套科学地确定出来并被人们普遍接受的原则，由于它是实现最终目标的基础，所以应用它们来指导日常的职业实践”②。

如上界定其实只是告诉人们管理哲学的定位问题，却没有告诉管理哲学的本质特征和现实功能。哲学家帕斯卡尔（Blaise Pascal，1623—1662）说，“我们全部的尊严就在

---

① 泰罗．科学管理原理．北京：中国社会科学出版社，1984：16．
② 郑慧子．管理哲学的问题域．河南大学学报（社会科学版），2000（4）．

于思想”①。而思想的一个重要特征，就是可以对思想进行思想。这种对思想的反思就是所谓的哲学思考。如黑格尔（Georg Wilhelm Friedrich Hegel，1770—1831）所言：“哲学的认识方式只是一种反思——意指跟随在事实后面的反复思考”，“哲学乃是一种特殊的思维方式，——在这种方式中，思维成为认识，成为把握对象的概念式的认识”②。因此，哲学就其基本特征和现实功能而言，就是一种反思。同具体学科相比，哲学是一条永无止境的生存之路，是一种不断探索的态度和精神，而不是一种给定的、静止的、抽象的、封闭的理论体系或人们可以一劳永逸地发现和套用的公式及原理。如此一来，哲学通过将关于“世界”的“思想”成为“反思”对象之时，使自身也从“无家可归”回到“四海为家”。③ 由此出发，从方法论的角度看，管理哲学乃是“对管理问题的哲学反思”。如果说管理学主要是为实际的管理活动提供一套具有普适性的系统的管理知识、思想、原则和可操作的方法的话，管理哲学则是要对现有的管理理论和管理实践进行哲学层面的反思，尤其是对管理学的一些基本理念和理论假设、文化与价值观、思维方式等基本问题的反思。

可以说，当今管理学新概念的产生甚至成为一种时尚。就在这种喧嚣中，理性主义被修正为有限理性主义；最大化被修正为最优化或是满意解；线性设计被修正为开放系统；科学方法被修正为“文学与艺术”；逻辑被修正为逻辑和直觉；刚性被修正为柔性；多元化程度越低越好；规模越小越好；权威必须被弱化；消灭监督者，等等，不胜枚举。这些“新”的理念和方法无疑是诱人的，但是在诸多自称“最新”“顶级”“一流”的管理思想的背后，实际上充斥了太多不实的蛊惑。例如，虽然“核心能力”在当今被描绘成新的名词，但它背后的观念其实早在20世纪60年代就已经被菲利普·塞尔兹尼克（Philip Selznick）和埃迪斯·彭罗斯（Edith Penrose）提出来了。同时，我们看到，尽管“科学管理”的许多基本信条受到日趋激烈的批判，但在实践上，“等级仍然是企业生活中的主题”（《哈佛商业评论》，1991年5月），“很多公司仍然在用一个世纪以前的泰勒的投入产出方法来进行评估”（《经济学家》，1993年6月）。因此，当今管理学的发展已经到了一个迫切需要反思的时代。

这种反思当然不是空洞的理论玄想或那种单纯的内心“自省”，而应该是紧紧联系特定的管理实践的，即以人的实践为核心，以思考和解决实践问题为直接目的。可以说，管理哲学能否发挥其独特的学科价值，主要取决于我们能否按照哲学的本性，运用哲学思维方式反思具体科学。而怀疑和批判则构成了进行哲学反思的两种基本的态度和方式。如笛卡尔（René Descartes，1596—1650）所言，学习的开端就是怀疑一切，真理就是一种不断获得的过程；要想追求真理，我们必须在一生中尽可能地把所有事物都怀疑一次。怀疑一切绝不是为怀疑而怀疑，怀疑实质上是一种能力，一种彻底的学习精神和追问态度。不学会怀疑，我们就会被日常生活中的各种表象和假象蒙蔽，从而看不到整个世界的本来面目。同时，正由于所有哲学都必须从可疑的且常常是有害的、未经批判的常识开始，哲学就是一种批判的意识。哲学根植于各门具体科学理论之中，凭着自身的开放

① 帕斯卡尔．思想录．北京：商务印书馆，1986：168.
② 黑格尔．小逻辑．北京：商务印书馆，1980：7，38.
③ 孙正聿．哲学通论．沈阳：辽宁人民出版社，1998：156.

性、批判性的特点不断吸进新养料而得到充实，又超越各门具体科学并指导具体科学而向前发展。我们正是在这种不断的怀疑和批判中，认识我们的失误，从而进一步端正我们的研究方向。

进一步讲，管理哲学作为对“管理问题的哲学反思”，其基本功能不仅在于“批判”，还在于“建构”。如马克思（Karl Marx，1818—1883）所说的，就是在批判现存世界中去发现新的世界，即在对现有的管理理论进行哲学反思的基础上，通过对管理实践与管理理论及其相互关系的盘点和检视，以期在更高层次上对管理进行跨文化、跨领域的全方位把握。哲学的这种“建构”功能，不应该仅仅局限于如黑格尔所说的扮演“黄昏起飞的密涅瓦之猫头鹰”，即在事物的矛盾发展到比较充分的时段加以跟踪式的理性概括和总结，而更应该体现在引导社会生活与实践发展的超前意识和主动创新精神，从而加强对管理学发展的前瞻性和预见性的把握。哲学的这种前瞻性和预见性在管理活动中不是简单地为管理实践提出某种具体方案，而应该表现为在思维方式、价值观的权衡和在宏观视野中为管理学研究提供深层次的启示。当然，在当今日益复杂、动态的和充满种种不确定性的世界中，要做到精确预测是不可能的，因为诸如蝴蝶扇动翅膀那样的随机事件，原则上也是可能影响全球的天气动力学的。尽管如此，我们仍然需要对于预测的可靠支持。尽管世界的未来是不确定的，但是人类的现实生活依然离不开对未来的把握。因此，我们需要尽可能地对未来做出合理预测，使人们对未来不是充满空想，不抱悲观态度，使符合人性的事实能够呈现，使人类生存的意义能够彰显。

三

如果管理哲学要成为一门学科，那么就要确立其研究的对象、问题，并建构相应的概念、范畴及理论体系。这无疑是一个长期的、充满艰辛的探索过程。尤其是在一门学科刚刚起步的时期，过早地确定研究的“问题域”或建构某种理论体系，往往会限制人们的研究视野。更何况，由于变革无时不在，新问题肯定会层出不穷，因而管理哲学不可能固守不变的问题域。即便如此，我们依然需要对一些具有普遍性、根本性的问题做出解答。概括而言，这主要有如下几个方面：

其一，通过把握管理思想发展的内在逻辑，从世界观层面探索管理的本质和一般规律。管理哲学的研究问题不是自己随心所欲地确定的，而是深深地根植于管理学和管理活动的历史发展之中的。没有管理学的发展史作为基础，管理哲学的研究就是空洞的，甚至是无法进行的。对于管理哲学而言，管理科学的发展历史为其提供了极其丰富的经验材料和问题来源。当然，管理哲学对管理学的发展进程的考察，不像历史学的考察那样，对过去出现的各种人物及其思想、发生的各种重要事件及其变化的一种尽可能精确、全面的记述和解释，而是以这种历史学的考察为基础，通过对这些经验材料进行抽象和概括，通过对诸如管理学研究的前提假设、研究主题的发展变化、管理理论和方法的更迭以及管理学发展的基本模式等问题的探讨，从中抽取出历史发展中的某种持久不变的特征，进而形成关于管理的本质和一般规律的普遍性理论形态，包括一系列概念、范畴体系、管理方法以及管理原则。简言之，管理哲学不是通过先验观念对现实社会进行演绎，而是要深入探索管理实践的本质和一般规律。① 此外，管理哲学还应该对管理研究的问题走向做出价值判断。就像霍金森（Christopher Hodgkinson）所指出的，在一个高度组织化的社会里，人们在实际生活中不仅要注意提高组织的效率，强调管理的技术方面，还要注重管理中的人文因素，而不仅仅是把效率和效用作为组织价值，而使组织失去其人文价值。换言之，在管理哲学的视野中，对管理的把握就不仅要有科学之维，而且必须有相应的价值维度。针对管理的具体问题，我们需要确定相应的具体价值标准与目标以指导如何权衡轻重、如何判断是非、如何决定行为之道。②

其二，探索不同文化背景下的管理理念和模式的比较与融合问题。在当今管理界，各种纷繁复杂的管理理念和模式背后，隐藏着的是各自不同的民族文化，因而，不同的管理文化和模式的沟通与融合，便成为摆在我们面前的一个不可回避的问题。应该说，不同的文化、管理没有优劣或好坏之分，而只有适合与不适合之别。每一国家的管理及其文化由于各自所处的特殊环境而表现出各自不同的特色，这是十分正常的现象。为此，我们应该立足于当今的国际化实践，兼收并蓄，取其所长、去其所短，逐渐走向互补与融合。当然，这种互补与融合，必须从现实需要出发。德鲁克说得好："管理是一种实践，其本质不在于'知'而在于'行'；其验证不在于逻辑，而在于成果；其唯一权威就是成就。"③ 因此，无论是对中国传统管理智慧的吸收和创造性转化，还是对西方管理理念和模式的适用，都应以特定的现实需要为前提。中国式管理也好，西方式管理也罢，只要能有效地解决当代管理实践中的问题，我们就可以选择适用，也可以经过一番创造性转化再进行适用。否则，我们是无法进行选择、取舍或进行兼收并蓄的。离开特定的实践，所谓综合创新只是一种空谈，从而免不了在中体西用之间来回跌宕。这正是当今管理界所面对的困局，也是管理哲学大有作为的领地。

其三，探索适应当代管理实践的新理念和新模式。从整个管理学思想的发展看，无论是东方还是西方，理论的产生都是源于现实的需要的。例如，针对当年的礼崩乐坏，孔子提出了恢复"周礼"、以仁义治天下的政治主张；泰勒针对20世纪初美国工业化过程中的"低效率现象"，进而倡导科学管理理论等，莫不如此。由此，我们首先必须从当今管理实践的基本特点出发，来选取或构建各自相适应的管理理念和模式。从哲学视角看，以科学管理理论、管理过程学派为主流的现代管理学，其背后的哲学基础实质上就是牛顿（Isaac Newton，1643—1727）科学所开创的机械论范式。这种机械论范式将原因和结果之间的联系看成是简单的、明晰的、线性的，从而为规则的、可预测的宇宙提供了前提，并导致对预测和控制的僭妄与热衷，以及垂直型、官僚主义型的领导关系，企业之间以及企业各单元之间的机械分割和刚性联系等。这种组织模型保证了规则、预测和效率，并使一种长时期的计划成为可能，却忽视了战略的渐进演化特征和偶然性因素；它对简单性、明晰性原则的向往和追求，忽视了事物所固有的模糊性、复杂性和不确定性。例如，泰勒就把机器的一些主要特征应用到组织结构和管理当中去，通过任务的划分，使工作成为简单劳动，使生产变得单调而规范；通过寻找完成某项工作最有效

---

① 尹卫东. 哲学视域中的管理思想演变论纲. 江海学刊，2002（2）.

② 郑慧子. 管理哲学的问题域. 河南大学学报（社会科学版），2000（4）.

③ 彼得·德鲁克. 管理：任务、责任、实践. 北京：中国社会科学出版社，1987：380.

率的方式，为每项任务确定明确的、可衡量的目标等。应该承认，这种管理模式在一定程度上能够满足当时相对简单的管理实践的要求，但是，在当今时代，与以信息技术为先导的新技术革命相伴随的，是日益扩大的全球化和市场一体化、产品生命周期的缩短和产品品种的多样化，以及商务环境和战略行为的复杂化、不连续性和不确定性，使得企业组织所处的经营环境发生了翻天覆地的变化，从而使得公司的商务活动已经远远超出了泰勒科学管理方法的范围，由此而引发了深刻的组织及其管理模式的转变。显然，变化了的管理环境需要一场深刻的“管理哲学革命”。因而，如何构建出一套适应当代复杂、易变环境的管理理念和模式，便成为当今管理哲学研究的“中心问题”。①

四

在当下，管理哲学还是一门比较年轻的学科。在国外，成体系的论著并不多见，大多数是以管理哲学中的某一领域为研究题材的，如霍金森的《领导哲学》、明茨伯格（Henry Mintzberg，1939—　）等人的《战略历程》、拉兹洛（Ervin Laszlo，1932—　）等人的《管理的新思维》等。在国内，出版著作不少，尤其在传统中国哲学这一领域，如成中英的《C理论：中国管理哲学》、曾仕强的《中国式管理》、苏东水等人的《东方式管理》、黎红雷的《儒家管理哲学》等；而较成体系的管理哲学著作主要有：齐振海的《管理哲学》，官鸣的《管理哲学》，杨伍栓的《管理哲学新论》，毛卫平、韩庆祥等人的《管理哲学》，张福犀等人的《管理哲学》，袁闯的《管理哲学》，等等。

总体来看，尽管如上论著对管理哲学的定位相当不一致，但大都不乏新颖之处，都对管理哲学的发展做出了各自的贡献，但也存在一些问题，主要有：其一，相当一部分是对原有的哲学体系的机械套用，而从根本上忽视了哲学所特有的批判、反思功能。换言之，它们大都侧重于回答“管理哲学是什么”（定位），而疏于对“管理哲学应该做什么”（功能）的探究。其二，对于当今管理实践和前沿管理理论的关注与反思相对欠缺，因而在一定程度上滞后于当代管理学的发展。其三，缺乏对当代日益复杂的管理实践进行研究的一套行之有效的方法论。其四，缺乏对管理学各分支领域的研究成果的提炼和整合——这正是管理哲学研究面临的一个基本任务。如上这些局限或不足，其实也构成了本书意欲努力的方向。为此，本书秉承如下一些写作宗旨：

其一，批判与建设并举。本书通过对管理哲学的重新定位，突出了哲学批判的内在本质和现实功能。由此出发，本书通过对中西传统管理和现代管理理论的提炼与整合，进而揭示出管理思想发展的“内在逻辑”，诸如管理学的前提假设、研究主题的发展脉络、管理学发展过程中所产生的内在“矛盾”以及管理学的研究范式等问题。从本书所涉及的学科来看，有生物学、生态学、物理学、心理学、社会学、政治学、文化学、经济学等；从所涉及的管理思想来看，不仅囊括了中国传统管理智慧的众多流派，而且贯穿了西方现代管理思想的整个发展历程；从所涉及的主题来看，对管理的宗旨、组织结构、组织设计、组织行为、领导权术、组织文化、营销、战略、竞争优势、价值创造、

① 彭新武. 管理哲学的问题及其当代性. 哲学动态，2007（2）.

危机管理、变革管理、管理范式转换等均有精要的阐述。

其二，历史与逻辑相统一。一切问题都有其产生的历史。只有从某一事物产生的历史过程中，我们才能认识该事物的真正本质。这种历史探索的过程，也是一个“正本清源”的过程。梁启超先生说得好：“凡思想皆应时代之要求而产生，不察其过去及当时之社会状况，则无以见思想之来源。”① 为此，本书无意于遵循将某种哲学理论机械地套用于管理哲学的研究陈规，而是遵循管理思想和管理实践演进的历史脉络，以管理哲学研究的主要问题为基点展开论述，自始至终坚持历史与逻辑相统一的原则，使人们在对管理思想发展的脉络及其问题有基本把握的同时，充分体会到管理实践的深邃底蕴。当然，更为重要的是，“将过去的研究作为未来的序幕”②，这才是我们研究的基本宗旨。

其三，思想、制度与实践相结合。本书一方面力求从管理学的“原典”出发，尽最大可能地挖掘古今中外管理思想的精髓；另一方面，将这种思想的产生与制度、实践相结合，力图从真实的社会历史情境中，分析诸种学说产生的原因，以及对管理制度和管理实践的影响、作用，让人们能够更好地理解这三者之间的关联与互动。

其四，中西文化相对比。本书尽可能地将中西理念加以对比，以帮助读者更好地理解各自的优劣、得失，取其所长、去其所短，而逐渐开拓现代文明之路。作为中国本土学者，我们的立场是：立足于中国本土文化和具体管理实践的需要，对西方管理思想进行“中国式观照”，真正做到“洋为中用”。

其五，公共管理与企业管理相统合。当下的公共管理与企业管理是各自分立、各自为政的。这种情况自然是基于学科精细化发展的需要，但也造成了对管理思想的割裂。究其实，尽管二者所研究的对象有所不同并各具其理论特质，但二者在发展过程中一直是相互影响和相互渗透的。更何况，从哲学层面看，二者所涉及的问题是相似且可以通约的。故此，本书自觉秉承一种“管理主义”的立场，力求克服公共管理与企业管理长期分立的局面而进行综合阐述，以充分揭示二者之间的关联和互动。

本书的写作内容，除了“绪论”外，共包含十章。第一、二、三章，主要阐述中国古代管理的基本特质，涉及治国之道、用人艺术以及谋略智慧等方面。第四章，主要阐述西方从古希腊到近现代资本主义时期的管理思想尤其是宪政思想。第五、六、七章，分别从管理的宗旨、管理的“软件”（组织）和“硬件”（战略）这三个方面，集中探讨现代管理学发展的基本状况及其存在的问题。第八章，主要阐述“管理学丛林”的综合问题和研究范围的拓展，以及企业管理与公共管理两大研究领域之间的关联和互动。第九章，主要立足于当代复杂、动态的全球商务环境，阐述了管理研究的范式转换问题。第十章，主要阐述管理文化的差异、冲突和融合问题，并对管理研究的本土化问题做出了展望。此外，为了读者阅读和学习的便利，本书每章结尾都附有“阅读书目”和“思考题”，并在书后增添了“参考文献”和“人名索引”。

① 梁启超．先秦政治思想史．天津：天津古籍出版社，2004：11.

② 丹尼尔·A. 雷恩、阿瑟·G. 贝德安．管理思想史：第6版．北京：中国人民大学出版社，2012：5.

第一章

中国传统治国安邦之道

> 中国人虽久以他们的智慧闻名，但对于他们在管理方面的探索，还很少进行真正的研究，从《墨子》、《孟子》和《周礼》等古书的记载来看，当时的人们早已知晓组织、计划、指挥和控制等管理原则。
>
> ——C. S. 乔治：《管理思想史》

中国作为四大文明古国之一，很早就产生了管理活动，孕育出的传统管理思想蔚为大观。尤其在春秋战国时期，百家争鸣，各抒己见，产生了极其丰富而又深刻的管理思想，几乎涵盖了政治管理、社会管理、军事管理、经济管理和文化管理等方方面面，成为两千多年来中国管理实践的源头活水。而在这一知识体系中，内容最为广博、丰富的，就是有关国家治理的原则、方法、手段的理性认知和具体主张，即“治国安邦”理论。

一、先秦时代的治道论争

夏、商、周三代王朝，构成了中华国家形态的开端，穿越千年而意蕴深远。中国传统意识形态的关键要素，诸如天命、王权、宗法、德、礼、刑、分封等，正是在这一时期滥觞、萌发的。到了春秋战国时期，随着宗法分封制的逐渐瓦解，社会各方面都出现了巨大的变革。一个极为重要的方面，就是文化教育为贵族所垄断即“学在官府”的局面被打破，私学兴起，中国社会进入一个“百家争鸣”的新时代。此时，重建社会秩序已刻不容缓，因而，诸子百家“无不言治”。而在诸种论争中，一个突出的问题，就是“王道”和“霸道”的分殊。

1. 宗法与礼制

纵观夏、商、周三代王朝，政治意识形态的一个最为显著的特征，就是天命与王权的联姻。作为人格化的至上神，“天”具有无与伦比的神性和不可逾越、不可侵凌的权威。在这一点上，世界各个文明概莫能外。有所不同的是，在西方基督教文明中，对神的信仰和律法精神建立在以抑制王权为特征的意识形态的基础上。而在中国的天命观中，信仰的目的不是贬抑现实权力，而是印证现实权力的正当性。结果，在中国传统社会中，神不仅没有成为超然于现实权力的监督者和惩罚者，反而成了现实权力的合谋者和辩护人。历史传说中的颛顼时期“绝地天通”事件（《国语·楚语下》）所包含的深层意味，便是部落联盟首领通过宗教改革，将与天神打交道的原本是巫师的职能转变为世俗帝王的特权。正是由于对祭祀天神的垄断，帝王对世俗政治权力的获取便具有了“受命于天”的借口与庇护，王权也由此被笼罩上一层天命的光环而具有了神圣权威。然而，夏、商、周三代兴亡更替的事实充分说明，“君权天授”虽然使君权获得一种绝对性与神圣性，却不一定能保证其延续性、永恒性。为此，周朝伊始，统治者通过对天命与政权关系的理性反思，对传统“天命”观进行了大胆改造，将“德”融入“天”的观念中，实现了从以前的“以祖配天”到“以德配天”的转变，将天命与民情内化为现实的政治方略和政治德性，进而便有了周初“敬德保民”政治路线的确立。在这一治国方略下，对现实民生之关切，便成为统治者从事政治事务的关注重点，所谓“民之所欲，天必从之”（《尚书·泰誓》）。周人的德治思想及其实践，经过后世儒家学派的“继志述事”而逐渐得以系统化和强化，成为中国传统社会所标榜和推崇的理想政治——“王道”或“仁政”。

而从社会治理结构上看，夏、商、周三代采取的是一种宗法分封制（又称“封建制”）。这以周代的秩序建构最为典型，其核心原则就是所谓“亲亲”，即统治者以自己的家族为中心，按血缘关系的亲疏远近，明确了人的身份等级，以之作为建立和巩固其政治权力的社会基础。按照周制，天子之位的继承，一般按照“立嫡以长不以贤，立子以贵不以长”的原则来进行，由此兄弟之间的关系就变成了君臣关系，具有了“尊尊”之义。就这样，由“亲亲”到“尊尊”，周代确立起血缘关系与政治体制合二为一的社会政治图式。正是以宗法关系为基础，周初大规模分封王室宗亲和重要功臣以及姻亲，所谓“封建亲戚以藩屏周”（《左传·僖公二十四年》）。这种血亲政治渗透、蔓延到全社会，便形成一种以“泛血缘关系”为基础的社会秩序。在这种社会秩序下，“王”是不容置疑的天下宗主；“王”与庶民之间，既有严格的“君臣”政治隶属关系，又有严密的“父子”式的血缘隶属关系，所谓“岂弟君子，民之父母”（《诗经·大雅·泂酌》）。

宗法制在奠定了统治体系的同时，也确立了以天子为首的各级贵族的特权。其中，最主要的就是“世卿世禄制”，即贵族世袭土地、人口、财产和爵位。这样，贵族的子孙不管多么蠢笨和低能，只要不是疯子和白痴，都能得到高官厚禄。由此，建立起一个上自天子，中为各级贵族，下至平民和庶人、皂隶的层层相叠的宝塔式的社会等级体系。所谓“天有十日，人有十等，下所以事上，上所以供神也。故王臣公，公臣大夫，大夫臣士，士臣皂，皂臣舆，舆臣隶，隶臣僚，僚臣仆，仆臣台”（《左传·昭公七年》）。

在这种森严的等级结构下，国家权力的基本框架为：天子作为最高君主，把所统治的土地和人民分封给诸侯，叫“天子建国”，天子统治权力所及的地域称为“天下”，政权的名称叫“王室”，诸侯作为封国的君主，把其封地和人民再分封给卿大夫，叫“诸侯立家”，诸侯的辖域称为“封国”，政权的名称叫“公室”；卿大夫的辖域称为“采”或“采邑”，政权的名称叫“家”，他们还要向下封置辅佐其“家”的“侧室”和附属于本宗族的“二宗”（小宗）。这样，王室、公室、家，就构成了从上到下的三级政权；天下、封国、采邑，则是三级政权分属的版图大小不等的辖域；天子、诸侯、卿大夫，则是三级政权的等级不同的统治者。诸侯和卿大夫并不是天子制统和管理之下的推行天子政令的官僚，而是拥有独立自主权的统治者，因而也都跟天子一样称为君主。总的来看，在宗法体制下，既存在一个名义上的统一国家，又存在分地而治的众多诸侯国；既存在一个名分上的天下“共主”，又存在众多的拥有自主权的等级有别的君主。这就不可能存在“中央”对“地方”的集权，也不可能存在君对臣的专制。可将这种君权相对分割的多元化结构称为“贵族君主制”或“王制”。

如果说宗法制度确立了社会关系的结构形式，礼制则为维护这种社会关系结构提供了相应的伦理和行为规范。“礼”源于原始习俗，主要体现为对神的崇拜，并在祭祀活动中逐渐形成一定的仪式和规则，或称为礼制、礼仪。夏商时期的礼制还较为简单，仅限于对上帝的尊敬，对宗法的维护，对祖训及传统的恪守。到了周代，礼从祭祀仪式和规则蜕变并扩展为一整套系统化的社会规范，其内容包括政治、经济、军事、司法、行政、道德教化、丧葬嫁娶、宗教祭祀各个方面，成为西周文明中系统、精致的象征符号，即所谓“周礼”。周礼严格规定了君臣、父子、兄弟、夫妻、朋友之间的上下尊卑关系、名分和特权，从而形成贵贱有等、尊卑有度、等级俨然的礼制秩序，所谓：“君子小人，物有服章，贵有常尊，贱有等威，礼不逆矣。”（《左传·宣公十二年》）

在周统治者眼中，礼具有国家根本大法的性质，所谓“夫礼，国之纪也”（《国语·晋语》）。而对具体的个人而言，礼就是名分制度，包括血缘名分与社会身份。礼要求体制内的每一个人都应自觉遵守并维护名分规则，各负其责，各安其分。这就是要求父慈子孝，君贤臣忠，人人恪守自己的本分，使政治体制得以顺利运转，从而实现整个社会秩序的稳固与和谐。统治阶层正是通过这种名分之礼的教化和遵行，使社会各个阶层的人都认识到自己的位置而不得僭越。如《礼记·礼运》所言：“故百姓则君以自治也，养君以自安也，事君以自显也。故礼达而分定，故人皆爱其死而患其生。”可见，名分观念不是一种简单的名与实之间的逻辑关系问题，而是通过激发民众对现实秩序的内心认可与自觉服从，由此有效奠定了统治的合法性基础。

值得注意的是，在《周礼》中，“礼”作为调整政治、经济、军事、司法、教育、婚姻家庭等方面行为规范的总和，既是道德规范，也是法律规范，其中许多规定具有法律效力，违礼的行为均要受到刑法的制裁，所谓“出礼入刑”。而刑罚的目的则在于辅助道德的实现，所谓“惟敬五刑，以成三德”（《尚书·吕刑》）。这样，法与刑的锋芒被深藏在礼治体系中，从而最大限度地发挥了教化的作用。后世的孔子及其儒家，正是以“周礼”为蓝本，将“亲亲”与“尊尊”渗透到社会生活的方方面面，从而使“礼制”成为与中国传统社会相始终的一项政治制度。

2. 大争之世

在宗法分封制下，周代诸侯、王朝的卿大夫对于周王，诸侯国的卿大夫对于国君，具有相对的独立性，因此，宗法分封制伊始，便埋下了分裂割据的祸根。随着血缘纽带的松弛和封国实力的发展，宗法分封制的弊端逐渐暴露无遗。继世的周王，遵照惯例分封其亲姻，王袭内采邑增多，周王直辖的土地、人民便相应减少，王权也就每况愈下。同样缘故，多数诸侯国君直辖的土地、人民也不断减少。至春秋时期，周王室日渐衰微，出现了天子不能控制诸侯、诸侯不能控制大夫乃至诸侯争霸的局面。孔子将此称为“礼坏乐崩”。

依孔子之见，社会动荡的原因在于“人心不古”。为此，孔子提倡“复礼”，旨在维护当时处于崩毁瓦解之中的以血缘为基础、以等级为核心的宗法统治体系，要求各级统治者都要安于名位，遵守礼制，不得僭越，以便更有效地统治人民，所谓“上好礼，则民易使也”（《论语・宪问》）。同时，也要对人民“齐之以礼”（《论语・为政》），做到贵贱有等、上下有序、各处其位、各称其事：“礼之用，和为贵。先王之道，斯为美。”（《论语・学而》）孟子进而认为，社会等级的区分是天然合理的：“劳心者治人，劳力者治于人；治于人者食人，治人者食于人。天下之通义也。”（《孟子・滕文公上》）由此，孟子希望社会生活中的每个人都能在善良、忍让、尊敬、畏惧等良知良能上下功夫，自觉服从这种秩序安排：“仁也者，人也”（《孟子・尽心下》），“亲亲，仁也；敬长，义也”（《孟子・尽心上》）。荀子认识到，社会争乱的根源就在于无“分”：“职分而民不慢，次定而序不乱。”（《荀子・君道》）所以，他强调“明分使群”，即明确人们的社会地位，并通过建立一定的社会机制，使人们都能按照“分”的要求去行动。荀子的“礼”最终体现在对社会等级的划分：“礼者，贵贱有等，长幼有差，贫富轻重皆有称者也。”（《荀子・富国》）荀子经常把“义”和“礼”合在一块来讲。“礼”是外在的“分”，即宗法等级制度所规定的等级名分，而“义”是内在的“分”，即对宗法等级制度及其等级名分的自觉意识和服从：“少事长，贱事贵，不肖事贤，是天下之通义也。”（《荀子・仲尼》）

与儒家一样，墨子整个思想都是围绕着“平乱、求治”展开的。但儒、墨之间在政治理想、传统礼仪、天命鬼神、人生态度等方面都明显存在着分歧，并发生过激烈争论。儒家极力维护传统宗法制度，墨子则坚决反对不平等的宗法制；儒家要保持传统的礼法制度和一系列繁文缛节，墨家则主张“节用”“节葬”；儒家推崇周公的宗法道德，墨家则十分推崇大禹的社会献身精神，主张“背周道而用夏政”（《淮南子・要略》）；儒家以道德为价值取向，墨家则以功利为价值取向，主张“择务而从事”（《墨子・鲁问》）；等等。在墨子看来，社会动乱源于人们之间的互相争夺与仇视，而其根源则在于把人们分为贵贱有差的等级制度，从而使全社会处于一种“交相别”的对立状态。为此，墨子主张“兼爱”说，就是让人们不分彼此亲疏、不分等级无差别地爱一切人；“视人之国，若视其国；视人之家，若视其家；视人之身，若视其身。”（《墨子・兼爱中》）显然，“兼爱”主张是与宗法血缘制度和儒家“爱有差等”的立场格格不入的。不过，对于“兼爱”的正当性，墨子并没有深入论述，而只是借助天鬼神来说明：“顺天意者，兼相爱，交相利，必得赏。”（《墨子・天志上》）墨子思想的实质，是通过把“兼相爱”上升为“天”的意志，幻想利用传统宗教迷信的力量来实现其理想社会。

当孔、墨直面人生，积极重构社会秩序、规范之时，老子开创的道家学派则站在儒、墨的对立面，主张“绝圣弃智”，“清虚自守”；反对礼义，否定忠孝，抨击法令，排斥兼爱，诅咒战争，向往“小国寡民”的社会，代表了当时对社会变革持冷眼旁观的那些“隐者”的态度：“小国寡民，使有什伯之器而不用，使民重死而不远徙。虽有舟舆，无所乘之；虽有甲兵，无所陈之，使民复结绳而用之。甘其食，美其服，安其居，乐其俗。邻里相望，鸡犬之声相闻，民至老死不相往来。”（《老子》第80章）联系当时的社会政治状况来看，老子的小国寡民思想亦有其合理之处。老子身处大动荡时代，人们饱受离乱之苦，食不果腹，衣不遮体，居无定所。老子要求人们不要过度地沉湎于物欲、争斗之中，主张过一种简单、朴素的生活。庄子生活时代的社会状况比老子时代更加惨烈和危险：“今世殊死者相枕也，桁杨者相推也，刑戮者相望也。”（《庄子·在宥》）为此，他推崇老子，强调人类回归自然，与天同一，与野兽为伍，达到返璞归真：“夫至德之世，同与禽兽居，族与万物并。”（《庄子·马蹄》）在庄子看来，处于“至德之世”的人民，男耕女织，自由自在，不偏不党，无知无欲，生活简朴而自得其乐，没有君子小人之分，更无君臣上下之别。

由上观之，在重建社会秩序的问题上，儒家的主张显得保守，墨家的主张则过于理想，而道家的主张则显得消极、悲观。这些主张都是脱离当时的社会实际来设计拯救危局的方案。与之不同，法家从当时的实际出发，以“不法古，不修今”（《商君书·开塞》）的现实主义态度，将解决实际问题作为思想和实践的最高宗旨。战国中期法家代表人物商鞅对战国历史特征有敏锐的洞察，称之为“多事之时”“大争之世”，认为要想在乱世中求得生存，必须实行“以力服人”的“霸道”，而不能像儒家那样讲什么“以德服人”的“王道”。在对当时社会做出初步诊断之后，法家开出他们的“救世良方”——富国强兵，由此开启了战国时代轰轰烈烈的变法运动。其中，商鞅在秦国的变法最具典型性和代表性，也最为“成功”。在商鞅看来，富国强兵的首要任务在于大力发展农业：“圣人知治国之要，故令民归心于农。”（《商君书·农战》）商鞅不但把重农当成治国强兵的根本，而且将发展农业（粮食）生产与夺取战争胜利相联系，提出要想富国强兵，就必须重视耕战：“耕战二者，力本”，“国之所以兴者，农战也。”（《商君书·农战》）商鞅通过二十年的变法实践和理论倡导，形成广大民众、官吏勤奋作为、朴实无华、努力耕战、崇力尚武的社会风尚，从而使秦国一跃而成为当时的最强国，最终为秦统一中国奠定了牢固的基石。

3. 儒法争衡

在先秦诸子关于“治道”的论争中，最为激烈的争论和分歧，发生在儒家和法家之间。在先秦儒家那里，相对于“礼”的外在形式来说，“仁”学则强调一种内在的道德自觉。孔子学说的全部基点在于，要求人们把外在的规范转化为人的内在自觉，德治和礼治相结合，从而实现“天下归仁”的社会理想。孟子发展了孔子“仁”的学说，径直将“善”作为人内在固有的品性：“人皆有不忍人之心”（《孟子·公孙丑上》），将“德治”表述为“仁政”与“王道”。在孟子的治国之道中，王道与霸道被严格区分：霸道以力服人，是一种凭借实力的强权政治；王道以德服人，是一种以道德为基础的仁政：“以力假仁者霸，霸必有大国；以德行仁者王，王不待大。汤以七十里，文王以百里。以力服人者，非心服也，力不赡也；以德服人者，中心悦而诚服也，如七十子之服孔子也。”（《孟子·公孙丑上》）意思是说，倚仗实力假借仁义之名者能够称霸，但这样称霸必须以大国为基础；而凭借高尚的道德以推行仁政，则国家虽很小也能统一天下。

儒家“为政以德”的治国方略，引导统治者以道德人格的自我完善为标准。如果统治者能够以身作则，则无须命令，百姓就会照样而行：“其身正，不令而行；其身不正，虽令不从。”（《论语·子路》）自孔子始，“正仁先正己”的以身作则原则，便成为历代统治者奉行王道的基本法则。不过，孔子本人在主张德治的同时，并不反对必要的刑罚，而是主张宽猛相济，恩威并用。孔子常将礼、乐、刑、政并提，认为“礼乐不兴，则刑罚不中；刑罚不中，则民无所措手足”（《论语·子路》）。但是，在孔子的思维理路中，“法治”受“德治”的统摄，孔子追求的是一个没有纷争的“无讼”社会，法治只是实现礼制的一个手段。孔子还认为，好的法律应体现一种仁爱的精神，法律应轻缓宽和、中正公平，并起到维护孝道的作用。所谓“父为子隐，子为父隐”（《论语·子路》），即是强调了血缘亲情及孝道，以对抗当时株连亲属的非人道法律原则。孟子也主张把道德和法度统一起来（见“桃应难题”），共同作为治国的工具，所谓：“徒善不足以为政，徒法不足以自行。”（《孟子·离娄上》）

桃应难题

孟子的弟子桃应设计的难题是：假如舜为天子，皋陶为司法官，舜的父亲瞽叟杀了人，那么舜该怎么办呢？孟子认为，舜应让皋陶带人把他父亲抓起来，在其父被关入监狱之后，舜再偷偷背负他的父亲逃到海边隐居下来，把天子之位像丢破鞋一样丢掉，然后与其父快快乐乐度过一生（《孟子·尽心上》）。这个故事所蕴藏的含义是，当道德与法律发生矛盾的时候，必须舍法律而全道德。舜为了尽孝道，竟置国法于不顾，使他犯了杀人罪的父亲逍遥法外。依据这样的标准，不仁不义就是犯罪。这里反映的是一种道德与法律相统一的观念，从这样的立场出发，不道德的人也就是违法犯罪之人。结果，道德本身成了判断是否违法、定罪量刑的依据。

宽猛相济的治国原则，延续到荀子，便是所谓“隆礼重法”及“王霸并用”。在荀子看来，通过礼义教化，虽然可以“赏不用而民劝，罚不用而民服”（《荀子·君道》），但是礼义教化不是万能的，对于那些不能用礼义教化的人，则必须待之以刑罚：“故不教而诛，则刑繁而邪不胜；教而不诛，则奸民不惩；诛而不赏，则勤厉之民不劝。”（《荀子·富国》）荀子固然主张礼法并举，但他认为法从属于礼：“礼义生而制法度。”（《荀子·性恶》）这样一来，道德成了法律的灵魂。荀子说：“故非礼，是无法也。”（《荀子·修身》）其中蕴含的观念是，不合乎礼的法律就不是真正的法律。换言之，真正的法律必须体现一定的道德精神。可见，礼治与王道优先，是荀子为儒家学说确立的基本原则。在此原则之下的礼法互补、王霸并用，就成为汉代以后历代王朝治理国家的基本模式。

相对于儒家而言，法家则是彻底的现实主义者。商鞅对于儒家以教化来改造人性的做法提出了自己的疑问：“仁者能仁于人，而不能使人仁；义者能爱于人，而不能使人爱。是以知仁义之不足以治天下也。圣人有必信之性，又有使天下不得不信之法。……圣王者，不贵义而贵法。”（《商君书·画策》）在商鞅看来，仁者能够做到的仅仅是自己成为仁者，而不可能把他人变成仁者，所以用仁义本身去治天下会适得其反，只有法才能治天下。公正地说，儒家原则并非完全没有作用，教化成功的例子也不少，但教化本身缺乏必然性，因此儒家将伦理扩张为政治的做法，在商鞅看来显得不太适合现实政治的需求，而只有明确规定人们行为的规范、准则，做到“法明”“令行”，让人们对统治者的法令充分信赖，才可以充分保证遵行各种社会行为规范，从而实现有效的统治。

商鞅基于对“好利恶害”的现实人性的把握，充分阐述了以“刑赏”为主要内核的“法治”的可行性：“人君（生）而有好恶，故民可治也。……好恶者，赏罚之本也。夫人情好爵禄而恶刑罚，人君设二者以御民之志，而立所欲焉。夫民力尽而爵随之，功立而赏随之，人君能使其民信于此如明日月，则兵无敌矣。”（《商君书·错法》）正因人性有好恶，故人民才有被“治”的可能，故而，君主要顺应人之好恶，设赏立罚。与商鞅一样，韩非也认为，人人都有好利恶害的自然天性，这一天性决定了人们的行为必然是趋利避害的：“利之所在，民归之；名之所彰，士死之”（《韩非子·外储说左上》）。韩非由此直接推出治国之道：“凡治天下，必因人情。人情者，有好恶，故赏罚可用；赏罚可用，则禁令可立而治道具矣。”（《韩非子·八经》）

作为先秦法家的集大成者，韩非对儒家德治思想进行了全方位的批驳，并在此过程中进一步明确阐述了自己的法治主张：其一，德治过于理想化。儒家认为，德治的推行依赖于人们的自觉性，问题是，碰到不愿意克己的又怎么办呢？面对“八佾舞于庭”的季氏，孔子也只好发一通“是可忍也，孰不可忍也”的感叹而已。按照儒家的说法，德治必待尧、舜那样的“圣人”以身作则而得以实现，但尧、舜“千世而一出”（《韩非子·难势》），因而以圣君的标准要求每一个在现实世界中执政的君王，只能是一种稀世之举，“吾以是明仁义爱惠之不足用，而严刑重罚之可以治国也”（《韩非子·奸劫弑臣》）。其二，德治不具有必然性。韩非认为，“夫圣人之治国，不恃人之为吾善也，而用其不得为非也……故有术之君，不随适然之善，而行必然之道”（《韩非子·显学》）。在韩非看来，理想社会的实现，与其用儒家主要依靠不成文的习惯原则和难以把握的特殊性、灵活性为手段，不如用成文的规范形式、追求具有普遍确定的平等和一致的手段的“法”，更为有效。所谓“道法万全，智能多失”（《韩非子·饰邪》），就是说按客观规律和法办事是万无一失的，凭个人的智能和才能做事容易发生失误。所以韩非主张“以道为常，以法为本”（《韩非子·饰邪》），即治国理民要按客观规律办事，以法作为治国的根本。在实践中，法家正是通过这种“不别亲疏，不殊贵贱，一断于法”（《史记·太史公自序》）的制度设计，废除了贵族不受刑罚的特权，打破了原有的“别亲疏，殊贵贱”和“礼不下庶人，刑不上大夫”的“礼治”秩序，从而极大地推动了当时的社会变革。

话说回来，法家尽管极力批判了德治，但并不绝对排斥德和德治。实际上，正是在对儒家的批判中，法家表达出自己独特的道德观：其一，对于儒家所提倡的某些道德规范，法家同样予以肯定。商鞅明确讲：“圣君之治人也，必得其心，故能用力……圣君独有之，故能述仁义于天下。”（《商君书·靳令》）韩非也强调，设立法度，是为了“惮乱主暗上之患祸，而避乎死亡之害，知明夫身而不见民萌之资利者，贪鄙之为也。臣不忍向贪鄙之为，不敢伤仁智之行”（《韩非子·问田》）。不同的是，儒家所谓的“仁”是君主个人道德品质的表现，而法家所谓的“仁”乃是“法”的道德属性。法家反对君主依靠个人的道德品质来进行社会政治管理，也反对臣下依靠个人的道德品质来取悦于君主，所以韩非才说：“君通于不仁，臣通于不忠，则可以王矣。”（《韩非子·外储说右下》）其二，法家提倡用严刑峻法治国，但也强调立法应该为民众着想：“君人者，以群臣百姓为威强者也。群臣百姓之所善，则君善之；非群臣百姓之所善，则君不善之。”（《韩非子·八奸》）其三，法家尤其强调为政者的道德修养和道德行为。在韩非视野中，执法者本身也必须有高尚道德品质：“智术之士，必远见而明察，不明察不能烛私；能法之士，必强毅而劲直，不劲直不能矫奸。”（《韩非子·孤愤》）

可见，法家同儒家争论的焦点并不在于要不要道德。对于法家而言，更重要的是，如何去重构适合新社会的道德理想和行为准则。在法家那里，整肃社会秩序的关键在于确立一个客观、公正的价值准则，即以“法”作为最基本的价值准则来支撑一种新的社会和道德秩序。法家注重客观性，避免主观随意性，虽然并不能保证绝对的社会公正，但比较人治的主观取向来说，显然有利于更多地实现社会公正。相比之下，在儒家的礼治秩序中，社会地位与社会关系的格局总是处于优先地位，所以儒家礼治的合理性程度要低得多。历史事实一再告诉我们，治理国家不能对人性存有丝毫的侥幸，底线和标准只能有一个，那就是对规则的共同恪守与尊重——这便是先秦法家留给后世的最大警示。

二、百家合流与专制的奠基

先秦诸子经过长期的治道论争，在与现实的激烈冲撞中，儒、墨、道等各家学说，因其保守性、理想性或消极性，故而有悖于时代潮流。而只有法家学说，以其与时俱进的现实品格和理性精神，赢得了时代的青睐。与此同时，尽管诸子分歧犹存，但也暗含着“趋同”的思想因子，最终，战国中晚期“尚力”的社会现实，促使各家学说以法家学说为基调，共同奏响了“尊君”与“崇公”的时代旋律，从而为其后君主专制的形成奠定了思想前提。

1. 圣人执要

自历史进入战国时代，随着诸侯权力的急剧膨胀，国家对社会的控制能力持续减弱，人们的利益实现完全游离于君主之外。当其时，各国都深陷于战乱与危机之中，为了在竞争中取胜，就必须集中一切战争资源，建立起一元化的社会体制。正是在这种“争于气力”的社会情势下，先秦诸子共同奏响了强化君主集权的“主旋律”。如萧公权先生所言：“侵略与自卫皆有待于富强。于是君权之扩张遂同时成为政治上之需要与目的。”①

在弘扬集权和尊君方面，法家表达得最直接、最明快。在法家看来，社会混乱主要是源于权力过于分散的分封制：“纣之亡，周之卑，皆从诸侯之博大也。”（《韩非子·爱臣》）如欲摆脱战乱，消除无序状态，则必须加强王权和强化中央集权。而现实中“集权”的实现，有赖于观念上的“尊君”：“权者，君之所独制也”（《商君书·修权》）。只有既富国强兵又能集中国内的一切力量，才有可能与列国逐鹿中原。由此，掀起了一场轰轰烈烈的战国变法运动。在战国变法运动中，最彻底、最成功、影响最为深远的，当推秦国的商鞅变法。而商鞅变法中的所有措施，无不与加强君主的专制密切关联：其一，在经济上，商鞅变法倡导“利出一孔”“一山泽”，集全国之力于“农战”。此外，统一度

① 萧公权. 中国政治思想史. 沈阳：辽宁教育出版社，1998：210.

量衡制，以便于国家田租、军赋的征收及军功赏赐、官僚俸禄的发放。其二，在政治上，加强中央集权，建立官僚体制。这一运动是从打击公族开始的。在战国变法运动中，魏国最早实行的李悝变法虽然有废除世卿世禄之意，但鉴于传统贵族势力过大，故而重点主要放在提拔人才上。其后，吴起在楚国实施变法，开始明确、自觉地打击旧贵族，“使封君之子孙三世而收爵禄，绝灭百吏之禄秩”（《韩非子・和氏》）。而商鞅变法则开始直接打击旧贵族：“宗室非有军功论，不得为属籍。”（《史记・商君列传》）在这场运动中，吴起被射死，商鞅被车裂，正好说明这场斗争的残酷和激烈。相比之下，通过提拔下层出身的“士”担任将相和郡县长官，以逐渐取代旧贵族，就成为比较稳妥的选择。这便是官僚制的雏形。其三，在文化上加强思想统一。对那些不利于农战的博闻、辩慧之类的人，坚决不“授官予爵”（《商君书・靳令》），甚至不允许民众有任何议政的权利：“不可以评刑，不可独立私议以陈其上”（《商君书・赏刑》）。其四，革除落后的群婚遗俗，废除大家庭制，规定了“民有二男以上不分异者，倍其赋”（《史记・商君列传》），造就出有利于专制集权统治的小农家庭基础，等等。

在商鞅那里，一个国家要在激烈的竞争中取胜，关键在于通过以“赏罚”为主体内容的“法治”，将人们对个人利益的追求与君主“国富兵强”的目标紧密结合，从而使得天下臣民尽皆为君主效劳。尽管商鞅变法把社会拉向一个愚昧单调、统治残酷且充满军事色彩的专制社会结构中，但这一历史进程是不可逆转的。随着战国变法运动的开展，活跃在政治舞台上的各个国家都先后开始了权力集中化的进程。到韩非生活的年代，统一王朝的轮廓清晰可见，如何帮助这个即将形成的统一帝国实现有效管理和长治久安，成为当时主要思想流派关注的焦点。在韩非看来，一个国家之所以能在激烈的竞争中立于不败之地，君主之所以能够高高在上，安享臣民的服务，根本在于实力和权力。对君主来说，除了“务力”之外别无他途。其办法就是所谓“抟力”，即将国家的物力和人力资源统统集中于君主手中，建构起以君主利益为中心的、由君主操控的高度一元化的社会体制，所谓“事在四方，要在中央，圣人执要，四方来效”（《韩非子・扬权》）。

就儒家而言，从孔子到孟子，再到荀子，经过一个从“重民”到“尊君”的转换过程，儒家的政治理念渐趋现实。孔子固然“重民”“贵民”，但意在“使民”，所谓“惠则足以使人”（《论语・阳货》）。孔子将“孝悌”作为“仁之本”，旨在使“天下”之“民”皆能“事上也敬”（《论语・公冶长》），实质上是以“亲亲”来维护“尊尊”。孟子的民本思想在先秦可谓一座“高峰”，孟子言：“得天下有道：得其民，斯得天下矣。”（《孟子・离娄上》）孟子甚至认为，“王”是没有自足的权威的，而取决于人民是否接受：“民为贵，社稷次之，君为轻。是故得乎丘民而为天子，得乎天子为诸侯，得乎诸侯为大夫。”（《孟子・尽心下》）实际上，孟子的这些民本主张都是为了更好地维护君主的统治。孟子认为，作为一国君主，“得天下”的关键，在于把民众的丰衣足食视为理想政治的基始：“养生丧死无憾，王道之始也。”（《孟子・梁惠王上》）在孟子看来，只需施行仁政，无须通过战争，便可得天下：“今天下之君有好仁者，则诸侯皆为之驱矣。虽欲无王，不可得已。”（《孟子・离娄上》）而作为战国晚期儒家的重要代表，荀子认为，不能空洞地论述儒家“德治”“仁政”。荀子晚年游秦，亲见秦“威强乎汤武”的“治之至”（《荀子・强国》）局面，为此，他一改传统儒家反对霸道的态度，主张兼用王霸：“人君者，隆礼尊贤而王，重法爱民而霸。”（《荀子·强国》）为了追求天下统一的社会，尽管荀子依然把人民看成是国家治理的一个重要因素：“天之生民，非为君也；天之立君，以为民也”（《荀子·大略》），但是在荀子的立论中，君主是臣民的主宰，而臣民则成了君主的子弟和仆从：“君子以德，小人以力；力者，德之役也。”（《荀子·富国》）荀子的理论无比明确，一切都要以君为转移：“君者，国之隆也。”（《荀子·致士》）可见，儒家思想从孔子重视“亲亲”发展到荀子重视“尊尊”，正反映了战国末期强化君主专制统治的时代要求。

而墨家学说之所以也走向“专制”，是因为墨子认识到仅仅靠“兼爱”“非攻”的道德说教是不能制止当时的混乱局面的。在墨子看来，社会上自是而相非，以致互相贼害的悲惨局面，主要原因是“生于无政长”（《墨子·尚同上》），因此，只有做到“一同天下之义”（《墨子·尚同中》），即一切问题均由天子思考、裁定，臣民严格效法、顺从天子，才能实现天下大治。而君主要实现这种严密控制，需要一种相应的组织管理体制。为此，墨子设计出了一种以“天子”为核心的包括诸侯、将军、乡长、里长、士、庶人的绝对统治秩序。在这种秩序下，天子的旨意通过各级行政长官贯彻到民间，从士、庶人至诸侯，都必须唯上是从：“天子之所是，皆是之；天子之所非，皆非之。”（《墨子·尚同上》）可见，尚同学说的精义，正在于树立专制君主的绝对权威。在这样一种制度下，人民对统治者只能绝对服从。不仅如此，墨子自命掌握了所有真理，故而，他人则可放弃自己的思考；如果谁要反对他的言论，无异于“以卵击石”（《墨子·贵义》）。墨家子弟和法家之所以受到秦国的优容尊崇，也正说明在推行专制主义方面，二者实属同道。

总的来看，君主专制是战国百家争鸣的必然归宿。刘泽华先生指出，先秦诸子在众多问题上常呈现多方向、多线条的思维，一个问题常有数种不同见解，唯独在君主专制这个问题上，有百川归海之势。因此，诸子百家越是争辩，君主专制的理论就越是完备、发达、成熟。在这个思想解放、自由、不受束缚的时代，中国第一代“自由”知识分子却心甘情愿、发乎灵魂深处地将其自由设定了一个不可逾越的边界——君主专制![1] 不过，也有例外。战国晚期的庄子，在思想上皈依老子，也表现出一种疏离王权的政治态度。在庄子看来，君主制度恶性发展的结果，迟早要闹到人人相食的地步。而这个源头却始于尧舜。这是因为，为仁义做出牺牲的少，用仁义来谋取私利的多，故而，仁义本身也必然成为野心家的工具：“捐仁义者寡，利仁义者众。夫仁义之行，唯且无诚，且假乎禽贪者器。是以一人之断制利天下，譬之犹一瞥也。”（《庄子·徐无鬼》）《庄子》中许多关于“至德之世”的描绘，实际上是基于对现实社会的不满，而表达出对无君社会的憧憬。在庄子看来，处于“至德之世”的人民，男耕女织，自由自在，不偏不党，无知无欲，生活简朴而自得其乐，没有君子小人之分，更无君臣上下之别。庄子似乎已经模糊地意识到君主制度的存在又是历史的必然。明明极端不合理，不符合人类的自然本性，却又是从人类历史发展的过程中产生出来的，并且还要长期存在，直到“千世之后”。

---

① 刘泽华. 中国的王权主义. 上海：上海人民出版社，2000：115-128.

2. 崇公抑私

历史地看，从春秋到战国的时代变迁，不仅是一场社会存在形态的转变，也是一场精神形态的转换，即从春秋“尚礼仪”到战国“尚功利”的价值转换。如果说春秋五霸的“尊王攘夷”尚能够体现一种“内敛”精神，那么，在战国时期群雄争霸的局势下，诸侯兼并和利益纷争的时代大潮，使得功利主义成为一种“主旋律”。既然整个社会上上下下都存在着功利的冲动，相互之间必然就会发生冲突。战国时期的“公私之辩”就是在这种社会背景下展开的。

“公”与“私”的划分，最初是指基于分封制而来的社会身份的标识：“公”主要指诸侯国，即“公家”；“私”主要指诸侯国里的大夫之家，即“私家”。相应地，在当时的井田制下，也形成了公田与私田的划分。春秋中后期，各国在经济上纷纷进行了租税改革，不分公田、私田，一律按亩收税。这既为政府增加了收入，也适应了人们追逐私利的需求。随后，各诸侯国又通过国家法令授田于民，使私有制正式得到国家法令的确认，私有观念也随之在社会各阶层意识中得以确立。到了战国时期，个体家庭成为基本的经济单位，与之相联系，私营工商业也开始兴起并得到迅速发展。在这一过程中，许多贵族“降至皂隶”，而一批庶民、工商业者，甚至奴婢却在各种机遇中跻身权贵阶层。与这种社会结构的变化相适应，财产私有化迅猛发展，人们为争私利熙熙攘攘而上下奔走。

针对春秋之际人们竞相争逐名利的社会现状，孔子首先肯定人们厌恶贫贱、追求富贵的欲望和行为是符合人性的、正当的，但要求人们对富贵的追求应以合乎道德的方法取得：“富与贵，是人之所欲也；不以其道得之，不处也。贫与贱，是人之所恶也；不以其道得之，不去也。”（《论语・里仁》）在处理义利关系上，孔子提倡“见利思义”（《论语・宪问》），君子行事应该以义为准绳：“君子喻于义，小人喻于利。”（《论语・里仁》）孟子与孔子一脉相承，同样认为君子应做到“穷不失义，达不离道”（《孟子・尽心上》），甚至“舍生而取义”（《孟子・告子上》），并主张合理处理公私、义利关系：“圣人不以公义废私恩，亦不以私恩害公义。”（《孟子・万章上》）荀子虽然秉承孔、孟的立场，但在公私问题上，更主张“以公义胜私欲”（《荀子・修身》）。墨子以增进天下、国家、人民之利为宗旨，并一再讲“交相利”，但在理论上并没有给“私”留下合理的位置，他鞭打的对象就是“自爱”“自利”。在道家那里，公的本质就是取消人的主体意义，即庄子所言的“吾丧我”（《庄子・齐物论》），这固然是最彻底的公，但也是最无情的公。①

法家一定程度上肯定了“私利”的合理性，如商鞅说：“民之欲富贵也，其阖棺而后止”（《商君书・赏刑》），但是，法家的出发点并不是考虑如何使民众的合法财产得到法律的保障，而是将私视为万恶之源，必欲彻底灭之而后快。基于富国强兵的宗旨和农战政策的实施，在商鞅看来，私家大族这些世袭贵族，“无爵而尊，无禄而富，无官而长”，不利于富国强兵的实现，故而斥之为“奸民”（《商君书・画策》），并认为这关系到国家的存亡：“公私之交，存亡之本也。”（《商君书・修权》）为此，商鞅坚定地主张立公去私，严厉打击这些私家大族，并进而提出“公天下”思想：“尧、舜之位天下也，非私天

① 刘泽华. 春秋战国的“立公灭私”观念与社会整合：上. 南开学报（哲学社会科学版），2003（4）.

下之利也，为天下位天下也。”（《商君书·修权》）韩非则进一步揭示了公与私对立的绝对性和必然性：“私行立而公利灭。”（《韩非子·五蠹》）故而，面对当时“私门将实，公庭将虚”（《韩非子·扬权》）的社会现实，韩非主张“立法废私”：“法立，则莫得为私矣”（《韩非子·诡使》）。至此，“公”的价值日渐凸显，而“私”则被公利掩盖。

而在当时民本思想盛行的时代氛围中，“公”与“百姓”“众”开始发生关联。于是，在百家争鸣中，立君为“民”也开始向立君为“公”、为“天下”转换。这种将为天下众生谋福利转换成为国家共同体谋公益的思路，就是“天下为公”论。[①] 在战国以后的中国历史发展过程中，这种崇公抑私的观念一直备受推崇，共同缔造了中国传统文化中崇尚群体和整体利益的精神特质。然而，在君权日盛的中国，“公”的主体是“政权”而非“国家”，而政权又是以君主为代表的，从而导致“公”的概念与君主或官府的混淆不清。韩非在其理论设计中，曾预设了这样一个大前提：民之本性是“苦小费而忘大利”（《韩非子·南面》），常常毁公利而存私利，或贪一时之利而废根本之利；而只有君主才是国家与民众总体之公利的自觉维护者，才能“利民萌，便众庶”（《韩非子·问田》）。在这里，韩非把君主代表公利的问题绝对化，并悄然将国家与君主等同，“公”既指国家同时也指君主。由此，“公天下”也就变成了“君天下”“家天下”。

而按照法家“立功灭私”的原则，所有的居民都必须纳入“编户齐民”的管理系统，不允许有独立于国家之外的民间社会的存在。这就从根本上取消了人们横向联合的可能性。显然，在庞大的君主权力面前，人们越是孤立，就越便于君主专制。历史地看，这种“公”胜“私”的过程，也就是从分封制国家转到君主集权国家的过程。自春秋中期以来，一些国家开始从体制上来消除分封制所潜在的弊端。如齐国按照人口编制县：“三十家为邑；十邑为卒；十卒为乡；三乡为县；十县为属；属有大夫，故立五大夫。”（《国语·齐语》）楚国、秦国、晋国则是在新扩张的土地上设置县。此外，诸侯国还在经济发达地区设县，以此控制经济。“郡”的出现时间要晚于县，主要用以军事防御，通常设置于边境地区。到了战国后期，经过诸侯兼并，天下仅存“战国七雄”。随着疆土的日益扩大和县域数量的日益增多，韩、赵、魏三国率先出现“以郡管县”的体制机制，随后逐渐形成郡、县两级地方行政管理层级的制度格局。在郡县体制下，郡与县属于由中央政府直接管理的行政区划单位和地方政府层级，严格服从中央政府的统一命令。相应地，郡守、县令已不再是之前的世袭贵族，而是职业官僚、朝廷命官；以谷物为俸禄的“谷禄制”也取代以土田为俸禄的“田禄制”。由此，分封制无可挽回地走向衰落。

3. 秦政一统

从实践上看，随着诸侯兼并的持续进行，至战国末期，秦国独占优势、实现统一之势日渐明显。与这种政治上的统一相适应，百家学说之间的融通综汇也蔚然成风，如荀子之礼法并重、韩非之道法合流等。同时，还出现了综合各家学术的“综合家”或“杂家”，如由吕不韦汇集门客编写的《吕氏春秋》。

《吕氏春秋》融合儒、道、墨、法、兵、农、纵横、阴阳等各家学说，试图建立一套

---

① 刘泽华. 春秋战国的“立公灭私”观念与社会整合：下. 南开学报（哲学社会科学版），2003（5）.

与帝国统一后相适应的治理模式，其内容主要体现在如下几个方面：其一，“贵生”之道。《吕氏春秋》秉承道家传统，提出“贵生”为治国之本的思想：“惟不以天下害其生者也，可以托天下”（《吕氏春秋·贵生》）。其二，“公天下”思想。《吕氏春秋》从历史的角度论证了立君是出于民众的共同利益：“利之出于群也，君道立也”（《吕氏春秋·恃君览》），因而，君主治理天下要秉公而行，不要任意偏私：“天下非一人之天下也，天下之天下也”（《吕氏春秋·贵公》）。《吕氏春秋》甚至主张“废其非君，而立其行君道者”（《吕氏春秋·恃君》）。其三，民本思想。与儒、道、墨、法都主张治国要减损人民的欲望不同，《吕氏春秋》公开承认民有欲望是正当的，君主顺应民众的本性和欲望来治理民众：“令其民争行义”，“令其民争乐用”（《吕氏春秋·为欲》）。其四，《吕氏春秋》兼取各家之长，主张刑德并用，并以德主。在《吕氏春秋》看来，大一统帝国的确立，最重要的不是严酷的刑罚，而是道德的力量：“为天下及国，莫如以德，莫如行义。”（《吕氏春秋·上德》）其五，义兵主张。《吕氏春秋》批判了墨家的非攻主张，认为只要出师正义，“攻”“守”都是可以的。虽然“兵凶战危”，但是为了救民众于水火，不得已“举凶器，行凶德”，如此，方能威慑敌人，使民众得以生存：“敌慑民生，此义兵之所以隆也。”（《吕氏春秋·论威》）这一思想的提出，客观上推动了秦统一六国的进程。

从当时的社会形势来看，《吕氏春秋》的许多主张也颇具积极性、前瞻性。然而，却终未为秦始皇所采纳，吕不韦自己也落得个饮鸩而死的结局。个中原因，主要有如下几点：其一，权力之争。从秦庄襄王到嬴政亲政之前，吕不韦大权独揽，自然危及代表秦王室的嬴政的利益。吕不韦“公天下”的主张，尽管能得人心，但也不乏其觊觎权力的嫌疑。其二，个性因素。史载，秦始皇喜独裁，刚愎自用、事必躬亲，意得欲从：“上不闻过而日骄，下慑伏谩欺以取容。”（《史记·秦始皇本纪》）吕不韦希冀通过《吕氏春秋》对秦王政进行规劝，“书中常有批评人主垄断权力、骄横轻物的话”，“这些话严肃直率，切中秦王政的要害”①，故而为秦始皇所不容，也在情理之中。其三，历史原因。《吕氏春秋》的一些主张与秦国的历史文化传统多有相悖之处。自秦孝公以来，秦国历代君主朝乾夕惕，对于角逐帝业的事功追求进行了长达百余年的政治接力。从臣僚卿相到贩夫走卒，也无不“慕业务功”“尽智竭力”“并心进取”（睡虎地秦简：《为吏之道》）。这种事功精神构成了秦人稳操胜券的一大精神优势，故而，“自孝公以至于始皇，世世为诸侯雄”（《盐铁论·论功》）。法家思想由于契合秦君主政治的事功诉求和现实需要，因而被奉为统治思想，并经过百余年的洗礼而浸染成俗。而墨家、兵家、农家等学派之所以得以在秦传播，也是因为这些实用之学契合了秦人的事功需要。因而，崇尚无为、德法兼顾的主张，在当时的秦国文化氛围中难以一时获得认同和践履。总之，“以秦始皇的权力和性格、秦国的历史传统、历史的趋势看，吕氏的失败是自然之事”②。

到了战国晚期，统一王朝的轮廓清晰可见，因而，如何对此实现有效管理，便成为时代关注的焦点。为此，韩非建构起了融法、术、势为一体的绝对君主专制理论，并以道家理论为君主的“至高无上”提供了哲学论证。在韩非看来，宇宙的最高本体“一”

---

① 任继愈．中国哲学发展史：秦汉卷．北京：人民出版社，1985：10．

② 李家骧．吕氏春秋通论．长沙：岳麓书社，1995：13．

（“道”），它是秩序的象征，人应法天道，应有最高的“一”，而君主正是这个最高的“一”。儒家尽管也推崇君主，但依然坚持“以道事君”（《论语·先进》），“从道不从君”（《荀子·子道》），这实际上否定了君主的绝对性。而韩非的“君道同体”从理论上终结了“道高于君”的人文理念，并使统治者的势位本身成为真理与谬误的裁判标准：“道无双，故曰一。是故明君贵独道之容。”（《韩非子·扬权》）从此，君主不必再为身份的合法性而困扰。[①] 史载，秦王嬴政对韩非之书推崇备至：“嗟乎，寡人得见此人与之游，死不恨矣！”（《史记·老子韩非列传》）虽然后来韩非死于别人的暗算，但秦始皇全盘接受并实践了韩非的理论。按照韩非“以法为教”“以吏为师”（《韩非子·五蠹》）的治国主张，秦始皇让李斯主持修订法律，其“治道运行，诸产得宜，皆有法式”（《史记·秦始皇本纪》）。随着秦国“以法为教”国策的实施，法律规定越来越多，需要有专门的司法队伍培养法律人才，解释法律条文，故而，秦始皇又将“以吏为师”全面付诸实践，建构起从中央到地方实现“远迩同度”（《史记·秦始皇本纪》）的思想教化系统。可以说，历史选择了法家，而法家造就了历史。虽然法家的理论以君主利益为本位，但其实现天下一统的目标表现出其切合历史维度的进步性。正如马克思指出的，在一定历史条件下，“王权是进步的因素”，它“在混乱中代表着秩序”[②]。

从实践上看，秦始皇最终实现了秦人数百年的事功梦想，促成秦统一六国的伟大功业。在先秦分封制时代，君权的独占性和独裁性虽然已为人们所承认，但造成了一个相对分散的权力结构，最终造成列国争夺天下的混乱局面。这不仅是对周礼等级的嘲弄，也成为后世君主加强君权的动因。而如何设计出一种有效的组织形式，以避免分封制的弊端，便成为秦国统治阶层共同关心的一个重大问题。秦国在商鞅变法时期就开始推行郡县制，使君王的直接管辖范围达到县一级：“集小乡邑聚为县，置令、丞、凡三十一县。”（《史记·商君列传》）秦统一六国后，在实行中央集权还是分封诸侯的问题上统治阶级内部曾发生过一场争论。儒者们主张“师古”，是要恢复分封制；而李斯所谓“师今”，则是要根据现实需要，废除分封制，实行郡县制。李斯认为，只有实行郡县制，使诸子功臣靠皇上过活而失去发动战争的客观基础，他们才不可能有非分之想，也才能确保中央集权巩固，确保国家的安定和统一。最终，秦始皇接纳了李斯的建议，彻底废除分封制，分天下为三十六郡（后演变为四十一郡）。在郡县体制下，地方长官不是封君，其职位不能世袭。这样，秦朝将天下权力汇集中央，通过政府的层层辖制，君主的意志可贯通各级政权直至保甲乡里。这项制度符合专制皇权和天下统一的要求，强化了中央对地方的控制和管理。与郡县制相适应，秦帝国通过剥夺旧贵族的特权，废除终身制和世袭制，实现了官僚制对世卿世禄制的彻底取代。在官僚制度下，俸禄取代了采邑，官吏的选拔任免不再以宗族血缘关系为依据，而是代之以个人的能力、学识，从而消除了各级“食土临民”的贵族世卿和大大小小的“独立王国”，“布衣卿相”遂成为当时屡见不鲜的社会现实。

在君主集权下，秦朝中央组织机构实行“三公九卿”制。中央政府“官分文武”

---

① 彭新武．法家精神：价值与缺失．中国人民大学学报，2014（3）．

② 马克思恩格斯文集：第4卷．北京：人民出版社，2009：220．

（《尉缭子·原官》），丞相为文官系统的首领；太尉为武职系统的首领；御史大夫作为丞相的副手，独立于文武行政系统之外，兼掌监察。于是，文臣、武将、监司三大政务系统的框架自此形成。无论是中央还是地方政府都由这三大系统构成。三大政务系统之外，另有宫廷服务系统，管理皇室、皇族家务。丞相以下分掌国务的中央行政部门是由列卿领导的各衙署，即“九卿”。无论是“三公”还是“九卿”，均由皇帝任免调动，一律不得世袭，职业文官阶层自此形成。在经济上，皇帝拥有至高无上的财政大权，天下土地皆归于皇帝，以加强中央集权统治。此外，秦始皇统一了全国的法令、文字、货币、度量衡，车同轨、书同文、行同伦，修长城，建驰道，拆除妨碍统一的关隘、堡垒，疏通河道等，从而把一个幅员广阔、人口众多、风俗各异的国家置于一人统治之下，实现了所谓“人迹所至，无不臣者”（《史记·秦始皇本纪》）。

可以说，从周代到秦朝，是中国古代文化的一次重要转型期。周代建立了包括分封制、世卿世禄制在内的一系列制度；秦统一六国，融华夷文化于一体，废封建为郡县，创立官僚制度，奠定了“三公九卿”制等一整套专制主义的基本框架，史称“周秦之变”。秦帝国的这一体制转换，解决了西周“王制中国”天子不能制诸侯的内在困境，可谓“古今一大变革之会”（王夫之：《读通鉴论》卷末“叙论四”）。史载，“始皇自以为功过五帝，地广三王，而羞与之侔”（《史记·秦始皇本纪》），方自号为“皇帝”。在这里，皇帝不光是一个称号，而是国家元首、政府主宰，是一项重要的政治制度。在皇帝之外不存在任何平行的权力主体。天下大权集于中央，中央大权集于皇帝，则皇帝即国家，国家即皇帝，皇帝与专制合而为一，所谓“主独制于天下而无所制也”（《史记·李斯列传》）。从此以后，历届王朝更不断加强，以皇帝为核心的专制政体，始终循着这条轨道运行不辍，直至清末。其历史之悠久、影响范围之广大、影响力之深远、生命力之旺盛，世所罕见。

4. 王霸杂用

秦国“以法为教”的制度化建设，再加上秦帝国的成功奠基，似乎可以证明法家理论的成功。然而，当专制君主大权独揽并纵情恣睢，导致“外内骚动，百姓罢敝”（《史记·张耳陈馀列传》），最终秦帝国在农民起义和六国旧贵族的反叛风暴中顷刻“二世而亡”。秦亡汉兴，虽然在体制层面是“汉承秦制”，但是在意识形态层面，则经历了一个长期的转换过程。为寻求长治久安，汉朝统治者积极梳理总结秦朝灭亡的历史教训，于是，追讨“秦过”遂成为一股时代潮流——汉儒批法。汉初儒生几乎众口一词地认为，秦帝国的过错是摒弃仁道、专任刑罚。法家理论是秦国赖以起家的思想法宝，故汉儒评论秦政，势必将批判的矛头同时指向法家。对于法家思想，汉初百姓、官吏可谓避之如虎、谈之色变：“及刻者为之，无教化，去仁爱，专任刑法，而欲以致治。至于残害至亲，伤恩薄厚。”（《汉书·艺文志》）法治由此背上了恶名，几乎成为专制、暴政的代名词。汉武帝即位伊始，丞相卫绾奏请：“所举贤良，或治申、商、韩非、苏秦、张仪之言，乱国政，请皆罢”（《汉书·武帝纪》），得到武帝的首肯，将申、商、韩之学视为扰乱国政的邪说。此后，法家长期遭受贬斥。

究其实，汉儒批法是汉代否定秦的暴政并树立新朝形象、重建新秩序的需要，故而，汉代的史论家对秦朝的统一大多采取否定与敌视的态度，他们分析秦国取胜的原因时也多是用“逆”“暴”“虎狼”“狙诈”等贬义词，而对秦国变法的时代进步性、开放性的任贤政治、高超的战略艺术与军事谋略、君臣共力的优良传统等各种积极举措，则少有陈述。正如司马迁所言：“秦取天下多暴，然世异变，成功大……学者牵于所闻，见秦在帝位日浅，不察其终始，因举而笑之，不敢道，此与以耳食无异。悲夫!”（《史记·六国年表》）

值得注意的是，虽然法家学说在汉儒论政时被作为批判和攻击的对象，但众多儒者在一定程度上又认同法家的精髓，并努力将其糅合进现行政策中去。西汉王朝是在秦末战争的废墟上建立起来的，长期的战争动乱，使得人心思定、人心思治成为社会上下的一致呼声，从而助长了“黄老之道”① 在汉初的勃兴。无为而治在汉朝初期推行了70余年，经济得以逐渐复苏，史称“文景之治”。作为汉初的治国思想，黄老之学就是以先秦道家为底本，兼采阴阳、儒、墨、名、法等各家学说而形成的。在黄老之学兼收并蓄的氛围中，法家学说并未真正被封杀，而成为汉初政治指导思想的一部分。毕竟，专制主义中央集权制度若是缺少了法家学说的支撑，也将难以有效运作。

在黄老之学盛行的同时，汉初开书禁，儒生日渐活跃。在汉高祖时期，鉴于先秦儒法之争中儒家重文轻武而法家重武轻文的偏向，陆贾主张把“文”和“武”即仁义教化和法令结合起来，以仁义教化“劝善”，以法令“诛恶”，以实现长治久安，所谓“文武并用，长久之术也”（《史记·郦生陆贾列传》）。随着儒学的日趋走强，“仁义礼乐”的观念重新得到重视。在汉文帝时代，无为而治策略的推行虽然受到了良好的治理效果，但由于无为而治本身包含“君主无为”的思想，再加上朝廷当中汉初以来的将相功臣恃宠而骄，无视君臣上下之礼。在这种情势下，贾谊将法家“势”论贯穿到礼学中，力倡君臣之礼，通过人为造成一种尊君之势，使天子“其尊不可及”（《汉书·贾谊传》）。同时，贾谊认为，重礼并非不要法，仁义礼乐、法令刑罚各有功用，治国之道应礼法并用：“夫仁义恩厚，人主之芒刃也；权势法制，人主之斤斧也。”（贾谊：《治安策》）在贾谊看来，按制度办事就是守礼，而破坏了制度也就是违法。贾谊正是通过制度这一环节，沟通了礼与法二者之间的关系，成为此后“礼法合流”的先声。

到了汉武帝时期，西汉政权所面临的各种社会问题变得更加尖锐。在内政方面，尽管“七国之乱”已被平定，但宗藩隐患犹存；而在帝国外部，汉初对匈奴一直采取退居忍让的和亲方针，反而使匈奴南下侵犯日增，从而构成西汉王朝外部关系中最敏感的危险因素。对于汉武帝而言，他所面临的这些问题，靠清静无为是于事无补的。在这种情势下，董仲舒远承孔、孟，近取荀子、贾谊，集黄老、法、儒于一身，兼收阴阳家及某些神权思想，建构起了一个庞大的“新儒家”的思想体系。由于董仲舒所倡导的新儒学

① 道家思想在老子之后大致形成两种走向：一种是以庄子为代表，偏重于继承发展老子的形而上之道，主张绝去礼学、兼弃仁义的道家出世一派；另一种则以稷下学派为代表，偏重于继承发展老子的形而下之道，专心于治国之术的“入世”，即“黄老道家”。黄老之道在战国末期已经出现，是托名黄帝之言，以老子道家学说为主旨，兼采阴阳、儒、墨、名、法之学而形成的一种经世之学。目前被学界公认为是先秦黄老学著作的文献主要有马王堆汉墓出土的“帛书”《皇帝四经》（包括《经法》《十大经》《称》《道原》）以及《管子》中的《心术上》《心术下》《白心》《内业》等篇章。

所体现的重名分、别尊卑、贵礼法、“主唱臣和”、“主先臣随”、“君权神授”和“大一统”的思想文化，巧妙地用儒家的外衣，包裹其强化王权和实现统一的真实目的，迎合了汉武帝意欲强化君王权力和权威的心理，以一种曲径通幽的方式实现了与君主专制主义中央集权政治的结合，故而，汉武帝接受了董仲舒的建议，“罢黜百家，独尊儒术”，实行学术统一，从而结束了长达几十年之久的汉初黄老政治，走向以儒家思想为核心的意识形态霸权的建构。

显然，董仲舒标榜的“独尊儒术”，已不是纯粹的先秦儒学，而是“博采百家，自成一体”的新儒术。在董仲舒看来，“教化”与“法度”都是治国的根本。为此，他借用阴阳图式把“德”比作阳，比作春夏，以生、养万物；把“刑”比作阴，比作秋冬，能够杀、藏万物。由于阳尊阴卑，因而德治与法治的关系便是“德主刑辅”：“刑者德之辅，阴者阳之助也”（《春秋繁露·天辨在人》）。这样，董仲舒一方面神化了孔孟“为政以德”的传统主张，另一方面也把法家的法治置于一个重要的地位。如果说孔孟思想的价值主题是仁、礼，其解决问题的方式更多是关注德教的话，那么从荀子的隆礼重法到董仲舒的德主刑辅，则已经非常明确地表明了儒家礼治的基本模式，就是“王霸杂用”。

而儒、法两家之所以能够走向融合，是基于二者思想的同一性。虽然自孟子以来，王道与霸道便有了价值上的分殊，即重礼义与重功利、尚德与尚力这种价值观念上的对立。但事实上，二者之间的区分并不总是很清晰，且越来越走向混同。司马迁在分析儒、法思想源流和异同时指出：“儒者博而寡要，劳而少功，是以其事难尽从，然其序君臣父子之礼，列夫妇长幼之别，不可易也”，“法家严而少恩，然其正君臣上下之分，不可改矣”（《史记·太史公自序》）。先秦法家尽管以“一断于法”的公正形象赢得了时代的青睐，否定了“礼”的宗法性，但并没有否定“礼”所规定社会的等级性。在法家看来，儒家所赞扬的尧舜禅让造成君臣易位，汤武革命弑君篡位，这些都是背叛君臣之义，不但不值得赞扬、提倡，而且应该受到批判：“尧为人君而君其臣，舜为人臣而臣其君，汤、武为人臣而弑其主、刑其尸，而天下誉之，此天下所以至今不治者也。”（《韩非子·忠孝》）因此，如司马迁所言：“若尊主卑臣，明分职不得相逾越，虽百家弗能改也。”（《史记·太史公自序》）

从汉武帝的治国措施来看，一方面，强调德教，广施教化；另一方面，又以严刑峻法打击诸侯王叛乱和豪强、商贾、农民反抗，致使刑网密集，酷吏弄法，百姓怨声载道，可谓“外儒佯宽 内法实猛”[①]。对此，“阳儒阴法”或“外儒内法”的表述，可谓切中要害，即表面的主导是儒家，是道德理想主义，实际的核心是法家，是专制主义加上功利主义。汉武帝之后，儒家思想被奉为官方意识形态，从而为法家冷酷无情的专制主义罩上了一层温情脉脉的面纱。汉宣帝曾下诏：“导民以孝，则天下顺”（《汉书·宣帝纪》），与汉武帝“导民以礼”可谓一脉相承。史载，宣帝驳斥太子（后来的元帝）“宜用儒生”的建议时道：“汉家自有制度，本以霸王道杂之，奈何纯任德教，用周政乎！且俗儒不达时宜，好是古非今，使人眩于名实，不知所守，何足委任？”（《汉书·元帝纪》）宣帝的意思是，儒家思想、德教、周政，并非不用，也不是不能用，只是不能“纯”用，

---

① 张晋藩. 中国法律的传统与近代转型. 北京：法律出版社，2009：21.

也就是在治国方略和实践中，不能只用德教。同时，儒生、儒家不是不用，也不是不能用，而是“俗儒”不能用——不达时宜、是古非今、眩于名实、不知所守的儒生，就是“俗儒”。宣帝的论说，也表明了统治者对儒生、儒学的态度——择利而行，为我所用。究其实，无论是王道、霸道，还是王霸杂用，都是站在君主和官僚集团的权益立场上而言的，都是将民众视为维护自身利益的一种工具性存在，差别只在于施政方式的宽严程度有所不同而已。诚如司马光所言：“王霸无异道”，二者都是“本仁祖义、任贤使能、赏善罚恶、禁暴诛乱”，其差别只是在执行程度上有所差别：“名位有尊卑，德泽有深浅，功业有巨细，政令有广狭耳，非若白黑、甘苦之相反也。”（《资治通鉴·汉纪十九》）

自汉朝始，“王霸杂用”的“仁政”成为西汉以降历代王朝的治国方略。一般而言，重礼义与尚德往往和仁政、王道相联系，重功利与尚力往往和暴政、霸道相关。前者为“柔”，后者为“刚”。故而，王霸杂用的治国方略贯彻了恩威并施、宽猛相济、软硬兼施的“刚柔相济”之道。从哲学层面来看，这种刚柔相济的思路蕴含着一种中庸思维，即不偏执一面，而是双管齐下，力求适度、平衡。不过，这种刚柔相济的中庸之道只是一种理论上的理想化状态，在真实的历史面前，历史总不会平稳运行，故而刚柔适度总是难以维持，而是常常表现为灵活适应不同情势的“刚柔交替”的权变策略：社会矛盾缓和的平稳时期，实施柔性策略；社会矛盾尖锐的动荡时期，则施行刚性策略。历史地看，战国时期的法家重刑主义以及秦国的政治实践，所体现出的正是这种策略的“刚”的一面。而秦国的“二世而亡”，似乎也说明了没有及时实行“柔道”而导致的结果。与秦朝的暴虐政治相比，在礼治包裹下的汉朝政治，虽然符合宗法社会的社会心理和民间情怀，但是，“任德教而不任刑”（《汉书·董仲舒传》）的施政策略，又难免会导致在现实中法治松弛之弊：“凡民之所以轻为盗贼，吏之所以易作奸匿者，以赦赎数而有侥望也。”（《潜夫论·述赦》）为此，三国时期的曹操在治理期间吸收秦败亡和汉衰敝的双重教训，提出将德化与法治相结合，以及尚儒与重法应因时而定的治国思想：“夫治定之化，以礼为首。拨乱之政，以刑为先。”（《三国志·高柔传》）曹操的这一“礼法之治”，显然深刻体现了“王霸杂用”之精髓。值得注意的是，在这一方略中，“法”的位置从汉武帝以来一直所处的“阴”位，被重新摆到了“阳”位。自此，法家明确成为儒家的一个重要补充。

而历代王朝在建立之初，由于大多经历了战乱，人心思定，故而常常会采用“无为而治”的休养生息之策——这实际上也是一种“柔性”策略。譬如，西汉初年的无为之治，东汉光武帝的“柔道治天下”，唐太宗“惟欲清静，使天下无事”的贞观之治，宋太祖“慎罚薄敛，与世休息”，朱元璋的“休养安息”政策，等等。无为而治的思想，对于君王无限制的贪婪和强作妄为的欲望有极大的消解作用；同时轻徭薄赋、节俭不奢、体恤民生、不妄为、顺民而治等思路，对于频遭战乱、暴政蹂躏的社会民生也有极强的安抚作用，并能促进经济的自然发展。不过，无为思想在后世也曾被消极地解读。例如，宋徽宗在《御解道德真经》中认为，有为就会有过错，只有无为才能免过：“夫无为而寡过者易，有为而无患者难。既利物而有为，则其于无尤也难矣。”因而，他对治理天下表现出了明显的畏难情绪，极力反对有为。宋徽宗反对“有为”的现实原因，可能是对神宗以来的“变法”与反“变法”之争感到厌倦，因而他明确反对“治大国而数变法”。这里的“变法”不光是指王安石立新法，也包括司马光等人废新法。宋徽宗既不同意立新法，也不同意废新法，而主张既不立也不废，也就是维持现状：“不立一物，兹谓常无；不废一物，兹谓常有。”但现实情况是新党、旧党的政治斗争已愈演愈烈。宋徽宗不去想办法调和矛盾，而是以“无为”为借口任由矛盾发展，结果使政治变得愈来愈黑暗，最终导致北宋灭亡。①

三、传统中国之治的基本特质

自汉代新儒学被定于一尊，文化一律遂成为历代王朝思想统治的一项既定方针。魏晋南北朝之际，社会大一统秩序的解体，传统纲常伦理难以维持，并受到道教和佛教的挑战，儒学曾一度走向衰落，但随着隋唐之际大一统政权的复归，儒学也开始在“三教融合”的基础上走向复兴。此后，宋代理学的兴盛，更使儒学走向了全面复兴之路。理学以天理观念为核心，进一步论证和捍卫了“王霸间杂”方略。从此，日渐成熟的儒教最终成为中国传统社会居于支配地位的统治方略。历代统治者正是通过这种“王霸杂用”的理论框架，把集权模式推及整个国家政治生活，进而形成传统“中国之治”的基本特质，主要包括“全能主义”的治理模式、“为国以礼”的治理规范和“大一统”观念指引下的“羁縻之治”的邦交策略。

1. 全能治理

自秦代奠定了皇权政治下家天下、大一统的基本格局，经两汉四百余年的发展、积淀，以中央集权统治和皇权至高无上的君主制政体为核心的大一统体制得以最终确立，并一直延续至清末。这种体制以专制、集权为核心，以行政权力支配社会作为控制社会的基本准则，导致形成一种社会资源全面垄断和对政治、经济、文化等一切社会事务进行全面控制的社会管理模式——全能治理，即在“君权至上”的前提下，以“官本位”、“利出一孔”和“思想一统”为核心的三位一体的全面社会控制体系。具体而言：

其一，君权至上与“官本位”。从政治上看，专制政体的根本特征，就是君主拥有独揽一切和至高无上的权力，“口衔天宪”，视全社会为一姓一家之“产业”，拥有绝对的支配权。秦汉以后，帝王们总要冠以圣人之名，颂为“圣王”，誉为“圣明”，其意谓之“圣裁”，其言则为“圣旨”，所谓一言九鼎。圣王成为中国文化的“图腾”，不仅成为政治生活的中枢，而且还成为整个社会生活的中枢和支配力量。与此同时，传统的天命观念依然发挥着重要的作用，并主要用来对皇权进行神化。随着董仲舒天人感应学说的流行和儒学的“谶纬化”②，所谓“真命天子”“星宿下凡”“天子受命于天”等，几乎成为后世儒家众口一致的说辞，从而给皇权披上了一层神秘的外衣。此后，在漫长的中国古代社会，神化的君主使“王者无外”、君权独尊的思想深入人心，君权至上、一统天下的永恒法则固守着“予一人”的独尊与专制。

① 宋徽宗御解道德真经：卷一//道藏：第 11 册. 841-849.

② “谶”是一种假托神意制造的政治预言，“纬”是以神意对儒家经典进行的解释。汉朝时期的儒生为了保持儒学已有的崇高地位，在原有的神学内容基础上吸取方士之术，从而使得儒家经义宗教化。

君主的权力和尊严，还由于宗法社会的等级关系而得到加强。本来，在战国变法运动中，以血缘为基础的传统宗法政治秩序受到强烈冲击和破坏，但是，血缘、家长和等级等宗法关系观念并未因此消亡。自秦汉以来，封建宗法家族逐渐成为一种基层地区性势力，自成一套体系，“生相亲爱，死相哀痛”（《白虎通·宗族》），形成“一村唯两姓，世世为婚姻，亲疏居有族，少长游有群”（白居易：《朱陈村》）的结果。可以说，每一个中国人都完全消融于“家族”之中，包括逝去祖先在内的祖辈，与生生不息的子孙，共同构成了家族的生命流。就这样，宗法家族观念以其源远流长的历史、一本正经而又娓娓动听的说教和统治阶级的刻染，极大地影响了中国国民的心理和性格，如对血缘关系的高度重视，对祖先的顶礼膜拜，以及对传统的极端尊重，等等。而长期的血缘集团聚居生活，形成了国人家族本位的思想观念，使得传统中国人无不把传宗接代视为天经地义的义务，将光宗耀祖看成义不容辞的责任。

宗法家族和宗法制度扩展到整个社会，与官僚制度相结合，就形成了中国历史上两千多年的君主专制制度的基本模式——“家国一体”。“上为皇天子，下为黎庶父母”（《汉书·鲍宣传》），便是这种观念的极好表达。就是小小的地方长吏，也习惯地被称作老百姓的“父母官”。统治与被统治的阶级关系，由此罩上了一层温情脉脉的宗族关系的面纱。在大一统的社会秩序中，天子是政治权力的核心，地方大权归于中央，中央之权集于君王。而整个社会则围绕着以皇帝为代表的官僚集团为核心进行运作。尽管在专制体制下存在着有限的分权，中国历代王朝则一直保持着以皇帝为顶端的高度集权的专制制度。在这种体制中，政府是唯一的权利主体，政府与社会高度合一，整个社会生活高度政治化，所谓“王权支配社会”①，并由此而衍生出以“官本位”为主要表现形式的社会秩序格局。

这具体表现为：第一，权力占有是官本位的核心。在这一等级体系中，皇帝处于权力金字塔的顶端，其下是中央到地方的各级官吏，官吏之下是众多的全国民众。在这种权力格局中，下级对上级唯首是瞻，上级对下级拥有绝对的权力。上对下，发号施令，颐指气使；下对上，唯命是从，唯马首是瞻，形成一个看不见的权力“场”。“一人得道，鸡犬升天”。鲁迅先生说，凡是“猛人”，“身边便总有几个包围的人们，围得水泄不透”。结果，“是使该猛人逐渐变成昏庸，有近乎傀儡的趋势”。“中国之所以永是走老路，原因即在包围……”② 权力越大，包围就越厚。官官相护，构成一个共同对付劳动人民的“生物链”。第二，利益分配是官本位的归宿。在森严的等级制度下，“官有九品、人有九等”，官贵而民贱。这种等级特权制度造成了特殊的利益导向，一切待遇，都得按官位高低排序。级别越高，待遇越高。早在先秦，吕不韦就悟出了一个道理：投资“官市”比种田、经商都强，“其利千万倍”。官为百业之首，唯有走上仕途，才能出人头地。否则，别无他途。于是，古代中国各种职业由贵到贱、由高到低依次为士、农、工、商，入仕为官成为人们的最佳职业选择。读书做官既然是一本万利的事业，由此形成千军万马奔官道的场面和无休止的争夺。第三，上尊下卑的价值取向。在官本位体制下，人们以官

---

① 刘泽华. 分层研究社会形态兼论王权支配社会. 历史研究，2000（2）.

② 鲁迅. 祝福. 北京：煤炭工业出版社，2018：217.

为贵，以官为尊，以官为荣，由此形成以官职大小衡量人的价值、成就、地位的官本位文化。既然社会大众以是否有官位及官位的高低为尺度来评判一个人的价值，自然人们皆以追求官位作为人生的最重要的理想，由此形成了普遍的社会心态：崇拜权力，追求地位，敬畏官员，把当官以及官位的升迁作为人生最大价值来追求。于是，是否入仕为官及入仕以后能否官居高位，就成了衡量个人成功与否的一个重要标志。“十年窗下无人问，一举成名天下知”（《增广贤文》），“朝为田舍郎，暮登天子堂”（高明：《琵琶记》），这些耳熟能详的励志口头禅，实际上就是官本位思想的真实写照。

在中国传统政治意识形态中，与官本位并存的，还有所谓“民本”。基于民众在争取和维护政权稳定性中的作用，民本思想一直成为中国社会重要的官方意识。然而，这种出于维系统治秩序的思维，并非使民众成为权利主体，因而强调“民本”并不妨碍君主专制。历史上的思想家和开明政治家大都既承认民为国本，又讲君为民主。孟子在讲“民贵君轻”（《孟子·尽心下》）的同时，又说“无君无父，是禽兽也”（《孟子·滕文公下》）。韩非认为，“君权民与”（《韩非子·五蠹》），但又认为，人民应完全受国君支配摆布：“有难则用其死，安平则尽其力”（《韩非子·六反》）。连清初著名的启蒙思想家黄宗羲在怒斥君主专制和提出“天下为主，君为客”（《明夷待访录·原君》）的同时，也把“一人主天下”（《隋书·炀帝纪》）视为理所当然。如此一来，看似对立不容的民本与君本竟然能够共生并存。“重民”是为“使民”，“爱民”是为“用民”，“保民”是为“自保”。由此，民本成为一种“统治术”，真正的光芒则被尘封。

其二，崇公抑私与利出一孔。从经济上看，先秦诸子百家争鸣的结果，就是“崇公抑私”成为专制君主的一致追求。这种观念支持君主对资源的最高垄断权，从而为专制制度整合社会资源、控制分配权提供了理论依据。在君主专制体制下，君主自然成为天下臣民和一切财富的最高所有者。“溥天之下，莫非王土；率土之滨，莫非王臣”（《诗经·小雅·北山》）的古训，成了“家天下”最为经典的概括。皇帝成为最高的土地所有者，甚至是可以以某种名义任意抄人的家、任意剥夺任何人的生命和财产的。作为各级官僚的土皇帝，也是可以用各种合法或非法的手段来攫取社会财富，甚至草菅人命的。真正法权意义上的“私有财产神圣不可侵犯”的土地私有制，在中国并不存在。这使得传统社会的经济制度具有了超经济强制的根本特征。对此，法家说得直截了当：“国者，君之车也。”（《韩非子·外储说右上》）“主者，人之所仰而生也。”（《管子·形势解》）荀子干脆宣布：“贵为天子，富有天下。”（《荀子·荣辱》）

“崇公抑私”的观念体现在社会经济政策上，就是政府以“强国”为目的，实现利权独断，全面控制人民的经济命脉，尤其是对国家直接经营既关系国计民生又可获暴利的行业，如粮食、货币、盐铁等，由政府全面垄断整个社会经济资源和分配机制，此即所谓“利出一孔”。管仲治齐，在对民间商业进行打击和控制的同时，又积极倡导官营商业，实行官山海政策，即国家盐铁专卖，成为后世国家盐铁专卖制度的源头，影响中国达两千多年之久。不仅如此，随着时代的发展，这种专营政策还不断扩大，除盐铁外，茶、酒、矾等也成为国家垄断的项目。这种以政治手段将与国计民生最密切的工商业垄断起来的措施，加强了集权主义的力量，却把商品经济自由发展的道路堵塞了，造成了中国传统社会长期停滞不前、自然经济一直占着统治地位的状况。

不仅如此，在中国皇权社会，家国不分、公私无界的浑然一体的政体，往往成为腐败的温床。在官僚制组织中，官员们并不总是以他们应当遵循的方式行事，他们具有一种人类本能的趋向，试图增大自己的权力。一旦掌握公共权力的官僚组织在社会中形成了一个独立的利益群体，他们势必不断加强自己的行政权力，为自己及其利益集团谋取特殊的利益。“官僚个人融合成一个集体，并相互整合为官僚机器。这些官僚在利益上保持一致，以确保机器的各项功能得以延续，并在社会上维持其权威。”① 这就是公共选择理论所揭示的“官僚的自主性”。官僚组织这种独立的利益促使它维持并扩张自身的行政地位和权力，成为一种为所欲为、自行其是的潜在力量。于是，与民众的利益相比，官僚自身利益往往会成为自身优先关注的问题，从而不可避免地导致公共组织表现出严重的自我中心、自我服务、曲解民意、漠视公共需求，等等。

由于统治者的权力不受约束，可以对民众“有田则税之，有身则役之”（《文献通考·户口一》），而民众“无尺寸之治柄，无丝毫应有必不可夺之权利”②。由于农民缺乏公民权利及组织涣散，面对官僚以国家暴力为后盾的各种非法加派，农民只要还能生存下去就只能选择忍受。但是当各种合法和非法的赋役使得农民无法生存下去的时候，农民会放弃生产，选择去当强盗，以暴力的方式去“剥夺剥夺者”。纵观从秦至清的整个中国皇权时代，国民的个人权利意识始终无法得到张扬，皇权至高无上不受约束，国民的人身自由权和财产权缺乏有效保护，因此中国皇权专制社会始终无法有效约束官僚集团的寻租活动。而寻租活动盛行，造成官僚集团恶性膨胀，国家开支不断增大，税负不断加重，最终把农民推向饥饿死亡的边缘，导致国家全面崩溃。在改朝换代后，新的王朝依然面临同样的法权结构，皇权依然至高无上、不受任何制约，如此循环，直至下一个轮回。

其三，思想一统。全能主义的社会管理模式，反映在思想意识形态领域，就是力图实现全社会的“思想一统”。这种将意识形态的一统格局作为政治统一的前提条件，很大程度上也是先秦诸子的共同认识，如墨子的“尚同”说、法家的“以法为教”等。历史地看，随着秦王朝专制集权的建立，鼓吹一元文化也从此开始。秦始皇接纳李斯的建议，以韩非思想为圭臬，全面推行文化专制主义政策，实现思想的“大一统”：“今皇帝并有天下，别黑白而定一尊，私学而相与非法教。”（《史记·秦始皇本纪》）对于一切违反这一官定思想的观点，都将被认为是异端邪说，受到官方的排斥和镇压：“史官非秦纪皆烧之，非博士官所职，天下敢有藏《诗》、《书》、百家语者，悉诣守、尉杂烧之。有敢偶语《诗》、《书》弃市。以古非今者族。”（《史记·秦始皇本纪》）先秦百家争鸣的辉煌局面，从此基本结束。

汉承秦制，但同时又“汉易秦政”，在统治政策上迥异于苛严的秦政，在政治、经济、思想诸方面施行较为宽松的政策，使人们长期压抑的心情与禁锢的思想有所松弛和解放。这种变化反映在意识形态上，一是高层统治者对思想文化的专制程度有所减缓，注意开放言路，倾听士人对朝政的议论和对社会治理方案的建议。史载，汉高祖“纳善

① 欧文·休斯．公共管理导论．北京：中国人民大学出版社，2001：48.
② 严复．社会通诠．按语//严复集：第4册．北京：中华书局，1986：928-929.

若不及，从谏若转圜，听言不求其能，举功不考其素。……所以亡敌于天下也”（《汉书·梅福传》）。二是人们能在较为宽松平和的政治、学术氛围中思考和讨论社会问题，思想比前活跃，参与意识较强。如是，则讨论也好，批评也罢，方式却都比前温和，与秦朝动辄在意识形态方面粗暴排斥异己的高压政策相比，有了很大的进步。但是，为了形成和维护一个稳定的舆论环境，必须有一个宜于教化风俗、长治久安的立国之本，以指导人们进行有利于统治的言论。汉武帝用董仲舒之策，儒家遂定于一尊。如此一来，自我被湮没于儒家名教纲常的人伦社会群体之中，导致缺乏自我独立思考的自由，最终唯君主一人之意志是从的盲目性。自此，“思想一统”就成为统治阶级的一项既定政策。

举国一致，只有一个思想，欧洲人没有做到，中国人做到了，这似乎是值得骄傲的。但世界上的事物都有其两面性。一个帝国，只允许有一种官定的思想，要用一种思想来概括和解决一切的社会问题，回答一切挑战。这样，必然造成两种结果：一是使这种官定思想变成一种随机应变、左右逢源的体系，变成独裁者手中任意解释的玩物，而丧失了作为一种统一思想的权威性和严肃性；二是为了维护官方思想的权威性和严肃性，就要将它变成一种僵化的教条。这两种结果都会使“孔孟之道”失去生命力，而成为束缚人们思想的桎梏。

历史地看，孔子关于“仁”的学说中所包含的“为仁由己”——从自我的真情出发的思想，有重视自我之自由自主的意味。孔孟的“仁”德，尽管把“个体性自我”还湮没在孝悌的血缘亲情群体之中，但比起殷周之际把人湮没于神权之中而言，毕竟是“个体性自我”实现自身发展的一个前进性的步骤。而董仲舒所宣讲的“天人感应”论将人的一切都变成了天的副本，从而背离了孔孟的“天人合一”原则。董仲舒的“性三品”说认为，“圣人之性”者，天生为善；“斗筲之性”者，天生为恶，无可改变；唯“中民之性”，可经教化而为善（《春秋繁露·实性》）。这套人性论把孔子的“唯上智与下愚不移”（《论语·阳货》）推向了极端，完全背离了孟子“人皆可以为尧舜”的人格平等思想。于是，孔子连同其创始的儒学一并成为专制主义者统治的工具，而被任意使用。

2. 礼治天下

从治理规范上看，传统中国社会治理的基本特征，便是所谓以“礼”治天下。历史地看，礼的系统化、规范化和在某种程度上的法律化，始于西周的周公“制礼作乐”。西周以来建立的宗法等级制度在春秋战国的社会大变革时期遭到了破坏，但除了周天子的衰微之外，其本质并没有发生多大的变化，礼制依然是各国维系统治的有效手段。秦朝虽然“缘法而治”，但对礼制也十分重视：“至秦有天下，悉内六国礼仪，采择其善，虽不合圣制，其尊君抑臣，朝廷济济，依古以来。”（《史记·礼书》）臣民稍有僭越，即属大逆不道。而在汉初，“制朝仪”更成为统治者的主要任务。史载，刘邦登基后，在殿庭出现“群臣饮酒争功，醉或妄呼，拔剑击柱”的混乱局面，“高帝患之”，于是“叔孙通使征鲁诸生三十余人”（《史记·刘敬叔孙通列传》），制作礼仪，“令主主臣臣，上下有差”（《新书·俗激》），以达到“臣不逾级”“贱不几可以冒贵”（《新书·服疑》）的目的。随后，高帝借长乐宫成、诸侯群臣朝贺之机，推行新朝仪，“自诸侯王以下莫不振恐肃敬。至礼毕，复置法酒。诸侍坐殿上皆伏抑首，以尊卑次起上寿。觞九行，谒者言‘罢酒’，御史执法举不如仪者辄引去。竟朝置酒，无敢欢哗失礼者”（《史记·刘敬叔孙通列传》）。于是高帝大喜，说：“吾乃今日知为皇帝之贵也。”（《史记·刘敬叔孙通列传》）在很大程度上，叔孙通在汉初所制定的各种礼仪，就是汉代礼治制度化的奠基：“汉诸仪法，皆叔孙生为太常所论箸也。”（《史记·刘敬叔孙通列传》）汉武帝时，建明堂，且将其作为诸侯朝见天子以及天子威权中心的象征，同时拟有巡狩、封禅、改历、易服色等一系列计划，目的是进一步确认天子的合理性与权威性。

礼乐制度的建立使得皇帝专制统治披上合法的外衣，诱使臣民心甘情愿当牛做马，任其驱使。这种由秦始皇、汉武帝创制的神圣名号和繁文缛节在把帝王推向顶峰的同时，也把臣民统统打进了卑贱的泥淖里。汉朝以后，随着王权的逐渐强化，皇帝像慢慢隆起的山峰一样，越来越崇高、神圣，而臣民则越来越卑贱、渺小。礼制中的朝仪、宴饮、丧葬等都是以君为中心来设定的，而且君臣之间在仪式中的距离越拉越大，君主的地位趋于绝对化。中国古礼的每一个看似平淡的仪节，都赋予了很神圣的含义（见“汉武帝的飨会礼”）。此后，历代统治者为维护封建等级制度特别是皇帝的神圣地位，均把修订礼仪作为治国安邦的头等大事。结果，礼仪越来越烦琐，越来越森严，上至皇帝的宫室车服，下至臣僚的衣冠服饰都有详尽的规定，以严贵贱尊卑等级之别，不得逾越。通过这些生活细节来体现“君臣之义”的好处在于，当这些琐碎的规定被作为生活常识为人们熟悉接受之后，其背后隐含的纲常名分观念，就被当作天经地义的东西而不必加以追问。

汉武帝的飨会礼

《晋书·礼志下》载汉武帝十月朔举行的飨会礼：“其仪：夜漏未尽七刻，受贺及贽，公侯璧，中二千石、二千石羔，千石、六百石雁，四百石以下雉。三公奉璧上殿御坐前，北面。太常赞曰‘皇帝为君兴’。三公伏。皇帝坐，乃前进璧。百官皆贺，二千石以上上殿称万岁，举觞。御食，司徒奉羹，大司农奉饭，奏食举之乐。百官受赐，宴飨，大作乐，如元正之仪。”在这种庄严神圣的氛围里，汉武帝俨然人间的神明，“万岁”这个一般性的欢呼词也被写进了朝廷礼仪，从此为皇帝所垄断，成为一般人不能触摸的“圣物”。臣下奏议的用语也逐渐范式化，而作为一种约定俗成的礼仪，其主要标志是，在奏章的开头和结尾，往往使用“臣昧死言”“臣昧死请”“臣昧死以闻”“昧死再拜”之类极度诚惶诚恐的词语几乎成为定式，更出现了“主上贤明，臣不足以称”（《汉书·公孙贺传》）之类对皇上的无限颂扬之词和对自己的极度贬抑之语。

就“礼”和“法”的关系来看，在氏族社会及夏、商、西周时期，“礼”已具有了习惯法的性质。夏、商、西周之后，在保留习惯法性质的同时，礼的许多内容转化为成文法中的条款。周礼实际上对全社会起着一种法律的调节作用，完全具备法的性质，国家施政的成败得失，人们言行的功过是非，罪与非罪，统统以礼作为评判的根据。应该说，此时的“礼”，是法律、道德、宗教、习俗等各种规范的综合体现，而“法”只是礼治体系的一个组成部分。而自春秋战国开始，“礼”的法律效力逐渐消退，变成了仅靠人的信念和自觉来维系的道德规范体系，法家以追求确定性的统治规则的“法”取代了“礼”。

这样一来，先秦儒家所讲的礼法关系中的法，主要指刑，它与礼是一种外在关系。

自西汉以后，儒法之争已渐平息。西汉统治者“援法入儒”，将经过包装的儒家推至台前，有效地完成了意识形态的改造。此后，历朝统治者都奉行儒家“礼政为主，刑政为辅”的主张，力求用礼治来控制社会生活，把刑或法伦理化，作为礼治的辅助手段。儒家的这种将道德法律化的倾向，在汉代得到淋漓尽致的发挥。像董仲舒提出的“春秋决狱”，以及其他儒者进行的“引经决狱”等，就是主张在遇到经义与律典有矛盾的时候，律典要服从儒家经义和伦理。在这一过程中，一方面，由于法时常以礼的面貌出现，而对礼的违犯又伴随着刑罚的惩处；另一方面，由于礼对于法有统摄作用，礼的精神每每渗透于法之中，在律例的制定、法律的实施、案件的诉讼、案犯的量刑等方面，都浸透了等级、纲常伦理，因而人们势必更多地感受到“礼”的强制力量。正因为这样，此后历代王朝所制定的律例，很多最终都转化成了“礼”，并在社会生活中加以传承，于是，礼与法在治国实践中又走向一体化。从此，礼不仅表现为政治制度、法律规范，而且还是人们日常生活中普遍遵循的伦理规范。

在“礼治”所确定的等级次序中，由于不可能有下对上、卑贱对尊贵的监督与制约，因而人们唯一期盼的是“治人者”有德，能行一点“善政”，如此一来，儒家的理想政治必然走向依赖于“圣君贤相”的“人治”。“人治”的基本特征是，君主的权力和意志凌驾于法律之上。现代意义上的“法治”则正好相反：统治者的全部权力都应是建立在法律之上的，法律产生于并代表着人民的意志，它是同民主制相联系的，在法律面前人人平等是其基本原则。而“人治”则是随意性的、没有客观标准的，体现的是统治者个人意志。著名思想家卡尔·波普尔说得好：“我们需要的与其说是好的人，还不如说是好的制度”①。我们渴望得到好的统治者，但历史的经验向我们表明，我们不可能找到这样的人，唯其如此，设计出一套“使甚至坏的统治者也不会造成太大损害的制度”是十分重要的。

3. “羁縻”之治

在中国古代文化语境中，“天下”尽管有多重含义，但人们更多是在地域以及社会秩序的层面来使用这一概念的。它主要建立在如下两种认知的基础上：一是地理学的认知，认为天圆地方，中国位于天下的中心。在夏、商、周三代，“天下”一般指直接统治的实际区域，即“中国”。后来，这一概念又从“中国”逐渐扩展到涵盖“四夷”的整个区域，由此产生出关于华夷关系的政治学意义。当时的世界就是“诸夏”，也叫“天下”，在其边缘是“四夷”。相应地，作为落实这种华夷秩序观的制度安排，朝贡制度便应运而生：藩属国要向“中国”进贡，“中国”则对其统治者进行册封，并负责其安全等事务，等等。二是文化学的认知，即华夏文化中心主义。西周初年，随着中原地域华夏文化中心的形成，从周天子到以姬姓为主的各诸侯国，开始以诗书礼乐法度等相标榜，而逐渐滋生出浓厚的华夏族优越感，这成为后世“华夏正统论”的雏形。到了西周后期，王室渐衰，诸侯争霸由此开启。在这一过程中，中原四周各族群大量迁入中原，形成犬牙交

① 卡尔·波普尔．猜想与反驳：科学知识的增长．上海：上海译文出版社，1986：495．

错的局面。到了春秋时期，就整个“华”“夷”称呼而言，齐、鲁、晋、郑等奉行周礼的中原诸侯国，自称“中国”、“中华”或“华夏”；而居住在中原地带的不奉行周礼的方国及中原外缘的秦、楚、吴、越乃至于燕等，则被称为“夷狄”。这种从文化上对“华夏”与“夷狄”的严格区分，就是所谓“华夷之辨”，其实质，便是“贵中华”而“贱夷狄”的华夏正统论。

问题在于，以“华夷之辨”来解释民族关系、国家关系，不仅时常会陷入“非华即夷”的二元悖论，而且由于其中所蕴含的“高贵”与“低贱”、“文明”与“野蛮”之分殊，会导致各民族之间的不平等关系及其紧张状态。春秋时期，西方的秦，南方的楚，东南之地的吴、越，先后逐鹿中原，打破了以往唯有华夏国度才能争夺天下的局面，并开始与齐、晋等中原诸国同称“诸夏”。在这种情势下，王者“不与四夷之主中国”的政治观念，事实上已名存实亡。于是，儒家人士便开始标榜“王者无外”的理念，认为王者的目标是一统天下，并不是要刻意区分内、外。

随着战国时代诸侯兼并的日渐激烈，周初的数百个诸侯至战国初期已大体重组为“战国七雄”，在这种情势下，“天下归一”成为先秦诸子共同追求的目标。在实践上，秦王朝中央集权的建立，使得中原王朝周围所分布着的众多蛮夷戎狄地区，被纳入王朝的“大一统”范围。到了汉代，华夏族与蛮、夷、戎、狄各族融合成了汉民族，华夷一统、夷夏一体的思想开始形成，“四夷”则成为边疆地区少数民族的统称。由此，“大一统”的内涵，除了指地理意义上的国土统一和时间意义上的江山永固以及政治意义上的国家集权之外，“大一统”又指民族一统。秦汉之后，尽管中国社会分合无定，但是大一统观念却愈加强化，从而积淀为一种牢固的“天下”情结和国家统一的大业。三国、东晋十六国、南北朝虽然是分裂时期，但重建大一统王朝依然是各个政权追求的恒定目标。而隋唐时代大一统政权重新建立，统治者更是明确倡导“华夷一家”，如隋文帝言：“溥天之下，皆是朕臣。”（《隋书·吐谷浑传》）自此，这种视夷狄与华夏为一家的夷夏观，一直为历代君主所标榜。辽、金两代，契丹及女真统治者在以武力取得统治权的同时，总是被先进的中原文明吸引而极力淡化“华夷之辨”，强调华夷一体。尤其在元朝，疆域之广大也为汉唐所不及，中国从此进入了统一多民族的“中华一体”国家。

不过，“华夷之辨”“尊华攘夷”的观念始终存在。历史地看，当政权强大之时，便采用“华夷一统”的“天下主义”论证其统治和扩张的合法性；而当国势日衰并遇到强大的异族挑战时，帝国守护者们就会在政治上重新提出“攘夷”的问题，搬弄起“裔不谋夏，夷不乱华”（《左传·定公十年》）的古训来。纵观中国王朝史，“华夷之辨”和“华夷一统”思想相互交织在一起，共同促成中国古代独特的华夷秩序观，即以中原王朝为中心，域外诸邦对中原王朝“以臣事君，以小事大”，中原王朝则导以礼义，安抚怀柔。

而无论主张“汉夷大防”还是“华夷一统”，历代中原王朝的边疆治理大体都脱离不开对少数民族的“羁縻”之意。“羁縻”一词，始见于《史记·司马相如列传》：“盖闻天子之于夷狄也，其义羁縻勿绝而已。”唐人司马贞对此做了注释：“羁，马络头也。縻，牛缰也。汉官仪云‘马云羁，牛云縻’。言制四夷如牛马之受羁縻也。”（《史记·司马相如列传·索隐》）言下之意，中原王朝对边疆民族的控制，如同人牵牛马一样。事实上，

"羁縻"一词在具体使用中，显得更为宽泛、灵活，仅仅保持名义上的"朝贡"联系可称为"羁縻"，通过设置机构进行非直接或直接管理也可以称为"羁縻"。① 这种含混应用，实际上取决于双方现实力量的对比：如果影响力不足，羁縻更多意味着"笼络""怀柔"；如果影响力足够强大，则羁縻可能更加接近于"控制""干预"。

历史地看，秦汉的统一，实现了中国从"列国"到"天下"的转变，郡县制成为"大一统"王朝基本的管理方式，但族群差别依然存在，故而，秦朝在直接统治的郡县之外，还设置了以"典客""典属国""道""外臣邦"等为主构成的专门管理"四夷"的统治方式。然而，对于当时更为广阔的北方匈奴区域，只能筑起万里长城以"界中国"（《汉书・西域传》）。西汉初年，匈奴势力更为强劲，骚扰不断，汉朝统治者不得不通过"和亲"等手段，实现"南北分治"："长城以北，引弓之国，受令单于；长城以内，冠带之室，朕亦制之。"（《汉书・匈奴传上》）汉武帝时期对边疆的积极治理，大大强化了以郡县为内核、边疆民族为藩属的"大一统"秩序，对于"四夷"，西汉王朝本着"中国与夷狄有羁縻不绝之义"（《汉书・陈汤传》）的原则，视其情况分别采取不同的治理方式，比如，对西南地区监管设立了郡县，但有些具体管理还需要委任当地族群原有的"君长"（这便是后世土司制度的源头）等进行。然而，面对匈奴越发严重的侵扰，汉朝虽然先后尝试了和亲、征伐等不同战略，却依然不能纳入臣属秩序，便引用"不臣夷狄"（《周礼正义》卷 66）的原则。这一思路虽然在理论上对于儒家的天下主义的完美蓝图上打了折扣，但天子的体面也就可以得到保全。可见，羁縻战略兼顾了意识形态与现实政治两个方面，为灵活应变留下了很大的空间，从而为后世提供了一种思考天下战略的思维框架。

不过，随着中央王朝力量的强大和周边少数民族与中原地区联系的加强，治理方式的"一体化"和族群整合，则成一种必然之势。从汉朝起，中央政权对不能直接统治的周边少数民族地区，根据"临事制宜，略依其俗"（《后汉书・西羌传》）的原则，任用土人土官，"以夷治夷"。而"异族"政权在继承中国王朝政治制度的同时，大都程度不同地保留了本民族的政治制度，形成多种制度并存的政治体系，如东晋十六国时期出现过的"胡汉分治"，辽建国后的"以国制治契丹，以汉制待汉人"（《辽史・百官志一》）的"两面官"制。唐代重建大一统王朝后，唐太宗以灭亡东突厥为契机，在边疆朝贡制度地区大规模设立羁縻府州，并将所有非直接统治的地区都称为"羁縻"（《新唐书・地理七下》）。宋代则将"羁縻"更明确地表达为"怀之以恩信，惊之以威武"（《册府元龟》卷963，《外臣部・封册篇》）的德威并施的方针，使周边"夷狄"与中原王朝始终"羁縻不绝"（《汉书・匈奴传下》）。元朝主要以"汉法"统治汉等各民族，并于西南地区实施土司制度，即以"土官治土民"。然而，土官土司由于得到中央政府的认可与支持，而中央政府又因为鞭长莫及而难以对其实施有效的监管和约束，故而得以出现专权自威、恣意妄为、互相内讧乃至拥兵自重等弊端。故从明代起，开始"改土归流"，即裁撤一些土司官员，而以流官代之。到了清初，在西南边疆开始推行"改土归流"，基本实现了直接统治，而在其他边疆地区则实行土流并治或土官的流官化，逐渐向直接统治过渡。可以说，一部中国史，便是在"王者无外"的天下观念下，差序疆域格局内部不断整合转变为

① 王泉伟. 构想天下秩序：汉代中国的对外战略. 外交评论（外交学院学报），2016（5）.

“均质疆域”，而不断向外扩展的历史。正是在一波一波的边疆内地化浪潮中，“夏”“夷”之间差异逐渐缩小，中华文明多元一体的历史格局渐趋形成，正所谓“古之戎狄，今为中国”（《论衡·宣汉》）。

阅读书目

司马迁. 史记. 中华书局，2010.
程树德. 论语集释. 中华书局，1990.
孙诒让. 墨子间诂. 中华书局，2001.
朱谦之. 老子校释. 中华书局，1984.
蒋礼鸿. 商君书锥指. 中华书局，1986.
焦循. 孟子正义. 中华书局，1987.
王先谦. 荀子集解. 中华书局，1988.
郭庆藩. 庄子集释. 中华书局，1982.
陈奇猷. 韩非子新校注. 上海古籍出版社，2000.
李家骧. 吕氏春秋通论. 岳麓书社，1995.
萧公权. 中国政治思想史. 辽宁教育出版社，1998.
刘泽华. 中国的王权主义. 上海人民出版社，2000.
彭新武. 中国古代治国要略. 人民出版社，2018.

思考题

1. 试论先秦儒法之争的内涵和实质。
2. 试论战国时期“崇公抑私”观念的形成及其影响。
3. 如何理解君主专制产生的历史必然性？
4. 试论“王霸杂用”治国方略的形成与实质。
5. 联系实际，谈谈你对“无为而治”内涵与价值的理解。
6. 试述“礼”与“法”观念的演变及其相互关系。
7. 试论中国古代“官本位”的形成及其特点。
8. 何谓“利出一孔”？
9. 试述中国古代“天下”观与“羁縻”之治的基本内涵。

第二章

中国古代知人善任的艺术

是以泰山不让土壤，故能成其大；河海不择细流，故能就其深；王者不却众庶，故能明其德。

——李斯：《谏逐客书》

中国传统社会总体上的“人治”格局，决定了在“制度”与“用人”这两种主要的管理因素之间，中国传统管理之道更强调“用人”因素的重要性。故而，“为政之道，贵在得人”“因人成事”这样的论述，不胜枚举。对此，历史上的众多政治家和思想家，为我们留下了大量的经典之论，尤其在关于人才鉴识和用人法则方面。与现代西方人力资源管理的探讨侧重于科学性的一面相比，中国古代在这方面的探讨，更侧重于哲学与艺术，因而二者具有明显的互补性。

一、贤人之治的理论与实践

伴随着夏、商、周三代世卿世禄制的日渐解体，春秋战国之际，“尚贤”“用贤”思想逐渐发展为一种主导性的社会思潮。而随着秦汉之际君主专制集权的建立，“贤人之治”成为一种统治思想并逐渐制度化，成为与中国传统社会相始终的一项重要的治国理念和政治制度。

1. 从世袭到尚贤

周朝以德治国，奉行敬德保民、明德慎罚的政治路线。这一路线的推行，关键在于统治者要注重自身的修养，将“尚贤”“养贤”作为统治者自身必须具备的德行。相反，如果君主不能把贤人提拔起来辅佐自己，就会招致失败和懊悔：“贤人在下位而无辅，是以动而有悔也。”（《乾·文言》）“尚贤”的另一面是“远小人”，认为任用小人必然会给邦国造成危乱：“‘小人勿用’，必乱邦也。”（《遁·象》）

尽管“尚贤”“养贤”成为周朝德治实践的必然要求，但是由于整个社会秩序的建构是以宗法分封制为基础的，从而使“尚贤”屈从于宗法血缘关系及其等级特权秩序，贤士总是处于一种依附和被“豢养”的地位：“天地养万物，圣人养贤以及万民。”（《颐·象》）当时盛行的就是世卿世禄制，即世代占有土地、人口、财产和爵位。这实质上是统治者占山为寇、坐地分赃的制度。这种基于血统而世代沿袭的世卿世禄制，等级森严，贵贱分明，其结果便是：“士之子恒为士”，“工之子恒为工”，“商之子恒为商”，“农之子恒为农”（《国语·齐语》）。这种政治秩序存在着明显的不公，无法形成有效的社会激励机制。随着春秋战国之际的诸侯兼并及社会动荡，使得贤能之士受到推崇，养士之风盛行。所谓“得士者昌，失士者亡”，正是这一时代精神特征的普遍反映。在此背景下，处于社会底层的“士”阶层迅速崛起，世卿世禄制开始受到前所未有的挑战。

作为传统等级秩序的代言人，儒家固然执着于社会等级的维护，但又十分推崇贤才。在孔子看来，吏治是否清明，直接关系到德治、仁政能否实现，因此，举荐人才是关系到民心稳定的大问题，统治者应做到“尊贤而容众”（《论语·子张》）。相应地，对于知识分子而言，孔子主张“学而优则仕”（《论语·子张》），并要求应达到“下学而上达”（《论语·宪问》）。就是说，贤者不仅应该掌握相应的知识，而且还能够运用所掌握的知识来解决实际问题。孟子继承了孔子“举贤才”的思想，更明确了用贤的标准：“惟仁者宜在高位。”（《孟子·离娄上》）就是说，只有符合了“仁”的行为标准的人，才为“贤人”，可以有资格“治”天下：“尊贤使能，俊杰在位，则天下之士皆悦，而愿立于其朝矣。”（《孟子·公孙丑上》）反之，则“不保四海”“不保社稷”（《孟子·离娄上》）。荀子也强调“敬贤”的重要性：“人君者，隆礼尊贤而王”（《荀子·强国》），“敬贤者存，慢贤者亡”（《荀子·君子》）。至于贤能的标准，荀子认为，应该是“既知且仁”，也就是德才兼备：“既知且仁，是人主之宝也，而王霸之佐也。”（《荀子·君道》）

孔子虽提出“举贤才”，但他仍然强调的是“亲亲有术，尊贤有等”（《墨子·非儒下》）。与孔子不同，荀子则将社会等级的划分看成不是一成不变的，认为只要遵循礼义就可以由较低等级进到较高等级；反之，不能遵循礼义的要求，就必须降低其等级：“虽王公士大夫之子孙也，不能属于礼义，则归之庶人。虽庶人之子孙也，积文学，正身行，能属于礼义，则归之卿相士大夫。”（《荀子·王制》）荀子强调，在选人用人时要唯才是举：“安不恤亲疏，不恤贵贱，唯诚能之求”（《荀子·王霸》）；对于无德无才的人应立即罢免，决不姑息迁就：“贤能不待次而举，罢不能不待须而废。”（《荀子·王制》）

荀子的这一构想打破了贵族社会按血缘世袭占有社会资源的不合理性，将社会等级连同不同等级所掌握的相应资源重新分配，从而使人们通过自身努力获得较高的社会地位。而重新分配的依据，正是人们的德、才、功：“德必称位，位必称禄，禄必称用。”（《荀子·富国》）这就使得礼治在等级制的外衣下暗藏了一种平等，其结果必然是“无德不贵，无能不官，无功不赏，无罪不罚，朝无幸位，民无幸生，尚贤使能而等位不遗”（《荀子·王制》）。根据这样的政治理念，社会的等级状况实际上是人们之间竞争的结果。在这样的等级社会中，虽然人们的身份地位等级森严，尊卑贵贱上下贫富相差悬殊，但由于社会等级的可流动性，提供了改变人们身份地位的机会，所以大家都能够保持心态的平和，各司其职，各尽其力，各安其分，各得其宜：“农以力尽田，贾以察尽财，百工以巧尽械器，士大夫以上至公侯莫不以仁厚知能尽官职。”（《荀子·荣辱》）这就是荀子所谓的“王者之政”。

与儒家一样，墨子也主张尚贤。在墨子看来，如果拥有众多贤良人士，那么国家的治理就厚实稳固；反之，国家的治理就薄弱动荡。“是故国有贤良之士众，则国家之治厚；贤良之士寡，则国家之治薄。故大人之务，将在于众贤而已。”（《墨子·尚贤上》）为此，他把“尚贤”作为治理国家的基本对策：“夫尚贤者，政之本也。”（《墨子·尚贤上》）墨子关于“贤”的内涵，远比儒家丰富。墨子强调“兼士”：其一，“厚乎德行”。贤士应该具有强志、诚信、轻财、守道、明辩、实干、谦虚等品格，认为“志不强者智不达；言不信者行不果；据财不能以分人者，不足与友；守道不笃、遍物不博、辩是非不察者，不足与游”（《墨子·修身》）。其二，“辩乎言谈”。“兼士”必须“辩乎言谈”，思路清晰，辞能达意，语言有严密的逻辑性，让对方无懈可击，使对方口服心服。如此，方能“上说下教”“劝以教人”。其三，“博乎道术”。墨子关于人才教育的门类众多，包含自然科学教育和劳动技术教育等丰富的内容，突破并发展了传统的“六艺”范畴。墨子大胆提出，要打破尊卑贵贱的等级界限，只论是否贤能，而不论贫富贵贱亲疏：“官无常贵，而民无终贱。有能则举之，无能则下之”（《墨子·尚贤上》），“不党父兄，不偏富贵，不嬖颜色”（《墨子·尚贤中》）。

面对儒、墨的“尚贤”之风，道家似对此不以为然。在老子看来，礼法制度从表面看是文明的表征，而从反面看，恰恰是纷争混乱的开始。而酿成社会动乱的另一个原因，则是当时统治者的贪得无厌，横征暴敛，骄奢淫逸：“民之饥，以其上食税之多，是以饥；民之难治，以其上之有为，是以难治；民之轻死，以其求生之厚，是以轻死。”（《老子》第75章）正是出于使民众安分守己的目的，老子主张：“不尚贤，使民不争；不贵难得之货，使民不为盗；不见可欲，使民心不乱。”（《老子》第3章）因为，一旦民智大开，就会使“天下从此多故矣”。为此，老子也讲“愚民”：“古之善为道者，非以明民，将以愚之。民之难治，以其智多。故以智治国，国之贼；不以智治国，国之福。”（《老子》第65章）

同样，庄子也反对“尚贤”，认为“举贤则民相轧，任知则民相盗”（《庄子·庚桑楚》）。为此，庄子主张取消一切制度、规范和文化，甚至要达到忘却自己存在的程度：“堕肢体，黜聪明，离形去知，同于大通，此谓坐忘。”（《庄子·大宗师》）与庄子的这种极端化立场不同，道学的其他人士则认识到，君主只凭一人的智慧和力量是不足以治天下的，所以须有贤能之士的辅佐。例如，鹖冠子说：“天下之事，非一人之所能独知也；海水广大，非独仰一川之流也。是以明主之治世也，急于求人，弗独为也”，“事不仕贤，无功必败”（《鹖冠子·道端》）。

在儒家那里，“尚贤”比国家的法度更为重要。荀子指出：“故有良法而乱者有之矣，有君子而乱者，自古及今，未尝闻也。”（《荀子·王制》）对此，法家提出了自己的抗辩。慎到认为，尚贤降低了君主的地位，给君主树立了一个对手，使民慕贤而不尊君：“立君而尊贤，是贤与君争，其乱甚于无君。”（《慎子·佚文》）不仅如此，如果提倡尚贤势必降低法的地位，把政治命运系在贤者的身上：“今也国无常道，官无常法，是以国家日缪，教虽成，官不足。官不足则道理匮，道理匮则慕贤智，慕贤智则国家之政要，在一人之心矣。”（《慎子·威德》）慎到的尊君思想固然不值得称道，但他认为把政治命运寄于“圣贤”这种偶然因素之上是非常危险的，这种想法则颇有见地。如《管子》一书中所言：“今主释法以誉进能，则臣离上而下比周矣；以党举官，则民务交而不求用矣。是故官之失其治也，是主以誉为赏，以毁为罚也。然则喜赏恶罚之人，离公道而行私术矣。比周以相为匿，是忘主死交，以进其誉。故交众者誉多，外内朋党，虽有大奸，其蔽主多矣。”（《管子·明法》）韩非也指出：“释法术而心治，尧不能正一国”（《韩非子·用人》）。正是出于这种缘法而治的立场，韩非明确反对“智”与“贤”：“是废常上贤则乱，舍法任智则危。故曰：上法而不上贤。”（《韩非子·忠孝》）

法家尽管反对人治，但并没有以此否认贤、智的作用。韩非认为，君主要成就功名，仅靠一己之智力是远远不够的，必须要有贤臣们的协力辅佐：“力不敌众，智不尽物，与其用一人，不如用一国。”（《韩非子·八经》）“凡五霸所以能成功名于天下者，必君臣俱有力焉。”（《韩非子·难二》）不仅如此，韩非还从国家存亡治乱的高度，进一步阐明了举贤任能的重要性：“任人以事，存亡治乱之机也。”（《韩非子·八说》）“贤者用之，则天下治；不肖者用之，则天下乱。”（《韩非子·难势》）在韩非眼中，所谓贤德的臣子，就是能够彰明法度并忠于职守来拥戴自己君主的人，“所谓贤臣者，能明法辟，治官职以戴其君者也”（《韩非子·忠孝》），而不是那些“喜淫词而不周于法，好辩说而不求其用，滥于文丽而不顾其功者”（《韩非子·亡征》）。只有一心为公众利益着想，法才能得以倡行，国家就会出现繁荣昌盛的局面：“官不敢枉法，吏不敢为私利，货赂不行，是境内之事尽如衡石也。”（《韩非子·八说》）为此，韩非坚决反对任人唯亲、任人唯私，反对以人的出身、门第、关系等作为择人的标准，主张举贤任能：“明主者，推功而爵禄，称能而官事，所举者必有贤，所用者必有能。贤能之士进，则私门之请止矣”（《韩非子·人主》），“内举不避亲，外举不避仇”（《韩非子·说疑》）。

当然，在法家那里，“尚贤”必须以不违背“法治”为前提。对于君主而言，必须做到：“明主使法择人，不自举也。使法量功，不自度也。能者不可弊，败者不可饰，誉者不能进，非者弗能退。”（《韩非子·有度》）对于臣子而言：“人臣虽有智能，不得背法而专制；虽有贤行，不得逾功而先劳；虽有忠信，不得释法而不禁，此之谓明法。”（《韩非子·南面》）在实践中，法家正是通过这种“一断于法”（《汉书·司马迁传》）的制度设计，打破了原有的“别亲疏，殊贵贱”和“礼不下庶人，刑不上大夫”（《礼记·曲礼》）的传统礼治秩序，从而极大地推动了当时的政治变革，加快了当时“世卿世禄”体制的解体。法家的这种激励机制，既疏导了人性，又把个人命运和国家富强结合了起来，客观上增强了国家的凝聚力，规范了社会秩序。同时，在相对公平的规则下，它保证了人们通过自身努力而改变命运的机会，从而使社会充满活力。

在这方面，秦国做得最为出色。自商鞅以来，秦政治舞台上的精英人物多为士人，且多为法家或一些能征战、会谋略、懂权术的人士。概括而言，秦国重用人才具有如下鲜明特点：其一，唯才是用。宋人洪迈曾对此做过对比：“六国所用相，皆其宗族及国人，如齐之田忌、田婴、田文，韩之公仲、公叔，赵之奉阳、平原君，魏王至以太子为相。独秦不然，其始与之谋国以开霸业者，魏人公孙鞅也。其他若楼缓，赵人；张仪、魏冉、范雎，皆魏人；蔡泽，燕人；吕不韦，韩人；李斯，楚人。皆委国而听之不疑，卒之所以兼天下者，诸人之力也。”（洪迈：《秦用他国人》）其二，礼贤下士。秦孝公接见商鞅，“公与语，不自知膝之前于席也。语数日不厌”（《史记·商君列传》）。尉缭见嬴政，坚持不行礼，嬴政依然接见，并且给了很高的礼遇，衣服饮食皆与嬴政同等规格。更为重要的是，秦国统治者对士人封爵、封土的优惠政策和待遇，也使得各国的士人愿意为秦国效力。其三，用人不疑。秦孝公不顾旧贵族反对，坚定不移地信任商鞅推行变法，由此走上了强国之路，等等。这一过程中，秦国虽然也发生过驱逐六国“客卿”的重大事件，但在此情势下，李斯曾冒死进言废除“逐客令”（见“《谏逐客书》”），秦始皇“卒用其计谋”，“除逐客之令”，最终“二十余年，竟并天下”（《史记·李斯列传》）。

《谏逐客书》

据《史记·李斯列传》记载，韩国派水工郑国游说秦王政（即后来的秦始皇），倡言凿渠溉田，以实施“疲秦计划”。后来事情泄露，秦王政听信宗室大臣的进言，下令驱逐客卿。李斯也在被驱逐之列，尽管惶恐不安，但主动上书，写下千古流传的《谏逐客书》。其立意高深，始终围绕“大一统”的目标，正反论证，利害并举，说明用客卿强国的重要性：第一，秦国历史上的四位国君都是因为得到客卿的辅佐，才发展壮大了秦国，由此得出结论：“向使四君却客而不内，疏士而用，是使国无富利之实，而秦无强大之名也。”第二，引进人才要打破门户之见，消除猜疑之心，有“地无四方，民无异国”的宽广胸怀。否则，是不可能“跨海内，制诸侯”的功业的。第三，闭关锁国，拒人于国门之外，则只能是“资敌国”“外树怨”，损害自己。然而，先不去考虑如何吸引更多的人才，反而“逐客”，这不仅对内削弱了自己，对外也将结下许多怨仇。如此，秦国不要说去并兼六国，完成统一大业，恐怕连现在的地位都难以保住：“今逐客以资敌国，损民以益仇，内自虚而外树怨于诸侯，求国无危，不可得也。”

2. 从荐举到科举

随着贤人之治的推行，善待人才、尊重人才日渐成为全社会的“共识”。成书于秦汉之际的《三略》一书有如下论述：“伤贤者，殃及三世；蔽贤者，身受其害；嫉贤者，其名不全；进贤者，福流于孙。故君子急于进贤而美名彰焉。”（《三略·下略》）秦朝以法为教，在“农战”治国策略下，战功成为获得“利禄”和“官爵”的主要途径，“富贵之门必出于兵”，“富贵之门，要存战而已矣”，“彼能战者，践富贵之门”（《商君书·赏刑》）。同时，种地收粮可以换取爵位：“民有余粮，使民以粟出官爵。”（《商君书·靳令》）此外，告密也可以升官：“守法守职之吏，有不行王法者……周官之人，知而讦之上者，自免于罪，无贵贱，尸袭其官长之官爵、田禄。”（《商君书·赏刑》）到了汉代，随着统治方略的更弦易张，儒士入仕成为一种基本的官场生态。汉武帝打破汉初从功臣后代子孙的列侯里面选任丞相的惯例，把平民出身的儒学之士公孙弘提升为丞相，从此，“天下之学士靡然乡风矣”（《史记·儒林列传》）。其后，汉武帝又成立了“博士弟子”学官制度（“太学”），从而为儒生参加官僚集团大开方便之门。正是通过文士入官，知识阶层与官僚系统实现了合二为一。

与先秦时代有所不同的是，汉代对人才的选拔标准更侧重于“德”。汉代兴廉举孝，庶几成风，其做法主要有：（1）奖用儒士，奖励名节，表彰忠臣、廉吏。只要能遵行纲常名教，奉礼守道，就能平步青云，致位显贵。（2）通过“三雍”来推行风俗教化。三雍即“明堂、灵台、辟雍”。先秦多以明堂为布政之所；辟雍为帝王行教化之所，也是礼乐教化的象征；灵台为帝王观察天象，以达到其行事与之相睦的目的。（3）通过太学、地方官学（“庠序”）、民间私学来推行教化。班固在《两都赋》中有“四海之内，学校如林，庠序盈门”之辞，可见当时学校之兴盛。（4）在人才选拔制度上，推行所谓“四科取士”（《后汉书·百官志》），把恪守儒家伦理道德作为重要的条件。

在儒学与“禄利之路”紧密联系的情况下，具备一定的儒学素养既为做官所必需，从而使儒学的纲常礼教潜移默化地渗透到人们意识的深处，使整个社会按儒家的理论逐步规范化。正是在儒家温情脉脉的抚慰下，两汉循吏大都追求道德的自我完善，努力塑造道德完人的形象。他们忠于君王，忠于职守，忠于国家的各项政纪法规，公正执法，清正廉明，自奉简约，生活清苦，因而得到百姓的衷心拥戴和倾情歌颂：“所居民富，所去见思，生有荣号，死见奉祀，此廪廪然庶几德让君子之遗风矣。”（《汉书·循吏传》）然而，在这种贤人治国模式下，官员依其所谓德行高低晋升，具有浓重的政治控制的意味。在这里，实现“贤者在位，能者在职”理想的所谓学问和知识，竟变成了造出特殊身份的武器，形成了独具性格和利益的特殊阶层，“原来不能造成世卿世官那样的贵族身份的社会，却借着知识的统治和长期独占，而无形中帮同把士大夫的身份更特殊化，或贵族化了”①。于是，在“学而优则仕”的不竭呼喊中，追求“内圣”的孔孟之徒，便开始谋求把自己之所学货卖于帝王之家，而成为君主维护统治的帮凶。

纵观两汉时期，主要以察举、征辟和任子为选举官吏的主要途径：其一，察举包括孝廉、贤良、文学、茂才、明经、有道等科目，把所谓“德行高妙，志节清白”之士推荐给朝廷，然后根据策试，按等授官。然而，察举制在实施过程中，常为豪门贵族所把持，他们操纵地方选举大权，相互推荐亲属故旧，从而形成自己的私人势力。其二，征辟，又称辟除，分为征召与辟举两种。征召是对特别有名望的人才，由皇帝派专人去聘任。辟举是按照一定科目征用所需人才，经过试用确有能力，就正式授予官职。汉代辟除的范围很广：其一为公府辟除，即丞相、御史大夫、太尉三公府及九卿等，皆可自辟掾属。其二为郡县辟除。郡一级官员除郡守、郡尉、郡承等由朝廷任命外，众多的属吏都由太守自己辟除。由于朝廷的官员在郡县两级都很少，郡县辟除制的实行结果，等于承认了地方可以用自己的亲信组成官府体系，而郡守、郡承及县承、县尉反倒受排挤，形同虚设。这种制度完全凭私人关系和长官爱憎，现任官员能够援引亲信、门生及亲友子弟，几乎完全掌握下级官员的任用权，造成对其他士人的排斥。其三，任子制度。这是根据荫庇的原则，任用二千石以上大官的子弟为郎或与郎官相近的官职。作为一项政治特权，它使高级官员的嫡长子可承袭父爵，其他子嗣则有可能以任子入仕。如此，可以一直保持大官僚家族世代为官。

官僚权贵把持仕途的结果，便是削弱君权，也使得大批寒士上进无望：“宰辅五世，莫非公侯。遂使缙绅道塞，贤能蔽壅，朝有世及之私，下多抱关之怨。其怀道无闻，委

① 王亚南. 中国官僚政治研究. 北京：中国社会科学出版社，1981：78.

身草莽者，亦何可胜言。”（《后汉书·马武传附二十八将传论》）这些下层士人在处处碰壁之后，有的灰心丧气，“守死善道者，滞涸穷路”（《后汉书·李固传》），对自己能否通过学习来改善自身的境遇产生了怀疑；而有的则刻意钻营、送礼行贿、伪饰德操、沽名钓誉，从而出现了一批有名无实的伪名士，以致出现“举秀才，不知书；察孝廉，父别居”的怪事。

这种“名实相乖”的产生，与当时“浮华交会”的社会现象密切关联。在两汉时代，学子周游而学，四方流动、集结聚会成风。由于长期的政治紊乱使大批的文人难以通过正途仕进，于是通过交会而依附于贵戚、权门、阉竖甚至党人成为求名之捷径，游学与游宦便合而为一。而自东汉中后期以来，外戚、宦官交替专权，贪污腐化之风盛行。加之东汉自然灾害频繁，农民起义此起彼伏，社会极度动乱。这种状况遂激起以天下为己任、忧国忧民的正直士大夫的强烈不满，由此而形成社会上抨击朝政的“清议”之风。清议主要以官僚集团中的士大夫、太学生和郡国生为主体，他们不满宦官专权，以太学为讲坛，抨击宦官掌权的腐朽政治，从而形成一种与大一统君臣伦理关系相抵触的社会关系形态，最终引发“党锢之祸”。从此，先前的那种评核公卿、裁量执政的婞直之风，被扫荡一空，察举选官制不可避免地走向衰落。

在东汉末年的三国角逐中，诸侯割据和相互混战的动荡局面，使得各国都把争取和延纳人才作为自身发展的重要手段，“以德取人”的选材标准越来越不能适应现实需要，而人的才情却受到了前所未有的推崇。曹操曾四次颁发“唯才是举”的“求贤令”，起用那些虽有不仁不孝之名却有真才实学的人，其主旨均在于打破“唯德是举”的旧例，以适应新形势的需要。其后，魏文帝曹丕为了使任事有其才，即名与实相对应，进一步制定和推行任用官员的“九品中正制”。其主要内容为：先在各郡设置中正，稍后又在各州设置大中正；中正的职权主要是评议人物，其根据家世、道德、才能这三个标准，对人物做出高下评定，称为“品”，品共分为九等，即上上、上中、上下、中上、中中、中下、下上、下中、下下；中正评议结果上交司徒府复核批准，然后送吏部作为选官的根据；中正评议人物照例三年调整一次，但中正对所评议人物也可随时予以升品或降品。

“九品中正制”的出现，是中国人才选拔制度的一次重大变革。于是，如何识人、用好人，成为这个时代各个政治集团关注的重要话题，并由此导致了当时名理学的兴盛。名理学以“综核名实”为精神主旨，要求打破传统人伦品鉴以门第、资历和以乡党舆论等方式来评价人物的粗糙做法，讲求才能的实际应用。这自然就需要深入人物（人才）品鉴的事理中去，特别是要深入才能、品德、性情、体格、气力、胆略等人才构成要素本身，进行分析察辨。于是，刘劭《人物志》（又名《辨经》《鉴人智源》）一书应运而生。该书继承了东汉以来品评人物的风气，同时也适应“九品中正制”量材授官的现实需要，通过人物的言语、体貌、行为等方面的特征来考察人物的才能与“情性”，对人的本性、道德、才能、性格以及识别、选取、任用人才的理论和方法做了一次全面论述，从而为当时“九品中正制”的推行提供了坚实的理论依据。

到了魏晋南北朝时期，尽管有“九品中正制”，但是，在世族政权下，强调以门第选人，从而造成“上品无寒士，下品无士族”（《晋书·刘毅传》）的腐败局面。司马光对此曾批评道：“选举之法，先门第而后贤才，此魏晋之深弊也。而历代相因，莫之能改也。”

（《资治通鉴·齐纪六》）

隋唐时期，随着通过考试形式、公开选拔官吏的科举制的确立，人才的选拔进一步规范化。科举制始于隋朝，使才学成为入仕的基本途径。唐朝沿袭了隋代的科举制并使之趋于完善。唐代科举大致分两类：一类是贡举，应考对象主要是京师及地方各级学校考试选拔来的生徒，考试由尚书省吏部考功员外郎主持；另一类是制举，即皇帝特诏考试，所考科目、考试时间及场所均由皇帝临时指定，主要科目有六种，即“秀才”“明经”“进士”“明法”“明字”“明算”。① 除“科举”外，在唐代还有皇帝特诏举行的特种考选——“制科”，多达一百余种。例如，刘禹锡、柳宗元就是“博学宏词科”及第；白居易、元稹就是“才识兼茂明于体用科”及第；牛僧孺、李宗闵、裴休、杜牧等先后于“资良方正能直言极谏科”及第。可见，在唐代，只要具有专长，儒、法、道各门各派，文学、数学等各方面人才，都是有可能得到官职的（见“白马之祸”）。

白马之祸

唐王朝使科举取士成为官员补充的重要途径，由此形成较为典型的文官集团，使得世家大族的入仕特权也被剥夺，宗族的政治凝聚力大为消解，血亲政治得到相当程度的遏制。但是，门阀观念、作风在仕进之途中依然存在。这可从唐朝末年所发生的“白马之祸”中略见一斑。公元905年，权臣朱温在谋士李振的鼓动下，将三十多位大臣绑至滑州白马驿（即今河南滑县），尽皆屠戮，并抛尸黄河，史称“白马之祸”。朱温的大清洗，可以视为他谋朝篡位的前奏。这一事件的背后，实则隐藏着一则无法言说的矛盾，即晚唐时期藩镇幕僚对进士阶层的极度厌恶。唐朝做官，十分看中科举，但进士难考。即便考中，还需经过选试，合格的才能做官，否则，只能另谋出路。问题的关键在于，那些世家豪门大族们往往通过金钱和人脉关系把持科举，从而一定程度上堵塞了寒门子弟的仕进之路。在这种情势下，唐朝后期藩镇制度的崛起，越来越多的学子选择投奔并效力于藩镇军阀，进而与朝廷离心离德。蛊惑朱温杀人的李振便是一位寒门出身的“进士不第”者，而白马之祸中遇难之人以崔、裴、卢三姓居多，这三大族世握权柄，操纵科举。可以说，晚唐藩镇幕僚对豪门大族掌控的科举制度深恶痛绝，这种怨念与武人篡位结合在一起，造就了血腥的“白马之祸”。

晚唐、五代之后，门阀走向衰落，宗族已不再掌握地方政治军事权力。宋代沿袭了隋唐时期的科举制，更汲取了晚唐、五代武官骄横跋扈的教训，全面推崇孔孟儒学，提倡文官治国，科举考试的内容偏向儒家经典。大批士人正是通过科举途径步入仕途，包括范仲淹、欧阳修、包拯、司马光、王安石、苏轼、苏辙、晏殊、柳永、黄庭坚、秦观、周敦颐、张载、程颢、程颐、沈括等著名历史人物。从科举考试的形式来看，皇帝直接控制最后的关口，进士及第者成为“天子门生”，自然对皇帝感恩戴德，这使得科举考试

---

① 唐时“秀才”一科高于“进士”，此科虽设却无人考取过。其他五科的考试内容分别是：“明经”考试三场，先试“帖经”，以《礼记》《左传》为“大经”，以《诗》《周礼》《仪礼》为“中经”，以《易》《尚书》《公羊》《穀梁》为“小经”，有时亦试《道德经》；次为口试；再次“答策”。“进士”考试内容除“帖经”“答策”之外，尤重诗赋，专尚文辞。“明法”考试内容为“律”，即国家法律制度。“明字”考试内容为《说文》《字林》。“明算”考试内容为《九章》《周稗》。

更加适应了专制皇权的需要。除此之外，统治者还用特恩、特奏名的办法笼络人心，吸引更多的知识分子参政。

客观地讲，学与仕的结合及科举制度与仕阶层的产生，既为知识分子实现修身齐家治国的抱负找到了合法的实施途径，使社会精英有了确定的流向，又为统治阶层从社会中下层中汲取新鲜血液提供了来源，从而壮大了统治力量，这对社会稳定发展无疑是件有益的事。即便如此，我们必须正视的一个问题是，个别人背叛自己出身的阶级而飞黄腾达，同他们出身那个阶级的解放事业有时甚至毫不相干。正如马克思所说："一个统治阶级越能把被统治阶级中的最优秀的人物吸收进来，它的统治就越巩固，越险恶。"① 就在"学而优则仕"的不竭呼喊中，追求"内圣"的孔孟之徒，而成为君主维护统治的帮凶，谋求的则是个人的权位和私利，所谓"阳为道学，阴为富贵，被服儒雅，行若狗彘"（李贽：《续焚书·说汇·三教归儒说》）。这显然与诸子先贤的美好期盼相悖。

当然，科举制度的出现，在人才选拔上的积极作用自然是不言而喻的。它突破了门第限制，尤其为下层士人提供了通过自身努力改变命运、步入上层社会的可能空间，从而极大增强了社会活力，推动了社会进步。元人高明《琵琶记》所云："朝为田舍郎，暮登天子堂。将相本无种，男儿当自强"，大概就是那个时代最为豪迈的声音。然而，自明朝以来，科举制度日趋走向僵化。科举考试不仅规定以"四书五经"等儒家思想为基本内容，而且规定以八股文为主要形式，"其文略仿宋经义，然代古人语气为之，体用排偶"（《明史·选举志》）。在此情势下，士大夫的唯一出路是死读经书，钻研八股，奋进于科举仕途。而统治者正是以功名利禄为诱饵来达到禁锢进步思想，把知识分子头脑束缚在儒家经书和程朱理学范围内之目的。用八股取士选拔官吏，凡官员之晋升、黜免，最后又都取决于皇帝。各级官员所依恃的根本，也是皇帝赐予的科举头衔，他们都成了封建专制制度的受益者，所以必然忠于皇帝。这也使明清专制制度得到进一步加强。其手法比秦之"焚书坑儒"、汉之"独尊儒术"更为高明，更符合专制统治之需。于是，此后的文人，其头脑多被理学和八股禁锢，只会空谈性理。只要有"颜如玉""黄金屋""千盅粟"，自然就会有"学成文武艺，货与帝王家"（高明：《琵琶记》）的忠心。甚至"阳为道学，阴为富贵，被服儒雅，行若狗彘"，真是"欲求公卿大夫之材于其中，以立国而治民，是缘木而求鱼也"（顾炎武：《顾亭林诗文集·生员论上》）。显然，儒家所倡导的人物风格，于"干禄"则可，于民族的自我觉醒、个性解放则适得其反。

二、人才品鉴的基本方法

可以说，谁都明白知人善任的道理，但真正做到知人，并非一件容易的事。从历史上看，众多思想家和政治家，为我们提供了许多卓有成效的"识人术"，且大多认识到"识人难"的问题。

1. 历代识人法荟萃

孔子主张"听其言而观其行"（《论语·公冶长》）。具体而言，一方面，一个人的言

① 马克思. 资本论：第三卷. 北京：人民出版社，2004：679.

行举止，常常可以反映出其秉性、知识和思想水准，所以要从言论角度考察一个人的素质。当然，“君子不以言举人，不以人废言”（《论语·卫灵公》）。不因为某人话说好听就提拔他，也不因为某人不好而废弃他的正确意见，不以别人的议论为是非：“众恶之，必察焉；众好之，必察焉”（《论语·卫灵公》）。另一方面，还要观其行，避免只靠言论辨别人才的偏颇性。对此，孔子提出要“视其所以，观其所由，察其所安”（《论语·为政》）。

庄子则提出“九征”识人法：“君子远使之而观其忠，近使之而观其敬，烦使之而观其能，卒然问焉而观其知，急与之期而观其信，委之以财而观其仁，告之以危而观其节，醉之以酒而观其侧，杂之以处而观其色。九征至，不肖人得矣。”（《庄子·列御寇》）相比之下，《吕氏春秋》所提出的识人法更为详尽：“凡论人，通则观其所礼，贵则观其所进，富则观其所养，听则观其所行，止则观其所好，习则观其所言，穷则观其所不受，贱则观其所不为，喜之以验其守，乐之以验其僻，怒之以验其节，惧之以验其特，哀之以验其人，苦之以验其志，八观六验，此贤主之所以论人也。论人者，又必以六戚四隐。何谓六戚？父母兄弟妻子。何谓四隐？交友故旧邑里门郭。内则用六戚四隐，外则用八观六验，人之情伪、贪鄙、美恶无所失矣，譬之若逃雨污，无之而非是。此先圣王之所以知人也。”（《吕氏春秋·论人》）就是说，识别人才必须从内和外两个方面全面进行。自外而言，“八观”强调联系一个人所处环境的具体情况，观察一个人形之于外的言行、好恶，以认识其志向、为人、性格等。“六验”强调创设特定情境，诱导出人的喜、怒、哀、乐、苦、惧等情感体验及具体行为，来观察一个人的操守、癖好、气节、信念、品性、意志。自内而言，“六戚”从人的生活家庭入手，强调从一个人与“父、母、兄、弟、妻、子”的关系处理上对其品性进行考察。“四隐”从人的生活社区入手，强调从一个人与其朋友、熟人、邻居、同事的关系处理上对其品性进行考察。如此，通过这一系列从内到外的全面考察，发现真正的人才，从而才能更好地提拔有贤能之才。

三国时期刘劭的《人物志》一书，实际上是对传统的识人之术的一次系统总结和升华。

首先，《人物志》利用古代的阴阳五行说对人的“情性”进行诠释：“若量其材质，稽诸五物，五物之征，亦各著于厥体矣。其在体也，木骨、金筋、火气、土肌、水血，五物之象也。”（《人物志·九征》）就是说，五行各有一定的特征，与人的身体五个组成部分（“五物”）相对应，并各自形成了人的五种生理资质，即“五质”（刚、柔、明、畅、贞固）。具体而言，骨是木的体现，具有“柔”的特性；筋是金的体现，具有“刚”的特性；气是火的体现，具有“畅”的特性；肌是土的体现，具有“贞固”的特性；血是水的体现，具有“明”的特性。

其次，在论五常和五行的关系后，刘劭进一步指出，人所具有的“五质”不仅表现在其道德品质和性格、才能上，而且不管其形体状态如何复杂多变，总会通过各自的“容止”（包括容貌、神情、仪态和言谈）体现出来：“虽体变无穷，犹依乎五质。故其刚柔、明畅、贞固之征，著乎形容，见乎声色，发乎情味，各如其象。”（《人物志·九征》）比如说，如果一个人内心忠诚耿直，其容貌就显得坚强而稳健；内心美善而果断，其容貌就显得进取而勇猛；内心平和而理智，其容貌就显得安详而闲逸。容貌在实际行动中便会形成各种不同的仪态、气度。比如，忠诚耿直的人，容色勇武出众而健步刚强；潇洒果断的人，容色强健可畏而步若飞扬；庄重理智的人，容色庄严肃穆而令人敬仰。这种仪容的变动，是由心田之气息引发的，先是人的声音变化及其节奏，或和谐平淡，或清新流畅，或迂徐悠长，并表现出不同的神情，比如，真正仁爱的人，定然有温和宽容的神情；真正勇敢的人，定然有慎重奋发的神情；真正智慧的人，定然有开明通达之神情。这些神情的变化，最后通过人的目光表露出来，比如说，仁爱之人的目光，诚实而端正；勇者之人的目光，明朗而坚强；等等。

最后，刘劭将“五物”（骨、筋、气、肌、血）与“神、仪、容、言”相结合，全面提出“九征”说：“物生有形，形有神精；能知精神，则穷理尽性。性之所尽，九质之征也。”（《人物志·九征》）就是说，万物产生则有其形体，形体形成则有其神气精灵；能知其神气精灵，则能通达天理本性之究竟；本性能通达，便可以从如下九个方面（“神、精、筋、骨、气、色、仪、容、言”）来衡量一个人的资质与品性。具体而言：心性平淡与否表现于“神”，聪明与否表现于“精”，勇敢与否表现于“筋”，坚强与否表现于“骨”，文静与否表现于“气”，乐观与否表现于“色”，端正与否表现于“仪”，心正与否表现于“容”，性情缓急表现于“言”。

这种考察方式广泛涉及一个人的内心欲望、智力水平、意志品格、性情特征、道德品格、仪表举止、生活态度等。“九征”说虽然有将“九征”与“五行”强行配合的痕迹，但这种根据人的外在特征来考察其内在状态，通过内在性情来推断人的资质与才能，应该说具有一定的真实性。当然，尽管一个人的天赋因素不可忽视，所谓“江山易改，本性难移”，但是这些可以为后天的环境和教育所修正，因而，仅仅根据人的自然禀赋来判断其才能乃至命运的做法，具有一定的片面性。

正是以“九征”说为基础，刘劭提出了一个极其系统的人才考量方法——“八观法”（《人物志·八观》）：

（1）“观其夺救，以明间杂”。刘劭认为，人的情性中所具有的善、恶因素，如果配合不当，就会出现“恶情夺正”和“善情救恶”两种情况。所谓“恶情夺正”，是指性情恶的一面战胜了善的一面，从而使好的品德和行为无法表现出来。比如，“慈而不仁者”，见到可怜者便流泪，而当要把自己的东西给予时却又舍不得，这是吝啬之心胜过慈悲之心的缘故；“仁而不恤者”，看到危险与急迫情况便有恻隐之心，而要投身去救助时却畏惧起来，这是由于其恐惧之情使之失去了体恤之心；“厉而不刚者”，遇到空谈大义时便表现出严厉之情，而涉及私利时则又顾忌了起来，这是私人之欲使之失去刚健之性的缘故。所谓“善情救恶”，是指“好心做坏事”，这种情况虽然可能产生不良行为，但不至于为害他人。总之，通过观察“恶情夺正”和“善情救恶”这两种情况，就可以察明一个人是否有疏漏与杂乱之性情。

（2）“观其感变，以审常度”。刘劭认为，人的性情深藏于复杂外表之中，不易识别，但通过观察一个人遇到各种突发事件后的谈吐、神色变化，就能知晓其性情特征。就一个人的谈吐与性情的关系而言，刘劭是从“观其辞旨”和“察其应赞”两个方面来进行说明的。“观其辞旨”是指通过观察一个人的言辞意旨，把握其性情和能力，辨析善恶；

"察其应赞"是指通过观察一个人的应答与评判，考究其智慧能否与其所言相称。此外，刘劭还论述了人的神色与内心的关系。比如说，一个人如果心有忧患而现于言表，说明其修养不足而胸无主见；暴烈急躁之情现于言表，说明其内心混乱而驳杂不纯；喜悦表情，说明其内心愉快；严厉表情，说明其充满愠怒等。他还特别强调，要从语言和神色的矛盾关系中，探知其真实心理。比如说，如果一个人言辞和悦而神色不悦，说明其心中充满矛盾；如果一个人虽言辞乖张，然而表情诚实可信，说明其词不达意；如果一个人言未发而已显怒色，那是愤怒填胸的缘故；如果一个人言已发而愤怒也随之而来，说明其强烈反对所论之事；等等。

（3）"观其至质，以知其名"。刘劭认为，观察一个人所具有的各种品性，便可知其名声产生的原因以及名实是否得当。例如，如果一个人的骨骼直正、气色清朗，就具有仁和礼的品性，从而仁爱之名远扬；气质清醇、筋力强劲，就具有义和礼的品性，从而刚烈之名远扬；智力相兼而精于道理，就具有义和智的品性，从而才能之名远扬；智慧正直而强毅诚恳，就具有智、仁、勇、信的品性，从而就有了能担当重任的美名。而如果仁、义、礼、智、信集于一身，就会成就美好的品德。

（4）"观其所由，以辨依似"。刘劭认为，通过观察一个人的言行举止，就可以判断其是否为似是而非之人。比如说，轻易承诺看似刚烈，实则缺少诚信；表面上举重若轻，看似能力强，实则难有效用；锐意进取，看似精干，实则很快会退缩；常常呵责他人，看似能够明察，实则心意混乱；斥责他人又施以恩惠，看似能施惠于人，而实则难有成就；表面顺从，看似忠诚，实则阳奉阴违，这些都是似是而非的情况。此外，还有许多"似非而是"的情况，如"大权似奸而有功，大智似愚而内明，博爱似虚而实厚，正言似讦而情忠"。因此，辨明了性情所依附的假象，那么这些似是而非或似非而是的情况就可以知晓了。

（5）"观其爱敬，以知通塞"。刘劭认为，人的性情在"爱"和"敬"两方面表现得最为显著。大凡人伦之道，爱和敬是最高准则。就爱和敬的分量而言，如果爱少于敬，那么只有清廉有节操的人归附，而大多数人不愿意追随。如果爱多于敬，那么虽然清廉有节操的人心里不高兴，但可得到众人的真心拥戴。为什么会这样？原因是人与人相敬，过于严肃造成彼此有较大的距离，这种关系难以持久；而人与人相爱，情深意浓，是发自内心的感动。因此，观察一个人的爱、敬，就可以知道其日后是否通达。

（6）"观其情机，以辨恕惑"。刘劭认为，人之常情通常有六个方面的表现（即"六机"）："杼其所欲则喜"，即投其所好则满意；"不杼其所能则怨"，即不投其所好则愤怒；"以自伐历之则恶"，即自我矜夸会遭人厌恶；"以谦损下之则悦"，即谦逊礼让会使人高兴；"犯其所乏则婟"，即把别人对自己短处的批驳当成鄙视自己；"以恶犯婟则妒"，即凭借己所长而驳斥他人之短，会导致嫉妒和仇恨。以上六个方面，归根结底，都说明人之常情都是欲使自己处于上位。因此，君子待人接物，应当使自己受到冒犯也不计较。不计较，就会使人因表现得谦卑而逃避灾害。而小人则不然，别人虚情假意吹捧一下，就信以为真；别人以同辈的身份邀请会面，则以为是轻视自己。因此，洞悉人之常情，就可以判明一个人情感发生变化的真实情况和原因。

（7）"观其所短，以知所长"。刘劭认为，偏材之人虽然都有其短处，但是正是这些缺点，才使其保持了自己的特色。比如，耿直之人如果不斥责邪恶，就无法显示其耿直；既然喜欢其耿直，就不要责备其直言不讳。刚正之人如果态度不严厉，就不能成就其刚正之名；既然喜欢其刚正，就不要非议其严厉。和蔼之人如果不有所畏惧，就无法保持其和蔼；既然喜欢其和蔼，就不要非议其畏惧之心。有节操的人如果不有所拘泥，就无法坚守其节操；既然喜欢其节操，就不要非议其拘泥；等等。因此，通过观察一个人所表现出来的短处，有时可以推知其长处。

（8）“观其聪明，以知所达”。刘劭认为，智慧产生于明达事理。事理越明达，则见识越长远。如果不聪明智慧，则无事能成就。比如说，喜爱声名而无其实，则显得空疏；喜爱论辩而不达礼，则显得烦琐；喜爱法令而无远虑，则显得苛刻；喜爱法术而无充实的计谋，则显得造作：“故好声而实不克则恢，好辩而理不至则烦，好法而思不深则刻，好术而计不足则伪。”总之，通过观察一个人的聪明程度，就可以明了其日后所能成就事业的情况。

纵而观之，《人物志》立足于社会和现实，努力把主观因素与客观条件、社会发展与人才成长的规律统一起来，满足对人才测评全面考察的要求，因而具有较高的科学性和实践价值。相传，曾国藩曾置《人物志》于案头，朝夕研磨，参较时事，其心得融入《冰鉴》一书，而成清末柱石；“红顶商人”胡雪岩周旋于官府、商界和洋人之间，纵横驰骋，游刃有余，也得益于《人物志》。

2. 知人之难及其复杂性

当然，“人未易知”“知人未易”。孔子曾因为自己识人不当的亲身经历而感叹道：“吾以言取人，失之宰予；以貌取人，失之子羽。”（见“孔子察人之失”）庄子说：“凡人心险于山川，难于知天。天犹有春秋冬夏旦暮之期，人者厚貌深情。”（《庄子·列御寇》）《吕氏春秋》一书也指出，识人之难，不仅在于被考察者往往掩饰自己内心的真实感受，不轻易让人知道，即“人之心隐匿难见，渊深难测”（《吕氏春秋·观表》），而且在于领导自身在识人过程中，往往由于私心杂念所形成的偏见：“私视使目盲，私听使耳聋，私虑使心狂。”（《吕氏春秋·序意》）这意味着，领导如果缺少一颗公正无私的心，无论其把握的识人智慧有多少，也就不可能识得人才。为此，《吕氏春秋》极为强调领导至公无私的道德品质：“昔先圣王之治天下也，必先公，公则天下平矣。平得于公。”（《吕氏春秋·贵公》）

孔子察人之失

《史记·仲尼弟子列传》载：宰予是孔子的学生，字子我，因其口才十分了得，孔子把他和子贡列为言语科的代表，但他竟然非议为父母居丧三年之礼，又在白天睡大觉，被孔子称为“不仁”之人，又说他“朽木不可雕也，粪土之墙不可污也”。宰予后来当齐国临淄大夫，他与齐国权臣田常作乱犯上，结果整个家族被灭掉。子羽是孔子的另一个学生，因相貌丑陋，孔子认为他并非可造之才，当初并不想收他做学生，没想到子羽自从跟随孔子学习后，勤力修行，获得人们的称赞。后来，子羽游历到长江，跟随他的弟子有三百多人，声誉很高，各诸侯国都传诵他的名字。故而，孔子感慨道：“我只凭言辞判断人品质能力的好坏，结果对宰予的判断就错了；我只凭相貌判断人品质能力的好坏，结果对子羽的判断也错了。”

而《人物志》一书通过对前人经验的总结，对“识人之难”的具体表现、成因及常见偏颇与谬误等问题，做出了更为详尽、深刻的论述：

第一，识人之难的基本表现（“二难”）：一是“难知之难”，二是“无由得效之难”（《人物志·效难》）。

“难知之难”是指难以了解的困难。这是由于一般人在察识人物时，往往不能全面把握而各自设立标准和尺度所导致的。这具体表现为八个方面：或仅观察其形容，或仅观察其举止，或仅观察其办事过程，或仅观察其做事动机，或仅抓住细节进行推论，或对其过错疏忽计较，或仅考察其言论，或仅考察其办事效果。这八种情况相互混杂，就必然产生一经接触就被其谈吐、外表迷惑的失误。比如说，将思想肤浅而张扬显露者，误认为是与众不同的人才；将深沉睿智、沉静淡薄者，误认为是空虚无物；能分辨精微的道理，就以为有犀利的眼力；随意给事物分类划分等级，就以为精通名理；喜欢评论是非，就以为能辨别善恶；妄加品评，以为能识别人物；评说国家大事，就以为懂得国家大事；等等。

针对这些情况，刘劭指出，一定要通过观察一个人的为人处世来对其进行识别，做到“五视”：“居，视其所安；达，视其所举；富，视其所与；穷，视其所为；贫，视其所取。”（《人物志·效难》）这一方法是通过观察一个人所处的不同环境下的行为表现来全面考察其品行，因而其效果具有较强的真实性。但是，刘劭也认识到，“五视”之法只能了解一个人在常态下的基本性情而难以掌握其变化状态，而且这种方法仅仅通过了解一个人的品行，并不足以了解其谋略，况且天下之人，不是都能接触到的。因此，需要特别注意人的志趣随着环境而会发生变化的情况。比如说，一个人对未谋面的人心生向往，可一经接触则会很快改变初衷；有的人仕途困顿时努力不懈，而一旦志得意满则会放纵任性，等等。这些都是仅凭借观察其日常的品行所不能得知的。

“无由得效之难”是指虽了解人才却无法对其进行举荐的困难。比如说，有些人在年幼贫贱之中，才能未及显露，或已经显露而未提拔，却已丧命；有的人曲高和寡，虽经推荐却得不到赞美和重用；举荐者地位卑下，人轻言微，其言论不被世人重视，或不能容于时代潮流而不能得到信任；举荐人本身没有处在举荐人的位置上没有办法提拔，或即使在那个位置上却受到别人的压制而无法举荐。同时，既能识别而又身处其位的伯乐，也是难有的。此外，有的人能够识别人才，但却不欲举荐；有的好举荐，却不能识真。这种有意蔽贤者与不能识才者，往往相互杂乱、真假难辨。最终的结果往往是，真正识别人才的人，担心不能达到举荐的目的；而不能识别人才者，却以为没有遇到真正的人才。

第二，识人之难的基本原因。刘劭认为，一是人在主观上难以克服的“自以为是”，即人本来甚难了解，而人们都自以为可以了解他人。造成这种主观片面性的一个根本的心理症结，就是所谓“能识同体之善，而或失异量之美”（《人物志·接识》），就是说，一般人虽能够识别与自己性情相同的人的优点，但对于与自己不同者的长处却往往失察。比如说：清节之人，以正直为准则，能识别品行有恒之人，却疑法术之欺诈；法制之人，以法律为准则，能识别正直守法之人，却轻视变化之术；术谋之人，以谋略为准则，能够识别奇思巧谋，却不能明了制度的根本；器能之人，以辨别为准则，能够识别善于谋划之人，却不能识别法制之人；智意之人，以揣情为准则，能够识别有韬略的人，却轻视法制、教化；伎俩之人，以功效为准则，能够识别功利之人，却不能明了道德教化；臧否之人，以监察为准则，能够识别针砭时弊之人，却不能知晓杰出奇异之士；言语之人，以析理为准则，能够识别言辞敏捷之人，却不能识别含而不露之人。总之，各种人之间相互非难、攻驳，无人愿意相互肯定。在刘劭看来，只有打破这种单一视角和狭隘立场，才能够真正全面地认识到各种人才的优劣。此所谓："一流之人，能识一流之善。二流之人，能识二流之美。尽有诸流，则亦能兼达众材。"（《人物志·接识》）

二是"不欲知人"。刘劭认为，"兼材"既能够致力于自身之长，又能够"尽有诸流"，采纳他人之长；而"偏材"则不然，他们往往喜欢扬己之长，却不欲了解他人所长。偏材常犯的错误是：以深奥之言来说浅显道理，图谋使人惊异；不能听取别人的相反意见，却进行非难。具体表现为：把别人所陈述的真知灼见当作炫耀；将对方不表明意见当作思虑空乏；对方一旦强烈坚持自己的意见，则认为其不知谦让；对方一旦不断谦让，又会认为其浅陋；对方若说自己只有一方面的长处，则以为不够渊博；对方若逐条阐发众多新奇之论，则又认为其头绪混乱；对方若只顾自己表达意见，则以为是在抢自己的风头；对对方的失误进行非难，以为其不可理喻；对方若陈述不同意见，以为是在跟自己较劲；对方对复杂之事进行广泛阐释，又以为其不知要点；而只要对方认同自己的意见，便立刻喜形于色，呈现亲昵之状，并极力表达赞誉之情；等等。

第三，识人过程中的常见谬误或偏颇。刘劭在《人物志·七缪》中进一步阐述了识人过程中人们常犯的七种谬误或偏颇：

（1）"察誉，有偏颇之缪"。这是指在察访士人时，往往会犯偏听偏信的错误。以至于人以为是，就符合其说；人以为非，则改变初衷。不仅如此，在察访士人之时，往往会由于爱憎之情掺杂其间，而发生失误判断。既如此，若没有全面地对与之相互结交的各色人等进行查访，就不必将那些片面言论信以为真。大家都说好的，未必真正如此；相反，大家都诋毁的，就未必不是好人。尤其对奇异之才，不能仅凭众人舆论的偏见而定夺。

（2）"接物，有爱恶之惑"。这是指由于爱憎情感的影响而导致的鉴识人才错误。爱善疾恶，是人之常情。没有绝对的好人，也没有绝对的坏人。把坏人当作好人，虽然错了，但坏人身上仍然有其优点。如果这种优点正好顺应了自己的长处，则会不自觉地增进情感、拉近距离。而好人肯定也有其不足之处。如果用对方的缺点对照自己的优点，或者用对方的优点对照自己的缺点，则会不自觉地意气相违，忽略对方的优点，进而从整体上否定其人。

（3）"度心，有小大之误"。这是指揣度士人心志时，有对其心志大小认识不足的错误。刘劭从"心"与"志"的角度把人分为四类：心地谦和而志向远大的人，属于圣贤；心地高傲而志向远大的人，属于豪杰；心地高傲而胸无大志的人，属于傲慢放荡之流；心地谦虚而胸无大志的人，属于拘谨软弱的一类。一般人观察人，仅因为其心地谦和而认为鄙陋无成，或仅因为其雄心勃勃而认为大有可为。这都是不明了心地和志向大小的关系而造成的误解。

（4）“品质，有早晚之疑”。这是指品评士人的材质时，有难以分辨早慧与晚成的错误。刘劭指出，早慧的人往往反应敏捷但见解肤浅；大器晚成的人虽反应迟缓，但见识奇特；终生愚昧的人各方面都表现出才智不足；而最终成就事业的人则思虑周密，游刃有余。总之，只有善于认识这些不同类别的人及其特点，才能正确认识人。

（5）“变类，有同体之嫌”。这是指辨别人才时，对与自己同类型的人的复杂关系往往认识不清。刘劭发现，性情相同而才能有大小差异的人，往往会相互提携、举荐；性情相同而势均力敌的人，则会相互竞争、陷害，此所谓“性同而材倾，则相援而相赖也；性同而势均，则相竞而相害也”。还有，耿直之人慷慨激昂，喜欢别人也为人耿直，却不能接受他人对自己的揭露；性格外向的人，喜欢别人直率真诚，却不能接受对自己也直言不讳；热衷功名的人，喜欢别人也积极进取，却不甘心让别人超越自己；等等。总之，同一类型的人之间其关系错综复杂，若搞不清楚，便容易陷入误区。

（6）“论材，有申压之诡”。这是指忽略士人所处环境而导致的失误。刘劭指出，各人生活情形有异：上等之才，能行人所不能行，通达时能获得劳苦功高而谦虚谨慎的美称；失意之际则有穷且益坚光明磊落的气节，不会受到提拔和打压的影响。而中等之才则随时浮沉，与世荣辱，如果富贵得势而又能布施恩惠，受惠者会极力颂扬他，虽然没有特殊的才能，但也能行成而名立；而贫贱之人，欲施而无财，欲援而无势，亲戚不能恤，朋友不见济，这样恩爱也渐渐疏远，怨恨言论便纷至沓来，无缘无故遭到废弃，等等。总之，同样的才能，在仕途中有人提拔，就会高官显名；而如果受到压制、拖累，官位声名就会稍显逊色。一般人的观察，只抓住各人现在的情况，而不考虑整个社会关系状况，因而难免发生失误。

（7）“观奇，有二尤之失”。这是指观察奇才时往往会被两种特别的情况误导。一般而言，对相貌气质清雅者的观察，很少发生失误。最常见的失误发生在如下两种特殊之人身上（“二尤”）：一为“含精于内，外无饰姿”，即微妙难测的人，含蓄深沉，外表没有矫饰；二为“硕言瑰姿，内实乖反”，即夸夸其谈、外表华丽者，往往败絮其中。人们寻求人才，往往以貌取人，或以直率袒露为华而不实，或将诈伪信以为真，等等，故而，难免发生错误判断。

在如上论述中，刘劭既分析了鉴赏者的主观片面性，也分析了被鉴赏者方面的原因；既看到了个人的自身状况对选拔人才的影响，也看到了整个社会关系的影响。这些认识大都与现代心理学中的一些理论相契合，比如说“接物，有爱恶之惑”包含着“投射效应”（指人们在日常生活中常常不自觉地把自己的心理特征归属到别人身上，认为别人也具有同样的特征）；“变类，有同体之嫌”包含了“类我效应”（指人们在选拔人才时，易于将与自己性格、爱好等相似的被试者的优点放大，产生偏颇判断）；等等。随着1937年美国著名心理学家J. K. 施赖奥克（J. K. Shryock）将此书翻译成英文（取名《人类能力的研究》），立即风靡西方世界，尤其受到政界、企业界和学术界的青睐。

三、用人法则及为吏之道

在中国古代治国实践和人们的日常生活中，不仅产生了许多“识人”法则，也积累了非常丰富的用人智慧。这可以从如下三个方面进行概括：其一，用人者的职责与品格；其二，用人基本法则；其三，为吏之道与“循吏”精神。

1. 用人者的职责与品格

从历史上看，先秦诸子尽管在思想立场上有所不同，但大都认为君、臣在社会治理问题上的职责是不同的。墨子讲：“贤人唯毋得明君而事之，竭四肢之力以任君之事，终身不倦。……宁乐在君，忧戚在臣，故古者圣王之为政若此。”（《墨子·尚贤中》）这一论述，不仅包含着君臣上下皆尽职尽责的意思，也包含“君无为，臣有为”之意。《文子》一书也指出；“人君舍其所守而与臣争事，则制于有司。以无为持位，守职者以德听从取容，臣下藏智而不用，反以事专其上。”（《文子·上仁》）荀子也明确论述了统治者与一般人在管理活动过程中的基本差异，这就是：“人主者，以官人为能者也；匹夫者，以自能为能者也。”（《荀子·王霸》）《管子》一书也指出，君主的职责主要是用人、制令和赏罚，人臣的职责则是守任治事：“论材、量能、谋德而举之，上之道也；专意一心，守职而不劳，下之事也”，“君据法而出令，有司奉命行事”，“为人君者，修官上之道，而不言其中；为人臣者，比官中之事，而不言其外”，否则，“为人君者，下及官中之事，则有司不任；为人臣者，上共专于上，则人主失威”（《管子·君臣上》）。申不害也说：“君设其本，臣操其末；君治其要，臣行其详。”（《申子·大体》）

老子讲无为而治，主要是针对君主（“圣人”）而言的：“圣人处无为之事，行不言之教。”（《老子》第2章）至于臣僚百官是否也必须“无为”，老子没有做出明确的说明。而对君道与臣道关系问题谈得最明确和透彻的，则是黄老道家的代表人物慎到。慎到认为，一国之治乱，不能全归于君主一人，“将治乱，在乎贤使任职”（《慎子·知忠》），并要求“臣尽智力以善其事”（《慎子·民杂》）。慎到还特别强调，君主要善于发挥臣子的才智，让他们把事情干完、干好：“君臣之道，臣事事而君无事，君逸乐而臣任劳，臣尽智力以善其事，而君无与焉，仰成而已，故事无不治，治之正道然也。”（《慎子·民杂》）最美妙的状况是臣子尽力，君收其利。在慎到看来，君主事必躬亲、夸能恃才，不表示君主聪明，反倒是无本事和低能的表现：“人君自任，而务为善以先下，则是代下负任蒙劳也，臣反逸矣。”（《慎子·民杂》）如果君主是一个平庸之辈，而又要摆出一副无所不能的架势，指挥一切，势必出乱子；即使“君之智最贤”，但一个人的智慧毕竟有限，“以一君而尽赡下则劳，劳则有倦，倦则衰，衰则复反于不赡之道也”（《慎子·民杂》）。依慎到之见，君三的职责是用臣，而不是代臣行事。代臣办事“是君臣易位也，谓之倒逆，倒逆则乱矣”（《慎子·民杂》）。而只要君主把每人之所能、所长集合起来，君主就无所不能：“廊庄之材，盖非一木之枝也；粹白之裘，盖非一狐之皮也。”（《慎子·知忠》）

慎到“君无为，臣有为”的主张，有限制君主独裁的积极意义，其强调让百官各司其职，也颇有见地和价值。当然，若说君主无为，百官自然就会干得很好，则未免太过理想化了。因此，在“无为”的理政之术外，后世的黄老道家又提出了“贵因”之术：“故道贵因。因者，因其能者，言所用也。”（《管子·心术上》）依此之见，一个人的智慧和力量必定存在一个限度，因而应善于因顺和利用自身以外的一切可资利用的因素，从而令自身立于不败之地。君王的“无为”，乃是以其“贵因”为基础的，假如仅“无为”而不以“贵因”作为保障，则将一事无成。当然，君王的“贵因”也是以“无为”为前提的，如若没有“无为”，“贵因”则无从谈起。因此，作为构成统一“心术”的这两面缺一不可，相互依存。

韩非以“道”入“法”，对老子的“道”做了一番形而下的改造，将作为自然规律的道引入政治领域的君臣之道。他说：“古之全大体者，望天地，观江海，因山谷。日月所照，四时所行，云布风动。不以智累心，不以私累己。”（《韩非子·大体》）仅此而言，似与老子如出一辙，但在如何“不以智累心，不以私累己”上，韩非离开了老子而步入自己的领地，他说：“寄治乱于法术，托是非于赏罚，属轻重于权衡……不引绳之外，不推绳之内；不急法之外，不缓法之内；守成理，因自然，祸福生乎道法，而不出乎爱恶”，“上不天则下不遍覆，心不地则物不必载；太山不立好恶，故能成其高；江海不择小助，故能成其富。故大人寄形于天地而万物备，历心于山海而国家富。”（《韩非子·大体》）在这里，韩非从天、地、山、海等自然中得出的结论，并非直接的无为政治原则，而是强调君主应摈弃人道的好恶，效法天地的无私，一切准道法而为，如此方能定治乱是非于一尊，导致“至治之世”。

为此，韩非主张君主“缘法而治”“循名责实”，如此才能“力寡而功多”，反之“则劳心积虑而治愈乱”（《韩非子·定法》）。韩非强调，君主的真正能力并不在于他个人才华的高低，也不在于能否与下属争功，关键在于他能否集中众人的智慧和才干，知人善用：“下君尽己之能，中君尽人之力，上君尽人之智。”（《韩非子·八经》）具体而言，只要各人的职位及职责既已明确，则君自不必亲躬于具体的事务，“君操其名，臣效其形，形名参同，上下和调也”（《韩非子·扬权》），从而使君主实现了“执一”以“驭多”的无为而治：“各处其宜，故上无为。使鸡司夜，令狸执鼠，皆用其能，上乃无事。上有所长，事乃不方。矜而好能，下之所欺。辩惠好生，下因其材。上下易用，国故不治。用一之道，以名为首，名正物定，名倚物徙。故圣人执一以静，使名自命，令事自定不见其采，下故素正。因而任之，使自事之……”（《韩非子·扬权》）显而易见，韩非子的“虚静无为”是一种以“静”带“动”，以“无为”促“有为”的控制之道：“人主之道，静退以为宝。不自操事，而知拙与巧；不自计虑，而知福与咎。是以不言而善应，不约而善增。”（《韩非子·主道》）这就是说，领导者不必亲自操劳事务，照样能知道下属的事情是办糟了还是办好了；不必亲自出谋划策，照样能知道下属所提供的计谋是得福还是得祸。总之，“皆用其能，上乃无事”（《韩非子·扬权》）。按照韩非的预期，只要官吏廉洁清明，则老百姓之善者自然奉公守法，其恶者亦不敢为非：“闻有吏虽乱而有独善之民，不闻有乱民而有独治之吏。”（《韩非子·外储说右下》）因此，君主“治吏不治民”（《韩非子·外储说右下》）

《人物志》一书在充分继承如上思想的基础上，明确阐述了最高统治者正因为不必事事精通，所以才能统筹众多有才能的人的基本理念："故臣以自任为能，君以用人为能；臣以能言为能，君以能听为能；臣以能行为能，君以能赏罚为能。所能不同，故能君众材也。"（《人物志·材能》）唐代赵蕤在《长短经》一书中从君道与臣道相区别的角度，提出："知人者，王道也；知事者，臣道也。"（《长短经·大体》）反过来，如果为君者事无巨细，都要亲自做才放心，而不懂得起用人才，就会遭到天下人才的怨恨和厌恶，最终使社会出现危机："自为之，则不能任贤；不能任贤，则贤者恶之。此功名之所以伤，国家之所以危。"（《长短经·大体》）因此，为君者的最重要的工作，就是寻找到合适的人才，并进行合理的任用和分配，获得大众的拥戴，从而成就所谓"帝王大业"。

一般而言，有才德的人，往往求之艰难；而招致没有才德的人，却很容易。因此，英明的君主只有不避艰难，才能真正聘用到尽心尽力的贤人，而成就一番功业："千里迎贤，其路远；致不肖，其路近。是以明王舍近而取远，故能全功尚人，而下尽力。"（《三略·下略》）不仅如此，英明的君主求贤才，一定要了解他的品性而以不同的方式求得：不要以财物相诱惑来驱使那些看重节义的人；廉洁、淡泊名利的人，不可能以官位、俸禄相诱而求得；有节操讲义气的人，不能以严威、重刑相要挟。所以招致清廉寡欲的人，一定要重修礼节；罗致重气节大义的人，一定要重修道义，等等。这样，不仅贤士可以招致，而且君主英明的声名也得以保全："清白之士，不可以爵禄得；节义之士，不可以威刑胁。故明君求贤，必观其所以而致焉。致清白之士，修其礼；致节义之士，修其道。而后士可致而名可保。"（《三略·下略》）

当然，人不是生来就是贤才，所以需要培养教育。曾国藩指出，大多数人智力基本接近，能否成才，关键在于后天的教育培养："人才以培养而出，器识以历练而成。"①更为重要的是，"非贤者莫能用贤"（《长短经·量才》），就是说，统治者是什么样的人，决定了他会用什么人，从而也决定了他的成功与失败。为此，领导者必须具有居上谦下的品质，如老子所言："江海所以能为百谷王者，以其善下之，故能为百谷王。是以欲上民，必以言下之，欲先民，必以身后之。是以圣人处上而民不重，处前而民不害。"（《老子》第66章）

《人物志》一书综合儒道思想，将具有"中和"或"中庸"资质的人，作为为君者的理想人格："凡人之质量，中和最贵矣。"（《人物志·九征》）并具体阐述了这种中庸之质所具备的基本特征："中和之质，必平淡无味，故能调成五材，变化应节。是故，观人察质，必先察其平淡，而后求其聪明。"（《人物志·九征》）意思是说，由于具备中庸之德的人其各方面都是平衡发展，不是哪一方面特别突出，所以看起来似乎是"平淡"。唯其如此，他才能根据不同的情况调整自身，以应付事物的发展变化。刘劭特别强调："是谓主道得而臣道序，官不易方，而太平用成。若道不平淡，与一材同好，则一材处权，而众材失任矣。"（《人物志·流业》）意思是说，只有人主之道得以确立，臣子才可按部就班，各自确立和履行自身的岗位职责，因而太平得以实现。如果人主之道不能平淡，偏向于某种材质的人，使其得到权势，则会使其他材质的人得不到重视，从而不能履行职责。这一思想既是"合理分工，各司其职"的现代科学管理原则的突出体现，也认识到

① 曾国藩．曾文正公全集·杂集："笔记十二篇·才用"，上海：新文化书社，1911—1949：30.

了领导者在管理过程中“偏倚偏重”的危害性。

《长短经》提出的一个重要主张就是，认为君子、小人本来没有固定不变的品质，大都是随着时势的推移变化而变化的。他说：“夫天下有君子焉，有小人焉，有礼让焉。此数事者，未必其性也，未必其行也，皆势运之耳。”（《长短经·势运》）这种潮流更多是由掌握最高权力的人推动起来的。古语说得好：“上有好者，下必甚焉。”因此，用人者需要注意对自身的改造，注意克服、抑制放浪任性的行为和各种偏激、嗜好，并提出了贤明君王所应恪守的五条原则：“故聪明广智，守以愚；多闻博辩，守以俭；武力毅勇，守以畏；富贵广大，守以狭；德施天下，守以让。此五者，先王所以守天下也。”（《长短经·德表》）就是说，天道运行的规则永远是物极必反，盈满则亏。所以做人要想保持大聪明、大智慧的优势，就必须使自己永远处于一种空灵、愚蒙的心理状态；要想保持博闻多识、明睿强辩的优势，就必须让自己觉得永远孤陋寡闻，才疏学浅；要想保持勇武刚毅的优势，就必须使自己明白天外有天的道理，处于一种有所敬畏的状态；要想保持富贵显赫的优势，就必须让自己享有的物质永远有所节制，局限在最小限度内；要想兼济天下、恩泽苍生，就必须保持一种谦让恭顺的美德。

2. 用人的基本法则

历代先贤在用人问题上尽管看法不尽相同，但是关于用人的一些基本法则，却有诸多一致的共识。概括而言，主要有：

（1）不拘一格，唯贤是求。就是说，选拔贤才应不分贵贱，不论出身、地位、亲疏、故旧。孔子说：“犁牛之子骍且角，虽欲勿用，山川其舍诸？”（《论语·雍也》）就是说，“犁牛之子”虽然出身卑微，但只要自身条件好，符合祭品的条件，就不应该舍弃不用。韩非强调打破门第制度，提倡不拘一格用人：“或在山林薮泽岩穴之间，或在囹圄缧绁缠索之中，或在割烹刍牧饭牛之事，然明主不羞其卑贱也，以其能为可以明法便国利民，从而举之，身安名尊。”（《韩非子·说疑》）就是说，无论他们是出在深山老林、湖泽、洞穴之间，还是出在监狱、绳索绑缚之中，或者是在做屠宰烹调、养羊放马喂牛之事，英明的君主不应嫌弃他们卑贱，只要他们的才能是可以用来利国利民的，就可以提拔他们（见“唐太宗的用人之道”）。

唐太宗的用人之道

唐太宗在位期间，励精图治，不拘一格，坚持“士庶并举”“官民同申”“汉夷并用”“新故同进”的用人方略。他先后起用了原属关陇贵族的长孙无忌、刘文静、李靖等贤臣良将，还从“新人”“疏人”甚至是过去的“仇人”中起用了大批贤人名士。在他所任用和器重的一系列名臣中，房玄龄、杜如晦起自刀笔小吏，马周、刘洎出身寒微，李勣、尉迟敬德为降将，阿史那社尔来自突厥族。一时间，形成了“唐初，贤人在位众多”的局面。因此，当其有功旧属因未得重用而牢骚满腹时，唐太宗毫不客气地说：“今所以择贤才者，盖为求安百姓也。用人但问堪否，岂以新故异情？凡一面尚且相亲，况旧人而顿忘也？才若不堪，亦岂以旧人而先用？今不论其能不能，而直言其嗟怨，岂是至公之道之耶？”（《贞观政要·公平》）同时，唐太宗始终坚持慎重择人，不可造次即用：“用得正人，为善者皆劝；误用恶人，不善者竞进。赏当其劳，无功者自退；罚当其罪，为恶

者戒惧。故知赏罚不可轻行，用人弥须慎择。”（《贞观政要·择官》）

尽管人们一般认为贤者应是德才兼备之人，但是在现实中二者很难兼备。从历史上看，在和平年代，人才的选拔标准，往往侧重于“德”，如汉代；而在社会动荡时期，则侧重于“才”，如三国时期。如唐代魏徵所言：“乱代唯求其才，不顾其行。太平之时，必须才行俱兼，始可任用。”（《贞观政要·择官》）在社会动荡时期，用人以才能为先，因为乱世需要过关斩将、攻城略地、摧坚陷敌的人，权略诡辩之士均须罗列，所谓“进取不以才则无功”（司马光：《才德论》）。而和平时期治理国家，则需要为社稷做长远打算，必须任用品德高尚、有仁义之心的忠厚人，因为“守成不以德则不久”（司马光：《才德论》）。在现实中，由于二者并不能在所有人身上并存，因此，司马光在《才德论》中根据德与才的关系，将人分为四类：“才德全尽谓之圣人，才德兼亡谓之愚人，德胜才谓之君子，才胜德谓之小人。”在选拔人才时，最理想的是选拔德才兼备的圣人，其次是德行高于才能的君子。在对待愚人和小人的态度上，司马光以为自古以来，扰乱朝政、败坏家庭的人都是“才有余而德不足”的“小人”。因为“愚者虽欲为不善，智不能周，力不能胜”，愚人不能控制局势，便不能兴风作浪；但“小人智足以遂其奸，勇足以决其暴”，容易以假象取信于人，从而颠覆家国，所以提出一条著名定理：“用小人不如用愚人”。近世的曾国藩也认为：“与其无德而近于小人，毋宁无才而近于愚人。”（《曾文正公全集·杂著·才德》）

（2）用人如器，各取所长。事物有长短，人才有高下，人无完人，金无足赤，这是客观事实。“善用”就是根据人的能力，把他放置到与其相适应的岗位上去，以充分发挥其智慧和能力。孔子认为，用人就像对器具一样，什么样的器具派什么样的用场：“使人也，器之。”（《论语·子路》）因此，用人者应该破除求全责备的偏见，不因“小过”而怠慢人才，所谓“成事不说，遂事不谏，既往不咎”（《论语·八佾》）。如果领导以求全挑剔的心理识人，只能使人才近在眼前却视而不见，导致人才流失而浑然不知。如司马光所言：“若指瑕掩善，则朝无可用之人；苟随器授任，则世无可弃之士。”（司马光：《天子之孝·论官材铨选》）

既然人才各有所长、各有所短，因而，“用人”贵在用其所长，而避其所短。如晏子所言：“任人之长，不强其短；任人之工，不强其拙。”（《晏子春秋·问上》）墨子主张甚至可以任用那些敢于提出与君主不同意见的臣属：“君必有弗弗之臣，上必有谔谔之下，分议者延延，而支苟者谔谔，焉可以长生保国。”（《墨子·亲士》）即君主必须有敢于矫正君主过失的臣僚，必须有直言极谏的下属，分辩议事的人争论锋起，互相责难的人互不退让，这才可以长养民生，保卫国土。韩非也指出：“故乌获轻千钧而重其身，非其身重于千钧也，势不便也。离朱易百步而难眉睫，非百步近而眉睫远也，道不可也。故明主不穷乌获，以其不能自举，不困离朱，以其不能自见。”（《韩非子·观行》）就是说，乌获能力举千钧却无法举起自身，离朱能明察百步之遥但无法看清自己的眉睫，皆因自身条件的局限。既然人的智慧和能力都是有限的，君主要根据他们的才能去任用他们，使他们去从事各自的工作：“因而任之，使自事之。”（《韩非子·扬权》）

在人才的使用中，不仅要重视扬长避短，还应做到人才整体的长短互补。如此，更能发挥人才整体的威力。如韩非所言："以有余补不足，以长续短之谓明主。"（《韩非子・观行》）《三略》指出，作为一名将帅，既要使用擅长谋略的人，又要使用勇猛的人，既要使用贪财的人，又要使用头脑简单的人。因为，有谋略的人，喜建功立业；勇猛的人，乐于实现他的志愿；贪财的人，急于追逐财物；头脑简单的人，打仗不怕牺牲。可以根据他们不同的特点使用他们，这是统率军队的奥妙权术："使智，使勇，使贪，使愚。智者乐立其功，勇者好行其志，贪者邀趋其利，愚者不顾其死。因其至情而用之，此军之微权也。"（《三略・中略》）

进一步讲，人的长处和短处、优点和缺点是矛盾的统一体，二者相互依存、相互渗透而又相互转化。不同的人，在能力上各有其长短；同一个人、同一种能力，此时此地可能是短，但彼时彼地就可能为长。因此，领导者用人，不但要知长知短，而且要善于从人之长处中看到短处，从人之短处中挖掘长处。只要善于因人而异，精心设计，巧妙搭配，就能使人才相得益彰，各得其所。

总之，用人的最高境界就是"人尽其才"。应善于任用各类人才的长处，做到"使智者尽其智，谋士尽其谋，百工尽其巧"（《管子・山至数》），"贤不肖各得其所"（《贞观政要・政体》），"造器尽其材，用人适其性"（《长短经・量才》）。说到底，世上本来没有什么无用之物，关键就看你会不会用。这正是老子主张"圣人恒善救人，故无弃人；恒善救物，故无弃物"（《老子》第 27 章）的深层含义。

（3）量能授官，职责分明。对于人才的任用，荀子认为，应根据才能授予官职，做到官能相称："论德而定次，量能而授官，皆使人载其事而各得其所宜。"（《荀子・君道》）《管子》不仅提出"量能而授官"（《管子・君臣上》），合理配置人才，而且还根据能力授予官职，分等级授予俸禄。同样，形成于战国晚期的《六韬》一书，针对当时存在的"举贤而不获其功""举贤而不能用"的现象，认为，解决问题的办法就是"按名督实，选才考能，令实当其名，名当其实"（《六韬・举贤》），即根据各级官吏应具备的条件选拔贤能，根据官吏的职责考核其工作实绩，从而使官位同德才相称。

而为了使百官各司其职、各尽所能，应做到职责分明。对此，韩非举例说：韩昭侯寝，典冠者加之以衣，昭侯觉醒，罪"典衣"而杀"典冠"。其道理在于，"其罪典衣，以为失其事也，其罪典冠，以为越其职也，非不恶寒也，以为侵官之害甚于寒。故明君之畜臣，臣不得越官而有功。"（《韩非子・二柄》）韩非还提出"一职一官"的原则："一人不兼官，一官不兼事。"（《韩非子・难一》）就是说，一个人在担任了某种职务以后，就不宜再去兼任其他职务；担任了一种职务的管理者，就不宜再去兼管与本职务无关的其他事情。韩非之所以如此强调，其道理在于："明君使事不相干，故莫讼；使士不兼官，故技长；使人不同功，故莫争。"（《韩非子・用人》）即领导者在用人时，应该使下属的职事互不干扰，这样，下属之间就不会发生矛盾、冲突、内耗；应该使下属管理者不兼任其他管理职务，这样，他们的管理才能就会与日俱增；应该使下属管理者不去完成同一任务，这样就不会互相推诿。

（4）用人不疑，防奸去贼。用人还要做到相信人才，做到"疑则勿任，任则勿疑"。如果任用人才而不信赖他，则不如不用。尤其是在军事行动中，作为最高管理者的"君"必须充分放权，让"将"有决定战略规划、战术布置、任命指挥的权力："将能而君不御者胜。”《孙子兵法·谋攻》韩非指出：“人主之过，在已任巨矣，又必反与其所不任者备之，此其说必与其所任者为仇，而主反制于其所不任者。”（《韩非子·南面》）就是说，君主的错误，就在于已经任用了官吏，又反过来和没有被任用的人去防备他们，这些没有被任用的人一定会和那些已经被任用的人作对，这样君主反而被那些没有被任用的人控制了。所以韩非提倡用人不疑，“上不与义之，使独为之”（《韩非子·扬权》）。同样，鉴于隋炀帝用人多疑的劣性和教训，唐太宗无论亲疏都力求做到推心待士、不信谗言：“流水清浊，在其源也。君者政源，人庶犹水，君自为诈，欲臣下行直，是犹源浊而望水清，理不可得。”（《贞观政要·诚信》）由于唐太宗不轻信谗言，无论是对一向亲近之人，还是有过仇嫌之士，都不胡乱猜疑，坚持以诚相待，从而建立了君臣之间巩固的诚信关系，从而为自己的任贤政治开辟了道路。

实际上，用人不疑的原则，乃是针对贤人而言的。由于世界上既有贤人，也有“恶人”“奸人”。因此，在坚持对贤人充分信任的同时，还应该注意避恶防奸。在现实世界中，废弃一个好人不用，众多的好人就会丧气；奖赏一个坏人，坏人就会蜂拥而至。只有让好人得到庇护，坏人受到惩处，国家就会安宁，众多的好人就会争相归至：“废一善，则众善衰；赏一恶，则众恶归。善者得其佑，恶者受其诛，则国安而众善至。”（《三略·下略》）如果用人不当，国家就会祸乱无穷：“贤臣内，则邪臣外；邪臣内，则贤臣毙。内外失宜，祸乱传世。”（《三略·下略》）

正是基于对奸人作恶的极大危害性的认识，先秦法家大都主张“明法”以防奸。例如，商鞅在变法中要求各级官吏清楚各自的职权范围，“别其势，难其道”（《商君书·禁使》），即通过明确官吏职权范围，严格区分官吏权限，使官吏难以利用职权去做坏事，使其滥用职权无所遁形，从而抑制官吏犯罪。商鞅还设置种种法令，使各级官吏之间形成“利异而害不同”“事合而利异”（《商君书·禁使》）的关系，以防止官吏之间相互勾结，共同谋取私益，并通过刑、赏等有效手段，使官吏间互相监督、互相告发。同样，为了防止臣下朋比为奸，韩非要求既“不以货赂事人”，“更不以枉法为治”，“不事左右，不听请谒”（《韩非子·孤愤》），并对官吏的权势、利禄进行限制，做到“任事者毋重，使其宠必在爵；处官者毋私，使其利必在禄”（《韩非子·八经》）。

（5）赏罚分明，恩威并用。为了更好地使用人才，还应该实施激励手段，实施赏罚。墨子设想，人们看到贫贱者被重用之后，受利益的驱使，会产生连锁反应：富贵之人和接近权力者不居高自恃，贫贱和远权者就不会自暴自弃，大家都会争先恐后，自强勤勉，从而有赏善罚恶、劝善教化的效果。因此，重用人才，就要“高予之爵，重予之禄，任之以事，断予之令”（《墨子·尚贤中》），即给他们以高爵厚禄，任用他们以政事并授之以专断之权。

《管子》提出，对官吏经过考核后，要“案其功而行赏，案其罪而行罚”（《管子·明法解》）。一方面，要重奖重罚，使得“赏必足以使，威必足以胜”（《管子·正世》）；另一方面，要注意赏罚有度，赏罚过滥会使激励的作用减弱以至于完全失去：“一为赏，二为常，三为固然。”（《管子·侈靡》）即一次是奖励，二次就有些习以为常了，三次则变成固定的事了，其激励作用完全消失。因此，要善于不断地改变激励的方式，并针对不同的人采取不同的方式，比如提升官职、增加禄赏、免除赋役、表彰礼遇等。还要注意

赏罚公正："明赏不费，明刑不暴。"（《管子·枢言》）

韩非要求君主根据才能来授予官职，并根据其职责来考察其政绩，以定赏罚："功当其事，事当其言，则赏；功不当其事，事不当其言，则诛。"（《韩非子·主道》）韩非特别强调名实相当，否则就要受罚，"言大而功小者，则罚"，反之，"言小而功大者，亦罚，非不说于大功也，以为不当名也，害甚于有大功，故罚"（《韩非子·二柄》）。

孙子提出，在血与火、生与死的考验面前，要敢于"施无法之赏"（《孙子·九地》），即打破常规的奖赏，以树立榜样。同时，赏罚要公："不赏私劳，不罚私怨"；赏罚要掌握好时效："赏不逾日"，"罚不列迁"；赏罚要有度，因为"赏无度，财费而无恩；罚无度，则戮而无威"；赏罚要掌握好频率和节奏，因为"数赏者，窘也；数罚者，困也"（《孙子·行军》）。此外，孙子认识到，赏罚不是万能的，有比赏罚更重要的东西，那就是道义的感召力和平素的良好教育。唯有这些，能够唤起士卒的献身意愿，并树立起崇高的信念："故令之以文，齐之以武，是谓必取。"（《孙子·行军》）就是说，用"文"的手段即用政治道义教育士卒，用"武"的方法即用军纪来统一步调，这样的军队打起仗来就必定胜利。

与赏罚原则相关联，对于用人者而言，就是要做到恩威并用。《六韬》提出了"杀大赏小"的原则，即将帅通过诛杀地位高贵的人来树立威信，通过奖赏地位低下的人来体现圣明，通过审慎而严明的赏罚做到有禁必止，有令必行："将以诛大为威，以赏小为明，以罚审为禁止而令行。"（《六韬·将威》）这是因为能诛杀那些官高位显担当重要职务的人，是刑罚能触及最上层；能奖赏牛僮、马夫、饲养人员等地位低下的人，是奖赏能达到最下层。刑罚及于最上层，奖赏达到最下层，这就是将帅的威信得以树立，命令能够执行的原因所在："刑上极，赏下通，是将威之所行也。"（《六韬·将威》）

曾国藩通过历史经验的总结，指出，要将人才的积极性充分调动起来，必须宽严皆备、恩威并用。而"用恩莫如仁，用威莫如礼"①。用仁就是视部属如子弟，教育其努力上进，帮助其成才发迹；用礼则是对部属恪守礼法，持之以敬，临之以庄，言行得体。曾国藩尤其强调"人才以奖掖而出"，即使是中等人才，如果奖励得法，可望成大器；若一味贬斥，则往往停滞于庸碌而不能自拔，所谓"一言嘉奖，则感而图功；片语责惩，则畏而改过"②。当然，奖惩措施要针对不同的人、不同的情况灵活使用。高明的人喜欢照顾面子，不甘居于人后。如果赞美他忠诚，他就会更加忠诚；赞美他清廉，他就会更加清廉。卑琐的人本无大志，只知斤斤计较。如果对他严加管教，他就会畏惧；对他松懈一点，他就越发放肆。此外，曾国藩还坚持"扬善于公庭，而规过于私室"③，事实证明，这种公开褒扬和私下规过的做法，颇具识见。

3. 为吏之道与"循吏"精神

长期以来，对于官员的选拔和评价，人们总是以"德""才"兼备这样的标准来进行衡量。前者关涉官员的品德修养，后者指涉官员的素质能力。然而，这种概括似乎并未

---

① 曾国藩. 曾文正公全集·日记："治道". 上海：新文化书社，1911—1949：39.

② 曾国藩. 曾文正公全集·家书："禀祖父母——报告升侍". 上海：新文化书社，1911—1949：1.

③ 曾国藩. 曾文正公全集·书札："复吴竹庄方伯". 上海：新文化书社，1911—1949：120.

涉及官员在履行公务时的行为准则，而这正是衡量一个官员的重要尺度，因为，无论是品德修养还是素质能力都只是一种静态要素，而官员在组织行为学层面的表现，对于履行公务而言才更为根本。在官僚体制下，官吏如何作为，将直接关系到老百姓的生产和生活，如《管子·明法解》曰："吏者，民之所悬命也"。而如何实现官僚制度的有效运作，秦始皇根据李斯的建议而推行的"以吏为师"，即要求官吏学习法律，依法教民。事实上，这也成了历代王朝一直奉行的一项国家制度。

正是基于"以吏为师"的精神要旨，司马迁提出"循吏"概念："奉法循理之吏，不伐功矜能，百姓无称，亦无过行。"（《史记·太史公自序》）所谓"奉法循理"，并不是指官员个体的"遵纪守法"的品德和"通晓事理"的才干，而是指在行为上的对现行法治的遵奉和对客观规律的尊重。所谓"不伐功矜能"，是指不对自己的功绩与才能进行自我标榜、炫耀 "百姓无称"的意思，不是说没有政绩，而是说不居功自恃；"无过行"，并不是说他们不犯错误，而是说循吏奉法循理，实事求是，勇于担当，使百姓无可挑剔。

司马迁在《史记·循吏列传》中一共描写了五个循吏：孙叔敖、子产、公仪休、石奢、李离。孙叔敖为楚相，执政宽缓，有禁必止，官不邪恶，民无盗贼。一个典型事例是：楚庄王曾下令把小币改铸为大币，但使用起来很不方便，为此，孙叔敖请求庄王恢复旧币。这表明孙叔敖不奉迎君主，而是从百姓实际需要出发，勇于纠错。还有一个事例是：楚国人习惯于坐矮车，楚王认为不便于驾马，想下令把车改高，但孙叔敖认为，屡发政令，会使百姓无所适从。为此，他建议教乡里人家加高门槛，这样，乘车人为了方便，自然就把车改高了。可谓"不教而民从其化"。更值得称道的是，孙叔敖治楚以霸，虽然权重功高，却多次婉拒楚王的赏赐，持廉至死。郑国国相子产同样遵循自然无为之道治国，深受百姓爱戴："为相一年，竖子不戏狎，斑白不提挈，僮子不犁畔。二年，市不豫贾。三年，门不夜关，道不拾遗。四年，田器不归。五年，士无尺籍，丧期不令而治。"公仪休为鲁相，奉法循理，率先垂范，百官自正。据说，他吃了自家种的蔬菜感觉好吃，就把自家园中的菜都拔出来扔掉；他看自家织的布好，就把妻子赶出家门并烧毁织机。之所以这样做，是由于他认为官员靠其俸禄生活，不宜再与百姓争利。石奢，楚昭王时期的国相，廉正正直，却遇到一个忠孝难以两全的问题：为了行孝，他放跑了杀了人的父亲；为了尽忠，他主动请罪，并拒绝了昭王的宽恕，"伏诛而死"。李离是晋文公的法官，因为察案有误而枉杀人命。知道真相后，他竟把自己拘禁并判以死刑。尽管晋文公一再宽慰，但他仍然坚持不能违背国法，最后"伏剑而死"。

如上五个循吏皆依理行政、奉法守职、坚直廉正、不与民争利，从而有效治理了国家。司马迁由此得出了一个结论："法令所以导民也，刑罚所以禁奸也。文武不备，良民惧然身修者，官未曾乱也。奉职循理，亦可以为治，何必威严哉？"（《史记·循吏列传》）这里的"奉职循理"与前述"奉法循理"的意思是一致的。就是说，只要官吏遵循自然之道，老百姓就有了榜样，如此一来，即使在文功武备都缺失的情况下，百姓自会向善，社会也能治理好，何须违背自然而硬性人为呢？故而，司马迁反对以"威严"治民，而主张以宽厚仁德为政。他在做《循吏列传》之外，还写《酷吏列传》，记述了西汉初期以酷刑峻法而著称的十几个酷吏，并引用孔子之言："导之以政，齐之以刑，民免而无耻；

导之以德，齐之以礼，有耻且格”（《论语·为政》），指出，“信哉是言也！法令者治之具，而非制治清浊之源也”，他认为，秦时法令严密，但奸伪萌生，以至于丧败，不可拯救，而汉武帝时期吏治虽“武健严酷”，但就像扬汤止沸一样，乃治标不治本。

自《史记》始，在“二十四史”及《清史稿》中，共有20史载有循吏（或为良吏、良政、能吏）列传，共记述了500多位循吏的事迹。作为中国传统社会数千年来的中坚力量，这些循吏不是单纯的“清官”，而是一群恪尽职守、奉法循理、勇担重任、积极创新和廉洁自律的“良吏”。他们事迹各异、各有建树，体现在道德教化、平讼理狱、扶助农桑、救灾赈济、兴修水利、镇边平叛、防匪缉盗等社会生活的方方面面，从而为后人树立了勤政、廉政、善政、德政、惠政、实政的正面典范。由于他们大多娴于吏道，善应棘手疑难问题，因而，也就是通常所谓的“能臣”“干吏”，从而与那种好空谈、善作秀的“清流”人士相对立。历朝历代不乏“清流”，他们以儒家伦理道德为行为准则和终极目标，德行高洁、负有名望，虽不肯与邪恶沆瀣一气，却也不敢革故鼎新。明代张居正曾经把官员大体分为三类：一为无能的贪官污吏，是地道的官场寄生虫；二是清流派，他们行为端正，忠君爱民，但往往沽名钓誉，做事不肯变通，空获清官美誉却无治绩可寻；三是循吏，他们做事不拘形势、不拘小节，力求把事情做成。为此，张居正主张重用循吏，慎用清流，摒弃贪官。在其看来，如果只讲“做人”而不会“做事”，只能是一个庸吏；而能办成事却不洁身自好的，则是贪官（《明史·张居正传》）。

当然，在不同的社会制度下，官吏的地位和职责自然也有所不同。在专制时代，官吏作为皇权的附庸，实施的是“统治”的功能，这自然与今日服务于人民大众的“公仆”不可同日而语。即便如此，作为社会事务的管理者，无论是传统时代的官僚还是当今社会的人民公仆，在承担社会管理职能和具体行为规范上应具有一致性。质言之，传统循吏所具有的那种奉法循理、廉洁清正、勤政爱民、富有作为等基本品行，依然为当今社会所必需。随着当下反腐运动的深入进行，人们日益发现，当今吏治的根本问题，不仅仅在于官场的腐败，更在于官员的慵懒、平庸与不作为。因而，司马迁所强调的那种“奉法循理”“无为而自化”的循吏内涵在当今具有十分重要的借鉴价值。具体而言，所谓“奉法”，就是要做到“依法行政”，将官员的行为牢牢框定在法制范围之内，这并非要片面、纯粹地倡导法治之“威严”与施政之“酷烈”，而更应强调官员的以身作则。所谓“循理”就是要遵循自然规律而行动，而不是“胡乱作为”，诸如只顾追求政绩而缺乏成本效益考虑的各种“形象工程”、缺乏远见只求短期效应的“竭泽而渔”的发展模式，等等。所谓“无为而民自化”，并不是主张官员什么都不干、不做，而应该以发挥被管理对象的主动性、积极性为核心，通过民众的“自我管理”，做到人尽其才。事实上，国家政权和统治者、领导者的“无为”，将使民众有更多的自由从事自己所愿从事的活动，所谓“为无为，则无不治”。因此，高明的管理者应是领导和激发众人才智的“导演”，而不是扮演具体角色的“演员”，应“有所为，有所不为”。质言之，只有充分发扬民众的能动性、自我觉醒意识和创造性，增强社会的活力，才能更好地实现社会管理。①

---

① 彭新武. 论循吏与时代精神. 政治学研究，2015（5）.

阅读书目

王晖，宋友文，主编. 孙子兵法. 中国社会科学出版社，2000.
陈奇猷. 吕氏春秋新校释. 上海古籍出版社，2002.
伏俊琏. 人物志研究. 甘肃人民出版社，1999.
吴兢. 贞观政要. 上海古籍出版社，1978.
周斌.《长短经》校证与研究. 巴蜀书社，2003.
司马光. 资治通鉴. 中华书局，2011.
宫玉振. 曾国藩兵法与领导艺术. 广东经济出版社，2005.

思考题

1. 试论儒家和法家在“尚贤”问题上的异同。
2. 简析中国古代人才选拔制度的变迁。
3. 试评刘劭《人物志》中的“九征说”、“八观法”和“七谬说”。
4. 联系实际，谈谈“识人之难”。
5. 你认为，在人才选拔过程中，作为“用人者”应具备哪些基本素质和品德?
6. 试对中国古代的用人法则做出综合评价。
7. 谈谈你对司马迁“循吏”概念的理解。

第三章
中国古代的术治主义传统

非至圣人达奥，不能御世；非劳心苦思，不能原事；不悉心见情，不能成名；材质不惠，不能用兵；忠实无真，不能知人。

——鬼谷子：《忤合》

在中国古代管理文化中，除了治国安邦、知人善任方面的内容之外，还有一个颇具文化特色的方面，就是关于谋略与权术问题的探讨。这最初体现在诸如兵家、道家、法家、纵横家等先秦诸子的相关理论中。此后，这些理论相互影响和渗透，以及与军事、政治和商业实践的相互促发，对整个中国古代乃至今天人们的社会生活产生了宽泛而深远的影响。“谋略”与“权术”这两个概念，在使用上略有所不同。一般而言，谋略在社会生活的各个领域都可使用，在战略、战术这两个层面均有体现；而权术则较多地适用于政治及个体日常生活中，主要体现在战术层面，且常具贬义色彩。不过，二者的基本内涵则是一致的，都是指社会生活中人类智能的高超发挥。

一、军争与谋略

谋略思想究竟滥觞于何时，自然是一个很难确证的问题，但从中国历史实践来看，谋略思想真正兴盛于春秋战国之际的诸侯纷争，则是毋庸置疑的。当时激烈、残酷的诸侯争霸以及人们竞相争名逐利的社会情势，促使一些士人大胆冲破传统“先王之道”和周代礼制的樊篱，在动荡且相对自由的社会氛围中，淋漓尽致地展现其济世救民的抱负与情怀，从而出现了诸多享誉中外的军事家、战略家、外交家及其谋略智慧。

1. 从“礼兵”到“诡道”

整个周代近 800 年（公元前 1046—前 256）的历史，可分成西周的 275 年和东周的 515 年两个阶段。东周又分为“春秋”和“战国”两个阶段。两个阶段的分立，表现在政治特征上，“春秋”以“尊王攘夷”为号召，而“战国”则以“富国强兵”为圭臬；在精神层面，表现为从春秋“重礼义”到战国“尚功利”的价值转换。

“超功利”的“道义礼信”是春秋时代主流的价值尺度，当时的春秋贵族普遍展现出一种“礼让”的行为模式和“内敛”的精神品格。如晏婴对封邑的“辞让”、申包胥的“逃赏”等。在各诸侯国之间，也是如此。史载：秦穆公与晋国国君因为土地等问题而多次交恶，但在晋国遭遇天灾而缺粮之机，毅然救济，认为“其君是恶，其民何罪?”（《左传·僖公十三年》），展现出一种难能可贵的气度。相应地，当时的战争也普遍表现出“礼让”的风格。对此，班固做过一次恰切的概括：“下及汤武受命，以师克乱而济百姓，动之以仁义，行之以礼让，《司马法》是其遗事也。”（《汉书·艺文志·兵书略序》）著名军事著作《司马法》所描绘的“以礼为固，以仁为胜”的军事原则，以及“成列而鼓”，“逐奔不过百步，纵绥不过三舍”，“不穷不能而哀怜伤病”，“又能舍服”等①，便是这种作战风格的体现。

不过，到了春秋末年，这种观念和行为模式开始发生微妙的转变。史载，在著名的宋楚泓水之战中，宋襄公不顾国小、兵少的现实，不自量力地与强大的楚国争锋，企图称霸。在实战过程中，宋襄公妄想凭借所谓仁义之道去战胜敌人，结果“宋师大败，襄公伤股”。这场战争结束后，引发了宋襄公与其部下子鱼之间的一场著名争论。宋襄公认为，有道德的人在战斗中，只要敌人已经负伤就不再去杀伤他，也不俘虏头发斑白的敌人。而在子鱼看来，宋襄公不懂得作战的道理。怜悯年纪大的敌人，就等于屈服于敌人。军队作战要抓住有利的战机，敌人处于困境时，正好可以利用，因而攻击未成列的敌人，自然是可以的（《左传·僖公二十二年》），等等。

这场争论实质上凸显了重礼义和尚功利两种价值取向的对立。从子鱼在泓水之战以前一贯的观念和作为来看，他显然是一位“纯粹”的贵族，但当国家遭受战败屈辱的时候，子鱼以“道义礼信”为核心内容的贵族立场和理念便发生了根本性的动摇。其他如伯州犁和令尹子木是应该坚守信义还是不顾一切追求实利的争议（见“向戌弭兵”），等等，均可理解为是持守“理想”和“道义”，还是面向“实际”、追逐功利的价值差异。

向戌弭兵

春秋时代的战争，主要是南北方的争霸战，北方以晋为主，南方以楚为大。晋、楚两国旗鼓相当。而中原诸侯夹在晋、楚之间，备尝战争之苦。在此情势下，宋国执政向戌提出了“弭兵”设想。经过他的游说，楚国令尹子木、晋国执政赵武，以及宋、齐、鲁、卫、陈、蔡等国，同意金盆洗手。于是，公元前546年，在商丘召开弭兵大会。在盟誓仪式上，楚国预先做了准备，一旦局面对自己不利，则劫盟。楚国大夫伯州犁对此持反对意见：“我们会盟，讲的是信义，没有信义，怎么号令诸侯?”但是子木不听：“晋、楚之间不讲信用太久了，都是图希利益来的。只要有好处，信用不信用有什么用?”大会开始后，晋、楚两国为“歃血”一事发生争执。晋国人说：“我们晋国历来都是第一个歃血的。”楚国人说：“晋、楚匹敌。如果老是让你们晋国先歃，不是显得我们楚国弱了吗?”在此紧张气氛下，晋国大夫叔向劝赵武说：“让他们楚国先吧。他们不懂，会盟

---

① 黄朴民．大一统兵学的奠基者：《三略》综论．军事历史研究，2001（3）．

的时候，都是小国操持主办，楚国抢着先歃，它愿意当小国角色，让它当去吧。”最终，楚国人如愿以偿，率先歃血，以示“盟主”之意，同时在盟书上写名时，先写上晋国，就算基本达成了弭兵的盟约（《左传·襄公二十七年》）。这次会盟是春秋历史的转折点，此后，终春秋时代，南北方之间再无大仗。楚国转而与东方吴国作战；晋、齐、鲁等国，则转向了“窝里斗”。

在国家与国家之间，如果说春秋五霸的“尊王攘夷”还能够体现一种“内敛”精神，那么，随着诸侯竞争局势的逐渐加强，这种“内敛”精神也渐趋衰退。到战国时代，不择手段地追逐功利渐渐成为普遍的价值追求。迭起的五霸和变法的能臣无不将事功追求推到历史的前台。这种观念的变化表现在军事领域，就是过去那种“鸣鼓而战”、堂堂之阵的战法遭到全面的否定。史载，晋文公在城濮之战前夕问计于咎犯，咎犯回答说：“战陈之事，不厌诈伪，君其诈之而已矣”。文公又问计于雍季，雍季则对“以诈伪遇人”不以为然，主张“君其正之而已矣”，最终，晋文公“不听雍季之计而用咎犯之谋，与楚人战，大破之”（《淮南子·人间训》）。在这种时代氛围中，那种宋襄公式的“仁义”之道，已成无可复返的历史烟云。

2. 军事谋略

春秋战国时代的军事斗争，孕育出浩如烟海的兵家典籍。西汉初年，“张良、韩信序次兵法，百八十二家，删取要用，定著三十五家”（《汉书·艺文志》）。后来，宋神宗下诏校订、刊行《孙子》《吴子》《六韬》《司马法》《三略》《尉缭子》《唐太宗李卫公问对》七书，是为《武经七书》，成为后世最为经典的军事教科书。其中，最具代表性的当推孙武所著的《孙子兵法》。孙子生活的年代大约与孔子同时，曾辅助吴王阖庐成为“春秋五霸”之一。史载，孙武“以兵法见于吴王阖庐。阖庐曰：‘子之十三篇，吾尽观之矣’”（《史记·孙子吴起列传》）。1972年山东临沂汉墓同时出土了《孙子兵法》和《孙膑兵法》的简本，也证明《孙子兵法》在战国前期已流传于世。①

《孙子兵法》是春秋晚期诸侯争霸战争的产物，因而在作战原则上，与春秋时代的那种“动之以仁义，行之以礼让”的“军礼”传统截然不同，体现出“出奇设伏，变诈之兵并作”（《汉书·艺文志》）的时代特色。身处战火纷争的春秋末世，孙子真切地感受到战争所带来的巨大破坏性，以及对于国家和民众生死存亡的重要性，因而以一种非常审慎而理性的态度来看待战争、研究战争：“兵者，国之大事，死生之地，存亡之道，不可不察也。”（《孙子·计》）在慎战原则下，需要进行慎重策划，认真进行战略分析。战争的胜负取决于战前的谋划和按照谋划所做出的部署得当：“故其战胜不忒，不忒者，其所措必胜，胜已败者也。故善战者，立于不败之地，而不失敌之败也。是故胜兵先胜而后求战，败兵先战而后求胜。”（《孙子·军形》）这就是孙子著名的“庙算先胜”论：“夫未战而庙算胜者，得算多也；未战而庙算不胜者，得算少也。多算胜少算，而况于无算乎！吾以此观之，胜负见矣。”（《孙子·计》）

① 张涅．春秋兵学对于先秦哲学思想的贡献．文史哲，2004（2）．

“胜算”的前提是“先知”。孙子说：“明君贤将，所以动而胜人，成功出于众者，先知也”（《孙子·用间》），“知彼知己，胜乃不殆；知天知地，胜乃不穷”（《孙子·地形》）。就是要充分了解和清醒认识敌我双方的情况，克服指导战争中的盲目性和被动状态。就己方情况而言，一般来说了解并不困难，更重要的在于“识彼”。要“识彼”，除了正常渠道外，“用间”尤为重要。孙子由此论述了使用间谍的五种主要方法，其中包括利用敌方乡里百姓做间谍的“因间”，收买敌方官吏做间谍的“内间”，诱使敌方间谍为己方效力的“反间”，派遣己方间谍故意给敌方泄露虚假情报的“死间”，派往敌方侦察并返回报告情况的“生间”。使用上述五种间谍，便可收到神妙莫测的效果：“五间俱起，莫知其道，是谓神纪，人君之宝也”（《孙子·用间》）。

而“先知”，就是要“经之以五事”。“五事”包括“道、天、地、将、法”。具体而言，“道”是看民众与君上的意志能否统一：“道者，令民与上同意者也，故可与之死，可与之生，而不畏危”；“天”和“地”是指自然条件：“天者，阴阳、寒暑、时制也。地者，远近、险易、广狭，死生也”；“将”指军队的高级指挥官，应达到“智、信、仁、勇、严”的要求；“法”指各种军制条令：“法者，曲制、官道、主用也”（《孙子·计》）。然后，通过对如上各方面的对比分析，深思苦虑，运筹谋略，制定出适宜的战略。换言之，就是“不打无准备之仗”。只有做到对战况的充分了解，慎重决策和周密谋划，才能够对战事抱有必然的胜算：“吾以此知胜负矣”（《孙子·计》）。

既然战争关系到生死存亡，因而，如果能够用谋略和外交手段，避免流血冲突、火拼，而使敌人全部屈服或投降，达到“不战而屈人之兵”，便成为战争追求的最高境界：“是故百战百胜，非善之善者也，不战而屈人之兵，善之善者也。故上兵伐谋，其次伐交，其次伐兵，其下攻城”（《孙子·谋攻》）。

“不战而胜”之“不战”不等于无所为，而是在“谋”和“交”等方面有所为。若“谋”“交”无果而兵戎相见，也要善攻善守，力求“自保而全胜”（《孙子·形》）。这里，“全胜”有两层含义：一是指保全利益冲突双方的现有资源，避免正面冲突，取得完全胜利；二是指即使难免冲突，也要力保每战必胜，做到“以全争于天下，故兵不顿而利可全”（《孙子·谋攻》）。就是说，如果能通过政治、经济、外交等非战争手段获取利益，那么将使己方的损失降到最低点，从而实现效益的最大化。唯其如此，孙子主张“速胜”，强调“兵贵胜，不贵久”，因为，“胜久则钝兵挫锐，攻城则力屈，久暴师则国用不足”（《孙子·作战》）。

从如上各个理论环节中，孙子兵法无疑凸现出“谋略”在军争中的重要性，以及对战争规律本质的认知：“兵者，诡道也”（《孙子·计》），意即善于用兵者，用兵有如藏于地隐于天，不露形迹，高深莫测。这也正是后世诸多兵家的一致共识：“圣人之道阴，愚人之道阳”（《鬼谷子·谋》），“治兵者，若秘于地，若邃于天，生于无”（《尉缭子·兵谈》），“谋莫善于不识”（《六韬·军势》），“故非计策，无以决嫌定疑；非谲奇，无以破奸息寇；非阴谋，无以成功”（《三略·中略》）。

概括而言，孙子谋略观包括如下一些基本原则：

（1）因敌制胜。孙子说：“夫兵形象水，水之形避高而趋下，兵之形避实而击虚，水因地而制流。兵因敌而制胜。故兵无常势，水无常形，能因敌变化而取胜者，谓之神。”

（《孙子·虚实》）因而，要针对敌情变化而采取灵活机动的战略战术，比如说："利而诱之，乱而取之，实而备之，强而避之，怒而挠之，卑而骄之，佚而劳之，亲而离之"（《孙子·计》），"避其锐气，击其惰归"，"以治待乱，以静待哗"，"以近待远，以佚待劳，以饱待饥"（《孙子·军争》）。然后，采取必胜的、适宜的措施，所谓"践墨随敌，以决战事"（《孙子·九地》）。具体而言，兵力劣势，采取防御或避免与敌人交战；兵力相当，就应该首先设法使敌人兵力分散，而后各个击破；兵力优势，采取进攻。孙子说："十则围之，五则攻之，倍则分之，敌则能战之，少则能逃之，不若则能避之。"（《孙子·谋攻》）总之，要做到集中优势兵力，做到"以镒称铢"（《孙子·形》），充分把握胜利的主动权。如此，我军就处处主动，敌军则处处被动。孙子说："攻而必取者，攻其所不守也，守而必固者，守其所不攻也"，"进而不可御者，冲其虚也"（《孙子·虚实》）。

主动权问题，是贯穿于整个孙子兵法的一个主导思想。《唐太宗李卫公问对》说："《孙子》千章万句，无外乎致人而不致于人。"无论强弱，自己都能立足于主动态势，或战或避，自己都有充分选择的余地，争取主动，避免被动，保持必胜的态势。孙子说："昔之善战者，先为不可胜，以待敌之可胜。不可胜在己，可胜在敌。故善战者，能为不可胜，不能使敌之可胜。故曰：胜可知而不可为。"（《孙子·形》）就是说，善于用兵作战的人，总是首先创造自己不可战胜的条件，并等待可以战胜敌人的机会。当然，要掌握主动权，还要善于调动敌人。这里的一个核心问题，就是对"利"与"害"的把握。按照"趋利避害"的法则，人的任何行为，一般都离不开对"利"与"害"的考虑："智者之虑，必杂于利害"（《孙子·九变》）。只有牢牢把握住这一核心原则，就能够"牵着对方的鼻子走"，实现"敌必从之""敌必取之"（《孙子·势》），"攻其所必救"（《孙子·虚实》）的理想效果。战国时代的孙膑在与庞涓斗智过程中所施展的"围魏救赵"之计，就是这方面的一个经典案例。

（2）虚实原则。如果采纳了比较好的计策，就要想方设法创造有利的形势来保证这些计策顺利实施。孙子说："计利以听，乃为之势，以佐其外。势者，因利而制权也。"（《孙子·计》）这其中，对虚实问题的判断，构成了决策的关键。从相互博弈的双方来看，既然我方需要做到知己知彼，以之进行正确的决策，那么，则要相应引导对方做出错误的判断和决策。就是隐蔽自己真正的行动，给人一种假象，以便引诱敌人上当。如此，才能做到随心所欲、游刃有余，使对方难以应对。这正是谋略发挥作用的场合。故而，《唐太宗李卫公问对》称："孙武十三篇，无出虚实。"

而要做到隐蔽自己，需要采取欺骗的手段，"能而示之不能，用而示之不用，近而示之远，远而示之近"（《孙子·计》），做到"举措动静，莫能识也"，使敌方处于不明真相、不知底细的状态。故"人皆知我所以胜之形，而莫知吾所以制胜之形"（《孙子·虚实》），令敌人捉摸不住，找不到对付我的办法，"故能为敌之司命"（《孙子·虚实》）。这种"示形"运用到出神入化的地步，就能达到"形兵之极，至于无形；无形，则深间不能窥，智者不能谋"（《孙子·虚实》）的境界。

一般而言，在特定时期，军队固有的实力从整体上看是既定的，但是，可以对不同局部的力量布置做出调整，从而显示出各自不同的实力对比。孙子兵法正是立足于这种整体与部分的关系，根据对策论的基本思想，利用整体与局部的差异，在整体相对不变而局部可以自由流动的情况下，设法造成每一局部的优势：或者示弱隐强，即“虚而实之”，借以骄敌、懈敌，如“三十六计”中的“假痴不癫”“金蝉脱壳”；或者示强隐弱，即“实而虚之”，制造强的假象，借以慑敌、沮敌，如“三十六计”中的“树上开花”；或者转移视线，如“三十六计”中的“声东击西”“暗渡陈仓”；或者利用对方的疑惑心理，反其道而用之，“虚而虚之”，如“三十六计”中的“空城计”；或者“实而实之”，如“三十六计”中的“瞒天过海”；甚至制造多次假象，如“三十六计”中的“无中生有”；等等。总之，就是要在强弱关系、布阵态势上，有意识地制造迷惑敌方的假象，造成表象和实质的某种背离，使得敌方为表面现象所迷惑，亦假亦真，虚中有实，实中有虚，虚虚实实，实实虚虚，变化无穷，使双方产生错误判断。当然，对于我方而言，则要谨防诸如“辞卑而益备者”，就是说，敌人表面上低声下气，而暗地里加紧备战的，是想进攻；或者外柔内刚，绵里藏针，表面温雅谦卑，一团和气，背地里磨刀霍霍，暗藏杀机，如“三十六计”中的“笑里藏刀”；等等。

（3）形势之论。虚实问题，不仅体现出一种整体与局部的关系，更体现出一种动态转化的思想。除此之外，孙子更进一步提出，诸如治与乱、勇与怯、强与弱等态势都是相对而言的，并非一成不变，而是可以转化的。孙子说：“乱生于治，怯生于勇，弱生于强。治乱，数也；勇怯，势也；强弱，形也。”（《孙子·势》）一支军队，或强或弱，原因在于其“形”；或勇或怯，取决于“势”。目的是要在战场上的物质力量上造成敌弱我强的态势。这就是孙子的形势之论。

“形”是由物质实力的分配、布局而形成的动态结构。结构对功能和属性有决定作用，这是现代系统论的基本观点。孙子说：“故形人而我无形，则我专而敌分；我专为一，敌分为十，是以十攻其一也，则我众敌寡；能以众击寡者，则吾之所与战者约矣。吾所与战之地不可知，不可知，则敌所备者多；敌所备者多，则吾所与战者寡矣。故备前则后寡，备后则前寡，备左则右寡，备右则左寡，无所不备，则无所不寡。寡者，备人者也；众者，使人备己者也。”（《孙子·虚实》）这就是说，要设法使自己兵力集中而迫使敌人兵力分散，这样就能够造成“以十攻其一”“以众击寡”的有利态势。为此，必须形成一个有机的统一体，使人们步调一致、万人一心。如此一来，治理人数众多的军队像治理人数少的军队一样，才能立于不败之地：“纷纷纭纭；斗乱而不可乱；浑浑沌沌，形圆而不可败。”（《孙子·势》）统率“三军之众”，其管理的组织性和严密性应像“常山之蛇”那样，身体各部位都能相互照应，达到“击其首则尾至，击其尾则首至，击其中则首尾俱至……故善用兵者，携手若使一人，不得已也”（《孙子·九地》）。

“形”是有形的，“势”则是无形的。“势”是指物质力量运动起来以后产生的力量和效能。同样的物质力量在不同的状态下，其力量是不一样的。孙子说：“激水之疾，至于漂石者，势也”，“如转木石。木石之性，安则静，危则动，方则止，圆则行”，“如转圆石于千仞之山”（《孙子·势》），“若决积水于千仞之溪”（《孙子·形》）。因此，战争的关键，就是要“任势”：“故善战者，求之于势，不责于人。故能择人而任势”（《孙子·势》），做到顺势而为。不仅如此，还应从现有态势出发，进一步增势、造势。例如，激励“士气”，就是一种常见的造势手段。这包括感情激励：“令素行者，与众相得也”（《孙子·行军》），“视卒如婴儿，故可与之赴深溪；视卒如爱子，故可与之俱死”（《孙子·地形》)，“卒善而养之”(《孙子·作战》)，“三军足食，谨养而勿劳”(《孙子·九地》)。同时，还可以“投之于险”(《孙子·九地》)，以激发“势”。趋利避害乃人之通性，故将其置于死地，反而忘死相拼，方有生路：“投之亡地然后存，陷之死地然后生”(《孙子·九地》)。总之，我方与敌方军事实力相当，或甚至不如敌方，但只要我方善于运筹，巧妙部署，完全有可能“反客为主”，化不利态势为有利态势。

(4) 奇正相合。孙子在“避实击虚”的同时，还强调不应拘泥于常规，大胆地采取出人意料的行动，使决策及实施过程神奇莫测，无定迹可循，做到“出奇制胜”。孙子说：“凡战者，以正合，以奇胜。故善出奇者，无穷如天地，不竭如江河。终而复始，日月是也。死而复生，四时是也。声不过五，五声之变，不可胜听也。色不过五，五色之变，不可胜观也。味不过五，五味之变，不可胜尝也。战势不过奇正，奇正之变，不可胜穷也。奇正相生，如（循）环之无端，孰能穷之？”(《孙子·势》)就是说，战术无非奇、正两途，然而由奇正而推演、产生的奇谋妙策，则无穷无尽。就像五声（宫、商、角、徵、羽）的变化听之不尽，五色（青、黄、红、白、黑）的变化观之不尽，五味（酸、甜、苦、辣、咸）的变化尝之不尽。所以，善于出奇制胜的人，其战术变化就像天地万物那样无穷无尽，正中有奇，奇中有正，奇正互相转化，就像圆环一样无始无终，从而达到“攻其不备、出其不意”(《孙子·计》)的效果。战场形势瞬息万变，兵法运用自然也应当是不拘一格，高明的军事家必须善于根据情势运用“奇正相变”规律，善于“因正而为奇，因奇而为正”，做到“无不正，无不奇”，做到“形人而我无形”，那就达到“奇正之极致”了(《唐太宗与李卫公问对》)。

孙子关于“以迂为直”的论断，正是奇正之术的体现。孙子曰：“军争之难者，以迂为直，以患为利。故迂其途，而诱之以利，后人发，先人至，此知迂直之计者也。”(《孙子·军争》)在这里，孙子用逆向思维，采取间接路线，达到直接的目的。按正常思路，走迂回路线，路途远，费时费力，势必落后，在不利条件下，必然难度大，风险大，是不利的。但是，如果敌人正是这样想的，认为我方不会迂回行动，把防御重点放在对我似乎有利的方面，而忽视了似乎对我不利方面的防守，我则可以反其道而行之，乘隙而进，迎难而上。其结果便使迂远变为近直，不利变为有利了。

总之，《孙子兵法》关于“慎战”“伐谋”“全胜”等战争观的论述，为我们确立了对于战争的基本态度和战争追求的最高境界。同时，它关于虚实、因敌、形势、奇正等问题的阐述，全面而深刻地为我们揭示了谋略的基本内涵及其规律，代表着中国古代谋略学的最高成就。如唐太宗所言：“朕观诸兵书，无出孙武”(《唐太宗李卫公问对》)。

3. 政治战略

“战争是政治的继续”，军事与政治从来密切相关。《孙子兵法》虽然从总体上看是讲军事战略，但也涉及有关政治和外交的问题。孙子提出“慎战”“伐谋”“伐交”思想，本质上就是一种政治战略。孙子“伐交”，强调“威加于敌”的实力地位，又主张要多方干扰敌国，使敌内外交困，同时还派遣间谍，使敌人联盟分裂。除此，孙子更多强调的是要自己亲仁善邻，使自己有一个很好的国际环境，反对树敌，防止两面作战，否则，“虽有智者，不能善其后矣”(《孙子·作战》)。这充分体现出政治对于军事的根本意义。

《六韬》一书也主张“全胜不斗，大兵无创”（《六韬・发启》）的不战而胜思想和通过收买敌国近臣、进献美女以迷惑对方意志、曲意迎合以博取对方信任、离间敌国君臣关系等各种手段的“伐交”策略。不过，与《孙子兵法》偏重于阐述军事战略、战役战术有所不同，《六韬》思想的显著特点，就是以治国为治兵之本，主要讲述政治战略。韬原意为弓套，有深藏不露之意，引申为韬略、谋略。《六韬》通过记述周文王打猎时巧遇姜太公并最终立其为师这一故事，由浅入深，逐步展开，既提出了取天下的战略目标，又提出了取天下的措施和方法。联系当时的实际情况是，该书可以看作“灭商兴周”的战略决策和政治纲领。概括而言，其要旨主要有：

（1）姜太公从“天下非一人之天下，乃天下之天下”（《六韬・发启》）的基本立场出发，指出：“同天下之利者则得天下，擅天下之利者则失天下”（《六韬・文师》），“天下者非一人之天下，惟有道者处之”（《六韬・顺启》）。为此，要夺取天下，就必须收揽民心、与民同利：“取天下者，若逐野兽，而天下皆有分肉之心。若同舟而济，济则皆同其利，败则皆同其害。”（《六韬・发启》）

（2）夺取天下，应根据时机和万物生长的自然规律来采取行动。一旦民心不定，便是动乱发生的契机。这时率先倡导除暴安民，天下必然群起响应：“因其常而视之，则民安。夫民动而为机，机动而得失争矣。故发之以其阴，会之以其阳。为之先唱，天下和之。”（《六韬・守国》）

（3）阐明了国家的治乱兴衰，不是由天命决定的，而在于国君的贤明与否：“君不肖，则国危而民乱；君贤圣，则国安而民治。祸福在君，不在天时。”（《六韬・盈虚》）一个国家的衰亡，主要在于为君者“见善而怠，时至而疑，知非而处”（《六韬・明传》）。就是说，见到善事却懈怠不做，时机来临却迟疑不决，知道错误却泰然处之。因此，要夺取和治理天下，必须从“仁”“德”“义”“道”几个方面着手：“天有时，地有财，能与人共之者，仁也。仁之所在，天下归之。免人之死，解人之难，救人之患，济人之急者，德也。德之所在，天下归之。与人同忧同乐，同好同恶者，义也。义之所在，天下赴之。凡人恶死而乐生，好德而归利，能生利者，道也。道之所在，天下归之。”（《六韬・文师》）

（4）政治上不要把治国大权委托给别人，否则，君主就会失去自己的权威，而不得善终：“无借人利器，借人利器则为人所害，而不终其正也。”（《六韬・守土》）同时，经济上要做到富国殷民。否则，就不能实行仁政。为此，国君必须控制和掌握关系到国家经济命脉的农、工、商三大支柱（“三宝”）。这三大行业各安其业，民众就不会寻思变乱，国家就会长治久安：“三宝全，则国安。”（《六韬・六守》）同时，在“天下安宁、国家无事”之时，必须修“战攻之具”，设“守御之备”，做到安不忘危、和不忘战，平战结合（《六韬・农器》）。

（5）对内“无疏其亲，无怠其众”，即不可疏远宗族，不可怠慢民众；对外“抚其左右，御其四旁”（《六韬・守土》），即安抚左右近邻，控制天下四方。对于顺从自己的人，要施予恩惠加以任用；对于反对自己的人，就动用武力给予消灭。遵循上述原则而毫不迟疑，就能达到“天下和服”（《六韬・守土》）的目的。

二、政治与权术

谋略智慧用于政治领域，除了国家战略层面的问题之外，更多地体现在官场日常生态中，从而形成丰富多彩的权术及其文化。这种将权术施展作为主导社会、政治生活的现象和倾向，可称为“术治主义”。

1. “术治”的思想源流

在夏、商、周三代的历史中，已经有不少运用政治权术的传说和记载。例如，夏代国君太康荒淫放荡，被后羿夺取了政权。寒浞玩弄阴谋取得后羿的信任，又采用“行媚于内而施赂于外”的手段，勾引后羿妻妾，收买后羿的家奴，并怂恿后羿耽于田猎，自己趁机“取其国家”，将后羿“杀而烹之”（《左传·襄公四年》）。商代，伊尹运用游说之术，“负鼎俎，以滋味说汤，致于王道”，最终辅佐商汤，兴商灭夏（《史记·殷本纪》）。商朝末年，西伯文王（即周文王）胸怀大志，遭到商纣王的疑忌，被囚。西伯的臣属挑选美女和骏马，赎回了西伯。此后，西伯给商纣王“献洛西之地”（《史记·周本纪》），却在暗地里与姜太公“阴谋修德以倾商政，其事多兵权与奇计”《史记·齐太公世家》，奠定了西周灭商的基础。此外，齐桓公“挟天子以令诸侯”，以成就霸业；楚庄王韬光养晦，“一鸣惊人”；越王勾践卧薪尝胆，报仇雪恨，等等，都是使用谋略和权术的经典范例。①

在理论上，先秦诸子如道家、法家、纵横家等，都各自阐述了自己的“术治”思想。从时间上看，《老子》应该在《孙子兵法》之后，甚至可以说，该书某种程度上是对春秋时期兵法思想及其政治、军事实践的一次哲学总结。如有论者指出的：“下篇《德经》是直接论述军事战略战术并通过总结战争规律而引申出社会历史观和人生观的。其上篇《道经》则是对其兵略兵法思想给予理论上的概括并提高到宇宙观和世界观上给予论证。”② 故而，二者在思想上非常接近。

正如孙子兵法对众寡、强弱、勇怯、迂直、生死、利患、高下、险易、远近、奇正、虚实、动静、进退等概念的认识，充满了素朴的辩证色彩一样，老子从历史事实和社会生活中，也深刻洞察了“物极必反”的规律。他看到，飘风不终朝，骤雨不终日，月盈则亏，物壮则老，狂风可以吹折大树而柳仍不断。由此，他想到人事，盛极必衰，刚强易折，轻诺必寡信，等等。老子把这个规律称为“反者道之动，弱者道之用”（《老子》第40章）。这包含两层意思：其一，事物越是急于肯定自己（居有），越是会急剧地走向否定（得无）；越是急于有所作为，越是可能一事无成。相反，人们一旦懂得用“反”，不再执着于“有”，反而会常保其“有”；自觉谦下地居于“无”，反而会不“无”。其二，可利用相反相成的法则，为了达到某种意图而先行表现出与意图相违的行为。老子正是在相反相成中把握事物的两面性，从而在二者之间实现对立面的巧妙转换。老子认为，

---

① 彭新武. 论中国传统术治主义. 中国人民大学学报，2016（1）.

② 唐尧. 老子兵略概述//中国哲学史文集. 长春：吉林人民出版社，1980：32.

"故贵以贱为本，高以下为基"（《老子》第39章）。在高、下两种策略取向中，谁能下，谁就能高；谁能谦卑自守，谁就能受人仰慕，成为圣王。在国与国之间也是这个道理："故大邦以下小邦，则取小邦；小邦以下大邦，则取大邦。"（《老子》第61章）老子说："曲则全，枉则直，洼则盈，敝则新，少则得，多则惑。"（《老子》第22章）在曲全、枉直、洼盈、敝新、少得、多惑诸概念中，老子的取向和旨归似在曲、枉、洼、敝、少这些看似消极的方面，其实不然，因为这些概念既包含了自身的内容，又包含了全、直、盈、新、多的积极因素。老子以水性这一自然现象为喻说明一些社会现象："天下莫柔弱于水，而攻坚强者莫之能胜，其无以易之。弱之胜强，柔之胜刚，天下莫不知，莫能行。"（《老子》第78章）正是这种看似柔弱依顺的力量，却有着无可遏制的强大冲力，无往而不胜。所以，老子总是强调"守柔曰强"（《老子》第52章）。

这种以静待动、贵柔守雌、以柔克刚、以曲求全、深藏不露等思想，成为后世许多权术手段的思想源头，即所谓"君人南面之术"。这种"隐身之术"能够巧妙避开争执而得到进取之机。这处处体现出来的机巧之心，与君主意欲利用臣下民众的功利考虑是深深默契的。《老子》一语泄露天机："道常无为而无不为，侯王若能守之，万物将自化。化而欲作，吾将镇之以无名之朴。镇之以无名之朴，夫将不欲；不欲以静，天下将自定。"（《老子》第37章）道家所尊奉的"柔弱"在人民群众是真正的柔弱，对于统治者而言则只是表象，道家是要以统治者的"外柔内刚"为所欲为地宰割真正"柔弱"的"少私寡欲"之民，是以民众之"无为"达到统治者"无不为"的目的。故而，老子的哲学一直被后世统治者奉为"金科玉经"。

而从理论直接阐述"术治"主义的，则是战国时期的法家人物。作为法家思想的集大成者，在韩非看来，欲尊君则必明"法"，而其基本手段不外乎赏罚两种，韩非称之为"二柄"，且必须由君主独擅："赏罚者，邦之利器也"，"邦之利器，不可以示人"（《韩非子·喻老》），否则，就会出现"君反制于臣"（《韩非子·二柄》）的局面。同时，由于人性本利，人对欲望的追逐是无限的，在这种本能驱动下的人如同猛兽，如何把这群"猛兽"赶到君主所定的轨道上来？韩非认为"势"可以担此重任："人臣之于其君，非有骨肉之亲也，缚于势而不得不事也"（《韩非子·备内》）。只要君主保持着强有力的统治权，即使臣下追逐个人利益的欲望再强烈，也不得不有所收敛。但这种压制并非要消弭欲望，聪明君主的成功之处就在于时刻把握人性本利的原则，在自己能有效控制的前提下，不断撩拨臣下的欲望，让他逐渐地完全依赖自己："若如臣者，尤兽鹿也。唯荐草而就。"（《韩非子·内储说上》）

"势"有如此强大的功效，但它还必须通过具体的手段予以保持和强化，这就是"术"。韩非说："人主之大物，非法则术也。"（《韩非子·难三》）概括而言，韩非的"术"主要包括两个方面：一是任免、监督、考核臣下之术。韩非说："术者，因任而授官，循名而责实，操杀生之柄，课群臣之能者也，此人主之所执也"（《韩非子·定法》），就是要求君主根据才能来授予官职，并根据其职责来考察其政绩，以定赏罚；同时，要求官吏做到"循名责实"，不许失职、越权等。二是驾驭臣下防范百官之术。韩非认为，君臣之际，无时无刻不在钩心斗角、互相算计，"上下一日百战"（《韩非子·扬权》），就是妻子儿女也概莫能外，因而，需要靠"术"来辨奸、识奸。在韩非那里，"术"甚至成了判别君主是否高明的标准。高明的君主，“有术而御之，身坐于庙堂之上，有处女子之色，无害于治”；不善于用术的君主，“身虽瘁臞，犹未益也”（《韩非子·外储说左上》）。更有甚者，韩非还设计了“除阴奸”之术，就是君主对那些位高而任大的重臣，如不能驾驭，必欲除之而后快。在韩非看来，“阴奸”不除，转化为“阳奸”，与君主公开对打是早迟的问题，宜事先采取预防性措施将其消灭掉，从而使“群臣竦惧乎下”（《韩非子·主道》），不敢有丝毫作奸犯科之心。

相应地，韩非强调，统治者应该自觉摒弃自己的喜怒好恶、偏见，做到“虚静以待”：“去好去恶，群臣见素。群臣见素，则大君不蔽矣”（《韩非子·二柄》）。具体而言：其一，君主要深居简出，神出鬼没，隐蔽自己的行踪，使自己在臣下的心目中充满着高深莫测的神秘感。这种神秘感会对臣下产生巨大的威慑力量。其二，君主对任何事情都不要事先表态，不要流露出自己的意向。只要君主有任何意向性的表示，臣下都会钻空子，或乘机作弄，这样人主就难免受到迷惑。君主应该尽量让臣下发表意见，让他们尽力去做，自己则冷眼旁观，不露声色，不置可否，在暗中观察臣下的一举一动，伺机捕捉臣下的过失。其三，君主不要显示自己的欲望、好恶，否则，臣下总是要千方百计地伺察君主的欲望和好恶，然后投其所好，设诱饵以钓之。其四，用权术参验群臣，以察奸邪。比如说，参听众人之言，以知其是否忠诚；改易臣下任职之地及其职位，以观其实际才能；根据现有的事实推测审查其隐私隐情，举其往事以知其现状；通过亲昵之人而探其内情；以诡谲之道而使之，以杜绝其渎慢行为；故意说错话、说反话、做错事，试探所怀疑的人，以得奸情；派间谍监视，伺察专任之臣；扬言欲做某事，以察众人动静；故意显示意欲好恶，以观察人臣的正直或谄谀；臣下结成朋党，则从中挑拨离间，制造事端，使其内部争斗，以散其党羽；详尽掌握一事的原委细节，以惊惧臣下之心；等等。其五，君主驾驭臣下要诡诈多变，出其不意，使其防不胜防，而不得不慑服于君主的威势。韩非甚至为君主提出了“绝奸萌”之术，即“禁奸心”，没有客观标准，完全听凭君主个人随心所欲，捕风捉影，等等。

纵横家是公开主张阴谋、权术的另一个重要代表。当其时，周朝崩析，天下失道，诸侯征战，弱肉强食。正是这种诸侯纷争、扑朔迷离的社会局势，为那些意欲出人头地、舒展青云的游说之士提供了一个广阔的活动空间。他们凭着机智、犀利的外交口才，周旋于诸侯之间，审时度势，出谋划策，出将入相，上演了“合纵”“连横”的一幕幕风云变幻的戏剧场面。他们的活动不仅体现出“一人之辩，重于九鼎之宝；三寸之舌，强于百万之师”（刘勰：《文心雕龙·论说》）的雄浑气概，而且事实上也深刻影响了当时的社会历史进程。

纵横家顺应战国时势，在充分吸收了道家的“道”“无为”“反”等观念的基础上，抛弃了老子“绝圣弃智”之说的无为成分，把道家的“贵柔”原则逐步改造成具有政治功利主义色彩的“主阴”的原则，即强调在隐秘之中的“有为”和进取：“智用于众人之所不能知，而能用于众人之所不能见”（《鬼谷子·谋》）。纵横家由于崇尚权谋，从而与兵家不谋而合，却与推崇仁义道德的儒家从总体上相悖。不过，纵横家与儒家并非根本对立，纵横家的积极入世，与儒家立事之道具有一致性。有所不同的是，儒家鄙视功利，把道德信念放在个人的名利追求之上，而纵横家崇尚功利，并明确把利害关系当作人际关系的基础。此外，纵横家虽然像法家一样崇尚权谋，但法家只是主张君主运用权术去驾驭臣子与百姓，是一般人所不能染指的，而纵横家则主张上下之间相互都可以运用权术，主张可以择主而事，甚至主张下级可以取代君主："巇始有朕，可抵而塞，可抵而却，可抵而息，可抵而匿，可抵而得。此谓抵巇之理也"（《鬼谷子·抵巇》）。这显然又与法家大相径庭，也与当时主张尊君的儒家相对立。

由上观之，无论是兵家，还是道家、法家、纵横家，在崇尚谋略这一思想基调上都具有一定的共同性，都以控制、降服对手为基本目的。这其中，虽然不乏一些阴险、毒辣的手腕，但也蕴含着许多有关领导艺术、调节人际关系的技巧、处理国际关系的外交手腕等人类理性的精华，从而成为后世政治权术不断汲取的思想渊源。

2. 政治权术

在实践中，随着术治思想的流行，政治日渐陷入神秘化、阴谋化，并进一步助长了君主的无上权威和放纵恣肆。而为这种权术阴谋化推波助澜的则是秦朝李斯的"督责之术"。史载，秦二世即位后，各国纷起，天下大乱，因而时常责备丞相李斯："居三公位，如何令盗如此？"加之李斯因为作为三川守的儿子李由对起义军剿灭不力，为了重新获得秦二世的信任，李斯上《行督责书》，意在强调与维护专制君主的绝对权力。在《行督责书》中，为了论证君主拥有"独制于天下而无所制也，能穷乐之极矣"的正当性，李斯引用申不害"有天下而不恣睢，命之曰以天下为桎梏"的观点，指出，如果君主不能在政治实践中想方设法地实现"专以天下自适"，那么就会使自己"徒务苦形劳神"，形同"桎梏"，毫无乐趣可言。同时，李斯还提出"徇人贵己"说，认为君主的利益高于一切，为实现君主"久处尊位，长执重势，而独擅天下之利"的目的，君主需要通过"督责之术"来驾驭群臣，进而实现"天下贤不肖莫敢不尽力竭任以徇其君"的"独断"统治（《史记·李斯列传》）。

李斯的督责之术，体现出及时行乐与法家严刑峻法思想的结合，"其明快虽商韩有所不及"①。本来，法家施行法术，厉行督责，目的是"矫上之失，诘下之邪"（《韩非子·有度》），而不以实现君主纵欲无度为目的，也从未教唆君主去荒淫享乐，如韩非所言："人主乐美宫室台池，好饰子女狗马以娱其心，此人主之殃也。"（《韩非子·八奸》）然而，在李斯这里，天下和百姓都只是君主肆意妄为的工具，从而将专制君主的绝对地位和绝对权力推向巅峰，并使维护君主独裁的一切手段都获得了合法性。史载，李斯的督责之术得到了秦二世的欣赏，并被付诸实践，结果，"行督责益严，税民深者为明吏"，"刑者相半于道，而死人日成积于市。杀人众者为忠臣"（《史记·李斯列传》），从而最终动摇了秦王朝的统治根基。

秦朝虽灭，但法家的术治理论在历史上产生了极为广泛而深刻的影响。自汉代统治者"援法入儒"、实现礼法合一后，法的客观性已逐渐为人心所吞噬，而法家控制社会、民众的"技术工具"的一面得到强化。虽然法家思想在表面上遭受排斥，但统治者对"术"的运用则非常到位。两千多年来历代帝王无不一面打着仁义道德旗号，一面实行专

---

① 萧公权．中国政治思想史．沈阳：辽宁教育出版社，1998：248．

制统治，而其核心则离不开玩弄权术、阴谋以控驭群臣，但又从来没有一个帝王敢于公开承认自己实行了法家之术，这正体现了“术不欲见”（《韩非子·难三》）的法家秘诀。可以说，古代中国的政治历史，几乎就是一部充满钩心斗角、权力倾轧的历史，从而形成丰富多彩的权术，其花样之繁多、技巧之诡秘，令人叹为观止。这成为中国古代社会独特的文化标记。概括而言，这主要有：

（1）谄媚之术与谗毁之术。“谄媚”一般是出于谋取某种权益为目的，采用曲意奉承、肉麻吹捧等手段，以博取对方的好感和欢心。如东汉王充所言：“夫顺阿之臣，佞幸之徒是也。准主而说，适时而行，无廷逆之隙，则无斥退之患；或骨体娴丽，面色称媚，上不憎而善生，恩泽洋溢过度。”（《论衡·定贤》）既为骗术，因而常常摆出一副堂而皇之的模样，使对方误以为真，进而为之所动，落入圈套。而“谗毁”则相反，它以栽赃、挑拨、造谣为手段，巧设圈套，落井下石，以打击对手。“谄媚”采取的一种“合作”、依附的方式，“谗毁”则抱有一种竞争或打压的态度，但殊途同归，都是为了实现一己之私。

（2）韬晦之术。这往往是指那种富有抱负、颇具才干之人，在不得志或羽翼未丰、时机未到、情势不利之际内敛锋芒、极尽掩饰，以保全自己；或者隐忍退让、蓄势待发，以图将来。可以说，这种“以退为进”的生存策略，是在“木秀于林，风必毁之；行高于人，众皆诋之”的中国传统社会环境下求存、进取的一种必然选择。老子言：“夫惟不争，故天下莫能与之争。”（《老子》第22章）这种谦让内敛、韬光养晦，实际上是一种欲图麻痹对手的保全策略和以屈求伸的进取之道。在现实生活中，人人都想进取、求胜，都喜欢别人的谦虚态度，这是一种普遍的社会心理倾向，因而，这种处世方式更容易赢得人们的认可、欢迎，同时也能够降低对手的警惕与敌意，使人更易实现进取。无论是在政治斗争中，还是在日常生活中，这都是一种颇具价值的生存智慧。

（3）中庸之术。中庸思想贯穿于儒家经典。在《周易》中，阴阳二性的调和，造就出大千世界稳定、协调的状态。阳刚代表刚健猛烈、积极的东西，阴柔代表柔弱温和、消极的东西。这一哲学理念，延伸到人类的处世之道，便要求人们在刚强进取的同时，还要具备阴柔、退让的品行。一味刚强，必遭折断；刚柔相济，才能成功。古人主张的“外圆内方”“智欲圆而行欲方”的处世原则，便是这一原则的体现。这种刚柔相济、阴阳平衡的思想，就是所谓中庸之道。不过，儒家的中庸多偏重于伦理道德范围。孔子把中庸作为一种调节君臣、父子、长幼的道德规范而存在，它维护的是“先王之道”和“礼”。这种“先王之道”和“礼”的核心是“贵贱有等”。虽然中庸强调“中”，强调“执经达权”，但这种“权”“变”的灵活性始终服务于“礼”的原则，即君臣、父子、长幼的秩序不可动摇。否则，便视之为大逆不道。当然，作为一般思维方式，“中庸思维”有着强大的生命力，它注重考察矛盾的两个方面，力求全面、均衡、灵活和统一，充满了浓厚的辩证色彩。不过，需要注意的是，在现实生活中，中庸、权变，常常会蜕变为“和事佬”式的调和主义，以及由于“难以取舍”所导致“无所事事”的低效率、庸碌作风，甚至“阳奉阴违”的两面派手法，等等。

（4）朋党之术。政治上“挂线入圈”的传统是指在官吏的选拔任用过程中，靠“线”上领导的提携，靠“圈”内人士协助的因素，远多于章程中所列的条件、标准。因此，在很多情况下，“独善其身”一般是不大可能的，选择“站队”是必要的。如此一来，“朋党”的出现便成为必然。朋党的基本表现就是拉帮结派、党同伐异，而其目的无非是权益之争、政见分歧，或二者兼而有之。这种情况在中国古代的政治生态中，可谓“不绝如缕”。例如，东汉后期，以官僚士大夫和“清议派”士人结盟组织的“党人”集团与宦官集团之争，导致“党锢之祸”，东汉政权从此走向衰落。唐代后期，外廷（南衙）官僚集团与内廷（北司）宦官集团之间，为了争夺政权，爆发了所谓“南衙北司之争”，并一直伴随着唐王朝走向灭亡。同样，北宋时期，围绕着王安石变法，形成新、旧两党之争，斗争的结果是北宋政权由盛转衰，直至亡国（见“北宋新党、旧党之争”）。

北宋新党、旧党之争

围绕着王安石变法，北宋产生了新、旧两党之争：以王安石为代表的主张变法图强的“新党”和以司马光为代表的反对王安石新法的“旧党”。旧党人士大多把社会动乱的原因归结为“三纲不正”，只重功利而不及义理。在他们看来，如果不讲三纲，即使有治平之世，也不足称道。为此，旧党坚决反对王安石以理财为中心的功利主义变法原则：反对急功近利、反对与民争利、反对“聚敛”，主张“节用”。王安石则重事功，视求利为理所当然，但是，以当时的生产力的状况和水平，不可能通过生产实现社会财富的大幅度增长，在变法实际中只能以变相加赋的方式，达到增加国家财富的目的，从而又产生了诸多社会矛盾，引起了反对派的强烈反弹。在北宋大变法的关键时刻，正是由于新旧两党的分野，直接影响了变法的方向与进程。在这一争斗过程中，双方结党相互攻击，势同水火，逐渐脱离了政见之争的范畴，变异成无原则的党派倾轧，最终将北宋引向了衰败的不归路。

如上一些政治权术，尽管也不乏一些积极内容和人生智慧，但有一些则由于其阴险、奸诈的内容而为人所不齿。在人们的日常观念中，兵家权谋似乎是聪明睿智的代表，可以理直气壮地在军事战场上施展自己的身手，但是，对于治理国家而言，则仍然坚持“以正守国”的观念。虽然历代王朝对官员的道德训诫从来不曾稍有懈怠，也有诸如教育训化、褒奖激励、考选、惩罚警诫、任官回避、监察、考绩等防腐倡廉制度，但在实践中却难以得到有效实施，相反，却在官员队伍内造成了普遍的知行分裂：表面仁义道德，实则玩弄权术。如此一来，政治权术便在“仁义道德”外衣的掩饰下暗中使用，权术在政治领域显得更加虚伪。唐代以“笑里藏刀”著称的李义府，便是其中的一个典型：“貌状温恭，与人语必嬉怡微笑，而褊忌阴贼，既处机要，欲人附己，微忤意者，辄加倾陷。”（《旧唐书·李义府传》）这种官场权术的流行，正是中国传统社会历朝腐败频发、吏治紊乱乃至政局动荡的一个重要根源。

3. 商道与权术

商场不仅如战场，也似官场。商业以营利为目的，必将导致争端和动乱，故而无论是军事谋略还是政治权术，都可大行其道：“商贾求利，东西南北各用智巧”（《汉书·贡禹传》）。早在战国秦汉时期，我国就不仅出现了一批经营有术的著名富商大贾，而且经商之道开始逐步走向系统化和理论化，出现了不少有关商道的经典之作，诸如《管子》

《史记・货殖列传》《盐铁论》等。

春秋时期的管仲年轻时曾经从事商业经营，后从政辅助齐桓公成就霸业。管子认为，要实现利权独断，就应打击同君主争利的商贾、大夫等各种势力，将一切利源垄断起来，甚至使用可以强夺其财富。同时，国家应控制有关国计民生的战略物资，垄断最有利的工商业并直接经营，并主张凭借国家的巨大财力和强权来平抑市场物价，调剂商品余缺。这就是所谓的“轻重之术”。“轻重”主要指物价高低，低为轻，高为重。《管子》一书将这一概念应用于政治、经济、军事、文化、道德等多个方面，发展成一种治国理民之道：其一，国家根据对商品敛散之轻重，控制物价。由于国家政令对市场物价的变动有着强烈的影响，因而可利用行政手段影响市场变化以取利，比如，垄断盐铁、粮食市场。其二，在价格的上下波动中求其准平，不能使其“常固”，以此来调控经济生活，为国家谋利：“故善者委施于民之所不足，操事于民之所有余。夫民有余则轻之，故人君敛之以轻；民不足则重之，故人君散之以重。敛积之以轻，散行之以重。故君必有什倍之利，故财之横可得而平也”（《管子・国蓄》）。其三，通过对货币的控制，掌握住粮食等重要商品，以影响其他商品的交易。管仲指出：“币重而万物轻，币轻而万物重”，“粟重而万物轻，粟轻而万物重”（《管子・轻重乙》），“粟重而黄金轻，黄金重而粟轻”（《管子・轻重甲》）。因而，国家可以通过放高利贷的方法，春天时放贷，秋天时粮价下跌，让借贷者以粮抵债，这样，大批粮食便集中在国家手中。等粮价上涨时，再用粮食征购其他商品，以粮食代替货币，由此可屯聚大量财富。其四，用“商战”打败敌国。比如，为颠覆强大的楚国，齐国高价收购楚国的生鹿，“楚人即释其耕农而田鹿”，而齐国则“藏粟五倍”，然后断绝楚国的粮食供应，在楚国边境贱卖粮食，结果，“楚人降齐者十分之四。三年而楚服”（《管子・轻重戊》）。

施用轻重之术，自然有诸多好处和实效：国家通过掌握一部分物资，在农忙或青黄不接的时节贷放或租给农民，防止商人和高利贷者对农民进行盘剥；运用价格政策来维持市场的稳定；利用财政政策以丰补歉，调剂余缺；迫使富室以低息或无息给农民贷款或货物，等等。这些措施的确可以有效地防止贫富过于悬殊的现象的出现，且能够达到增加社会财富的目的，因此多为后世治国者所效仿。然而，这种种垄断无疑都破坏了商品的自由流通。事实上，它对市场的认识是为君主取利、以利治民的政治目的服务的，因而，所谓“轻重之术”最后只能沦为君主敛财的工具。

春秋末年越国的范蠡和战国初期的白圭，被后世尊为商道的“祖师爷”。两人成功的共同特点，都是将权谋手段应用于经商。史载，范蠡在帮助越王勾践洗雪了会稽被困之耻，曾经感叹说：“计然之策七，越用其五而得意。”（《史记・货殖列传》）计然是春秋时期著名的战略家、思想家和经济学家。在《史记・货殖列传》中计然曾教给范蠡七条策略：一是要根据自然环境条件的变化，预测市场需求的变化，提前做好货物的购销工作。知道要打仗，就要做好战备；了解货物何时为人需求购用，才算懂得商品货物。善于将时与用二者相对照，那么各种货物的供需行情就能看得很清楚。二是积贮货物，应当务求完好牢靠，没有滞留的货币资金。三是凡属容易腐败和腐蚀的物品不要久藏，切忌冒险囤居以求高价。四是研究商品过剩或短缺的情况，就会懂得物价涨跌的道理。五是物价贵到极点，就会返归于贱；物价贱到极点，就要返归于贵。六是当货物贵到极点时，要及时卖出，视同粪土；当货物贱到极点时，要及时购进，视同珠宝。七是货物钱币的流通周转要如同流水那样。据说，范蠡只用了其中五策，便使越国强盛，成为春秋五霸之一。之后，范蠡携西施到列国周游经商，将计然之策用于经商、治理产业，囤积居奇，随机应变，与时逐利，济贫好施，从而获得了“陶朱公”的称誉。而白圭善观时变，采取“人弃我取，人取我与”等策略取得了成功。他曾把自己的经商之道比作“伊尹吕尚之谋、孙吴用兵、商鞅行法”，并认为，为了攫取最大可能的利益，必须果断把握随时出现的有利机会：“乘时射利”，“趋时若猛兽挚鸟之发”。如果“智不足与权变，勇不足以决断，仁不能以取予，强不能有所守”（《史记·货殖列传》），是不可能掌握好经商之道的。

西汉中期的桑弘羊，出身富商家庭，熟悉经商之道，后来成为汉武帝时期重要的政治家和理财家。适应汉武帝对外用兵的财政需要，他皈依法家思想，主张中央政府操轻重之权，实行盐铁官营、酒类专卖的政策，还利用平准、均输机构，建成了一个遍及全国的商业网。所谓平准，就是平抑物价水准：“大农之诸官尽笼天下之货物，贵即卖之，贱则买之。如此富商大贾无所牟大利，则反本，而万物不得腾跃，故抑天下物，名曰平准”（《史记·平准书》）。平准的推出，限制了商人的投机倒把和操纵市场的不法活动，稳定了物价。所谓均输，就是平均输送负担：“往者郡国诸侯各以其物贡输，往来烦杂，物多苦恶，或不偿其费。故郡置输官以相给运，而便远方之贡，故曰均输”（《盐铁论·本议》）。具体办法是：各郡国应缴之贡物，按照当地市价，折变为当地丰饶而廉价的土产品，缴于均输官。再由均输官将这些廉价土产品运往高价地区出售。这样，既可免除各郡国输送贡物入京之烦杂，又可避免贡物到京师后成本过高，得不偿失。而官府则可在辗转贸易中获得巨大利润而充实财政，对百姓则起到了减轻负担、“通委财而调缓急”（《盐铁论·本议》）的作用。

桑弘羊作为汉武帝时期主管财政的大臣，主管朝廷财政40余年，结果出现了“民不益赋而天下用饶”（《史记·平准书》）的场面，为汉武帝的对外用兵政策提供了极大的支持。然而，创办官营工商业就不可避免地出现与民争利的情况，同时，繁重的徭役、赋税和长期的战争以及统治阶级无穷的奢侈浪费，不仅使国库空虚，而且也加重了人民负担。于是，在汉昭帝始元六年（公元前81年）召开的盐铁会议上，代表儒家思想的贤良文学与推崇法家思想的桑弘羊等执政大臣，围绕盐、铁、酒由国家专卖的经济政策，展开激烈辩论。贤良文学力主重农抑商，认为政府官营经济的行为败坏了社会风气，使民众背弃礼义，产生争夺之心，不仅民风逾薄，更会引起社会的动乱。此外，政府官营经济不仅违背了“君子谋道不谋食”的儒家传统，而且从政府官营的实际效果来看，并未达到“上下俱富”的目的，反而导致了社会严重的贫富分化。基于此，贤良文学极力反对政府干预经济，要求相对自由的商品经济，归利于民。而以桑弘羊为代表的当权者，注重政策的实际效用，强调“本末并利”，农工商并重，极力为盐铁官营专卖辩护，认为盐铁官营有利于农业生产，能给国家带来大量的财富，以解决抗击匈奴的巨额军费开支，能从经济上打击富商大贾、地方豪强。

盐铁会议上的这场辩论，实际上是在新的历史条件下，儒法两家的又一次争论：“意指殊路，各有所出，或上仁义，或务权利。”（《盐铁论·杂论》）尽管贤良文学振振有词，在辩论中似乎处于上风，但结果却是盐铁专卖政策不变。这说明，在经济方面，儒家思想没有多大影响力，经济体制和政策的制定，主要遵循法家重利轻义的原则。崇儒、贵德、重义作为口号喊喊是可以的，但真正面临义与利的选择时，还是毫不犹豫地选择了利。此后，历代王朝都把这种利用政权力量进行垄断经营的政策奉为圭臬。

在中国传统体制下，由于王权对社会的全方位支配、政府对社会资源的高度垄断，以及商业相对于农业的非主流地位等因素，招致了商业对政治的高度依附，二者相互混杂。这是中国传统社会体制难以避免的弊端。战国末期吕不韦的弃商从政，是因为他看到了“立国家之主”，可“一本万利”（《战国策·秦策五》）。而吕不韦的成功，显然又得益于他敏锐的政治眼光和过人的胆略。同样，清末“红顶商人”胡雪岩的成功，显然是和他善于权谋以及他“亦官亦商”的身份分不开的。从传统到现在，这种的事例不胜枚举。然而，我们依然需要面对的问题是，一旦官商之间的勾结、同流合污成为社会生活的常态，一旦将权谋中的机变和巧诈在商业经营乃至整个社会生活中发挥到极致，无疑会使得背信弃义、尔虞我诈、蔑视规则和伦理的现象频发、加剧，从而使整个社会出现严重的信用、伦理危机。因此，如何将权谋智慧用于正当的目的，以“道”来统领“术”，达到“道术合一”，这是我们必须时刻面对和思考的问题。

三、捭阖之道

谋略与权术的实施，往往需要以语言为媒介，很多时候就表现为“唇枪舌剑”的较量。在先秦诸子中，无论是儒家学者还是道家学者，他们都有把德行与言辩对立起来的倾向。孔子说：“巧言令色，鲜矣仁!”（《论语·学而》）老子说：“善者不辩，辩者不善。”（《老子》第 81 章）墨家则认为，言语无所谓好坏，只是在于如何使用。善言的人会说出好话，不善言的人易出谗言而引起战争，所谓“此言善用口者出好，不善用口者以为馋贼寇戎”（《墨子·尚同中》）。言辞的重要性，可见一斑。而纵横家更是将游说和论辩作为自己的中心话题。作为纵横家的集大成者，鬼谷子通过检讨先前纵横家社会实践的经验教训，吸纳诸子思想，以经世致用、历求闻达为宗旨，系统阐述了纵横家进行游说、论辩的所谓“捭阖之道”。

1. 游说技巧

鬼谷子借用“阴阳”这一当时流行的哲学概念，试图从总体上阐述捭阖之道的基本原理。他把一切阳刚的、进取的举动和事物，都称为“捭”，即哲学上的“阳”；把一切阴柔的、退让的举动和事物都称为“阖”，即哲学上的“阴”。“捭”是打开的意思；“阖”是闭合的意思。从游说的角度看，“捭”就是公开说出自己的意见，并引发对方说出意见；“阖”就是保持沉默，让对方先说出他的意见。鬼谷子正是通过“捭阖”与“阴阳”的具体结合，不仅把阴阳学说的应用范畴推广到了具体的政治人事领域，而且把游说实践提高到了哲学的高度。概括而言，鬼谷子所阐述的捭阖之道，主要包含如下一些基本原理：

（1）适时、周密。口是心灵的门面和窗户，心灵是精神的主宰，意志、情欲、思想和智谋都要由这个门窗出入。因此，需要把握开启和闭合的时机："口者，心之门户也。心者，神之主也。志意喜欲，思虑智谋，此皆由门户出入。故关之以捭阖，制之以出入"。同时，必须做到周详而隐秘，就是说，开口说会，一定要考虑周详；缄默不言，最重要的是严守机密："即欲捭之贵周，即欲阖之贵密"（《鬼谷子·捭阖》）。

（2）随其嗜欲。需要把握游说对象的有无与虚实，需要分析各自的嗜好和欲望，以明了其志向和意愿："审定有无，以其实虚，随其嗜欲，以见其志意。"而要做到这一切，则需要切实把握对方的言行，要根据对方的意愿，做到"离合有守，先从其志"（《鬼谷子·捭阖》）。

（3）因人而异。比如说，与性情阳刚、积极进取的人说话，内容要积极高远；与性情阴柔、消极退让的人说话，内容要细微切近："故与阳言者，依崇高。与阴言者，依卑小。"此所谓"以下求小，以高求大"（《鬼谷子·捭阖》）。

在此基础上，鬼谷子进一步阐述了如何了解对方并控制对方的游说技巧。

（1）"反覆"方法。鬼谷子依据道家"有生于无"的世界本源论，指出，既然"有形"世界是从"无形"世界转化而来，因而，通过追溯历史就可以了解当下、察验未来；洞察对方就可以认识自我。当然，要了解别人，首先必须了解自己："自知而后知人"（《鬼谷子·反应》）。这种通过历史与现实、主体与对象的位置互换的所谓"反覆"方法，往往要经过多次反复才能完成，体现出一种典型的经验思维模式。

（2）"反听"方法。要善于诱导对方发言，静听对方的发言，以掌握真实情况。如果还不明确对方的意思，就需要从相反、相对的一面去倾听、诱导、验证，以便获得真情。所谓"因其言，听其辞。言有不合者，反而求之，其应必出"（《鬼谷子·反应》）。至于如何诱导对方，可以用"象""比"等方式。由于任何事物都有与其他事物相类似的地方，因而可以用象征或比喻之类的具体形象的语言去阐述抽象的事理，此所谓"象其事"；也可以通过可供类比的先例使对方信服，此所谓"比其辞"。当然，方法要善于变化，尤其是要善于以一种让人意想不到的"神鬼莫测"的方式来进行。比如说，想要讲话，反而先沉默；想要敞开，反而先收敛；想要升高，反而先下降；想要获取，反而先给与，所谓"欲闻其声反默，欲张反敛，欲高反下，欲取反与"（《鬼谷子·反应》）。只有变化得当，才可以很好地把握对方、了解实情；否则，很难奏效（见"范雎说秦昭王"）。

范雎说秦昭王

《史记·秦策三》记载：范雎从魏国来到秦国，认真分析了秦国的政治形势：秦昭王大权旁落，受到太后与四个当权大臣（包括其舅父穰侯魏冉）的控制；而昭王不愿意受这种控制，却苦于无人为其出谋划策。于是，他向昭王上书说："语之至者，臣不敢载之于书；其浅者，又不足听也。"昭王体会到话中有话，于是派车把他接进宫内，屏退左右，然后请教说："先生何以幸教寡人？"范雎只是回答："唯唯。"这样反复多次之后，范雎才开口说："我是外地来的小臣，跟大王交情很浅，不了解大王的内心；而我要讲的内容，牵涉到您的骨肉之亲和大臣。所以我不敢轻易地说。您害怕太后，又被奸臣控制，处境孤危，国家也危险。这就是我害怕的事情。我个人的生命并不重要，我的死亡如果能够换来秦国的兴盛，那比活着更有价值。"进而，诱导秦昭王说出了真心话："先生何必这样说呢？事无大小，上及太后，下至大臣，愿先生全都说给寡人，先生不要怀疑寡人的真心。”范雎这才向昭王详细地分析了秦国的内外形势，并说：“现在国外都只知道秦国有太后，有穰侯等四个当权大臣，不知道有你这个国王。我担心后代的秦王不是您的子孙。”于是，昭王下决心，任用范雎为相，废太后，驱逐权臣，对内加强王权，对外“远交近攻”，为秦的强大做出了贡献。范雎的整个游说过程，充分体现了“欲闻其声反默”的理论。

（3）“内键”之术。所谓“内”，是指从内心与之沟通；“楗”（门栓）通“揵”（连接）、“键”（钥匙）。就是说，游说要深入对方的内心世界，使双方的关系就像门栓和门、钥匙和锁一样紧密无间。只有取得对方的信任，才能使自己的意见被采纳。鬼谷子指出，人和人之间的关系非常微妙：处于亲近地位，但说话不贴心，便会被疏远；处于疏远地位，但说话太重，深入内情，便会招来危险。因而，不要把别人不情愿的事强加给他；也不要把别人无法了解的事勉强教导他。别人有什么爱好，要学习仿效，要顺从；别人有什么厌恶，要为他隐讳：“其身内、其言外者，疏；其身外、其言深者，危。无以人之所不欲而强之于人，无以人之所不知而教之于人。人之有好也，学而顺之；人之有恶也，避而讳之。”（《鬼谷子·谋》）

如果对方表面亲近而内心疏远，就要通过游说改变他的内心想法；如果对方内心亲密而表面疏远，就要通过游说改变他的表面态度。要顺着对方的疑虑来消除它，顺着对方所了解到的一切来证实它；顺着对方的说法来结交他，顺着对方的形势来成就他；根据对方所厌恶的东西，为他谋划对付办法；根据对方所担心的东西，为他设法排除。要相互切磋，防止骄纵，让其产生戒惧；要用高超的议论来激励对方，使他行动起来；对方不理解时，要巧妙地引用先例和相应的实事来验证，使对方觉悟并接受建议。如果以上办法不能使对方觉悟，便叫他混乱迷惑：“故外亲而内疏者，说内；内亲而外疏者，说外。故因其疑以变之，因其见以然之，因其说以要之，因其势以成之，因其恶以权之，因其患以斥之。摩而恐之，高而动之，微而证之，符而应之，拥而塞之，乱而惑之，是谓计谋。”（《鬼谷子·谋》）

此外，凡是给人决断事情，一定要根据那人心里的疑虑。人们都希望“趋利避害”，因而善于诱导，就会消除疑惑和偏颇。事物总是存在利益，只要去掉这种利益，人们就不会接受。决定奇谋的根据，是对方希望获得某种利益；如果只从厌恶方面去游说，对方就不会接受，必然招致疏远：“为人凡决物，必托于疑者。善其用福，恶其有患害。至于诱也，终无惑偏。有利焉，去其利则不受也，奇之所托。若有利于善者，隐托于恶，则不受矣，致疏远。”（《鬼谷子·决》）

（4）飞钳之术。就是指把恭维、赞扬的一些话语远远地传给对方，以讨得对方的欢心和信任，使对方暴露内心的真情。比如说，作为君主，在征召人才时，先要估量对方的权谋和才能，然后决定是否使用。其方法是：首先把赞扬、引诱的话语远远地传给他，然后稳稳地控制住他。这种引诱控制的话语，在交谈之时，要忽而表示相同，忽而表示不合，以便了解对方的真情。如果对方不容易对付的话，有时便先征召他，到来之后给他担负重任试验他的才能；有时先给他担负重任，再指责他的短处。有时，重用是为了指责他；有时，指责是为了重用他。在任用人才时，可以用金钱、珍宝、珠玉、美女来试探他是否廉洁；或者根据他的才能，让其担负某种职位，考察其是否有智谋；或者抓住其弱点错误，进一步进行钳制；等等（《鬼谷子·飞钳》）。

2. 揣摩之术

在鬼谷子看来，只有先了解情况，才能确定相应的对策。如果在情况还没有明朗之前就去游说，必定会事与愿违；在还不掌握实情的时候就去游说，定要受到非议："不见其类而为之者，见逆；不得其情而说之者，见非。"（《鬼谷子·内楗》）为此，就需要采用"揣摩之术"。

《揣》篇开宗明义："古之善用天下者，必量天下之权，而揣诸侯之情。"就是说，善于统治天下的人，必须衡量天下各种力量的轻重（"量权"），并揣测诸侯深藏在内心的思想感情（"揣情"）。至于如何进行揣情？鬼谷子认为，应了解对方情感与欲望的变化，把握"揣情"的时机："揣情者，必以其甚喜之时，往而极其欲也。其有欲也，不能隐其情。必以其甚惧之时，往而极其恶也，其有恶也，不能隐其情。情欲必出其变。"（《鬼谷子·揣》）就是说，一个人在大喜、大惧的时候，往往不能"隐其情"，因而应想方设法使其进入这种状态。如果触动了对方的情感欲望，也还是无法了解对方的心理变化，那就不妨暂且放置一边，从侧面入手，采取一种"迂回"的方式，找到与其亲近的人去了解，此所谓"感动而不知其变者，乃且错其人勿与语，而更问所亲，知其所安"（《鬼谷子·揣》）。无论采取何种方式，应该坚信，一个人的内心一旦发生感情变化，一定会从外部表情表现出某种征兆，因此，要经常用这种征兆去深入了解内心隐藏的思想感情："夫情变于内者，形见于外。故常必以其见者而知其隐者。"（《鬼谷子·揣》）

《摩》篇主要讲"揣情"的具体方法、手段。所谓"摩"，就是通过反复接触试探，深入了解对方。在接触试探时，要灵活变化方式方法：有时平和，有时正直；有时使人欢喜，有时使人发怒；有时利用名声，有时采取行动；有时讲廉洁，有时讲诚实；有时讲利益，有时讲谦卑。平和就是镇静的意思，正直就是直率的意思；欢喜就是叫他高兴，发怒就是叫他激动；使用名声是为了启发他，采取行动是为了促成他；讲廉洁是为了保持高洁，讲信用是为了明白真情；讲利益是为了让他追求，讲谦卑是为了迎合对方："其摩者，有以平，有以正，有以喜，有以怒，有以名，有以行，有以廉，有以信，有以利，有以卑。平者，静也；正者，直也；喜者，悦也；怒者，动也；名者，发也；行者，成也；廉者，洁也；信者，明也；利者，求也；卑者，谄也。故圣人所独用者，众人皆有之；然无成功者，其用之非也。"（《鬼谷子·摩》）而成功的关键是："摩之以其类""摩之以其欲"（《鬼谷子·摩》），就是说，要想游说使人听从，必须与对方思想感情相吻合。由于世界上的事物都归向自己的同类，且互相应和，因而用同类的想法去接触试探，必然会得到呼应；顺着对方的欲望去接触试探，必然会使其听从。

与《揣》《摩》两篇的主题相似，《中经》篇探讨的也是如何开动脑筋去揣摩对方心理，然后采用不同的手段去笼络、控制对方。该篇首先阐述了"道贵制人，不贵制于人"的道理，这实则为游说之士确立了一条"根本大法"。在鬼谷子看来，世间的大道，以控制别人为贵，不以被别人控制为贵。控制别人的人掌握着权柄，被别人控制的人就不能掌握自己的命运。此所谓："故道贵制人，不贵制于人也；制人者握权，制于人者失命。"（《鬼谷子·中经》）接着，鬼谷子进一步阐述了揣摩并笼络游说对象的七条方略：一是"见形为容，象体为貌"。就是说，在游说矫情做作的国君时，应顺应对方的表情举止，以取得他的欢心。二是"闻声和音"。即通过分析对方的话语，再加以应和，达到彼此感情融洽、语言投机。如果声音不协调，就不会感动人；用声音散布丑恶有害的内容，听起来就不会顺耳，彼此间也不可能密切合作。三是"解仇斗郄"。"解仇"是说要解除弱小者对自己的仇恨，跟他们和解，以减少敌对力量；"斗郄"是说要使有嫌隙的强大者之间相互斗争，以削弱他们，坐收渔翁之利。四是"缀去"。指用语言联络离开自己的人，使彼此关系不断。比如，用关心他的话去挽留他，让他离开后还想念不止；对忠贞守信的人，要称赞其德行，鼓励其志向，使其满怀期望和喜悦；对离去者，表明自己的深厚眷念之情，以联络其感情。五是"却语"。是指窥视并抓住对方的把柄，指出其犯忌和违禁之处，先威胁恐吓，再安抚收服，使其安心。相应地，游说者本人也应注意，一定不要把自己的弱点显示给见闻广博的人。六是"摄心"。就是收服人心。如果碰上富有才艺的人，就为他宣传，使其声名远播；一旦其才艺得到验证，便对他的奇特之处表示惊叹，那么这个人一定会把心交给赏识他的人。七是"守义"。就是把握别人的内心，以求彼此相合，做到无往不利，得心应手。

3. 游说与修辞

鬼谷子认识到，人们之所以进行游说，常常是因有事求人，因而必须时时考虑应对策略，尤其是要修饰言辞，使之富于文采和感染力。《鬼谷子·权》篇的主旨，便是要根据游说对象的特点而反复衡量、修饰游说的言辞，以达到游说的目的。"权"的本义是秤锤，引申为对游说之辞要反复衡量，更要善于变化。《权》篇的主要观点有：

（1）要实现游说的目的，就必须善于修饰言辞。"说者，说之也；说之者，资之也。饰言者，假之也；假之者，益损也。应对者，利辞也；利辞者，轻论也。成义者，明之也；明之者，符验也。难言者，却论也；却论者，钓几也。"大意是说，游说的目的，就是要说服对方；而要达到目的，就必须修饰言辞，根据实际情况对言语有所增减；回答应对，需要流利的说辞，需要遵循义理，使言语符合事实、经得起考验；反驳别人的意见需要用诘难的言辞，以引诱对方说出心中隐秘的打算。

（2）要善于辨别和使用各种虚假的言辞。这些虚假的言辞主要有：奸巧之言，谄媚讨好，以显忠诚；阿谀之言，炫耀渊博，以显智慧；忧愁之言，善于权变，以显真诚；平实之言，果决而显示出勇敢；镇静之言，改正原来的不足，以图取胜利。《鬼谷子·权》说："先意承欲者，谄也。繁称文辞者，博也。纵舍不疑者，决也。策选进谋者，权也。先分不足以窒非者，反也。"所谓"谄媚"，是指预先揣摩对方的意愿，顺承他的欲望，以博取欢心；所谓"渊博"，是指堆砌辞藻，以炫耀自己；所谓"权变"，是指开口说话前要善于选择谋略；所谓"果决"，是指说话时要斩钉截铁，毫不犹豫；所谓"反"，就是转变到反面，改正原来的不足，堵塞错误，以图取成功。

（3）进言要特别谨慎。《鬼谷子·权》说："故口者，机关也，所以关闭情意也。耳目者，心之佐助也，所以窥瞓奸邪。故曰参调而应，利道而动。"就是说，嘴巴是各种隐秘情感的门闩，要守口如瓶，保守机密。耳朵和眼睛是心的辅佐器官，能够用以窥探事物的矛盾，发现奸邪的人或事。所以说，耳、眼、心这三者要调和呼应，选择有利的途径，观察并掌握要点和规律，然后行动，做到言辞繁多而不混乱，到处自由活动而不迷失方向，情况虽多变却不发生危险。比如，对没有视力的人不能显示给他颜色；对没有听力的人不能告诉他音乐；对思想闭塞的人不必理会，等等。总之，说话要选择对象，不要触犯忌讳，更要明白“众口铄金”的道理。

（4）要善于扬长避短。鬼谷子说：“人之情，出言则欲听，举事则欲成。是故智者不用其所短，而用愚人之所长；不用其所拙，而用愚人之所工，故不困也。言其有利者，从其所长也；言其有害者，避其所短也。”（《鬼谷子·权》）就是说，一般人的常情，说出话来总希望别人听从，干什么事都想取得成功。因此，聪明人决不使用自己的短处，而使用愚蠢人的长处。说出对方的有利条件，是为了发挥他的长处；说出对方的有害因素，是为了避开他的短处，等等。

（5）要坚持“精则用之，利则行之”的原则。应对的言辞，可按表情分为五类：病言、怨言、忧言、怒言、喜言。病言是气息衰弱而没有精神的语言；怨言是伤心到极点而没有主见的语言；忧言是感情抑郁而不顺畅的语言；怒言是胡乱发泄而没有条理的语言；喜言是尽情诉说而散漫的语言。这五种言辞，要精通了才能适当应用，在情况有利时才能实行，即做到“精则用之，利则行之”（《鬼谷子·权》）。

（6）要根据不同的游说对象而选择不同的内容。鬼谷子认为，跟聪明人说话，要显示渊博；跟笨拙的人说话，要清楚易懂；跟能言善辩的人说话，要简单扼要；跟有地位的人说话，要不卑不亢；跟有钱的人说话，要显得高雅廉洁；跟贫穷的人说话，要注意结合实际利益；跟地位低的人说话，要谦逊有礼；跟勇敢的人说话，要果敢决断；跟有过失的人说话，要直率尖锐。总之，听话贵在听得真切，智慧贵在通达，言辞贵在奇妙：“故与智者言，依于博；与拙者言，依于辨；与辨者言，依于要；与贵者言，依于势；与富者言，依于高；与贫者言，依于利；与贱者言，依于谦；与勇者言，依于敢；与过者言，依于锐。……听贵聪，智贵明，辞贵奇。”（《鬼谷子·权》）

其实，《鬼谷子》的文本本身，也是一个很好的修辞范例，它广泛使用排比、对偶、顶真等修辞方法，铿锵有力，朗朗上口，有力促进了战国时代“纵横”文风的形成。至汉武帝罢黜百家，纵横学虽然走向衰落，但其慷慨陈词、纵横恣肆的文风却被继承发扬，在文坛上大放异彩，影响了一代又一代的骚客文人，如司马迁、扬雄、苏洵、苏轼、李白等。①

阅读书目

杨伯峻. 春秋左传注. 中华书局，1981.
李零. 司马法译注. 河北人民出版社，1992.
诸子集成. 孙子十家注. 中华书局，1954.

① 陈蒲清. 鬼谷子详解. 长沙：岳麓书社，2005：184-195.

晓明. 六韬三略. 崇文书局，2007.
陈蒲清. 鬼谷子详解. 岳麓书社，2005.
刘向. 战国策. 上海古籍出版社，1985.
王利器. 盐铁论校注. 中华书局，1992.
骈宇骞. 唐太宗李卫公问对译注. 河北人民出版社，1992.

思考题

1. 试论《孙子兵法》的战争观与谋略观。
2. 你如何看待《老子》的“君人南面之术”?
3. 试论法家的“术治”思想。
4. 你如何看待中国古代的“官场权术”?
5. 试论李斯的“督责之术”。
6. 试论中国古代商道思想的价值及其局限。
7. 试述纵横家思想的基本特点。
8. 试论鬼谷子“捭阖之道”的游说技巧及“揣摩之术”的科学内涵。

第四章

西方文明中的政治传统

启蒙运动有志将宽容与节制扩充为个人生活及社会、政治生活的通则。说西方自由传统的精华尽出于启蒙运动，并非夸大。启蒙运动到了 19 世纪的欧洲，可以说已不再是一个运动，已成为文明。

——约翰·麦克里兰：《西方政治思想史》

就在中华文明积极营造自己的管理理念和模式之时，作为西方文明的肇始，古希腊人也以其特有的自由、批判的理性精神，围绕城邦管理，进行了积极的民主实践。如果说中华文明在治理问题上以专制体制一以贯之且充满了术治主义色彩的话，西方文明一开始便表现出对民主制度的推崇。正是在古希腊理性精神的光照下，古罗马人随后也塑造出了视“法”为社会最高权威的价值理念及组织的制度化。虽然在漫长的中世纪，基督教神权与封建制度相结合的统治，使理性的光辉一度为宗教信仰所遮蔽，但是，经过文艺复兴和宗教改革的洗礼，理性主义得以全面复兴。而 16 至 17 世纪的科学革命和 18 世纪的启蒙运动，更是把人类的理性认识能力以及人类的自信提升到一个新的高度，带来了西方文化、科学和社会的空前繁荣，并实现了资本主义政治文明的奠基。

一、从古希腊到古罗马的民主诉求

在古希腊，伴随着城邦的形成，希腊人的理智也开始觉醒。从现有文献记载来看，希腊人播撒和培育了民主的种子，并进行了建立个人自由的初步尝试，形成了关于分工、授权和领导等远见卓识。而古罗马人则以其特有的追求秩序和纪律的天赋，创造性地进行了组织制度化的实践尝试。

1. 古希腊的城邦管理

古希腊并不是一个统一的国家，而是一个地理和文化概念，它涵盖了希腊半岛、爱奥尼亚群岛、爱琴海诸岛和小亚细亚半岛西部沿海地带的广大版图。大约在公元前 2000 年，希腊人以伯罗奔尼撒地区为中心，创造了迈锡尼文明。但是，到了公元前 12 世纪末，迈锡尼文明被其他部落摧毁，希腊世界又回到分散的部落生活状态（被史学家称为“黑暗时代”）。大约从公元前 800 年开始，古希腊文明进入兴盛时期，出现了遍及小亚细亚和包括北非在内的地中海沿岸的诸多城邦。其中，势力最大的是斯巴达和雅典。斯巴达是奴隶主寡头制的国家，少数贵族和大奴隶主掌握政权。雅典最初也是由氏族贵族独占政权，但从公元前 6 世纪开始，雅典进入所谓“民主时代”，其民主实践也经历了一个由盛而衰的演变过程。

古希腊最初的民主实践是梭伦（Solon，约公元前 638—约前 559）改革。当时的雅典社会存在着严重的阶级冲突和党派斗争，下层平民与土地贵族的冲突异常激烈。为调和这些阶层、党派之间的诸多冲突，公元前 594 年，梭伦开始了一系列改革：其一，设立最高权力机关——公民大会，规定一切公民无论穷富都有权参加公民大会；其二，设立新的政府机关——四百人会议，这是公民大会的常设机构，由雅典的四个部族各选一百人组成；其三，设立公民陪审法庭，每个公民都可被选为陪审员，参与案件的审理等。正是这些措施，奠定了雅典民主政治的基础。

梭伦之后，雅典经历了一段无政府时期。公元前 508 年，克里斯提尼（Cleisthenesis，约公元前 570—前 508）在雅典领导了第二次民主政治改革：其一，以地域代替部族来划分选区，将雅典划分为十个区域代替过去的四大部族，彻底瓦解了传统贵族所凭借的氏族血缘秩序；其二，改四百人会议为五百人会议，由十个区域各选出 50 人组成；其三，制定“陶片放逐法”，由雅典公民将具有社会威望、广受欢迎的、最有可能成为独裁者的人的名字画在碎陶片或贝壳上，在公民大会上进行表决。如果得到大多数人的票决，这个人就会被放逐十年，期满后才能回到雅典。这些措施很大程度上抑制了影响民主的不稳定因素，标志着雅典民主政治制度的正式确立，雅典也成为当时希腊世界的政治、经济和文化中心。

到了伯里克利（Periclēs，约公元前 495—前 429）执政时期（公元前 443—前 429 年），雅典的民主实践达到高峰。这集中体现在：先前由抽签产生的行政执行官被由选举产生的十将军组成的最高权力机关替代。同时，作为一种权力约束，十将军制定的各项政策都要经公民大会讨论通过方能执行；所有官职向全体公民开放，任何人都可以通过抽签选举方式担任政府中的各级官职（十将军除外）；实行任期制，且大多数官职不得连选连任；凡是重大事务均由集体做出决定，由集体负责；等等（见“伯里克利在雅典英雄葬礼上的演说”）。

伯里克利在雅典英雄葬礼上的演说

公元前 431 年，伯里克利在悼念阵亡的雅典英雄葬礼上的著名演说，充分体现出古希腊的民主精神：“……我们的制度之所以被称为民主政治，因为政权是在全体公民手中，而不是在少数人手中。解决私人争执的时候，每个人在法律上都是平等的；让一个人负担公职优先于他人的时候，所考虑的不是某一个特殊阶级的成员，而是他们有的真正才能。任何人，只要他能够对国家有所贡献，绝对不会因为贫穷而在政治上湮没无闻。正因为我们的政治生活是自由而公开的，我们彼此间的日常生活也是这样的……”①

① 修昔底德. 伯罗奔尼撒战争史. 北京：商务印书馆，2018：147.

雅典民主对当时的希腊世界产生了广泛的影响，爱琴海沿岸及众多岛屿上的城邦大都采取了民主制。然而，伯里克利死后，雅典政治日渐表现出非理性和无政府主义的暴民政治，民主制开始陷入危机。公元前 411 年、前 403 年，雅典先后发生了两次政变，贵族寡头建立起集权统治，再加上历时多年的伯罗奔尼撒战争①的失败，雅典民主制受到沉重打击。

作为一个积极关注时代问题的哲学家，苏格拉底（Socrates，公元前 469—前 399）正是痛心于希腊民主的困境，从“认识你自己”的哲学立场出发，倡导将人们的价值层面的追求建立在知识理解的基础上。当时盛行的智者学派将知识的来源定位于“感觉”，按照普罗泰戈拉（Protagoras，公元前 481—约前 411）的“人是万物的尺度”的著名论点，由于人的感觉是千变万化的，所以真理只能是相对的。苏格拉底则站在了这种论点的对立面，认为，人的感觉是流动变化的，不能得到确定的知识，因而感觉是不可靠的。只有通过人的理性，才能认识人的本性，才能获得“真正的知识”。而人们通过自己的理性所获得的对人的本性的真正认识，便构成美德，因而，“美德即知识”。

苏格拉底倡导这一论调的宗旨，不仅在于宣称追求知识是人之本性，而且将此作为医治雅典民主制痼疾的良药。在其看来，正是由于人们不是从城邦的角度而是从自私自利的角度出发来考虑问题，从而导致了原有共同道德的沦丧，并最终导致雅典城邦的衰落。为此，苏格拉底终其一生，不遗余力地劝诫人们要过有道德的生活，并试图通过教育使人们获得美德。当然，苏格拉底也清醒地认识到，对民主的热情不能取代对民主的理性执行，因为人民的决定不一定都合乎理性，很可能盲目行事、意气用事——这构成了雅典直接民主制的重大局限。而由直接民主制选举出来的不懂政治事务的“外行”治理城邦，便是这种缺乏理性的集中表现。

在苏格拉底看来，政治需要智慧和专门知识，应该让经过训练、有知识才干的人来管理：“君王和统治者并不是那些拥大权、持王笏的人，也不是那些由群众选举出来的人，也不是那些中了签的人，也不是那些用暴力或者凭欺骗手法取得政权的人，而是那些懂得怎样统治的人。”② 苏格拉底的这种精英治国理念，导致了他同当时雅典民主制的直接冲突。雅典人以“对神大不敬”和“引诱青年”为由把他送上法庭并判处死刑。朋友们劝他离开雅典，但遭到拒绝，他说：“一个人一生侍奉国家，遇到一点不愉快的事就违背法律法规，这是不对的”，“人哪怕还有一点点用处，便可以在面临生与死的危险时有所顾虑，那便错了，在他行事的时候，他惟一必须考虑的毋宁是，他的所作所为是否公正，是好还是坏”③。虽然苏格拉底无法证明为什么人只应做公正的事，但这种根植于心底的坚不可摧的对正确行为的绝对责任，构成了他一生最大的信条。最终，苏格拉底

---

① 在公元前 499 年至前 449 年，波斯与古希腊城邦爆发希波战争，以希腊城邦获胜而告结束。此后，两大古希腊城邦——斯巴达和雅典，为了争夺霸权，于公元前 431—前 404 年爆发了伯罗奔尼撒战争，斯巴达战胜雅典，成了希腊的新霸主。但斯巴达的霸权也未能长久，反而使希腊各城邦陷入混战之中。公元前 336 年，希腊被马其顿帝国亚历山大三世征服，之后的历史时期被称为希腊化时期（公元前 336—前 30 年）。这期间，希腊文明逐渐扩展到埃及、地中海东岸一带、美索不达米亚、波斯、印度以及更远。公元前 146 年，希腊被罗马征服而覆灭。

② 色诺芬. 回忆苏格拉底. 北京：商务印书馆，1984：118.

③ 威廉·魏施德. 后楼梯：大哲学家的生活与思考. 北京：华夏出版社，2000：27.

以这种殉道式的“从容赴死”的方式，向世人宣示：“守法就是正义”①。

苏格拉底的影响是深远的，他以人类的理性之光，开创出人类历史上一个新的时代：“这个时代并不是靠军事或政治的力量所成就的，而是透过理性，对人的生命作透彻的了解，从而引导出一种新的生活态度。”② 这种对理性的诉求，不仅仅深深地启发了其后的柏拉图（Plato，约公元前427—前347）、亚里士多德（Aristotle，公元前384—前322），更构成了后世西方文明的基本精神内核。

柏拉图是苏格拉底的著名学生和思想继承者之一。柏拉图所生活的时期，雅典在伯罗奔尼撒战争中遭到失败，民主政治受到雅典公民的普遍批评。在这种情势下，“三十僭主”政体乘机取代了先前的民主政体。时隔不久，“三十僭主”政体又迅速垮台，民主政体又得以恢复。正是经过这一场政治轮回，柏拉图深深地感受到，在一个法律与道德迅速恶化的时代里，必须思考如何从根本上改革整个希腊城邦制度。为此，柏拉图秉承苏格拉底开创的理性精神，将世界二分为流变的感性世界和永恒不变的理念世界，认为，人们只有告别对感官认识的满足，展开对理性知识的追求，才能产生真正的知识。

面对当时动荡的雅典政体，柏拉图指出，理想的社会体制应以“正义”为核心原则。针对当时智者学派鼓吹“正义”就是“强者的利益”的论调，柏拉图反驳道：“一个真正的治国者追求的不是他自己的利益，而是老百姓的利益。”③ 柏拉图认为，就个人灵魂的理性、激情和欲望这三个基本组成中，只有让理性统治并借助激情、抑制欲望，使三者各归各位、各尽其责，才能组成一个正义的灵魂。同样，对于国家来说，理想的国家是一个统一的有机体，只有让每个人“干他自己分内的事”，才能建立起一个秩序井然、至善至美的正义国家。柏拉图所崇尚的“理想国”由统治者、军人和生产者组成，如果他们通过合理分工，相互合作，各司其职，各守秩序，国家就达到了正义，否则，就是不正义。

苏格拉底的“专家治国”理念，也启迪出柏拉图的“哲学王”构想，标志着西方历史上知识与权力相结合的精英主义的发端。柏拉图对“哲学王”做出了如下设定：其一，统治者应当服务于整个国家的利益，而不能谋求一己的私利；其二，统治者的使命是维护城邦正义，让每个人各司其职、各守其位；其三，统治者就个人素质而言，他们“不肯为了职务公开拿钱被人当佣人看待，更不肯假公济私，暗中舞弊，被人当做小偷。名誉也不能动其心，因为他们并没有野心”④。在柏拉图看来，理想的统治人才需要通过高等教育，才能达到把握哲学理念的境界。

当时雅典政治中各种自私且极端暴力的派系斗争：主张寡头政治的人关心的是保护财产，主张民主政治的人则倾向于“劫富济贫”。为此，柏拉图主张彻底废除私有财产制度，实行财产公有制，以确保统治集团的“廉洁”，并适当平衡财富、权力与人口（包括奴隶），保持城邦整体的协调一致与统一性。⑤ 柏拉图还主张废除一夫一妻制，代之以按

---

① 色诺芬．回忆苏格拉底．北京：商务印书馆，1984：164．

② 涅尔谢相茨．古希腊政治学说．北京：商务印书馆，1991：143-144．

③ 柏拉图．理想国．北京：商务印书馆，1986：31．

④ 同③30．

⑤ 同③137．

统治者的要求进行有节制的交配，使最好的男人与最好的女人尽可能结合在一起，以便为国家生育更多的优种后裔。① 这可以说是优生学原则的最初表达。柏拉图甚至认为，家庭容易滋生私有观念——这正是城邦溃烂、衰落的根源，为此，只有彻底根除统治集团成员的私有观念，取消家庭，以“确保城邦国家的团结与统一”②。此外，柏拉图主张，女人应与男人一样具有接受教育的同等权利，并可担任与其禀赋相称的职务，甚至可作为统治集团的“护卫者”③，从而使她们能够在振兴希腊文明中发挥重要作用，等等。

可见，为了挽救希腊城邦文明的危机，柏拉图的筹划是何等的苦心孤诣。然而，正如现实世界不可能完全达到理念世界一样，现实的国家也不可能完全达到“正义”的国家。为此，柏拉图在其后的《政治家篇》中虽然仍主张哲学王统治，但他开始认识到哲学王统治的不可行：“不再相信有任何人配得上那种统治：作为一个统治者愿意并能够凭借德性和知识将正义与神圣之物正确的施予每个人。”④ 而在晚期的《法律篇》中，柏拉图进一步从现实角度来讨论国家政治，并开始对法治进行系统阐述。他指出，只要法是高尚的，就必须得到服从：“一个人不应该以统治的好，而应该以服务得好而感到骄傲——并且首先是服务于法律（因为这是我们尊崇众神之路）”⑤，等等。

如果说《理想国》为西方文化的理性至上观念奠定了理论基础，《法律篇》则开创了西方法治理论之先河。亚里士多德在继承柏拉图思想的基础上，建立了自己较为经典的民主和法治理论。在亚里士多德看来，人的自然本性决定了人必然要过城邦生活：“城邦出于自然的演化，而人类自然是趋向于城邦生活的动物（人类在本性上，也正是一个政治动物）。”⑥ 具体而言，首先是男人和女人基于“生理”而结合，接着基于不同禀赋的智力或体力而有了主人和奴隶的分殊与结合，由此产生了最初的社会组织形式——家庭；而随着家庭人口的繁衍和家庭的不断扩展，便分离出多个家庭，但在天生合群性的驱使下，这些家庭通过再度联合、聚居，从而形成更高的社会组织形式——村坊；最终，若干村坊通过进一步结合，从而形成最高社会组织形式——城邦。

“人是天生的政治动物”这一命题开启了以自然人性为基础的西方政治理论传统。在对城邦的起源进行了分析之后，亚里士多德进一步以柏拉图的正义理念为基础，阐明了城邦存在的目的是“为了优良的生活”⑦，并以“施政的目的”为标准对城邦政体进行了区分：以公民的共同利益为目标的政府是正宗政体；而以统治者的私利为目标的政府则是变态政体。然后，他按照统治者的人数将正宗政体又分为三类：君主制，又称王制，由一人执掌权力；贵族制，即贤人制，由少数人执掌；共和制，则是由多数人执掌的。与此相对应的三类变态政体是：僭主制是君主制的变体，寡头制是贵族制的变体，平民制（民主制）是共和制的变体。亚里士多德强调，对政体的界定不能简单地以执掌人数

① 柏拉图．理想国．北京：商务印书馆，1986：193.

② 同①200-201.

③ 同①186-187.

④ 柏拉图．政治家篇．上海：上海人民出版社，2006：88.

⑤ 柏拉图．法律篇．上海：上海人民出版社，2001：175.

⑥ 亚里士多德．政治学．北京：商务印书馆，1965：7.

⑦ 同⑥130.

的多少来区分，比如说，就寡头政体和平民政体而言，执掌人数的多少只是一个偶然事实，二者之间的真正区别在于富有和贫穷的差别：若是富人执政的，无论他们是少数还是多数，就是寡头政体；若是穷人执政的，就是平民政体。①

按照亚里士多德的逻辑，“最优良的政体就该是由最优良的人们为之治理的政体”②。在一个城邦中，人们往往会凭借德性、财富、出身高贵而要求统治权，虽然他们的要求是正当的，但是，由于他们的人数少，而多数民众聚合在一起“往往可能超过少数贤良的智能”③，为此，亚里士多德提出，政治权利的分配要坚持一种“公正”原则：“所谓‘公正’，它的真实意义，主要在于‘平等’。”④ 这一原则的存在，可以让全体公民参与政治，从而促进城邦公共生活的参与程度或者积极性。亚里士多德进一步指出，每个城邦成员分为三个阶层，即富有者、贫穷者和中产者，富人只知专横统治他人，而全然不肯受治于人。穷人则不知统治为何物，只能甘受他人奴役。穷富双方相互敌对，城邦就失去友爱。而中产者既不像穷人那样希图他人的财物，也不像富人那样引起穷人的觊觎；既不对人抱有阴谋，也不会相互残害，生活无所忧惧，平静安稳，因此，“最好的政治团体必须由中产阶级执掌政权”⑤。同时，由中产者执政，可以免除党派之争：“凡邦内中产阶级强大的，公民之间就少党派而无内讧。”⑥ 当然，作为一位崇尚思辨又注重实际的思想家，亚里士多德又指出：第一，倘穷人为数众多，量的优势超越了另一部分人在质方面的优势，即量与质不平衡，就得建立一个平民政体；第二，倘使富户和贵族阶级在质方面的优势足以抵偿自己在量方面的劣势，就会产生寡头政体；第三，倘是中产阶级的人数超过其他两个部分，或仅仅超过其中一个，就可能建立一个持久的共和政体——这种情况下，富人联合贫民来反对中产阶级的事情是不会发生的，因为贫富不相容，谁也不肯做对方的臣属，总是互不信任对方。⑦

在柏拉图那里，法治只是一种“退而求其次”的选择。到了亚里士多德这里，法治则被推崇为最佳选择。他说：“不能把法律看作是一种权宜之计，而应看作是有道德的和文明的生活的一个不可缺少的条件。”⑧ 亚里士多德进一步阐述了“法治”之于“一人之治”的优越性：第一，法律没有感情，不会偏私，具有客观性和公正性；第二，法律基于众人的判断而制定出来，因而总会比个人的判断来得可靠；第三，法律是借助于规范形式来确认的，具有明确性和稳定性，以及普遍适用性；第四，权力制约需要法治，等等。总之，“法律是最优良的统治者”⑨。

亚里士多德还从价值判断上将“法律”划分为“良法”与“恶法”。“良法”是国家实行法治的前提和基础，良法体现了正义和公众的智慧，其目的是为了城邦公众的利益。

---

① 亚里士多德．政治学．北京：商务印书馆，1965：134-135.
② 同①173.
③ 同①143.
④ 同①153.
⑤ 同①206.
⑥ 同①207.
⑦ 同①210-211.
⑧ 乔治·萨拜因．政治学说史．北京：商务印书馆，1986：127-128.
⑨ 同①163-171.

当然，法律之所以能见成效，全靠民众的服从。如果有良法而不能得到大家的遵循，则仍然不能实行法治："已成立的法律获得普遍的服从，而大家所服从的法律又应该本身是制订得良好的法律。"① 而要使法律能够得以遵守，首先，要保持法律的稳定性："如果轻易地对这种或那种法制常常作这样或那样的废改，民众守法的习性必然消减，而法律的威信也就跟着削弱了。"② 其次，要保证法律的权威："法律应在任何方面受到尊重而保持无上的权威。"③ 再次，须将"自由"限制在法律所规定的范围内："公民们都应遵守一邦所定的生活规则，让各人的行为有所约束，法律不应该被看作和自由相对的奴役，法律毋宁是拯救。"④ 最后，更为重要的，还要对权力进行法律监督与制约，"不让任何人在政治方面获得脱离寻常比例的超越地位——实际上这一成规可以适用于一切政体"⑤。可以说，亚里士多德第一次系统地阐述了法治学说，从而成为后世西方法治思想的重要渊源。

2. 古罗马的组织制度化

在古希腊文明绚烂绽放之时，古罗马文明也从意大利半岛中部悄然崛起。古罗马文明历经王政时代、共和时代和帝国时代这样三个时期。罗马王政时代始于公元前 9 世纪初，实行的是"军事民主制"，类似于中国黄帝时代的部落联盟制。到了公元前 509 年，罗马发生贵族"革命"，建立起由罗马贵族掌权的罗马共和国。在这一时期，经过长期的争霸，罗马基本上实现了意大利半岛的统一，并先后征服西班牙、马其顿和整个希腊，成为地中海世界最强大的国家。不过，在文化上，重实际轻理论的罗马人却须仰希腊人之鼻息。公元前 3 世纪中叶，罗马在征服整个巴尔干半岛之后，伴随着大批受过良好教育的希腊人来到罗马，希腊哲学、文学、科技著作和艺术品源源不断地流入罗马，这一切使得罗马帝国在文化上走向希腊化。尽管如此，罗马人对希腊文化的吸收是有所选择的。罗马人发现，希腊人虽然拥有十分丰富的国家建构学说，但是现实的国家秩序却混乱无序、虚弱不堪；希腊人大谈伦理道德，却在背地里行贿受贿、挥霍国家钱财。由此，罗马人开始理性地审视希腊文化，并以务实和存疑的态度广采博收，进而形成独具一格的罗马文化。相比较而言："希腊可称为光荣，人类精神自由创造，自由思索，自由信仰之光荣；罗马可称为伟大，权力、纪律和一致之伟大。"⑥

从西方政治和管理思想的发展史看，宪政理论虽起源于希腊，但其制度化却始于罗马。古罗马人在汲取古希腊执政理念的基础上，以其特有的追求秩序和纪律的天赋，进行了组织制度化的实践尝试，为西方后来的立宪政府提供了一个范例。罗马共和制模式建立在三个基点之上：

（1）长官。它们是公共权力的拥有者，行使最高权力（军事、行政、司法）。还创立

---

① 亚里士多德. 政治学. 北京：商务印书馆，1965：199.
② 同①81.
③ 同①192.
④ 同①276.
⑤ 同①268.
⑥ 陈恒，鲍红信. 希腊化，还是罗马化：罗马对希腊文化的模仿、调适与创新. 史林，2011（5）.

了平民保民官，以保护平民免受贵族长官的权力危害。此外，在发生战争或严重灾难之际，还任命一个执政官为独裁官，权力高于其他长官，但任职期间一般不超过6个月。而其他长官的任职期一般是1年，在必要的情况可延长1年或2年。除独裁官外，长官之间相互有否决权，以阻止一些不端行为的发生。

（2）元老院。它是城邦的最高政府机关，主要职能有：控制长官、公民大会的立法和选举、宗教祭祀，发动对特别严重犯罪的刑事诉讼，管理城邦的公共财产，制定对外政策，以及对被征服的领土和一些行省进行管理，等等。元老的任期是终身的，一般是从出身高贵家族曾担任过长官职务的人中来选择。

（3）公民大会。主要有：第一，百人团会议。早在王政时代就已出现库里亚大会，即建立在氏族血缘关系基础上的大氏族会议或胞族会议，大会有权决定战争、选举高级官职、通过或否决法律法令及审判重大案件。公元前6世纪中期，库里亚大会被森都里亚大会（百人团会议）取代，以财产资格为建制基础，以百人团为单位组织，基本职能是选举执政官、裁判官、监察官，批准由长官提出的法案等。第二，部落会议。基本职能是选举市政官和财务官等低级官员，批准法律，对较不严重罪行的处罚进行投票等。第三，平民大会。曾经仅由属于平民阶级的人组成，但在后来贵族和平民实现平等后扩展到所有公民（只有很少的贵族家族除外）。①

由上可见，罗马共和时代的宪政体制具有民主制、贵族制、君主制这三种成分：其一，民主制成分。从罗马公民大会的发展来看，构成公民大会基础的是罗马公民，执政官必须由公民大会推举。其二，贵族制成分。元老院作为贵族制的代表，其人员构成和职权也较稳定，是罗马共和制度的堡垒和象征。高级官员离职后一般进入元老院，而新的官员往往也从元老中选任。共和时期的元老院作为实际上的权力中心，享有巨大的权威。其三，君主制成分。罗马君主的权力来自公民的授予，具有暂时性、集体性，任职结束后还会被“究责”。执政官在行使治权时也有一定的限制，比如，对军事治权的限制主要由元老院来行使，执政官一般不能自行约定；只有罗马公民才有权提出申诉，而执政官不得无视其申诉。随着罗马宪制的不断发展，这种被罗马人视为对公民自由权的“最高宪制保障”的制度也在不断完善——起初不得针对独裁官提出申诉，后来发展为可以在独裁官任期届满时提出申诉，等等。总体而言，罗马共和宪政确认了公民集体为国家最高权力，并设立了权力制约机制，从而为近代西方资本主义宪政国家的创建提供了范本和思想资源。

除制度上的创新之外，古罗马对西方文明最重要的贡献之一，就是其完备的法律体系。早在公元前451年，罗马就颁布了著名的“12铜表法”。查士丁尼（Flavius Petrus Sabbatius Justinianus，483—565）统治期间，于529年将皇帝宪令整理之后颁布了《查士丁尼法典》。到了533年，又颁布《查士丁尼学说汇纂》，内容集中了著名法学家的注释与编纂法典的经验。同年，又公布了《查士丁尼法学总论》（或译《查士丁尼法学阶梯》）。此后，又编撰了《查士丁尼新敕》。到了12世纪，上述四部著作合并，称为《民法大全》。该法典可以说几乎全部收纳了此前罗马法律与法学的理论精华，其基本思想和

① 阿尔多·贝特鲁奇. 罗马宪法与欧洲现代宪政. 法学，1998（3）.

原则已融入西方乃至世界各国的法律中，对西方文明的影响仅次于《圣经》。德国法学家耶林（Rudolph von Jhering，1818—1892）在《罗马法的精神》一书中指出："罗马帝国曾三次征服世界，第一次以武力，第二次以宗教指基督教，第三次以法律。武力因罗马帝国的灭亡而消失，宗教随着人民思想觉悟的提高、科学的发展而缩小了影响，唯有法律征服世界是最为持久的征服。"①

公元前 30 年，屋大维（Gaius Julius Caesar Augustus，公元前 63—公元 14）结束了罗马数十年的内战，夺取了国家最高权力。公元前 27 年，他被元老院授予"奥古斯都"（拉丁文意为"神圣""至尊"）称号。公元前 17 年，屋大维成为罗马第一位皇帝。因其采用"元首"称号，这种制度被称为元首制。奥古斯都死后，其养子提比留（Tiberius Claudius Nero，公元前 42—公元 37）继位，开创了皇位继承制，罗马从此进入帝国时代。从公元前 27 年开始到 192 年，属于前期帝国时期，社会相对稳定。安东尼王朝皇帝图拉真（Marcus Ulpius Nerva Traianus，53—117）在位时，帝国版图达到最大——西起西班牙、不列颠，东到幼发拉底河上游，南至非洲北部，北达莱茵河与多瑙河一带，地中海成为帝国的内海，经济空前繁荣。然而，如此广阔的版图在共和体制下很难得到有效的管理，再加上独裁者的个人野心等各种因素，最终促使罗马政体从共和制转变为军事独裁的君主制，确立起所谓蒲林斯制（Principatus），即元首制。这一体制虽然依然保留了公民大会和元老院，但职能已被大大削弱，而帝国元首集军事、行政和宗教大权于一身。而先前的公民大会订立关于谕令权的契约的权力，则转移到了元老院和军队。

可以说，蒲林斯制是以共和制之名，行君主制之实。这种体制确保了罗马帝国两百多年的和平。然而，到了公元 3 世纪左右，罗马帝国的局势再度混乱，帝国政治由此加速向军事独裁化迈进，先前的蒲林斯制转变为多米那特制（Dominatus）。这一体制除去了表面共和制的伪装，实现公开的君主专制，皇帝掌握民众的生杀大权，其命令就是法律。在公元 3、4 世纪之交戴克里先（Gaius Aurelius Valerius Diocletianus，约 245—313）皇帝和君士坦丁（Flavius Valerius Aurelius Constantinus，280—337）大帝新制定的宪法中，皇帝成为唯一享有最高立法权的人，并享有最高的行政权和司法权，皇帝的继承由前任皇帝指定，通常都是他的儿子或亲戚，然后由元老院和军队"批准"。至此，罗马共和时代的宪政因素已荡然无存。

罗马著名的哲学家西塞罗（Marcus Tullius Cicero，公元前 106—前 43）生活于罗马由共和国向帝国剧烈转变的时期。与柏拉图、亚里士多德等希腊先哲一样，西塞罗也将对"最好的制度"问题的探索作为自己的主旨。不过，西塞罗不像柏拉图那样垂青于"想象中的影子共和国"，而是依据罗马共和国的传统来重新定义国家——"国家乃人民之事业"②，就是说，国家作为一种人民的联合，权力应由人民掌握，并实行依法统治。这一概念，不仅反映出罗马共和国的基本特征，也突破了古希腊"城邦"的狭隘界限——国家不再是狭小的"公民"团体，而是理解为"人民的联合体"，包括公民、自由

① 周楠. 罗马法原论. 北京：商务印书馆，1994：10-11.

② 西塞罗. 论共和国 论法律. 北京：中国政法大学出版社，1997：39.

人乃至奴隶等。

在西塞罗看来，当时罗马从共和制向帝制的转变，意味着罗马人维持达200多年的"优秀政体"的衰落。为此，他试图努力将古希腊的自然法传统与罗马法相结合，指出，自然法是存在于自然界的"正确的规则"①，具有高于一切人类立法的权威，是判断正义与非正义的标准，是衡量人类立法和人类行为的准绳，"当这种理性确立于人的心智并得到实现，便是法律"②。西塞罗还提出了人类自然平等的思想，所有人既然都由自然法而联结为一个整体，就应该都是整个世界国家的成员，不存在任何差异。西塞罗的这一平等思想在西方政治思想史上是一个重要的转折，"它超越了城邦时代政治学在人与奴隶、公民与没有公民权的人、本邦人与外邦人之间设立的坚深的界限，开始以一种平等的没有根本差别的眼光来看待所有的人"③。不过，在现实政治中，正义的要求很少与智慧和自身利益的要求相一致："智慧要求我们增加资源，聚积财富，扩张疆域……统治尽可能多的臣民，享乐，富有，成为统治者和主人；而正义则叫我们宽恕一切人，考虑全体人类的利益，给予每个人以应有的权益，不染指神圣的公共财产或属于他人的财产。"④ 因此，西塞罗的结论：完全正义的制度在人类世界中大概是不可能的，在任何国家都难以充分实现，充其量只能做到尽可能地接近它们。

在西方历史上，让罗马彪炳史册的，还有"罗马精神"，诸如勇敢、忠诚、热爱荣誉、自我克制、崇神敬祖、对国家和家庭的义务感等。可以说，"在勇敢、忍耐和艰苦奋斗方面，他们超过了所有其他的民族"⑤。正是这些美德，成为罗马崛起的强大精神动力。然而，到了公元前2世纪中期，随着罗马基本完成对地中海世界的征服和财富的大量积聚，罗马公民身上所特有的朴素和艰苦奋斗精神开始消退，取而代之的则是毫无节制的消费和挥霍。清贫成了无能的象征，节俭反倒成了可耻的体现。这种生活观念的巨大变迁，使得罗马公民逐渐丧失了政治热情，而将自己沉浸在那些刺激性或粗暴的感官娱乐活动中。公元1世纪之后，这种"及时行乐"的处世之道逐渐从富人们蔓延到普通自由民，他们大多游手好闲，鄙视劳动，崇尚不劳而获，"宁愿活动于剧场和跑马场之中，却不愿去照管谷物和葡萄园"⑥，从而最终沦为社会的"惰民"，在声色犬马的追逐中寻求解脱。随着罗马公民的爱国心、勇敢精神和政治热情逐渐消失，到了帝国后期，在日耳曼人的入侵下，罗马社会开始陷入一个动荡局面。那些拥有国家政治权利的政府官员，在政治斗争的旋涡中更是肆意践踏国家法律，导致国家政治日趋腐败。395年，罗马皇帝狄奥多西一世（Theodusius Ⅰ，347—395）死后，帝国分裂为东罗马帝国和西罗马帝国两部分。476年，日耳曼人入侵，西罗马帝国宣告灭亡，欧洲开始进入漫长的中世纪。

① 西塞罗．论共和国　论法律．北京：中国政法大学出版社，1997：120.
② 同①189.
③ 徐大同．西方政治思想史．天津：天津教育出版社，2005：76.
④ 列奥·施特劳斯，约瑟夫·克罗波西．政治哲学史：上册．石家庄：河北人民出版社，1993：186.
⑤ 阿庇安．罗马史：上卷．北京：商务印书馆，1995：16.
⑥ 马库斯·特伦提乌斯·瓦罗．论农业．北京：商务印书馆，1982：92.

二、基督教的精神统治及新教伦理

欧洲的中世纪一般是指由西罗马帝国灭亡直到公元 1453 年东罗马帝国灭亡[①]（或文艺复兴之前）这一漫长的历史时期。在中世纪，由于教会专制，文化单一，封建割据，战乱频发，百姓生活困苦，生产发展缓慢，因而被人们称为“黑暗时代”。然而，不可忽视的是，正是中世纪政治中所蕴含的“民主”因子，为此后资本主义民主政治的兴起奠定了思想前提。从 14 世纪开始，西方社会开始进入一个巨大变革的时代。在这一过程中，文艺复兴和新科学的兴起，带来了思想的大解放和个体的充分觉醒。在这种时代潮流的推动下，16 世纪的西欧产生了否定正统神学、强调个人信仰和力量的宗教改革运动。这场运动从根本上动摇了教皇的权威，促进了近代资本主义国家政权的独立和发展。

1. 基督教的精神统治及“民主”因子

欧洲的中世纪是建立在罗马帝国的废墟上的，“罗马帝国文明的遗产大多也渗透到中世纪的欧洲文明中”[②]。这其中的一个重要因素，便是基督教的精神统治。

基督教发源于公元 1 世纪巴勒斯坦（旧称“迦南地”）的耶路撒冷地区的犹太人社会，创始人是耶稣。基督教的基本教义认为，人类的始祖亚当与夏娃在伊甸园中违逆上帝之命，偷吃禁果，致使罪恶与魔鬼缠身，终归灭亡。后世之人既然皆为两人后裔，因而秉承“原罪”。但是，耶稣在十字架上的赎罪和三日后的复活，使人们的一切罪责皆得赦免，获得永恒的生命。因此，人生的希望在于信奉耶稣基督，以此获得灵魂的永生。

由于基督教为人们逃避现实苦难和追求来世幸福提供了一条通道，因而逐渐扩张到耶路撒冷以外的罗马帝国。到了尼禄（Nero Claudius Caesar Augustus Germanicus，37—68）皇帝时期，基督教会的人数已增长到不可忽视的程度，故而受到罗马统治者的持续迫害。尽管如此，基督教依然继续发展，并逐步扩张到罗马帝国全境。在此情势下，公元 313 年，君士坦丁大帝颁布诏书，最终承认基督教合法。公元 391 年，罗马皇帝狄奥多西一世更宣布基督教为“国教”。至此，经过差不多 4 个世纪，基督教的扩张终于获得了胜利，成为欧洲压倒一切的宗教。

公元 476 年，西罗马帝国在日耳曼人入侵下灭亡，相继出现了一批由日耳曼人统治的国家。这时的欧洲由于没有一个强有力的政权来统治，王国之间战争不断。这对于基督教会而言，却成为一个难得的发展机会。由于日耳曼人的文化水平比罗马人低，于是

---

① 东罗马帝国 1453 年为奥斯曼帝国所灭。奥斯曼帝国建立于 1299 年，处东西文明交汇处，16 世纪日趋鼎盛，成为世界强国，在亚、欧、非三大洲拥有广阔的属地，领有巴尔干半岛、中东及北非大部分领土。自消灭东罗马帝国后，奥斯曼帝国定都于君士坦丁堡，并改名伊斯坦布尔，其人民以东罗马帝国的继承人自居。奥斯曼帝国于 17 世纪趋于衰落，在与俄国、奥地利、英国等西方强国作战中败下阵来，失去了其广大的领土。第一次世界大战时参加同盟国阵营，战败后被迫签订亡国的《色佛尔条约》。该条约激起了土耳其人的强烈反对。土耳其人在爱国青年基马尔的领导下爆发革命，击退欧洲势力，于 1924 年建立土耳其共和国，延续至今，但其领土面积与昔日的奥斯曼帝国不可同日而语。

② 汤普逊. 中世纪经济社会史：上册. 北京：商务印书馆，1961：1.

基督教会便成了中世纪的唯一学术权威，并通过与蛮族首领的联合，建立起欧洲的“基督教世界”：教会成为上帝在人间统治的代理人，统揽了整个社会的精神事务。在这种基督教的精神笼罩下，人们的国家和民族的观念相对淡漠，“人们一般都认为自己首先是基督教徒，其次是某个地方的居民（比如勃艮第人或苏格兰人），最后——如果实在要说的话，才是某一国家的臣民（如法兰西人或英格兰人）”①。

当时，文化教育几乎全部为教会所垄断，异教学校被取缔，“僧侣获得了知识教育的垄断地位，因而教育本身也渗透了神学的性质。在僧侣手中，政治和法学同其他一切科学一样，不过是神学的分支，一切都按照神学中适用的原则来处理”②。在这种精神氛围下，教会学校都奉行禁欲主义，敌视一切不合乎《圣经》的东西，包括部分新思想及科学等。在教皇格里高利一世（Gregory Ⅰ，约540—604）时期，古罗马图书馆也被付之一炬。可以说，恐惧理性、压制理性，构成了中世纪的根本文化特征。不仅如此，基督教会通过这种精神控制进而取得了世俗权力：“它的管辖权推及到‘基督教国家’中的每个王国……它的管辖权是越过所有种族、民族、语言的分界线而通行无阻的。”③ 此时，欧洲在政治上四分五裂，存在数量很多的公国、领地、城邦等，也不存在经济上的统一体。罗马主教正是利用王权软弱的机会，逐步扩张权力，发展了庞大的教会组织，制订了严格的教阶制度，并占有大量土地，形成一个特殊的利益集团，从而与世俗政权分庭抗礼。公元8世纪前后，随着教皇制度的确立，西欧各地教会从此处于同一最高首脑领导之下。

在中世纪的欧洲，由于基督教的长期统治，人性和自由被普遍扼杀，社会的发展也相对缓慢。费尔巴哈（Ludwig Andreas Feuerbach，1804—1872）批判指出：“为了使上帝富有，人就必须赤贫；为了使上帝成为一切，人就成了无。”④ 故而，人们常常将中世纪称作“黑暗时期”。事实上，这只是一种简单化的认识。就文化教育而言，基督教不仅维系了中世纪的社会秩序，而且传承了罗马时期的古典文明。在当时，基督教的教会学校也传授神学以外的知识，包括修辞、逻辑、算术、几何、天文学和音乐等。到了12世纪，随着城市经济的繁荣，世俗大学在西欧逐渐兴起。牛津大学的第一所学院便成立于1264年。到了1400年，欧洲境内已成立了50多所大学。在中世纪临近结束时，欧洲出现了制作火炮、印刷机、机械钟、眼镜、蒸馏酒等技术，在世界文明中占有决定性的优势。

就政治而言，现代资本主义的宪政理念事实上也脱胎于中世纪。在西罗马帝国灭亡后，日耳曼人建立了众多的王国，也将自身的民主传统引入欧洲，如“在大会表达不同意见”、公民选举、以“全体人民参与并同意”的名义公布法律、通过公民大会废黜国王的习惯以及司法审判大会等。这种原始的政体“坚持全体自由人、全体选民的集体权威高于一切制度化的权威，它是议会制政府的最早萌芽”⑤。9世纪以后，随着封建制度的

① 郭华榕，陈天新. 欧洲的分与合. 北京：京华出版社，1999：99-100.
② 马克思恩格斯全集：第10卷. 北京：人民出版社，1998：482.
③ 汤普逊. 中世纪经济社会史：下册. 北京：商务印书馆，1961：261.
④ 费尔巴哈. 基督教的本质. 北京：商务印书馆，1984：58.
⑤ 阿克顿. 自由与权力. 北京：商务印书馆，2001：58.

普遍出现，在领主与附庸之间通过“册封”建立起一种契约式的、互惠性的关系，世俗权力的行使始终以保证“契约”的履行为前提——近代的社会契约论正是对这种精神的进一步发扬，只不过是将中世纪契约的订约主体由“阶级”转向了“个人”。在众多新建的日耳曼王国中，还出现了独立于封建体系的城市自治，这些自由城市通过军事义务、缴纳货币等获得特许状或起誓盟约，并实行“多数决定”等民主原则。这在意大利表现得最为典型，如佛罗伦萨、威尼斯、热那亚、米兰等，它们以维持和发展由城市经济活动而获取的财富为宗旨，除了由特许状规定的义务外，还免除市民的一切封建束缚与义务。这些自治城市持续存在了数百年之久，堪称现代宪政的早期微型实验。

值得注意的是，基督教会本身还曾有过民主组织形式。这表现在：各地教会的长老、执事、主教，原则上由全体信众选举，经常举行会议，商议决定教义、教规和组织制度问题。在中世纪晚期的一些经院哲学家中，也滋生出现代民主思想的因子。比如，13世纪的经院哲学家托马斯·阿奎那（Thomas Aquinas，约1225—1274）虽然倾向于君主制，但他认为当君主制一旦沦为暴君制，它就成了邪恶的统治，因而人民有抵抗暴政的权利，“听任一个暴君摆布，也同听任一只野兽摆布没有什么分别”①。阿奎那还认为，法律和权力来自人民，“人类的意志可以根据共同的同意使本身并不违反自然正义的任何事情而具有法律价值”②。正是在这些理论影响下，法律至上的观念在欧洲一直得到人们的普遍承认。

在中世纪，各国的国王大多是世袭的、终身的，更多地表现出专制的一面。即便如此，在这种统治下，国王权力在很大程度上会受到贵族的制约。譬如，1215年英国颁布的《自由大宪章》，就是贵族限制王权的主要体现之一，其内容包括：保障教职人员的自由，保护贵族、骑士的领地继承权；国王不得擅自向附庸增加税收或增开新的税种，不得干预司法审判，不得任意逮捕或监禁自由人或没收其财产，等等（见“《自由大宪章》背后的利益之争”）。此后，英国历任国王在位时几乎都要签署保障人民的人身和财产权利的法律文件，英国也由此成为近现代宪法政治的发源地。

《自由大宪章》背后的利益之争

《自由大宪章》又名《1215大宪章》，是一张由英王约翰在1215年6月15日迫于国内北方贵族军事压力签订在羊皮纸上的文件。1066年，“征服者威廉”带领诺曼人征服英伦后，按照欧洲大陆上的标准制定了英格兰的贵族分封体系，把从盎格鲁-撒克逊人那里掠夺的土地分给自己手下的诺曼军人，从而造就了一个庞大的既得利益集团——这些诺曼军人及其家属的后代就是当代英国贵族的雏形。在约翰王之前的英国国王可以通过不断地征服战争掠夺土地来换取大小贵族们的忠诚，但是到了约翰这里，四次十字军东征尤其是自己的哥哥查理的连年外战，几乎耗尽国库，导致王室负债累累。与此同时，大小贵族们整日过着奢靡的生活。由于国内贵族势力和王室的离心离德，英国对外战争的接连失败，几乎丧失了英国在欧洲大陆的全部海外领地。深感事态严重的约翰王，决定彻底加强中央王权，没想到境内的贵族抢先一步，先发制人。最终在境内贵族的绝对

① 托马斯·阿奎那. 阿奎那政治著作选. 北京：商务印书馆，1963：53.
② 同①138.

实力的压制下，约翰被迫签订了《自由大宪章》。《自由大宪章》的签订使国王丧失了可以随意设置税款的权力，从此，英国就再也没有可以建立像东方一样绝对君主专制集权国家的可能。因此，《自由大宪章》虽然被称为捍卫人民权利和自由的最伟大的政治文件，但事实上所保护的只是贵族特权。

自13世纪以来，随着德意志罗马皇帝和罗马教皇在争夺最高权力的斗争中两败俱伤，具有民族国家雏形的王国和诸侯的地位日益增强。到14世纪，除意大利、德意志和尼德兰等地之外，欧洲的大部分地区都各自成为一个个独立的政治单元，建立起君主专制统治。欧洲的这种君主专制，一直持续到18世纪中叶，随着资产阶级民主政权的建立才告终结。在这一过程中，一些国家地区的王权、教俗贵族和自治市镇形成了政治联合，等级会议制度在欧洲各地不断形成。等级会议一般包括王权（或地方首领）、教俗贵族和市镇的代表，主要商议重大立法、司法和财税事务。近现代西方的议会制度就是从这种等级会议发展而来的。其中，英国的议会制度最具代表性。在14世纪，英国议会已逐步获得了司法请愿权、征税权、财政监督权、立法权和弹劾官员的权力等，并逐渐发展成两院制——由世袭贵族代表组成的上院和经选举产生由骑士、市民代表组成的下院。这一传统一直沿袭到现代。

正是如上这些民主、自由、法治思想的存在，使得中世纪的欧洲不尽是全面的“黯淡”，并使现代民主宪政得以在欧洲率先完成奠基，而没有形成如中国传统社会那样的长期专制局面。正如西班牙作家马达里亚加（Madariaga，1886—1957）所指出的：“欧洲珍惜自由，珍惜自由的品质，它懂得看上去无用的自由具有至高无上的价值……对我们欧洲人来说，由于每一个人对于可能发生的事情的组合方式都有决定选择的自由，因此，生活就是一个随着每个人的每次选择冲动而不断进行创造的过程……个人通过自由决定而塑造自己的生活，或者如柏拉图所说，选择自己的灵魂。”①

2. 人文主义与理性的觉醒

在中世纪行将结束之际，出现的是作为中世纪与近代分水岭的“文艺复兴”运动。公元14、15世纪，在意大利的罗马、佛罗伦萨、威尼斯以及尼德兰等地，随着工商业的巨大发展，富裕的匠师和大作坊主日渐演变为资产阶级。这些新兴阶层的成功，促使人们更加相信个人价值，并崇尚一种创新进取、冒险求胜的精神。许多成功人士常常不惜巨资去修造和装饰市政大厦、教堂、雕像、别墅等，以标榜人生的辉煌。这种自由文化气息激活了知识领域，引领社会文化思潮向前发展。与此同时，由于奥斯曼帝国入侵东罗马，许多学者在逃往西欧避难的过程中，带来了大批的古希腊罗马的艺术珍品和文学、历史、哲学等书籍，并在佛罗伦萨开办了一所“希腊学院”。② 就在这些因素的推动下，重新发掘和高扬古希腊罗马的文化、艺术，成为许多学者的梦想与追求，由此引发了轰轰烈烈的文艺复兴运动。

---

① 克洛德·德尔马．欧洲文明．上海：上海人民出版社，1988：116.

② 亦有一说是十字军三次东征带回来的纪念品，他们在路上发现了这些书，就搬了回来并藏在教堂的地下室，后被人发现。

文艺复兴虽然披着“复古”的外衣，但并非局限于复活古希腊罗马的古典文化，而重在创新。文艺复兴运动的早期成就主要体现在文学和艺术领域，这一阶段不仅产生了许多不朽的文学艺术作品，更通过批判借鉴古典文化和中世纪神学传统的某些思想因素来阐发出新的人本观念：（1）宣扬世界的主宰是人，而非虚幻的神灵。但丁（Dante Alighieri，1265—1321）强调，“人类是自由的”；瓦拉（Lorenzo Valla，1405—1457）认为，只有独立的个性自由，才能创造出人间的奇迹，造福于人；伊拉斯谟（Desiderius Erasmus，约1466—1536）认为，自由意志是属于人专用的名词；蒙田（Michel Eyquem de Montaigne，1533—1592）的“我考虑我自己”的名言，则深刻表现了对意志与个性的向往和坚定信念。（2）颂扬尘世欢乐和幸福，倡导积极人生。阿尔贝蒂（Leon Battista Alberti，1404—1472）说：“有的人不愿勤学技艺，不愿努力工作，不愿在完成艰巨的任务中汗流浃背，那他又怎么可能赢得像别人那样的威望和尊严呢？”①（3）追求财富的积累。与《新约圣经·马太福音》中“如果你想成为完美无缺的人，你就去卖掉你的财产”的教谕不同，这一时期的人们普遍认为，对外部物质财富的占有，提供了施行德行的机会，“金钱是国家的力量所在，赚钱应视为国家的基础和根本”②。

文艺复兴所倡导的“人”的因素，构成了欧洲近代人文主义思想的基础，即一切以个人的意志、欲望和利益，作为观察、思考与评判万事万物的是非标准。这种张扬人性、赞美感官享乐的人文主义，使得教皇和主教们一改长期以来对感官享乐的偷偷摸摸的追求，而表现出一种扬眉吐气的畅快。故而，许多教皇成了人文主义者或人文主义者的保护人、资助者。诸如梵蒂冈图书馆、圣彼得大教堂、西斯廷教堂等杰出建筑，在很大程度上要归功于这些附庸风雅的教皇。事实上，这场人文主义运动的基本特点，不是理性的批判，而是激情的宣泄。意大利人在向古希腊罗马文化学习雅致文风和优美艺术的同时，也继承了其骄奢淫逸的生活方式，他们的道德堕落甚至与他们的艺术成就同样著名。在意大利，个性的高扬，使得赌博、仇杀、纵欲、劫杀等不道德的行为在社会上迅速蔓延。

尽管如此，文艺复兴和人文主义毕竟开创了一个崭新的时代。这个被誉为现代社会开端的新文化运动，带来了人性的复归、个性的发展和现实主义生活观念的高扬。对此，19世纪杰出的文化史家雅各布·布克哈特（Jacob Burckhardt，1818—1897）曾评价道：“由于他们的天赋才能和热情，他们成了他们那个时代一切高度和一切深度的最典型的代表。和极端的堕落一起出现了具有最崇高的谐和的人类个性和一种艺术光辉，这种光辉给人类生活罩上了一层光彩，而这种光彩是古代文化或中世纪精神所不能或不愿赐予的。”③

文艺复兴突破基督教神权的藩篱，带来了人的觉醒，代表着西方近代世界的开端。相应地，人的本性和人的利益，也成为政治研究的起点。意大利的马基雅维里（Niccolo Machiavelli，1469—1527，又译马基雅维利）从人的角度出发来阐释其政治信仰，用个人本位的眼光来探索国家政治问题，积极强调民族精神和主权国家的观念，从而为此后

① 加林. 意大利人文主义. 北京：三联书店，1998：62.

② 同①43.

③ 雅各布·布克哈特. 意大利文艺复兴时期的文化. 北京：商务印书馆，2009：495.

的资产阶级革命提供了政治指南。在古希腊，政治家研究的基点和归宿是为了道德。在中世纪，这种观点得到了基督教的响应：为非作歹、图谋私利者，即便在来世也依然会受到报应。马基雅维里则认为，道德并不能作为实际行动的绝对标准，而应该以目的作为判断行为的标准。君主的目标应是如何更好地进行统治，必须依据现实决定自己的行为。由此，在马基雅维里的视域中，政治问题的出发点和归宿都是为了现实的政治权力，道德则退居其次："世界上最弱和最不牢固的东西，莫过于不以自己的力量为基础的权力的声誉了。"① 在马基雅维里看来，君主治国，应当让人们觉得他不容欺瞒，让人们"既为人爱又为人所惧"。如果二者不能兼得，君主就应为人所惧。但君主须深知怎样掩饰兽性，以必须争取民众的好感与支持，避免那些使自己受到蔑视和憎恨的事情，比如，"贪婪，霸占臣民的财产及其妇女"②，等等。

正是在人文主义的精神观照下，人类理性日趋觉醒，到了16世纪和17世纪，欧洲迎来了一个轰轰烈烈的以天文学、医学的新发现为先导的"科学革命"。哥白尼（Nicolaus Copernicus，1473—1543）1543年出版了《天体运行论》，提出了日心说体系，颠覆了托勒密（Claudius Ptolemaeus，约90—168）的地心说体系，无情地剥夺了人要想成为宇宙中心的权利，同时也将自然法则的发现留给人类自己。正如布鲁诺（Giordano Bruno，1548—1600）所言："哥白尼学说乃是迈向人的自我解放的决定性的第一步。人不再作为一个被禁闭在有限的物理宇宙的狭隘围墙之内的囚徒那样生活在世界上了，他可以穿越太空，并且打破历来被一种假形而上学和假宇宙学所设立的天国领域的虚构界限。无限的宇宙并没有给人类理性设置界限，恰恰相反，它会极大地激发人类理性。人类理智通过以无限的宇宙来衡量自己的力量，从而意识到了它自身的无限性。"③ 由此，自然科学开始挣脱神学的禁锢而走向独立。

1615年，近代科学的奠基人伽利略（Galileo Galilei，1564—1642）指出，神学所擅长的只是人类的精神事务，至于其他方面，则应有物理学等学科来应对。现代实验科学的始祖弗兰西斯·培根（Francis Bacon，1561—1626）喊出"知识就是力量"的口号，表现出对人类理性的乐观态度。在培根那里，实验和经验而非《圣经》，才是可靠的知识来源，为此，他提倡科学方法和科学实验。笛卡尔则以"我思故我在"的怀疑精神，批判了经院哲学的信仰主义，弘扬了人的主体性与理性精神。笛卡尔还以唯理论为根据，创立了一种以数学为基础的演绎法。而牛顿（Isaac Newton，1642—1727）则在系统总结伽利略等人工作的基础上，提出了著名的万有引力定律和牛顿运动三定律，从而成为经典力学理论的集大成者。

3. 宗教改革运动及"新教伦理"

文艺复兴时期的人文主义者虽然对宗教的蒙昧性与人性禁锢展开了痛快淋漓的批判，但从未正面探讨过教皇的世俗权力问题，也没有否定过教会的权威，故而没有对罗马教会的一统天下构成真正的威胁。对罗马教会及其世俗权力的冲击，发生在1517—1580年

① 尼科洛·马基雅维里. 君主论. 北京：商务印书馆，2009：68.
② 同①87.
③ 恩斯特·卡西尔. 人论. 上海：上海译文出版社，2013：28. 文字有个别改动。

的欧洲大陆的宗教改革运动中，时值文艺复兴的尾声（在某些国家，文艺复兴与宗教改革则是同时展开的）。

从 14 世纪始，罗马教会通过出售“赎罪券”，宣扬“善功获救”，从而为教会的腐败打开了方便之门。16 世纪的宗教改革，就是从德国维滕贝格大学神学教授马丁·路德（Martin Luther，1483—1546）反对教皇兜售赎罪券开始的。1517 年 10 月 31 日，路德发表了著名的《九十五条论纲》，拉开了宗教改革的序幕，并掀起了一场震撼整个欧洲的思想革命。马丁·路德宗教改革的主要内容有：《圣经》是信仰的最高权威，教皇和教会不具有解释教义的绝对权力；信徒“因信称义”是灵魂获救的唯一准则，即人的得救只是基于他对上帝的信仰和上帝的恩赐；教皇和赎罪券均无赦罪效能，信徒能直接与上帝相通，无须由教会做中介；民众可以用民族语言举行宗教仪式，并简化形式；教士可以婚娶；等等。在所有这些改革思想中，“因信称义”最为核心，这一概念强调人在信仰中与上帝直接交往，使信仰从一种外在灌输转变成一种内在自由。自此，“人类的理性才被授予解释《圣经》的权利，而且它，这理性，在一切宗教的论争中才被认为是最高的裁判者”①。德国的这场宗教改革，其结果是发展出一种与天主教相对立的宗教形式，即“新教”或“更正教”。相应地，天主教则成为旧教。而由路德直接建立的教会，被称为“路德会”或“信义宗”。

此后，宗教改革运动迅速在欧洲展开。1536 年，法国加尔文（John Calvin，1509—1564）主张“先定论”，即人的得救与否完全由神所预定，但又认为基督教徒应努力工作以荣神、益人；《圣经》是信仰的唯一依据；严禁一切浮华享乐的行为，如演戏和赌博等。与路德相比，加尔文更强调通过行动，即以一种俭朴、友爱和勤奋的生活方式而获救，由此产生出“天职”（calling）观念。“天职”一词最初是由路德从《圣经》中译来的，加尔文赋予其新的含义：劳动是一种神圣的职责，一种增加上帝荣耀的手段，并产生出一种崇高的禁欲主义精神，即为了上帝而非自身利益的奋斗精神。这种禁欲主义具体体现为勤奋劳动和俭朴生活，而不像天主教式的那样远离尘世和自我折磨。加尔文的教义在当时受到许多工商业者的欢迎，成为新教主流，被称为“归正宗”。

1534 年，英国国王亨利八世（Henry Ⅷ，1491—1547）在国会通过《至尊法案》，宣布与罗马教廷决裂，将国王作为“英国教会在世的唯一最高元首”，并将脱离天主教的英国基督教作为英国国教。这一教派被称为“安立甘宗”，与路德的信义宗和加尔文的新教并立为新教的三大主流教派。

这三大教派尽管在教义上有所差异，但都反对天主教会的陈旧形式和腐朽道德，都强调个人在信仰上直接与上帝交往，并都把《圣经》作为最高权威。1555 年，奉行新、旧教两派的国家签订“奥斯堡和约”，该条约规定“教由国定”，即各国统治者全权决定该国人民所信仰的教派。然而，新教内部各派却互不兼容，它们本着个人可以直接与上帝交通，产生了对《圣经》不同的见解。这种“自以为是”的方式最终导致宗教迫害的发生。譬如，1610 年，法国国王亨利四世（Henri Ⅳ，1553—1610）被刺杀，爆发内战，新教信徒大量逃亡。在英国，许多受加尔文派影响而被称为清教徒（Puritans）的人，受

① 海涅. 论德国宗教和哲学的历史//海涅选集. 北京：人民文学出版社，1983：235.

到欲恢复旧教的国王查理一世（Charles Ⅰ，1600—1649）的迫害，并导致1640—1649年的内战，史称“清教徒改革”。1685年，国王詹姆斯二世（James Ⅱ，1633—1701）又想恢复旧教及专制政治，使得人心大愤，从而导致1688年“光荣革命”（即资产阶级革命）的爆发，英国新教徒终获信仰自由。

如果说路德的“天职”观赋予了世俗职业神圣意义，使教徒从遁世隐修转向现实生活，那么加尔文教的“预定”论则赋予职业劳动者神圣意义，并强化了赚钱与节俭的生活原则。从1631年始，由于残酷镇压清教徒的政策，大批清教徒漂洋过海到达美洲“新大陆”，即后来独立的美国等地。20世纪初，马克斯·韦伯（Max Weber，1864—1920）对美国进行了考察，写出了对后世影响颇大的《新教伦理与资本主义精神》一书。在韦伯笔下，清教徒的重现世、重善行和勤奋、节俭、诚信等生活法则，构成了资本主义发展的精神动因。正是在新教教义的影响下，来到北美大陆的清教徒普遍把尘世的成功视为上帝对自己的拯救。不过，这种务实的新教伦理精神带来了一种始料未及的后果，即宗教的目的被渐渐淡化，而赚钱与节俭反倒成了目的。即便如此，在韦伯看来，宗教信徒的狂热行为和讲求效率的理性计算，完全符合现代资本主义经济的根本特征：“这种经济是以严格的核算为基础而理性化的，以富有远见和小心谨慎来追求它所欲达的经济成功。”①

对于韦伯所秉持的“禁欲促进资本主义”观念，维尔纳·桑巴特（Werner Sombart，1863—1941）持反对态度，他在《奢侈与资本主义》一书中，通过对15至18世纪西欧上流社会渴望财富与追求奢侈的描绘，得出结论：“奢侈……是它生出了资本主义。”②其实，韦伯也承认，像“时间就是金钱”“金钱可生金钱”等富兰克林（Benjamin Franklin，1706—1790）的名言，“所表现的正是典型的资本主义精神”③，但资本家随心所欲地遵奉金钱利益的现实，让韦伯悲观地感到，资本主义精神的宗教基础在富兰克林时代就已经腐朽了：“大获全胜的资本主义……在其获得最高发展的地方——美国，财富的追求已被剥除了其原有的宗教和伦理涵义……‘专家没有灵魂，纵欲者没有心肝；这个废物幻想着它自己已达到了前所未有的文明程度。’”④ 尽管如此，韦伯依然坚信，现代资本主义之所以能够一路走到今天，除了拥有实现财富欲望等“工具理性”外，还依靠对“无条件的固有价值的纯粹信仰”，即“价值理性”。⑤

英国经济史学家、社会学家R. H. 托尼（R. H. Tawney，1880—1962）从经济学和历史学的角度，对韦伯命题做出了新的回应和补充，他指出，资本主义的实际宗教乃是对财富的崇拜：为了积聚钱财而巧取豪夺，又为了巧取豪夺而积聚钱财，在贪欲的社会面前，必须以宗教为指引，建构人性化的社会伦理。⑥ 显然，托尼的顾虑正是今日资本主义的现实：自新教改革和资本主义兴起，随着人沉湎于对自己的感性幸福的追求，享

① 马克斯·韦伯．新教伦理与资本主义精神．北京：三联书店，1987：56．
② 维尔纳·桑巴特．奢侈与资本主义．上海：上海人民出版社，2005：233．
③ 同①33-35．
④ 同①142-143．
⑤ 马克斯·韦伯．经济与社会：上卷．北京：商务印书馆，1997：56．
⑥ R·H·托尼．宗教与资本主义的兴起．上海：上海译文出版社，2006：171-173．

乐主义成为新的宗教，并逐渐成为一种反文明因素。因而，韦伯关于新教伦理与资本主义精神的命题，在今天仍然具有启示意义。

三、资本主义政治文明的奠基

文艺复兴、科学革命和新教改革所导致的结果，就是迈向真理的道路渐渐不以神为主，而是需要运用人类的理性。承接这一思想成果，启蒙运动相信理性并敢于求知，宣扬科学和艺术的发展可以改进人类生活，进而提出一整套政治纲领和社会改革方案。启蒙运动最初产生于英国，而后发展到法国、德国乃至世界各地，最终促发了近代资产阶级民主政权的纷纷建立。

1. “利维坦”与代议制民主

英国尽管在地理位置上孤悬海外，但随着航海技术的发展以及地理大发现，在经过1588年对西班牙战争的胜利之后，一跃成为海上霸主，极大促进了工商业的发展。再加上经过文艺复兴的洗礼，英国率先成为启蒙运动的发源地，代表人物有霍布斯（Thomas Hobbes，1588—1679）、洛克（John Locke，1632—1704）等。

发生于17世纪英国的资产阶级革命（又称为英国内战、清教徒革命），为英国开展工业革命和成为工业强国创造了前提，并揭开了整个世界范围内的资产阶级革命的序幕。为避免专制王朝的复辟，英国议会决定以法律形式限制国王的权力，这就是1689年10月由议会颁布的《权利法案》（The Bill of Rights，全称《国民权利与自由和王位继承宣言》）。1701年，英议会又通过《王位继承法》。这两个法案确立了英国“议会至上”原则，成为英国迈向君主立宪制度的重要一步（见“英国《权利法案》的基本内容”）。

英国《权利法案》的基本内容

1. 凡未经议会同意，以国王权威停止法律或停止法律实施之僭越权力，为非法权力。

2. 近来以国王权威擅自废除法律或法律实施之僭越权力，为非法权力。

3. 设立审理宗教事务之钦差法庭之指令，以及一切其他同类指令与法庭，皆为非法而有害。

4. 凡未经议会准许，借口国王特权，为国王而征收，或供国王使用而征收金钱，超出议会准许之时限或方式者，皆为非法。

5. 向国王请愿，乃臣民之权利，一切对此项请愿之判罪或控告，皆为非法。

6. 除经议会同意外，平时在本王国内征募或维持常备军，皆属违法。

7. 凡臣民系新教徒者，为防卫起见，得酌量情形，并在法律许可范围内，置备武器。

8. 议会之选举应是自由的。

9. 议会内之演说自由、辩论或议事之自由，不应在议会以外之任何法院或任何地方，受到弹劾或讯问。

10. 不应要求过多的保释金，亦不应强课过分之罚款，更不应滥施残酷非常之刑罚。

11. 陪审官应予正式记名列表并陈报之，凡审理叛国犯案件之陪审官应为自由世袭地领有人。

12. 定罪前，特定人的一切让与及对罚金与没收财产所做的一切承诺，皆属非法而无效。

13. 为申雪一切诉冤，并为修正、加强与维护法律起见，议会应时常集会。

霍布斯的一生是在英国内战中度过的，和平与安全问题构成了其政治理论的出发点。正是当时英国内战中动荡不安的社会局面，使得霍布斯认为，“人对人是狼”的状态是一种“自然状态”。在这种自然状态下，强者“由争夺来决定”①。这一思想，后来成为“强权即公理”的来源。在霍布斯看来，自中世纪以来基督教会和世俗国家的冲突，正是自然状态的具体反映。而要想一劳永逸地解决这一冲突，必须寻求新的政治方案。为此，霍布斯提出，人类只有订立契约、建立国家，将权利无条件授予国家或主权者，才能摆脱这种人人自危的自然状态。在霍布斯看来，通过缔约建立“国家”虽然不可能十分愉悦和非常完美，但相对于自然状态下的战争和灾难则要好得多，因而，“国家是一种必要的恶”②。

在霍布斯的社会契约论中，由于人们将权利无条件授予主权者（国家），因而，主权者（国家）拥有不受任何制约的绝对权利，类同于《圣经》中的“利维坦”（Leviathan）③。尽管如此，霍布斯还是为个人自由留下了必要的空间：其一，“法律沉默下”的自由：“在法律未加规定的一切行为中，人们有自由去做自己的理性认为最有利于自己的事情。”④ 其二，自我防卫的自由，是指人们在订立契约时，“放弃了防卫他人的权利，但却没有放弃防卫自己的权利”⑤，个人之所以服从国家，也是因为它能够保护自己的自我保存权利。其三，思想或信仰的权利不能让渡，就是说，主权者或国家法律无法禁止思想或信仰的自由。⑥ 在霍布斯看来，“人民的安全是最高的法律”⑦，否则，主权根本就不应存在。霍布斯明白，如果赋予主权者绝对权力，那么臣民只能听任具有无限权力的某一个人或某一群人的摆布。即便如此，在霍布斯的体系里，对于主权者的制约却没有提供答案。如此一来，人们的安全和自由最终只能祈求主权者的善意施舍。换言之，除了威权下的“和平”，霍布斯实际上没有给人类的解救带来更多的福音。

与霍布斯一样，洛克也以自然状态作为自己理论的出发点。有所不同的是，在洛克的理论中，自然状态是一种在自然法指导下的状态，“那是一种完备无缺的自由状态，他们在自然法的范围内，按照他们认为合适的办法，决定他们的行动和处理他们的财产和人身，而无须得到任何人的许可或听命于任何人的意志”。这也是一种平等的状态：“一切权力和管辖权都是相互的，没有一个人享有多于别人的权力。”⑧ 洛克认为，虽然平

---

① 霍布斯．论公民．贵阳：贵州人民出版社，2003：7.

② 霍布斯．利维坦．北京：商务印书馆，1985：142.

③ 利维坦的字意为裂缝，在《圣经》中是象征邪恶的一种海怪，拥有坚硬的鳞甲，锋利的牙齿，口鼻喷火，腹下有尖刺，令人生畏。在基督教中利维坦成为恶魔的代名词，并被冠以七大罪之一的“嫉妒”。

④ 同②164.

⑤ 同②241.

⑥ 同②355.

⑦ 同①133.

⑧ 洛克．政府论：下篇．北京：商务印书馆，1996：5.

等、自由的自然状态是美好的，但这种自然状态是存在缺陷的：其一，缺少一种确定的法律作为人们普遍接受和承认的共同准则；其二，缺少一个依照既定法律来裁判争执的公正裁判者；其三，缺少权力来支持正确的判决得到执行。① 为此，洛克直接运用了社会契约理论，指出，政治社会是依靠所有社会成员的同意，通过签订契约建立起来的，政府权力来自人民的授予，因而，人民的权利永远是最高的。正是这一论调，为自由民主的政治秩序奠定了基础。

尽管在洛克的理论中国家和政府的起源基于每个人的同意，但政府行为只能由公共意志来决定，那么，谁的意志才能构成公共意志呢？在洛克看来，由于从经验层面讲要求公共事务取得所有人的同意是不可能的，所以，就只能使“整体的行动以较大的力量的意向为转移，这个较大的力量就是大多数人的同意”②。这就是所谓“多数裁定”原则。由此，洛克一方面构造了一个以个人为基础的社会和政府，同时他主张这个政府只能靠大多数人的意志来实行统治。

洛克基于对政府可能滥用权力的担忧，反对霍布斯将主权者排除在社会契约订立者之外的说法，而主张任何人都不能游离于社会契约的范围之外。为了防止政治权力的专断，洛克认为，给政府和政治权力的活动“绝不容许扩张到超出公众福利的需要之外”，“必须保障每一个人的财产”③。洛克之所以如此推崇财产权，是由于在现实中政府权力总是以公共利益的名义剥夺公民的个人财产，因而，相对于生命权、自由权，财产权由于极易遭受侵犯而具有头等的重要性：“人们联合成为国家和置身于政府之下的重大的和主要的目的，是保护他们的财产。”④ 洛克也由此成为资产阶级“财产神圣不可侵犯”观念的辩护人。

而为了防止国家权力对个人权利的可能侵犯，洛克提供了两条具体措施：法治和分权。就法治而言，洛克将法律作为社会的最高统治权威，通过将政府的权力和职能严格限制在法律所规定的范围内：“统治者应该以正式公布的和被接受的法律，而不是以临时的命令和未定的决议来进行统治。”⑤ 洛克还精辟阐释了政治社会中法律与自由的关系：“法律的目的不是废除或限制自由，而是保护和扩大自由。这是因为在一切能够接受法律支配的人类的状态中，哪里没有法律，那里就没有自由。这是因为自由意味着不受他人的束缚和强暴，而哪里没有法律，那里就不能有这种自由。”⑥ 就分权而言，洛克认为，政府的权力结构包括立法权、行政权和对外权等不同职能，它们相互分立，相互制衡，共同组成了政府。其中，立法权是国家的最高权力，高于行政权和对外权，但它不具有绝对性，因为最高权力仍然掌握在人民手中。

正是根据立法权的归属，洛克探讨了三种政府形式：其一，民主政体：大多数人拥有属于共同体的全部权力，可为社会制定法律并通过他们自己委派的官吏来执行；其二，

---

① 洛克．政府论：下篇．北京：商务印书馆，1996：79-81.
② 同①60.
③ 同①80.
④ 同①77.
⑤ 同①86.
⑥ 同①36.

寡头政体：人们把制定法律的权力交给他们选出的少数人和他们的后嗣或继承人；其三，君主政体：人们把立法权交给一个人。① 在洛克看来，这三种政体都不是十分完满的，理想的政府形式应该是一种立宪君主制或有限君主制，即由人民选举代表组成议会来行使立法权，由君主来行使行政权和对外权，君主必须服从国会。这实际上就是英国在“光荣革命”之后建立起来的政府形式。显然，洛克对君主立宪制的强力辩护，积极维护了英国资产阶级革命的这一胜利果实。

洛克还认为，当政府组织的结构形式遭到破坏，组织赖以建立的价值基础遭到否定时，就会使组织丧失稳定性而导致崩溃、解体。洛克将政府解体区分为“政府随社会解体而解体”和“政府从自身内部解体”两种形式，并重点讨论了后者：其一，当立法机关违背人民的意志和利益、擅自制定法律时，人民对于其制定的法律就没有服从的义务，立法机关也就随之解散，此时，政府便解体了。其二，如果行政机关放弃职责，不执行立法机关的法律时，政府即告解体。其三，当立法机关或行政机关违背其权力所赖以存在的目的，背弃人民的委托时，政府就解体了。② 洛克特别指出：“统治者无论有怎样正当的资格，如果不以法律而以他的意志为准则，如果他的命令和行动不以保护他的人民的财产而以满足他自己的野心、私愤、贪欲和任何其他不正当的情欲为目的，那就是暴政。”③ 此时，人民就可以依据先于并且高于一切人类明文法的自然理性之法，为自己保留下属于全人类的最后决定权，即通过用武力清除使自己同人民处于战争状态的统治者。可见，洛克的政府解体思想并不是要摧毁一切政府存在的稳定性，而在于让人民拥有最高权力，所谓“人民的福利是最高的法律”④。

2. “三权分立”与“主权在民”

18世纪的法国，是除英国外工商业最为发达的国家，也是当时欧洲大陆最集权的专制国家。然而，法国资产阶级只有纳税义务却没有政治权利，做官的途径又被贵族等级占据。在此情势下，受英国启蒙运动的影响，法国也爆发了声势浩大的启蒙运动。与英国启蒙运动相比，法国启蒙思想家表现得更为彻底，战斗性最强，影响最深远，堪称欧洲启蒙运动的典范。伏尔泰（Voltaire，1694—1778）作为法国启蒙运动公认的领袖和导师，一生为思想和言论自由而战，他批判天主教会，主张言论自由，极大地推动了法国启蒙运动。相对于伏尔泰，同一时期的孟德斯鸠（Montesquieu，1689—1755）和卢梭（Jean-Jacques Rousseau，1712—1778）等人则更侧重于理论建构。

亚里士多德曾将政体划分为君主政体、贵族政体和民主政体，这种划分只是单纯地依据权力的归属和掌握政治权力的人数多寡来进行的。而孟德斯鸠首先看重的并不是权力的归属方面，而是行使权力的方式。正是以权力的行使方式为标准，他将政体划分为三种类型：其一，共和政体：人民拥有最高权力，实行法治，又可分由全体人民掌握最高权力的民主政体和由部分人民掌握最高权力的贵族政体；其二，君主政体：由单独一

---

① 洛克. 政府论：下篇. 北京：商务印书馆，1996：80-81.
② 同①133-138.
③ 同①121-122.
④ 同①97.

人执政，按确定的法律来统治；其三，专制政体，既无法律又无规章，由单独的个人按自己的意志与反复无常的性情来领导一切。① 显然，孟德斯鸠的政体划分体现出鲜明的“法治”精神。由于专制政体处于与将法治正相对立的位置上，因而，孟德斯鸠对专制政体的批判和否定是一目了然的。对于共和政体和君主政体，孟德斯鸠认为二者都是合理的政体，并尤其倾心于君主政体：首先，君主政体比共和政体施政更敏捷，一人之治有利于防止多人掌权所带来的权力分散、左右掣肘等问题，使施政更为快捷有效，但是为了防止个人意志的轻率和专断，又必须将君权置于法律的管辖之下。其次，在君主政体中，君主之下还有掌握权力的贵族阶层，它们之间是相互依附的关系，国家形成了稳定的阶层结构，便不易发生暴乱和革命。即使有矛盾冲突，也能用改良的办法加以解决，而不至于产生革命和暴乱。② 不难看出，英国的君主立宪政体就是孟德斯鸠理想中的自由国家楷模。

孟德斯鸠最引人注目的贡献，就是他全面阐述了三权分立原则。与洛克把保护私有财产作为基本宗旨不同，孟德斯鸠所追求的则是政治自由。那么，如何使法律享有最高地位以确保政治自由？在孟德斯鸠看来，自古以来的经验表明：“所有拥有权力的人，都倾向于滥用权力，而且不用到极限绝不罢休”，因此，“为了防止滥用权力，必须通过事物的统筹协调，以权力制止权力”③。就这样，孟德斯鸠在对政治自由的追求中触及了权力分配与制衡的问题。洛克曾阐述了立法权与行政权相分离，却没有提到司法权独立。而孟德斯鸠首先将国家的权力划分为立法权、行政权和司法权，并指出要实现政治自由，这三种权力就需要彼此分立、相互制衡。这是因为，“立法权和行政权如果集中在一个人或一个机构的手中，自由便不复存在。因为人们担心君主或议会可能会制定一些暴虐的法律并暴虐地执行。司法权如果不与立法权和行政权分置，自由也就不复存在。司法权如果与立法权合并，公民的生命和自由就将由专断的权力处置，因为法官就是立法者。司法权如果与行政权合并，法官就将拥有压迫者的力量。如果由同一个人，或由权贵、贵族或平民组成的同一个机构行使这三种权力，即制定法律的权力、执行国家决议的权力以及裁决罪行或个人争端的权力，那就一切都完了”④。这段话表明，立法、行政、司法三者之间必须两两分离，并互相制约以达到均衡。否则，无法摆脱专断暴虐的恶果。

孟德斯鸠认同洛克关于立法权应由人民集体享有的观点，但又认为，由全体人民直接参与立法，“在大国是不可能的，在小国也有许多不便，因此，人民应该让他们的代表来做他们自己不能做的事”⑤。按照孟德斯鸠的设想，国家的立法机构应由众议院和贵族院共同组成，众议院由人民选举出来的代表组成，贵族院则由享有特权的世袭贵族组成。两院在抗衡中实现协调，这样制定出来的法律就既不会伤害人民，也不会损害贵族的利益。关于行政权，孟德斯鸠参照英国的政制将其赋予君主，但与洛克强调立法权至上的

---

① 孟德斯鸠. 论法的精神：上卷. 北京：商务印书馆，2009：17-18.

② 同①72-73.

③ 同①185.

④ 同①185-187.

⑤ 同①189.

观点不同，孟德斯鸠则把行政权置于更高地位，认为行政权应制止立法机构越权，而立法机构却“不应对等地拥有钳制行政机构的权力”①。当然，孟德斯鸠也认为，行政权力应受到立法机构的监督和审查，但是，行政者的人身安全却不受控告和审判：“执行人的人身是神圣的，为了防止立法机构施行暴政，这对国家来说是必需的；因为，执行人如果被控告或被审判，自由就将不复存在。”② 可见，孟德斯鸠不仅在立法权中为贵族保留了特权，而且还在某种程度上把君主的行政权置于立法权之上。

同样，孟德斯鸠在司法权方面也表现出了一种等级观念。他一方面强调司法权必须与立法权和行政权相分立，另一方面却又在司法审判问题上维护贵族的特权。在他看来，显贵之人易于遭人忌妒，如果贵族犯了罪而由平民组成的普通法院来审判，结果将会是不公正的，而应该交由立法机构中的贵族院来审判，这样才能保证司法的公正。③ 如此一来，普通法院的司法权就受到了极大限制。此外，在孟德斯鸠那里，司法权的行使没有固定机构来承担，而是由定期选举产生的普通群众行使，因此，“司法权在某种意义上有等于无”④。

总的来看，孟德斯鸠所说的“三权分立”并非指立法、行政和司法三种权力，而是指代表人民的众议院权力、代表贵族的贵族院权力和君主所控制的行政权力之间的相互制衡。因而，孟德斯鸠所说的三权分立实质上是资产阶级和贵族阶级之间的“阶级分权”。尽管如此，孟德斯鸠仍然为现代代议制民主奠定了丰厚的理论基础。虽然法国革命和美国革命最后都没有走向孟德斯鸠所指引的君主立宪的道路，但1789年法国大革命时期的《人权宣言》⑤ 吸收了他的思想：“凡权利无保障和分权未确立的社会，就没有宪法。”一直到资产阶级完全取得政权之后，这种分权学说才真正演变为国家机关内部的职能分工。

与霍布斯、洛克等人类似，卢梭的政治理论也是从论述人类的自然状态开始的。卢梭构想了一个完美的人类最幸福的“自然状态”。这里没有战争，没有统治与被统治，每个人都自由、平等和独立。与生活于法国上流社会的伏尔泰与孟德斯鸠不同，卢梭出身于社会下层，一生饱尝漂泊不定和寄人篱下的滋味，故而，他更注意平等问题。在卢梭看来，“人是生而自由的，但却无往不在枷锁之中”⑥。究其原因，在自然状态下，自然人只是存在着生理上的不平等，但是当人类告别了自然状态，开始向文明人转变，同时也告别了纯朴的美德，走向邪恶。在以私有制为基础的现代文明中，保护个人私利成为国家的最高原则，金钱取代美德而成为人性价值的标准，从而破坏了人们之间的信任和公民对政治体制的忠诚。文明每前进一步，社会对抗和不平等就加深一步：先是社会契约的订立确认了贫富差别；继而是权力机构的设置确立了强者和弱者的区别；最后是暴

---

① 孟德斯鸠. 论法的精神：上卷. 北京：商务印书馆，2009：192.

② 同①.

③ 同①193.

④ 同①190.

⑤ 全称为《人权和公民权宣言》，这是在法国大革命时期颁布的纲领性文件。宣言宣布自由、财产、安全和反抗压迫是天赋不可剥夺的人权，肯定了言论、信仰、著作和出版自由，阐明了权力分立、法律面前人人平等、私有财产神圣而不可侵犯等原则。这一宣言不但形成了法国宪政文化的鲜明特色，也成为西方国家人权宣言的集中代表。

⑥ 卢梭. 社会契约论. 北京：商务印书馆，2014：4.

君专制的出现确立了主人和奴隶的区别，至此，人类的不平等发展到顶点。卢梭断言：这种使人脱离自然状态的人的自我完善的能力，“正是人类一切不幸的源泉”①。由此，卢梭发出了“回归自然”的号召。

可见，卢梭主张“回归自然”并不是否定现代文明，而意在揭露其弊端。当时，大多数启蒙思想家都将人的本性归结为感觉论上的“趋利避害”，即生存本能层面的“自我保存”，所衍生的伦理范畴是“自爱”，美德必然以利益为裁决尺度。对此，卢梭提出了自己的质疑：“为什么好人要损自己而利大众呢？难道说牺牲生命也为的是自己的利益吗？”② 在卢梭看来，人的理性不可能始终正确地指导人的行为，正义和道德的原则不是来自理性，而是来自“良心”：“没有你，我就感觉不到我身上有优于禽兽的地方。”③ 在卢梭这里，良心作为先天的“神圣的本能”，基于人的自爱与怜悯的自然情感。卢梭进而将这种天生的道德情感视为自然法之基础，开始了他的以社会契约为基础的国家理论建构。

卢梭的社会契约论既不像霍布斯一样主张把权力让渡给君主，也不同意洛克把权力委托给政府的做法，而主张将权力让渡给人民全体。在交付权利的多少问题上，卢梭认为洛克转让部分权利的做法是不可行的，而必须转让全部权利，因为一旦人民的权利有所保留，就会有滥用权力的情况。人们订立社会契约的根本目的是保障每一个订约者的自由、平等、人身和财富，由于每一个契约人都把自己的一切权利全部交给集体，因而他们只不过是在服从自己本人。而社会契约缔结的基础，则是社会全体成员的共同意志，即卢梭所谓的“公意”。

在卢梭的理论中，国家的产生基于“公意”，因而，国家主权自然只能属于人民。然而，在现实中，“不幸的人们在枷锁下呻吟，人类遭受着一小撮压迫者的压榨，饥饿的大众为疼痛和危险所压倒，富人们在平静地喝着他们的血和泪，而且在每个地方强者都以法律的恐怖力量在反对着弱者”④。因此，建立什么样的政府，以充分保证人民的自由与平等的基本权利，便成为卢梭重点关注的问题。在卢梭看来，只有民主共和制度才能真正保障人民的自由与平等权利。在民主共和制中，政府只是主权者的执行人，行政官或执行者“只不过是主权者任命的官吏”⑤。在政府的具体管理上，卢梭与洛克、孟德斯鸠一样，也主张将立法权和行政权分开，但是，卢梭反对洛克、孟德斯鸠所主张的代议制度，也反对作为表达人民意志的党派存在的合法性，而是认为每个公民只能是表示自己的意见：“人民的议员不是而且也不可能是人民的代表；他们只不过是人民的办事员罢了，在任何事情上都没有最后决定之权。”⑥ 这种“主权在民”的思想构成了卢梭全部学说的核心和归宿。从理论上而言，卢梭的这种直接民主制与伏尔泰、孟德斯鸠所崇尚的代议制度相比，无疑代表了人类社会发展的趋势和未来发展的方向。对此，歌德曾评价

---

① 卢梭．论人类不平等的起源和基础．北京：商务印书馆，1962：84.

② 卢梭．爱弥儿//卢梭全集：第七卷．北京：商务印书馆，2012：45.

③ 同②47.

④ 卢梭．“社会契约论”及其他晚期政治著作．北京：中国政法大学出版社，2003：162.

⑤ 卢梭．社会契约论．北京：商务印书馆，2014：65.

⑥ 同⑤106.

道："伏尔泰是旧世界的终点，卢梭是新世界的开端。"① 但是，从技术操作层面看，在大范围的民主政治中，民众的政治参与如果不借助党派社团等中介机构，将缺乏可操作的运行机制。

不仅如此，卢梭赋予人民主权者无限的权力，以公意或多数人的意志否定了法律，这就为暴政播下了种子。从实践上看，卢梭的学说是伴随着波澜壮阔的法国大革命而逐渐升温的，罗伯斯庇尔（Maximilien François Marie Isidore de Robespierre，1758—1794）、丹东（Georges-Jacques Danton，1759—1794）、圣茹斯特（Louis Antoine Saint-Just，1767—1794）等革命领袖大多是卢梭的忠实信徒。在失去法律保障的情况下，广泛的民主和自由导致了社会灾难的频繁发生。而作为革命领袖的罗伯斯庇尔，也最终被押上断头台。这种极权民主实践最终走向了平等与民主的反面——拿破仑（Napoléon Bonaparte，1769—1821）的独裁专制。罗素（Bertrand Russell，1872—1970）对此曾评价道：卢梭的学说"虽然对民主政治献嘴皮殷勤，倒有为极权主义国家辩护的倾向"②。卢梭本人其实也意识到了这种民主观念对人的自由和平等权利的危害："没有任何一种政府是像民主制政府或人民的政府这样容易发生内战和内乱的了。"③ 因而，他得出结论："按照'民主制'这个词的严格意义来看，真正的民主制从来就没有过，而且将来也不会有。"④ 即便如此，我们不能因此而忽视卢梭思想的伟大价值。卢梭所设想的没有私念和党争，人人遵从公意，拥有平等和民主的"道德理想国"，依然是现代人关于政治自由的最大梦想。

3. 德国的启蒙哲学与美国的国家建制

正是在英国和法国的启蒙运动的影响下，17世纪末，德国也开展了启蒙运动。德国的启蒙主义者既不像法国人那样赞成革命，也不像英国人那样执着于理性和科学，他们的兴趣主要表现在哲学领域。德国启蒙运动初期的重要代表是莱布尼茨（Gottfried Wilhelm Leibniz，1646—1716），他对整个启蒙哲学的影响只局限在形而上学和方法论的范围。德国启蒙运动发展到晚期，思想家们转而对这场运动本身进行反思。康德（Immanuel Kant，1724—1804）在《对"何为启蒙"问题的回答》（1784）一文中指出，启蒙运动就是人类脱离于自己的"不成熟性"，即一种只能在他人的领导下行事的"无能"；启蒙运动所要求的东西就是自由，即"在一切事情中公开地使用理性"，只有如此，才能启蒙民众。由此，通过《纯粹理性批判》，康德提出"人为自然立法"，以颠覆上帝创造世界秩序的基督教观念；通过《实践理性批判》，康德将卢梭的"公意"观念转化为一条普遍立法原则，认为人通过普遍理性的自我立法，摆脱自然监护，而真正成为自己的主宰⑤；通过《判断力批判》，康德强调只有人的道德目的才是"终极目的"。⑥ 从此，一切

① 王树人，李凤鸣．西方著名哲学家评传：第5卷．济南：山东人民出版社，1984：68.
② 罗素．西方哲学史：下卷．北京：商务印书馆，1976：236.
③ 卢梭．社会契约论．北京：商务印书馆，2014：75.
④ 同③74.
⑤ 康德．实践理性批判．北京：人民出版社，2003：39.
⑥ 康德．判断力批判．北京：人民出版社，2002：282-294.

宗教信条都必须在道德理性的法庭面前接受评判。

而目睹了法国大革命所产生的破坏性后果的黑格尔，则敏锐地看到了卢梭的人民主权论与大革命的恐怖主义之间的内在联系，故而转向了类似于孟德斯鸠所主张的保证君主优先和贵族特权的君主立宪政体。针对卢梭的人民主权论，黑格尔认为，人民的主权与君主的主权并非对立的，而是统一的："如果没有自己的君主……人民就是一群无定形的东西，他们不再是一个国家……没有主权，没有政府，没有法庭，没有官府，没有等级，什么都没有。"① 究其实，黑格尔的君主立宪思想乃是一种以君主权力来规定人民权利的开明专制。它与德意志现代化进程中日趋膨胀的极权主义相得益彰，却与西方民主政治潮流背道而驰。

18 世纪中叶，欧洲的启蒙运动开始传播到北美殖民地，并与美利坚民族的独立运动表现为同一过程。1775 年 10 月 18 日，潘恩（Thomas Paine，1737—1809）发表《严肃的思考》一文，第一次敲响了独立的战鼓，拉开了美国启蒙运动的序幕。美国启蒙思想家把矛头对准了宗教，主张理性是检验一切的唯一标准。杰弗逊（Thomas Jefferson，1743—1826）提出"宗教自由法案"，主张宗教信仰只是个人的私事，而不受政府与他人的干涉。其结果，除三个州外，美国其他州都通过法律，实行了政教分离。潘恩的《常识》一书则历数了君主制的弊端，指出，只有以公共事务或公共利益为宗旨的共和制，才是人类最为理想的政体。正是在这种启蒙思想的推动下，1776 年 7 月 4 日，美国通过《独立宣言》，宣布一切人生而平等，天赋人权。如果政府损害这些权利，人民便可以重立政府。1787 年，美国制定了联邦宪法，这成为世界上第一部民主共和的成文宪法。

在国家政治运行体制的建构上，美国联邦党人汉密尔顿（Alexander Hamilton，1757—1804）等人认为，"三权分立"不应理解为立法、行政、司法三权绝对分开，"并不排除为了特定目的予以局部的混合"②。具体而言：其一，要对立法机构——议会的权力进行牵制和限制：主张用行政权力牵制议会权力，以防止立法权侵害行政权，同时赋予法院拥有宣布国会立法违宪的权力。其二，给予行政首脑极大的权力：主张建立对行政首脑而不是对议会负责的内阁，部长由总统任命，总统的任期不加限制，可连选连任，并兼任陆海军总司令，等等，从而使行政权力保持强有力的地位和具有较高的效率。其三，赋予司法机关更大的权力：主张法院不受立法机关与行政机关的干预，独立行使司法权，最高法院法官由总统任命，终身任职；还赋予最高法院判决议会法案为违宪的权力，从而进一步削弱了议会的权力。其四，赋予议会对包括总统在内的行政人员的弹劾权，以防止行政机关的侵权，并赋予立法有关属于行政性质的重大事务决定权，如征税、征兵与宣战等。总之，在这套制度设计中，立法、行政和司法三权既彼此独立又相互制约，并精心设计了各种权力的局部混合，即以行政、司法权力牵制立法权力，同时，立法机关又以弹劾权约束行政机关，构筑了各种权力的均衡地位。至此，分权与制衡，才演变为西方民主国家的基本原则。

美国联邦党人所阐释的三权分立理论，其灵感虽然来自孟德斯鸠，但孟德斯鸠原本

① 黑格尔．法哲学原理．北京：商务印书馆，1961：298.

② 汉密尔顿，杰伊，麦迪逊．联邦党人文集．北京：商务印书馆，2009：337.

认为共和国只能建立在狭小的领土之上，而广袤的领土则需要适宜于专制，并悲观地认为，历史只是从野蛮到文明的不断循环。联邦党人则执着地相信，美洲人民担负着“通过深思熟虑和自由选择来建立一个良好的政府”的特殊使命①，并由此建立起一个既保留小共和国的自由又有君主国的幅员辽阔的国家，即所谓联邦共和国。在这种体制建构中，中央政府并不具有绝对主权，而是将一部分主权分散到各州。自然，这种联邦制具有不稳定特征，一直潜藏着分裂主义的阴影。直到美国内战（1861—1865年）之后，才结束了这种“分裂之家”的状态。美国的共和制建构为世界各国提供了一个值得效仿的良好范例。到了19、20世纪之交，现代民主政治在西方世界范围内得以普遍确立。

综观各国的启蒙运动，尽管使科学和文明得以蓬勃发展，但也促使社会生活日益世俗化。譬如，作为启蒙运动的最重要的阵地，18世纪的法国既充满了开明、优雅的风韵，以及璀璨的知识文化，又充斥着奢侈、享乐、贪婪和堕落的糜烂气息。再加上法国大革命中的暴力、流血和恐怖事件，正好为反启蒙者提供了口实——艺术及科学的发展并未增进人类的福祉，反而使人变得堕落、社会更加不公。由此，与大革命运动相伴随，一些人开始认为启蒙运动的理性主义过了头，而开始了对理性主义精神的怀疑与抵制，从而掀起一股激进的反启蒙思潮。

在反启蒙思潮的推动下，欧洲各国在1780年至1830年掀起一股反思、批判理性和资本主义文化的浪漫主义思潮。浪漫主义的兴起和当时的社会文化环境密切相关。启蒙运动中的那种基于经验科学的理性虽然指引人们去建立理性的经济和社会秩序，但是，现实中所发生的一切，诸如战争恐怖、经济危机、道德沦丧等，都给这一理性化进程蒙上了一层阴影。为此，浪漫主义者独辟蹊径，试图以感性的方式来领悟世界整体的意义，号召回归自我之质朴情感，以重新获得心灵的安逸和恬静。这种精神上的“还乡”自然地构成了浪漫主义的主题。譬如，在德国浪漫主义的重要代表人物席勒（Friedrich von Schiller，1759—1805）看来，16—18世纪的欧洲社会，人的分裂日趋加剧，无论是学科之间的精确划分，还是对职业特性的强调及等级的形成等，都将人类之天性撕裂开来，使人不再是完整的、富有个性的人，而成为“一个孤零零的小碎片”。与人性的这种内在分裂相关联，则是人与社会关系的严重对立——社会只把人当作可待利用的工具，而不是目的本身。用席勒的话说，就是“享受与劳动、手段与目的、努力与报酬都彼此脱节了”②。在这里，席勒无疑已鲜明指出了人的生存异化问题。后来的马克思正是在吸收浪漫主义的这种“异化”思想的基础上，进一步引导了对资本主义社会异化现象的激烈批判。

阅读书目

色诺芬. 回忆苏格拉底. 商务印书馆，1984.

柏拉图. 理想国. 商务印书馆，1986.

① 汉密尔顿，杰伊，麦迪逊. 联邦党人文集. 北京：商务印书馆，2009：3.

② 席勒. 审美教育书简. 上海：上海人民出版社，2003：48.

柏拉图. 政治家篇. 上海人民出版社，2006.
柏拉图. 法律篇. 上海人民出版社，2001.
亚里士多德. 政治学. 商务印书馆，1965.
乔治·萨拜因. 政治学说史. 商务印书馆，1986.
阿克顿. 自由与权力. 商务印书馆，2001.
尼科洛·马基雅维里. 君主论. 商务印书馆，2009.
马克斯·韦伯. 新教伦理与资本主义精神. 三联书店，1987.
霍布斯. 利维坦. 商务印书馆，1985.
洛克. 政府论. 商务印书馆，1996.
孟德斯鸠. 论法的精神. 商务印书馆，2009.
卢梭. 社会契约论. 商务印书馆，2014.
汉密尔顿，杰伊，麦迪逊. 联邦党人文集. 商务印书馆，2009.

思考题

1. 试述苏格拉底“专家治国”思想和柏拉图的“哲学王”理念。
2. 试述亚里士多德的法治观。
3. 试论罗马共和时代的宪政体制。
4. 试述西欧中世纪的基督教统治及“民主”因子。
5. 你如何看待韦伯关于新教伦理与资本主义精神的相关论述。
6. 什么是霍布斯所言的“利维坦”?
7. 试论洛克的民主思想。
8. 试论孟德斯鸠的“三权分立”思想。
9. 试论卢梭的“主权在民”思想。
10. 试论美国联邦党人的国家建制原则。

第五章

效率、人性与责任

富人若不能运用他聚敛财富的才能，在生前将其财富捐献出来为社会谋取福利，那么死了也是不光彩的。

——安德鲁·卡耐基：《成功的本质：钢铁大王安德鲁·卡耐基自传》

随着文化复兴带来的科学技术的进步，以及科技与生产的结合，最终引发了工业革命。在这一过程中，随着以机器为主的现代工厂体制代替家庭作坊制，企业管理方面的问题越来越多地被涉及和研究，出现了对高效率和科学管理的诉求，从而引发了轰轰烈烈的科学管理运动。尽管如此，科学管理在当时也产生了诸多争议。于是，人们开始为寻找一种新的、更符合人的特点的管理而努力，“人”的问题越来越成为管理者的关注焦点，从而产生了人际关系运动和人本管理。而随着实践和观念的变革，效率这一概念开始向“价值创造”发生转化，企业应该承担社会责任的观念日渐流行。与此相适应，企业（商业）伦理及其商业伦理教育活动，也日渐成为现代管理的重要组成。

一、科学管理与效率主义

工业革命起源于英国，科学管理则起源于美国。美国工程师泰勒集前人管理思想和实践经验之大成，在一系列科学实验的基础上，用科学研究和方法代替纯粹的个人经验，管理学由此成为一门真正意义上的科学。尽管泰勒当时所关注和解决的只是个别具体工作的效率问题，所涉及的范围也基本没有超出车间管理领域，但是，他通过将科学引入管理领域，加强了社会公众对提高效率的关注，促进了人们对管理的科学研究。正是经过泰勒以及与泰勒同时代的企业家、工程师、学者们的共同努力，科学管理成为一种企业、社会和政治上十分成熟的力量，开创出一个管理的新时代。

1. 工业革命与企业浪潮

在启蒙运动中，伴随着海外贸易和世界殖民地的开拓，重商主义成为经济发展的重要指针。自15世纪以来，法国、西班牙和英国等西欧国家从事海洋贸易的新航路得以开辟，但是，它们的对外贸易存在诸多不利因素，如海盗的侵袭与掠夺，与亚、非、拉、澳的当地居民的冲突等，这种状况显然远非个别商人所能解决。为此，这些国家开始在经济上大力推行重商主义，即主张在发展制造业、航海业以及国家武装力量的同时，通过关税、汇率、配额等手段，保护和发展本国制造业，以防止外来产品的竞争。相应地，这就需要严格禁止金银货币输出，多卖本国商品，少买或不买外国商品，以追求本国金银的增加。因此，这种重商主义也被称为重金主义。到了16世纪末，随着国外市场不断扩大，贸易竞争日益激烈，重商主义者开始认识到，如果继续坚持过去那种守财奴式的做法，就会葬送商业，只有把资本投入流通，才能实现增值。在这种情势下，"贸易顺差论"应运而生，即国家通过关税保护、优惠贷款和资助等方式来扶持本国工业，以保证足够的贸易顺差和实现本国货币的增加。故而，这种重商主义也被称为"重工主义"。

从实践上看，英国自1588年击败了强大的西班牙"无敌舰队"之后，几乎垄断了当时的海上贸易。英国在19世纪之所以成为世界第一强国，便与此紧密相关。同样，法国通过重商主义的实施，催生出"太阳王"路易十四（Louis Dieudonné，1638—1715）的辉煌。而作为英国的殖民地，美国在独立以前也采取了重商主义政策，为美国的独立战争提供了重要的经济条件。19世纪中叶，"铁血宰相"俾斯麦（Otto Fürst von Bismarck-Schönhausen，1815—1898）在统一德国后，大力推行重商主义，德国由此迅速跨入先进国家的行列。俄国经过彼得大帝（Peter the Great，1672—1725）和沙皇亚历山大二世（Alexander Ⅱ，1818—1881）的重商主义改革，极大地促进了资本主义的发展。而日本则通过明治维新，大力推行重商主义，一跃迈入世界强国之林。

不过，重商主义也产生了诸如阶级分化、农业凋敝、城乡对立等消极影响。18世纪中叶的法国，在重商主义的指引下，工商业取得了相当程度的发展，但封建农业仍然占据主导地位，工业产品只是用来满足贵族们的奢侈消费。不仅如此，由于社会财富愈益集中在少数人手中，加上谷物价格低落，对外贸易被禁止，农民收入80%以上被剥夺，致使大批青壮年为谋生而逃离乡村，流入城市。再加上长期的战乱和大肆挥霍，以及对异教徒的迫害，致使法国人口急剧下降，人民负担日趋加重。到了路易十五（le Bien-Aimé，1710—1774）时代，社会经济状况更是每况愈下。在此情势下，重农学派应运而生。法国人弗朗索瓦·魁奈（Fançois Quesnay，1694—1774）是重农学派的奠基人和代表人物。作为一名启蒙主义者，魁奈认为，唯有秉承人类的理性精神，才能认识和把握社会经济的运行规律。由此出发，魁奈指出，财富的来源不是流通而是生产，只有既能满足人们生活需要又具有交换价值的物品才是财富，而货币只不过是一种交换工具和流通媒介；在社会的各种经济部门中，只有农业是生产性的，既生产物质产品又能实现财富的"增加"，因而农业生产是财富的唯一源泉；手工业和商业都不具有生产性，只是财富的"相加"。因此，要实现国富民强，关键就在于在农业中创造出更多的“纯产品”（即在每年收获的农产品中除去种子、肥料、人力、农具等支出后的余额）。

重农主义的兴起，并不意味着重商主义的彻底过时。事实上，在很多国家，这两种经济政策往往是并用的。例如，在美国早期历史中，曾出现了杰弗逊的重农主义和汉密尔顿的重商主义两种发展路线之争。杰弗逊认为，应全力以赴发展农业经济，以农业带动手工业、家庭制造业和商业，反对发展工厂式制造业，而赞同发展航海业；政府不应干预经济发展，应实行“自由放任”政策，提供经济发展必需的法律秩序；实行自由贸易；等等。汉密尔顿的重工商主义则认为，商业、制造业同样具有“生产性”，甚至制造业比农业更稳定、更能创造财富；联邦政府应积极干预国民经济发展，建立银行和实行国债制度，解决“资金短缺”；应实行制造业保护主义政策，通过限制进口和促进出口，获取贵金属财富及贸易顺差；等等。这两种政策由于在产业政策方面具有一定的相容性，故而，美国政府通过对二者的相互结合，进而确立了既能保护和扩大国内市场，又能积极利用海外市场的双重市场战略。

重农学派提倡“自然秩序”，反对人为干预，并将其挪用到经济生活领域，其结果必然是“物竞天择”或“自由放任”。在重农主义的观念中，经济具有天然的秩序与和谐，政府干预会破坏这种自然规律。而衔接这一思想的，便是后来的经济自由主义的代表人物——英国人亚当·斯密（Adam Smith，1723—1790）。1776年，亚当·斯密出版《国富论》，通过探讨国民财富的性质以及增加国民财富的原因和途径，以揭示生产发展与财富增长之间的内在联系及其规律性，达到富裕国民的目的。

分工理论是《国富论》开篇谈论的第一个问题。亚当·斯密指出，生产力的最大改进，都是进行分工的结果，原因在于：其一，分工使劳动者的工作专门化，提高了劳动熟练程度。其二，高效的劳动生产率，来自保持工作状态的专心致志。其三，通过分工，可以促进工作过程、生产工艺或者劳动工具的改进。其四，分工细化的最终结果，就是社会总体范围内的生产效率的提高和社会财富的增加。而这样的结果对参与分工的每一个人都是有益的。亚当·斯密在认识到分工导致生产力提高的同时，也预见到了资本主义大生产条件下社会分工的过分细化导致出现“单向度的人”的局面：“一个人如把他一生全消磨于少数单纯的操作……他自然要失掉努力的习惯，而变成最愚钝最无知的人……他对自身特定职业所掌握的技巧和熟练，可以说由牺牲他的智能、他的交际能力、他的尚武品德而获得的。”①

基于启蒙运动的熏陶，亚当·斯密认为，商业社会的人是理性的、能够克制自己欲望与激情的文明人。这种“理性人”具有如下一些基本特征，诸如“获取财富时的审慎”，诚实不欺，善于获取一种“冷静而又牢固和真诚的友爱”，“不愿意承担任何不属于自己职责范围的责任”，等等。② 同时，亚当·斯密又提出“经济人”的主张，认为人的欲望是社会财富增长的基本动力：“各个人都在不断努力为他自己所能支配的资本找到最有利的用途。固然，他所考虑的不是社会的利益，而是他自身的利益，但他对自身利益

① 亚当·斯密．国富论：下卷．北京：商务印书馆，2012：339.
② 亚当·斯密．道德情操论．北京：商务印书馆，1997：273-277.

的研究自然会或者毋宁说必然会引导他选定最有利于社会的用途。"①

既如此，又该如何协调利己与利他之间的不一致呢？斯密认为，除了要建立社会道德规范和社会立法之外，更重要的是通过市场这只"看不见的手"，使人们从利己的动机出发从事各种活动，通过增进社会利益，进而实现利他："他追求自己的利益，往往使他能比在真正出于本意的情况下更有效地促进社会的利益。"② 也就是说，依靠市场这只"看不见的手"的自发生成机制，每一个人都会在自利心的驱动下，做着"主观利自己，客观利社会"的事情，进而促使社会向着我们所希望的方向有序发展。为此，亚当·斯密极力主张实行自由竞争和自由贸易，反对国家对经济生活的干预，对个体的经济行为采取自由放任的态度。而对于政府而言，"守夜人"就是其应得的位置。在亚当·斯密的观念中，好政府并不是"管得最少"的政府，而是"管得最合宜"的政府。

亚当·斯密自由放任的市场经济模式，在资本主义发展的早期阶段，曾一度成为资本主义的代名词，《国富论》一书也被奉为自由主义经济学的"圣经"。面对自由主义在全世界范围日益扩大的现实，日裔美籍学者福山（Francis Fukuyama，1952—　）甚至断言：一个普遍认同自由主义理念的时代的来临，是"人类意识形态发展的终点"和"人类最后一种统治形式"，并因此构成"历史的终结"。③ 然而，完全的自由放任会使市场丧失理性，导致"市场失灵"。20 世纪二三十年代西方世界经济的"大萧条"便是明证。故而，才有了以国家干预经济为特征的、以纠正这种"市场失灵"为目标的凯恩斯主义的出现。按照凯恩斯主义的构想，国家干预这种"看得见的手"只要能够通过适时、适当的干预，便可以促使市场走向理性回归。问题在于，既然市场能够"失灵"，政府干预会不会"失灵"？事实上，政府机构获得知识和信息往往具有某种滞后性、不完备性，且很难及时进行纠错，故而，政府要非常有效地运作往往是很困难的。既然纯粹的"一只手"很难很好地解决复杂的社会经济运行，也许将"看得见的手"和"看不见的手"结合起来使用，不失为一种有效的选择。当然，关于这"两只手"的结合，不仅仅是一个理论问题，更是一个实践难题。在具体的现实环境中，国家统一管理和自由放任这二者之间总是充满了复杂的博弈。故而，"两只手"的使用，最终还得因时制宜、因地而异。

18 世纪不仅是一个启蒙的世纪，还是一个"自然科学的世纪"。科学既是合理性的典范，也是推动人类进步的工具。从 18 世纪 60 年代开始，以新技术为标志的工业革命，首先在英国发生。它开始于纺纱和织布的工业规模化与蒸汽机的广泛应用，进而引发了机器发明、技术革新的连锁反应。1840 年前后，英国率先完成了工业革命，成为世界第一个工业国家，也成为当时最富强的国家。到 19 世纪末，法国、德国、美国、俄国、日本等国也先后完成了工业革命。这也意味着资本主义世界体系的初步形成。这不仅仅是一次技术改革，更是一场深刻的社会变革，它使社会明显地分裂为两大对立的阶级——工业资产阶级和工业无产阶级的同时，也使人类社会开始进入工业时代。

如果说前工业社会的特点是人均收入低，经济对农业的依赖大，劳动专业化的程度

---

① 亚当·斯密．国富论：下卷．北京：商务印书馆，2012：25.

② 同①27.

③ 弗朗西斯·福山．历史的终结及最后之人．北京：中国社会科学出版社，2003：代序.

低，没有地区一体化市场，那么，工业社会的特点是人均收入不断提高或者很高，经济增长加速，对农业的依赖小，专业化程度高，并开始建立起广泛的地区一体化市场，等等。随着机器生产逐渐取代手工操作，资本主义生产方式实现了从工场手工业到机械大工业的过渡，资本和劳动实现了彻底分离，大工业找到了适合自己的工业组织——工厂制。与此同时，以股份制为主要内容的现代企业制度开始出现，比如，当时著名的东印度公司和英格兰银行等。这种股份公司通过发行股票吸引社会资本，能够在短时间内集聚大量资本投入贸易，并可减少经营风险，因而成为一项颇具历史意义的制度创新。在当时的英国，股份公司法人地位原本需由国王颁发特许状予以认可，但到了17世纪末，英国商人不用获得特许状，就可以成立一个法人企业。正是这种摆脱国家控制的做法，为此后现代股份公司的大发展挣脱了羁绊，这在历史上被称为“法人革命”。

随着工厂制度的普遍建立，以及管理人员和劳动大军的大批出现，传统的经验管理遇到了前所未有的挑战。许多理论家和实践者越来越多地关注有关管理方面的问题。法国经济学家让·巴蒂斯特·萨伊（Jean Baptiste Say，1767—1832）是第一个明确提出经济中“管理”要素的人，他把管理人员置于经济的中心，并强调管理工作能够使资源得到更有效的利用。在萨伊看来，一些“冒险家”（企业家）拥有企业，并相应成为管理人员，“必须拥有监督和管理的艺术”①。而在此之前，人们只关心土地、劳动力两个因素。

在1870年前后，人类历史迎来了第二次工业革命，电能的运用使得钢铁、机械、化工、橡胶、汽车、玻璃、通信等新兴产业迅速崛起，发电机、电动机、电灯、电车、电钻、电焊机等电力工业和电器制造业如雨后春笋般涌现出来，人类跨入电气时代。这些新工业使世界各地的经济、政治和文化联系得以进一步加强，也相应促进了一体化市场的发育并形成了国际市场。就像德国在科学领域中领先一样，美国在大量生产方面居于领先地位。当时，美国工业的主导行业，除纺织业之外，运输和通信行业也开始迅速发展。19世纪40年代，电报的发明揭开了全国通信系统的序幕，也掀起了铁路建设的热潮。此后，电话、无线电报的相继问世，更是创造了一次通信革命。而铁路行业以蒸汽机为动力，导致了一场交通革命。美国在南北战争（1861—1865年）结束以后，一场建立在新的电力技术上的工业化运动蓬勃展开，一种新的生产组织方式——公司制度日渐形成。至19世纪末，在整个资本主义世界中，美国逐渐成为政治和工业的领导力量。

在这一过程中，随着股份制的企业制度下所有权和控制权的分离，产生出一种新的社会阶层——“职业经理人”。当时企业所面对的日益激烈的竞争压力，使得企业家们和职业经理人开始把注意力从技术转移到组织管理上来，由此在美国引发了一场社会性的管理研究潮流——“管理运动”。安德鲁·卡内基（Andrew Carnegie，1835—1919）将新兴的炼铁技术和管理结合起来，成为一代“钢铁大王”，并成为这个时代的独特标志。1886年，新成立的美国机械工程师协会（The American Society of Mechanical Engineer，ASME）年会召开。在这次会议上，改进组织管理成为探讨的主题，亨利·汤（Henry Towne，1844—1924）发表《作为经济学家的工程师》的主题讲话，倡议把管理从工程

① 丹尼尔·A. 雷恩，阿瑟·G. 贝德安. 管理思想史：第6版. 北京：中国人民大学出版社，2012：33.

学独立出来，并发展为一门学科。1891 年，弗雷德里克・哈尔西（Frederick Halsey，1856—1935）发表论文《劳动报酬的奖金方案》，分析当时普遍采用的计时工资制、计件制、分红制等三种工资形式的缺点，提出了“奖金方案”，成为此后工资制度的一种基本模型。管理理论由此日渐走上了科学研究的轨道。

2. 科学管理的兴起

科学管理产生的一个主要原因，应归结于当时工业迫切提高效率的需要。20 世纪初期的美国，大规模粗放式的工业化导致了严重的自然资源浪费，更导致了人力资源的巨大浪费，这主要表现在：工人缺乏训练，工时长，效率低，工资也低，劳资关系紧张，工人“磨洋工”现象极为普遍。因而，如何有效提高劳动生产率，已成为当时企业面对的一个中心问题。

科学管理的创始人泰勒出生于美国费城，从 1878 年到 1897 年在费城米德维尔钢铁厂（Midvale Steel Works）工作，一直从车间管理员做到总工程师的位置。1895 年，泰勒在美国机械工程师协会会议上宣读了他的第一篇论文《计件工资制》，提出通过对工时、动作、劳动定额的科学测定，进而实行“差别计件工资制”。1898—1901 年，泰勒又受雇于伯利恒钢铁公司（Bethlehem Steel Company），继续从事管理方面的研究。1903 年，泰勒在《计件工资制》一文的基础上写成《车间管理》一书。1906 年，泰勒当选为美国机械工程师协会主席。1911 年，泰勒在前面研究的基础上，写成《科学管理原理》一书；同年，泰勒在试图把他的这些原理应用到一个政府兵工厂中时引发了劳工问题，而导致美国众议院组建了一个特别委员会来调查泰勒的工场管理制度。1912 年，先前的《车间管理》《科学管理原理》以及泰勒在该特别委员会举办的听证会上所提供的证词，被合编在一起——这就是今天我们看到的《科学管理》一书。

泰勒通过长期的调查和实证研究指出，妨碍当时生产效率提高的主要原因可归结为三个方面：

（1）“劳动总额”理论的荒谬观念。“劳动总额”理论设想世界上的工作量是有限的，今天干得多一点，明天的工作量就会减少；工人自己提高了工作效率会给同事带来压力，导致他们失业；同时，生产效率的提高会导致企业需要更少的人，最终导致自己失业。泰勒则认为，从各个行业的历史发展情况来看，每一次生产效率的提高，都导致行业降低了产品成本，扩大了产品需求，从而需要更多而不是更少的从业者。泰勒的这一见解，可以说是对“劳动总额”理论的一次有力批驳。①

（2）不合理的管理体系会导致消极怠工。泰勒认为，人的本性是懒惰的，除了极少数人，大多数人倾向于慢慢腾腾、不慌不忙地干活，只有在外部压力或良心发现的情况下才会加快工作步伐。而当时对于普通工人的管理办法是，将他们集合在一起做同样的

① 当然，泰勒的认识可能没有后来的迈克尔・波特的行业分析思想深刻。按照波特的理论，一个行业不只是当前竞争者的静态竞争，还要面对潜在进入者和别的行业的替代品的竞争；如果当前竞争者不能提高效率，提升产品质量和性能，并降低成本，那么将会为潜在进入者提供可乘之机，或者将会为别的行业的替代品所替代；相反，如果一个行业能够持续高效率，提升产品质量和性能，并降低成本，则将会替代别的行业的产品，导致行业规模不断壮大，从而提供更多的从业机会等。

工作，用按日计酬的统一标准发给工资。这种不合理的管理体系会促使工人在本性懒惰的基础上更加消极怠工，而那些原本努力工作的工人会逐渐地、必然地放慢他们的步伐去向那些最差的、效率最低的人看齐。

（3）传统基于经验的工作方法，基本上都是通过师傅的口头传授和自身摸索来学习，这不仅会浪费工人的精力和体力，而且有些危险的、不科学的方法会对工人造成伤害，甚至这些方法之间可能会相互矛盾，不利于提高整体效率。

泰勒认为，科学管理的目的，就是要“培训和发掘企业中‘每一个’工人的才干，使每个人尽他天赋之所能，干出‘高档’的工作——以最快的速度达到最高的效率”①。而只有采用科学管理方法，提高生产效率才能解决根本问题。为此，泰勒集前人思想和经验之大成，通过一系列科学实验（见“泰勒的科学管理实验”），用科学研究和方法代替纯粹的个人经验，从而冲破了长期以来“管理是不可传的艺术”的神话，创立了科学管理理论。泰勒指出：“最佳的管理是一门实在的科学，其基础建立在明确规定的法律、条例和原则上。”② 这种对管理科学性的推崇和强调，构成了泰勒理论的一个显著标志。

泰勒的科学管理实验

泰勒一生中做过4个著名的实验：

（1）工时研究实验。该实验开始于1881年。泰勒在米德维尔钢铁厂当工段长时成绩优秀，被提升为该公司的领导者。他认为该厂在提高产品质量方面大有潜力可挖，因此通过实验，研究出了工人每个工作日的恰当的工作量。这就是现在的定额管理的雏形。

（2）搬生铁块实验。该实验始于1893年，是在宾夕法尼亚州的伯利恒钢铁公司进行的。当时该公司管理十分混乱，工人们的工资很低，而且每个工人的劳动所得不与其劳动强度挂钩。于是，泰勒和有关研究人员进行了详细实验，使工人每人每天所得工资由实验前的1.25美元提高到1.85美元，提高率为48%，但是工作量却提高了62%。这个实验取得了两方面的成果：其一是制定了科学作业方法，按标准化进行操作，实行计件工资制；其二是将管理职能和作业职能分开，从而使管理工作专业化。

（3）铁锹实验。该实验也在伯利恒钢铁公司进行，实验完成后得出的结论是：工人的操作方法必须标准化，工人使用的工具也必须标准化，并且要有配套的管理措施。

（4）金属切削实验。该实验前后延续了26年之久，总共进行了3万多次实验。通过这项漫长的实验，泰勒获得了100多项专利，并发现了金属切削规律：切削不同的金属材料应当选用不同的工具、不同的切削速度，等等。这些发现为现在的金属切削原理奠定了基础。

泰勒科学管理的内容主要可概括为“作业管理”和“组织管理”两个方面。作业管理由一系列的科学方法组成，如推行定额管理、实行差别计件工资制、制定培训工人的

① 泰罗．科学管理原理．北京：中国社会科学出版社，1984：159.

② 同①155.

合理方法、挑选“头等”工人、实现工具标准化和操作标准化等；组织管理包括计划和执行相分开、例外原则、职能工长制等。具体而言：

（1）推行定额管理。具体做法是：设立一个制定定额的部门或机构；选择合适的、技术熟练的工人；用秒表精确记录每一基本动作所需的时间，消除所有错误动作、缓慢动作和无效动作；将最快、最好的动作和最佳工具组合在一起，最终确定出以科学制定出工人的“合理日工作量”。①

（2）实行差别计件工资制。泰勒发现，如果管理人员能鼓励或迫使工人达到生产指标，“无意的磨洋工”的现象就能消除，但对于“有意的磨洋工”则很难奏效。这是因为，当时流行“日工资制”或“时工资制”，多劳不会多得，这鼓励了工人们的偷懒行为。至于“计件工资制”，则是根据工人生产东西的多少支付工资的，这种做法虽然体现了多劳多得，但工作量超出一定范围的话，工资的增长则很少。当时的实际情况是，标准往往定得很乱并规定了最大限度的工资额，一旦工人通过努力拿到太多工资，雇主就会降低工资标准。在这种情况下，工人们为了保护自身利益，自然会刻意隐瞒他们所使用的快捷方法和措施，等等。基于如上弊端，泰勒在确定工作定额的基础上，提出差别计件工资制：其一，通过工时研究，以确定工资标准即所谓“工资率”。泰勒的办法是，先对工作进行精心的调查，然后根据一个工人能够承受的正常进度为依据确定工资率。一旦工人们看到工资率定得合理，将会减少他们磨洋工的动机。其二，由于定额或标准是经过周密研究加以确定的，所以对工作绩效的评定便有了一个更为合理的基础。其三，把钱“付给工人而不是付给职位”。按照工人做出的努力而不是工作等级来付酬，使员工多劳多得。这不仅显得公平，能够发挥员工的积极性，且有助于实现工人的“优进劣退”，促进工人技能的普遍提高。②

（3）寻求“第一流的工人”。泰勒认为，为了最大限度地提高生产率，不仅需要寻找到最适宜干某项工作的人，还要充分挖掘这些人的最大潜力。这就需要针对特定工作挑选出所谓“第一流的工人”，然后，再通过对其进行动作优化，以达到最高效率。③

（4）实现工具标准化和操作标准化。泰勒认为，光挑选出“头等”工人还不够，还应该设法使他们用最好、最节约的方法完成任务。这就需要管理人员借助科学知识，对以往长期的经验做总结，并实现工具、操作和劳动环境等的标准化管理。④

（5）设置专门计划层。泰勒将分工理论拓展到了管理领域，认为实施标准化管理应设置专门的计划部门，把计划职能与执行职能分开，拟订计划并发布指令，并科学地制定出定额与标准化的操作方法和工具，以便进行有效的控制，等等。而工人或工头则按照相应的指示和规定标准进行实际操作，而不能自行其是。⑤

（6）设立职能工长制和“例外原则”。泰勒认为，每个工长如果只承担一种适合于自己素质的管理职能，职责单一，自然有利于发挥每个人的专长。为此，泰勒设计出涉及

① 泰罗．科学管理原理．北京：中国社会科学出版社，1984：155.

② 同①3-5.

③ 同①169-170.

④ 同①197.

⑤ 同①90.

计划和执行部门的8种职能工长：“工序和路线调度员”“指示卡办事员”“工时和成本管理员”“车间纪律检查员”“班组长”“速度管理员”“检验员”“修理管理员”。在职能工长制下，管理人员职能明确，再加上工具和作业方法的标准化，从而容易提高效率。[①]泰勒还提出组织管理的“例外原则”，即企业高级管理人员把一般日常事务授权给下属，而自己保留对例外事项通常也是重要事项的决策权和控制权，比如，重大的企业战略问题和重要的人员更替等。[②] 这种例外原则，正是后来授权原则、分权化原则和事业部制的雏形。相比之下，职能工长制是指企业管理职能的横向分工，例外原则是指企业管理职能的纵向分工。这二者的结合，便构成企业管理职能的完整体系。

从实践上看，实施科学管理的一些美国企业，普遍出现了低成本、高工资、高利润的局面，由此引发了人们对高效率的热衷和科学管理的盛行。不过，泰勒并不认为科学管理就是使管理人员成为“效率专家”，而是为了实现管理的“主要目的”，即“使雇主实现最大限度的富裕，也联系着使每个雇员实现最大限度的富裕”[③]。联系当时情况来看，美国社会中的劳资双方在观念和利益中存在着日益严重的对立状况：雇主希望从工人身上获取更多的利润，而工人则以“消极怠工”等各种方式进行反抗，双方以“丛林法则”来对待利益分配，似乎我得到的，必然就是你失去的。基于此，泰勒提出了一种“双赢”的观点：除非工人也一样富裕，否则，雇主的富裕不会长久。只有通过科学管理方法，提高生产效率，使双方不再把注意力放在盈余分配上，而将注意力转向增加盈余的数量上，从而使双方不再相互敌视，而共同向同一方向迈进。对此，泰勒充满哲理地阐述道：“科学，不是单凭经验的方法。协调，不是不和。合作，不是个人主义。最高的产量，取代有限的产量。发挥每个人最高的效率，实现最大的富裕。”[④]

可见，在泰勒那里，真正的科学管理不仅仅是追求效率，还意味着应当从一个全新的角度来理解企业关系及其管理活动，即通过劳资双方紧密、亲切的协作，在共同工作中应用科学方法，使整个社会得到最大的福利。泰勒曾乐观地认为，科学管理在有效提高生产率的同时，能够根本解决以往视为不可调和的雇主与工人之间的冲突，进而能够促进社会的和谐与稳定，并乐观地预期：“当他们用友谊合作、互相帮助来代替敌对情绪时，通过共同努力，就能创造出比过去大得多的盈余。完全可以做到既增加工人工资也增加资方的利润。先生们，这就是构成走上科学管理轨道第一步的伟大思想革命。”[⑤]

泰勒倡导的这场“思想革命”的初衷，诚然是积极的、有益的，但是，泰勒的科学管理明显是建立在缺乏信任，缺乏对价值、才能和个人智力的尊重的基础上的。按照泰勒的设想，工人在工作中想得越少，劳动生产率就越高；雇员必须不去感觉和体会，而只需去工作；泰勒甚至曾对人不能像牛那样愚蠢而感到遗憾，认为人真能像牛那样愚蠢，就可以让他们俯首帖耳地按照他所设计的那套标准动作进行工作并接受考核，工作效率

---

① 泰罗．科学管理原理．北京：中国社会科学出版社，1984：83-87.
② 同①99-100.
③ 同①157.
④ 同①221.
⑤ 同①239-240.

也就会更高。[1]

唯其如此，泰勒在当时饱受指责，并引发了一场针对泰勒制的“国会审判会”。1912年，美国国会基于工会方面的压力，举行听证会，最终国会特别委员会向两议院提出“禁止泰勒制”的法律提案。1914年4月，美国政府又召开了“效率制度与劳动”的公证会，并委托芝加哥大学教授罗伯特·霍克西（Robert F. Hoxie，1866—1916）对公证会所涉及的问题进行深入调查。霍克西通过实地调查，发表了著名的《霍克西报告》。该报告虽然也承认泰勒制客观上促进了“以科学技术取代经验成规”的进程，但认为其本质是一种无视劳工人格、不断提高劳动强度的制度体系，使劳工如同机器一样。故而，美国总工会强调，任何企业在引入科学管理之时，都必须就有关劳工的工作条件与待遇等问题，与工会团体进行协商，达成协议。这就是劳工参与企业经营决策的“工业民主”和“职工代表制”的由来。[2]

无论如何争论，不可否认的是，科学管理的采用，极大地推动了生产力的发展，泰勒也一度成为备受社会各界关注的人物。在泰勒之前，没有人科学地分析过工作的本质，而泰勒把管理从生产中分离出来的做法，成了管理研究走向专业化、职业化的重要标志，并开启了标准化管理的先河。如同培根和伽利略首先在科学、哲学上引进实验方法，使近代科学、哲学可以进入真正的科学层面一样，泰勒通过实证研究，使管理学变成了一门严肃、严谨的科学。著名管理学家德鲁克对此评价道：“科学管理是将人从小农生产转变为现代社会化大工业生产的一场思维方式的革命，可能是自《联邦论》以来，美国对西方思想最伟大而持久的贡献。”[3] 后人在泰勒的墓碑上，按照他的遗嘱，刻着他生前十分自豪的铭文：“科学管理之父”。

3. 效率主义的传播

事实上，泰勒当时所关注和解决的尽管只是个别具体工作的效率问题，所涉及的范围也基本没有超出车间管理领域，而没有从整体上去考虑企业作为一个整体如何管理的问题，但是，他正是通过将科学引入管理领域，加强了社会公众对提高效率的关心，促进了管理的科学研究，并影响了越来越多的人加入运用、修改、提炼以及传播科学管理思想的行列当中，从而在20世纪初引发了一场轰轰烈烈的科学管理运动。

随着科学管理的日渐盛行，一系列与劳工利益相关的问题也不断提上议事日程，由此导致企业中人事管理作为一种独立职能部门的出现。1923年，美国人事管理者协会和行政管理协会与泰勒主导的“管理推进协会”一道，联合成立了“美国管理协会”。该学会的目标是扩展管理研究的范围，使之不仅包括生产控制和人事管理，而且还包括销售、财务以及管理任务的其他方面。就这样，管理以一种缓慢却不可阻挡的步伐，从强调生产车间管理开始转变为一种涵盖了所有商业领域的更广泛的科学视角。

数学家卡尔·G. L. 巴思（Carl Georg Langer Barth，1860—1939）是泰勒最早、最

---

① 泰罗. 科学管理原理. 北京：中国社会科学出版社，1984：182.

② 丹尼尔·A. 雷恩，阿瑟·G. 贝德安. 管理思想史：第6版. 北京：中国人民大学出版社，2012：186-187.

③ 彼得·德鲁克. 管理的实践. 北京：机械工业出版社，2009：227.

亲密的合作者，他对科学管理的最大贡献，就在于他以数学为工具，为泰勒的科学管理实验提供了理论依据。泰勒的门徒兼同事亨利·L. 甘特（Henry Laurence Gantt，1861—1919）则修正了泰勒的“差别计件工资制”，提出“任务加奖金制”——工人在规定时间内完成规定定额，可以拿到规定报酬，另加一定奖金；如果少于规定时间完成定额，则按时间比例另加奖金；对于达到定额标准的工人，也给予其工长一定比例的奖金等。这一举措不仅满足了工人的基本工资保证，也促使工长进一步去矫正自身的管理方式。正是受这种制度的驱动，工长就会由原来的“监工”变成工人的帮助者，使工长从之前只关心生产转而开始去关心工人。甘特由此指出，应该把员工看成管理中最重要的因素，管理者应该真心地去指导和帮助员工的发展。① 就此而论，甘特可以说是后来人际关系理论的先驱。

而真正使甘特闻名于世的，是他在1910年代创造出的甘特图（Gantt Chart），即生产计划进度图，就是用图表说明工人完成任务的进展情况。在实践中，甘特图被应用于美国胡佛水坝和州际高速公路系统等大型项目中，也成了苏联“五年计划”的基础。而现代网络技术中的关键线路法和计划评审技术，其基本思想便源于甘特图表。甘特对科学管理还有着更多的深入思考。在甘特看来，工业社会的重大隐患就在于企业领袖所隐含的专制主义和唯利是图。要使工业健康地发展，就必须在工业民主和精英治理之间取得平衡：“我们必须清除我们经济制度中一切形式的专制做法，并且提供能够恢复服务的民主原则，而这种原则是民主文明取得惊人发展的基础。”② 联系当今盛行的社会治理潮流，甘特的这一思想是多么富有远见。

弗兰克·B. 吉尔布雷斯（Frank Bunker Gilbreth，1868—1924）和莉莲·M. 吉尔布雷斯（Lilian Moller Gilbreth，1878—1972）夫妇采用和泰勒相似的方法对工作中的人进行了研究，认为要取得作业的高效率，须做到：规定明确的高标准的作业量；从操作方法到材料、工具、设备都要标准化；完成任务者付给高工资；完不成任务者要承担损失，等等。而要实现这种作业标准，需要进行时间研究和动作研究。时间研究就是研究各项作业所需的合理时间；动作研究是把作业动作分解为最小的分析单位，找出使作业达到高效、省力和标准化的方法。这种“动作研究”和泰勒的“工时研究”一样，目的都是减掉一些动作，以减轻疲劳和提高生产率。

吉尔布雷斯去世后，吉尔布雷斯夫人依然继续潜心于管理研究。她在《管理心理学：精神在判断、指导和实施最少浪费方法中的作用》一书中，围绕“个人”问题，进一步揭示了科学管理的本质特征：在传统管理下，个人总处于一种受“胁迫”的地位，而科学管理的目的，就是通过培养人的品德、特殊的能力和技巧，使每个人发挥其最大的潜力；传统管理完全依靠报酬和惩罚，使人缺乏安全感，科学管理则努力争取工人的合作；在传统管理下，工人很难预料定额标准，而在科学管理下，定额依据严格的工作分析而制定；传统管理下，报酬的取得在于公司的经营状况、老板的好恶等因素，而在科学管理下，报酬则完全由经营者按照工人自己可以掌握的信息确定，工人不必因为同监工

---

① 克劳德·小乔治. 管理思想史. 北京：商务印书馆，1985：122.

② Henry L. Gantt. Organizing for Work. New York：Harcourt Brace Jovanovich，1919：iv.

吵了架而担心自己的收入变化。吉尔布雷斯夫人还指出，提高效率不能单纯依靠工作的专业化、方法的标准化、操作的程序化，还应注意研究工人的心理，认为良好的人际关系和工人训练对科学管理运动至关重要，成功的管理“在于人，而不在于工作”，等等。①

哈林顿·埃默森（Harrington Emerson，1853—1931）是和泰勒同时期的人，他对泰勒的“职能工长制”做出了发展，即不是让一个人对某个具体的车间职能负责并行使权力，而是让直线组织在参谋人员的计划和建议的基础上实施监督与行使权力。如此一来，既保持了专门知识的长处，又排除了使指挥链系发生断裂的短处。埃默森认为，美国所拥有的丰富资源和雄心勃勃的劳动力大军，由于效率低下，正在失去自己的优势。为此，他创立了一种激励制度，即“十二个效率原则”：“定义清晰的理念”，即参加组织的人必须对理念有一致的看法，并“齐心协力”来实现它；“常识”，即管理人员应从更广泛的角度来看待问题以及人际关系，并努力寻求获得专门知识和听取意见；“合理化建议”，即建立一支有能力的参谋大军；“纪律”，即服从和遵守组织规章，使组织成为一个有组织的系统；“公平原则”，即管理人员在对待工人的所有活动中建立公正和平等的制度；“可靠、迅速和充分的记录”（情报和会计制度）；“分配”（工作的计划和程序）；“标准和时间”（执行任务的方法和时间）；“标准化条件”；“标准化操作”；“标准化操作书面指南”；“效率回报”（激励计划）等。②

科学管理还启发了公共管理、办公室管理、市场营销以及会计等学科。例如，作为泰勒的忠实读者，莫里斯·库克（Morris Cooke，1872—1960）进一步把效率主义扩大到教育部门和市政组织。1909 年，库克完成了研究成果《学院的效率和工业的效率》，指出大学管理的主要问题有：人事选拔中的近亲繁殖；缺乏投入产出的比较衡量机制；权力配置上过于分权，各系自行其是；教工的报酬不是以贡献为依据而是论资排辈；没有合理的辞退机制，教授终身制副作用明显；缺少衡量效率的客观标准；等等。为此，库克把科学管理应用于大学管理，指出，教授应该把更多的时间用在教学和科研上，更多使用助教来负担次要的、辅助性的工作；管理工作应由专家而不是由委员会来承担；教授终身制应当废除；等等。③ 这个报告首次开创在公共部门推广科学管理的先河。库克还主张，管理要做到“人情化”，在涉及工人自身直接利益如工资、定额、福利等问题上，可通过与工会的合同、谈判来操作，从而把科学管理和有组织的工人和睦地联系起来。可见，库克所强调的，恰恰是在泰勒和其他人那里比较薄弱的部分。

在科学管理时代，与泰勒“在两条平行的跑道上奔跑的”，是美国著名“汽车大王”亨利·福特（Henry Ford，1863—1947）。尽管福特与泰勒并没有直接地相互影响，但二者的观点极为相似，只不过他们是从不同角度看问题的——泰勒从工作任务出发，而福特从成本出发对如何提高整个生产过程的效率进行了研究，充分考虑了大量生产的优点，规定了各个工序的标准时间定额，创建了世界上第一条流水生产线，从而使成本明显降

---

① 丹尼尔·A. 雷恩，阿瑟·G. 贝德安. 管理思想史：第 6 版. 北京：中国人民大学出版社，2012：132-134.

② 哈林顿·埃默森. 效率的十二个原则. 北京：北京理工大学出版社，2015：31-164.

③ 同①138.

低。流水线的工作原则是："向前运行的装配线把工作送到工人的面前，而不是让工人到工作面前。"① 此外，福特还进行了产品系列化、零件规格化、工厂专业化、机器工具专业化、作业专门化等多方面的标准化工作。正是借助于流水线生产，福特"单一品种、超大规模"的战略得以实施。这种批量生产不仅节省了成本，也降低了出售价格，从而使消费者受益。福特还用降低产品价格的办法来扩大市场，再利用扩大的市场进一步降低生产成本。这种流水线模式也成为20世纪大规模生产的基础，更使汽车成为一种大众产品。

可以说，作为大规模生产和生产流水线的创造者，福特及其福特公司是那个时代工业成功的标志。福特在改进管理方式上也卓有成效：其一，福特提倡最大限度的"无头衔管理"："没有特别的职责附加在任何职位上，没有一系列的上下级权力等级，也几乎没有头衔，没有会议……没有繁文缛节"；其二，福特的工资观念体现了"开明的利己思想"："作为领导者，雇主的目标应该是，能比同行业的任何一家企业都能给工人更高的工资"②；其三，除了工资，像负担家庭生活的已婚男人、生活节俭的单身男人和抚养亲戚的妇女在福特公司还可享有福利。正是在这种人道主义的感召下，工人对工厂拥有深厚的感情，使得提高效率、增产节约的创造性办法层出不穷。难怪福特说："支付优厚的工资是经营企业的最有利可图的方式。"③ 福特的管理主张被后世称为"福特主义"，无论是过去还是现在，都产生着巨大的影响。日本的"经营之神"松下幸之助（Konosuke Matsushita，1894—1989）就是一个受福特思想所鼓舞的人。松下提出的著名的"自来水哲学"的理念是：应该使产品像自来水那样充足而廉价，克服贫穷，造福社会，这应该是每一个经营者追求的目标，也是经营者的义务和使命。④

作为一种实现资源利用合理化进而提升效率的常规做法，对于一个关注经济效率的时代而言，科学管理可以说发挥了任何其他主张都难以企及的作用，并彻底改变了员工和经理人员的工作与生活。尽管争论一直没有停止，但科学管理运动却一路高歌迈进，其理论也被进一步精确化，并由此形成盛行于今的管理科学学派。

管理科学学派又称数量学派或计量学派、数量管理科学学派。它兴起于20世纪初的军事活动中。第一次世界大战期间，美国的托马斯·爱迪生于1915年研究了反潜艇战的程序，设计出一种可躲避和击毁敌方潜艇的战争对策，并运用一种"战术对策板"来求解。1917年，美国的莫尔斯（Morse，1892—1977）教授又分析了横渡大西洋的护航船队遭到德国潜艇袭击的损失模型，成为此后许多类似分析的先驱者。管理科学学派的真正建立，是在第二次世界大战时期。1939年，英国军事当局为了解决雷达系统的合理布置问题，召集了一批英国科学家组成运筹学小组进行研究。随后，美国也在国防部门使用运筹学方法。第二次世界大战结束后，管理科学的研究逐步从军事转入民用企业。美国麻省理工学院首先于1948年开设了运筹学，接着在许多工商学院、工程学院也设置了这类专业。1948年，英国率先成立了运筹学会，并于1950年出版了这门学科的第一份

① 杨澍．百年福特：失落的光荣与梦想．商学院，2010（7）．

② 亨利·福特．我的生活与工作．北京：北京邮电大学出版社，2005：91．

③ 同②101．

④ 松下幸之助．自来水哲学：松下幸之助自传．海口：南海出版公司，2008：34．

刊物——《运筹学季刊》。美国于1952年成立运筹学协会，会刊为《运筹学》，1953年又成立美国管理科学学会，并出版《管理科学》杂志。1957年，英国牛津召开了第一届国际运筹学会议；1959年，又成立了国际运筹学联合会。

哈佛大学商学院教授埃尔伍德·斯潘赛·伯法（Elwood Spencer Buffa，1923—2005）是西方管理科学学派的代表人物之一。在伯法生活的时代，企业间的竞争日益加剧，依赖于管理者主观分析和经验判断的定性管理不再能满足企业管理的需要，而迫切需要更加标准化的定量管理技术。顺应这种趋势，伯法在1961年出版《现代生产管理》一书，1975年又在此基础上改写成《生产管理基础》一书，主张用数学控制、程序化系统方法来解决管理学科的主观性，实现管理的科学化。不过，他也认为，运用数理方法并不是要让经理一头扎进数字堆，都变成方程高手，而是要恰当把握数量之间的关系，具备系统眼光，等等。

总的来看，管理科学理论在研究范围上，已不局限于泰勒时代的“操作方法”和“作业研究”，而是将其拓展到整个组织的所有活动，并向组织的更高层次发展。在管理方法上，管理科学学派试图借助于数学模型和计算机技术研究管理问题，尤其在英、美等国，对数字和事实的过分迷恋，产生了诸多烦琐的、令人生畏的模型和符号。然而，管理问题不可能也不应该完全只依靠定量分析。这种对管理的“科学”方面的过多强调，导致了管理实践的机械化。唯其如此，自人本主义管理兴起以来，这种精确化的管理科学，便受到持续而激烈的批判。

二、“人”的发现及人性假设

尽管泰勒使人们对效率的追求成为“时尚”，但在当时也产生了诸多的争议。反对者的意见主要有：科学管理把劳动者转变成一个追求速度的机器，这在某种程度上剥夺了个人对工作的思考、主动性、成就感和乐趣；科学管理并不民主，因为它取消了工人对其工作任务的计划、组织与控制的自决权，助长了管理上的独裁；科学管理过度强调量化，欠缺人性化的弹性；对管理控制的过度狂热，容易造成劳资双方在意识形态或沟通管理上的对立；等等。于是，人们开始为寻找一种新的、更符合人的特点的管理而努力，一大批学者各自从社会学、心理学、生理学等角度，关注和研究企业中有关人的心理及其行为等问题，从而引发了人际关系运动。

1. 梅奥主义与人际关系运动

科学管理虽然从理论上而言具有非常强的说服力，但是，许多企业在施用科学管理后，却常常伴随着劳动者士气的下降。为了研究现实的工作情况，从1924年开始，美国国家科学委员会组织了一个研究小组，在西方电气公司的霍桑工厂，对工作条件与生产效率的关系进行了全面考察和实验。历时八年，前后共完成了四组实验：

（1）照明实验。该实验的初衷是考察照明强度对生产效率的影响。实验结果表明，照明强度的变化对生产率几乎没有什么影响。因为牵涉因素太多且难以控制，故照明对产量的影响无法准确测量。[①] 在实验中，有些研究人员还试图用一系列的正式问题询问工人们对实验结果的看法。然而，他们从这些直接访谈中几乎没有什么收获。1927年，哈佛大学教授乔治·伊尔顿·梅奥（George Elton Mayo，1880—1949，又译“梅欧”），应邀参加了中途遇到困难的霍桑实验，开始取得一些实质性的突破。

（2）福利实验。该实验的目的是要探明工作条件的变动对生产率的影响。梅奥根据对工厂现场与实验室结果进行对比归纳，得出一个重要结论：通过转变监督与控制的方法，能够改善工人工作态度和人际关系，从而能够提高产量。

（3）访谈实验。为进一步了解工人们的实际情况，找到影响员工积极性的重要因素，研究者对约两万名职工进行了访谈。该实验通过倾听式的间接访谈，避免对工人进行引导；在访谈中不能事先设定内容，工人们可畅所欲言，使实验更像医生倾听病情；还规定了访谈时的规范，如全神贯注关注受访谈者、倾听、不争论、严格保密等，以确保真正了解被访谈者的真实想法。实验结果表明，由于管理者与工人的感受角度、生活背景和工作经验不同，对相关问题的心理态度存在很大差异。同时，工人的情感因素对生产效率有着比管理者主观判断大得多的影响。那么，工人的这些情感因素究竟对生产效率有多大的影响呢？它们会产生怎样的后果？为此，梅奥等人进行了另一项对组织行为的研究——“群体实验”。

（4）群体实验。这组实验是要证实一项猜想，即在工人当中似乎存在着对工人的工作态度有着重要影响的一种非正式组织。为此，研究人员在车间中挑选了14名男职工，让每名员工各自在单独的房间内工作。研究人员原以为这会使职工更努力工作，然而，结果却出乎意料——工人实际完成的产量只是保持在中等水平，且每个工人的日产量都差不多。即使离下班时间还有宽裕，他们也会自行停工。研究者发现，造成这一状况的原因是：如果过分努力工作，可能会造成同伴失业，或使得公司制定出更高的生产定额，从而导致群体对他的非难。通过这项试验，研究者认为，工人之间的相互认同自然会形成一种非正式组织，因此，理解这种非正式组织的结构和人际关系，对于组织成功非常重要。[②]

值得一提的是，霍桑实验还为管理学研究贡献了一种新的方法。在梅奥之前，一些效率工程师就像缺乏基本医学知识的江湖郎中，而热衷于原理探究的管理学专家就像不大会具体治病的医学院教授。梅奥则第一个把医生式的具体诊断同教授式的学理分析有机结合为一体，从而开创了管理学中“专家门诊”式的临床研究方法。

正是在霍桑实验的基础上，梅奥正式创立了人际关系学说（又称为梅奥主义），要点如下：

（1）人类社会的协调与平衡。梅奥指出，工业社会的根本问题是：对工业技术的重视和推崇，使人们忽视了更为本质的社会和人类问题，从而使社会失去了原有的协调与平衡。为此，他强调，工业文明中重要的是人与人之间的合作，而不应是一种群氓之间的竞争关系；每个人不仅期望获得自我保存和实现自我利益，还要确立及巩固自己在团

---

① 梅欧. 工业文明的社会问题. 北京：商务印书馆，1964：82-84.

② 同①122-123.

体中的地位；管理者需要的不仅是技术、专业方面的能力，更需要处理人际关系和实现社会合作的能力。因此，应该超越生物学、经济学的视角，而从社会学、心理学的角度来审视工业中的合作问题，寻求一种以社会和人的技能为基础的新的领导方式。①

社会学家涂尔干（Émile Durkheim，1858—1917，又译“迪尔克姆”）曾把社会划分为两个主要类型，即由集体意识主宰的机械型社会和以专业化分工及社会相互依存为特点的有机型社会。在涂尔干看来，在有机社会中，社会团结的恢复必须通过法律和新的“集体意识”来实现，这种新的“集体意识”创立价值标准和准则并强制个人接受，愿意为了促进团结而牺牲自我、成全集体。这种以团体作为价值与准则的源泉的观念，与亚当·斯密的“自我利益是交换的基础”的论点正好相反。正是基于涂尔干的观点，梅奥指出，世界应该重新考虑有关权力的概念，放弃由一个中央首脑机构（不论它是国家、教会或工业领导者）发出集中权力的想法。同时，梅奥认为，权力应该以确保合作的社会技能而不是技术能力或技术特长为基础，管理当局必须“警醒地认识到目前自己面临的问题，是人类社会性的，不是经济性的问题”②。

（2）“社会人”假设。在梅奥看来，先前流行的“经济人”假设的实质，是把人当作原子状的孤立存在，只强调个人利益，而否定了人的社会关系特性。为此，他提出“社会人”假设——良好的人际关系对调动人的工作积极性起决定作用；重要的是人与人之间的合作而不是互相竞争；个人主要是为保护自己在群体中的地位，而不局限于“经济人”意义上的自我利益。③

相比较而言，科学管理过于强调技术与效益的一面，工作的实绩几乎完全是通过讲求经济效益来开展的，对个人需求的认识也几乎完全停留在经济效益上；而“社会人”的行为则主要取决于工作中的人际关系和情谊，把工人当作一个“社会人”来看待。梅奥提出的“社会人”假设，事实上是为当时工业社会造成了“社会解体”和“不愉快的个人”等问题开出的一剂良药：人只有使自己完全投入集体中，才能实现彻底的“自由”。根据“社会人”假设，在管理实践中，管理者不应只注意完成生产任务，还应重视人的社会需要；管理者不应只注意计划、组织和控制，而应更重视员工间的人际关系，培养员工的归属感和整体感；管理者不仅要负起组织工作的责任，还应注意倾听员工的意见，了解员工的思想、情绪，为员工提供参与管理的机会，增强员工的主人翁感等。如此，员工心情舒畅，关系协调，工作积极性高，比传统的任务管理更有成效。

（3）正式组织与非正式组织。梅奥还发现了非正式组织的存在及其价值。梅奥指出，非正式组织是一种客观、普遍现象，具有如下一些重要特征：第一，有很强的凝聚力。非正式组织的成员具有共同的思想与情感基础，彼此感情较为密切，相互信赖，有时甚至会出现不讲原则的现象。第二，有很强的心理协调性。由于组织成员的自愿结合，他们对某些问题的看法往往基本一致，因而会有较强的归属感。而当让人们从一个团体转换到另一个团体时，就会表现出明显的情绪抵触或不适应。第三，能使信息沟通更灵活。非正式组织的成员对信息反应具有极大的相似性，成员间交往频繁，信息传播迅速。第

---

① 梅欧．工业文明的社会问题．北京：商务印书馆，1964：47.

② 梅奥．工业文明的人类问题．北京：电子工业出版社，2013：154.

③ 同①97.

四，会自然形成领袖人物。它有组织而没有明确的机构，有成员、纲领却没有正式编制和文件规章，有领袖却不是正式选举产生或任命产生，而是在组织发展过程中自然涌现出来的。为此，管理当局必须重视非正式组织的作用，使管理者与工人之间能够充分合作（见“梅奥与新‘社区管理’”）。

梅奥与新“社区管理”

梅奥在《工业文明的社会问题》中提出了一种社会哲学理论，认为，群体对于理解组织中人的行为具有核心作用。他强调了非正式组织的重要性，并鼓励管理者“培育”非正式组织，从而使管理系统形成一个“社区组织”。在这种社区组织中，所有的或多数的员工都是自然群体中的成员，这些自然群体紧密联系，通过共同的目的而相互关联。这种采用社区功能建立工厂的思想现在依然流行。例如，网络搜索引擎公司谷歌提供给职员们的不是一份工作，而是一个机会，员工能够成为这个从事有意义工作的社区中的一员。这个角色与从属关系并不相同，员工们是集体经验的消费者。这样的公司允许员工带着孩子上班，允许员工玩曲棍球或洗桑拿浴等，而且，所有这些都可以在上班时间、在符合公司规定的前提下进行。尽管工作社区的观点受到了一些批评，但总体而言，社区工作理论是一个不错的观点，它可以使员工感到他的工作显得更有意义。①

作为参加梅奥霍桑实验的主要助手，弗里茨·罗斯利斯伯格（Fritz J. Roethlisberger，1898—1974）补充说，非正式组织不应被看成“坏”的，而应被看成正式组织的必需的、相互依存的一个方面。由于正式组织和非正式组织在企业中并存，因而，企业中每个工作人员同时分别接受两种评价，即来自正式组织中领导的“个人评价”，来自非正式组织中同事的“社会评价”。罗斯利斯伯格指出，企业管理当局只要把组织看成一个社会系统，就能够处理正式组织所要求的“效率的逻辑”和非正式组织所要求的“感情的逻辑”之间的冲突。为此，罗斯利斯伯格将二者综合成经营企业的一个信念体系——“情境逻辑”，指出，只有以“情境逻辑”而不是以“思想逻辑”来理解人，才能理解人际关系的真正意义。②

（4）激励“士气”。在科学管理理论那里，只要采用恰当的经济激励，改善工作条件，制定科学的作业方法，就可以提高生产率。而梅奥等人则认为，管理人员不仅要重视生产的物质技术要素，具有处理技术的能力，而且必须重视生产中的人的要素和人与人之间的关系协调，提高人事处理能力，有效激励员工的“士气”，从而提高劳动生产率。梅奥强调，人的社会关系方面的需要是员工最为重要的需要，只有充分满足员工社会心理的需求的新型领导者，才能激励员工“士气”，进而为文明社会找出正确的前进方向。③

人际关系学说的兴起，与当时的社会变革密切关联。就在霍桑实验进行过程中的1929—1933年，资本主义世界爆发了全面性的经济危机，使得农民、工人、小企业主、

---

① 戴维·布坎南，安德杰·赫钦斯盖. 组织行为学. 北京：经济管理出版社，2005：293.

② 丹尼尔·A. 雷恩，阿瑟·G. 贝德安. 管理思想史：第6版. 北京：中国人民大学出版社，2012：230.

③ 梅奥. 工业文明的人类问题. 北京：电子工业出版社，2013：79-116.

失业者、饥饿的人，成为经济不幸的“弃儿”。究其因，工业生活造成了个人的无力感，导致社会失调以及人的各种非理性行为。这场经济危机的结果，在政府层面，直接导致了对政府角色的重新定位，即从自由放任到以“国家干预”为特征的罗斯福新政的转变。与此同时，在整个社会层面，也出现了一种更为积极的解救之路。譬如，诺尔曼·文森特·皮尔（Norman Vincent Peale，1898—1993）在《积极思考的权力》一书中提出“精神治疗”法，劝人们到基督教中去寻找“内在力量”以应付紧张和危机。而戴尔·卡内基（Dale Carnegie，1888—1955）提出了一种“和睦相处”疗法，即通过个人魅力去赢得别人的合作而走向成功之路。由此，产生了一种以“他人”为中心的新伦理学，“其高尚道德不是来自效率而是来自同别人和睦相处”①。戴尔·卡内基还开创并发展出一套融演讲、推销、为人处世和智能开发于一体的成人教育方式，成为西方现代人际关系教育的奠基人和成功学大师。他在 1936 年出版的《如何赢得朋友并影响人们》（或译为《如何赢取友谊与影响他人》）一书认为，成功之路就是通过赢得其他人的合作，通过对他人努力的诚恳赞扬而使他们感到自己的重要性；给人一个好的第一印象；让人们讲话并表示同情，以赢得人们遵照你的思路；通过赞扬人们的优点并使冒犯者有保留面子的机会等。②

总的来看，人际关系运动的目标就是有效的人类合作，其手段是通过重建一套社会规范来促进工业生活的调整。对梅奥来说，问题不只是在于组织内部通过管理的改善来提高生产效率，更重要的是这种转向事关工业文明的健康发展问题。在其看来，经济问题的根源在于社会和人的问题，“真正威胁到文明的并不是原子弹，而是企业和政治领导者缺乏管理人际关系的技能”③。为此，梅奥主义者主张工人们应该从团体内部来抵制管理当局，保护自己，在工作中寻求满足。梅奥预期，一旦恢复了社会团结，满足了人的社会和心理需求，自然就会努力提高生产率。既如此，经济政策就要抵消企业的权力集中，通过“自下而上的管理”、“多方管理”和“参与领导方式”，促使工业民主化，以恢复那些在金字塔底层的人的影响。这一思想与福利特关于权力的非人格化、开明领导的号召和巴纳德的社会协作理论相呼应，从而共同开创出一个管理学的“社会人时代”。

2. “激励”的哲学

自霍桑实验之后，“人”越来越成为管理者的关注焦点，“激励”问题日渐成为人力资源管理的核心要素。如果说科学管理理论偏重于物质性激励的话，人际关系理论则赋予雇员在工作中的参与感和重要性，以满足员工的基本社会需要。从 20 世纪 50 年代起，有关激励问题的研究，得到了进一步的发展。一些行为科学家则从心理学、社会学、生理学等角度来研究人的行为和动机，进一步探寻激励员工提高生产效率的管理方案，从而涌现出一大批关于激励的理论。

（1）马斯洛的需求层次理论。与人际关系学说强调员工的社会性需求不同，以马斯洛（Abraham H. Maslow，1908—1970）等为代表的心理学家、管理学家则更注重高层

① 多萝西·卡内基. 卡内基每日一智. 北京：中信出版社，2008：118.

② 丹尼尔·A. 雷恩，阿瑟·G. 贝德安. 管理思想史：第 6 版. 北京：中国人民大学出版社，2012：301.

③ 马尔科姆·沃纳. 管理思想全书. 北京：人民邮电出版社，2009：425.

次的个体需求。马斯洛发现，从弗洛伊德（Sigmund Freud，1856—1939）开始的心理学研究，集中于人类的病态方面，而忽视了人类的健康常态。他指出："如果一个人只潜心研究精神错乱者、神经症患者、心理变态者、罪犯、越轨者和精神脆弱者，那么他对人类的信心势必越来越小，他会变得越来越'现实'，尺度越放越低，对人的指望也越来越小。"① 正是基于这种认识，马斯洛把心理学发展方向扭转到对健康人性的研究方面，把"自我实现的人"和"人类潜力"的概念引入心理学范畴，创建了人本主义心理学派。

马斯洛在1943年发表的成名作《人类动机理论》一文中，提出了著名的"需求层次论"，认为一切生物体的行为状态都应理解为受动机支配或因动机而起作用，人类总是不断寻求一个更加充实的自我，追求更加完美的自我实现。② 那么，究竟是什么促使人走上不断"自我实现"的茫茫征途呢？在马斯洛看来，人正因为某种不满足，才促动他去索取，因此，需要就是动机，人始终受着需要、动机的支配，从而使人不断趋向"自我实现"。虽然实践中有许多人可能永远也完成不了这种完整的自我实现，但任何一个健康的人都不会丢失这种不断追求的特性。

马斯洛把人的需求具体归纳为如下五个层面：

第一，生理需要。马斯洛认为，在多数情况下，人的生理需求如果已基本满足，那就在个人当前的动力中不再重要。但是，只要最底层的生理需求受到威胁，他就会立刻返回到这一需求上。为此，管理人员应该明白，如果员工还在为生理需求而忙碌时，工作并不是他们所真正关心的问题，而应从工资、劳动条件、福利待遇等基本需求层次来对员工进行激励。

第二，安全需要。如果生理需要得到充分满足，就会出现安全需要，诸如为安全而求稳定，渴望有医疗保险、失业保险和退休福利等。如果对员工来说安全需求最重要，管理人员就应该着重满足这种需要，强调规章制度、职业保障、福利待遇，保护员工不致失业。

第三，对归属与爱的需要。当生理需要和安全需要基本得到满足后，个人就会产生归属与爱的需要，诸如渴望得到家庭、团体、朋友、同事的关爱和理解，或成为某个集体公认的成员等。在管理实践中，如果这些需要得不到满足，就会影响员工的精神，导致高缺勤率、低生产率、对工作不满及情绪低落。因此，管理者应该意识到，当这种需求成为主要的激励源泉时，工作就会被人们视为寻找和建立温馨和谐人际关系的机会。如此一来，那些能够提供交往机会的职业，就会受到重视。

第四，对自尊的需要。当如上三种需要得到满足后，个人就会产生对自尊的需要。这种需要可以分为两类：首先是每个人都希望有实力，有成就，有独立和自由；其次，是要求名誉或威信、注意或赞赏。有这种需求的人，关心的是成就、地位和晋升机会。如果不能满足这类需求，就会使他们感到沮丧，因此，需要采取公开奖励和表扬等方式。

第五，自我实现的需要。当如上四种需要得到满足后，个人就会产生自我实现的需

---

① 戈布尔．第三思潮：马斯洛心理学．上海：上海译文出版社，2001：2.

② 马斯洛．动机与人格．北京：华夏出版社，1987：78.

要，即个人潜力的充分发展。这是人性本质的终极目的。马斯洛研究发现，那些能够自我实现的人一般具有如下人格特质：有良好的现实知觉；能正视自己、别人和自然；他们的活动和反应是自发的，而不是被迫的；能以问题为中心，而不是以自我为中心形成看法；有独立自主性，不受环境和文化的支配；能认识人类；和为数不多的人产生深厚的友谊；有与众不同的鉴赏力和审美观；具有民主价值观；有一种哲理性、无敌意的幽默感；具有创造力；有较多的巅峰体验；有高度的社会兴趣，但不墨守成规等。在这些特征中，马斯洛特别强调"巅峰体验"，即自我实现者在人生历程中曾有体验到欣喜感、完美感及幸福感的经验，多在人生领悟、苦尽甘来或宗教悟道等情境下产生。①

以上五种需求，层层递进，以生理需求为基础，以自我实现为最高发展需求。一般而言，当较低需求得到满足之后，较高需求便会随之产生，已经满足的需求不再起促进作用，不再是激励的因素；一种需求一经满足，另一种需求就会取而代之。在马斯洛的理论中，处于需求层次中的每种基本需求都有自己相对的稳定度，但也存在例外。例如，有些人把自尊看得比爱更重要；而对一个长期失业的人来说，能够获得足够的食物就会心满意足，因此他的抱负水平可能永远是压抑或低下的；心理变态的人，则会永远丧失爱与被爱的需要；一些拥有崇高理想的人可能会为了追逐理想而选择放弃生命等。② 因此，马斯洛的需求层次论并不是一个机械的递变系列，每个人都有相对不同的需求。为了激励员工，管理者必须弄清楚什么样的需求是组织中的员工所希望得到满足的。对于那些有高水平业绩并对组织做出贡献的员工，要保证他们的需求得到满足。如此一来，管理者就会将个人和组织的利益紧紧结合到一起。

1954 年，马斯洛在《动机与人格》一书中，对人类的多种需求做了进一步阐释，即在第四层级之后增加了求知需求（包括人有知道、了解和探索事物的需求，而对环境的认识则是好奇心作用的结果）和美的需求（指人有追求匀称、整齐和美丽的需求，并且通过从丑向美转化而得到满足），从而将整个需求层次理论体系扩充为七个层次。1962 年，马斯洛写成《良好精神管理》一书，论述了"开明管理"的思想，即管理者必须注意到员工占优势的不同层次的需求总是在不断变动的过程中，并由此来实施富有变化的针对性管理。"在马斯洛之后出现的许多管理潮流，如工作丰富化、全面质量管理、商务过程重建、自我团队管理、'新型领导'和员工授权等，都融合了马斯洛关于实践激励方式的思想。"③

（2）"双因素"理论和"三种需求"理论。除马斯洛的需求层次理论之外，20 世纪 50 年代末期，美国犹他大学的管理学教授弗雷德里克·赫茨伯格（Frederick Herzberg，1923—2000）提出了关于激励的"双因素"理论，即"激励与保健因素"理论。赫茨伯格和他的助手们经过调查发现，使职工感到满意的，都是属于工作内容方面的；使职工感到不满意的，都是属于工作环境方面的。他把前者叫作激励因素（motivation factors，或称为"工作的内涵"），后者叫作保健因素（hygiene factors，也称为维护因素）。具体而言，保健因素包括监督、人际关系、具体工作条件、工资、公司政策及管理方法、利

---

① 马斯洛. 动机与人格. 北京：华夏出版社，1987：40-54.

② 同①59.

③ 戴维·布坎南，安德杰·赫钦斯盖. 组织行为学. 北京：经济管理出版社，2005：245.

润，以及工作安全；激励因素包括成绩、成就感、有挑战性的工作、更高的工作责任，以及发展和成长的机会等。赫茨伯格认为，保健因素虽然是必需的，但“仅仅有保健是不够的”，只有激励因素才会使人表现更佳。在赫茨伯格看来，要调动人的积极性，更重要的是要注意工作安排，量才录用，各得其所，注意对人进行精神鼓励，给予表扬和认可，注意给人以成长、发展、晋升的机会等。赫茨伯格还注意到，激励因素和保健因素都有若干重叠现象，如赏识属于激励因素，基本上起积极作用；但当没有受到赏识时，又可能起消极作用，这时又表现为保健因素。工资是保健因素，但有时也能产生使职工满意的结果。①

正是基于对保健因素和激励因素的精致分析，赫茨伯格指出，传统的激励方法如同KITA（a kick in the ass，即赶驴），无论是积极的KITA——喂“胡萝卜”，还是消极的KITA——舞“大棒”，对人的行为的支配作用都是暂时的，必须从工作本身的特性中寻求长期性的行为激励，这就是“工作丰富化”。与把多种工作结合在一起的“工作扩大化”（赫茨伯格称之为“水平装载”）不同，工作丰富化（他称之为“垂直装载”）增加的是工作的深度而不是宽度，即通过让员工负责管理一个部门或一组客户，创造使命、责任感，赋予员工控制财务的权力等措施，以更好地激发员工的积极性和创造性。概括而言，赫茨伯格提出的实现工作丰富化的原则有：其一，要增加一个人的责任感和成就感，增加他们对工作的责任，给他们完整的工作岗位；其二，要增加一个人的成就感和赏识感，就要在工作中给予他们更多的权力和自由，并定期表扬员工；其三，要促进一个人的成长和学习，要给他以新的、挑战性的任务，从而实现持续性改进等。

20世纪40—50年代，戴维·麦克利兰（David C. McClelland，1917—1998）提出了著名的“三种需求”理论：其一，成就需求（Need for Achievement）。具有强烈的成就需求的人，往往渴望将事情做得更为完美。他们追求的常常是在争取成功的过程中克服困难、解决难题、努力奋斗的乐趣，以及成功之后个人的成就感，并非看重成功所带来的物质奖励。一个公司如果有很多具有成就需求的人，那么，公司就会发展很快；一个国家如果有很多这样的公司，整个国家的经济发展速度就会高于世界平均水平。其二，权力需求（Need for Power）。不同的人，对权力的渴望程度自然会有所不同。一般而言，权力需求较高的人，喜欢对别人“发号施令”，注重争取地位和影响力；常常表现出喜欢争辩、健谈、直率和头脑冷静；善于提出问题和要求；喜欢教训别人并乐于演讲；喜欢具有竞争性和能体现较高地位的场合或情境；会追求出色的成绩，但并不是为了个人的成就感，而是为了获得地位和权力或与自己已具有的地位和权力相称，等等。其三，亲和需求（Need for Affiliation）。亲和需求是指寻求被他人喜爱和接纳的一种愿望。具体而言，高亲和动机的人，更倾向于与他人进行交往，渴望亲和，喜欢合作而不是竞争的工作环境，渴望彼此之间的沟通与理解，对人际关系更为敏感——有时也表现为对失去某些亲密关系的恐惧和对人际冲突的回避。不过，注重亲和需求的管理者容易因为讲究交情和义气，而违背或不重视管理工作原则。② 总之，麦克利兰从心理学角度入手，把

① 丹尼尔·A. 雷恩，阿瑟·G. 贝德安. 管理思想史：第6版. 北京：中国人民大学出版社，2012：340.
② 麦克利兰. 成就与动机. 当代经理人，2010（11）：98-100.

激励理论推演到整个人类社会的层面，并用以观察、分析和改造社会，是一项具有开创性的探索。

（3）期望理论、强化理论和公平理论。维克托·弗鲁姆（Victor H. Vroom，1932— ）曾任美国管理学会主席，1964年出版《工作与激励》（又译为《工作与动机》）一书，阐述了期望理论，即人之所以能够从事某项工作并达成组织目标，是因为这些工作和组织目标会帮助他们达成自己的目标，满足自己某方面的需要。弗鲁姆强调，在进行激励时要处理好三方面的关系：其一，努力与绩效的关系。人们总是希望通过一定的努力达到预期的目标，如果个人主观认为达到目标的概率很高，就会有信心，并激发出很强的工作力量；反之，就会失去内在动力，导致工作消极。其二，绩效与奖励的关系。人们总是希望取得成绩后能够得到奖励。如果人们认为取得绩效后能够得到合理的奖励，就可能产生工作热情，否则，就可能没有积极性。其三，奖励与满足个人需要的关系。对于不同的人，采用同一种奖励办法能够满足的需要程度不同，能够激发出的工作动力也就不同。[①] 相比较而言，马斯洛以满足人们的某种缺乏的需求为动力来实现激励，而弗鲁姆则是从个人追求目标的观点来研究个人对目标的期望，将激励视为推动个人向其期望目标前进的一种动力。简言之，弗鲁姆的期望理论侧重于“外在目标”，而马斯洛的需求理论则着眼于“内在缺乏”，但二者都认为激励在于实现外在目标和满足内在需求的统一。

如果说弗鲁姆的期望理论强调行为同其后果之间关系的重要性，较多地涉及主观判断等内部心理过程，那么，斯金纳（Burrhus Frederic Skinner，1904—1990）的强化理论则注意到了外部环境刺激对行为的影响。斯金纳发现，动物的行动不仅仅是简单的“刺激—反应”，更受到周围环境的影响。为此，他提出了一种“操作条件反射”理论，认为人或动物为了达到某种目的，会采取一定的行为作用于环境。当这种行为的后果对他有利时，就会在以后重复出现；不利时，这种行为就减弱或消失。因而，管理者可以用正强化或负强化的办法来影响人们的行为。具体而言，正强化就是奖励那些组织上需要的行为，以加强这种行为，方法包括奖金、对成绩的认可、表扬、改善工作条件和人际关系、提升、安排担任挑战性的工作、给予学习和成长的机会等；负强化就是惩罚那些与组织不相容的行为，以削弱这种行为，方法包括批评、处分、降级等，有时不给予奖励或少给奖励也是一种负强化。[②]

20世纪60年代，美国北卡罗来纳大学的行为学教授斯塔西·亚当斯（J. Stacy Adams）侧重于研究工资报酬分配的合理性、公平性及其对职工生产积极性的影响，并提出公平理论。该理论认为，当一个人做出了成绩、取得报酬后，他不仅关心所得报酬的绝对量，而且关心自己所得报酬的相对量。因此，他要进行种种比较来确定自己所获报酬是否合理，比较的结果将直接影响今后工作的积极性。一种比较称为横向比较，即将自己获得的“报偿”（包括金钱、工作安排以及获得的赏识等）和“投入”（包括教育程度、所做努力、用于工作的时间、精力和其他无形损耗等）的比值，与组织内其他人做

① Victor Vroom. Work and Motivation. CA，San Francisco：Jossey-Bass，1964.

② 谢应宽. B. F. 斯金纳强化理论探析. 贵州师范大学学报（自然科学版），2003（1）.

社会比较，只有相等时，他才认为公平。除了横向比较之外，人们也经常做纵向比较，即把自己目前投入的努力与目前所获得报偿的比值，同自己过去投入的努力与过去所获得报偿的比值进行比较，只有当比值相等时，他才认为公平。[①] 调查和实验结果表明，绝大多数不公平感是人们经过比较认为自己目前的报酬过低而产生的（在少数情况下，也会经过比较认为自己的报酬过高而产生）。

公平理论的重要启示在于：影响激励效果的不仅有报酬的绝对值，还有报酬的相对值。同时，激励应力求公平，不致造成严重的不公平感。当然，公平本身是一个复杂的问题，这是因为：其一，它与个人的主观判断有关。一般人总是对自己的投入估计过高，对别人的投入估计过低。其二，它与个人所持的公平标准有关。例如，有人认为助学金应改为奖学金才合理，有人认为应平均分配才公平，也有人认为按经济困难程度分配才适当。其三，公平与绩效的评定有关。如何评定绩效？是以工作成果的数量和质量，还是按工作中的努力程度和付出的劳动量？是按工作的复杂、困难程度，还是按工作能力、技能、资历和学历？不同的评定办法会得到不同的结果。其四，它与评定人有关。绩效由谁来评定，是领导者评定还是群众评定或自我评定？不同的评定人会得出不同的结果。

在实践中，大多数人都希望自己在工作中做的事是有意义的，都希望因为自己的工作而受到别人的尊重，能学到新的技能，获得新的经验。然而，当今的大多数评价制度都是判断性的。它们注重过去，对照制定好的标准来评价员工过去的业绩。虽然偶尔也会把员工的发展需求包含进去，但这只占一小部分，大多数的时间都花在了评价过去的表现上。事实证明，要想让人们得到发展，就必须从评价制度转变为采用真正的发展计划。这意味着从评价过去进行得怎样，转变为让人们为日后做得更好做好准备。这就要求我们必须从判断性的、向后看的过程转变为建设性的、向前看的过程。如今，许多大型公司所关注的焦点已转向为它们的员工提供选择的新型政策，即为员工提供选择成为一种战略。在这种战略视野中，职业的发展问题不再被视为只是雇员的责任，而是被看作一种雇员与雇主共同承担的责任。[②]

在当今的商业行为中，主导我们思考与行为方向的最重要的预先假定，莫过于追求卓越表现。这个重点对自身角色的认定与合作的内容有举足轻重的影响。仅仅卓越表现这一个理念，就足以决定一个组织的基本动力，或使公司处于能够尽己所能，发挥所长，获致长久的成功；或使我们无法亲近任何对人生、对个人成长最重要的事物。因此，企业作为一种以许多途径为自己和他人创造更好生活的合伙关系，应该珍惜、呵护、鼓励员工个性的发展。最好的企业组织是能够让员工在其中工作、成长、茁壮的美好组织结构。这也是管理活动的最根本的内涵。同样，从某种意义上讲，商业也是一种艺术表现，创造出人与人的互动关系和各种活动的结构，并且不时地加以维护与修正。人类在这些结构中成长、成功，尽情享受生命。[③]

当然，真正的自由绝非摆脱束缚的自由，而是创造我们真正心之所向的自由。在学

---

① 丹尼尔·A. 雷恩，阿瑟·G. 贝德安. 管理思想史：第6版. 北京：中国人民大学出版社，2012：342-343.

② Peter Cappelli. Managing without Commitment. Organizational Dynamics. Spring，2000：11-24.

③ 汤姆·莫里斯. 重思管理的艺术. 海口：海南出版社，2002：38，110-112.

习型组织理论的代表人物彼得·圣吉看来，那种追求“自我超越”的人所找寻的自由，构成了学习型组织的中心精神，因为开创型学习的动力，源自想要创造对人们有价值与意义的新事物的欲望。如果知道命运是操在自己的手中，人们就会努力不断地学习和应变。因此当我们对自己的行动有真正的责任感时，学习的速度也最快。自我超越的意义在于以创造而不是反映的观点，来面对自己的生活与生命。① 总之，充满爱意的创造力就是生命的意义，它也是商业的意义的最佳诠释。

3. “人性假设”的迷局

事实证明，只有将人类与生俱来的天性因势利导，作为永不枯竭的激励来源，才能够获得持续卓越的基础。逐渐地，人被看作企业的一项有价值的资产。今天流行的“人力资源管理”的术语便是对这种更具战略性的人事管理观点的集体体现。随着人际关系运动的拓展，以及人们对提高生产效率的动机的探索，人们开始更多地将激励问题的研究深入到对“人性”的探索和挖掘上，出现了诸多的“人性假设”，并成为构建管理理论或选择管理方式的理论基点。

美国麻省理工学院教授道格拉斯·麦格雷戈（Douglas McGregor，1906—1964）研究发现，传统管理者尽管可以通过各种规定，命令一个人去进行某种作为，却无法要求员工全心工作和最大可能地贡献智慧，从而造成组织中人力资源的大大浪费。为此，麦格雷戈指出，传统管理实际上蕴含着如下人性假设：“1. 管理是以实现经济利益为目标，对生产性企业的元素（包括资金、原料、设备、人员等）进行组织的过程。2. 从员工角度来说，管理是指挥、激励、控制、修正其行为来满足组织需求的过程。3. 没有管理的积极干预，人们将采取消极态度应对组织需求，甚至最终演化为抵抗。因此，管理者必须对员工进行说服、奖励、惩罚、控制；也就是说，他们的行为必须得到指挥，而这就是管理的任务。对于这一点，我们常常总结为：管理就是要求人们完成一定的工作。”② 麦格雷戈进一步指出，在这种传统的管理理论背后，还潜藏着管理者默认的一些附加的基本预设与信念，这些预设与信念往往被管理者不假思索地在使用。它们是“4. 大多数人都生来懒惰，只要有可能，就会少干活。5. 大多数人都缺乏野心，不喜欢承担责任，情愿被管理。6. 大多数人都生来以自我为中心，对组织需求漠不关心。7. 大多数人都生来惧怕改变。8. 大多数人都不够聪明，很容易受到欺骗和蛊惑”③。

麦格雷戈把基于这种人性观所形成的“传统的指挥和控制观点”称为“X 理论”，其核心内容是：大多数人对工作有一种自生的抵触情绪，他们天生好逸恶劳，工作对他们而言是一种负担，毫无享受可言，只要有机会，他们就尽可能地偷懒，逃避工作；从性格上看，一般人都缺乏理智、不能克制自己、只凭自己的感觉行事，不喜欢负什么责任，很容易受别人影响，愿意被人指挥；大多数人都缺乏自信心，容易安于现状，没有雄心壮志，只能看到眼前的利益，看不到长远的利益；他们为了满足基本的生理和安全需要而工作，把个人利益看得很重要，所以会选择那些在经济上获利最大的事去做；等等。

---

① 彼得·圣吉．第五项修炼：学习型组织的艺术与实务．上海：上海三联书店，1998：331.

② 道格拉斯·麦格雷戈．企业的人性面．北京：中国人民大学出版社，2008：223-224.

③ 同②224.

可见，“X理论”就像“经济人”假设一样，都对人的本性持一种悲观、消极的态度。以这种人性假设为基础的传统管理理论，自然会表现为侧重于严密控制和监督的管理方式上。在这种管理方式中，管理只是少数人的事，员工的任务就是听从指挥、努力生产；主要依靠金钱来刺激员工的生产积极性，并对消极怠工者予以严惩；以权力和控制体系来保护组织本身及引导员工等。

麦格雷戈指出，正是受这种人性假设的影响，管理在完成其任务当中已经形成处于两种极端情况之间的一系列可能的处理方式：一方面，管理人员是“严厉的”，表现为强迫和胁迫，严密监督，而不考虑在情感和道义上如何给人以尊重；另一方面，管理人员则可能是“温和的”，以求相安无事。“严厉的”方式容易引起员工的反抗和敌对情绪，“温和的”则往往会导致管理者对业绩的漠不关心，甚至放弃管理。因而，在实践中最为流行的方式，就是兼采二者之长，即管理者一方面需要靠金钱刺激与收买，另一方面则通过严密的控制、监督和惩罚而进行管理。①

在麦格雷戈看来，这种“胡萝卜加大棒”的激励理论，虽然在某些情况下也能合理地起作用，但是，X理论的人性假设是错误的，因为它将经济报酬当作激励职员的唯一力量，而忽视了其他因素——就像“社会人”假设所揭示的，工人不是单纯追求金钱收入，他们还有社会、心理方面的需求。根据马斯洛的需求层次理论，“胡萝卜加大棒”的政策虽然对于较低层次的生理和安全需求有效，但对于社交、尊重和自我实现这三种较高层次的需求则无法给予满足——此时，指挥和控制是无法充分发挥激励作用的。

为此，麦格雷戈以马斯洛的理论为基础，针对“X理论”的局限提出“Y理论”：其一，管理是以实现经济利益为目标，对生产性企业的元素（包括资金、原料、设备、人员等）进行组织的过程。其二，员工并非生性喜欢抵抗组织的需求。他们之所以如此，完全是环境使然。其三，自我激励、自我发展、主动承担责任、自觉主动地向组织目标努力等，都是人们主观表现出来的行为，而不是管理强制设置的。因此，管理者有责任让员工认识到这样的意义，并努力进行自我发展。其四，管理的任务就是营造组织环境，设定工作方法，让员工通过为组织目标努力而实现自身的目标。

不难看出，Y理论与X理论正好相反，即认为人性本善，人的潜力是无穷的，人都愿意负责任并能自我控制，人们需要并期望工作，一旦给予机会他们就会努力工作。这样，Y理论与普遍流行的指挥、控制的管理态度发生了冲突，而与之相适应的是个人目标与组织目标相融合的管理策略，即“创造条件，使组织成员达成自身目标，（最佳情况是）同时努力追求组织的成功”。②

在麦格雷戈看来，人的自我实现需求和组织要求的行为之间是没有矛盾的，人在追求不断满足之时，也能够接受职责和主动承担职责。只要组织给人提供适当的机会，就能将个人目标和组织目标统一起来。因此，只要管理者采取适当的管理措施，对员工进行激励，他们都会发挥很大的积极作用。从这种意义上讲，管理“是一个创造机会、激发潜力、清除障碍、鼓励成长、提供指导的过程”③。依照这种管理理念，管理者不再是

---

① 道格拉斯·麦格雷戈. 企业的人性面. 北京：中国人民大学出版社，2008：224.

② 同①48-50.

③ 同①230-231.

指挥者、调节者或监督者，而是辅助者和训练者。为此，在激励方式上，Y 理论强调工作本身的内在激励，让员工担当具有挑战性的工作，满足其自我实现的需要。在管理制度上，给予工人更多的自主权和信任，实行自我控制，并共同分享权力。

正是以这种人性理论为基础，麦格雷戈概括出已经取得成功的四种管理措施：一是，分权管理与授权。这种管理措施理念基于上级对下属的信任，使员工免于受到传统组织过于严密的控制，并能满足员工的自我实现的需要。二是，适当扩大员工的工作范围。这项措施鼓励在组织的底层接受责任，提供追求满足社会和自我中心需要的种种机会。三是，参与和咨询式管理。就是让员工在不同程度上可以参加企业的决策和各级管理工作。如此一来，员工的积极性会更高，对企业会更加忠诚，从而大大提高管理绩效。四是，员工对自己的工作进行评价。传统的 X 理论指导下的绩效评价方法，都是上级对下级进行评价。而 Y 理论则鼓励员工对自己的工作进行绩效评价，从而使个人对组织的目标实现承担更大的责任。① 可见，“Y 理论”实质上就是“自我实现人”假设的原始“脚本”，它们都对人的本性持有一种乐观积极的态度，并强调人的主动、自控的一面，重视人在工作中满足自己高级需要、实现自我价值的意义。

X 理论和 Y 理论的产生，在西方管理界引起不同的反响。从实践上看，自 20 世纪 60 年代以来，世界许多大企业坚定地相信麦格雷戈的 Y 理论，并据此制定了大量的人才激励方案，力图实现个人目标与组织目标的结合，并在实践中获得了巨大的成功。从理论上看，X 理论对工人的看法相对悲观和负面，并与科学管理的观点相一致；Y 理论则较为积极，反映了人际关系运动鼓吹者们的假设。实际上，Y 理论的局限也是明显的。一个团体的成员往往良莠不齐，有的人较积极，有的人较消极。固然不能说所有的人天生就是懒惰而不愿负责的，但有些人也确实如此，且不愿或很难改变。对于这些人，Y 理论自然很难适用。不仅如此，与实现人的智慧潜能相适应的工作环境并不是经常有的，而要创造出这样一种环境，自然会大大增强成本。这些因素的存在，无疑使 Y 理论的适用性受到极大的限制。

随着管理实践的发展和管理研究的深入，管理学家们不再试图描绘出一个抽象不变的人性模式，而是认为人性是复杂多变的，并提出所谓“复杂人”假设。美国管理学家埃德加·沙因（Edgar Henry Schein，1928— ）认为，无论是“经济人”“社会人”还是“自我实现型人”的假设，都有其合理性的一面，但都不适用于一切人：一方面，人存在着很大的个体差异；另一方面，同一个人在不同的年龄、地点和环境下也会有不同的表现。具体而言：其一，人的需要会随着人的发展和整个生活处境的变化而变化，并因时间而异。其二，由于需要和动机彼此作用并组合成复杂的动机模式、价值观和目标，所以人们必须决定自己要在什么样的层次上去理解激励机制。其三，一个人的动机模式和目标，乃是他的原始需要与其组织经历之间一连串复杂交往作用的结果。其四，每个人在不同的组织中或是在同一组织内的不同部门中，可能会表现出不同的需要。其五，人们对管理策略的反应，取决于他们自己的动机和能力及其工作任务的性质等。因此，

---

① 道格拉斯·麦格雷戈. 企业的人性面. 北京：中国人民大学出版社，2008：232-233.

不存在一切时间对所有的人都能起作用的“唯一正确”的管理策略。①

关于“复杂人”假设的代表人物，还有管理学家哈罗德·孔茨，其人性观可概括如下：其一，个人事务是人们自己所主要关心的事情。其二，如果利益超过代价，那么个人会为满足他们的需求而工作。其三，个人是能够受人引导的，领导者可以通过很多方法来实现引导，但这些方法必须依照个人的需要来选择和调整。其四，在大多数情况下，个人要求在一定的社会环境下生活和工作，也会要求在相对封闭的条件下独自工作。其五，个人促进组织的创建以服务于自己的需要，而这只有通过合作的努力才能实现。其六，“一般的人”并不存在，所有的个人都是不同的，而每一个人自己也时时不同。其七，个人能够应付对他们全部能力的挑战。人们都想充分施展他们的才能，常常抱怨自己缺少施展知识技能和对结果担负责任的机会。他们可能对日常工作和不快不慢的工作感到厌烦，他们有时非常想了解一下自己的能力到底有多大，等等。为此，孔茨强调，人性这个概念是特别复杂的。不能把人单纯地看成是理性的、经济的或社会的，人们在不同的时期或在不同的程度上，这些属性可能都具备。②

1970年，美国管理心理学家约翰·莫尔斯（J. J. Morse）和杰伊·洛希（Jay. W. Lorsch）根据复杂人假设进行了实证研究，在《哈佛商业评论》杂志上发表了《超Y理论》一文，指出X理论并不一定是毫无用处，而Y理论也不一定是普遍适用的，并提出一种新管理理论——超Y理论。具体而言，人们是抱着许多不同的需要和动机加入工作组织的，但主要的需要是去实现“胜任感”；胜任感的取得不仅受外部环境的影响，还受本人的权力、自由、地位、成就、交往的需要等强度的制约；当工作任务的性质与组织结构相适合时，胜任感最容易满足，工作效率也就高；否则，工作效率也就低；胜任感可以持续不断地被激励，并引起积极的连锁作用等。③ 两人最后得出结论：管理部门要根据具体的人和工作任务，选择相适应的组织结构和管理方式。这实际上构成了权变管理的基调。1974年，两人出版《组织及其他成员：权变法》一书，指出没有什么一成不变的、普遍适用的最佳管理方式，必须根据组织内外环境自变量和管理思想及管理技术等因变量之间的函数关系，灵活地采取相应的管理措施，管理方式要适合于工作性质、成员素质等。可见，“超Y理论”正是对“复杂人”假设的进一步诠释。

人性假设问题之所以在管理中具有重要地位，是因为任何管理实践的推进与管理思想的演化都离不开对人及其本质的认识。故而，许多研究者在建构起理论体系的过程中，常常需要明确表达他们对人性的基本假设。可以说，自科学管理创生以来，几乎一切重大的理论突破都涉及人性假设的更新。这些对人性有截然不同甚至相斥诠释的人性假设，虽然各自在管理实践中发挥过重大作用，但其理论局限也是明显的。这主要表现在：

其一，人性假设的虚假性扩大了管理理论与实践之间的鸿沟。管理中的人性假设为了逻辑论证的需要，往往削足适履式地剥离一切与其假设不相关的现实因素，导致本来是“假设”的东西却成为“事实”本身。这种假设的虚假性导致管理理论与管理实践日益脱节。

---

① 埃德加·沙因．沙因组织心理学：第3版．北京：中国人民大学出版社，2009：96-97.

② 哈罗德·孔茨，西里尔·奥唐奈．管理学．贵阳：贵州人民出版社，1982：625-626.

③ John J. Morse, Jay W. Lorsch. Beyond Theory Y. Harvard Business Review, May 1970.

其二，人性假设的偏狭导致了管理理论的分立。现实中的人性及其展现本来是丰富多彩的，然而，诸种人性假设范式都是从人的某个层次或角度去认识人的本性，截取人性中的某个片段并将之抽象夸大，从而人为地使管理理论成为一个个断裂的“块茎”或“封闭系统”，只能向人们展示人性的某个片段和管理的局部性质。“不可通约性”（incommensurability）是哲学家库恩（Thomas S. Kuhn）用来描述知识之间的隔阂或分离的一个词语，意指在不同文化情境与解释系统中各种理论不可能正确地比较或交流。这表现在管理研究中，围绕各自不同的人性假设，管理学形成不同的理论范式，相互之间不可通约，难以进行知识的自由流动，从而使人们在管理实践中无所适从。

其三，理性的僭越导致管理中的价值迷失及意义荒芜并使管理背离其本质。各种人性假设虽然内容各异，但一以贯之的逻辑便是管理的现代性及科学化。“经济人”便是这一逻辑的最为经典的表达。之后出现的“社会人”“自我实现人”“文化人”假设，尽管它们发现了人的非理性因素的重要性，但依然是以理性化的方法研究非理性因素并使之符合理性的标准，只不过控制的手段因标以“人性化”之名目，而变得更加隐秘。随着这种理性主义的高扬，现代管理在背离、撕裂人性的同时丧失了其解放功能而成为压迫工具，从而偏离了管理之真正本质。

历史地看，西方近代以来的主流哲学大都从理念层面来探讨人性之内在规定性，由此推导的人性往往是一种抽象的理念或精神，具有总体性、抽象性、静止性，而脱离现实的生产实践与社会关系。故而，马克思将这种“抽象人性论”视为“永恒不变的僵死的人性”的同时，提倡具体生成性的人性观，强调发现“现实的人”。从马克思的这一理论来看，以往管理研究的人性假设的局限是明显的。它们只是截取人性某一侧面并将之抽象放大，却从总体上背离了人性之现实性。这便是现代管理理论与管理实践日益背离的一个重要原因。

当然，“复杂人”假设留给我们的启示是：人既然是社会的产物，就必将会随着社会发展和社会环境、条件的变化而变化。不同的历史条件和文化环境，以及人们不同的经济地位，决定了人性的不同特点。因而，管理者不仅要了解人的一般性、共性，而且要了解人的具体性、个性。正如马克思所说，人性不是一成不变的，不是抽象的凝固物，个人是“一个**特殊的**个体，并且正是他的特殊性使他成为一个个体，成为一个现实的、**单个的**社会存在物”①。因此，对人的个性了解得越透彻，就越有可能做到合理地使用人和有效地激励人。

不过，话说回来，实践层面的人性往往具有历史性、具体性、多面性和动态性，更何况对于管理者而言，要去具体了解每一个员工的个性是有困难的、不现实的，因此，我们仍然需要了解人性的普遍性，需要从总体上去把握人之“类本性”。当然，这种对普遍人性的把握，决不能去做先验的假定或预设，而应该立足于人类的历史与实践，以获得对现实人性的真切洞察与体悟。为此，我们需要超越当今种种抽象、偏狭的人性假设，从现实出发对人性进行“整体性”的考量，以确保人之主体性与目的性在管理实践中的实现。

---

① 马克思. 1844年经济学哲学手稿. 北京：人民出版社，2000：84.

三、价值、责任与伦理

自现代管理开创以来，“效率”一直是组织经营的基本目标及其评价标准，但是随着实践和观念的变革，这一概念开始向“价值创造”转变。这一转变的一个基本方面，就是“企业社会责任”（Corporate Social Responsibility，CSR）的兴起和流行。于是，企业需要承担关于员工、社区、社会可持续发展、环境保护等方面的责任，逐渐成为一种共识。而企业社会责任的问题充分表明，管理与伦理是密切关联的，由此，企业（商业）伦理及其商业伦理教育活动，成为现代管理的重要组成。

1. 从绩效到价值

泰勒开创了一个管理新时代，也在其后启示了无数的管理者。可以说，他的理论和技术仍然支配着当今的工作设计，他创造的管理方法依然有效。例如，当今社会中的工作分析及流程标准化，企业风行的ISO认证，都可以看到泰勒科学管理方法的影子。甚至学习型组织、知识管理也都可以嗅到科学管理原则的味道。而从实践角度看，可以把科学管理原理应用于几乎所有人类的活动中去，并依然发挥着重要影响。泰勒的跑表，他的“时间-动作研究”，他坚信任何工作场所的任何操作活动都只有“唯一最佳方式”的执着，所有这一切彻底改变了员工和经理人员的工作生活。可以说，科学管理在提高现代人的生活水平上，也许发挥了其他主张都难以企及的作用。

而“效率”正是泰勒主义留给现代社会的最大“遗产”。自科学管理运动以来，人类对于高效率的胃口似乎就再也难以满足。今日的现实，似乎也正符合泰勒昔日的预言：“在未来，专家将决定我们日常活动的最佳行动方案，他们首先对工作进行分析，然后测出不同种方法做每一项工作所花时间，最后他们从准确的知识中而不是其他什么人的观念里了解到用哪一种方法可以以最少的投入在最快的时间里完成工作。决定最佳行动方案的事实依据就是这样而来的，并且将这样发展下去。”①

值得注意的是，在当今的管理理论视野中，“效率”这一企业价值目标本身也不断被“修正”。长期以来，企业一直被视为作为一个以盈利为目标的组织，其出发点和归宿都是盈利。无论是科学管理理论与行为科学理论，均以提高劳动生产率、实现利润最大化为目的，只不过具体做法有所不同而已——科学管理以金钱为诱因，以效率逻辑为行为准则，强调合理的劳动分工和对组织的有效控制；行为科学则主张重视人的心理上的满足，以感情逻辑为行为准则，强调对人际行为的激励与协调。管理科学学派继承并发展了科学管理理论，从系统观点研究管理的各种功能关系，应用模型化和定量化解决管理问题，以求得最优解。这仍然是在追求利润的最大化。直到决策理论学派产生以后，才将企业管理的目标由“最优”纠正为“令人满意”。从此，企业开始追求满意的、合理的利润。

然而，在人类的商业活动中，由于经济利益绝非是首要的及唯一的原动力，因而，

① 斯图尔特·克雷纳. 管理百年. 海口：海南出版社，2003：17.

我们对绩效的理解不能只囿于经济效益的理解上。如今，人们越来越认识到，企业不仅仅是创造利润，而更应有义务为社会做贡献。纵观 20 世纪 80 年代以来的世界大企业，不难发现百年不衰的企业有一个共同的特点，就是它们不再以追求利润为唯一目标，它们还有超越利润的社会目标。只要企业能不断地创造整体价值，就能够生存和发展。因此，如果可持续是一个朝向社会和商业不断前进的理想，那么我们的奋斗之路就必须通过价值创造，使企业的发展与社会本质、公正、解放以及个人终极的价值紧密相关。

基于此，价值管理（Value Management）成为当今企业管理的主要目标。这种以价值为基础的管理，是一个系统性、战略性、应变性、综合性和长期性的工作，是一种对企业价值链进行全员、全过程管理的系统性组织活动。它围绕关键的企业价值影响因素，在整个企业组织内改善战略和业务决策，以提高企业价值。美国学者肯·布兰查（Ken Blanchard，1939—　）在《价值管理》一书中指出，唯有公司的大多数股东、员工和消费者都能成功，公司才有成功的前提。为达到此“共好”的组织目标，必须逐步建立起为成员广泛接受的“核心信念”，并且在内部工作与外部服务上付诸实施，使其成为组织的标准行为典范。[①]

价值管理对企业的好处，不仅在于能够传承落实公司的远景，更能设定企业员工守则、工作信条等方法，在组织内部进行各种层面的沟通，凝聚共同信念，从而获得长久的事业成功。采用价值管理，能将管理者的决策重点放在价值的驱动因素上，将远景总体目标、分析技巧及管理程序协调起来。基于价值的管理，强调在各个层面上都能做出有利于增加价值的决策，从而要求上至总经理，下至一线员工都能树立创造价值的概念，并能深刻理解影响企业价值的关键性变量，将价值最大化战略转化为具体的长期和短期目标，以期在组织内部传达管理部门的期待目标。

20 世纪 80 年代兴起的价值链理论，提供了一个系统的方法来审查企业的所有行为及其相互关系。价值活动是由价值链的内部联系联结起来的，这些联系是某一价值活动进行的方式和成本与另一活动之间的关系。价值链管理的概念源于这样一种观点，即企业应该从总成本的角度考察其经营效果，而不是片面追求诸如采购、生产和分销等功能的优化。迈克尔·波特指出：“每一个企业都是用来进行设计、生产、营销、交货以及对产品起辅助作用的各种活动的集合，所有这些活动都可以用价值链表示出来”[②]。价值链不是一些独立活动的综合，而是由相互依存的活动构成的一个系统，因而必须从总体上考虑整个价值链。对于今天的经理人而言，最大的挑战是将个人、职能部门、公司和价值链的需要同步，从而使他们生产出精益企业的全部效率，同时确实提高个人的机会、职能力量和成员公司的内在价值。

由于创造企业价值的主体是经营和使用资本的人员，所以价值管理的重点不在方法上，更重要的是使全员关注企业价值创造，形成全员全过程的人人算账、处处理财的企业文化。这就是所谓的全面价值管理。

如今，全球竞争、不断变化的市场和新兴技术使创造价值的方式不断涌现，公司、

---

① Ken Blanchard. Managing by Values. Berrett-Koehler Publishers，2003：154.

② 迈克尔·波特. 竞争优势. 北京：华夏出版社，1997：36.

顾客和供应商可以得到的选择机会也迅速增加。由于任何产品或服务实际上是一系列复杂活动的结果，包括供应商和顾客之间、雇员和管理者之间、技术小组和组织专家之间无数的经济交易和制度安排，因而我们已经不能确切地区分一个公司提供给顾客的是产品或是服务，而只能将其称为公司的产出。这种新的价值创造系统的一个很重要的特征就是：顾客已经不只是接受公司所提供的价值，而是参与到公司的价值创造活动之中。由此，利润不是来源于顾客，而是来源于顾客创造价值的行为。这种新的价值观念为公司战略提供了很好的指引：竞争不再是公司之间的相互竞争，而是公司的产出相互竞争以使顾客愿意花时间、金钱和注意力来购买。公司的商业目标不应只是为顾客创造价值，而是动员顾客利用公司为其提供的价值创造机会，并为他们自己创造价值。公司的首要战略任务是对它的商业关系和商业系统做出重新安排，因为最有吸引力的产出的创造需要顾客、供应商、经销商、同盟及商业伙伴等的共同参与。

2. 社会责任的凸显

与创造价值相关的一个问题就是社会责任的问题。社会责任的观念其实并不“新鲜”。在古代及中世纪的欧洲，社会普遍认为，商人不应为了私利而损害社会利益。在19世纪的自由资本主义时代，按照当时流行的亚当·斯密的经济观念，企业唯一的目标就是在法律许可的范围内追求利润最大化。只要企业能高效使用资源并提供社会需要的产品和服务，就被认为是尽到了社会责任。即便如此，在当时，企业家个人的慈善行为仍然被认为是一种善举。尽管当时的一些大企业家往往兼具“强盗”和“慈善家”的双重面目，但不可否认，今天的世界是和这些“历史的创造者”密不可分的。譬如，电报行业的先驱埃兹拉·康奈尔（Ezra Cornell，1807—1874）创办了康奈尔大学；尼古拉斯·布朗（Nicholas Brown，1738—1836）承办了布朗大学；约瑟夫·沃顿（Joseph Wharton，1826—1909）创办了宾夕法尼亚大学的沃顿商学院；约翰斯·霍普金斯（Johns Hopkins，1795—1873）创办了霍普金斯大学；爱德华·塔克（Edward Tuck，1842—1938）创办了达特茅斯大学的塔克商学院；利兰·斯坦福（Leland Stanford，1824—1893）创办了斯坦福大学；钢铁大王安德鲁·卡耐基为了慈善而尽散家财。在当时，这种个人的慈善行为尽管受到人们的普遍赞扬，但是，这一时期的企业慈善行为却并不受推崇。当时美国的相关法律明确规定：企业不得从事其自身业务之外的事，否则，就会被视为“过度活跃”而遭到起诉。①

显然，这种企业社会责任观具有明显的消极意味。这与当时盛行的社会达尔文主义思潮是密切关联的。按照社会达尔文主义“适者生存”法则，慈善实际上违背了优胜劣汰的自然法则和市场竞争原则，却鼓励了那些在竞争中的失败者。正是在这样一种时代氛围下，很多企业自然不仅不会去主动承担相应的社会责任，而且还对与企业有密切关系的供应商、分销商、员工等利益相关者极尽盘剥之能事。而这样做的理由似乎也很“充分”，那就是通过竞争而成为“优胜者”。不过，到了20世纪20年代，这种状况开始有所改变。随着当时资本势力的不断渗透和扩张，贫富分化、劳资冲突等一系列社会矛

① 乔治·斯蒂纳，约翰·斯蒂纳. 企业、政府与社会. 北京：华夏出版社，2002：128-130.

盾和问题日益凸显。由此，社会达尔文主义的冷漠与残酷开始受到指责，通过掠夺方式来获得财富的行为被普遍认为是不道德的。人们越来越认识和体会到，企业必须对那些与其有关联的群体承担起应有的责任。

正是在这样的时代背景下，1924 年，英国学者奥利弗·谢尔登（Oliver Shelddon，1894—1951）在《管理哲学》一书中，首次从学术角度提出“企业社会责任”这一概念。他指出，最大限度地为股东赢利或赚钱并不是企业的唯一目的，除此之外，一个企业还应尽可能地增进股东之外的利益相关者的利益，增进社区服务和利益。具体而言：其一，企业的经营方针、环境和工作方法应有利于社会的繁荣；其二，管理者应努力阐明运用社会正义对待企业实践的全社会最高的道德约束；其三，管理者应主动提高一般的道德标准和社会正义的观念，管理者在运用这些原则时必须使企业建立在经济基础上，并同时考虑人和技术的效率，等等。①

同样，作为人本管理的先驱，福利特也反对那种把企业看作单纯“营利组织”的观念，坚持认为企业有着更广泛的社会责任，而不是只有经济责任。她认为社会责任和经济责任是统一的，企业事实上且应被视为一个真正的社会服务部门。她说：“我们为利润而工作，为服务而工作，为我们自己的发展而工作，为对创造的热爱而工作。”② 泰勒的门徒甘特也强调：“……商业制度必须承担其社会责任，其主要力量应用于服务，否则社会最后将没法把这个责任接管过去，以便能够为它自己的利益服务。”③ 正是在这种社会氛围中，人们开始形成这样一种共识：企业应该首先为社会服务，然后再使利润最大化。这种观念在实践中也开始有了良好的体现：无论是在社区活动、红十字会事业，还是在当地义务教育和公共健康制度等方面，许多企业都能够踊跃捐献和提供支持；不少企业还设立专门的组织机构来处理利益相关者的意见和建议，或设立专门的慈善基金以帮助一些特殊人群等。

20 世纪中期，随着资本主义大工业的急速迈进，接二连三地发生了许多“公害事件”。例如，1952 年 12 月，英国伦敦发生的空气污染事件，直接导致 8 000 多人死亡。1943 年、1955 年、1970 年洛杉矶先后三次发生光化学烟雾事件，同样致使许多人受到严重伤害甚至死亡。人们认识到，在这些令人触目惊心的事件背后，隐藏着的是犹如一群饕餮之兽的现代企业，它们竭尽所能地掠夺自然资源，造成环境污染，猎食相关者的权益。正是在此情势下，西方国家爆发了一系列与企业社会责任相关的环境保护运动、消费者运动、劳工运动。这些社会运动的蓬勃开展，促使企业社会责任的思想和观念不断向纵深发展。在这一过程中，企业为追求利润而非法使用童工、支持殖民主义、对污染环境置若罔闻等不良行为，受到了人们普遍和公开的谴责。人们得出的结论是，相关的责任者应该而且必须为它们所造成的这些事件和灾难“买单”。

而自 20 世纪 80 年代以来，随着企业愈来愈成为人类社会生活和命运的主宰，并在世界贸易组织（World Trade Organization，简称 WTO）这种类似于“世界的资本政府”

---

① 奥利弗·谢尔登. 管理哲学. 北京：商务印书馆，2013：279-280.

② Mary Parker Follett. How Must Business Develop in Order to Become a Profession//Henry Metcalf，ed. Business Management as a Profession. Chicago：A. W. Shaw，1927：101-102.

③ Henry L. Gantt. Organizing for Work. New York：Harcourt Brace Jovanovich，1919：iv-v.

或"资本的世界政府"的旗帜下，获取超额利润的同时，却使得工人的就业日益困难，生活越来越贫困，再加上生态环境的破坏、分配的不公等急剧上升等，这一切使得许多民众日益确信企业行为中必须包含社会责任的成分和要素，从而进一步引发了更为广泛的社会责任运动。

不过，企业是否必须承担社会责任，在理论界依然是仁者见仁、智者见智。1931年，阿道夫·贝利（Adolf A. Berle，1895—1971）发表《作为信托权力的企业权力》一文，企业作为营利性组织，追逐利润是其"本分"，管理者作为股东的受托人，自然应将股东的利益置于至高无上的地位。① 与此针锋相对，E. 梅里克·多德（E. Merrick Dodd，1898—1951）发表《企业管理者是谁的受托人》一文，指出在股东利益之外，企业更应确立对雇员、消费者、广大公众的社会责任。② 有趣的是，多德和贝利后来各自发生了换位：多德放弃了企业应负社会责任的观点③，贝利则由原来的企业社会责任的反对者而转变为倡导者。④ 诺贝尔经济学奖得主哈耶克（Friedrich August von Hayek，1899—1992）认为，企业社会责任与自由原则相违背，因为企业参与社会活动会强化政府干预。⑤ 同样是诺贝尔经济学奖得主的弗里德曼（Milton Friedman，1912—2006）也认为，"企业有一个且只有一个社会责任——那就是使用它的资源，按照游戏规则，从事增加利润的活动"⑥。

尽管有如上反对意见，但企业除了股东之外还应关注其他利益相关者的立场，日渐获得广泛认同。早在1937年，经济学家科斯（Ronald H. Coase，1910—2012）发表了《企业的经济性质》一文，揭示了企业是一个"社会性存在"这样一个不容否认的事实。而1963年出现的利益相关者理论，明确了一个企业的相关利益关系者的范围，诸如企业股东、债权人、雇员、消费者、供应商，以及政府部门、本地居民、当地社区、媒体，还包括自然环境、人类后代、非人物种等。利益相关者理论认为，企业要想有良好的生存和发展空间，必须重视和协调与利益相关者的关系；企业的存在是为社会创造财富，企业的发展有赖于对公众期望的满足程度。由此彻底颠覆了传统"股东利益最大化""股东至上主义"的观念。随着这种观念的日渐流行，先前社会责任的反对者弗里德曼也终于承认："企业利润最大化可以与企业社会责任和谐共存"⑦。

当然，分歧依然存在。工具主义认为，从实际考虑出发，企业组织负起社会责任是一种"开明的自利"（enlightened self-interest），不但可以提高公司形象、营建良好的社区和政府关系、吸引更多杰出的人才，而且能够发现有利可图的市场机会，促进企业产

---

① A. A. Berle. Corporate Powers as Powers in Trust. Harvard Law Review，1931，44（7）.

② E. M. Dodd. For Whom Are Corporate Managers Trustees. Harvard Law Review，1932，45（7）：1146.

③ E. M. Dodd. Review of Bureaucracy and Trusteeship in Large Corporations by Marshall E. Dimock，Harold K. Hyde. University of Chicago Law Review，1942，9（3）.

④ A. A. Berle. The 20th Century Capitalist Revolution. 1954，New York. quoted in Dr Saleen Sheikh，Corporate Social Responsibility：Law and Practice Cavendish Publishing Limited，1996：156.

⑤ Friedrich August von Hayek. Profits，Interest and Investment：And Other Essays on the Theory of Industrial Fluctuations. G. Routledge and Sons，Ltd.，1939：6.

⑥ M. Friedman. The Social Responsibility of Business is to Increase Profits. New York Time Magazine，September 1970.

⑦ 米尔顿·弗里德曼. 自由选择. 北京：机械工业出版社，2008：297.

品的销售，并融洽公共关系，等等。[①] 与这种工具主义相对，规范性观点认为，“关注利益相关者的利益要求”不应该成为实现企业经济利益的手段和工具，而强调做“正确的事”“应该做的事”，即不论企业经营状况如何，它都有一种伦理性的社会责任，应当对利益相关者的要求做出积极回应，正如豪伍德·博文（Horwood Bowen）指出的：“企业有义务按照社会的目标和价值观的要求，制定政策、进行决策或采取行动。”[②] 赫伯特·西蒙（Herbert Simon，1916—2001）也指出，企业的各种活动都离不开道德价值的评判，企业的效率原则和社会责任原则应该达到协调一致。[③]

当然，企业的相关行为在现实中是充满了各种复杂动机的，往往很难完全归结为单纯的道义动机或功利动机。无论如何，我们必须承认，公司的社会责任是一种从社会意义上对企业个体的约束，它使企业个体的利益符合社会的需要，采用一种自我约束的形式而非来自外部的某种强制行为。这并非利他主义，而是认识到对各种利害关系人的利益做出反应的行动，是从公司的长远利益出发的。现时代，由于社会已经发展到了全面协作的时代，企业作为社会的细胞必须发挥它应有的社会功能，这样才能形成一个良性的社会连动体系，最终使企业获得长远的经济效益，并促进社会整体效益的提高。因而，企业经营者必须清醒地认识到，企业决不能游离于现实生活之外，社会责任感须臾不可缺失。

值得注意的是，在实践中，一些企业在承担社会责任方面往往是被动的，更多地体现为社会对企业的要求，如要求企业对各种社会目标、政治目标承担责任，甚至成为社会道德的维护者和各种社会问题的解决者。对此，德鲁克曾批判指出，企业在“本质上是一个社会组织”，自然担负着促进公众的福利，引导企业不违反社会信念或破坏社会的凝聚力，给所有的员工提供机会，以及解决社会问题等诸多不可推卸的责任，但是，企业的社会责任必须有其限度：企业最基本的社会责任是创造经济绩效，企业在关心社会问题与保持经营绩效之间应实现最优平衡；企业拥有的“社会权力”是企业承担社会责任的合理依据，必须知道在哪些方面“无能为力”，否则，也是不负责任的行为；要警惕一些企业以承担社会责任的名义而将其价值观强加给社会和公众等。[④]

随着“企业的社会责任就是追求利润最大化”的观点逐步失去统治地位，学术界关于企业社会责任的研究获得了进一步的发展。1971 年，美国经济开发委员会在发布的《商事公司的社会责任》报告中提出同心圈模型。该报告用三个同心圈来对企业社会责任概念的外延加以描述。其中，最里圈是企业必须履行的经济方面的责任，如产品、就业以及经济增长等；中间圈是指企业对社会价值观和优先权的变化应采取积极态度的责任，如尊重员工、对消费者负责和保护环境等；最外圈则是指那些新出现的尚不明确的责任，它要求企业必须自觉地参与到改善社会环境的活动中来。[⑤] 1979 年，美国佐治亚大学教

① K. Davis. The Case for and against Business Assumption of Social Responsibilities. Academy of Management Journal，1973，16（3）：312-322.

② H. R. Bowen. Social Responsibilities of the Businessman. New York：Harpor & Row，1953.

③ Herbert Simon. The New Science of Management Decision. New York：Prentice Hall PTR Upper Saddle River，1977.

④ 德鲁克. 管理的实践. 北京：机械工业出版社，2009：311-313.

⑤ 乔治·斯蒂纳，约翰·斯蒂纳. 企业、政府与社会. 北京：华夏出版社，2002：154.

授阿奇·卡罗尔（Archie B. Carroll）进一步发展了这一理论，对企业社会责任给出了具有代表性的定义："企业社会责任意指某一特定时期社会对组织寄托的经济、法律、伦理和自由决定（慈善）的期望。"① 具体而言，企业社会责任包括由经济责任、法律责任、伦理责任以及自行裁量（如慈善等）责任四个层次的金字塔型结构等。总的来看，尽管仍然存在一定的争议，但是，企业应该承担超越经济责任的社会责任得到了大多数人的认可。换言之，尽管企业无法做每一件事，但是在其能力范围之内能够做的事情，就是它应该做的事情。

20世纪70年代中期以后，企业社会责任概念又不断衍生出"社会响应""社会表现""企业公民"等概念。就"社会响应"而言，一些学者认为，企业对社会需求的响应比做什么更为重要，并将社会责任和社会响应进行了明确区分：社会责任回答了为什么，为了谁的利益；而社会响应回答了如何以及采用什么样的方法，达到什么样的效果等问题。就"社会表现"而言，阿奇·卡罗尔提出了一个社会表现的三维度模型：公司社会责任、社会问题以及社会响应。② 1996年，美国总统克林顿召集一群商界领袖召开"企业公民会议"。从此，"企业公民"（Corporate Citizenship，CC）这一概念进入社会公众的视野。作为一种"隐喻"，企业和公民一样参与社会治理，与政府和社会组织合作并管理个人权利。说企业"是"公民也好，"像"公民也好，都旨在强调企业是一个权利与义务的统一体。乔治·斯蒂纳（George A. Steiner，1929—　）和约翰·斯蒂纳（John F. Steiner）指出，作为公民的企业，应拥有如下权利：经济权利（包括法人财产权、经营管理权和公平竞争权等）；政治权利（用人权、发言权、参加协会权等）；技术权利（专利权、开发权等）；其他社会权利（文化权、环境资源权等）。相应地，任何权利都对应着某种义务，包括创造利润、遵守法律、遵守企业伦理、致力于环境保护、增进社会财富、改善生活质量等。由此可见，正是通过"企业公民"这一概念，利益相关者理论和公司社会责任思想融合在了一起。

从实践上看，自20世纪90年代以来，在经济全球化的大背景下，又兴起了新一轮的企业社会责任运动。其中，最为引人注目的，是所谓"企业生产守则"（又称"企业行动规范"或"工厂守则"）运动。这一运动源于20世纪90年代初期由美国劳工及人权组织所发动的"反血汗工厂运动"。美国服装制造商Levi-Strauss利用"血汗工厂"的事实被曝光后，为挽救其公众形象，它制定了第一份公司生产守则。此后，许多知名品牌公司也相继制定了自己的生产守则。在这一时代潮流的推动下，西方社会进一步推动了企业社会责任标准的制定。1997年，由美国经济优先权委员会认可委员会（CEPAA）起草制定了"社会责任标准"（Social Accountability 8000，简称SA8000，后更名为社会责任国际SAI）。该标准已基本得到国际社会的认可，适用于世界各国、任何行业、不同规模的企业和公共机构，还可以代替公司或行业制定的社会责任守则。SA8000不仅明确了社会责任规范，还强调了企业在社会责任行动时必须在组织内部和超越自身组织边界的情况下同时发挥作用。1999年，联合国秘书长安南（Kofi Atta Annan，1938—　）在瑞

① 阿奇·B. 卡罗尔，安·K. 巴克霍尔茨. 企业与社会：伦理与利益相关者管理. 北京：机械工业出版社，2004：23.

② 同①125.

士达沃斯世界经济论坛上号召签署《联合国全球契约》，提出包括尊重人权、支持结社自由和集体谈判权、禁用童工、反对强迫劳动、消除工作场所歧视以及发展与采用环保科技等 9 条关于社会责任的原则和核心内容。2004 年增加了第 10 条“反腐败原则”。截至目前，这一行动计划已有包括中国在内的 30 多个国家的 200 多家著名大公司参与。

3. 管理与伦理

企业社会责任的问题充分表明，管理与伦理是密切关联的。管理作为一项复杂而特殊的人类实践活动，要求人们的行为活动符合一定的社会规范，因而管理内在隐含着伦理性质。

长期以来，由于受亚当・斯密“经济人”假设的影响，追求经济利益的最大化被认为是管理者天经地义的神圣职责和唯一使命。据此观点，组织及其从业人员不需要直接关注社会的伦理道德要求，在组织经营活动中进行伦理道德的考虑是不合时宜的。由此，在 19 世纪末 20 世纪初的西方资本主义世界中，伦理与企业经营、道德与商业行为，似乎成为两个永远无法联姻的“仇人”。其实，就亚当・斯密本人而言，他虽然认为资本主义的自由竞争是为了达到“公民的幸福生活”，但是，资本主义在现实生活中所表现出来的丑恶，使他深深意识到仅从经济上是不能解决社会问题的，因而他写出了《道德情操论》，倡导良心普及。同样，韦伯在其《新教伦理与资本主义精神》一书中，系统说明了强调节俭、禁欲等新教伦理为资本主义的发展提供了一种重要精神支撑，但是面对当时盛行的极度享乐主义、消费主义，他本人也深感无法解决资本主义经济活动中的这一伦理冲突。

在现实中，资本家的贪婪和卑劣以及相互之间的欺诈和蒙骗，逐渐在社会公众中引起一股普遍的反商业浪潮，造成企业与社会公众之间的对立和冲突。早在 1912 年，美国最高法院法官路易斯・布赖德斯（Louis Brandeis，1856—1941）就指出：“在现代企业中，展示人类最精致、最多样的智力和道德品质的机会如此之多，仅仅把赚钱视为目的是不合理的。”① 在这种情势下，昔日八面威风的企业大亨们也不得不考虑自己行为的社会后果，“良心”“道德”成为他们即使不愿听也不得不面对的问题，不得不去以小恩小惠的方式去“拯救”，去“感化”员工、消费者。

第二次世界大战后，随着西方工业国家进入所谓“普遍繁荣”时期，企业之间的竞争日趋激烈，消费者开始由“被动接受”转变为“主动选择”，工人从“被迫雇佣”转变为“有选择的雇佣”。在此情势下，企业形象的好坏就成为企业取得成功的关键因素。于是，以“高尚”的道德品格和对社会负责的行为获得公众的信赖和支持，一时成为衡量企业家成功与否的重要尺度，企业家必须关注道德逐渐成为一种共识。1959 年，詹姆斯・伯恩哈姆（James Burnham，1905—1987）在《管理革命》一书中预言：“企业家传统的价值观念正面临着挑战，只有那些能适应时代的变革，并树立了新的价值观的企业家才有继续生存、成长的可能。”② 不过，当时对企业伦理的研究还处在十分抽象的阶段，研究范围也仅仅局限于企业家的个体道德品质方面，缺少能使企业成员共同遵循的

---

① Thomas M. Mulligan. The Moral Mission of Business//Tom L. Beauchamp, Norman E. Bowie (ed.). Ethical Theory and Business. 4th ed. Englewood Cliffs, NJ: Prentice-Hill, 1993: 65-75.

② James Burnham. The Managerial Revolution. England, 1959.

价值系统和行为规范。

自20世纪60年代以来消费者运动的兴起，使得任何欺骗、愚弄消费者的行为都会成为公众攻击的对象。同时，环境保护运动、反种族歧视运动、妇女运动及工会运动的发展也对企业的生产经营活动提出了更高的道德要求。此外，各种以限制垄断和竞争的法律的制定，要求企业在市场竞争中必须遵循公平竞争的道德要求等。这些事件的出现，使人们对企业伦理的关注提升到一个新的层面，即企业必须接受社会整体道德对其行为的规范，并以此作为企业制定经营战略和管理原则的基础。由此，20世纪70年代初，企业伦理学应运而生，伦理成为影响企业行为、制约企业竞争的重要因素。1974年，美国一些伦理学家在堪萨斯大学召开了首届企业伦理学讨论会。之后，一些大学设立了企业伦理学研究中心，开设这方面的课程。

企业伦理学的兴起，促进了企业经营的伦理化。20世纪80年代以来，不断加快的世界经济一体化进程，要求企业经营必须符合国际规范。其中许多规范实际上就是经营伦理准则，如劳动时间问题、就业中的种族和性别歧视问题、经营活动的透明度问题，等等。概括而言，企业的这种伦理化经营，其价值主要体现在如下几个方面：

其一，伦理的凝聚价值。詹姆斯·布坎南以人与人的相互关系为出发点，指出人类社会形态可以看作三种抽象的人际关系模式：伦理共同体、伦理个体和伦理无政府的不同比重的混合体。这三种因素结合在一起时的实际比例关系，决定了一个社会可观察到的“有秩序状态”。其中，伦理共同体表现为群体中的个体成员不以孤立的个体自居，而是把自己看作其中的一个成员。伦理个体表现为社会成员在社会交往过程中以道德对等为准则。伦理无政府则表现为个人既不认为自己与他人同属于一个伦理共同体，个体也没有接受伦理行为准则的义务。在布坎南看来，组织成员拥有共同的道德感，通过传递和固化，能够在潜移默化中建立一种良好的人际关系、组织文化氛围，还可以协调各种利益关系，从而在组织内部形成一种强大的向心力。①

其二，伦理的导向价值。伦理活动是以调整现实与理想的关系为己任的。由于理想是涉及未来的图景，与现实之间必然存在着差距。这种差距可能会使一个人感到气馁甚至是绝望，但是，在大多数情况下，理想与现实的差距经常能够产生一种力量，可以推动个人向着美好的方向前进，促使员工勤奋工作、诚实守信，鼓励员工之间及利益相关者之间相互尊重、互惠互利、公平诚信等。

其三，伦理的操作价值。任何一种伦理都具有规范性、可操作性，告诉人们什么可以做、什么应当做以及什么行为不能做。正如爱德华·弗里曼（R. Edward Freeman，1951—　）和小丹尼尔·吉尔伯特（Daniel Gilbert，1957—　）在谈到惠普、IBM等优秀企业时所言：“这些优秀企业的秘诀在于懂得人的价值观和伦理，懂得如何把它们融合到公司战略中。追求卓越实质上就是追求伦理。”②

其四，伦理的竞争价值。哈佛商学院教授林恩·夏普·佩因（Lynn Sharp Paine）在

---

① Dalibor Rohác. Knight，Habermas and Rawls on Freedom，Personhood and Constitutional Choice. The European Journal of the History of Economic Thought，2012，19（1）：23-43.

② R. Edward Freeman，Daniel R. Gilbert，Jr. Corporate Strategy and the Search for Ethics. Journal of Business Ethics，1992，11（7）：5.

其《公司道德》一书中指出，与“公司伦理会得到回报”即把推行道德观念作为谋取财务利益的一种手段不同，一套建立在合理伦理观基础上的价值体系是企业的一项重要资产，是衡量组织杰出性的基石，它不仅可以帮助企业获得长远利益，还有助于公司与主要利害相关者建立起牢固的关系，赢得顾客、员工和供应商的信任，进而赢得市场。比如，具有较高伦理信誉的企业，还会降低遭受起诉、法律制裁以及政府规制的可能性，等等。①

自20世纪90年代以来，管理与伦理结合趋势日趋明显，一些管理学家甚至把伦理提到了关系组织生存与发展的至高地位：“企业通过竞争焕发活力，依靠伦理而得以生存”②。总之，现代管理不应停留在传统的组织技术方面，而应力图“寻求使管理获得一种价值行动的意义”③。

从实践层面看，当前企业的伦理化经营主要体现在如下三个方面：其一，将商业伦理融入公司文化。自“安然事件”以来，如何再次赢得公众的信任，已经成为商界人士的共识（见“安然事件”）。为此，许多公司设计了相当多的、融入公司文化的伦理计划。据统计，有60%左右的美国大企业专门成立伦理机构委员会，并制定了详细的伦理道德培训计划。其二，任命首席伦理官。一些公司在高层管理者中设立了首席伦理官这一职位，负责推进公司商业伦理的进步。其三，制定严格的商业行为伦理准则。这些伦理规范或准则不仅局限于企业的内部经营活动，更涉及众多利益相关者，诸如顾客、供应者、竞争者、社区、政府、所有者、员工等。譬如，在组织与自然之间，既不能因为单纯追求经济利益而牺牲环境效益，也不能以保护环境为由而牺牲经济发展。由此，以人类社会可持续发展为宗旨的“绿色管理”成为组织管理的新时尚。“绿色管理”注重对生命、资源、环境的管理，主要包括如下三个主要目标：一是物资资源利用的最大化；二是废弃物排放的最小化；三是适应市场需求的产品绿色化。这三者之间是相互联系、相互制约的，最终促使组织与社会走向可持续发展的双赢之路。为此，国际标准化组织（ISO）继ISO9000标准之后，还建立起组织环境管理的新体系——ISO14000环境管理系列标准，适用于一切组织。如今，取得ISO14000认证证书，就等于取得了一张进入国际市场的“绿色通行证”。

安然事件

安然公司曾是一家连续六年被《财富》杂志评选为“美国最具创新精神”的公司，然而真正使安然公司在全世界声名大噪的，却是这个拥有上千亿资产的公司持续多年精心策划乃至制度化、系统化的财务造假丑闻：自1997年以来，安然虚报盈利共计近6亿美元。2001年12月2日，安然正式向法院申请破产保护，破产清单中所列资产高达498亿美元，成为美国历史上最大的破产企业。在安然破产事件中，损失最惨重的无疑是那些投资者，尤其是仍然握有大量安然股票的普通投资者。“安然”也因此成为公司欺诈以

① 林恩·夏普·佩因. 公司道德. 北京：机械工业出版社，2004：147-148.

② R. Edward Freeman, Daniel R. Gilbert, Jr. Corporate Strategy and the Search for Ethics. Journal of Business Ethics, 1992, 11 (7): 5.

③ 丹尼尔·贝尔. 经济理论的危机. 上海：上海译文出版社，1985：29.

及堕落的象征。安然崩溃的更深层次的原因是急功近利、贪婪冒险的赌场文化，即不惜一切代价追求利润的冒险精神，用高赢利换取高报酬、高奖金、高回扣、高期权。

阅读书目

亚当·斯密. 国富论：上下卷. 商务印书馆，2012.

亚当·斯密. 道德情操论. 商务印书馆，1997.

丹尼尔·A. 雷恩，阿瑟·G. 贝德安. 管理思想史：第6版. 中国人民大学出版社，2012.

泰罗. 科学管理原理. 中国社会科学出版社，1984.

亨利·福特. 我的生活与工作. 北京邮电大学出版社，2005.

松下幸之助. 自来水哲学：松下幸之助自传. 南海出版公司，2008.

梅欧. 工业文明的社会问题. 商务印书馆，1964.

梅奥. 工业文明的人类问题. 电子工业出版社，2013.

马斯洛. 动机与人格. 华夏出版社，1987.

道格拉斯·麦格雷戈. 企业的人性面. 中国人民大学出版社，2008.

斯图尔特·克雷纳. 管理百年. 海南出版社，2003.

阿奇·B. 卡罗尔，安·K. 巴克霍尔茨. 企业与社会：伦理与利益相关者管理. 机械工业出版社，2004.

林恩·夏普·佩因. 公司道德. 机械工业出版社，2004.

思考题

1. 试论亚当·斯密的“理性经济人”主张。
2. 你如何看待泰勒的“思想革命”?
3. 试论亨利·福特的管理思想及其贡献。
4. 试论人际关系理论及其与科学管理的差异和关联。
5. 试论马斯洛的需要-动机理论。
6. 试评麦格雷戈的人性理论。
7. 你如何理解企业经营宗旨从“绩效”到“价值”的转变?
8. 试述当下关于企业社会责任的相关争论。
9. 试论管理与伦理的相互关系。

第六章

组织的结构与行为

> 现代的人是生活在组织中的人。现代生活最为普遍的特征就是庞大、机械复杂且正规的组织主导着现代的生活。为了完成大规模的任务，我们能将数千甚或数百万的人组织在一起——无论是在经济、政治或军事方面。这是我们最为伟大的一种力量。
>
> ——彼得·M. 布劳、W. 理查德·斯科特：《正规组织：一种比较方法》

管理作为人类社会实践活动的基本组成，从系统论的角度看，乃是将各种互不相关的资源组合以实现一个总体目标的系统过程。根据约翰·冯·诺依曼对电子计算机的“硬件”与“软件”的抽象思考，我们可以将管理活动也逻辑地分成“硬件”与“软件”这样两个部分。正是这种软、硬件的密切结合，才使得组织的活动成为可能。这里，“硬件”应包括构成组织实体的各个要素，诸如组织的结构与设计、组织行为等；而软件则是指使组织“硬件”动起来的“程序”，其核心范畴就是战略与决策。本章所描述的，就是作为“硬件”的组织结构及组织行为。

一、组织管理的普适法则

在科学管理时代，泰勒尽管使人们对效率的追求成为时尚，但他对组织问题却显得迟钝。就在科学管理理论在美国传播之时，欧洲大陆也出现了一批管理学理论及其代表人物。其中，影响最大的，当推法国的亨利·法约尔（Henri Fayol，1841—1925）创立的一般管理理论和德国的马克斯·韦伯创立的官僚制组织理论。这些理论奠定了现代组织结构及机制的理论基石：金字塔结构、统一指挥、控制跨度、职业专业化概念，以及适用于所有组织的一般“管理原则”等。然而，随着时代的发展和环境的变迁，这种管理理念和组织模式在充分发挥其管理效能之时，也日渐暴露出明显的局限和弊端，诸如人的异化、效率“自反”、民主“悖论”等。

1. 一般管理理论

在西方管理思想史上，法约尔是与泰勒并驾齐驱的理论家之一。两人基本处于同一时代，且都有工程师背景。有所不同的是，泰勒是一个关注实践问题的问题解决者，关注的重点是微观的“车间管理”的效率，强调技术性的科学管理；法约尔考虑的则是更宏观的有关管理的本质问题，并以一般组织作为研究对象，强调普遍性的管理职能和原则。

1916年，法约尔《工业管理与一般管理》一书出版，这标志着一般管理理论的诞生。法约尔认为，企业无论大小、简单还是复杂，都存在着技术、商业、财务、安全、会计、管理这六种基本的经营活动，其中，管理涉及企业总体计划的制定以及组织、协调各方面的行动，因而居于核心地位。在法约尔看来，管理并不是像科学管理所做的那样只是设计制度和方法以提高效率，而应实现组织的生产、销售、财务及会计职能的一体化。为此，他对管理下了一个经典定义：管理就是计划、组织、指挥、协调和控制，而领导则是利用企业所有资源来获得最大利益，以达到企业目标。① 如上提及的计划、组织、指挥、协调和控制，实际上就是管理的五种职能，它们相互连接而构成一个完整的管理过程，法约尔的管理理论也因此被人们称为管理过程理论。

这五种职能的内涵如下：

（1）计划（Planning）。计划是管理活动的出发点，也是其他各项管理职能的依据。一个好的计划应具备如下特征：统一性，即一次只能执行一个计划；连续性，即应使第二个计划不间隔地接上第一个，持续不断；灵活性，即计划应顺应人们认识的发展而能进行适当调整；精确性，即应尽可能地使计划适应未来发展的需求。

（2）组织（Organizing）。组织是其他管理职能赖以发挥的基础，为企业提供一切有助于实现其职能的原料、工具、资金、人员等物质条件。法约尔指出，组织结构必须保证公司能进行统一的领导，需要对工作的职责做出明确的规定，鼓励发挥主动性和承担责任，且能协调活动和努力，从而既确保控制又不会“出现过多的条例、文牍主义和控制公文”。简言之，组织结构必须同企业的“目标、资源和需要”相一致。② 法约尔还发明了“组织图”这一管理工具，用来分析部门之间的关系，具体规定个人任务，及对组织做出修正。制定组织图需要明确权力界限，明确分配任务和划分责任，并提供联系交往的途径，防止出现部门重叠，以及避免“双重领导”。

（3）指挥（Commander）。指挥使计划得以执行，使组织的所有成员都能履行各自的职责，在各自岗位上做出最好的贡献。

（4）协调（Coordination）。协调是组织的各个部门协调一致。协调工作需要通过规定具体任务、制定时间表，以及通过使承担的责任都集中于实现目标等办法来推进。

（5）控制（Control）。控制就是掌握工作的进展情况，发现工作中的缺点和问题，并予以纠正，以保证既定目标的顺利实现。③

---

① 法约尔. 工业管理与一般管理. 北京：中国社会科学出版社，1982：5.

② 同①74.

③ 同①119-121.

法约尔关于五种管理职能的论述，奠定了当今西方主流管理学理论的基础，成为管理思想史上的一个重要的里程碑。不仅如此，法约尔认为，只要在管理实践中被证明是行之有效的规则或规律，都可以称得上是管理原则，并确立了 14 条“一般管理原则”：

（1）劳动分工（Division of Work）。就是一个人经常处理同一类事物，减少工作数目，使人们对工作目的予以充分注意，提高工作的熟练程度、自信心和准确性，进而提高生产效率。

（2）职权和职责（Authority and Responsibility）。法约尔把权力分为两种：管理者因职务或地位而拥有的“正式权力”和基于智慧、经验、道德品质、领导能力、过去的服务等而产生的“个人权力”，认为好的管理者应能够用其个人权力来弥补正式权力的不足。此外，法约尔还表达了权力同责任相称的论点，即不管在什么地方行使权力，就要承担责任；而防止领导者滥用权力的最有效保障是个人的道德。

（3）纪律（Discipline）。纪律以企业及其雇员之间的“服从”和“尊重”而不是以“畏惧”为基础。

（4）统一指挥（Unity of Command）。无论从事哪一件工作，一个下属人员只应接受一个领导人的命令；双重指挥与多头指挥会危害企业的权威和纪律，破坏秩序和稳定，使企业走向衰败。

（5）统一领导（Unity of Direction）。基于同一目的的全部活动，只能有一个领导人和一项计划，以确保统一行动、协调一致。“统一指挥”中“指挥”一词偏重于动词，而“统一领导”中“领导”一词偏重于名词，指的是组织机构的一个环节。

（6）个人利益服从总体利益（Subordination of Individual Interest to General Interest）。个人利益服从整体利益，并非否定个人利益，而是指要消除“无知、野心、自私、懒惰、软弱和人类所有的情欲”的毛病，以及由此可能引起的冲突。

（7）雇员的报酬（Remuneration）。应做到公平，奖励有益的努力和激发热情，不应超过合理限度。

（8）集中的原则（Centralization）。指的是组织的权力的集中与分散的问题。小型企业，可以由上级领导者直接把命令传到下层人员，权力就相对比较集中；大型企业，在高层领导者与基层人员之间有许多中间环节，权力就比较分散。

（9）等级链（Scalar chain）。是从最高权力机构直至最低层管理人员，在结构上体现为直线式组织形式。在这种组织形式中，由上而下的“命令”和由下而上的“报告”，都必须经过这一等级制度来传递。不过，为了应付统一指挥原则可能引起联络方面的延误，法约尔提出了允许横跨权力线进行交往联系的“跳板”原则。这一原则使侧向联系迅速有效，既不使线路负担过重，又维护了统一指挥的原则，可以说是对泰勒的“例外原则”的深化。

（10）秩序（Order）。建立秩序是为了避免损失物资和时间，要求位置与人员相匹配，各人有各人的任务，而且任务中的活动也有严密的安排。

（11）公平（Equity）。应善待企业人员，使其全心全意履行职责。当然，善意不能不讲原则，公平不排除严格。

（12）人员保持稳定（Stability Tenure of Personnel）。对于工人而言，只有保持稳

定，才能使其熟悉工作；对于领导而言，保持稳定有利于了解相关人、事，进而制定计划和确立可信地位。

（13）创新意识（Initiative）。应鼓励人们创造发明，这对企业而言是一股巨大的力量，尤其在困难时刻。

（14）团结精神（Esprit de Corps）。企业成员间的和谐与团结一致，使组织产生巨大的力量。①

法约尔所倡导的如上管理原则，内容显得较为庞杂。为此，有学者根据系统论原则重新进行了梳理：

（1）调整后的法约尔第一条管理原则仍是劳动分工，劳动分工是法约尔 14 条管理原则的基础。

（2）劳动分工是人类社会的一种必然趋势，其结果是引起了组织机构的变化。具体表现在水平层次上，产生了专业化的职能部门，同时，在企业纵向层次上产生了权力分散的管理等级链。由此可将法约尔的第 9 条等级链原则调整为第 2 条。

（3）等级链形成发展的结果，产生了金字塔式的组织结构。为了使企业能够有效运转，就要将权力赋予等级链上的各级管理层以及与此相伴的责任。因此，法约尔的职权和职责原则应调整为第 3 条管理原则。

（4）权力只存在于等级链的领导中，而且权力与责任相伴而生，凡权力行使的地方，就有责任。由此，对等级链中使用权力的约束产生了第 4 条管理原则，即统一指挥原则，而对责任的约束产生了第 5 条管理原则即纪律原则。

（5）如上从企业内部的劳动分工原则开始到纪律原则结束的共计五条管理原则，形成了一个环环相扣的管理原则链，其中隐含着重要的分权与控制的管理思想。接着，从企业整体出发，论述了权力集中的问题。因此，第 6 条管理原则应该是集中原则：权力集中与分散的变化，应视具体情况而定。

（6）法约尔在将企业作为一个整体，论述了如何对员工实施有效管理的问题时，提出了统一领导、雇员的报酬、秩序和公平四大管理原则。同时，法约尔也规定了作为企业的员工，应该如何更好地完成企业使命的一些管理原则，包括个人利益服从整体利益、首创精神、团结三大管理原则。②

如上管理原则其实大多在早期的工厂制度中就已有所反映，法约尔的贡献就在于他把这些原则进一步上升为理性认识。这 14 条管理原则的确立，不仅在管理学术发展上堪称划时代的贡献，也是对人类管理认识尤其是抽象思维能力的一大突破。法约尔指出："没有原则，人们就处于黑暗和混乱之中……原则是灯塔，它能使人辨明方向。"当然，法约尔也强调，这些原则不应该理解为死板的教条，而应该灵活地加以运用："在管理方面，没有什么死板和绝对的东西……"③

法约尔还是管理思想史上第一个对管理者提出要求的管理学家。在法约尔看来，随着等级的提高，管理能力的相对重要性提高，技术能力的重要性则相应减少；组织的成

---

① 法约尔．工业管理与一般管理．北京：中国社会科学出版社，1982：43-44.

② 乌玉峰．对法约尔一般管理原则的系统思考．沿海企业与科技，2006（3）.

③ 同①22.

功更多地取决于其领导人的管理能力而非技术能力，“最出色的专业技能也不足以造就一个好的大企业领导”①。在法约尔所处的时代，人们普遍认为由有经验的管理人员带徒弟是培养管理者的最好方法。然而，法约尔却看到，鉴于大公司和其他组织的增多，今后的领导人必须接受管理培训。在其看来，一个人在某机构内地位愈高，则管理活动愈加重要，而管理是可以教授的。② 尽管今天企业界仍然有许多人信奉“经验至上”，但是，法约尔主张的这种通过管理教育途径，以提升管理能力和造就管理人才的理念，已成为当今企业界公认的准则，并引发了管理培训行业的勃兴。

可以说，在现代管理思想史上，法约尔第一次对企业管理采取了抽象式的研究。他所创立的一般管理理论尤其是他关于管理职能的划分以及管理原则的描述，奠定了后来占据管理学主流地位的管理过程学派的理论基础，被誉为是继泰勒的科学管理理论之后“管理学史上的第二座丰碑”，法约尔本人也因此被称为“现代经营管理之父”“管理过程之父”。如今，大多数管理教科书对管理的定义也基本沿用了法约尔的管理职能的基本框架，其所创立的职能分析方法，实际上主宰了企业在整个20世纪的管理方法。“无论人们是否承认，很明显，今天绝大多数管理者在本质上都是法约尔主义者”③。然而，他片面强调了组织的结构特征而忽视了参与者的行为。同时，他把研究的重点放在组织管理的内部，只是把组织看成一个封闭的、高度集权的金字塔式的组织结构，而对组织的外部环境有所忽视。此外，由于法约尔的管理原则多是从经验、常识和各种信息中推导出来的，与科学管理相比，它在严密运用科学方法尤其是实证方法研究方面表现出明显的不足，比如，法约尔曾针对当时的学校缺少管理教育而偏重于高等数学的现象指出，“高等数学对管理企业是没有用的”④，但是，现代科学技术的发展使数学在管理中的运用更加广泛，否则，就不可能适应现代管理发展的要求。

2. 官僚制的建构

与以具体工业企业组织为研究对象的法约尔不同，德国人马克斯·韦伯不仅研究了简单组织形式的行政管理，而且站在整个社会组织发展的高度，分析了社会组织的经济与政治结构，从而奠定了现代管理学、行政学的组织基础。

历史地看，随着资本主义民主国家的建立，资产阶级政权通过用政党选举、轮流执政取代了传统的世袭制，形成以立法、司法、行政“三权制衡”为主要特征的宪政架构。这一体制虽然否定了君权至上和权力世袭，但也导致幕后交易、政党分赃、侵犯公民权利等问题的出现。在此情势下，行政的独立性和科学化成为时代的要求。

作为一个相对独立的研究领域或学科，现代公共管理⑤和现代企业管理基本产生于

---

① 法约尔．工业管理与一般管理．北京：中国社会科学出版社，1982：83.

② 同①17-20.

③ 丹尼尔·A.雷恩，阿瑟·G.贝德安．管理思想史：第6版．北京：中国人民大学出版社，2012：173.

④ 同①93.

⑤ 在西方文献中，公共部门管理尤其是政府管理研究领域最常见的术语是“公共行政”、“公共事务”、“公共政策”和“公共管理”，相应地，这一领域的学院（研究生院）也叫作公共行政学院（第二次世界大战以前流行）、公共事务学院（20世纪50、60年代流行）、公共政策学院（60年代末到70年代时兴）和公共管理学院（80、90年代的时髦名称）。

同一时期，甚至比企业管理的产生还略早。1887年，美国政治学家、后来担任过总统的托马斯·伍德罗·威尔逊（Thomas Woodrow Wilson，1856—1924）发表《行政学研究》一文，揭开了现代行政管理学研究的序幕。按照威尔逊的政治与行政二分的观点，一方面，行政不同于政治："政治是'在重大而且带有普遍性的事项'方面的国家活动。'行政管理'则是'国家在个别和细微事项方面的活动。因此，政治是政治家的特殊活动范围，而行政管理则是技术性职员的事情'。"[①] 另一方面，行政与政治又密切相关，行政管理是政治生活的一个组成部分，行政管理的任务是由政治加以确定的。为了在政府运作中提高效率，威尔逊建议参照利用私人部门的管理模式。其后，美国政治学家弗兰克·J. 古德诺（Frank Johnson Goodnow，1859—1939）进一步阐释了政治与行政二分法，认为"政治功能与政策或国家意志的表达有关，行政功能与这些政策的执行有关"[②]。相对于威尔逊将行政限定在具体、微观的事务性领域，古德诺的界定更便于我们理解政治与行政的区分和关联。

从威尔逊到20世纪30—40年代这段时期，学界一般称之为"传统公共行政时期"，主要代表人物除威尔逊和古德诺之外，还有泰勒、法约尔和韦伯。泰勒的科学管理理论虽然没有着力于关注公共部门，可是他的理论为传统公共行政学提供了有效的研究方法，并使公共行政学得以科学化。相应地，这一时期的行政学研究大多注重实证性的、经验性的研究，其价值追求着眼于如何提高组织运作的效率。而法约尔的一般管理理论既适用于企业管理，也适用于行政管理。正是在一般管理理论的影响下，行政管理成为由计划、控制、监督等职能而组织的一系列相关活动。马克斯·韦伯的理论则侧重于行政管理，他的最大贡献就是创立了官僚制组织理论，从而为公共行政学提供了组织研究的基本框架。

作为一名立足于时代潮流的社会学家，韦伯感受到了为大型组织建立合理基础的需要（见"普鲁士体制及20世纪初大型组织的出现"），以便为一个新的资本主义国家提供所需的效率。对此，韦伯开出的"药方"是"官僚制"（Bureaucracy）。它不是与君主制、贵族制和民主制相对立的、一种过分由官员控制的、趋向于损害公民普遍自由的官僚制政府形式，而是指通过官职或职位而非个人或"世袭"来进行管理的组织模式。其实，早在中国战国时期尤其是在秦统一中国后，官僚制就已成为中央集权下的重要组成。不过，作为国家政治体系中的相对独立的现代官僚制，则是以19世纪后期英国文官制度的出现为主要标志的。1853年，英国在《威斯敏斯特法案》中提出，应以功绩制取代传统的官职赠赐，并借鉴中国隋唐科举制的做法公开选拔官员。1870年，英国政府依据此报告，颁布文官制度改革令，标志着英国文官制度的建立。1883年，美国参照英国模式，颁布《彭德尔顿法案》，确立了美国人事制度的一些基本原则。之后，法、德、意、加、澳等国也先后进行了类似的建构。

普鲁士体制及20世纪初大型组织的出现

韦伯提出官僚体制模式的定义并非偶然，因为德国人具有管理组织的优越"天赋"。

① 彭和平，等．国外公共行政理论精选．北京：中共中央党校出版社，1997：15.
② 古德诺．政治与行政：一个对政府的研究．上海：复旦大学出版社，2011：13.

在德国曾出现的“普鲁士体制”非常讲究控制，其中有详细的、中央集权的资源需求和后勤计划、大量的规则、丰富的操作程序标准、对职能管理设计的忠诚，以及将任务分解为许多简单组成部分的方法。最妙的事情是，普鲁士体制与大型组织吻合得很好。20世纪20年代，福特管理体制的妙想可以被认为是19世纪普鲁士官僚体制的翻版。这种现代大型组织的另一个例证是列宁时代实行的中央计划体制——国家计划委员会。在列宁看来，社会主义就是世界上最好的东西的组合：“苏维埃加上普鲁士的铁路管理加上美国的工业企业。”①

韦伯认为，任何统治形式的存在和维持都需要一定的合法性（Legitimacy）基础，即形成一种“自愿服从”及“信仰体系”，使每一个人都能够遵从来自权威的命令，如此才能有行动的一致性、连续性。在这种合法性体系中，组织运作的关键就在于权威的确立，以消除混乱，带来秩序。韦伯通过历史考察，将权威类型概括为如下三种：

（1）“传统权威”（Tradition）。这是以对传统文化的信仰与尊重为基础。这种管理并不需要章程，只需要奴仆的忠诚。这种管理者实际上并不是真正的管理者，而属于纯粹的独裁式的管理。

（2）“卡里斯玛”（Charisma）权威。它以对个人超凡魅力的崇拜和迷信为基础。在这种魅力型统治形式中，管理者由于具有“非凡的品质”而被视为“楷模”、“领袖”甚至“神之差使”。在这种权威体制下，官员没有正常的升迁途径，全凭领袖个人意志裁定，因而具有反复无常性。

（3）“合理-合法的权威”（Legal）。这是以组织内部各种规则作为权威的基础。这种规则，就是所谓的“合理性”（Rationality），它构成了官僚制的基石：“官僚体制是‘理性’性质的；规则、目的、手段和‘求实的’非人格性控制着它的行为。”② 在这种统治方式中，人们出于对组织规则和法律的信守而服从领导者的命令，领导者与被领导者都受组织规则的约束等。

通过对如上三种权威的比较分析，韦伯指出，传统权威型的统治效率最差，因为对组织的管理不是以能力为依据；“卡里斯玛”型的统治以情感而非规则来维系组织的运营，因而是非理性的；而基于合理-合法的权威的官僚制模式，避免了管理者的感情用事和人治因素，从而使组织的运营表现出一种理性精神，因而“是实施统治形式上最合理的形式”③。韦伯心目中的官僚制便是这样一种以法律规范为基础的、具有专门化功能、固定的规章程序和以最大工作效率为目标的合法正式组织。

韦伯进一步在逻辑上将“合理性”划分为形式理性（工具理性）和实质理性（价值理性）。前者是一种纯粹客观的合理性，即在统治关系中行动方式倾向于在其手段和程序等方面尽可能地被加以量化；后者是一种主观的合理性，基于对行动的目的和后果的价值评价。在韦伯看来，实质理性是前资本主义社会秩序的本质特征，但在现代社会，日趋繁复的生产、生活使得行动的效率被提高到一个突出位置，工具理性反倒成为一种目

① 斯图尔特·克雷纳．管理百年．海口：海南出版社，2003：45-46.

② 马克斯·韦伯．经济与社会：下．北京：商务印书馆，1997：324.

③ 马克斯·韦伯．经济与社会：上．北京：商务印书馆，1997：248.

的。随着工具理性和效率诉求成为社会发展进程中压倒性的世界潮流，一切生活领域都取决于纪律严明的等级制度、合理的专业化、个人本身及其活动的条理化、工具化，甚至在一定程度上塑造了与工业文明相适应的资本主义精神："正如资本主义在其当今的发展阶段中需要官僚体制……一样，资本主义也是官僚体制可能以最合理形式赖以存在的最合理的经济基础……"①

概言之，这种组织模式具有如下特征：

（1）以理性为准则。在官僚制中，人与人之间、组织与组织之间都以理性为标准，即规则是决定组织运行的主要依据。这种规则具体体现为组织内部的各种法律、法规，其实施和应用对所有组织成员都一视同仁。在这里，"没有憎恨和激情，因此也没有'爱'和'狂热'……'不因人而异'，形式上对'人人'都一样"②。具体而言，组织对权利义务体系的规定细致而明晰，每个人都照章办事；权力源于形式法律规定的制度，个人的性格和意志在这里难以作为，人身依附关系也由此弱化乃至消失。

（2）遵循严格的等级原则。官僚制组织的各部门、各作业单位是建立在分工的基础上的。正是通过分工，形成了各个专门化的部门和职务等级体系。在这个职务等级体系中，管理以服从为基本原则，即上级对下级可以发号施令，还可以监督下级，而下级则必须服从上级。在这种职务等级体系中，每个职位都有相应的权利和义务，各司其职，共同完成任务，从而保证了行政机构的高效运作。当然，组织机构内部鼓励成员发展自己的职业生涯。

（3）强调专业化和技术化。组织中的管理者应具有深厚的专业基础，即应由"内行"来进行管理："职务工作，至少是一切专门化的职务工作——这是现代职务工作的特点——一般是以深入的专业培训为前提的。"③ 这种思想对于后来的"经理人"思想产生了巨大的影响。与这种专业化相联系的是技术化，即管理者在具有专业知识的基础上还应掌握相关规则的知识。在官僚制组织中，组织成员凭自己的专业知识、技术能力获得工作机会；同时，还可以通过培训达到专业技术的水平，从而保证组织的效率。

（4）政治与行政两分。韦伯秉承威尔逊政治与行政二分的立场，提出价值中立原则，认为可以在政治的适当范围之外，保持政治上的中立，以维护政策执行的公正。为此，他主张行政官员执行政策而不参与政策制定，并假定公共利益是公务员个人的唯一动机，做到公私分明："现代的机关组织原则上把办公室与私人住所分开，因为它从根本上把职务工作作为一个分离出来的领域同个人的生活范围分开，把职位上的财物同官员的私有财产分开，这种状况到处都是漫长发展的产物。"④

由于韦伯的官僚制理论是对资本主义工具理性原则的体认，因而，它得到了科学理性时代的认同。从纯粹技术的角度来说，与其他形式相比，官僚体制的确更胜一筹，正如韦伯所指出的："精确、迅速、明确、精通档案、持续性、保密、统一性、严格的服从、减少摩擦、节约物资费用和人力，在有训练有素的具体官员进行严格官僚体制的、

① 马克斯·韦伯. 经济与社会：上. 北京：商务印书馆，1997：249.

② 同①250-251.

③ 马克斯·韦伯. 经济与社会：下. 北京：商务印书馆，1997：280.

④ 同③.

特别是集权体制的行政管理时……能达到最佳的效果。”① 不仅如此，理性官僚制的非人格化、制度化、官员的职业化和专业化，是对于那个时代政府中普遍存在的任人唯亲、下级对上级的人身依附关系、官员决策的任意性与不可预测性等弊端的彻底纠正。它突破了以等级门第为标准的家长制管理模式，消除了社会组织管理领域的非理性和非科学的因素，从而逐渐成为一种普适性的组织模式。

3. 官僚制的困境②

韦伯所崇尚的官僚制与法约尔所提出的职能型组织，都是以分工为基础的机械等级体系，这也意味着行政组织与企业组织在结构演变上的趋同。这种集权组织强调工作的程序化和规范化，以消除办公事务中的爱憎情绪以及所有纯个人的、非理性的和脱离思考的感情因素，崇尚严格依据规章制度办事，因而，组织的刚性较强。然而，随着时代的发展和环境的变迁，这种组织模式在充分发挥其管理效能之时，也日渐暴露出局限和弊端：

（1）人的异化。应该承认，官僚制的非人格化、制度化、官员的职业化和专业化特征，突破了以等级门第为标准的家长制管理模式，消除了社会组织管理领域的非理性和非科学的因素，可以说是对于那个时代政府中普遍存在的任人唯亲、下级对上级的人身依附关系、官员决策的任意性与不可预测性等弊端的彻底纠正，体现出至关重要的人文关怀。然而，这种以等级制为特征的官僚制，塑造了一种按部就班、论资排辈、排斥竞争的文化氛围，成为一种压抑性的权威结构，造成了人性的扭曲，使人蜕变成阴郁、灰暗、屈从于规章制度的“组织人”。③

从 20 世纪 30 年代起，官僚制就一直受到质疑。行为科学学派和人际关系学派坚持人道主义立场，把个体作为理解组织的基础，批判官僚制的形式主义和权威主义，认为人并不是组织及其中的一颗螺丝钉，而是一个有着价值、要求和动机的独立的个人，组织的存在依赖于个体需要的满足；官僚制的等级权威结构是压抑性的，它窒息了人的创造性，最终导致人的异化。

1957 年，克瑞斯·阿吉里斯（Chris Argyris，1923—2013）在《管理科学季刊》第 2 期发表《个性与组织：互相协调的几个问题》一文中指出，组织中的个体如同婴儿成长为成人一样，都不可避免地要经历从“不成熟”到“成熟”的发展过程。这里所说的“成熟”不仅仅是身体发育的成熟，更重要的是心智的成熟。然而，这种成熟过程会被组织不客气地打断，因为凡是正式组织，都会设计出井井有条、秩序井然的结构和运行秩序，正式组织总会要求员工适应组织，而不是让组织适应员工。在阿吉里斯眼里，泰勒的“精神革命”，法约尔的“团队精神”，一概都是改造个人，使个性适合于组织的手段。为此，阿吉里斯指出，正式组织是阻碍人性健康发展的“罪魁祸首”。这表现在：第一，专业化原则消除了个性差异，使独立的个人能力发生严重畸形。第二，等级制组织结构

---

① 马克斯·韦伯．经济与社会：下．北京：商务印书馆，1997：296.

② 彭新武．从官僚制到后官僚制．哲学研究，2010（5）.

③ W. Bennis. Organizational Developments and the Fate of Bureaucracy. Industrial Management Review，1966（2）：41-55.

剥夺了员工的自主权，限制了员工的知情权，造成依赖、被动和从属心理，从而把员工阻断在非成熟状态；对于管理者而言，履行职责则需要克制和压抑感情。因而，你越不像“人”，就越符合组织的要求。第三，集中统一领导使员工的个性发展由“自治”变为“他治”，容易导致员工心理上的挫伤与失败。第四，控制幅度原则会加大员工的“管理距离”，使员工更加感到无力控制自己的命运，增强依赖性。总之，正式组织拒斥成熟的个性，却欢迎婴儿的个性，这几乎是一种趋势或规律——一个成年人，如果在组织中以非常不成熟的方式（即听话的婴儿宝宝方式）从事工作，通常能得到高薪甚至提升；而个性不断发展的员工，往往会感到束缚苦闷，感到组织对自己的限制。①

事实上，官僚制对理性的无上推崇和非人格化，与人性之间就隐藏着一种内在的二律背反：第一，在官僚制组织中，人的行为是由严密的法律规章和正式文件来规范的，公事与私事之间界限明确，在组织成员之间的公务关系中存在的只是对事的关系而非对人的关系，人们在处理公务时不得掺杂任何个人的主观判断和价值因素。然而，这在现实中几乎很难做到。第二，官僚制中的人要实现的是角色要求，而不是他个人的欲望，成功取决于个体服从的能力。这种文化培养出只知服从、不思进取、情感冷漠、态度傲慢、钩心斗角的“从属型”人格：“官僚的荣誉在于，有一种违心地执行上司的错误命令的本事：对上司负责、兢兢业业、恪尽职守，似乎那种错误命令完全符合自己的想法。”② 第三，等级制设定了大量的等级森严、难以逾越的职业障碍，使有才之士受到挫折而早早离职，留下的是一大批致力于微不足道的工作和一心想奋斗成为大人物的“小人物”。与此同时，职业化的精英官员制度成为公共行政排斥公民参与的关卡，使公民丧失了公共事务的参与途径而成为旁观者。第四，官僚制行政中，一方面，行政垄断了政策制定和法律执行的权力；另一方面，行政还直接包揽了公共服务，使公民蜕变为“庇护对象”，命运越来越依靠官僚组织的运营，退化成温顺的“羊群”，而政府则成为“牧羊人”。总之，现代行政官僚制体系犹如一只巨大的铁笼，将人固定于其中，大大压抑了人的积极性和创造精神。

韦伯与马克思都认为现代组织方式极大地提高了生产效率和生产力，它史无前例地使人类具备了控制世界、控制自然的能力，最终导致人类自身受到威胁。但是，如何摆脱这一困境，与马克思的革命立场不同，韦伯不同意人类社会通过自身的努力去获取真正解放，不相信未来世界能够实现从必然王国向自由王国的飞跃。即便他希望未来会有卡里斯玛式的领袖拯救人类，但是他更相信未来世界是一只“铁笼”而不会是伊甸乐园。在某种意义上，人类社会往往只能在一种二律背反的困境中做出选择，历史的进步总是伴随着不得不付出的代价。

（2）效率“自反”。自20世纪初以来，适应激烈的社会竞争的需要，追求效率成为工业组织的一致性目标。泰勒通过将科学引入管理领域，用科学研究和方法代替纯粹的个人经验，把传统管理中的感性认识上升到理性，提高了管理理论的科学性，加强了社会公众对消除浪费和提高效率的关心。韦伯则通过明确划分职责权限、按照法规程序办

① Chris Argyris. The Individual and Organization: Some Problems of Mutual Adjustment. Administrative-Science Quarterly, 1957 (2).

② 马克斯·韦伯. 新教伦理与资本主义精神. 北京：三联书店，1987：143.

事、公私严格分开、提供专业化培训、公开选拔官吏、明晰官员的升迁途径的官僚制建构，实现管理的高效率。现实似乎也印证了韦伯的预言。官僚制在其创立的初期，以其精巧合理的层级结构、平等固定的法治精神、专业化分工，抛弃了经验管理过程中的人治因素，避免了任性专断和感情用事，减少了贪污腐败的发生，从而一定程度上提高了组织工作的效率。然而，一个不可否认的事实是，随着资本主义国家的进一步发展，官僚制又成为低效率的渊薮。事实表明，采用了官僚制组织形式的绝大多数国家政府的效率并不高；相反，存在普遍的文山会海式的事务主义和按章办事的形式主义等低效率现象。

于是，效率问题成为学界批判韦伯的焦点。概括而言，这类批评意见主要有：第一，官僚制的非人格化祛除了各种“人为因素”，意味着使人际关系转变为物的关系，由此产生的官僚式的冷漠态度必然降低组织的工作效率。第二，官僚制过分根据规则行事，极易导致“目标替代”或“目标移位”现象，即规则本身取代了效率而成为组织的目标，从而往往培养出墨守成规者而不是创新者，鼓励行政人员规避风险而不是勇于冒险，鼓励他们浪费稀缺资源而不是有效利用。① 第三，官僚组织的封闭性和理性经济人特性使官僚机构成为某种利益群体，通常会追求预算规模和公共权力的不断扩大来追求自身效用的最大化，其行为常常偏离公共效用最大化方向。第四，官僚体制是一种缺乏竞争效率的制度安排，报酬的取得是依据在等级金字塔中所处的层级，而与个人的劳动绩效关系不大甚至无关，这就使得官僚体制内部的官员缺乏内在的激励，容易形成论资排辈的不良现象，从而不利于服务质量的提高。第五，官僚机构垄断了公共物品的供给，缺乏节约成本、提高效率的压力；官僚机构在公共生产信息方面和所处的地位占有优势，监督者有可能受到被监督者的“操纵”。② 第六，管理技术专门化和分工细密化，还导致组织臃肿、职能重叠和行政成本的无限扩张，等等。

如上批评者大多是从官僚制组织内部的结构和规则出发来揭示官僚制低效率和功能失调的原因的。进一步分析，官僚制出现效率悖论的原因，还在于韦伯的设计理念本身及其思维方式。具体而言：

其一，线性思维。从系统论的角度看，决定一个组织效率的因素是多方面的，如组织结构、规章制度、组织中的人的思想与行为、组织的环境，以及这些因素之间复杂的相互作用。其中任何一种因素在相互作用中发生负面作用，都将会影响到组织的预期效率。韦伯所强调的秩序与规范化价值、非人格化、专业分工、价值中立等，都只是保证组织整体效率的部分因素，因而很难绝对保证实现其整体效率。

其二，机械思维。韦伯并没有想到，自己所设想的“理想”组织模型中那些提高组织效率的因素，恰恰在实践中会成为阻碍实现组织效率的渊薮。这主要表现在：专业化分工虽然使组织结构有序化，但会导致部门扩张、交叉、重叠，出现沟通障碍和协调困难，从而降低整体效率；层级制虽然使权限和职责明确，但会造成文山会海、文牍主义盛行，贻误办事时效；终身任职虽然使官员的收入有了长久的保障，保证了行政系统的

① 欧文·休斯. 新公共管理的现状. 中国人民大学学报，2002（6）.

② 亨利·勒帕日. 美国新自由主义经济学. 北京：北京大学出版社，1985：143-145.

持续性，但会弱化官员的内部创新动机；权限和职责的明确分工虽然有利于各司其职，但是也可能造成对管辖以外的事情漠不关心、互相推诿，形成本位主义和宗派主义的消极现象；专业化歧视那些学历不高但更有能力的人，结果导致有识之士备受挫折，无能的领导者冠冕堂皇地出现在组织之中；集权控制保证了组织的集中决策和快速反应，但也使基层组织虚弱，同时排除了竞争的必要与可能，无法激发人的主观创造性和主动精神；严格的纪律和僵化规则及处事程序会对个体造成压抑，形成单调、狭隘的常规以及因循守旧的心理与行为等。

其三，理想化思维。官僚制排除了官僚成员所可能具有的任何政治取向，排除了官僚成员对个人情感、利益和权势的追求。然而，在现实中，官僚根本不会像韦伯所设想的那样只会机械地执行规则而不带丝毫个人成分，而是作为具有个性需求和期待的个人进入组织的。组织中经常发生的现象是：个人在组织中往往将大量的时间和精力耗费在寻求个人发展上，而非用来完成指定的任务；政府作为利益集团存在着利益最大化的要求，公共权力对经济的干预必然导致寻租现象；等等。总之，韦伯设想的所谓官僚组织成员公正、无偏私只是理论上的假设，因而是很难保证实现其最大化的效率目标的。

（3）民主"悖论"。官僚制针对传统行政中的门第、血统、特权观念，提出了对知识化和专业化的要求，以及从社会普通阶层中选拔公务人员等做法，曾在社会民主化方面起到了积极的作用。然而，在实际运行中，却造成公平、责任等民主价值的普遍缺失，使得它"不可避免地会与民主制发生冲突"①。这主要表现在：

其一，集权主义。现代民主政治本来倡导公民参与、主权在民，然而，官僚制对集权主义、官员的专业化和专家治国的强调，在相当程度上抑制了组织成员的积极性和创造性，并将"理性无知"的社会民众排斥在政府行政之外，从而在相当程度上剥夺了基层成员的民主参与权利，使行政失去其民主特质。于是，出现了这样的情况：官僚名义上作为人民公仆，代表全民利益，实际上却作为特殊利益阶层而高居于社会、人民之上。不仅如此，随着政府社会功能的增加和职权范围的扩大，官僚制倾向于争取更多的财政支持和更大的权力，由此使民主社会演变成了"官僚国家"。著名的帕金森定律（Parkinson's Law）指出，大多官僚主义者喜欢"无事忙"和扩大机构以抬高自己身价，因而行政机构总是按一定速度膨胀，官僚在用人时所需补充的是自己的下属而非和自己地位相当的竞争对手等，导致行政机构庞杂、冗员充斥、相互扯皮、效率低下。②

其二，官僚自主性。官僚制制造了一个基于教育文凭和专业资格的官僚阶层，随着现代行政管理活动的日益复杂性、规模巨型化、高度专门化，政务官越来越倚重于这一阶层（尤其是高级文官）而日渐失去对其有效控制，从而形成"文官专政"："这些官僚在利益上保持一致，以确保机器的各项功能得以延续，并在社会上维持其权威。"③ 当这种独立的力量在缺乏有效监督的情况下，就会滥用公共权力。在实践中，随着政治中立的信条日渐被打破，官僚的自主性日渐增强，并日渐卷入政策制定之中，于是，与民众利益相比，官僚自身利益往往会成为自身优先关注的问题，从而不可避免地导致公共组

① 欧文·休斯. 公共管理导论. 北京：中国人民大学出版社，2001：47.

② 丁煌. 西方行政学说史. 武汉：武汉大学出版社，2004：221-225.

③ 同①48.

织表现出严重的自我中心、自我服务、曲解民意、漠视公共需求等，正所谓："'民主'之后不可避免地要付出的代价是实际的'独裁'。"①

其三，责任缺失与互动机能失调。在官僚制模式中，政务官是政党轮流坐庄，代表了不同的利益集团。而执行政策的文官不直接对民众负责，官员只要遵循组织内部按部就班的各种规定，就会沿着职业发展的设计前景稳步上升，而不必担心外部群众的意见会影响自己的升迁，从而导致他们对政策执行的结果评估漠不关心。而民众由于难以了解政府部门的内情，也无力对政府行为进行制约，由此，造成政府与民众的脱节、互动机能失调、政府的回应性差和低效率等弊端。

其四，形式主义的平等与特权合法化。在官僚制行政中，组织成员应排除个人的好恶，保持情感上的中立态度并秉公办事。然而，由于官僚体系中严格的权威分层，权力往往操纵在极少数人手中，且缺乏来自平级或下级的监督，这样在组织结构层面就蕴含了上层专断和下层逢迎的可能，或出现个人、少数人借集体的权威对其他成员进行压制，或所有成员借助集体之名来摆脱作为集体成员的责任。不仅如此，官僚制导致官僚们形成强势群体，凌驾于社会之上，逐渐养成一种职业骄傲，进而在权力的运用过程中导致特权泛滥甚至"合法化"，等等。

此外，虽然官僚制并不等同于官僚主义，但官僚制确是滋生诸如杂乱无章、文牍主义、怕负责任等官僚主义的温床。这主要表现在：第一，官僚体系由于垄断了社会资源的配置权，因而对行政人员有着巨大的以权谋私的诱惑力，导致各种"设租""寻租"行为层出不穷。第二，由于执行权都归行政首脑，往往会导致这样的局面："组织内个人和集团会着手设计自己的使命，找机会获得附加收入，包括贪污和腐败。"② 第三，在官僚体制下，只强调正式的沟通，并且上级部门对下级部门有绝对的控制权，增加了合作和管理的成本，政策行动迟缓，最终造成事不关己、得过且过的官僚主义者。第四，由于官僚们的薪酬往往是按照等级发放，行政人员从理性出发都会选择少劳动，因为做多做少一个样，做得越多，出现失误的概率也就越大。由此，形成了行政人员害怕触及困难和矛盾、图清闲、怕麻烦、不能帮助基层和民众解决实际问题的官僚作风。结果，一些本来可以做好的事情没有做好，一些本来可以解决的问题久拖不决，一些本来可以缓解的矛盾得不到缓解，形成官僚的"冷漠病"等。

二、组织与人性的协调

传统等级制组织的如上困境，实际上反映出现代民主个人主义和现代工业文明之间的一个恒久的历史悖论：现代民主个人主义强烈要求宪法保护个人权利并非常看重个人感情和个人成长；而现代工业文明却要求组织活动的理性化和机械化。矛盾的一方面是个人的需求、动机、目标和成长，另一方面是组织的目标和利益。③ 随着现代个体意识

---

① 罗伯特·丹哈特. 公共组织理论. 北京：华夏出版社，2002：65.

② 文森特·奥斯特罗姆. 美国公共行政的思想危机. 上海：上海三联书店，1999：67.

③ W. Bennis. Organizational Developments and the Fate of Bureaucracy. Industrial Management Review, 1966 (2).

的充分觉醒，一些人本主义者试图通过将人的因素补充到组织设计中，对等级制的基本特性进行大幅度的修改甚至重塑，从而使组织日益表现出一种向人性化转变的趋势。

1. 从“统治权力”到“共享权力”

泰勒的科学管理理论以探讨如何最大限度地发挥物质技术设备的潜力为研究重点，虽然他也曾意识到研究与发掘人的潜能的重要性，但在实践中却始终以“经济人”假设为出发点，认为员工所关心的只是经济收入和就业安全。这种信奉“在惩罚的压力下人们才会尽最大努力工作”的管理哲学，为使自己免于受罚，意味着想方设法使他人成为替代品。在这样的氛围下，人们不会为共同利益而团结起来，组织内充满了诸多的纷争与指责。①

就在泰勒等人对科学管理进行孜孜探求之际，美国女学者玛丽·帕克·福利特（Mary Parker Follett，1868—1933，又译为“福莱特”“芙丽特”“福列特”等）开启了人本主义管理的先河。在福利特所处的时代，社会刚刚经历第一次世界大战，因而，如何变革旧体制，让普通公民在公共组织有所作为，便成为她首先关心的问题。在福利特看来，自启蒙运动以来形成的以契约论为基石的民主制把大众与国家组织对立起来，体现出一种以孤立的个体为中心的“唯私主义”。按照福利特的理解，国家不仅仅是高高在上的国家机器，更应该是“服务性的”，体现在公民自己服务自己。为此，福利特提出“团体原则”，试图建构一种以团体原则而不是以个人主义为基础的新社会。这一原则基于如下假设：个人只有通过团体才能发现他“真正的自我”。这种观念来自她所信奉的费希特（Johann Gottlieb Fichte，1762—1814）的哲学，即个体的自我必须发展成为一种“社会自我”，才有其存在的意义。福利特指出：“我们只有在集体组织之中才能发现真正的人……人只有通过集体才能发现自己的真正品格，得到自己的真正自由。”② 为此，福利特强烈反对“政府的目的是保障个人权利”这一传统观念，而将民主重新解释为“一种个人与组织关系的互惠机制”，并指出，要造就公民对国家的深度认同，仅仅通过代议制渠道是不够的，而应该让公民在具体参与中，通过更具体、更广泛的基层直接参与式民主来实现。通过这种参与式的管理模式，造就并发展组织，同时实现自我价值——这就是福利特所属意的“新国家”。③

福利特发现，企业界同样存在个人与组织的严重对立。这主要表现在：其一，随着机器大工业的普及，工业生产日益机械化以至自动化，工人成为流水线上的机器人，而拥有理性或说知情意融于一身的人在组织中不见了；其二，科学管理虽然极大地提高了生产效率，却加重了员工与组织所有者在利益分配中的分歧，进而促使劳资双方进一步产生对立。显然，这种个人和组织对立的局面，与资本主义社会所崇尚的民主、自由个性以及对自我价值的追求、欲求不一致。对此，泰勒曾试图通过劳资双方的“心理革命”加以解决，但现实生活中，泰勒的这种“善意”在当时却受到劳资双方的共同抵制。福

---

① 杰费里·菲佛，罗伯特·萨顿. 管理者的误区. 南京：江苏人民出版社，2001：94.

② Mary Parker Follett. The New State, Group Organization and the Solution of Popular Government. London: Longmans, Green and Co., 1918 (1920): 6.

③ 同②157.

利特提出，冲突得到解决的最终结果不是一方战胜另一方的“胜利”，也不是相互“妥协”，而是双方利益的平衡统一。而组织中的所有成员，无论是管理者和被管理者，都应该承担一定的责任并对整体做出贡献。因此，除了把公司看成是一个统一体之外，还应该看到公司同其环境即债权人、股东、顾客、竞争者、供货者和当地社区之间的联系。如此一来，这种“整合统一”就成为应用于生活的各个层次的一种联合的原则，而管理者就是“各方利益的整合者”。① 由此，福利特纠正了一个人们长期以来的认识误区——为了集体的利益，个人要无私地放弃自己的个性和利益。恰恰相反，在福利特看来，应以个体利益为前提，在集体的环境下达到人性的全面释放，实现人的全面发展。

问题在于，当存在“发号施令者”和“接受命令者”、“上级”和“下级”的角色区分时，显然有碍于对利益共同性的认识，从而使整合统一难以实现。为此，福利特创造性地提出使命令“非人称化”，并服从“情景规律”（law of situation，也译为情境规律）。所谓“情景规律”，是指命令来自事实和环境，而不是来自发布者的意志。正是在“情景规律”支配下，管理者的主要工作“不是如何让人们去遵守命令，而是如何找到可行的方法，使得我们能够最好地发现适合一项情境的命令”②。如此一来，就可以避免单方面支配人或被人支配而带来的弊端。福利特指出，既然权威是由职能所产生，那就同等级地位无关，而应该将权威同知识和经验相联系。换言之，一个人所服从的，不是上司的指令，而是服从知识，自然就不会同上司发生冲突，因为每个人都感到不是受某人的支配。这种权力就是一种“共享权力”而非“统治权力”。良好的人际关系的建立，就在于要尽量限制“统治权力”的出现，而创造“共享权力”的氛围。③ 由此，福利特号召人们尽量做到命令的客观化和非人称化。

在福利特的理论视野中，领导不再以权力为基础，而是以在情景的相互联系中领导者与被领导者的相互影响为基础；领导不再是对他人的统治和支配，而是领导者与被领导者的相互影响；领导者并不要求别人为他服务，而是为共同目标服务。这种领导能力不是颐指气使、发号施令，而是实现组织的协作，确定共同的目标，进而鼓励和引导人们对情景做出积极反应。福利特指出：“优秀的领导者不需要别人的臣服或者绝对服从”，而是要“说服他人追随你并且训练他们与你共事”，“是整合所有人经验并应用于共同目标的人”④。如此一来，领导者不再是自上而下发布命令的权威，而是要通过一个共同的目标凝聚所有的追随者，帮助下属形成自己的观点，点燃下属的热情和能量。与此相适应，被领导者（追随者）也不再是单纯对领导者俯首帖耳、无条件服从，而成为参与领导的一种具有能动性的角色。因此，在福利特那里，领导本质上是一个领导者与追随者之间共享权力、共同工作和共担责任的过程，领导者与追随者共同“服务于看不见的领导者，即共同目标”⑤。

在西方管理思想史上，福利特的确是一个奇迹。她为我们表达了这样一种哲学观念：

① 玛丽·福列特. 福列特论管理. 北京：机械工业出版社，2007：17.

② 同①42-43.

③ 同①58.

④ 同①109.

⑤ 同①127.

组织存在的目的，就是展现具有创造性的个人，促进个人目标与组织目标的融合；人们在一起工作和生活，而无须强制和通过妥协来做出牺牲。显然，她所倡导的以目的统一性为基础来实施控制，将会使工作场所更符合劳资双方的心意。在崇尚技术至上和个人主义的美国，福利特虽然在当时并没有引起人们足够的重视，但随着社会的发展，美国人又重新发现了福利特。管理学领域的宗师级人物林德尔·厄威克（Lyndall F. Urwick，1891—1983）和赫伯特·西蒙、弗雷德里克·赫茨伯格、彼得·德鲁克等人，都先后从福利特那里汲取了大量思想财富，并将其进一步发扬光大。即使在今天，福利特也可以说是“最现代”的管理专家。在20世纪80年代的“重塑政府”浪潮中，福利特的思想成为政府变革的渊源。在20世纪90年代，公民社会理论等理论所强调的共同体生活、公民美德、参与、信任、互惠、道德义务、传统文化等思想要素，正是福利特前所一直强调的。可以说，福利特的确无愧于“管理学的先知”①，故而，有人把她与泰勒相提并论，宣称这位杰出的女性为“管理理论之母”。

2. “协作系统”与“权威接受论”

福利特关于群体是个体整合的思想，开启了切斯特·巴纳德（Chester Irving Banard，1886—1961）协作系统理论的先声。两人都试图创造出一种合作和协作的精神，强调通过共同的群体努力获得成就的个体。作为一个侧重于理论探讨的企业家，巴纳德一直对管理理论的普遍性有着强烈的追求。他通过将协调组织中个人与组织之间的关系作为其研究的主导方向，创立了现代管理学中的社会系统学派。

人们一般认为，在企业组织和政府组织之间存在着明显的界限：前者以追求利润为目标，而后者以实现公共利益为目标。但在巴纳德看来，追求利润不是企业的目的，而只是股东的目的。不仅如此，企业组织和政府组织并非泾渭分明，而是具有相同的要素，在逻辑上也就具有相同的性质。由此，巴纳德对组织进行了重新定义。他既不赞成法约尔将组织看成由物质和人所组成的观点，也不同意将组织简单地看成由个人和个人所构成的集团，因为集团这个概念突出的通常只是成员身份，而不是作为组织实质的相互协作的关系，难免将那些为组织做出贡献的因素排斥在外。

在巴纳德看来，组织本质上是一个协作系统（也称为合作系统），是协调人们各种努力的结合体。这一协作系统包含三个普遍的要素：

（1）“协作的意愿”。意愿的获得由两个部分所组成：其一，组织“提供客观的刺激”，这种刺激可以是物质的（金钱），也可以是非物质的（地位、权力等）或社会性的（社会和谐、参与决策等）；其二，主观刺激，即通过教导、例子、建议等非强制手段来制约个人的动机，以培育协作精神，使其致力于共同目标的实现。

（2）“共同的目标”。个人之所以为组织做出贡献，就是因为他们感到通过组织目标的实现可以获得个人的满足。

（3）“信息的交流”。即在个人与组织、上级与下级之间建立畅通的信息交流层级报

---

① 葆琳·格雷汉姆. 玛丽·帕克·芙丽特：管理学的先知. 北京：经济日报出版社，1998：174.

告系统，只有如此，全体人员才会统一在一个共同的目标之上。①

巴纳德的理论很大程度上启发了20世纪30年代前后进行霍桑实验的乔治·伊尔顿·梅奥等人。在梅奥等人的人际关系理论视野中，组织不再只被看作一部机器，而更多地被认为是一个社会系统；企业成功被认为要依赖于发挥员工的全部潜能，而不是严格控制员工；管理学的追求最终要落脚于人类社会的和谐。

一般而言，作为组织的领导核心，经理人员必须具有权威（或权力）。韦伯曾分析了权威的自上而下的性质，福利特则提出权威的情景规律——权威产生于情景而不是来自个人，从而创造出"共享权力"的氛围。巴纳德接受了福利特的这一观念，并比福利特前进了一步，指出："一个命令之是否有权威决定于接受命令的人，而不决定于'权威者'或发命令的人。"② 传统的权威理论认为，权威是一种以被领导者的服从为基础的，遵从的是一种"命令—服从"的自上而下模式。相比之下，巴纳德的这种"权威来自下属而不是来自上司"的观念，正好与传统颠倒。

巴纳德的权威接受论虽然振聋发聩，但究其实，这并非他的首创。马基雅维里在《君主论》中就已经涉及了"权力接受论"，即政府的持续存在都依赖于群众的支持，君主可能通过夺取或继承而拥有权力，但要牢固控制国家则必须得到人民的支持。③ 约翰·洛克在其政治哲学中也提出了"政权的一切和平的起源都是基于人民的同意"的观点。④ 可以说，巴纳德权威接受论的提出，标志着西方管理学与政治学在基本理念上的统一和协调，是对以韦伯为代表的官僚制组织理论的有力矫正。巴纳德权威接受论的逻辑起点是每个人的自由选择，是取得下属同意让渡选择权的价值准则，其本质是管理的民主化。在这种民主型权威模式中，上级和下级更近于将对方看作合作者。

历史地看，从工业革命到第一次世界大战期间，组织中大量存在的是体力劳动者，多数人的行为准则是听命行事。如今，随着受教育程度的普遍提高，组织成员越来越属于知识工作者。由于知识工作者比他们的上级更了解他们自己的工作，因而，完全听命行事的下级越来越少，工作的推动越来越依赖于下级的自主选择。在这种情势下，整个管理工作越来越像"推销"，上下之间的有效沟通越来越重要。不仅如此，巴纳德还是一位将管理实践和管理理论完美结合的典范，既区别于单纯从事创业创新实践的企业家，又不同于那些纯粹思辨的理论家或专职研究者，这也是巴纳德的管理理论能够获得学术界和实践者双重认可的根本原因。而这种寻求实践与理论之间平衡的努力和尝试，无疑也将代表着当代管理理论创新的基本要求和方向。正由于巴纳德所讨论的许多问题都触及现代管理学思想的核心，故而，他被称为"现代管理理论之父"。⑤

3. 走向人本管理

组织与人，究竟何者优先，何者更为根本？科学管理理论和行为科学在这个问题上

---

① 巴纳德．经理人员的职能．北京：中国社会科学出版社，1997：139-140.

② 同①129.

③ 尼科洛·马基雅维里．君主论．北京：商务印书馆，2009：47.

④ 约翰·洛克．政府论：下篇．北京：商务印书馆，1987：70.

⑤ 占部都美．现代管理论．北京：新华出版社，1984：135.

各执一端。在科学管理时代，研究的重点是如何最大限度地发挥物质技术设备的力量而不是人的潜力，因而是一种典型的“物本管理”。虽然泰勒也曾意识到研究与发掘人的潜能对提高劳动生产率的重要性，并极力寻求与推行高效的科学操作方法及一整套的科学管理制度，以促进和提高企业员工的积极性，但在管理实践中，却始终以“经济人”假设为出发点。于是，到了行为科学时代，梅奥通过霍桑实验提出了“社会人”假设，认为人除了追求经济利益之外，还有心理和社会的需求，即追求人与人之间的友情、尊重、理解和关心等，因此，企业管理必须重视人的因素，服从于人的需求和特点，把满足人的需求、协调人际关系、激发人的工作热情、发挥人的潜能作为管理的根本点。

按照福利特的“整合统一论”，人和组织的关系可以视为一个互补的、相互构建的过程。德鲁克也正是以这种理念为基础，综合了以工作为中心和以人为中心两种观念，创立了著名的“目标管理”（Management By Objectives，MBO）理论。目标管理理论的提出，可以说是德鲁克一生最有影响的工作。在这一理论中，德鲁克前瞻性地提出：个人不再只是听命行事，而是通过自我管理的方式，在实现企业的目标的同时实现自我价值，从而顺应了当今知识工作者越来越普及的社会现实。

具体而言，目标管理具有如下内涵与特点：其一，注重管理行为的结果，而不是对管理行为的监控。企业每个成员都必须为一个共同的目标奋斗，因此，必须将管理者的愿景导向企业的目标，将员工的意志和努力贯注于目标的实现。其二，强调自我控制。传统管理依赖外部控制和指引，靠施加惩罚性的方法来鞭策员工。在这种环境下，员工机械地工作，逃避责任，没有主动性。而目标管理通过把客观需要转化为个人目标，通过自我控制取得成就。相应地，监督人员的角色也就从评判者变成了协助者。这展现了一种以结果为导向的过程激励管理方法，即被管理者不再只是听命行事，而是自己决定必须这么做。因此，真正的目标管理是自我管理。其三，调和个人目标和共同福祉。企业经营者必须采取明确的行动，让企业的目的和员工的目的趋于一致，同时建立起双方的互惠关系和对充足利润的共同依赖，这是企业经营的根本之道：“能让个人充分发挥特长，凝聚共同的愿景和一致的努力方向，建立团队合作，调和个人目标和共同福祉的原则。”①

目标管理理论最早在美国通用电气公司得到应用并大获成功。此后，许多大型企业纷纷仿效，进而风靡美国乃至世界。尽管如此，有关它的争论从未停止过。马斯洛曾指出，目标管理关于“有责任心的工人”的假设，实际上隐含了“每个人都是成熟的人”这样一个心理学命题，但现实中只有少数人在心智上符合“成熟”的标准，德鲁克的管理原则事实上“可能起作用的只是那些相对健康的人、相对坚强的人、相对优雅和善良的人、有德行的人”，所以目标管理不能被当作一种普适性的原则来使用。② 德鲁克对此反驳道：如果一位管理人员一开始就假设人们是软弱的、不愿承担责任的、懒惰的，那么他就会得到一些软弱的、不愿承担责任的、懒惰的人。但是，管理人员的职责就在于使人们的力量得到充分的发挥。而他要做到这一点，就必须从开始就假设人们——特别是管理人员和专业人员——是想有所成就的。③ 可见，两人的分歧，主要在于对现实人

① 彼得·德鲁克．管理的实践．北京：机械工业出版社，2009：89-110.

② 杰克·贝蒂．管理学大师德鲁克．上海：上海交通大学出版社，1999：156.

③ 那国毅．百年德鲁克．北京：机械工业出版社，2010：104.

性的不同把握。依据马斯洛的逻辑，人不尽如“完人”，故而，自我管理并不具有普遍性；而德鲁克则对现实人性抱有一种乐观的预期。无论如何，两人对于自我管理自身的价值都是充分认可的（见“德鲁克的一生”）。

德鲁克的一生

德鲁克生于维也纳，后移民美国，先后任教于美国贝宁顿学院、纽约大学商业研究院、克莱蒙特大学。作为当代“卓有成效”的思想家，德鲁克在长达75年的职业生涯中创作了三十多本书、上千篇文章。1939年，《经济人的末日》出版，曾被英国首相丘吉尔列为内阁的必读书之一。1946年，《公司的概念》出版，提出“分权”“事业部”等构想。1954年，《管理的实践》出版，首次对管理各个领域进行系统性论述，并提出了一个具有划时代意义的“目标管理”理论。1966年，《卓有成效的管理者》出版，成为领导学的奠基之作。1973年，《管理：任务、责任、实践》出版，进一步丰富和发展了《管理的实践》的思想，被誉为“管理圣经”和“百科全书”。1985年，《创新与企业家精神》出版，首次将创新与企业家精神视为管理者的工作和责任。1989年，在《管理新现实》一书中，德鲁克清晰地解释了为什么称“管理”为一门“人文艺术”：“‘人文’，因为它关切的是知识、自我了解、智慧和领导的根本；也是‘艺术’，因为管理是实行和应用。”① 1999年出版的《21世纪的管理挑战》指出，管理最重要的工作是要加强知识工作和知识工作者的生产力等。

究其实，目标管理并不是用目标来控制，而是用它们来激励员工，做到量才为用、人尽其才，从而发挥员工的潜力和创造力。在当今知识经济时代，个人再不像以前那样被视作巨大复杂机器中的一颗小小齿轮。相反，组织的生存和发展越来越取决于组织成员主动性的发挥。人力资本研究的开创者美国经济学家舒尔茨（Theodore W. Schultz，1902—1998）指出：“人的知识、能力、健康等人力资本的提高对经济增长的贡献远比物质、劳动力数量的增加重要得多。”②

随着对人类行为研究的不断深入，员工应作为企业中人力资本的思想被越来越多的企业接纳，传统的人事管理也因之升华成为人力资源管理。当然，把人仅仅视为“资源”“资产”，依然没有脱离传统组织理论将人作为工具的窠臼，类似于中国古代的“用人如器”观念。德鲁克指出，作为一种资源，人力能为企业所“使用”，然而作为“人”，唯有人本身才能充分自我利用，发挥所长。这是人力资源和其他资源最大的区别。德鲁克用清晰、简单的语言帮助我们理清了个人和组织的关系：组织需要个人为其做出所需的贡献，个人需要把组织当成实现自己人生目标的工具。故而，德鲁克强调，工作的组织方式必须设法让个人的长处、进取心、责任感、能力都能对群体的绩效和优势有所贡献——德鲁克将此称为“组织的首要原则”。③

在德鲁克的观念中，员工对企业所要求的，不仅仅是“公平的报酬”，更重要的是要

① 彼得·德鲁克．管理新现实．北京：东方出版社，2009：197-198．
② 舒尔茨．人力资本投资．北京：商务印书馆，1990：40．
③ 彼得·德鲁克．管理的实践．北京：机械工业出版社，2009：222-223．

求能够通过工作，在职位上发挥所长；企业应履行社会对个人的承诺——通过公平的升迁机会，实现社会正义；要求从事有意义的严肃工作；建立高绩效标准、具备组织和管理工作的高度能力，以及能明确表达对于良好工作表现的关注等。[①] 这种通过个人和组织的积极协作来促进人类自身价值实现，这就为人本管理的实现提供了一条现实的道路。换言之，人本管理的目标，不是单纯地追求企业的最大利润或组织的最高效率，而是在实现组织目标的同时实现员工个人的目标。因此，组织应当将人的发展纳入组织的目标体系，树立组织与人共同发展的意识。这正是人本管理的本质要义。

既如此，人本管理应以“合乎人性的方式”进行，尊重员工个人的尊严和价值，把员工当作完整的人来对待。这正是著名的坎特法则所倡导的：最为简单和最为根本的就是尊重员工的私人身份，把员工当作一个社会人来看待和管理，让管理从尊重开始。在尊重的基础上，最终满足员工自我实现的欲求，达到团队合作，共谋发展。[②] 在这方面，世界著名的计算机硬件公司 IBM 为我们提供了一个生动的范例。公司创始人托马斯·约翰·沃森（Thomas John Watson，1874—1959）曾言：“如果我们尊重员工，而且帮助他们自尊，这将使公司的利润最大化。”[③] 该公司从最早开始使用“尊重个人”这个词到坚持从内部提拔人才；从已经执行了 70 年的“不关门”制度到为所有雇员建立的一年只交 1 美元的乡村俱乐部；从公司推销员的高成功率到深层次的培训等，它一直恪守的正是这种“员工至上”的管理理念。

如今，许多大型公司所关注的焦点已转向为他们的员工提供选择的新型政策。在这种视野中，职业的发展问题不再被视为只是雇员的责任，而是被看作一种雇员与雇主共同承担的责任。为此，企业要着眼长远，帮助员工规划好未来，把工作活动与人生幸福结合起来，进而提高员工的工作满意感和价值感。[④] 这种新的发展逻辑要求组织与员工成为命运共同体，不能单方面地要求员工修正自己的行为模式、价值理念来适应企业，而应要求企业的行为模式、价值理念等也要适应员工个性的发展。这也意味着“员工的价值观必须与企业的价值观相匹配，而绝不能另有所寄”[⑤]。

肯尼斯·克洛克（Kenneth Cloke）和琼·戈德史密斯（Joan Goldsmith）在《管理的终结》一书中指出：“合作、自我管理和组织民主从根本上改变的不仅是我们工作的方式，而且还有工作性质本身。”[⑥] 在这种组织中，领导权不仅属于企业上层，而且处于不同位置的很多人都可以共同参与领导，员工在组织中可以感到上级主管的信任与组织的支持，从而在工作中表现出强烈的责任感。相应地，管理者对员工有效的领导并不意味着需要给出问题的答案，而是要提供明确的整体设想，使员工在即使没有明确指导的情况下也能取得预期的结果。因此，“管理者的角色已经从监督团队成员变为授权，因为工

① 彼得·德鲁克. 管理的实践. 北京：机械工业出版社，2009：222-229.

② C. Eisen. Confidence：How Winning Streaks and Losing Streaks Begin and End. International Journal of Productivity & Performance Management，2004（5）：76.

③ T. J. Watson. A Business and Its Beliefs：the Ideas that Helped Build IBM. New York：McGraw-Hill，1963：18.

④ P. Cappelli. Managing without Commitment. Organizational Dynamics，2000，28（4）：11-24.

⑤ 保罗·格里斯利. 管理价值观：企业经营理念的变革. 北京：经济管理出版社，2002：92-93.

⑥ 肯尼斯·克洛克，琼·戈德史密斯. 管理的终结. 北京：中信出版社，2004：引言.

作已经围绕核心过程进行了重新安排，工人也可以做到自我管理。下属得到更大的自主权，对工作也更加满意，他们从一般的工人成长为专业人士"①。总之，这种个体与组织的共同成长准则，要求企业的发展不能脱离员工个人的发展，最终建立一个以员工的个性化发展为基础的人本管理组织。

三、时代变迁中的组织图式

组织模式与其内外环境是密切相关的。正如美国麻省理工学院斯隆管理学院沃伦·本尼斯（Warren G. Bennis，1925—2014）所言，任何组织要生存下去，都必须解决内部协调和外部适应的问题，他将"协调组织成员的活动和维持内部系统的运转"称为"内适应"，而将"组织与周围环境进行交流和交换"称为"外适应"或"适应"。在其看来，官僚体系真正崩溃的原因，正在于环境的变化。② 当今日益全球化和信息化的社会变革趋势，使得当代管理学发生诸多变革。其中，组织领域的变革表现得尤为显著。面对当下日新月异的变化与激烈竞争，许多组织开始摆脱传统等级结构的制约，展现出向分权化、有机化转变的趋势，组织设计的理念也从"结构"转向"系统"。

1. 组织的分权化

在科学管理时代，由于组织无须面对严酷的市场竞争，故而组织设计的目光集中于组织内部，只需要对所完成的活动做出有序安排即可。在泰勒看来，既然分工在生产领域可以产生"专业化效果"，那么它在管理领域同样可以采用。为此，他立足于分工原则，提出了"设置计划部门"、"职能工长制"和"例外原则"等组织构想。然而，泰勒的职能工长制由于否定了统一指挥原则，在实践中无法应用，所以，法约尔在泰勒的职能工长制的基础上提出了直线职能制的组织形式，主张设置参谋机构来协助直线领导人员，参谋机构只接受总经理的命令，只对领导负责，不能向下级发布命令，从而既能获得职能制的优势又符合统一指挥的原则。

至此，两位管理大师应用分工理论，通过职位与部门划分、等级层次设置、横向联系和权限分配等结构性手段，使企业组织模式有了基本的定型，这就是U型结构（Unitary Structure）。由于这种组织模式一般按职能划分成各个部门，因而又被称为"职能式组织"（Functional Organization）。在这种组织中，组织的所有活动都被划分为各种基本的作业，并被分配给组织的各个成员；分设管理工作岗位，以将管理人员按专业组合在各个职能部门内部。组织权力横向方面按职能分工，各司其职；纵向方面按职位层层授权，形成界限分明的权力等级体系，上下级之间遵循严格的"命令"与"服从"法则，从而形成金字塔型的自上而下的控制体系。

自20世纪50年代以来，随着世界范围内经济生产的迅猛发展和日趋活跃，许多大

---

① T. McGuinness，R. E. Morgan. Strategy，Dynamic Capabilities and Complex Science：Management Rhetoric vs. Reality. Strategic Change，2000，9（4）：209-220.

② W. Bennis. Organizational Developments and the Fate of Bureaucracy. Industrial Management Review，1966（2）：41-55.

型公司的业务规模日益扩大，多元化经营成为它们迅速扩张的重要方式，管理的复杂程度自然也相应增大。在此情势下，只有通过将经营责任分散到更小的离散单元，使部门管理者对各个业务单元的运行承担责任，才有可能应对如此复杂的局面。由此，企业界出现了一种新的组织形式——事业部制（联邦分权制结构），即M型结构（Mulfidivisional Structure）。在这种结构模式中，"有关全公司的大政方针，如财务控制、重要领导人员的任免、长期计划、重要研究项目的决定等，由公司总部掌握；其他具体业务则完全由各事业部负责"①。

这种"集中政策控制下的分散经营"的组织形式，将政策决定与行政管理分开，使总公司经理能够摆脱具体运作而更专注于总公司的长远发展，各事业部经理则获得了施展才干的机会，从而为企业的规模发展和多元化经营提供了空间，"可以帮助企业在规模和多样性方面得到发展，突破它所代替的职能组织的限制"②，故而，自20世纪后半叶特别是在20世纪60年代和70年代以来，M型组织大量涌现。与此同时，"管理科学"的快速发展，使一般性的财务控制、资本评估系统、人力资源管理政策和决策规则等管理工具得以普及，从而为多元化经营提供了必要的手段。此外，事业部制的优势还在于，它能够收购和吸收那些适应得不怎么好的竞争者。企业丛林中的食肉动物（即大企业）在收购较弱小的公司时，只要把新的业务和已有的事业部并行安排，就可以简单地将其消化。由此，事业部制通过这种达尔文主义式的竞争而日渐成为一种流行模式。③

正是由于事业部组织形式的推广，使得企业分权化成为一股浪潮。1950年，在《财富》500强企业中，有20%的企业是分权的；而到了1970年，这一比例上升为80%。从现实来看，M型结构组织对管理水平的要求更高，如果不能真正做到"集中决策，灵活经营"，如果不能实现各事业部的资源和生产要素的彼此共享，那么事业部型结构的优势难以得到充分的发挥。譬如，尽管通用汽车公司的总裁艾尔弗雷德·斯隆（Alfred P. Sloan，1875—1966）在当时成功地实施了事业部制而被奉为管理的典范，但它的缺点还是逐步显露出来。斯隆建立的分权结构是围绕一个汇报和委员会机制运转的，这最终使组织变得笨拙。随着时间的推移，公司内设立了越来越多的委员会，其严格的目标和对成功的狭窄界定限制了组织的创新能力。到了20世纪60年代末期，公司最终失去了当初由斯隆成功维持的集权与分权的精密平衡——财务成为最重要的职能——通用汽车公司被曾经使其辉煌的制度搞瘫痪了。

可以说，现代管理基本摇摆于集权与分权之间。这已成为现代组织变革的一个基本表征。由于个人在能力以及信息来源等方面的有限性，在很多时候情况下，下属不如上级那样能更适合于系统整体的决策，因而，对系统整体的控制必须是集权的。同时，也正由于个人认识能力是有限的，因而分权也是必要的。当然，如果分权过多，会使上级无法实现对系统各要素的有效控制，严重时甚至会导致系统的瓦解。因此，集权和分权制是一个相对的概念，在集权和分权之间取得最佳的平衡，肯定会比完全集权和完全分

① 艾尔弗雷德·斯隆. 我在通用汽车的岁月：斯隆自传. 北京：华夏出版社，2005：50-51.

② Sumantra Ghoshal，Christopher Bartlett. Beyond the M-Form：Toward a Managerial Theory of the Firm. Strategic Management Journal，Special Issue：Organizations，Decision Making and Strategy，1993（14）：23-46.

③ 彭新武. 多元化经营的利弊分析及选择要素. 北京行政学院学报，2010（3）.

权都更为有效。[1] 否则，任何简单划一的集权或分权，都不能实现管理控制的目标。由于相关的变量很多，因而一个简单的模式是不可能勾画出现实的情况的。我们所能做的，也只是为组织的各个变量确定出试探性的关系模式，而不能强行规定适用于所有组织的一般原则。其实，法约尔在其所构想的 14 条管理原则中所讲的“集中原则”，就已经对集权与分权的关系做出恰切的阐述，却并未引起人们的足够重视。法约尔指出：“集中不是按领导人或环境之意可以采纳或舍弃的一种本身好或不好的管理方式，可以根据管理部门的主观意愿或客观情况来决定；集权或分权的问题只是一个简单的比例问题，是一个如何为具体的公司找到最适宜的程度的问题；集权的程度必须随着不同的情况而有所变化，以最适当地利用人员的所有才能。”[2]

2. 组织的有机化

传统金字塔形的高度集权组织模式，就像机器或计算机一样，是一种等级森严的机械系统。在这种机械组织中，信息传递以纵向为主，横向为辅；纵向传递的中间环节较多，横向传递的限制又较严；强调工作的程序化和规范化，组织的刚性较强，导致组织运行低效。这种官僚体系的控制模式，实际上是一个属于管理层自己的内循环系统，信息的输入、传递、转换和输出都被明确定位在“我们自己”的框架范围之内，这不仅使组织中决策与执行相分离，而且使基层的组织单元经常扮演着被动适应和忙于应付的角色，“上有政策，下有对策”常常成为一种组织内部普遍存在的“潜规则”，从而极大降低它们的工作灵活性。

当组织外部环境相对稳定，而且组织内部不需要进行太多的跨越职能部门的协作时，这种组织模式相对有效。然而，随着信息时代和全球经济一体化的到来，市场竞争的加剧使得企业所面临的外部环境呈现出复杂、多变、不稳定的局面，这使得传统由上至下集中控制的官僚制组织结构，以及历史积淀下来的以追求稳定而安全的价值观越来越与时代不相适应。

1982 年，彼得斯（Tom Peters，1942—　）和沃特曼（Robert Waterman，1936—2022）在《追求卓越》一书中指出，“卓越”企业的大多数层面都是“宽松”的，让人员享有极大的自由，能够自主做事。同时，卓越企业的核心价值观却又坚持采用中央集权。[3] 1988 年，彼得斯在《超越混沌》一书中指出，已有的“牛顿型组织”必将为“混沌组织”所取代，命令和控制的时代将一去不复返，人类正在进入一个“好奇、创造力和发挥想象力的新时代”。因此，企业不应该再像过去那样试图去控制管理的过程，而应该把关注点放在资源的分配、知识的再配置和适宜文化的设计方面。[4] 1992 年，彼得斯出版《解放型管理》一书，主张管理者应该“用疯狂的手段对付疯狂的世界”。言下之意，应放弃等级阶层，接受灵活的、自由流动的组织结构，以应付环境的挑战，组织

---

① 姜璐，时龙．自组织管理理论．北京：北京师范大学出版社，1995：120-123．

② 亨利·法约尔．工业管理与一般管理．北京：中国社会科学出版社，1982：36．

③ 汤姆·彼得斯，罗伯特·沃特曼．追求卓越．北京：中信出版社，2009：12．

④ Tom J. Peters. Thriving on Chaos：Handbook for Management Revolutions. New York：Alfred P. Knopf，1988．

“不应设计得像由硬石头垒成的金字塔，而应该像一个嘉年华式的聚会场所”①。

也许自彼得斯等人指出我们需要这种“或松或紧”的结构之日起，组织就已经开始试探着放松它们的关节，而开始向更为“灵活和敏捷的组织形式”的方向发展，组织内部各层级之间的界限也相互渗透并变得日益模糊。概括而言，当今组织设计的总体趋势是：

其一，组织形式从“垂直”转向“扁平”。现时代，普通人士取得信息的速度几乎同他们的领导者一样快，从而使得以往以信息不对称为基础的官僚体制日益失去其强制色彩。于是，很多组织开始削减组织层级，扩大管理幅度，从而使组织结构呈现“扁平化”。

其二，组织机制从命令、控制转向自组织。在传统集权主义的组织模式中，管理机制是控制型的，上下级之间是一种严格而僵化的“命令—服从”体系。而今，组织设计开始体现出一种“自组织”观念，即雇员不再是机器上可以替换的齿轮，而是一个有机体的重要组成。这个有机体能够思考和学习。在这种模式中，领导权将以前的管理层独享而转变为由组织中的各阶层共享，员工们由此而产生出强烈的责任感和成就感。

其三，组织结构从等级制转向网络制。基于传统等级制在职能上的机械分割以及横向联系上的相对匮乏，当今流行的团队型组织将决策权分散到工作小组的层次上，组织的权威开始变得分散，也减少了员工长期从事单一工作的枯燥感，并使一线员工的横向流动变得频繁。不过，在这种团队型组织中，由于存在众多团队，以及权力究竟是归属职能还是归属团队，难免会发生冲突。在这种情况下，网络型组织开始被视为最后的万能药（见“内含网”）。②

内含网

1990年莎莉·赫尔杰森（Sally Helgesen）在一项研究中发现，由妇女领导的组织结构非常像蜘蛛网，“其结构的形状是圆形的，领导者在中心位置，线路向外辐射到不同的外缘端点”。她还发现这些组织的领导者不断地将个人引入圈子里，增进与每个人的交流并鼓励人们相互沟通。这些网状结构更像圆形而不是等级体系。领导者对于自己成为行动的中心而不是组织等级的上层感到更舒服些，他们更倾向于达成一致意见而不是仅仅发布命令。就这样，通过创造一种类似大学的自由气氛，人们能够将注意力集中在需要做什么，而不是谁有下达命令的权力。利用网络的弹性，人们比较容易流动并与其他人建立联系。这种结构就是赫尔杰森所说的“内含网”。它之所以起作用是因为人们感到受重视，正因为有受到重视的感觉，他们也更容易重视他人。这样一来二往，就增加了信任感和公开性。

其四，组织的无边界化和虚拟化。随着当今日益加剧的竞争以及竞争的日益全球化，任何公司靠“单打独斗”的方式，显然是很难在竞争中取胜的。于是，许多公司开始突

---

① 汤姆·彼得斯．解放型管理．北京：中信出版社，2007：153.

② Sally Helgesen. Female Leadership: Changing Business for the Better. The Christian Science Monitor，2008(9).

破组织的边界，通过外部联系网络，进行资源的整合，从而出现了企业联合、兼并的热潮，以及基于网络的趋于无形化的虚拟企业、虚拟团队等。当然，界限依然是需要的，组织必须建立一个自己活动的领域，并用界限把自己与外界环境分隔开来。不过，这种界限不应是僵硬的，而是互相渗透的。毕竟，企业的发展需要实现经营活动与经济、社会和生态系统的有机结合。

在组织结构上虽然存在着从“传统”向“现代”转变的趋势，但事实上，当今并存着两种性质的组织形式——机械式组织和有机式组织。一般而言，当环境相对稳定、目标明确、决策可以程序化、协调和控制过程倾向于采用严密等级的情况下，以采取机械式组织形式为宜。而当环境相对不稳定和不确定、目标多样化并不断变化、技术复杂易变、有许多非常规活动（在这些活动中创造性和革新性很重要）、适用探索式决策过程时，以采取有机式组织形式为宜。从这个意义上讲，无论是团队组织、网络组织，还是官僚式的等级结构，都同样能够发挥其作用，关键在于要明确哪一个最适合特定的情况。例如，通过若干拥有广泛经验、技术技能和顾客联系的跨职能团队的参与，你或许能够制定出更加适当的战略。但是，当需要迅速制定和实施决策时，一个松散的、基于团队的结构可能会延缓你的行动，而紧密的等级结构可能会更加有效。而对于稳定的经营活动，组织知道应该如何去做，传统的等级制结构可能是最有效率的。然而，当经营环境变化迅速，人们需要学习新技能来适应这一变化时，团队和网络结构可能会更加合适。

显然，成功的组织是那些能够设法同时兼容多种不同运作方式的组织，而不是那些固守其中任意一种结构的组织。甚至在很多组织中，有必要在某些部分，诸如研究与发展部采用有机式的结构，而在另一些部门如生产作业部则采用较机械式的系统。可以预期，由于具体情况的不同，广泛多样的组织形式依然会继续存在。尽管如此，由于组织所处环境的不断变化，未来的组织最终必定是一个适应性机体，会随环境及组织变化的需要而变化。因此，企业应将灵活性视为自身文化的一部分和组织价值的构成要素。换言之，组织结构从来都不会是完善的，它是一个连续不断的过程。

3. 从结构到系统

传统组织设计理念的一个重要局限，就是只关注结构而忽视系统。由于过窄地集中于组织结构，如劳动分工、工作标准化、规则的表达、书面文件和层级制权威的中央集权等，导致组织设计单纯理解为组织的职责和权力的分配过程。于是，组织设计的任务被认为是提供组织系统图和编制职务说明书。它通过职务设计与分析、部门划分等方式来完成，主要考虑的是任务与职位区别、角色与程序的表达、权威的描述。在这种界定中，人们严重忽视了与组织结构框架相联系并发生相互作用的“系统”概念。

在传统组织设计中，由于其组织的基本构成要素是承担某种专门工作的职位或部门，因而是一种侧重于“工作面”的企业组织理论。巴纳德将组织定义为“两人以上有意识的协调和活动的协作系统”，强调组织成员的个人需要、动机和行为，从而把组织研究的重点从“工作面”转到“人性面”上来。这就突破了传统组织理论单纯地把组织视为一个权责结构的框框，将人类行为的特性纳入了组织问题的研究。他认为，权力不是来自自上而下的行政授予，而是取决于下级是否接受。既然组织是人与人的合作系统，每个人又有其自身的需要，那么，如果要求组织成员为组织做出贡献，组织就必须对他们提供适当的刺激，即“诱因”。这里的“诱因”不仅包括金钱等物质因素，也应包括威望、权力、参与管理等社会因素。在巴纳德看来，“诱因”和贡献的平衡是组织健康与否的重要标志。

巴纳德对组织与个人关系的这种处理，大大丰富了以前的企业组织理论。不过，巴纳德所说的系统，只是封闭的系统。实际上，组织系统是一种开放系统，它同周围环境存在着动态的相互作用，并具有内部和外部的信息反馈网络，能够不断地自行调节，以适应变化的环境和企业的需要。这其中，不仅包含着人们在相互依存的关系中的共同工作或协作，而且组织自身也是深深地楔入整个社会和自然的大环境中，经历着一种生长、繁荣和衰亡的动态演化。因而，研究组织的唯一有意义的方法，就是把组织看作开放系统来研究。

德鲁克继承了法约尔和斯隆有关组织结构不是自发演变的观点，认为组织的设计和结构需要思考、分析与系统研究；组织不是机械的，而是有机的，每一个企业或机构都各具特点。为此，他还提出了组织设计形式上的如下6项规范，从而大大发展了传统的组织理论。第一，明确性。组织中的每个部门、每个人都应了解它/他在组织中的位置、归谁领导、应到何处取得所需信息、同谁进行协作等。第二，经济性。用于控制、监督、引导人们取得成绩的力量应保持在最低限度，组织结构应使人们能够自我控制和自我激励。第三，远景方向。组织结构应该把每个管理部门或个人的远景引向取得企业成就。第四，决策。组织设计必须有利于组织做出恰当的决策，并使决策转化为实际工作或成就。第五，稳定性与适应性。组织既要有充分的稳定性，能够在动乱的环境中进行工作，又要有高度的灵活性，能够适应新情况、新需求和新条件。第六，永存性和自我更新。组织结构必须能够从内部产生未来的领导者，并能够接受新思想、愿意做新事情。①

按照彼得·圣吉与其合作者在《变革之舞：学习型组织持续发展面临的挑战》一书中的观点，组织设计仿效生物和生态系统模式，通过整合“硬性”和“软性”结构，使组织的“骨骼”和“血肉”重新相连。② 从这种系统的视角看，组织的基本结构不是由等级决定的，而是由组织中不同的意识形态的混合方式、对工作本质的不同理解，以及具有不同的意识形态的团体与外部利益相关者之间的关系决定的。其中，真正起到决定作用的是一种理念通过确定某种情境确立自己的控制力的能力，之后它就能够为组织中发生的互动制定规则了。从这种意义上讲，文化构成了组织运营包括组织设计最为基本的要素。然而，在传统控制等级的管理模型中，生活在组织边缘地带的职员，常常对强有力的组织中心感到无法触及，对组织结构、战略目标和计划（经常是从上而下地贯穿下来）感到浑然不知。显而易见，对这些潜在冲突的克服，需要通过协调一致的、贯穿性的文化控制（优势）和内聚力来实现。这就要求成员的个人意愿应能够根据企业文化的核心价值而行动，要求一个组织明确认识到并表达出雇员所追寻的目的和意义，并进而将自身与其成员紧密联系起来。

---

① 彼得·德鲁克. 管理：任务、责任、实践. 北京：中国社会科学出版社，1987：650-651.

② 彼得·圣吉，等. 变革之舞：学习型组织持续发展面临的挑战. 北京：东方出版社，2001：425.

如果说“传统威权组织的信条是管理、组织与控制，学习型组织的信条将是愿景、价值观与心智模式”①。这种组织设计的基础是，任务和成员之间的关系是共同的，组织是由一些靠组织文化的力量相互联系起来的自治工作团体组成的。由于这种相互联系非常复杂，并且外部环境具有高度的不可预测性和不确定性，因而组织设计依赖于人们对“游戏中不成文规则”的理解和处理模糊事件的能力。这包括了哈默尔（Hammer）提出的深层系统设计的观点，诸如形成学习能力、形成深入思考组织变革问题的人性化过程、形成“全方位的沟通渠道”、形成恰当的价值观和信仰以支持核心顾客接受的意识形态等。这种“智慧型组织”存在的目的，就是适应人们，而不是希望人们来适应组织。这是所有组织都应该采取的模式，这样我们才能真正作为“人”而获得多方面的发展。②

四、从结构到行为

组织设计及其相关结构，只是为组织的活动提供一种保障和程序。实际上，要想考察组织的“一致性”，还需要对组织的行为层进行考察，因为组织的所有思想与战略规划的实现是必须通过人的行为来完成的。换言之，在一个组织中，真正重要的，是组织的活动行为。自人际关系运动以来，许多管理学家、社会学家和心理学家从行为的特点、行为和环境、行为的过程及原因等多种角度，进一步拓展了对人类行为的研究。早在1949年，在美国芝加哥讨论会上，研究者第一次提出“行为科学”的概念。1953年，在美国福特基金会召开的会议上，有关人际关系方面的研究被正式定名为行为科学。1956年，美国《行为科学》杂志创刊。如今，行为科学已经成为管理学研究中一个重要领域。当然，行为科学有广义和狭义之分。广义的行为科学是指研究在自然和社会环境中人的行为的科学，包括心理学、社会学、社会人类学等。狭义的行为科学则指有关对工作环境中个人行为和群体行为的一门综合性学科。20世纪60年代以后，为了避免同广义的行为科学相混淆，出现了“组织行为学”这一名称——专指管理学中的行为科学。

1. 组织重组与流程再造

传统的组织理论一般是通过组织内部诸要素的相互协调和组织结构的合理安排，而实现提高组织效率的目的的，即试图寻求一种最适合于公司业务和战略目标的结构，并认为一旦发现并实行了最佳的组织结构，总是期望它能有效及持之以恒地运作。这种组织理念，充分体现在阿尔弗雷德·D. 钱德勒（Alfred D. Chandler，1918—2007）这一经典名言中：“战略决定结构，结构紧随战略”，即企业战略决定了企业的组织结构，每一个企业战略都有一个相应的最佳组织结构。与钱德勒相一致，迈克尔·波特也主张，战略必须超前于结构，只不过他在组织结构的上层加入了另一种形式的“结构”，即整个产业的结构。于是，在波特的理论视野中，产业结构决定了企业的战略位置，而企业的战略位置又决定了企业的组织结构。因而，钱德勒和波特的观点在本质上并没有大的

---

① 彼得·圣吉. 第五项修炼：学习型组织的艺术与实务. 上海：上海三联书店，1998：209.

② 彭特·赛德马兰卡. 智慧型组织：绩效、能力和知识管理的整合. 北京：经济管理出版社，2004：导论.

差别。

这种战略第一、结构第二的逻辑顺序，所隐含的是一种分离式的线性思维方法。在明茨伯格看来，战略发展和结构设计相互支持并共同支撑组织，是相互领先而又相互跟随的。也就是说，战略很少能孤立于现有的组织结构之外，战略和结构之间无法分开，而是存在着相互作用："结构跟随战略……就像左脚跟随右脚"，从而冲破了这种线性思维。钱德勒的错误就在于，他未曾认识到结构虽然在某种程度上可以调整，但决不能任意进行。由于世界总在变化，有时缓慢，有时剧烈，因而结构在某些方面不能总与环境同步；战略和结构之间的关系也不是一定要遵循那种纯粹的顺序逻辑，因为组织结构不会那样轻易地改变。组织的错综复杂的保守本性，使它在面对全面的战略变革问题时依然能够获得强大的支持。当来自某种动态环境的危机信息最终迫使组织不得不集中于自己的管理职责时，它通常会进行缓慢的调整，并形成足够强的"组织滞缓"，以保护自己免受战略变革需要的冲击。①

实际上，钱德勒所倡导的"组织结构跟随其战略"的著名论断，可能适合于企业组织所处的外部环境相对比较稳定的情境。那时的企业需要有长期的战略规划，而这种长期的战略规划可以使企业设置相对固定的组织职位和岗位来安排其成员，使其能够为统一的组织目标相互协同工作。但是，随着信息时代和全球经济一体化的到来，市场竞争的加剧使得企业所面临的外部环境呈现出复杂、多变、不稳定的局面，这就对组织战略规划提出全新的挑战，使得战略本身的特性发生改变，如战略的柔性、灵活性和适应性特点日益突出。此时，企业把战略作为组织设计所追随的目标所面对的问题是：组织设计需要适应战略变化而进行调整，但组织形式的变动很难适应难以预料的战略变化。

在当今复杂多变的商务环境中，人们都希望自己的组织具有适应能力、富于企业家精神、勇于创新、能够开放面对变革。在这样的背景下，管理人员很容易就会拿起组织重组的武器。于是，当我们不断地被告知，实现这一目标的途径是像ABB那样撤销公司总部、像3M那样建立项目管理团队、拥有宝洁公司那样以团队为基础的工厂、像本田那样建立跨职能网络组织时，组织重组这一灵丹妙药的诱惑变得让人几乎无法抵抗。然而，在现实中，我们看到，有一些组织从集权结构转变为分权结构，然后又重新转变回来；有一些组织轻率地下放责任或者建立起二维或三维的矩阵式组织，然后，要么莽撞地成立了项目管理团队，要么在吃过苦头以后又重新回到以前那种安稳、老式的等级制结构；还有一些组织更加直截了当地直奔关键问题，掀起一波又一波削减层次、结构重组、缩小规模和规模适当化（"适当"的规模总是意味着更小）的浪潮。

应该承认，在特定的时间和条件下，重组组织是需要的。笨拙的等级制结构及其烦琐庞杂的报告和控制体系，的确会扼杀创新和进取精神，但是大刀阔斧地修正组织结构并不一定能保证激励新的行为。管理者精心构思出来的，有时甚至可以说得上是绝妙的组织结构，在组织日常运转的严峻现实面前，往往会陷入一种混乱和无序之中。这里的关键在于，组织重组不可避免地会涉及权力和影响力的重新分配，有可能失去权力的人

① 理查德·惠廷顿. 战略是什么. 北京：中国劳动社会保障出版社，2003：152-153.

将会奋力保卫任何一种自己已经拥有的权力，从而使权力仍然保留在那些最初拥有者的手中。

在现实中，尽管许多组织已经尝试了所有的组织结构形式，总是无法获得成功。毕竟，灵活性、承担风险、授权、创新等特征不可能被硬塞进组织结构之中。因此，与其去寻找一种新的结构来解决大多数组织出现的问题，不如考虑通过现有的结构来改善产品流、服务流和信息流；与其重组你的组织结构图，不如再造你的业务流程。也就是说，管理者必须从传统的"战略决定结构"转向一种新的模型。在这种模型中，由业务流程和员工行为来确定员工被组织起来的方式。

在传统工业时代，人们总是将组织狭义地理解为一种静态结构，即通常把组织划分为各个职能部门，再根据员工各自的职能技能把他们划分到一个个群体之中——财务、研发、制造、营销等，以获得规模经济优势。这种组织设计在不断提高企业生产效率的同时，也将一个连贯的业务流程拆卸成数个支离破碎的片段。更为严重的是，这种职能型组织的目标通常只根据"专业标准"来设定，而非紧扣企业的成败，如此一来，"管理者注意和努力的焦点就很容易偏离企业成功的目标"等。① 从实践上看，在外部市场环境相对简单和稳定，企业可以准确把握市场需求的时代，这种职能型组织也许可以有效地组织安排内部的生产作业，但是，高度不确定的外部环境要求对变化做出灵活、快速反应的组织。当今日益扩大的全球化、规则变更和技术革新、快速壮大的知识劳动力等不断变化着的社会环境，使得顾客（Customers）日益成为企业关注的焦点，竞争（Competition）越来越激烈，变化（Change）也成为常规。这三种力量（3C）要求企业必须具备灵活应变的能力，对市场迅速做出反应。但是，以分工理论为依据而设计的企业结构、管理模式却妨碍了企业及时、有效地做出反应："机制不灵活；无人负责；不以顾客作为各项工作的中心；重活动，轻结果；官僚主义的麻木不仁；因循守旧，缺乏创新；极高的间接管理费用。"②

正是在这样的时代背景下，20 世纪 90 年代迈克尔·哈默（Michael Hammer，1948—2008）等人提出企业再造（Corporation Reengineering），又称为业务流程再造（Business Process Reengineering，简称 BPR）理论，它以作业流程为中心，摆脱传统组织分工理论的束缚，以适应新的世界竞争环境，重新设计企业的经营、管理及运营方式。该理论一经提出，立刻在全球企业界刮起一股再造旋风。

从管理思想发展的逻辑来看，BPR 逆转了泰勒主义或科学管理方法的基本原则，是针对西方企业中分工过细而造成的管理障碍而进行的一次理论变革，被认为是继全面质量管理（TQM）③ 之后的第二次工商管理革命。该理论特别强调：第一，企业再造必须跳出传统的框框，打破原有的思维定式。从根本上重新思考企业已形成的基本信念，如分工思想、等级制度、规模经营、标准化生产等。第二，企业再造需要对原有的事物进行彻底的改造。企业再造不是对组织进行修修补补，它需要企业从头做起，进行脱胎换骨的彻底改造，包括在管理理念、思维方式和价值观、组织战略、结构、行为方式、运

① 德鲁克. 管理的实践. 北京：机械工业出版社，2009：269-270.

② 迈克尔·哈默，詹姆斯·钱皮. 企业再造. 上海：上海译文出版社，2007：22.

③ 参见本书第八章之"二"。

行机制等方面，进行全方位的、相互关联的变革。第三，企业再造要以绩效飞跃为目的。企业再造不是以渐进的提高和边际进步为目标，而是要取得突变的“戏剧性飞跃”，如降低成本、节约时间、提高质量等。第四，企业再造以企业流程为再造对象。从本质上讲，企业再造就是以顾客需要为中心，将原来按职能划分进行的管理方式转变为以业务流程和具体任务为中心。①

可见，作为一种管理方法，BPR把组织的注意力从内部职能活动转移到跨职能部门的、面向顾客的业务流程上去，要求企业着眼于改进流程，并消除任何不能够给顾客或最终用户带来价值的活动。同时，由于任何一个职能部门都不可能完全拥有这个流程中的任意一个部分，而是共同为这个流程的每一个部分贡献自己的力量，因而，只有当组织的经营被看作一个始于识别顾客需求、止于满足顾客需求的整体流程和价值链时，才能够真正地在组织中建立起顾客导向。更为重要的是，进行企业再造必须重塑企业的价值观，建立起勇于承担责任和风险、拼搏创新、追求卓越、服务至上和团队协作的企业精神，激发出员工参与再造的积极性。总之，企业再造工程不仅在于变革人为的流程和管理模式，更重要的是一种观念的改变。它以顾客、流程、价值为理念的企业文化和管理模式，取代过去那种以管理、组织和控制为信条的管理思想。

从实践上看，企业再造运动尽管在欧美的企业中涌现出大批成功的范例，如福特汽车公司、AT&T、IBM、意大利的BAT、德国西门子公司等。然而，相关研究同样显示，BPR具有较高的失败率。在现实中，我们常常看到，许多重大的BPR方案导致了组织中职位的显著减少，它为了效率和生产率而破坏了生活、家庭和社区。员工们听到的是“人是我们最重要的资产”，事实上，人却成为最容易被牺牲掉的资产。为此，人们指责说BPR是裁员的另一种委婉说法。不仅如此，在很多情况下，BPR所倡导的缩减规模是试图修正过去的错误，而不是去开创未来市场。为此，BPR被称为“外科手术”（割去患病的器官），而不是“恢复疗法”（帮助组织变得更加健康）。企业再造强调的是根本性的、一次性的改革企业流程，然而，在实践中，这种剧烈的“脱胎换骨”并不具有普适性。对于设备或部门的重组可能在瞬间完成，但是，对于员工的行为习惯、价值取向、文化观念的改变则需要一个循序渐进的过程。此外，实施企业再造方案，必然会触及原有的利益格局，毕竟，“企业再造并不能使人人都得到好处”，故而常常会遭遇到难以想象的各种抵制行为等。②

即便如此，如果我们承认市场波动变得更加剧烈，变化的速度正在加快，那么我们就必须接受这样的观点，即有效的流程对企业是至关重要的。作为西方现代管理思想发展史上的一次革新，企业再造理论打破了企业内以分工理论为基础而形成的部门结构和管理体制，转而以流程为中心来重新设计企业的经营、管理及运营方式。可以预期，随着市场环境与组织模式的变化，在当今以计算机网络为基础的现代社会，原有的职能管理已经不能完全满足于现代企业发展和市场竞争，流程管理将日益显示其重要价值。

---

① 迈克尔·哈默，詹姆斯·钱皮．企业再造．上海：上海译文出版社，2007：25-27.

② 同①201.

2. “群体动力学”及“团队精神”

按照格式塔心理学[①]的观点，群体成员的行为并不是他们个人行为的简单相加，因此，群体内的个体不应被独立研究，而必须作为一个动态社会系统的组成部分来予以分析。美籍德裔心理学家库尔特·勒温（Kurt Lewin，1890—1947）的“群体动力学”（也称之为“场论”），就是依据这种整体主义的心理学针对群体行为而发展起来的一个重要理论。该理论认为，群体行为就是一套复杂的具有象征意义的力和相互作用，它们不仅影响团体结构，而且修正个人行为。一个团体永远不会处于一种平衡的“固定状态”，而是处于相互适应的持续过程之中。这一理论启示我们，如果员工能够通过社会结构而被人承认，获得安全和满足，将会自觉地为达到组织目标而进行协作和贡献力量。

与勒温的群体动力学一脉相承，1957年，美国亚利桑那州立大学教授基思·戴维斯（Jisi Davids）将人际关系定义为：“通过这样一种方式，即激励人们在工作中相互合作和实现生产效率，并且使他们获得经济的、心理的和社会的满足，使人们在工作环境中结合成一个整体”[②]。从这种整体论的角度看，组织中的人不是孤立的人，而是群体的人。由于创造企业最佳绩效的关键不是依靠单个人的努力，而是需要依靠职工群体的共同奋斗，因而在管理中不仅要强调对个人的激励，而且要强调建立企业与员工以及员工之间相互信任和合作关系，以激励全体员工的工作热情。这就从对孤立的、静态的个体转为与人交往的动态的个人，并导致进一步研究社会变革、社会控制、集体行为以及团体对个人的一般影响。

正是在这种整体主义精神的指引下，随着当今从等级制度向管理跨职能部门的流程的转变，团队或群体基本上已经取代了职能部门作为工作驱动器的地位。“一个团队是由数目较少、具有互补技能的人所组成，他们致力于共同的目的、绩效目标和工作方法，并为此共同承担责任。完全根据身份阶层设想的多样化抑制了效益。应当将人员多样化理解为不同身份阶层成员带给企业的各种工作愿景和工作方法。”[③] 这个定义将真正的团队和人们所组成的群体区分开来，即团队不仅仅是指由两个或两个以上相互作用和相互依赖的个体、为了实现某个特定目标而组合在一起的工作群体，更重要的是，它能通过其成员的共同努力而产生积极的协同作用。

乔恩·R. 卡曾巴赫（Jon R. Katzenbach）等人在《团队的智慧》一书中指出，现代市场经济越完善，靠个人努力、单打独斗而成功的可能性就越小，只有加强团队精神，增强团队合作，才是制胜的不二法则。这就需要做到：第一，与团队成员一起构筑团队的愿景、目标、运作规则、团队文化，并培养共同价值观。第二，用服务者、合作者的心态，帮助团队成员完成他的个人目标，不要吝啬自己的付出，所谓“帮他即帮己”。第三，个人要想成功及获得好的业绩，必须牢记我们永远不能将个人利益凌驾于团队利益

---

① 格式塔心理学是西方现代心理学的主要流派之一，也称为完形心理学，完形即整体的意思，格式塔（Gestalt）是德文“整体”的译音。它强调经验和行为的整体性，反对当时流行的构造主义元素学说和行为主义“刺激—反应”公式，认为整体不等于部分之和，意识不等于感觉元素的集合，行为不等于反射弧的循环。

② 丹尼尔·A. 雷恩，阿瑟·G. 贝德安. 管理思想史：第6版. 北京：中国人民大学出版社，2012：335.

③ 罗布·戈菲，等. 人员管理. 北京：中国人民大学出版社，2000：133.

之上，在团队工作中，应通过帮助别人来成就自己。第四，要善于判断和区别对待，即保留最好的，剔除最弱的，且总是力争提高标准，等等。①

研究显示，人们在工作中最令人满意、最令人兴奋的经历，莫过于成为一个高效团队中的一员；这样的团队似乎聚集了所有的优点——合适的人在合适的时间处理合适的问题。但是，最令人沮丧的挫折也往往来自一个无法发挥自己潜力的团队，因为它的内部问题或与组织其他部门的关系损害了它履行自己职能的能力。为此，团队理论角色的创始人、英国的管理学家梅雷迪斯·贝尔滨（R. Meredith Belbin）在其所著的《未来的组织形式》一书中指出提高团队工作的5条基本原则：第一，一支好的团队的成员是经过严格挑选出来的。第二，一支团队要由互补的队员组成才能取得好成绩。第三，团队成员要多才多艺。第四，团队成员要知道根据实际情况调整自己的行为。第五，一支好的队伍在场上要根据赛前制定的策略自由调整自己的行为。②

研究表明，群体的管理者在实践中总是倾向于与“思维相似”的人在一起工作，似乎这样冲突就会比较少，工作更容易完成，生产力也更高。就像威廉·大内（William Ouchi，1943—　）在其名著《Z理论——美国企业界怎样迎接日本的挑战》一书中指出的，Z型组织在文化上具有高度一致性。③ 问题在于，高度一致性的单一文化往往是极权主义的。控制论奠基者之一英国学者阿什比（W. R. Ashby）提出的“必需品多样性法则”告诉我们，一个系统要想生存，就必须至少和它所处的环境一样复杂。复杂的跨职能部门的任务要求很多不同的技能，因此我们不要走看上去抵触情绪较少的捷径。英国公司在过去三四十年里遇到的很多失败，都可以归因于它们的管理群，这些人的背景相同，甚至上过同一所学校，但是他们应付不了越来越复杂的企业环境。④

相关研究显示，最有效的群体不是那些包含“最聪明的和最优秀的”人员的群体，而是那些在以下主要角色上取得良好平衡的群体：主席——领导与协调；决定进程者——驱动任务取得进展；机灵鬼——突破性创意的来源；评价者——按照逻辑来测试创意；公司工人——管理者；团队工人——管理团队的冲突；资源调查者——利用自己在组织中的关系对群体提供帮助；收尾者——非常重视时间压力，使团队不至于误期。⑤这个模型警告我们，在结成团队进行工作的时候，要寻求多样性、平衡和协同作用，懂得差异和冲突也会产生积极作用（见“团队中的角色分类”）。

团队中的角色分类

贝尔滨在《团队管理：他们为什么成功或失败》一书中将团队中的角色进行了分类。

(1) 传播者：有创造力、想象力，不墨守成规，能解决棘手问题，但不善于和普通人打交道。

(2) 协调者：成熟，自信，值得信赖，是一个很好的领袖，但往往并不是最聪明

① 卡恩·R. 卡曾巴赫，等. 团队的智慧. 北京：经济科学出版社，1999：142-151.

② R. 梅雷迪斯·贝尔滨. 未来的组织形式. 北京：机械工业出版社，2001：123-124.

③ 威廉·大内. Z理论：美国企业界怎样迎接日本的挑战. 北京：机械工业出版社，2007：62.

④ W. R. Ashby. An Introduction to Cybernetics. London：Chapman and Hall，1956：200-210.

⑤ 弗莱蒙特·E. 卡斯特，詹姆斯·E. 罗森茨韦克. 组织与管理：系统方法与权变方法. 北京：中国社会科学出版社，2000：432.

的人。

(3) 塑造者：有活力，对人友好，容易激动，喜欢有挑战性，但往往脾气暴躁。

(4) 团队工人：会交际，温和，能理解别人，乐于助人，会倾听，能避免摩擦，但在紧要关头往往做不了决断。

(5) 完成者：辛苦操劳，尽职，性急，不愿将工作托付给他人。

(6) 实施者：遵守纪律，值得信赖，保守，有效率，言出必行，但有些不太灵活。

(7) 资源调查者：性格外向，热心，善于交流和找寻机会，但兴趣往往很快消退。

(8) 专家：独立思考，主动，有献身精神，能提供稀有的知识和技能，但贡献范围很窄。

(9) 监控评估者：冷静，有战略眼光和辨别力，看问题全面，善于判断，但缺乏感染力。

这种分类由于比较细致，直到今天仍被各类组织采用。[①]

当今关于团队建设的一个重要议题就是“团队情商”。1996 年，美国心理学家和记者戈尔曼（Daniel Goleman，1946—　）在其畅销书《情商——为什么情商比智商更重要》中提出了“情商”的概念，是指对情绪智能（emotional intelligence）水平的测量。所谓情绪智能，是指我们理解、把握和运用自己及他人情绪的能力。该书在对 121 家企业中的 181 个不同职位的能力标准进行研究时，发现其中 67%的工作必备能力是“情商能力”，比如个人的自控能力、专注力、值得信任、为他人着想及处事能力等。这一研究有力地确证了沟通能力、团队合作能力及生活管理能力的重要性。从此，“情商”（Emotional Quotient，EQ）概念开始为全世界所关注，成为人力资源管理中的一个重要概念。[②]

关于情商的作用，这段话做了一个很好的概括：“通过管理自己的感情和情绪而达到某个目标的能力，具有这种能力的人对关键人物反应灵敏，并且能够影响关键人物。具有这种能力的人能够通过良心、伦理的力量来平衡自己的动机和动力。”[③] 凯利和卡普兰（Kelley and Caplan）通过研究贝尔实验室的科技团队发现，尽管所有研究人员都有很高的智商，但是一些成员之所以被他们的先驱认为是明星，不是智商（IQ），也不是学术天才，而是“人际策略”使他们脱颖而出。情商可以有助于管理的长期进步，越是在组织高层，情商越重要。[④] 研究显示，情绪智能越高，在工作及人际关系的表现上便会越好。你或许能够召集到天才精英，但是如果他们缺乏相互交往的能力，那么他们的努力注定会以失败而告终。

当然，一个团队的所有成员有较高情商并不一定等于团队有较高的情商。创造一个

---

① Meredith Belbin. Management Teams：Why They Succeed or Fail. 3rd. Oxford：Butterworth Heinemann，2010.

② 丹尼尔·戈尔曼．情商：为什么情商比智商更重要．北京：中信出版社，2010：35.

③ Victor Dulewicz. Emotional Intelligence：The Key to Future Successful Corporate Leadership?. Journal of General Management，2000，25（3）：1-10.

④ Vanessa Urch Druskat，Steven B. Wolff. Building the Emotional Intelligence of Groups. Harvard Business Review，2001：81-90.

积极向上的、自我强化信任感的、具有团队归属感和高效感的团队，不仅仅需要团队成员显示出较高的情商，而且需要通过情商规范形成良好的团队气氛，并对不良情感做出积极的反应，以建设性的方式来影响团队情感。团队情商比个人情商更加复杂，因为团队有更多层次上的情感互动。一个团队必须注意到不同层次的“情感意识和控制”，意识到团队成员的情感和与自己有关联的群体、个人、团队的情感。当一个团队成员不能与团队其他成员情感合拍时，团队就需要成员之间面对面地情感互动。当团队意识到问题时，团队规范应该鼓励成员之间的相互理解。一种有效的方式，就是创造一种积极的组织环境。当面对挑战时，团队的每个成员都用可以成功的心态来对待，而且还会寻求积极的规范。在这种情况下，自由而积极的想象可以促使那些消极悲观者发生转变。当外界条件导致在团队成员中形成一种消极的氛围时，就应该努力转变团队氛围，有意识地打破抱怨和责怪的氛围，并积极把它转化为有建设性的氛围。这种“鼓励积极地解决问题”的规范可以帮助公司把障碍变成便利。这样，通过建立规范，关注情绪，规范各种层次上的人际互动，团队就可以建立起坚实的信任感、团队归属感和团队高效感，从而提高团队合作及整体绩效水平。

3. 变革时代的“领导力”

在当今组织关系越复杂、竞争环境越激烈、不确定性加大、未来决策更加难以把握的时代背景下，拥有那种起死回生、力挽狂澜的超凡魅力的领导者，便成为一种稀缺性资源，一个新式“利维坦”，成为时代精神的彰显者。由此，当代管理界开始出现“领导力”的新概念，也成就了诸多的“领导力大师”。

在西方管理思想史上，最初的领导概念更多关注的是“个性”，即认为领导者具有与非领导者不同的个性，诸如技术能力、智力、精力、创新精神、诚信，甚至长得高大、强壮、聪颖、勇敢等。然而，由于这些品质越列越长，“例外”也越来越多。而自行为科学开创以后，对领导概念的解释也逐渐从“个性”转向“行为”。

沃伦·本尼斯起初是作为对官僚体制的批判者而引人注目，后来又成为领导力研究的开创者。他认为，一个合格的领导者应该具有四种“胜任力”：第一，通过“愿景”管理注意力。领导者不仅从追随者那里吸引注意力，也对他们付出自己的注意力，从而催生了“愿景式领导”这样的新概念。第二，通过沟通管理意义。这不仅仅是解释和澄清，还需要创造意义，以实现协调一致的行动。第三，通过定位管理信任。领导者应该以愿景为指引，坚持不懈地率领员工向着一个方向行动。第四，通过积极的自我认识和“沃伦达因素”管理自己。“沃伦达因素”这一概念来源于这样一个事例：高空杂技表演家卡尔·沃伦达在一次表演中失利，从高空摔下身亡。他的妻子回忆说，在表演前三个月，沃伦达脑子里想到的都是失足摔下，“他把所有的精力都放在失足摔下而非放在走钢丝上了”。本尼斯借此来表达这一思想：“领导者应专注于积极的后果，而非失败的风险。”①

本尼斯于1989年在《成为领导者》一书中，进一步阐述了领导力的内涵。他认为，

---

① 沃伦·本尼斯. 成为领导者. 北京：中国人民大学出版社，2008：57.

领导力就是成为领导者的过程，而任何一个充分表达自己的人都能够成为领导者，这与领导天才论的观点相反，即人人都具备潜在的领导力，成功的领导者依靠的是后天学习。① 领导者的职责之一，就是激发和锻炼下属潜在的领导力，使员工在这个过程中不断磨砺、探索，获得成长和发展。因此，个体潜力的发挥和利用是所有组织的真正任务，所有的组织都必须为其成员的成长和发展提供机会。②

当今风行的另一位领导力大师吉姆·柯林斯（Jim Collins，1955—　）认为，企业要寻求卓越，越来越需要依靠好的机制。要建立这种机制，首先必须找到合适的领导者，即“制造时钟的人，而不是报时的人”，就是建立一种机制，形成一个公司优秀的组织特质。为了区别于一般企业的领导人，他把这种领导人称为“第五级经理人”。这一概念根源于他对领导力的五个等级划分：“第一级”是个人能力；“第二级”是团队技巧；“第三级”是管理能力；“第四级”是传统观念上的领导力；“第五级”领导不仅拥有前四个层级的所有技能，而且还有一种“超常能力”——谦逊的品质与坚定的职业意志的结合。这些人总是将公司利益放在第一位，并以顽强的毅力使公司变得更加杰出，等等。③

当下领导力研究的积极推动者还有约翰·科特（John P. Kotter，1947—　）。随着鼓励变革和创新成为当下主导性的组织意识形态，科特在1990年出版的《变革的力量》一书中刻意将管理和领导进行了区分：管理的职能主要是计划和预算、组织和人员的配置、控制、解决问题，使企业形成一定程度的连贯性和秩序；而优秀的领导则意味着能够带来有益的变革。简言之，领导发挥着“创业者”的作用，而管理则只是起到“守业者”的作用；企业要获得持续竞争力，既要重视管理能力，又要保证其内部的领导能力。他有一句耳熟能详的名言：“取得成功的方法是75%～80%靠领导，其余20%～25%靠管理，而不能反过来。”1995年，科特在《新规则》中指出，应对全球化需要遵守新的规则，需要强有力的应变能力和卓越领导。1996年，科特与合作者进一步总结出企业变革的8个步骤：产生紧迫感；建立强有力的领导联盟；构建愿景规划；沟通这种愿景规划；授权他人实施这种愿景规划；计划并夺取短期胜利；巩固已有成果，深化变革；将新方法融入企业文化。④ 科特的这一模式，如今已被世界范围内的公司管理者奉为应对变革的经典模式。

如上对领导问题的研究，延续了钱德勒关于职业经理人的偶像化塑造以及当代对富含远见的英雄式领导人狂热追捧的时代潮流。如今，在全世界范围内，意态高昂、风情万种的CEO，受到英雄般的追捧。不可否认，具有远见卓识的领导人物有着在关键时刻能够力挽狂澜的独特作用。但是，同样不可忽视的是，这种时代风潮以对企业家的个人幻想作为赌注，容易忽视真正意义上的组织建设，往往会给组织带来灾难性的后果。正如詹姆斯·马奇（James G. March，1928—2018）所指出的，领导力是这样一个主题：读者为其意义而吸引，作者为其暧昧而困惑。除了少数人持有异议，几乎每个人都同意领导力的重要性。然而，以此为主题的大多数著述看来都缺乏深入的理解，只是不停地

---

① 沃伦·本尼斯. 成为领导者. 北京：中国人民大学出版社，2008：21-22.

② 同①156.

③ 吉姆·柯林斯. 从优秀到卓越. 北京：中信出版社，2002：25-26.

④ 约翰·科特，丹·科恩. 变革之心. 北京：机械工业出版社，2003：8-13.

做出一些同义反复的结论，领导力研究如果还有一个未来的话，它必须摆脱华丽言辞和油滑概括的专制。①

彼得·圣吉也指出，很少有像“领导力”这样被用得太滥、起到的却是反作用的术语。这不是说来自高层的或等级职位上的人们的卓有成效的领导力不重要，恰恰相反，这个时代的领导力面临着巨大的挑战——我们生活其中的这个全球化新时代，需要建立再生型经济，再生型经济效仿并强化它们最终依赖的活生生的自然和社会体系，这是系统化变革的挑战。这不但无法通过个体组织来实现，而且如果没有跨部门的创新，没有企业、政府与公民社会的参与和合作，将无法实现。这种领导力转变的迫切性，超出了许多人已有的意识，因为第一次，我们有了一个用以度量工业时代以及它所助长的攫取型经济的末日的“时钟”：“史无前例的全球气候失衡的危险。上升的气温、日益肆虐的风暴、四处蔓延的干旱所带来的损失——财产损失、农作物歉收、疾病传播，数百万人流离失所……我们生活在一个具有无限可能的时代，但这同样也是一个危险的时代。”②

阅读书目

法约尔. 工业管理与一般管理. 中国社会科学出版社，1982.
古德诺. 政治与行政：一个对政府的研究. 复旦大学出版社，2011.
马克斯·韦伯. 经济与社会：上、下. 商务印书馆，1997.
玛丽·福列特. 福列特论管理. 机械工业出版社，2007.
巴纳德. 经理人员的职能. 中国社会科学出版社，1997.
彼得·德鲁克. 管理的实践. 机械工业出版社，2009.
舒尔茨. 人力资本投资. 商务印书馆，1990.
汤姆·彼得斯，罗伯特·沃特曼. 追求卓越. 中信出版社，2007.
迈克尔·哈默，詹姆斯·钱皮. 企业再造. 上海译文出版社，2007.
丹尼尔·戈尔曼. 情商：为什么情商比智商更重要. 中信出版社，2010.
沃伦·本尼斯. 成为领导者. 中国人民大学出版社，2008.
吉姆·柯林斯. 从优秀到卓越. 中信出版社，2002.
约翰·科特，丹·科恩. 变革之心. 机械工业出版社，2003.

思考题

1. 试论法约尔一般管理理论的基本内涵及其贡献。
2. 试论韦伯理性官僚制理论的基本特质。
3. 试论官僚制组织的实践困境。
4. 你如何理解福利特的“共享权力”?

① 刘澜. 领导力沉思录. 北京：中信出版社，2009：序二.
② 同①序一.

5. 试论巴纳德的组织理念。
6. 试论集权和分权的辩证关系。
7. 试论当代组织结构的变迁。
8. 如何协同组织与人性的矛盾?
9. 试评德鲁克的“目标管理”思想。
10. 试论“业务流程再造”理论的思想价值。
11. 何谓“团队情商”?
12. 何谓“领导力”?

第七章
战略、竞争与创新

在一个以变化为特征的时代，组织的竞争优势不是源于市场地位或财务实力，而是源于迅速进入市场的能力、更快地开发产品或服务能力以及在出现竞争之前抓住机遇的能力。战略上的成功已经从基于静态的实力转变到依赖于对市场的敏感、适应能力和反应速度——这些都是来自有效和灵活的面向顾客的业务流程。

——尼尔·M. 格拉斯：《管理是什么》

自20世纪60、70年代以来，随着世界范围内先后发生的两次石油危机①的冲击所带来的经济衰退、通货膨胀，以及企业间竞争的日益加剧，管理研究逐渐从组织的内部经营转向了如何正确选择战略以有效参与竞争。自此，战略管理作为企业管理领域的重要内容和核心理论，获得了快速发展。到了20世纪80年代，竞争优势的获得开始成为战略构成的本质要素。关于竞争优势的分析，最初的理论形态就是所谓的市场导向观和资源基础论。在以资源为基础的模式下，战略着眼于公司内部的资源。而在以市场为导向的模式下，竞争优势取决于公司在不同要素和产品市场中的"定位"。如今，有关竞争优势的研究更强调组织的"能力"和"知识"等要素，并将竞争优势的获得视为一个动态过程。不仅如此，竞争观念本身也日渐被超越，并相继产生出合作型竞争、蓝海战略、学习与创新等新理念。

---

① 1973年10月16日，第一次石油危机爆发。由于1973年10月第四次中东战争爆发，石油输出国组织（OPEC）为了打击对手以色列及支持以色列的国家，宣布石油禁运，暂停出口，造成油价上涨。当时原油价格从1973年的每桶不到3美元涨到超过13美元，是20世纪下半叶三大石油危机之一。1978年底，伊朗政局动荡，之后又爆发两伊战争，伊朗的石油产量因此大受影响，从每天580万桶骤降到100万桶以下，打破了当时全球原油市场上供求关系的脆弱平衡。随着产量剧减，全球市场上每天都有560万桶的缺口。油价在1979年开始暴涨，从每桶13美元猛增至1981年的34美元，导致了第二次石油危机。

一、现代战略观的哲学审视

“战略”（Strategy）一词最早起源于希腊语 strategia，原义是“熟练的领导”。如今关于战略的定义依然是一个充满分歧的领域。尽管如此，关于战略的本质却有着一致性：战略影响着组织的整体利益，战略要解决的问题就是解决组织的“盲目性”，就是使一个组织的所有个体能够团结在对一致目标的有效追求中。

1. 现代战略观的基本要义

现代管理学中关于战略的研究，最早来自泰勒、法约尔等人关于“计划”的论述。到了 20 世纪 60 年代，以艾尔弗雷德·D. 钱德勒和伊戈尔·安索夫（H. Igor Ansoff，1918—2002）以及肯尼思·安德鲁斯（Kenneth Andrews，1916—2005）等人的著作为标志，企业战略作为一门综合学科才开始出现并逐渐完善。

1923 年，艾尔弗雷德·斯隆任通用汽车公司（GM）新总裁。斯隆经营通用的基本理念是：“汽车越造越好，附件越来越好，革新越来越多，使汽车不仅仅是交通工具。”在实践中，正是这一经营原则的有效应用，使得通用汽车公司最终推翻了福特此前在汽车工业中的“龙头”地位。而斯隆所奉行的企业经营原则也自然成为企业界的标准：经理应根据事实而非自己的偏好做出决策；应优先考虑客户的利益；要设法让员工发挥长处；重要的是工作绩效而非赞同某人及其工作方式；意见相左甚至冲突是必然的，也是必要的；领导力是绩效、执着与值得信赖，而非魅力或做秀；职权赋予责任而非特权，经理人等于仆人；等等。①

钱德勒曾帮助斯隆撰写自传《我在通用汽车的岁月》，而其本人最初是作为企业史学家而闻名于世的。他在众多案例的基础上将企业史建成一个独立而重要的研究领域，为管理学提供了现实的组织演变轨迹。除此，钱德勒在管理学上的重要贡献，就是他首开企业战略问题研究的先河，其标志便是他在 1962 年出版的《战略与结构——美国工商企业成长的若干篇章》一书——该书成为钱德勒“战略三部曲”的“第一部”。在这部著作中，钱德勒将战略定义为：“战略是决定一个企业基本与长期的目标和目的，并为实现那些目标采取一系列的行动和资源配置。”② 这一定义反映了现代战略的基本思维特征：强调长期观点，目标概念的清晰化和具体化，以及用一系列有逻辑的行动和资源来实现最初的目的。更为重要的是，钱德勒在这部著作中提出了“战略决定结构”的著名论点：企业经营战略应当适应环境、满足市场需求，而组织结构又必须适应企业战略，并随着战略的变化而变化。③

1977 年，钱德勒“三部曲”中的“第二部”《看得见的手——美国企业的管理革命》问世，该书把“职业经理在管理职能上对企业主的替代”定义为“企业的管理革命”，这

---

① 艾尔弗雷德·斯隆. 我在通用汽车的岁月：斯隆自传. 北京：华夏出版社，2005：3-15.

② Alfred D. Chandler, Jr. Strategy and Structure: In History of the Industrial Enterprise. Cambridge Massachusetts: MIT Press, 1962: 96.

③ 同②309.

一管理革命的结果，则是“看得见的手”（现代企业的内部协调）取代了亚当·斯密所言的“看不见的手”，而成为现代资源分配的重要方式。当然，钱德勒并不否定市场经济的整体作用：“以前，原料的生产——生产过程——最终消费者，这些中间商品和服务的流量，是由市场衔接的，新企业只是取代了市场的协调和链接这种功能。”①

1994年，钱德勒出版了“三部曲”的“第三部”《企业规模经济与范围经济——工业资本主义的原动力》，该书强调，新技术的出现创造了规模经济（特别是那些有能力进行批量生产的资本密集型行业）与范围经济（由许多产品采用相同的生产设施和分销网络而获得），从而赋予了那些大型的、多元化经营的企业巨大的发展优势和潜力等。

在钱德勒战略管理理论的基础上，伊戈尔·安索夫的《战略规划到战略管理》一书出版，该书将战略管理定义为：“企业高层管理者为保证企业的持续生存和发展，通过对企业外部环境与内部条件的分析，对企业全部经营活动所进行的根本性和长远性的规划与指导。”② 在安索夫的理论视域中，战略构造是一个企业高层管理者的有控制、有意识的正式计划过程。相应地，战略应当是正式的、具体的，以利润最大化为其明确目标，并通过细致的目标、预算、程序和各种经营计划来得到贯彻。在这种战略制定模型中，企业高层管理人员与他们的战略或企业计划人员通过分析经营环境及企业与环境的匹配，识别机遇，深入细致地完成战略计划方案，最后自上向下传达、实施。在安索夫之前，战略只是企业管理的一小部分内容，而安索夫使得战略规划和战略管理进入管理学殿堂，安索夫也由此成为这一领域的一代宗师。

1965年，肯尼思·安德鲁斯等人编著的《经营策略：内容和案例》一书，则将战略视为一个将企业内部条件与外部环境相匹配的过程：“战略就是在外部机遇和自身能力之间保持基本平衡。企业高层的重要职能就是设计战略制定的模型以寻求内部能力和外部环境的匹配。”③ 1971年，安德鲁斯在《公司战略概念》中将麦肯锡咨询公司的SWOT（Strengths，Weaknesses，Opportunities，Threats）分析工具发展成为企业的战略分析模型。SWOT常被描述为2×2的矩阵。在这种形式中，SWOT实际上不过是一列在优势、劣势、机会和威胁类别下的“环境”因素：优势和劣势属于公司的内部因素，机会和威胁属于公司的外部因素。由于SWOT分析图表能够便捷地罗列出经营形势的主要特征，因而得到普遍使用。

就这样，以钱德勒、安索夫和安德鲁斯等人的理论为代表的现代战略观为我们充满信心地描述了一种理性的、各自独立并遵循固定顺序的战略制定的普遍方法，即战略的形成应当是一个受控的、有意识的思考过程。正是受这些理论的影响，如今大部分战略教科书通常都会这样定义战略：战略就是企业为了收益而制定的与组织使命和目标一致的最高管理层的计划，或方向、指南、通向未来的前进路线、由此及彼的途径、长期行动的一致性等。战略计划也由此成为对企业未来投入和产出进行有效管理控制的主要

---

① 小艾尔弗雷德·D. 钱德勒. 看得见的手：美国企业的管理革命. 北京：商务印书馆，1987：6-12.

② H. Igor Ansoff. From Strategic Planning to Strategic Management. Physica-Verlag HD，1990：110.

③ Edmund Philip Learned，C. Roland Christensen，Kenneth Richmond Andrews，and William D. Guth. Business Policy：Text and Cases. Irwin，Homewood，1965：vii-viii.

手段。

2. 理性的僭妄

可以说，现代经济学为当今的管理学研究提供了很多基本概念和技巧。其中，理性经济人假设将战略视为某个企业家个体的作品，这一个体能够以充分的理性采取行动以实现其经济利益的最大化。这一假设的最初原型就是亚当·斯密在其《国富论》中所讲的："每个个体都在努力发现可以使自己所控制的任何形式的资本给自己带来最大利益的使用机会。"根据斯密的观点，我们对于自我利益的追求要受到"审慎"原则的控制。"审慎"原则包括了"理智"（预见后果和洞悉优势的能力）和"自我指挥"（随时能够为了获得长期的更大利益而放弃短期机会的心态）两重原则。这些原则构成了现代战略计划工作的核心指导思想，即战略的形成应当是一个受控的、有意识的思考过程。对于这种战略观而言，采用编制计划的方法可以适应和预测市场的变化，对喧嚣的商业战场进行理性的分析是最好的战略制定方法，从而形成了战略管理的分析—选择—实施的三部曲。在管理决策理论中，它被作为形成方案、分析（根据诸如匹配度、可行性和可接受性等标准），以及最优化选择过程中的一种线性的逻辑过程。

战略开发无疑要涉及理性分析。没有分析，战略形成过程就可能是一种混乱的过程，尤其是在高级管理层次。这种决策的理性视角，将战略决策当作一个庞大的、可观察的理性过程的决定性的成分，所制定的决策是以一种确定性的方式约束组织去执行的。然而，在大多数情况下，由于环境的变化过于迅速，难以预测和掌控，不容易通过预期来抢占先机，因而决策所涉及的过程可能是复杂的、重复的和多层次的。这使得战略计划常常缺乏创造性和灵活适应性。在现实中，由于计划太过于以稳定性为导向，太过于要求将任何事情都置于掌控之下，从而任何混乱都会引起恐慌和动荡。

按照决策的这种理性视角，管理层要按照所有人的利益发号施令，以决定共同的利益究竟是什么以及如何最好地实现它。这里存在着的又一个关键假设是，管理者能够理解他们的行动与"组织"的目标之间的关系，从而能够理性地选择并实施战略。然而，没有证据表明管理者能够充分了解他们的行动和组织的目标之间的关系。事实上，具有理性的、将决策合理化的能力是一种必要条件，但不是充分条件。在现实中，管理者不大可能完全以一种理性的、最优化的思维来进行决策。西蒙等人所提出的"有限理性"的观点是，理性经济人只是一种虚构，世界很大、很复杂，而人的大脑及其信息处理能力是非常有限的，因此决策制定变成了不十分理性的无效努力。这意味着，我们没有能力一次就考虑到超出特定数量的更多因素；我们也不大可能对相关信息进行无休止的调查研究；我们因为满足于自己对于数据的解释而会导致误差的出现；我们会倾向于接受首先展现出来的第一个满意的选择方案，而不是坚持寻找最好的方案；等等。因此，从某种意义上讲，最终选定的行动方案，决不会尽善尽美地实现目标，而只可能是在当时条件下可以利用的最好办法。西蒙指出，同富翁眼里的钱币相比，穷孩子眼里的钱币要大一圈……上一代的行为科学家步弗洛伊德之后尘，忙于证明人类并不像人们自己想象的那样理智。等到下一代，我们也许会证明，人类实际上要比我们眼下描述的情形理智得多，但又比不上经济学家们所宣称的那么伟大。①

从决策的实际过程来看，战略认知必不可少的先决条件是组织和创建知识的心理结构的存在。换句话说，决策人的特殊计划均伴随一定的期望。而与这种个人认知偏见相比，组织的信息处理收集系统工作的结果则更失真。特别是在大型组织里，高级经理因时间有限而不能监督大量的活动，因而他们收到的多数信息必须依赖别人汇集，这会使本已失真的信息更加失真。在实际复杂的组织活动面前，认为战略只需要根据财务标准就可以进行选择的管理者，常常会面对某种混乱和失望。更何况像环境扫描、数据分析以及战略方案的对比计算等战略分析工具，往往是不完善的。譬如，就最为流行的SWOT分析框架而言，虽然它不排斥复杂的分析，但在实际使用过程中，SWOT分析倾向于与机械规划联系在一起，导致一些人完全将SWOT缩减为对基本要素的框架或列表，从而产生了一种简单化的分析。例如，面对着公众要求产品不破坏环境的压力，一些保守的管理者会将其视为威胁，因为这超出了他们的控制范围；而那些更为主动的人会把它作为机会来把握，抓住生态环保这个卖点提供产品和服务。

此外，进行战略制定的参与者都在追求自身的利益和各行其是，以至于每进行一项战略决策便如临战场，成了公开的“政治竞技场”。博尔曼（Bolmanand）和迪尔（Deal）详细阐述了有关组织政治领域的下列主张：第一，组织是不同的个人和利益集团的联合体。第二，联盟内的成员在价值观、信仰、信息、利益以及现实观念等方面存在着持久差异。第三，一些最重要的决定涉及稀有资源的配置——谁得到什么。第四，稀有资源和持久差异使冲突在组织动力学方面发挥了中心作用，因而使权力成为最重要的资源。第五，目标和决定产生于讨价还价、协商以及运用手段在不同的企业利益相关者之间谋取地位，等等。②

可是，人们无论怎样努力，在战略的实际制定过程中，总会有一些失败，因为认知偏见是战略决策中永远存在的一个部分。概括而言，有如下四种基本形式的认知偏见：第一，前设和关注有限目标。研究表明，决策者可能将他们早期形成的信息或假设带入做出决定的情形中。例如，他们可能对突出交易之间的关系存在前知觉，所以他们会忽略相反的信息和证据。这种将前设带入决定的做法，会导致对环境和手头问题的偏见感知。同时，管理者关注的只是选定目标，从而容易忽视其他有价值的目标。第二，面临有限选择方案。由于信息通常是不完全的，所以决策者关注的往往是少数选择，从而使得行动者常常面临有限选择。第三，对结果的不敏感性。研究表明，决策者并不信任、不理解，通常也不运用对结果可能性的估计，也常常对估计的合理性表现得不敏感。第四，管理幻觉。管理幻觉也是一类认知偏见，它以两种方式显示自身：其一，决策者可能不恰当地觉得一个成功可能性高于客观可能性，从而易于形成过于乐观的估计，倾向于高估他们控制结果的程度，相信可以通过运用专业技能减少风险。其二，管理者存在结果是可以管理的幻觉：假如问题产生，他们能够解决；如果多付出努力，可以控制、改正或修改结果，等等。③

---

① 赫伯特·A. 西蒙. 管理行为. 北京：机械工业出版社，2014.

② 亨利·明茨伯格，等. 战略历程：纵观战略管理学派. 北京：机械工业出版社，2002：163.

③ Kathleen M. Eisenhardt，Donald N. Sull. Strategy as Simple Rules. Harvard Business Review，2001：107－116.

对管理中的理性问题的探讨，必然要涉及另一个重要的问题，即非理性（直觉）。一般而言，西方现代战略管理所描述的决策过程是在一种理性的、逻辑的实证主义基础上进行的，其中决策制定者被要求尽量地进行正式分析，产生可以量化的目标和预测，并且只要有可能就可以进行计划和研究。然而，由于许多决策的前提、假设和过程在本质上都是非常识化的、模糊的，大多数决策者需要去理解各种不规范的、复杂的、相互冲突的信息，常常没有先例作为引导且不易被模式化和进行分析。在决策过程中，不仅个体的偏见、群体的相互作用、各种根深蒂固的习惯都会带来各种不确定性和复杂性，而且高层管理层在决策中的“主导逻辑”或共同的理解也决定着组织行为的潜力，影响着管理层的决策能力（见“决策的偏见”），等等。

决策的偏见

马克里·达克斯曾详细总结了决策制定过程中的诸种偏见：

（1）乐意收集支持特定结论的事实，不考虑反面材料；

（2）不能运用同一决策标准对待类似情形；

（3）不随新信息和证据的出现而转变自己的思维（或转变得很慢）；

（4）最新事实优于过去事实，较少考虑或忽略过去事实；

（5）依赖于易于回忆的特殊事件，不考虑其他相关信息；

（6）预测过分受原始信息的影响，原始信息在预测过程中的作用很大；

（7）认为模型是显而易见的，和/或两个没有关联的变量随意关联；

（8）人们倾向于以自己的背景和经验看问题；

（9）一些现象出现频率的次数增加可能是随机原因使然；

（10）成功均源于某人的才能，失败来自厄运或他人的失误，这将抑制学习，因为它禁止重新认识某人的错误；

（11）人们喜欢的未来结果会影响预测结果；

（12）过分乐观、错误关联和减少忧虑的需要导致了对未来不确定性的低估等。

大量研究表明，在日常经营实践中，经理们常常不喜欢基于理性分析进行决策，而是主要依赖于对决策情境的直觉性判断。经验证明，在诊断某种情境时，那种完全使用电脑的专家常常会被击败，而只有对于那些比较简单、可以定义和易于量化的任务，电脑（终极的目标、硬性的分析）才可能充当“决策制定者”。一般说来，当面临下面一些情况时要依赖直觉：当不确定性程度很高时，当几乎没有先例时，当变数不能被科学地预测时，当事实不能表明解决方案是否合适之时，当时间有限时，当几种选择都似乎可行时，当失败的成本可能是非常大时，等等。

当然，直觉不是魔术，它远不只是“美妙的猜测”，而是基于人们在无意识中储存的大量的隐性知识。好的决策来自直觉和基于经验的理解，以及及时而充足地运用相关的事实和完备的知识。专家不同于新手的主要之处在于，他们知道在完成一个任务中所能运用的知识和如何使这一知识结构化。事实上，在进行好的决策时，理性和直觉似乎总是齐头并进的。一个具体的决策过程往往涉及分析和直觉的综合使用。高层经理需要数字、数据和分析性的洞察力，但通向成功决策的道路几乎总是需要有勇气的直觉的跨越。

感觉和直觉有助于对支离破碎的东西的分析，允许决策者从深层的分析中回来，看一看决策将如何与所处理对象的总体设计相吻合。因此，在实际决策过程中，应注意避免那种单纯地依靠越来越先进的电脑模式和数据库技术的做法，同时也要避免那种单一地依靠主观的方法。有人做过一项有趣的研究，试图达到一个关于数据（电脑）和直觉的最优化的组合，最后得出结论：分析模式提供了连贯性，而经理的直觉则提供了灵活性。主观判断的一些有效方面不易为分析模式所抓到，而直觉会使管理者将可预测和不可预测、无法预示的因素合并起来，从而充分展示客观的数据、事实和主观的、直觉的判断的互补性质。

3. 精英主义的偏执①

应该承认，现代战略观念自有其适应当时企业经营实践环境的合理性，但其所蕴含的理性思维、战略制定的程式化等局限，却是显而易见的。在当今日渐复杂、动态的商务环境中，这种充满信心的理性规则经常被视为危险因素，长期的政策声明成为毫无用途的错觉，技术上的高深复杂几乎等同于天真的理想主义等。而造成这种战略观念流行的一个基本原因，就是管理界长期以来所一直奉行的精英主义观念。

按照这种精英主义的观念，战略的制定应当是首席执行官的责任，首席执行官就是战略家、组织目标的设计师，其地位和作用类同于在军帐中向前线发号施令的将军；战略无论是由受过严格培训的计划人员还是由那些与首席执行官直接接触的一些专业战略规划部门来制定，最终都要受到总裁的控制和监管。

从历史上看，给予企业家显著地位的重要人物是约瑟夫·熊彼特（Joseph Schumpeter，1883—1950)。熊彼特认为，“创造性破坏”（creative destruction）是资本主义向前发展的发动机，发动机的驾驶员就是只需提供经营思想的企业家。而在钱德勒关于职业管理阶层的偶像化传记中战略家们被称为“职业经理人”，他们对公司忠心耿耿，甘于奉献，能够不带个人色彩，做出客观的判断。譬如，在德鲁克看来，“企业管理的核心内容是企业家的行为——在经济上的冒险行为。企业就是企业家工作的组织”②。依照这种观念，依赖于个人能力或个人魅力的企业家，可以通过命令来实现对企业的管理；企业家是富有创造力的、善于捕捉机会的、有感召力的自由灵魂，而不是什么有组织原则的人；企业家领导的组织的首要任务就是寻找机遇，解决问题反而是次要的任务。在组织活动中，这种企业家为取得成就的渴望驱动，组织的目的其实只是企业家目的的延续，战略就是通过做出重大决策，即那些“大手笔”而向前发展的。用汤姆·彼得斯的话说，一个有效组织的有机组成部分是对事物的着迷感；当组织全身心地去追求新的战略定向、新的思考方式时，组织重塑的过程需要这种着迷感。

由此，出现了一种有关高层管理人的新模型——“愿景”式领导。在这种“愿景”式领导中，高层管理者被视为具有天分和超凡魅力的人，他们通过描述组织的生存意义和前进方向的“愿景”而深深感染员工的能力。像苹果公司的史蒂夫·乔布斯（Steve

① 彭新武．现代主流战略观的综合反思．中国人民大学学报，2006（4）．

② 亨利·明茨伯格，等．战略历程：纵观战略管理学派．北京：机械工业出版社，2002：92．

Jobs，1955—2011）、通用电气公司的杰克·韦尔奇（Jack Welch，1935—2020）等，都被称为这样的模范人物。在这种领导人身上，备受鼓舞的“愿景”超越了单调的职业性的枯燥计算。在这种由企业家领导的组织中，有关战略和经营的决策权都集中地掌握在首席执行官手中，这保证了战略的制定完全以企业经营上的需求为出发点，也帮助企业提高了灵活性和适应能力。但事实上首席执行官要么很容易纠缠于企业经营活动的细节当中，失去战略思考的眼光，要么脱离实际，沉湎于战略远见的空中楼阁当中。

随着精英主义观念的蔓延，以战略远见为基础的个性化的领导能力，便成为企业成功的关键。于是，去寻找新的、有远见的企业领导人，便成了当今许多企业组织图谋走出困境的不二法门。在企业家领导的这种组织中，有关战略和经营的决策权都集中掌握在首席执行官手中。由于远见会把管理人员的思维紧紧地束缚在一个方向上，从而不可避免地忽略掉其他情况的变化，并给企业领导人加上了沉重负担。这种以远见作为前进动力的哲学，必定维护着这样一个神话——组织必须依赖于个别人物（通常是天才）来决定行动的方案，而其他人只需热情地执行。实际上，这种文化维护了独立和服从型的文化，从而阻碍了利于创新的怀疑过程和复杂的学习过程。这实际上是以企业家个人的健康和幻想为赌注，用领导的超人能力来取代实质性的组织建设。

无可否认，今天的企业界，的确需要一种对变化的坚定承诺和一种清晰的方向感。“愿景”式领导就是实现这种变化的机制，它提供了战略形成的理想和使战略发生的能量。然而，在“命令和控制”主义的支配下，所有的重要决策都分配给了最高层管理人员。这实际上包含了一些关于组织能力和组织领导人的虚妄假设。因为，原则上，一个人的大脑就能处理与战略形成有关的所有信息，但此时，情况必须相对简单、相对稳定或至少是可以预测的。这就要求在新制定的战略实施之前，战略家必须明确相关的背景知识，必须真正地融于组织中。然而，在实际的经营实践中，这其实是一个过分的要求。同时，由于“战略计划”的自上向下的等级结构的特点，不仅将其他组织成员归为战略形成过程中的配角，而且把组织以外的人员从战略形成过程中排除出去。除了“上级想让你知道的那些，你将一无所知”。这种公司文化产生了功利性的，而非有责任心的、热情的、自律的行为主体——员工们按照要求去做，他们将企业价值照单全收，但是却又游离其外，从而意味着最终消灭组织中的所有不同意见。①

在现实中，战略论断的持有者，通过保护、修饰特定的个人与团体的物质特权和象征地位，从而形成了“战略上的不平等”。于是，那些享有战略论断特权的管理者从这个过程中获得了地位，成为追求成功的过程中举足轻重的主体。然而，研究表明，高层管理人员并不会毫不自私地将自己投入到扩大股东利益的服务中。在当今西方的大型公司中，随着所有权与控制权的分离，公司越来越多地受到职业经理人而不是股东们的监管，经理人通常会依据自己的利益需要来运营公司。于是，投资回报最大化的目标往往会被经理人的个人目标超越。

在实践中，这种精英管理导致了思考与行动的分离，即战略制定与战略实施的分离，

---

① 约翰·达文，菲尔·约翰逊，约翰·麦考利. 战略思维创新：变革时代的企业发展战略. 北京：经济管理出版社，2003：200.

甚至战略家与其战略目标的分离。管理人员将有关信息集中起来，通过“硬数据”来完成（所谓“硬数据”就是组织及其环境的细节“事实”的量化集合，在经过精心的整理之后可便于随时使用）。于是，那些“高高在上”的高级管理人员就不需要纠缠于这些“低层的”细节。这样，“头”（执行官和计划人员）就能制定战略，而所有的“手”则能进行战略实施。管理人员为了制订战略可以待在办公室里查阅文件和思考问题，而让别人去履行战略。而当一项战略失败了，制定者会指责执行者，“要是你们这群笨蛋能理解我这完美的战略就好了!”但这群笨蛋也许会回答：“你们既然这么聪明，为何不制定一种我们这群笨蛋能够胜任的优秀战略呢?”这种做法明确地将思考与行动分割开来，使战略制定脱离了战略贯彻。现实证明，这种“想了再做”并不是最好的方法。特别是行动者待在组织底层辛勤地贯彻战略，而战略的思考者却安坐在想象的层级系统的最上层的时候；或者更糟的是，把战略设计的任务交给企业组织之外的某些咨询公司。

这种思考与行动相分离的模式所隐含的一个基本假设是：信息可以在不失真的情况下，集中起来发送给上级。这其实是一个经常实现不了的假设。另一个假设是：环境本身是相当稳定的，或至少是可以预测的。这一点可以保证今天制定的战略在贯彻后仍然还可以使用。然而，外部环境有时是不可预测的主要因素，有时外部条件意外地改变了，所有计划好的战略也就变得没有用了；有时环境非常不稳定，以至于无法制定出好的适用的计划战略；还有一些情况是，目光短浅的官僚们拘泥于他们的传统方式，以致不能及时发现好的新战略。因此，在一个不稳定的、复杂的环境中，为了让战略真正发挥作用，“战略的制定者”必须去贯彻战略，同时“战略的贯彻者”也必须制定战略，从而使战略制定的过程成为一个更为充分的、相互作用的过程。

二、变革中的战略图景

战略计划作为现代战略观的核心要素，自其产生之日起，便经历了一个热潮、回落、重振的历史过程。在这种变迁过程中，人们对战略计划的推崇逐渐过渡为对战略思维能力的强调。同时，战略的制定也由此前的在“温室”中设计而逐渐演变为一种与环境“博弈”的自发过程。此外，为应对环境的动态变迁，当代的战略观念也越发强调柔性和动态特征。

1. 从战略计划到战略思维

按照现代战略观，企业高层管理人员与他们的战略计划人员通过分析企业和环境的匹配，识别机遇，深入细致地完成战略计划方案，最后自上向下传达实施，形成一个固定的战略制定模式。这种观点充满信心地描述了一种理性的、各自独立并遵循固定顺序的战略制定的普遍方法。在管理决策理论中，它被作为形成方案、分析（根据诸如匹配度、可行性和可接受性等标准），以及最优化选择过程中的一种线性的逻辑过程。

常规做法是把战略进行分解，由此产生了一套完整的等级体系。该等级体系处于不同的层次并具有不同时期的观念，其中，长期全面的“战略”计划处于最上层，接下来是中期“战略”计划，它又为下一年度提供了短期经营计划；与战略计划体系平行存在的是目标体系、预算体系、亚战略体系和行动安排体系；最后，这个包括目标、预算、战略、程序在内的整个工作被组合成一个经营计划体系。这个细致的经营计划体系有时被称作“总规划”：每一项预算、每一个亚目标、每一个经营计划和行动计划都被组织的某类明确的实体如分公司、部门、分支机构或个人再按照详细说明予以实施。这其中，不仅包括为整个过程制订计划的步骤，而且这些步骤执行的时间都必须明确。

对于这种战略观而言，正式计划为保持长期战略的连贯性提供了必需的、不含个人偏见的客观现实，由此演化出许多复杂的财务技巧来支持战略决策过程，包括收支平衡分析、灵敏度分析和各种以折现现金流为基础的投资评估方法。这些技巧的共同点是希望能够用一种结构化的合理方式来解决战略决策问题。这一方式最终产生出一个清楚的战略选择的排序，最后总是那个能用量化的财务指标衡量的、保证实现最大净利润的战略方案被选中（见“鲁梅尔特的战略评估架构”）。

鲁梅尔特的战略评估架构

哈佛综合管理集体的理查德·鲁梅尔特（Richard Rumelt）根据一系列检验的结果，提出了可能是最好的进行评估的架构。

（1）一致性：战略必须提出相互一致的目标和策略。

（2）协调性：战略应当能够对外部环境和组织内部的重要变化做出适当的反应。

（3）优势：战略必须有助于在选择的活动领域内建立和/或保持竞争优势。

（4）可行性：战略的执行既不能造成可用资源的紧张，也不允许带来难以解决的新问题。①

问题在于，这样的战略计划信息虽然能够向下交流，却很少能够沿着等级结构向上反馈，在当今日趋复杂的动态环境中，难免存在行动迟缓、远离市场、缺乏灵活性等弊端。同时，由于战略过于偏重程式化，所以战略制定需要受到更加严密的控制。这种战略思维正好吻合了当今的管理教育、大公司的经营活动以及政府进行宏观管理的实践活动。然而，这种依靠正式命令来执行的模式，在极端情况下几乎是死板的计划。这种意图较明确的战略适应于十分稳定的组织状态，或者至少是可预测的，或者能够被组织控制，但是，当变化非常大，组织的状态也变得很不稳定、不可预测或不可控制时，这种做法是不明智的。尤其是当今世界经济环境处于剧烈变化之中，依靠这种正式战略程式必然导致组织的僵硬，很难对全球市场做出迅速反应。

为此，当代著名的“异端管理大师”亨利·明茨伯格在其言辞尖锐的批评性著作《战略计划的兴衰》中指出，现代战略计划存在三个谬误：第一，预先决定的谬误。徒劳无益地希望计划者能够做出准确预测。事实上，他们所能做的是提供一种错误的安全感。第二，超然脱俗的谬误。专业计划者声称，他们用客观性和愿景代替了政治学和短视。实际上，超然脱俗意味着对总是将客户置于第二位的市场的忽视，以及对每当市场萧条时就太容易放弃产品的漠视。第三，形式化的谬误。相信创新和差别是由分

① 亨利·明茨伯格，等. 战略历程：纵观战略管理学派. 北京：机械工业出版社，2002：20.

析和结构来创造的。“战略规划”的大谬误，便是以上三个谬误的组合。因为分析不等于综合，所以战略规划永远不会等同于战略制定。毕竟，再多的详尽阐述也不可能预测不连续事件，也不能为冷静超然的管理人员提供足够的信息，自然也就不可能创造新的战略。①

的确，如果我们认为环境在本质上是不稳定的，那么，经理们制定出一个极为详尽、自上向下的“5年战略”之类的东西是毫无意义的，因为很可能出现的情况是，在还未执行战略的时候，我们就已经偏离了预定轨道。而且，如果那些最贴近顾客、技术发展和市场的员工被一个非常详尽的战略计划束缚住了手脚，那么他们就无法有效地及时做出反应。1984年9月17日《商业周刊》的一篇封面文章指出：“对美国企业的命运在超过10年的、几近于独裁的统治之后，战略计划人员的统治将结束了。”②

尽管计划尤其是长期计划的失败已经被再三宣读，但事实证明，管理人员要抛弃这种思维形式仍很困难。彼得斯指出，计划对组织而言，正如乐谱对爵士音乐家一样——它为协调成员的行动，给他们构思行动的自由提供了一系列行动。长期计划可用以培养组织的自信，这比计划中的自信更重要得多，因为长期计划相当于在混乱中繁荣的有力工具。毕竟，计划战略影响着组织的整体利益，战略要解决的问题是组织的“盲目性”，使一个组织的所有个体能够团结在对一个一致目标的有效追求中，并为组织协调成员的行动提供指南。所以，长期计划不应该被轻易抛弃。

的确，战略计划作为组织目标实现的基本形式，是无法轻易加以“废除”的。在一个充满变革的时代，战略计划作为对变化的预测和把握，它帮助管理者展望未来，预见变化，以减少组织和管理的不确定性。但是，计划本身不能消除变化，无论如何殚精竭虑，变化总会发生。从这种意义上讲，计划更应该是一种持续进行的应变行为。③ 当然，这并不等于说计划不重要，而是说为适应复杂多变的环境，一个动态的计划过程是必要的。管理良好的组织不应在非常详细的、定量化的计划上花费时间，而应开发出面向未来的多种方案。根据阿什比的“必备的多样性法则”，必须保证系统控制有足够的种类以应付面临的挑战，这就意味着战略常常必须是复杂的和存在细微差别的。然而，对战略态势的认识，实际上是战略决策者与环境相互作用的结果。管理决策者所依据的不是客观的环境，而是他们对环境的理解和战略性选择。

维克（Weick）讲述了一个匈牙利的特遣部队在军事演习中迷失在阿尔卑斯山的故事。大雪已经下了整整两天，士兵们失去了希望，只能任凭自己冻死在冰冷的天气中。然而，有一名士兵突然发现在自己的口袋里有一张地图，军队重新振奋起来，最后充满信心地走出了群山。安全地回到营地之后，他们发现这只是一张比利牛斯山的地图。维克认为，战略计划常常就像这张地图：其本身是否错误并不重要，只要它能够给予经理人足够的信心，以及一种行动的目的感就可以了。如果军队选择坐等正确的地图，就会

① H. Mintzberg. The Rise and Fall of Strategic Planning. Havard Business Review，January-February 1994：107－108.

② 亨利·明茨伯格，等. 战略历程：纵观战略管理学派. 北京：机械工业出版社，2002：45.

③ Joao Vieira da Cunha. Miguel Pina e Cunha e Cunha and Manuela Fata Correia. Scenarios for Improvisation：Long Range Planning Redeemed. Journal of General Management，2001，27（2）：67－78.

彻底被冻僵。如果能够起身行动，就有可能发现正确的方向，给自己带来生存的机会。从这个角度上看，传统观点所主张的那种先形成后实施的战略顺序可以颠倒过来，即战略是在行动中被发现的，它表现为一种探索性的过程。

事实上，不同的社会环境对于理性计划的注重形式和程度是不大相同的。比如，在英、美等国，大多数被选择的公司都建立了正式的长期计划，时间超过五年。在德国，计划虽比较普遍，但是很少是正式和长期的，并且计划内容主要集中在运营方面。在法国，公司很少建立计划，而且也主要集中在运营方面。英国人和美国人使用计划就像使用详细的“道路交通图”，紧紧地跟随着。而德国人和日本人就像“乌龟”，追求稳定和十足的把握；他们不喜欢道路交通图，而是更喜欢既能给他们指引方向又具有一定灵活性的战略“指南针”；对他们而言，竞争就是连续不断的、不屈不挠的游击战。

如今，有越来越多的证据显示，在一个越来越动荡不安和日益全球化的环境中，战略思维能力的培养，对于当代的企业保持竞争力是至关重要的。研究显示，美国财富排行榜上的500强企业平均年限在40年至50年，1982年在澳大利亚排名前100家制造商，到1993年时只有49%还保持在前100家之内。之所以如此，都与它们各自的战略思维能力的普遍下降密切关联。

究竟什么是战略思维？人们目前并没有一致的看法。在实际使用过程中，这一概念经常与诸如战略规划或战略管理等概念交替使用。明茨伯格曾建议在战略思维和战略规划之间进行明确的区分。他认为，战略规划是出现在战略思维后的一个过程：战略规划侧重于现存战略的表述、阐释和形式化；而战略思维则侧重于综合，即侧重于用直觉和创造性建立“一个综合的企业视角”。①

而英格芮德·玻恩（Ingrid Bonn）则进一步将战略思维区分为两个彼此不同但却相关的层次：个体的层次和组织的层次。在他看来，成功地在这两个层次上将战略思维加以综合的组织，将会产生一种核心竞争力，成为竞争优势的不竭源泉。② 这一方法在承认个体的特性和行为可能对组织环境产生影响的同时，也承认组织环境对个体思维和行为的影响。由于个体不仅在常规的意义上代表组织行事，而且它也充当“组织”的角色，体现着集体的价值、信仰和总的目标，因而当我们识别机构中的个体行为时，我们实际上看到的是两个实体：作为自身的个体和作为所在集体的代表。

一般而言，个体层次上的战略思维由如下三个主要因素构成：

（1）对组织及其环境进行整体洞察的能力。战略思维的特点在于，不是将组织看作一个分散的、互不相关的部分的聚合物，而是将其视为一个整体的系统进行理解和对待。采取这种整体的方法要求跳出日常的工作事务，而去了解问题和事件是如何与具体的细节和事件的总体模式相联结的。这就是彼得·圣吉在《第五项修炼》一书中所说的“系统思维”的方法，即我们必须超出个体和具体事件之外，必须深入形成个体行为的基础结构，并能够创造条件使事件成为可能。这种对复杂情境的基本结构的关注，要求按照过程而不是事件思考，从而发展出创造性的解决方案。同时，经理们需要全面了解组织

---

① H. Mintzberg. The Rise and Fall of Strategic Planning. Havard Business Review, January-February, 1994: 107-108.

② Ingrid Bonn. Developing Strategic as a Core Competency. Management Decision, 2001, 39 (1): 63-70.

和管理行为是如何随时间变化以及导致这些变化的反馈过程，包括对机构的不同部分之间的细微的相互作用保持敏感，了解行为的结构和成因以及它们对机构的其他部分的影响。此外，这种整体性观察要求承认组织是庞大而复杂的系统（如市场、行业和国家）的组成部分，也就是说，进行战略思维的高层管理者需要了解组织是如何植根于更广泛的环境中的，是如何受这些相互联系和相互依赖的系统的作用和影响的。

（2）创造性。战略作为关于创造竞争优势的解决方案，要求战略思考者必须寻找新的途径，想出将事情办得更好的方法。其中一个重要的前提就是创造性。所谓创造性思维，就是“人们如何处理问题和解决方案——他们将现存的观点进行新的组合的能力”，向机构中流行的信仰或思维模式等这种“定式暴君”挑战的能力。这种思维定式是“根深蒂固的假设、概念甚至图像，它们影响我们理解世界的方式和我们采取行为的方式”。这样的模式通常是隐含的，处于我们的意识水平之下，但它们对组织的行为具有巨大影响：“……新的洞察未能被付诸实施，因为它们与世界是如何运行的固有内部图像相冲突，这些图像使我们局限于以我们熟悉的方式思考和行动。”① 因此，反思思维定式和挑战流行假定观点及其核心信仰，对于独创战略和行为的发展至关重要。它要求战略思考者既要理解自己的行为模式，也要乐意面对“跳出框框”的思维挑战，以充分利用想象力和创造性去探索是否有替代的办法。作为一个产生观念的过程，创造性思维为想象多种可能性和寻找常规方法的替代方法所必需，并将各种可能性缩减为一个可意识到的行为过程。没有创造性，就不能充分利用已有的信息和经验，而被封锁在旧的结构、模式、观念和想象中。公司愈大，存在创造性行为的成分就愈大，而这些成分在没有帮助的情况下组成起来的可能性就愈小。因此，一个好的战略家应该在问题出现的早期阶段就能够识别一个新观点的潜力，看出人们从不同机构层次提出的观点和观念的价值，而后能够对其进行选择、发展并付诸实践。

（3）对组织前景的预测。战略思维者应有对组织目的的强烈意识和对组织的近期未来进行预测并能够对其加以驱动。IBM前首席经理托马斯·沃特逊指出：“我坚信，任何组织必须具有一套完备的信念，以这些信念作为其所有政策和行为的前提，才能自下而上地获得成功。这些信念必须总是走在政策、实践和目标的前面。如果发现后者违反了基本的原则，则必须加以修改”②。正是一个组织整体中所共享的这种预测培养了员工的责任感，激发了员工的想象力，使个体能最大限度地利用他们的专长和才能，去创造长期的优秀业绩。

而组织层次的战略思维则为个体层次的战略思维的产生提供了相应的环境。由于知识首先是由个人创造的，因而组织的作用就应该是支持和鼓励个人学习，即在集体的层次通过对话讨论、经验分享、观察来形成和综合学习，从而促进个人学习。而这需要创造结构、过程和体制以培养高层之间不断地进行战略对话，共同探索各种复杂的、冲突性的问题。这种集体性的战略对话，如果是以建设性的方式进行的，将会使成员能对组织机构的复杂性具有更丰富的把握，从而达到单个个体所不能达到的新的明确性和洞察

① Peter Senge. The Fifth Discipline. Sydney：Random House，1990：174.

② Ingrid Bonn. Developing Strategic as a Core Competency. Management Decision，2001，39（1）：66.

力。当然，在这一过程中，团体内的个体成员必须产生对战略性对话的真正需要，乐于倾听彼此的观点，并愿意探索他们自己的思维模式和测验他们的假设。

除了培养高层队伍中的这种战略性对话外，组织还必须创造一种氛围，并在这种氛围中鼓励所有的员工参与创造新观点和发展新战略。高级经理应设计和建立一种工作环境，鼓励每个人探索新的观点，确保创造性成为组织的特有个性的一部分，并确立起如何运行的方式。研究显示，一个公司成功与失败的真正差别，常常能追溯到这一问题，即组织能多大程度地发挥其职员的力量和才能。一个员工的创造性很大程度上依赖于做好工作的欲望，因而组织应该花大力培养能使员工产生创造的欲望的内部动机。

此外，高级经理还需要提供创造性与革新所需要的时间和空间，建立一种重视员工的才智和创造性的组织文化——将员工与充分发挥他们的专长和能力的任务相结合，给予员工工作的自主性，提供必要的资源，建立支持性的工作团队，创造一种整个组织鼓励创造性努力的氛围等。如3M公司的“15%规则”——鼓励技术员工将15%的时间花在自己主动选择的项目上，这样的规则激励了实验，创造了相当的组织空间，结果出现了许多出乎意料的创新。更为重要的是，进行战略思维要求个体成员特别是高级经理，应对组织及其环境有一个整体的了解，应对组织的未来有一个基本的设想；组织应设计一个选择和评估程序，这个程序应更注重参与者的战略思维能力及其对变化的适应性，而较少关注传统的选择标准，如过去的业绩和经营方式等。

总之，只有能成功地在个体和组织这两个层次上处理战略思维的组织，才能使企业对变化更加灵活，更具有适应性，也更有助于它在21世纪这个复杂多变的环境中生存和繁荣。

2. 从“温室”模式到“草根”模式

由于受传统实证主义的影响，许多战略理论都有一个假设前提，即所有战略态势的要素都是客观事实，是独立于观察者的。相应地，战略构想就是寻求这个问题的正确的、最佳的解决方案。战略决策者则像福尔摩斯破案那样，对所有已经获取的证据和线索进行认真艰苦的分析，并应用科学逻辑推理，最终找到问题的答案。明茨伯格等人在《战略历程》一书中将现代战略的这种形成模式称为“温室”模式，其特点是，首席执行官是企业中唯一的战略家，通过有意识的、可控的思想过程来规定战略，就像在温室中培育番茄一样。通过这一过程形成的战略极为完善和明确，继而得到组织整体的正式贯彻。这一战略制定和实施的实质就是分析合适的数据、预想充满洞察力的战略，然后在它们如期成长时培植它们，照顾它们，观察它们。①

在这种“温室”模式中，一旦战略形成，它就必须被清楚地表达出来，即战略应该是明确的、简单的。然而，过分简单会忽视许多不确定因素。事实证明，在各种不确定因素之间，危险并非来自缺乏明确的战略，而是来自战略过早地被敲定，从而忽略了战略的变化。现代主流战略模式由于沉溺于正统的技术，而只能使管理者们远离战略中真正紧要的东西。在战略决策过程中，真正的领悟不是来自工商管理人才所做的令人振奋

---

① 亨利·明茨伯格，等．战略历程：纵观战略管理学派．北京：机械工业出版社，2002：136-137.

的分析，而是来自那些置身于商业运作中的人所亲历的知识。战略的有效实施毕竟不是组织由上到下的指挥的结果，而是共同学习和深度参与的结果。为此，佩蒂格鲁（Pettigrew）使用战略“变化”一词来替代表达谨慎决策含义的战略“选择”，目的是充分考虑过程随着时间流逝而发生的延伸和变化。①

实际上，战略只是经理人在面对过于复杂和混乱、难以理解和把握的世界时，一种努力想简化和理顺世界的方式。由于组织所处的环境是动态的和不可预测的，因而在制定战略过程中，没有达到最佳效果的固定套路。为此，明茨伯格等人提出战略形成的草根模式（Grass-roots model of strategy formation）。该模式认为，一个现存组织不能像艺人那样创造自己的作品，而只能用其所能获得的知识，像园林工一样提供一个适宜的环境，让植物得以生长。具体而言，这种战略形成的草根模式包含如下一些要点：第一，战略就像花园里的种子一样生长，而不会像番茄那样在温室中培育。第二，这种战略有极强的生命力，它适用于人们拥有学习能力并且有支持这种能力的资源的任何地方。一旦采取了最初的行动，这种行为便会自然而然地发生。第三，当这样的战略为集体所接受时，也就成了组织的战略。第四，模式仅靠集体的行为来传播，就像植物繁衍。当然，一旦战略的价值被认识到，它们的繁衍过程便会受到控制，就像人们可以选择植物的性状并加以培育和推广。第五，新战略可能不断出现，在变化的过程中充斥整个组织。第六，控制过程并非指提前想到战略，而是指适时认识到它们的突发性。在这种框架之中，管理就是一种氛围，在这种氛围之中各种战略都可以成长，然后看它们到底能长出什么。②

按照这种草根模式，战略的雏形可以在组织的各种地方出现，只要那些地方的人们有学习的能力和相应的资源支持；当这些战略扩散成为集体中多数人的行为模式时，便成为组织战略；这种扩散过程不一定是自觉的，这些新战略往往是在组织改变时期而扩散成长的；管理这个战略形成过程不能拔苗助长，而应认识并关注它的出现并在适当时间予以介入，使之成为组织战略。从这个意义上，“学习”将成为一个比“设计”更为有利的方法。在一个过于复杂和充满意外、难以预测的世界里，战略家们需要保持与实际材料的紧密接触，并不断地修订改变，而不是沉湎于宏大的长期计划的骄傲自大中。

在当今时代，随着变化的节奏加快，技术继续飞速发展，市场变得更加不稳定，经济周期越发难以预测。对大多数组织来说，成功的关键因素将会是它们在其经营环境中感受和应对变化的能力。丹尼·梅勒（Danny Miler）认为，目前企业竞争失败的根本原因就在于他称之为的伊卡洛斯驳论（Icarus paradox）。伊卡洛斯是古希腊神话中的一个人物，他被关在一个小岛的监狱里，为了逃离这座监狱，他用蜡粘上羽毛为自己做了一副翅膀。他戴上这副翅膀就飞了起来，且越飞越高，甚至几乎接近太阳，他有点得意忘形，竟没有意识到太阳的热度正在逐渐融化他用以粘翅膀的蜡。当蜡一点点融化掉时，他的翅膀开始散落，最后掉入爱琴海淹死了。伊卡洛斯的飞行能力原本是他的重要财富，

---

① 理查德·惠廷顿. 战略是什么. 北京：中国劳动社会保障出版社，2004：93-94.

② H. Mintzberg, A. McHugh. Strategy Formation in an Adhocracy. Administrative Science Quarterly, 1985, 30 (2): 160-197.

但却导致了他最后的死亡。① 这一寓言对管理的启示是：组织再也不能够不加思索地盲目执行由最高管理层幻想出来的“聪明的”战略，相反，为了适应和生存，组织必须向顾客、竞争者甚至不同行业中的领导型公司学习。从这种意义上讲，领导的作用不再是预想深思熟虑的战略，而是管理战略学习的过程。

3. 战略权变与战略柔性

在现代战略管理理论中，对于环境和战略的关系，一直存在着多种认识：一种是将环境看作配角，认为成功或失败取决于公司内部，如管理者的计划、分析和计算的质量；一种是虽然承认环境在战略形成中的作用，但却将“环境”狭义地理解为行业、竞争和市场，将企业经营活动所处的市场结构当成经营战略的基础。这种观念给人的印象是：战略只不过是一种资产组合，是各种要素的一种松散的结合体。

实际上，从更宽泛的视角看，战略形成是社会交互过程。在现实世界中，人们的经济行为深植在一种社会关系的网络中，这种网络包含着他们的家庭、国家、职业和教育背景，甚至还包括他们的宗教和种族。这种社会关系的网络既影响着行动的手段，也影响着行动的结果，它们为成员们界定了什么是合理的、适当的行为。对于决策者而言，他们不会仅仅被隔离在纯粹的经济交易中，而是深植在浓密的相互交织的社会体系中。战略就是在外部机遇和自身能力之间保持基本平衡，“就是在企业所处环境中能够决定其地位的机遇与限定条件之间的匹配”②。如果组织想要成功，组织的所有这些方面就要达到和谐适应，并需要将集体的“重新构造”作为战略改变的前提。战略家需要经过“精心”的调查，对时间运用和应用环境提供“翔实”的描述并找出细微的差别。没有一种最优的方法，关键是战略要与市场、组织和社会环境相匹配。

战略既然与具体情况有关，因而战略必须量体裁衣，进行个性化设计。同时，优秀的管理者懂得如何审时度势，根据环境变化调整战略。换言之，在复杂动态的竞争环境下，组织战略应更具有灵活性。“一个灵活的组织能够使它的战略适应新的环境，而不失去自己的目标”③。从战略形成的这种权变观看，计划过程的目的就是制定一个具有可操作性的灵活战略。④ 因此，组织生态环境的现实境况要求组织战略必须具有更强的适应性与应变性，即具有更强的柔性。与此同时，由于计划本身不能消除变化，无论如何殚精竭虑，变化总会发生。因此，战略应随着新挑战的产生而处于一种不断调整和自我更新的状态。换言之，在复杂动态的竞争环境下，组织战略应当具有更强的柔性。

这种柔性战略不是组织发展的权宜之计，而是面对复杂多变环境下的一种理性选择。具体而言：第一，柔性战略不是以长期战略替代短期决策。组织战略来源于短期决策，

---

① Michael P. Griffin. The Icarus Paradox (book reviews). Management Review, 1990.

② 亨利·明茨伯格，等. 战略历程：纵观战略管理学派. 北京：机械工业出版社，2002：30-31.

③ 摩根·威策尔. 管理的历史：全面领会历史上管理英雄们的管理诀窍、灵感和梦想. 北京：中信出版社，2002：256.

④ 弗莱蒙特·E. 卡斯特，詹姆斯·E. 罗森茨韦克. 组织与管理：系统方法与权变方法. 北京：中国社会科学出版社，2000：597.

长期战略应当寓于短期计划和短期决策之中。假若长期战略不是以短期计划和短期决策为依据并体现于其中的，那么组织战略无论怎么详尽、完美，则永远是纸上谈兵。反过来，如果短期计划和短期决策没有被集合到统一的长期战略之中，短期计划和短期决策只不过是权宜之计。第二，柔性战略所涉及的只是目前管理决策的未来性，而不是设计未来的决策本身。战略制定者所面临、考虑和需要解决的问题，也不是组织明天的生态环境应该是什么，而是组织今天必须为不确定的未来做些什么准备工作。第三，柔性战略可以预防风险的发生，但它难以消除风险和制止风险本身的发生，因此，任何企图通过提出柔性战略而希望消除风险发生的想法，注定是徒劳无益的。

话说回来，战略毕竟是一个根植于稳定而非变化的概念，组织追求战略是为了保持目标的一贯性。战略作为关乎组织发展前途和存亡命运的根本性决策，是对组织长期目标的确定，以及为实现这一目标所需要采取的行动路线和资源配置方式的选择，一般具有稳定性、全局性、规范性等特点。然而，当今鼓吹变革的人在告诉我们“卓越”组织与众不同之处的时候，常常有意无意地忽视了这样一种现象，即几乎没有组织能够应付持续的变革。战略管理的关键就是维持稳定，或者至少大多数时候是适应性的战略变化，当然要周期性地认识到转变的需要，并能够在尽量不破坏组织的前提下管理那个混乱的转变过程。毕竟，组织表现出来的特征更多的是连续性而不是变革。政策的细节可以改变，但核心战略在长时期内基本上能够保持完整。因而管理者的任务更多的是保持战略的连续，而不是实行变革。

当然，有时组织也需要战略改变，为了对变化了的环境做出反应，组织不得不抛弃既定的发展方向。人们在现实世界的行为大多处在这些极端状况之间，因而有些战略看来是较合理地经过深思熟虑精心谋划出来的（尤其是在成熟的大批量生产行业和政府部门），而另一些战略则往往是更为适应性的（如在动态变化的高科技行业）。环境条件有时会很苛刻（社会大变动时期），而其他时候（甚至相同时期）企业领导者则能轻松驾驭。总之，战略既永恒又转化，它不仅涉及个人的认识，也涉及社会的相互作用、相互协调，以及相互冲突……所有这些都必须对环境做出反应。

这其中的关键在于，如何正确而恰当地把握转变与持续稳定之间的平衡：在必要的时候和必要的地方才进行转变，同时又维持着秩序。迎接新事物、扫除旧事物也许是很时髦的事情，但是，如果竞争条件或外部环境有什么风吹草动，就对公司战略进行彻底的检讨，那么组织就会迷失前进方向，降低运作效率；而在关键的转折时刻未能及时顺应转变，又会威胁到组织的生存和发展。因此，正如卡斯特（Fremont E. Kast）与罗森茨韦克（James E. Rosenzweig）所指出的：“一个组织的动态平衡将包含足够的稳定性以利于达到目前的目标，足够的持续性以保证在目标或方法方面进行有秩序的变革，必须有足够的适应性以对外部的机会和要求以及内部的变化条件做出反应，有足够的革新性以使组织在条件适宜时富于主动性，实行变革。”①

---

① 弗莱蒙特·E. 卡斯特，詹姆斯·E. 罗森茨韦克. 组织与管理：系统方法与权变方法. 北京：中国社会科学出版社，2000：763-764.

三、竞争优势的演变逻辑①

在当今竞争日趋激烈的情况下，决定一个组织存活的基本要素，就是对竞争优势的寻求。所谓竞争优势，就是组织在特定业务的经营中能够向顾客提供超过竞争对手的价值，或提供远远超出较高价格的独特利益等。由于一个企业所具有的竞争优势意味着该企业能够获得更多的生存空间和利润空间，因而竞争优势的获得直接决定着战略目标的实现，从而成为战略构成的本质要素。关于竞争优势的分析，最初的理论形态就是所谓的市场导向观和资源基础论。在以资源为基础的模式下，战略着眼于公司内部的资源。而在以市场为导向的模式下，公司本身是一个黑箱，竞争优势取决于公司在不同要素和产品市场中的"定位"。如今，有关竞争优势的研究更强调组织的"能力"和"知识"等要素，并将竞争优势的获得视为一个动态过程。不仅如此，竞争观念本身也日渐被超越，而出现了从单纯竞争模式向合作型竞争模式的观念转换等。

1. 市场导向观和资源基础论

20 世纪 80 年代初，哈佛大学的波特（Michael Eugene Porter，1947—　）教授基于产业组织理论中的 S—C—P 范式（Structure-Conduct-Performance，市场结构—企业行为—经营绩效），出版了《竞争战略》一书，对竞争战略理论进行了系统而全面的阐述。波特认为，在决定企业营利性因素中，产业结构即企业外部条件，极大影响着竞争规则的确立以及可供企业选择的竞争战略，战略优势取决于公司在不同要素和产品市场中的定位（Position），即特殊产品在特殊市场的"定位"。②

由此，波特将行业结构分析看作确立竞争战略的基石，提出了著名的"五力"模型，指出，竞争战略就是在某一产业里根据五种竞争力量来建立一个有利的竞争地位，具体而言：第一，进入威胁。新企业在给行业带来新生产能力、新资源的同时，也有可能与现有企业发生激烈竞争，导致行业内现有企业盈利水平的下降，甚至威胁到它们的生存。第二，替代产品的压力。在一个充满竞争的市场中，任何企业的产品都有可能面临其他企业替代产品的威胁，从而影响到行业中现有企业的竞争战略。第三，现有竞争对手之间的竞争。在大多数产业中，企业在实施自身的竞争战略时，不免与其他企业产生相互冲突和对抗。第四，客户的价格谈判实力。当产业中的客户具有较强的价格谈判实力时，行业内部企业的盈利水平通常会降低。第五，供应商的讨价还价实力。在行业竞争中，讨价还价实力强的行业往往会限制行业利润的增长。③

这一理论模型将一个企业的战略与市场特征联系起来，其关键在于，找出什么样的战略在什么样的情况下能运行得最好。波特认为，一个企业只能拥有两种基本的竞争优势，即低成本和产品差异化。这两种战略优势可以定位于整体市场和局部市场这两类不同的市场。波特由此提出了他的"对付竞争力量"的三类"通用战略"：第一，总成本领

---

① 彭新武. 竞争优势：流变与反思. 中国人民大学学报，2008 (5).

② 迈克尔·波特. 竞争战略. 北京：华夏出版社，1997：2.

③ 同②4-28.

先战略（Cost Leadership Strategy），即通过各个部门的低成本，最终实现产品和服务的低成本。低成本的优势通常可使公司相较于产业中的其他竞争者居于更有利的地位。第二，差异化战略（Differentiation Strategy），就是建立产品或服务的差别化。这一战略与总成本领先战略不可兼顾，因为差异化战略往往伴随高成本投资，即便全产业范围的顾客都了解本产品的独特优点，也并非所有的人有能力来购买这一独特的产品或服务。第三，专一化战略（Focus Strategy），即针对某个特殊的顾客群、某产品线的一个细分区段或某一地区市场而建立的产品或服务的差别化。通过这一战略，公司能够更好地为某一狭窄的战略对象服务，从而超过在较广阔范围内的竞争对手。①

在波特的战略竞争理论中，不论是对产业结构的理论分析，还是对三大通用战略的解释，目的都在于取得企业竞争优势，战胜竞争对手。当然，作为一名战略决策者，还需要把形成的战略框架运用到实践的企业竞争行为中，所以，“竞争行动”也是“竞争对手分析理论”不可或缺的一环。波特分析了竞争行动的三种形式：第一，合作行动。这是一种对企业自身和竞争对手都有利的双赢行动，这一行动在有些情况下也有被错认为是进攻行动的可能，此时，企业可以采用信任产业传统领导，使价格或其他决策变量与某些已知指标保持一致、聚焦。第二，威胁行动。这是一种由于自身行为影响到对手活动，从而遭到对手报复的行动，消除这一威胁的关键在于预测和影响报复行动。第三，防御行动。在竞争行动中良好的防御同样重要，如果在进行综合分析后得出行动是不明智的结论，就可以放弃进攻。②

波特的理论给企业提供了一种分析竞争对手的方法，但它过于强调竞争对手，从而忽视了对企业本身的研究。在波特的分析中，企业是一个不变的实体，这一认识在短期内或在企业环境变化不太剧烈时进行理论分析是可行的，但不容忽视的是，一个行业从它产生之日起就处于不断运动变化中，结果必然是整个产业的变化。在这一过程中，产业演进会促使新产业形成，新产业形成又会促使新产业结构产生，新结构同时也就需要新战略以求发展。因而，在当今不确定性剧增、崇尚个性化、创新和速度制胜的时代，通用战略可能使企业陷入战略僵化的境地，因为通用战略掩盖了战略的多样性，从而也限制了企业去发现和应用更多战略的可能性。

为此，波特在其后的《竞争优势》一书中，把关注的目光由产业外部环境转到企业自身内部，并提出了对企业内部活动的分析工具——价值链。波特的价值链概念源于这样一种观点，即企业应该从总成本的角度考察其经营效果，而不是片面追求诸如采购、生产和分销等功能的优化，因而必须从总体上考虑整个价值链：“每一个企业都是用来进行设计、生产、营销、交货以及对产品起辅助作用的各种活动的集合。所有这些活动都可以用价值链表示出来”③。

波特的竞争战略理论在全球产生了深远的影响，成为20世纪整个80年代的主流模式，波特本人也因此被称为“竞争战略之父”。可以说，以波特为代表的定位学派的方法比较符合经济学的要求，却与社会学和政治学乃至非量化的经济学背道而驰。波特也承

---

① 迈克尔·波特. 竞争战略. 北京：华夏出版社，1997：33-39.

② 同①97-100.

③ 迈克尔·波特. 竞争优势. 北京：华夏出版社，1997：36.

认，政府会限制甚至不允许进入某个行业。问题还在于，在一个不稳定的行业中，他又怎么能够识别谁拥有多大的市场份额呢？由于成功不仅需要优良的品质，还需要与社会保持一致，因此，企业可以通过吸收范围更加广泛的社会资源，并通过更加巧妙的方法运用这些资源来谋求自身发展。由此，研究者开始将目光转向企业自身。

早在1959年，伊迪斯·彭罗斯（Edith Penrose，1914—1996）在《企业成长理论》一书中指出，企业使用自己拥有的生产资源所产生的服务是企业成长的原动力；独特性为公司发展提供了基础，在创造独特产品的过程中，企业也形成了特有的能力或“资源”。1984年，伯格·沃纳费尔德（Birger Wernerfelt，1951—　）在一篇题为《资源为本理论》的论文中，进一步拓展了彭罗斯的理论，提出以下主张：第一，与传统的产品观念相比，按照资源来观察企业会导致不同的直接见解。第二，能产生高额利润的资源类型可以被识别。第三，大企业的战略涉及打破利用现存资源与开发新资源之间的平衡。第四，收购可以看作在一个高度不完全竞争市场中购买一个资源群。通过立足于购买稀有资源，在假设其他情况相同的条件下的不完全竞争的最大化，是买便宜货得大利的机会等。这一理论产生了广泛的影响。此后，更多的有关企业能力理论的学术研究被统称为企业资源基础论。在这一理论视野中，企业是一个资源集合体，与企业外部条件相比，企业内部条件对于企业占据市场竞争优势具有决定性作用。根据这一逻辑，如果一个组织为其经营和战略贮备最好、最适当的资源时，它将被认为是很成功的。①

当然，并不是所有资源都能够形成竞争优势，那么，究竟哪些资源能在竞争时提供持久利益呢？杰伊·巴尼（Jay Barney）制定了四个标准：第一，价值性，即资源必须具有提高组织效率和效能的能力；第二，稀缺性，即资源在一定程度上是稀有的，需求量很大；第三，不可模仿性，资源不仅必须要有价值，而且必须难以模仿；第四，不可替代性，如果所拥有的资源能被竞争者找到稀有和不可模仿的资源替代，就不会成为战略性资源。② 按照这种观念，只有当依靠那些稀缺的、不能模仿的资源群且竞争者无法找到替代物时，市场优势才能得以保持。由于科学技术的发展将导致产品品种、质量、成本上的差别化空间变小，那么，从长远来看，竞争优势的最终来源往往来自无形的关系、体制、技巧和知识、企业伦理、商誉等方面。

这样，问题就又转回到了“文化”上。毕竟，文化是对付模仿的最有效和最坚固的壁垒。吉姆·柯林斯和杰里·波勒斯（Jerry Porras）通过对持续表现卓越的公司进行跟踪调查后写就《基业长青》一书，指出，持久卓越的公司并不只是为谋取股东的利益而存在，卓越企业所遵循的核心意识包括一套核心价值观以及一个高于赚钱目的的核心目标。③ 不过，这种把文化当作工具的解释混淆了战略优势与组织独特性。更重要的是，企业具有独特资源并不一定就会获得竞争优势，只有独特的资源创造出客户价值

① Birger Wernerfelt. A Resource-based View of the Firm Strategic. Management Journal，1984，5（2）：171-180.

② J. B. Barney. Firm Resource and Sustained Competitive Advantage. Journal of Management，1991，17（1）：99-120.

③ 吉姆·柯林斯，杰里·波勒斯. 基业长青. 北京：中信出版社，2006：79.

才能谈得上竞争优势。换言之，企业拥有稀缺资源是获得竞争优势的必要条件，而非充分条件。

2. 核心能力观和动力能力理论

事实上，有形资源和无形资源存在的价值，就在于它们各自背后的能力。如果企业内部缺少需要的技能和资源，或者低估了从外部获取它们的困难，即使有市场机会，企业也没有能力抓住它，竞争战略也会失败。因此，企业资源基础论的倡导者通过引入“能力”概念来弥补“资源”在解释竞争优势来源方面的不足，即认为企业本质上具有利用资源的能力。“能力观”和“资源观”虽然都是从企业内部的因素中寻找竞争优势的源泉，但“资源观”强调导致竞争优势的因素集中于有形资产，而“能力观”则集中于无形的知识和能力上，如迈克尔·茨威尔（Michael Zwell）所言：“能力是决定工作绩效的持久的品质和特征，如判断能力，能够发现问题，采取行动加以解决，设定富有挑战性的目标。”①

当然，企业不可能针对所有的市场机会来提升全方面的能力，毕竟企业的资源有限。从历史上看，西方国家的工业革命主要是通过单一业务的公司取得的，到了20世纪特别是第二次世界大战以后，多元化经营遂成为大公司进行扩张的重要方式。尤其在20世纪60年代和70年代，美国的一些大公司纷纷通过兼并来实施多元化经营，从而掀起了一股多元化经营的热潮。然而，这一兼并狂潮在遭遇到了“集团资产的急剧缩水”之后，企业合并战略中所产生的大量的早期利润化为乌有。研究证明，多元化经营所创造的价值远远低于它所损耗的价值。

在这样的背景下，公司成功需要依赖于核心业务或行业，或者集中于关键业务或行业的观念越来越受到重视。C. K. 普拉哈拉德（C. K. Prahalad，1941—2010）和盖瑞·哈默尔（Gary Hamel，1954—　）发表《企业的核心竞争力》一文，提出了“核心竞争力”概念，并指出有三种手段来识别企业核心竞争力：第一，能接近广阔的市场；第二，能为客户提供差异化的产品或服务；第三，不会使对手模仿自己的战略。② 在这种情势下，20世纪80年代成为“业务重组时代”，无利可图的“非核心”业务被日益剥离。在美国500家大企业中，有大约20%的企业实施了这种重新关注核心业务的所谓“归核化”过程。同样，20世纪80年代日本企业在经历了大举多元化以后，90年代开始所谓“本业回归”。③ 当然，这并不意味着有关多元化经营的协同作用思想已经消亡。从实践上看，世界上大多数著名的长盛不衰的公司，诸如通用电气（GE）、ABB、3M、佳能（Canon）等，依然昭示多元化是一条对公司成长具有诱惑力的道路。

自普拉哈拉德和哈默尔提出“核心竞争力”以来，围绕“企业核心能力”掀起了新的研究高潮。从实践上看，依靠核心竞争力多元化经营而做到卓越的企业涌现出了很多核心能力，比如，索尼的微型化技术、NEC的数字技术、摩托罗拉的无线电通信技术

---

① 迈克尔·茨威尔. 创造基于能力的企业文化. 北京：华夏出版社，2002：14.

② C. K. Prahalad, Gary Hamel. The Core Competence of the Corporation. Harvard Business Review, May-June, 1990：79-91.

③ 李敬. 多元化战略. 上海：复旦大学出版社，2002：3.

等。但是，这些把自己的战略建立在核心竞争力之上的公司也发现，它们在判断一个投资项目是否有利于提高核心竞争力的问题上有很大的困难。从理论上看，核心能力理论注重企业价值链中的个别关键优势，但这种仅仅立足于单个因素的竞争优势常常具有暂时性，持续的竞争优势经常需要多种的资源优势。同时，很多公司在制定战略上往往都以公司战略的各个因素如资源、机构或业务为焦点，而缺少将各因素整合起来的一个整体的洞察力。基于此，斯多克（George Stalk）、伊万斯（Philip Evans）、舒尔曼（Lawrence E. Shulman）等人提出的“整体能力观”强调，价值链中的整体能力才是公司优势的实质所在。所谓整体能力，主要表现为组织成员的集体技能和知识以及员工相互交往方式的组织程序。按照这种整体能力观，企业在关注资源、能力、核心能力的识别和培养的同时，更应该关注资源的调配和能力的协同、组织和谐体系的建立，即坚持一种整体论的立场。①

值得注意的是，在高度竞争的环境下，核心能力可能会发展成为一种“核心刚性”。当企业竭尽全力去维持和利用企业现在所处的形势时，最后却会一无所获，因为竞争对手的行动、环境的变换以及新技术的出现，可能会使企业进行培育和构筑起来的卓越能力在转眼之间变成陈旧的古董，而且充分挖掘和利用今天的竞争优势可能使企业断送明天。为此，大卫·蒂斯（David J. Teece，1948—　）等学者提出了动态能力理论，强调为适应不断变化的外部环境，企业必须不断取得、整合，再确认内外部的行政组织技术、资源和能力。② 按照这种动态能力观，战略分析的基本元素不再是笼统的“资源”，而是有利于形成和维持动态能力的组织过程、专有资产状况与获得这些资源和能力的路径。由于这种特定企业的组织能力是难以被复制和被模仿的，离不开企业历史演进的路径，因此，管理者应把注意力集中在企业内部上，企业的各种能力必须围绕企业的核心活动整合和协调起来，从而构筑一种动态的竞争优势。

在波士顿咨询集团的创立者布鲁斯·亨德森（Bruce Henderson，1915—1992）看来，竞争是在一个过度拥挤的、密集潮湿的丛林中为了生存而展开的一场连续的斗争。于是，进化理论的倡导者便直接求助于自然选择的生物学原则，提出了一种公司进化理论。该理论强调企业与环境的匹配，当一个新的利基市场出现时，通常会涌入大量的新企业，但是，随后的过度拥挤促使发生了一个激烈的竞争过程，竞争的结果是只有那些最“适合”的企业存活下来。③ 的确，在以变化为特征的时代，组织的竞争优势不是源于市场地位或财务实力，而是源于迅速进入市场的能力、更快地开发产品或服务能力以及在出现竞争之前抓住机遇的能力。因此，任何行业中的任一家公司都不能死守着一个简单的优势来源观念不放，应远离诸如市场份额、差异化、低成本、核心竞争力等这些略带静态意味的竞争观念。战略不仅要致力于实现今天的成功，还要致力于实现未来的成功。最出色的竞争者，也是最成功的竞争者，懂得如何因势而变，并始终引领潮流。

---

① George Stalk，Philip Evans，Lawrence E. Shulman. Competing on Capabilities：The New Rules of Corporate Strategy. Harvard Business Review. March，1992：12.

② D. J. Teece. G. Pisano，A. Shuen. Dynamic Capabilities and Strategic Management. Strategic Management Journal，1997，18（7）：509-533.

③ 理查德·惠廷顿. 战略是什么. 北京：中国劳动社会保障出版社，2004：25.

如此，企业才能长盛不衰。[①]

3. 从竞争到合作

自由竞争观念在边沁的功利主义学说和亚当·斯密的古典经济学中，都已得到充分的表述，并成为资本主义时代典型的精神气质。达尔文建立进化论以后，竞争概念不仅在科学领域，而且在整个社会生活领域也逐渐变得重要起来。而这种所谓生物界中的生存斗争不是别的，就像贝塔朗菲所说的，“是工业时代开始时曼彻斯特学派鼓吹的自由竞争在生物学中的应用”[②]。在达尔文时代，这种观念便被原封不动地转换成“斗争是万物之源”的概念。

尽管达尔文对生存竞争有着较为宽泛的理解：“我应当先讲明白，是以广义的和比喻的意义来使用这一名词的，其意义包含着这一生物对另一生物的依存关系，而且，更重要的，也包含着个体生命的保持，以及它们能否成功地遗留后代”[③]，然而，达尔文进化论的成功，使人们在看到竞争对于生存的推动作用的同时，又使人们无论在理论上还是在实践中都不同程度地将这一方面片面地扩大化（见“达尔文竞争理论的缺陷”）。在一些社会达尔文主义者看来，如果自然界通过个体竞争的方式取得进步，那么适者生存肯定是人类经济和社会进步的关键，从而使利用达尔文主义的隐喻来维护工业家们所鼓吹的竞争准则不可避免。这种竞争准则让人们感到，好像人类为了生存，需要做殊死的斗争，淘汰不适者，并视为一种进步。例如，美国的钢铁大王安德鲁·卡内基宣称：“无论竞争是否已经开始，竞争的法则业已建立；谁也无法回避，也找不到取代它的其他法则。尽管这一法则对某些个人而言，有时是残忍的，但对种族而言却最好不过。因为它能保证适者有生存的机会。”石油大王约翰·洛克菲勒（John Rockefeller，1839—1937）更是如此，在他看来，“大企业的发展不过是适者生存原理的具体表现。这是自然的法则，也是上帝的意志”[④]。

达尔文竞争理论的缺陷

（1）达尔文的竞争理论假定，物种种群将无限增长，除非依靠自然界那种无情捕食和饥饿的方式来加以限制，但现实情况是，自然界的物种通常是以一种对自身种群数目进行自我调节的方式而融于环境的，是经过对与之相关联的整个环境的调节性反馈和非暴力性反馈维持自身种群的规模的。

（2）在达尔文那里，物种灭绝是生物逐渐被更适应环境的后代淘汰的必然现象，是生存竞争的必然结果，但事实却显示，在生物灭绝事件发生之前，既没有物种的增加，也没有生存竞争升高的证据。

（3）按照进化论的竞争模型，具有相似特征的两种动物必须为食物和空间而展开相互斗争，但观察表明，这种情况实际上非常少见。例如，生活在同一区域的两个种的鸬

---

① 卡尔·W. 斯特恩，小乔治·斯托克. 公司战略透视：波士顿顾问公司管理新视野. 上海：上海远东出版社，1999：367-372.

② 贝塔朗菲. 生命问题：现代生物学思想评价. 北京：商务印书馆，1999：184.

③ 达尔文. 物种起源. 北京：商务印书馆，1995：77.

④ 许靖华. 大灭绝：寻找一个消失的年代. 北京：三联书店，1997：12，14.

鹅，它们总是设法改变它们的居处和饮食以免彼此相互竞争，并以各自开辟小生境的方式而实现和平共处的。

（4）物种内等级结构和支配权虽然需要竞争的手段而得以确立，但一旦确立，竞争的局面便告一段落；而对于这种局面的维持，不可能由单纯的竞争手段而来实现，而更需要通过一种避免有害竞争与冲突的巧妙手段和合作方式等。

自波特以来，"竞争"更成了战略管理领域的关键词。然而，在现代管理实践中，自由竞争观念的过度蔓延，却使众多企业陷入了竞争的恶性循环，促使企业不得不重新构思自身的战略观念和竞争模式。应该承认，适度的竞争在某种程度上是有益的，但一心只以竞争为目的，会使个人主义失控、利己主义过度滋长。这种竞争求胜模式鼓励人们保持利己与敌对的心态去追求卓越表现，使人们只顾比较 A 的表现是否和 B 一样好，却忽略了真正的重点应该是 A 有没有尽己所能，达到自己最好的表现。在这种观念中，外部环境对个体而言成为一种决定性的因素，组织的生存和发展也被单纯看作被迫适应其外部环境的体现。比如，由杰伊·加尔布雷思（Jay R. Galbraith，1939—2014）与丹尼尔·内桑森（D. A. Nathanson）创立的组织适应理论便建立于这样一种假定之上：组织生存是一个适应和成功的过程。如果组织无法适应，则会失败。①

事实上，组织并不是在相对稳定环境下操作自如的孤立个体，而是动态变化过程中相互关联融合的一个有机系统，组织和环境是相互影响、相互适应的。英国化学家拉夫洛克（James Lovelock，1919—　）提出的"盖娅假说"认为，生命并不总是去适应其周围的稳定的环境，而是不断地与自己所处的环境相互作用。琳·马古利斯（Lynn Margulis，1938—2011）的共生理论极大地支持并弘扬了这一假说。在她看来，生命并不是消极地去适应物理化学环境，相反，生命主动地形成和改造它们的环境。这种密切注视生命物质通过相互依存自组织和进化的途径，使得研究的注重点从传统的进化概念转移到一个"共同进化"的新概念。系统学家埃里克·詹奇（Erich Jantsch，1929—1980）指出："生命除了生存以及不断适应环境外，其本身也在进化，在适应。这是一种共同进化。"② 按照这种观念，组织的发展不是一种被动的适应过程，而是一种充分发挥自身的能动性，进行大胆创新，创造环境，并与周围环境一起共同进化的过程。因此，正如混沌理论所揭示的："注意系统间如何彼此竞争，不如关注系统间如何彼此依赖、相互关联更为重要。"③

正是受这些理论的驱动，当今企业经营实践便逐渐从以往的单纯竞争模式转向所谓"双赢"或"多赢"的合作型竞争模式。从企业内部看，面对市场的激烈竞争，企业内部必须求"和"，精诚团结，从而形成强大的整体力去与竞争对手较量。这种倾向在日本企业界被称为"内和外争"，并被认为是日本企业成功之所在。从企业外部看，现代社会已是一个典型的"企业社会"。组织与社会之间存在一个动态的相互作用。企业组织是由许多对企业资源有所要求的群体所组成的，它们之间有时是合作的，但又总是冲突的。在

① 丹尼尔·A. 雷恩，阿瑟·G. 贝德安. 管理思想史：第 6 版. 北京：中国人民大学出版社，2012：351.

② 埃里克·詹奇. 自组织的宇宙观. 北京：中国社会科学出版社，1992：前言.

③ 约翰·布里格斯，F. D. 皮特. 混沌七鉴：来自易学的永恒智能. 上海：上海科技教育出版社，2001：60.

这个动态的关系中，经营管理者必须设法满足各群体对利益的要求，以便使他们参与企业的经营活动，并保持相互协作的关系。

当然，强调合作，并不是牺牲竞争精神。事实上，我们依然需要在企业内部倡导一种有利于调动积极性和创造性的竞争精神。由于资源稀缺的普遍性，经济系统中不可避免地存在着各种各样的竞争。这种竞争不仅能激发整个系统及各子系统的活力，而且是促进经济系统由无序化向有序化演变的重要力量和机制。但无论如何，对竞争精神的强调以不妨碍和谐和共赢的大原则为前提。换言之，竞争必须是良性的，应建立于群体目标和利益之上。

1996年，耶鲁大学教授拜瑞·内勒巴夫（Barry J. Nalebuff）和哈佛大学教授亚当·布兰登勃格（Adam M. Brandenburger）合作出版的《合作竞争》一书提出了合作竞争（Co-petition）的新理念。合作竞争理论的战略起点是分析商业博弈活动参与者之间的互动关系，建立和保持与所有参与者的一种动态合作竞争关系，从而有效克服仅从竞争的角度来分析所有参与者竞争态势的弊端。同时，合作竞争理论提倡“从其他参与者的认知角度”出发来制定战略，克服了传统战略仅从企业自身利益制定战略的弊端。此外，合作竞争理论着眼于未来的动态战略，以适应商业博弈的改变，并把握未来的机遇，等等。

现时代，随着企业间竞争越来越剧烈，特别是随着经济全球化的不断发展，竞争的广度和幅度日益延伸到全球范围，使得任何单个企业在从事经营活动时，都必须面对世界范围内的挑战；同时，由于技术要素的飞跃性变革，尤其是知识经济的发展，使企业力图取得的核心资源的内涵和途径以及企业战略发展的方向面临着重大的调整。在这种背景下，管理者越来越认识到不论公司多么强有力和资源丰富，它们不能在所有国家和各类市场中，在价值链的每一阶段保持竞争优势，而需要站在更高的层面，突破组织的边界，进行资源的整合。“为了在全球化时代竞争，就必须全球化地合作”。

在瞬息万变的全球市场中，任何一个企业做到完全自给自足不仅不再可能，而且在这个充满不确定因素和危险敌手的复杂世界上，不能单独行事。要更好地应对挑战和把握发展机遇，继续沿用传统的那种“你死我活”的竞争观念和战略思维已无法使企业真正建立起强大的战略优势，“超竞争”的现实迫切要求企业转变战略视角和战略范式。战略联盟的兴起正是这种现象的一个突出反映。“很多跨国公司日渐明白，为了竞争必须协作，以此取代损人利己的行为。……跨国公司可以通过有选择地与竞争对手，以及与供应商分享和交换控制权、成本、资本、进入市场的机会、信息和技术，为顾客和股东创造最高价值。”① 于是，运用全球力量来解决自己问题的能力将是未来企业成功的标志之一，出现了与原有竞争对手联合兼并的热潮以及虚拟企业、虚拟团队的组织模式等。

其中，战略联盟的兴起尤其值得关注。“知道如何联盟及购并的公司，将成为该产业的领导者。”这是思科前总裁兼CEO约翰·钱伯斯的经典名言。战略联盟作为介于市场和企业之间的一种形式，不等同于合并，是一种扩大范围而不扩大企业的方法。其中，联盟的两个或多个企业都是独立的法人关系，不存在从属控制关系，它们在密切合作的

① 乔尔·布利克，戴维·厄恩斯特. 协作型竞争. 北京：中国大百科全书出版社，2000：1.

同时保持独立性，但又不是纯粹的市场交易行为，通常以契约和协议为纽带，比纯粹的市场交易具有更强的关联性。具体而言，战略联盟一般具有如下特征：

（1）以“合作”求“竞争”。战略联盟的最根本特征在于它是竞争性合作组织，是一种不同形式的竞争。各联盟单位进行合作的目的，是在更高的层面上实现竞争优势。当然，合作是有限度的，即合作各方并不是将自己“和盘托出”，尤其是在涉及自身的核心技术上，而只以实现联盟本身的目标为前提。同时，在现实中我们也看到，几乎没有联盟能永远保持双赢的局面，战略联盟就是持久不懈、逐步发展的讨价还价。另外，我们也必须认识到，在合作中，和平共处虽然是成功的一种重要的手段，但是，偶然的冲突也可能是互利协作的最佳证明。

（2）行为的战略性。联盟以共同占领市场、合作开发新产品、新技术、领导行业标准等为基本目标，最大着眼点是在经营活动中积极地利用外部经济资源。

（3）组织的松散性和不稳定性。战略联盟所建立的并非一定是独立的公司实体，它所重视的是相互之间某些经营资源的共同运用。若机会来临，各成员便聚兵会战；一旦机会丧失，各成员又为了各自的目标与其他企业结成新的联盟。由于联盟各方之间管理权关系的模糊、收益的不平衡、企业间文化的冲突、合作伙伴可以既是伙伴又是对手、合作伙伴的“背叛”等因素的存在，战略联盟充满了一定的不确定性。

（4）强调互惠与信任。联盟的目的，无疑是实现“互惠”，但要达到此目的和保证联盟的有效运行，强调相互间的“信任”乃是极为必要和关键的。一般而言，在合作关系尚未确定之前，信任是得不到保证的，除非与合作伙伴曾多次合作过或合作伙伴有着非常好的声誉，否则，就要积极去建立一种信任关系；同时也不能强迫管理人员信任合作伙伴，特别是在合作伙伴还是潜在的竞争对手时。因此，管理人员在合作过程中既不能盲目信任也不能过于谨慎而导致无法合作。

总的来看，战略联盟不仅仅是一种组织结构，更是一种竞争战略。战略联盟不是企业逃避市场竞争的权宜之计，而是“以小博大”的合理安排。企业之所以进行战略联盟无一例外的是为了获取竞争优势，最终赢得市场。然而，调查研究显示，尽管当今有许多行业诸如食品、饮料、运输、建筑、零售、金融服务业等正在进行各种战略联盟，但几乎没有联盟能永远保持双赢的局面。因此，如今的企业在不断地进入联盟之时，认识到什么才能使联盟走向成功，是极其必要的。①

4. 从“红海”到“蓝海”

自波特以来，“竞争”成了战略管理领域的关键词。在基于竞争的战略思想的指引下，企业常常在“差异化”和“成本领先”战略之间选择其一，确立自身的产品和服务在市场中的独特定位，以最大限度地占有市场份额，打败竞争对手。然而，追求“差异化”战略会相应地增加成本，而以“成本领先”为导向的战略又限制了企业所能获取的利润。随着竞争越来越白热化，需求的缓慢增长甚至萎缩，企业取得获利性增长的空间

---

① Vivienne Shaw, Saleema Kauser. The Changing Patterns of International Strategic Alliance Activity by British firms. Journal of General Management, 2000 (25): 4.

越来越小。在这种情况下，如何脱颖而出，便成为当今企业共同面对的一个问题。

欧洲工商学院的W. 钱·金（W. Chan Kim）和勒妮·莫博涅（Renée Mauborgne）教授在《蓝海战略》一书中提出了“红海”“蓝海”两个概念。“红海”代表现今存在的所有产业，是已知的市场空间。随着市场空间越来越拥挤，残酷的竞争也让红海变得越发鲜血淋漓。与之相对，“蓝海”则代表当今还不存在的产业，属于未知的市场空间。比如，共同基金、移动电话、燃气电站、生物技术、折扣零售、包裹速递、迷你厢车、滑雪板、咖啡吧、家庭录像等，都曾经是所谓“蓝海”。① 因此，企业需要跳出红海的框架，着眼于红海之外的蓝海，寻求新的市场可能性与市场机会。

按照这种战略思维，企业不应紧盯着竞争对手，而应回到企业真正的目标上——为客户和企业自身创造价值，把目光投向共同开发新的市场，而不是在现有市场上进行激烈竞争。然而，现有的战略思维将重点全部集中在基于竞争的红海战略上。身陷红海的企业采用的都是在已有的产业秩序中树立自己的防御地位，竞相去击败对手。蓝海的开创者根本就不以竞争对手为标杆，而是采用完全不同的一套战略逻辑，即进行价值创新。在这种战略逻辑的指导下，你不是把精力放在打败竞争对手上，而是放在全力为买方和企业自身创造价值飞跃上，并由此开创新的无人争抢的市场空间，从而彻底甩脱竞争。

价值创新对“价值”和“创新”同样重视。只重价值，不重创新，就容易使企业把精力放在小步递增的“价值创造”上。这种做法，也能改善价值，却不足以使你在市场中出类拔萃；只重创新，不重价值，则易使创新仅为技术突破所驱动，或只注重市场先行，或一味追求新奇怪诞，结果是常常超过买方的心理接受能力和购买力。因此，很重要的一点就是要把价值创新与技术创新及市场先行区分开。开创蓝海的成功者和失败者之间的分水岭，不在于尖端技术，也不在于“进入市场的时机”。这些因素有时候会存在，但更多时候，它们并不存在。只有当企业把创新与效用、价格、成本整合一体时，才有价值创新。常规看法认为，一家企业要么以较高成本为顾客创造更高的价值，要么用较低的成本创造还算不错的价值。这样，战略也就被看作在“差异化”和“低成本”之间做出选择。与之相反，志在开创蓝海者，则会同时追求“差异化”和“低成本”。开创蓝海，就是要压低成本，同时提升买方所获得的价值（见“红海战略与蓝海战略”）。

红海战略与蓝海战略

红海战略	蓝海战略
竞争于已有市场空间	开创无人争抢的市场空间
打败竞争对手	甩脱竞争
开发现有需求	创造和获取新需求
在价值与成本之间权衡取舍	打破价值与成本之间的权衡取舍
按差异化或低成本的战略选择协调公司活动的全套系统	为同时追求差异化和低成本协调公司活动的全套系统

① W. 钱·金，勒妮·莫博涅. 蓝海战略. 北京：商务印书馆，2005：5-6.

由此可见，价值创新不仅仅是创新，更是一种战略，关系到一家企业各方面活动的一整套系统。价值创新要求企业让整套系统都朝着为买方和企业自身实现价值飞跃而运转。具体而言，蓝海战略主要包含如下一些重要原则：

（1）重建市场边界。事实证明，企业越是认同常识成规所认定的竞争办法，它们的竞争战略就越是趋同。要从红海突围，企业必须冲破那些限制它们该如何竞争的现有边界。通过跨越产业和市场边界以现有市场元素重建市场，企业就能从红海硬碰硬的竞争中解脱出来。

（2）注重全局而非数字。管理者要把主要精力集中在大局上，战略规划应该集思广益，加强集体智慧；它应该有更多的交谈对话而不仅仅由资料和文件推动；它应该着力建构大局，而不是鼓弄数字；它应该包含创造性的成分，而不仅仅凭借数据分析；它应该鼓舞人心，令人为新战略自愿效力，而不为讨价还价所左右，经过谈判杀价才获得相应的支持，等等。

（3）超越现有需求。超越现有需求是实现价值创新的关键一步，即通过以新产品和服务统合最大的需求，降低了开创新市场所涉及的规模的风险。要做到这一点，企业需要挑战两种常规战略做法：一种是只关注现有顾客；另一种是追求市场细分，满足顾客间的细微差异。通常，企业为了增加自己的市场份额，要努力留住拓展市场中的现有顾客。这常常导致更精微的市场细分，产品和服务越来越量体裁衣，以求更好地满足顾客的偏好。竞争越是激烈，产品和服务的个性化程度就越高。由于企业竞相通过细分市场来满足顾客的偏好，它们开创的目标市场就有过小的危险。为使它们的蓝海规模最大化，企业需要反其道而行之，即不应只把视线集中在顾客身上，还需要关注“非顾客”；不应着眼于顾客的差别，而应基于顾客强烈关注的共同点来建立自己的业务项目。只有如此，企业才能够超越现有需求，开启以往并不存在的新的大众顾客群。

（4）遵循合理的战略顺序。企业需要按买方效用、价格、成本和接受的顺序建构他们的蓝海战略。这个顺序的起始点是买方效用。你的产品或服务是否能开启杰出的效用？是否有令人信服的理由让大众去购买它？第二步是确定正确的战略价格。要为你的产品或服务获取强劲的收入流，你必须制定正确的战略价格。这一步确保买方不仅想买你的东西，而且肯定能买得起。你为你的产品或服务所确定的战略价格，不仅要大量吸引买方，而且要帮助你留住他们。由于搭便车的可能性很高，一件产品或服务必须从第一天就创出声誉，因为品牌的打造越来越依赖于口口相传的推荐，通过网络化的社会迅速传播。企业因此必须一开始就推出买方无法抗拒的产品或服务，而且要保持下去，令搭便车式的模仿知难而退。这就使战略定价成为关键。第三步是目标成本规划。企业应该从战略定价开始，从价格推演出所希望获得的利润率，以做出目标成本规划。在此，由价格推导出成本，而不是由成本得出定价，是至关重要的，这样，你的成本结构才能有利可图，又难以被潜在的跟从者模仿比照。要实现目标成本，条件之一是建立另辟蹊径、重点突出且能为企业节省成本的战略轮廓。

（5）克服关键组织障碍，将蓝海战略贯彻在行动中。引爆点领导法（tipping point leadership）理论告诉我们，在任何组织中，当数量达到临界规模的人们以信心和能量感染了整个组织而行动起来去实现一个创意时，根本性的变化就会发生。要想达到组织的引爆点，执行蓝海战略，你必须让员工清醒地认识到战略转变的必要性，并指明如何可以用有限的资源去实现这一转变。

（6）将战略的执行建成战略的一部分。而要让新战略变成一场运动，人们不仅要认识到需要做什么，还必须以持久的、有效的方式将这种认识付诸行动。人们的思想和心灵必须与新战略相统一，这样，在个人层面上，人们才能欣然地接受它，并从被迫执行转向自愿合作去实施它。这就引出了蓝海战略的第六项原则：要想在基层建立员工的信任与忠诚，鼓舞他们自愿合作，企业需要将战略的执行建成战略的一部分。这项原则能够使企业将管理的风险最小化，杜绝不信任、不合作，甚至是破坏拆台的现象。①

除如上蓝海战略的这些主要原则外，更为重要的一点是，如何维持蓝海战略的可持续性及其更新。我们应看到，当一家企业开创了一片蓝海，并对其业绩产生的强大影响力也广为人知以后，模仿者迟早会浮出水面。随着企业间的对抗加剧，总供给超过需求，血腥的竞争开始了，蓝海即将变红。当竞争对手的价值曲线趋向与你的重合时，你就应该开始寻求又一次价值创新，来开创一片新的蓝海。要在这个过度拥挤的市场表现出众，企业必须超越争夺市场份额的境界去开创蓝海。因为蓝海和红海一向是共存的，现实情况要求企业在红海和蓝海中都要取得成功，两种战略都要掌握。但是，企业已经知道如何在红海中竞争，它们需要学习的则是如何甩脱竞争。要恢复二者的平衡，需要使蓝海战略的制定和执行变得像在已知市场空间的红海中竞争一样地系统化，且易于实践。

总之，没有永远卓越的产业，也没有永远卓越的企业。确定一个产业或企业是否正走在强劲、获利增长的轨道上的关键因素，就是开创蓝海的战略行动。蓝海的开创是使产业走上蒸蒸日上的增长和获利之路的催化剂。尽管永远卓越对任何企业来说都很难，但是，企业通过坚守卓越的战略实践，则有可能将卓越保持下去。②

四、学习与创新

自 20 世纪 90 年代以来，人类社会开始进入一个新时代，“知识经济”（Knowledge-based Economic）开始成为当今社会经济领域的主导概念之一。随着知识经济潮流的兴起，创造财富的基本要素正在发生着深刻的转变：如果说在工业时代，“土地为财富之母，而劳动则为财富之父和能动的要素”③，那么在当今知识经济时代，科学、技术、创新、创意与信息等“知识”要素将成为诸多推动财富创造中的决定性因素。这种知识要素的影响力已经不局限于企业组织中，更成为驱动整个社会改变的关键要素。“对于发达国家而言，长远之计是产业升级，把以劳动力为基础改变为以知识为基础，这样才可以保证成功。”④ 这场社会变革过程，就是所谓“知识革命”。可以说，今天人类有史以来首次有能力制造出多得让人目不暇接的资讯和单个人无法单独处理的相互依存关系，再

① W. 钱·金，勒妮·莫博涅. 蓝海战略. 北京：商务印书馆，2005：209-210.
② 同①30.
③ 威廉·配第. 赋税论. 北京：商务印书馆，1981：66.
④ 彼得·德鲁克. 后资本主义社会. 北京：东方出版社，2009：52.

加上快得无法让人跟得上的变化步调，“我们可能就此迷失在一场巨大而复杂的变局中”①。对于管理学而言，如果说 20 世纪 90 年代以前的企业管理比较偏重讨论竞争和竞争优势的话，那么 90 年代以后，知识管理、组织学习与创新，日益成为管理研究的重点。

1. 知识经济与知识管理

美国著名未来学家丹尼尔·贝尔（Daniel Bell，1919—2011）在《后工业社会的来临》一书中最早对知识经济时代的社会结构进行了描述，提出“后工业社会”概念：“如果工业社会以机器技术为基础，后工业社会是由知识技术形成的。如果资本与劳动是工业社会的主要结构特征，那么信息和知识则是后工业社会的主要结构特征。”② 与“后工业社会”相类似，阿尔文·托夫勒（Alvin Toffler，1928—2016）在《第三次浪潮》中将人类发展史划分为第一次浪潮的“农业文明”、第二次浪潮的“工业文明”和第三次浪潮的“信息社会”，并预言“我们已处在一个新的综合时代的边缘”③。之后，托夫勒在《权力的转移》一书中宣告了知识力量的崛起，认为随着西方社会进入信息时代，社会的主宰力量将由金钱转向知识。

正是围绕着“知识功能”的变化，德鲁克将人类社会从 1750 年至今划分为三个历史阶段：第一阶段是自 17 世纪中叶以来的 100 年，知识被用来改良生产工具、流程和产品，把“知识”投入研发，促成了“第一次工业革命”，进而造就了西方经济发展的原动力。第二阶段是 1880 年到二战这段时间，知识被应用来解决工作的问题，其突出表现就是泰勒及其追随者所引导的“生产率革命”。第三阶段始于“二战”结束之后，知识开始运用在“知识”本身之上，持续到现在。在这一新的历史时期，“除了资本与劳动力之外，知识现在很快也成为一项生产要素，而且是最重要的一项”④。这场知识的应用产生的重大社会变动，可以称为“管理革命”。⑤ 由此，人类对于知识作用的认识已经从原来朴素的“知识就是力量”“知识就是金钱”，进一步上升为“知识就是资源”。

与知识经济的蓬勃发展相应的是社会结构的改变，即“知产阶级”的诞生。德鲁克提出“知识工作者”概念，即以大量的理论知识为基础的“专业人员”，并认为社会的主要群体将不再是资本家和无产者，也不是经理和工人，而是知识工作者和服务工作者。相应的，知识工作者的生产力问题，将成为 21 世纪管理的中心议题和最大挑战。在过去的百年，世界经济的领导者属于那些能提高工人生产力的国家。而今后，“在提高知识工作者的生产率方面采取最具系统化的措施，且做得最成功的国家和行业，将挤入世界经济的前列”⑥。

不仅如此，知识时代的到来，更引发了价值创造形态的变化。例如，微软通过视窗操作系统 Windows 95、Windows 98 到 Windows 2000，以及 Windows XP 的版本升级，

---

① 彼得·圣吉. 第五项修炼：学习型组织的艺术与实务. 上海：上海三联书店，1998：61.
② 丹尼尔·贝尔. 后工业社会的来临：对社会预测的一项探索. 北京：商务印书馆，1984：前言 9.
③ 范成钧. 新经济探索. 成都：四川人民出版社，2005：5.
④ 彼得·德鲁克. 后资本主义社会. 北京：东方出版社，2009：4.
⑤ 同④24.
⑥ 彼得·德鲁克. 21 世纪的管理挑战. 北京：机械工业出版社，2009：140.

使众多的厂商和用户以及竞争对手不得不跟着微软走。英特尔公司也是如此，20多年来它一直遵从“摩尔定律”（Moore's law）①，不断推出新的CPU，从8080、8086、286、386、486系列，到奔腾Ⅰ、Ⅱ、Ⅲ系列等，让竞争对手望尘莫及。而英特尔的芯片正是通过与微软的操作系统的“组织间知识的系统锁定”制订的行业标准，控制了微机市场的竞争节奏和游戏规则。这正是20世纪90年代中期以后美国新经济高速推进、核心竞争力猛然增长的秘密。

在当代知识经济形态下，如何对知识资源加强有效的管理，便成为各个组织亟待解决的核心问题。自1986年，知识管理概念（Knowledge Management，简称KM）首次在联合国国际劳工大会上提出以来，有很多学者对此进行了大量而深入的研究。其中最负盛名的，当推日本学者野中郁次郎（Ikujiro Nonaka，1935— ）。1995年，他与竹内弘高（Hirotaka Takeuchi，1946— ）合作出版《创造知识的企业——日美企业持续创新的动力》一书，建构了一套系统性的知识管理理论。

该书认为，日本企业的成功并非仅局限于优良技术、终身雇用制度等所谓“日式管理”因素，更与组织的知识管理能力有关。该书对西方知名的管理思想家进行了激烈批判：泰勒“没有认识到工人的经验和判断是新知识的一个源泉”；梅奥“没有提出明确的理论框架”；科学管理和人际关系学派“将人类视为没有知识创造能力的‘刺激—反应式机器’”；巴拉德“基本上没有对知识创造的组织过程做出任何解释”；西蒙“没有看到组织对环境采取行动的能动方面”；德鲁克“没有触及知识转换过程中需要人际的相互作用，或团组内对知识的分享问题”；阿吉里斯“假设组织内部或外部的某些人具备‘客观地’知道将双环学习付诸实践的正确时间和方法的能力”，这种假设背后是笛卡尔式的组织观；普拉哈拉德没有提供“企业究竟如何建立核心能力方面的洞见”；马歇尔（Alfred Marshall，1842—1924）等新古典经济学者忽视了大量的由经济主体拥有的隐性知识及显性知识，他们并不关心知识的创造，也不认为企业是知识的创造；哈耶克只是“简单地对有效的‘利用现有’知识进行‘静态’的解读”；熊彼特不过是“强调对显性知识进行组合的重要性”，其实“‘组合’只是几种知识创造模式的一种”；圣吉没有提出任何有关知识究竟是如何创造出来的；等等。总之，野中和竹内认为，西方的管理学家和经济学家没有说清楚知识创造问题。②

野中和竹内的批评可能并不完全正确，但是，从不盲目地迷信于“西方”和“大师”的角度而言，其价值自然不言而喻。毕竟，批判才是知识创造的本质。他们在审视日本制造企业30多年的发展过程时发现，一个组织之所以更优秀、更具竞争力，是因为它能够“有组织地”地充分调动蕴藏于成员内心深处的个人知识。相较于多数美国企业简单地将“创造知识”和建立计算机数据库画上等号，如西蒙“信息处理”范式认为组织只是对所获得的信息进行处理来适应环境，野中和竹内则认为，除了信息处理，创新过程

---

① 摩尔定律，又称“摩尔法则”，由美国人摩尔（Gordon Moore，1929— ）于1965年提出的有关集成电路发展速度的定律。即芯片的性能每隔24个月左右（后改为18个月）提高一倍，其成本则降低一半。摩尔定律成为英特尔公司在激烈的市场竞争中超前研制与开发集成电路的重要指导思想，并成为当代高科技发展的一条重要规律。它表明，随着高科技的发展，产品性能不断提高，而其成本和售价却有不断下降的趋势。

② 野中郁次郎．创造知识的企业：日美企业持续创新的动力．北京：知识产权出版社，2006：33-60．

还包含知识的取得、创造、运用与保存等多种内涵，并由此赋予知识一个全新的具有动态性的定义："知识是验证个人信念接近于'真实'的人际动态过程"①。

在当下，知识管理的研究者大都强调"人是资源"，野中和竹内则认为，人并不是成本要素而是最重要的资产，知识是企业的战略性资产、创新之源。野中和竹内在知识管理中特别强调隐性知识的作用。这些所谓的隐性知识，源自个人的体验，与个人信念、视角及价值观等精神层面密切相关。这与西方认为知识最好由教育和培训来传递的观点形成鲜明对比。野中和竹内将知识创造看作隐性知识向显性知识明示化的过程，运用东方的特别是日本的模糊思维方式，提出了两类知识间的相互转换模式，即 SECI 过程。S 是群化（Socialization）过程，通过这一过程实现知识的共享，这是人类知识传播最古老也是最有效的模式，如人与人面对面地交流经验，通过模仿和实践获得某种技能等。E 是外化（Externalization）过程，即将隐性知识转化为显性知识，这是典型的知识创新的过程。人们将自己的经验、直觉与想象转化为语言可以描述和表达的内容，这实际上是将个人的隐性知识转化为集体的显性知识的过程。C 是融合（Combination）过程，通过这一过程将显性知识转化为更为复杂并且更为系统的显性知识体系。I 是内化（Internalization）过程，这是在知识共享过程中将显性知识通过学习、消化、吸收转化为个人隐性知识的过程。可见，SECI 过程是一个建立重复利用知识体系的过程。在这个过程中，组织通过共享隐性知识，使隐性知识和显性知识之间实现转化，从而使新的知识被源源不断地创造出来，进而形成持久的竞争优势。

2. 组织学习与学习型组织

自 20 世纪 90 年代以来，人类步入了一个新的时代，全球商务环境的急剧变化，使得变革已经成为公司活动整体的必不可少的一个部分。而商务环境所具有的急剧竞争性的本质，使得"公司的巨人必须学会跳舞"。也就是说，一个企业如果要发展壮大，那么它学习的速度就必须快于（或者至少要等于）外界环境变化的速度。为此，就需要推动组织去发现新的关于顾客、市场、竞争者、资源及自身的信息，重新理解和开发我们的能力。这样，使学习成为一种竞争优势和企业日常活动的自然组成，便显得尤为必要。于是，组织的学习和学习的组织这一对孪生概念，作为对当代企业竞争基本变化的一种正当而有效的反应，正日益成为一种处理当代战略的主流思想。

一般而言，以市场定位为基础的竞争优势存在于与外部组织群体相互关联的运营环境中，如"所有权或确立的价值资产的拥有，强的市场定位和独特的资源，获得进入高端市场的机会或权利等等"②。而以能力为基础的竞争优势，如知识、核心竞争力，主要存在于公司的内部，包括研究和发展过程的力量、技术性技巧、对顾客的贴近了解、确认市场机会的能力等。

无论是以市场还是以能力为基础，为获得竞争优势，公司都要集中精力于提升它自身的游戏水平，即通过学习、提高，使公司获得比其他对手更好的创造价值的能力，这

① 野中郁次郎. 创造知识的企业：日美企业持续创新的动力. 北京：知识产权出版社，2006：65.

② Hao Ma. Anatomy of Competitive Advantage：A Select Framework. Management Decision，1999，37（9）：709-718.

可称为以创造为中心的方法；或者是去抑制、贬低对手，即利用优势资源通过消除或降低对手的优先程度，通过限制、降低或抵消对手创造客户价值的能力而获得竞争优势，这可称为以优先权为中心的方法。“无论是何种方式或方法，为了在竞争中获得优先地位，一个公司必须深刻地认识到它有什么，能做什么，能得到什么，并尽力去增强自身的机会，减少对手的机会。”① 正如彼得·圣吉指出的，“在将来，真正具有优势的组织必将是在组织的所有层面上发现怎样把人们的义务和能力结合在一起而进行学习”②。

早在1978年，行为科学家克瑞斯·阿吉里斯与唐纳德·舍恩（Donald Schon，1930—1997）合作出版了《组织内学习》一书，但是，直到20世纪90年代，随着人们对学习型组织的兴趣的空前高涨，它才引起人们的重视而成为年度畅销书。自20世纪70年代以来，美国经济在经历了第二次世界大战后的繁荣之后，遭遇到了严重的贸易逆差、石油恐慌、国际货币协定的终结，其经济地位受到了日本、德国等经济实体的强烈挑战。1982年，汤姆·彼得斯和罗伯特·沃特曼的著作《追求卓越》的流行，实际上所流露的正是美国商界的这一“焦虑”。面对如此情势，阿吉里斯所思考的问题是：如何打破组织中的“防卫程序”，使变革管理成为组织的一个完整组成？

阿吉里斯注意到，长期以来人们所沿用的通过中立的观察者进行客观的观察并以此发现问题和进行分析的研究模式，是存在着一定的弊端的，因为研究者的“介入”或“干预”，会使得这种研究不可避免地产生偏差。就像“霍桑实验”所揭示的，接受研究的群体之所以表现更好，其原因是“他们正在接受研究”。阿吉里斯认为，社会科学的研究不能停留在观察和描述层面上，而应将注意力放在行为背后的动机上。为此，他提出了“行动科学”（Action Science）理论。具体而言，人们总是在设计自己的行动，形成如何有效行动的计划，主要有两种形式：第一，是名义理论（Espoused Theory），即人们宣称自己的行为所遵循的支撑理论，通常以一种固定的信仰和价值观的形式表现出来；第二，是应用理论（Theory-In-Use），即人们实际运用的行动理论，这只有通过观察人们的实际行动才能够推断出来。例如，当一个领导向员工宣布“我承诺尊重员工的自主性”时，他的名义理论是保障员工自主权的自治观，但是这种承诺行为的行动理论，恰恰是与自治对立的他治观，因为员工在这一承诺的“蛊惑”下，可能会跃跃欲试表现出某种“自主”，结果则下意识地增强对领导承诺的依赖性。而现实中大部分人一般很难意识到名义理论与应用理论之间差距的存在，甚至很少去留意和思考自己的应用理论是什么。③

阿吉里斯和舍恩进一步概括出应用理论的模式Ⅰ，即倾向于采取控制他人、保护自己的行动策略，并且将错误的责任都归因到他人或环境。这种行动策略表现为：其一，提出自己的观点而不鼓励质疑，以保证自己的地位和权威；其二，在评估他人与自己的想法和行动时，单方面保留自己的面子和他人的面子；其三，为自己正在试图理解的任

---

① Hao Ma. Creation and Preemption for Competitive Advantage. Management Decision，1999，37（3）：259-266.

② Robert M. Fulmer，J. Bernard Keys. A Conversation with Peter Senge：New Developments in Organizational Learning. Organizational Dynamics. Autumn，1998：33-41.

③ 成根，刘文瑞. 阿吉里斯的“行动科学”. 管理学家，2007（2）.

何事物寻找原因。这种应用理论模式，其结果是抑制、排斥人们对行动的质疑和检验。比如，假如某个领导要指出员工的绩效问题，他先要判断员工对他的谈话是否抗拒，以选择最有利于自己的行为；而员工对领导的批评，也会用自己的理解来进行因果推理，同样是防卫性的。这种行动策略增加了组织中的误解和不信任产生的可能性，造成彼此之间不信任，甚至发展为恶性竞争的工作环境。而为了寻求应用理论模式Ⅰ中存在的缺陷和问题，阿吉里斯和舍恩提出了应用理论模式Ⅱ。这种行动策略的核心是对名义理论和应用理论的吻合程度进行不断验证和纠偏，要求所有参与者共享设计与执行的权力，鼓励彼此暴露各自的观点并公开互相验证，从而有助于降低组织内防卫性的人际关系，并赋予组织成员高度自由的选择权，培育他们的创新性与独立解决问题的能力。①

“行动科学”理论实际上蕴含着这样一种新的管理理念：管理不是控制而是引导和激发员工自身作用的发挥；组织成员应自觉意识到自己在组织管理中的主体性和自主权。正是这一思路，为阿吉里斯的组织学习理论奠定了基础。阿吉里斯指出，组织学习是所有组织都应该培养的技能，而其中阻碍组织学习的最重要因素是“组织防卫”。这事实上是人们在日常生活和工作中长久养成了的习惯。这种习惯性防卫存在于组织的各个方面和各个层次，只要有人的地方就会存在习惯性防卫。人们的行为如果同所预期的一样，那就不存在问题。而人们的行为如果没有达到预期，即事后结果与事前目标不相匹配，组织就会产生“错误”。在产生错误的情况下，人们就会寻找原因：一种是仅仅将不匹配反馈到行动这个阶段，通过改变行动策略来纠正错误，这就是“单环学习”；另一种是将不匹配反馈到确定事前目标的主导价值观层面上，首先检查和改变主导价值观，帮助和鼓励人们审视自己的行为，让那些能够引发真正变革的具有潜在威胁性或令人难堪的信息都浮现出来，然后去改变行动策略，纠正错误，这时就发生“双环学习”。② 双环学习也被称为“创造性学习”，它所考虑的不仅仅是事实本身，更是深入探究事实背后的原因、动机及价值观念。

阿吉里斯通过实证研究发现，越是优秀的“专业人员”越容易抵制组织学习，他们在进行“外向性学习”时，往往热情高涨，干劲十足，而一旦反求诸已，转向“内向性学习”，则会出现学习障碍。其根源就在于他们的习惯性防卫心理，使他们通常把责任推到外部——组织目标不明确、领导人反应迟钝甚至愚蠢、客户自以为是（见“专业人员是怎样躲避学习的?”）。可以说，当下有太多的专家过于热衷于组织结构和发展战略的变革，却忽视了组织行为方式的变革，阿吉里斯的组织学习理论可以说为我们探索出一条纠正这种偏差的出路：“在 20 世纪 90 年代这个更为严酷的商业环境中，任何企业想要获得成功，就必须首先解决基本的困惑：在市场上获得成功越来越依靠学习。而对于大多数人来说，却不知道如何学习。而且，那些在企业中被认为最擅长于学习的人，实际上并不精于此道。”③

---

① 成垠，刘文瑞．阿吉里斯的“行动科学”．管理学家，2007（2）．

② 闻华，成垠．阿吉里斯的组织学习理论．管理学家，2007（2）．

③ Chris Argyris. Teaching Smart People How to Learn. Harvard Business Review，May-June，1991.

专业人员是怎样躲避学习的？

大多数企业尽管已经认识到，市场上的成功越来越取决于学习，然而大多数人甚至是那些受过良好教育的专业人员，实际上并不善于学习。在现实中，专业人员往往借助于对他人的批评来保护自己，使自己不会面临潜在的尴尬。最后的结果是永远平行的谈话，没有共同的立足点。这种平行式对话就像下面这样：

专业人员："客户必须敞开心怀！必须变革！"

经理："帮助客户认识到变革符合他们的利益，这是我们的任务。"

专业人员："但是客户并不同意我们的分析。"

经理："如果他们认为我们的主意是错误的，又怎么会相信它呢？"

专业人员："可能需要同客户举行更多次会议。"

经理："如果我们没有充分的准备，如果客户认为我们不值得信任，召开更多次会议又有什么帮助呢？"

专业人员："在项目小组成员及管理层之间必须有更好的沟通。"

经理："我同意，但是专业人员必须主动告诉管理者他们面临的问题。"

专业人员："我们的领导既无能又冷漠。"

经理："如果你们不告诉我，我又怎么能知道？"

这种谈话戏剧性地显示了学习的困境。通过把注意力从自己转移到其他人身上，专业人员使学习停滞不前。管理人员虽然知道这个陷阱，却不知道怎样才能绕过它。①

而将学习型组织概念推向高潮的，则是彼得·圣吉在1990年出版的《第五项修炼》一书。圣吉认为，学习是人的天性，是生活中至关重要的因素，但是真正的学习不同于日常用语中吸收知识、获得信息的学习，而涉及"重新创造自我，重新认知这个世界及我们跟它的关系，以及扩展创造未来的能量"，"让大家在组织内由工作中活出生命的意义"②。

在圣吉的理论框架中，组织学习是如下五项技能的整合：

（1）自我超越。在工业经济时代，组织思维习惯性地将员工视为如同机器一般的工具或者需要降低的成本，从而贬低了员工的价值和抹杀了员工的人性。而学习型组织则采取让员工充分发展个人能力的方式：其一，建立个人"愿景"，把焦点放在真心追求的终极目标上；其二，保持创造性张力，根据情境变化对愿望加以调整，以激发员工不断创造与超越，实现"终身"学习；其三，看清限制自己创造力的"结构性冲突"，抵制和清除达成目标过程中的各种抗拒力；其四，诚实地面对真相，不断对于自己心中隐含的假设加以挑战；其五，在意识与潜意识之间，发展出较高的契合关系，等等。③

（2）改善心智模式。心智模式作为人们在认知过程中所形成的固定思维模式，通常不易觉察，需要人们能够有效表达自己的见解并容纳别人的观点。

（3）建立共同愿景。"共同愿景"是指员工所拥有的共同目标、价值观和使命感，

---

① 克里斯·阿吉里斯．教聪明人学会学习//知识管理．北京：中国人民大学出版社，2004：75-97．

② 彼得·圣吉．第五项修炼：学习型组织的艺术与实务．上海：上海三联书店，1998：14．

③ 同②165-192．

它为学习提供了焦点和能量。建立整个组织的共同愿景是构建学习型组织的关键，如果没有共同愿景，那么组织学习充其量也只能是“适应性学习”。只有当全体员工拥有一个衷心共有的目标、价值观和使命感时，才会有“创造性的学习”，才会去追求卓越。

（4）团队学习。这是学习型组织的基本学习形式。通过以团队为基本单元的学习过程，组织可以充分发挥集体智慧，以提高思维和行动能力。

（5）系统思考。传统思维模式下的人们专注于对单项事物的考察而失去了对整体的把握能力，只见树木不见森林。而系统思考需要实现的则是在管理中树立起一种整体思维方式：“由看片段到重新关照整体，由看事件到看变化背后的结构，由静态的分析变因到看见其间的互动，进而寻得一种动态的平衡。”①

在如上五项修炼中，“系统思考”处于核心地位，有助于将五项修炼更好地结合起来，以之实现个人与组织之间的和谐，并促进人的发展和价值的真正实现。

如今，如何构建一个有效的学习型组织，已成为一个热门话题。作为这一潮流的积极推动者，圣吉为我们提供了以下几个思路：

（1）超越办公室政治，即克服“内部政争”，建立“共同愿景”，并辅以“开放”的组织文化，包括“参与式开放”与“反思式开放”。“参与式开放”使人们率直地“向外说”自己的见解；“反思式开放”则使人们“向内看”，反求诸己，以克服“开放的封闭”（open closeness）的弊端——每一个人都自由地有权发表看法，却没有人真正在倾听和反思。②

（2）无为而为的有机管理。学习型组织将每一个人的思考与行动“合为一体”，高层管理者正是“透过学习来控制”，实现了“无为而治”，从而有助于基层员工表现出积极有为的新景象。这将使学习型组织比其他组织更能自主，更加协调一致。③

（3）全面自我超越。在传统组织中，经常发生工作与家庭之间的冲突。学习型组织的各项修炼，将兼顾工作与家庭，以全面超越自我。④

（4）领导者的新角色。传统意义上的领导者往往被视为杰出人物，他们设定组织的发展方向，做出重大的决策，但这种通过个人魅力或短期模式来解决问题的观念往往会忽略系统的力量和集体的学习。因而，应将领导者的角色转换为“设计师、仆人和教师”：“设计师”是设计学习的过程，使组织中所有人都能有效处理他们所面对的问题；“仆人”是指领导者永远忠于组织的愿景，加深领导者对愿景的责任感，并为之付出不懈努力；“教师”意味着领导者需要做到的不仅是分析趋势和制定策略，同时也应注意如何促进每一个人学习，帮助组织中的每一个人培养对于系统的了解能力。⑤

（5）处理“动态性复杂”。圣吉将“复杂”分为两类，一类是包含了许多变数的“细节性复杂”，而另一类便是以非线性和整体性为突出特点的“动态性复杂”。在圣吉

---

① 彼得·圣吉．第五项修炼：学习型组织的艺术与实务．上海：上海三联书店，1998：2.

② 同①216-331.

③ 同①332-348.

④ 同①353-360.

⑤ 同①392-415.

看来，“细节性复杂”可以通过会计语言来解释，而动态性复杂的解决则需要通过系统思考。①

学习型组织充分体现了知识经济时代对组织管理模式变化的要求。如今，“学习”已经成了一个耳熟能详的字眼：“我们的社会要建设成为学习型社会”，“政府要建设成为学习型政府”，“企业要建设成为学习型企业”，等等。这一切，都应归功于圣吉等人对学习型组织的倡导。对于一个组织而言，学习既然是提高个人潜能去完成某件事情的一种能力，那么在组织中应当通过授权、动员与激励，使不同的个人行为受到鼓励。这需要确立一种建立在战略目标和组织内各阶层支持之上的知识管理框架，确立一种知识共享型文化。管理者应当将学习看作一种自然的整体，看作一种明确的应对长期困难的方式，并极力要求整合意见和预期将来。这样就可以在结构上形成一种共同协作的学习战略：共同的学习结构或过程，学习关系的发展，变化的心智模式，知识和通信，可选择的学习环境，通过它们之间的相互作用进行系统思考等。总之，学习型组织需要员工显著地改变他们工作中的行为，而不是通过向员工灌输什么模模糊糊的“学习的文化”来实现。对于人们来说，学习型组织“更应当被看作一种激励、一种期望、一种投资、一种义务，更重要的，它是新一代思想”②。

当然，组织学习不是包治百病的良药，对学习的过分强调有时会使一个连贯的和完美可行的战略遭到破坏。人们四处乱闯，从而偏离那些正在起作用的东西。正是在这一过程中，组织会逐渐地、慢慢地、不知不觉地脱离原有的战略，并可能促使那些人们不希望的战略出现。在这种情况下，组织会一步步地被引入困境之中。比如说，当你失败时，你会晕头转向追加一些投资希望把损失弥补回来，而根本不会想到这样做可能于事无补。由于组织所处的环境是动态的和不可预测的，因而在制定战略过程中，没有达到最佳效果的固定套路。既如此，组织应倾向于采取灵活的解决问题的方式，而不是使学习变成强制性的。

3. 创新及其管理

在当今日益动荡的外部环境中，企业竞争优势以前所未有的速度被创造出来，而同时又被不断侵蚀掉，这种现象被称为超竞争（Hyper-Competition）。在这样的环境中，一个企图凭借旧有的竞争优势以维持原有市场地位的企业，很快会被更富创新能力的竞争对手取代。因此，企业要想取得成功，必须站在变革的潮头，致力于持续创新，构建并实现理想的未来愿景。于是，创新管理日益成为一种主流管理理念。

在西方管理思想史上，法约尔最早将创新纳入管理领域，将其视为一项基本管理原则，认为高明的领导在于能够发挥下属人员的创新精神。不过，法约尔并没有对创新进行进一步的理论阐发。美国经济学家约瑟夫·熊彼特将创新提升到理论高度，指出，经济发展的动力不在于资本、劳力这些传统要素，而在于不断地创新——就是在生产过程中对“原材料和力量”的“新的组合”，包括“开发一种新产品、采用一种新方法、开辟

---

① 彼得·圣吉．第五项修炼：学习型组织的艺术与实务．上海：上海三联书店，1998：359-362.

② Charles Harvey，John Denton. To Come of Age：The Antecedents of Organizational. Journal Management Studies，1999，36（7）：915.

一个新市场、控制一种原材料的来源、实现一种新组织等"①。在熊彼特看来，企业家通过这种"创新"，实现了生产技术和生产方式的变革，进而促进了经济的发展。这种经济本身存在着一种破坏均衡而又恢复均衡的力量，熊彼特称之为"创造性破坏"。②

自熊彼特之后，越来越多的学者开始将创新的范围进一步扩展至技术、组织、制度和管理等领域。与熊彼特的"创造性破坏"概念相类似，克莱顿·克里斯坦森（Clayton M. Christensen，1952— ）提出"破坏性创新"思想，认为传统商业准则使企业在当下处于困境之中，而与那些传统的、主流的相违背的关键性技术的突破反而使企业在险象环生的环境中得以立足。同时，这些与原有技术或产品大不相同的价值组织和性能组合将会逐步侵蚀主流市场，直至取代。③ 交易成本理论代表人物奥利弗·威廉姆森（Oliver Williamson，1932— ）则从交易成本的视角，指出组织对交易费用节约的追求促使了组织创新的出现，并提出了组织创新的三原则：一是资产专用性原则。资产的专用性程度越高，则节约的交易费用越大。二是外部性内在化原则。外部性指在企业之外的交易行为，往往存在着某种投机性。外部性越强，交易费用就越高。组织创新的方向之一就是将外部性尽量内在化，以节约交易费用，防范机会主义行为。三是等级分解原则。在组织创新的过程中，组织结构及相应的决策权力和责任应该进行分解，并落实到各个便于操作的组织的基层单位，从而防止"道德风险"，进一步节约交易费用和组织运作成本。④ 而在钱德勒看来，企业为了降低市场交易成本而不断进行组织创新，促进了经济的发展和社会的进步，这就使得企业组织取代个人而成为经济活动的主体。新制度学派的代表人物诺斯（Douglass C. North，1920—2015）则着眼于制度，指出制度创新能有效地降低交易成本，具有激励和提高效率的功能。⑤

与如上论调不同，德鲁克认为，创新不仅仅局限于技术层面，除了产品的创新之外，还包括管理的创新和社会的创新。鉴于20世纪以来的企业家们在推动人类社会发展中所取得的引人瞩目的贡献，德鲁克将"创新"比拟为颠覆现状、推陈出新的"企业家精神"。⑥ 这一论调与熊彼特阐述的企业家所从事的工作就是"创造性破坏"的观点相似。不同之处在于，熊彼特把创新定义为企业家的职能，而德鲁克则将创新视为"令一个社会健康发展的有效手段"⑦。2002年，哈默尔在《领导企业变革》一书中指出，创新是一个来自多个层次系统总体的概念，包括营运创新、产品创新、战略创新和管理创新等。其中，管理创新属于最高层次，是对传统管理原则、流程和实践的明显背离或对惯常的组织形式的背离。哈默尔发现，虽然管理创新在当下备受推崇，但在现实中大多数管理者并未将创新看成是中心任务，更愿意运用他人的想法来实现增长和获利；他们常常只是把自己看成实际操作者，而非理想化的梦想家——正是这种想象力的匮乏限制了管理

① 约瑟夫·熊彼特. 经济发展理论. 北京：商务印书馆，1990：73.
② 同①中文版序言 3-13.
③ 克里斯坦森. 创新者的窘境. 北京：中信出版社，2010：94-99.
④ 威廉姆森，温特. 企业的性质：起源、演变和发展. 北京：商务印书馆，2007：325.
⑤ 诺斯. 制度、制度变迁与经济绩效. 北京：三联书店，1994：203.
⑥ 彼得·德鲁克. 创新与企业家精神. 北京：机械工业出版社，2009：27-31.
⑦ 同⑥序言 11.

创新。①

从系统的角度看，创新不应只是企业中相关职能人员的专利，而应是全体员工的共同行为，需要强调各职能和流程之间的相互协同。瑞典学者西格法德·哈里森（Sigvald Harryson，1966— ）对日本企业的创新管理进行了长期的研究，指出尽管日本优秀企业的创新管理模式各不相同，但它们都体现出创新的全面性、全员性、全时空性、协同性和开放性的特点。在推进创新管理时，日本企业借鉴全面质量管理的成功经验，注重每一个职员在创新中的作用，将每一个职能部门看作"创新源"，为"全面创新"提供了人员和组织保障。不仅如此，同欧美企业强调员工的专业化不同，日本企业在推动创新管理模式时，更通过实行定期工作轮换制，将员工培养成复合型的创新人才；通过创新计划和创新协调组，确保创新共享和转移；鼓励创新人员申请专利，以充分调动员工的积极性；定期举行例会，加强组织之间的信息交流和知识共享；建立多重汇报系统，促进员工的创新信息传播，鼓励知识信息的扩散，等等。哈里森指出，日本优秀企业所采取的创新战略既不是纯粹的"自主创新战略"，也不是纯粹的"合作创新战略"，更不是纯粹的"模仿创新战略"，而是一种兼有上述三种创新战略优点的"复合创新战略"，从而为日本企业在国际市场上的竞争提供了显著的优势。②

20世纪的70、80年代，美国大多数企业在与日本的竞争中节节败退，甚至连生存也遭到了严重的威胁，由此引发了美国商界和管理学界的沉痛反思。为此，1982年，汤姆·彼得斯在《疯狂的时代呼唤疯狂的组织》一书中极力倡导企业的永续创新，即不断学习、不断探索、不断试验，由此开启了一个"只有偏执狂才能生存"的时代。③ 1983年，哈佛商学院教授罗莎贝斯·莫斯·坎特（Rosabeth Moss Kanter，1943— ）出版《变革大师》一书，指出组织内的气氛和沟通是创造一个让创新层出不穷的关键，为此，应破除组织中的官僚作风和僵硬体制，鼓励高层管理者和职工进行有效的沟通，强调各个层次的协作。④ 坎特在1989年还出版《当巨人学习跳舞》一书，提出了"后创业者时代的管理原则"：第一，目标最小化，选择最大化；第二，通过影响力和组合找到手段，通过参与和投入获得权力，而不是通过全面控制或完全的拥有；第三，鼓励"折腾"，使事情处于动态之中，"让那些肥胖臃肿的大公司懂得如何跳舞"。⑤

值得注意的是，在当今管理实践中，尽管"全员创新"的理念不时被提及，但是很多组织中依然将创新看作职能部门的任务：研究与开发部门提出一个令人兴奋的新产品概念，营销部门建议开展一次强大的广告行动，或者生产部门设计出更有效的生产流程等。然而，创新一般都产生于组织中较低层次上个体或小团体的自主性行为，因为基层管理者更接近于对创新性结果起着关键作用的企业惯例和信息源泉。当然，冒险进程不

---

① 加里·哈默尔，比尔·布林. 管理的未来. 北京：中信出版社，2012：30.

② 西格法德·哈里森. 日本的技术与创新管理：从寻求技术诀窍到寻求合作者. 北京：北京大学出版社，2004：256-277.

③ 汤姆·彼得斯. 疯狂的时代呼唤疯狂的组织. 北京：中信出版社，2006：5.

④ I. Filatotchev. Developing an Organizational Theory of Corporate Governance：Comments on Henry L. Tosi，Jr. Quo Vadis? Suggestions for Future Corporate Governance Research. Journal of Management and Governance，2008，12（2）：153-169.

⑤ 王翔，朱绍华. 当代管理学名著精粹. 北京：民主与建设出版社，2005：238-239.

会总是实现预想的结果，甚至有时会犯一些错误。因此，创造性的组织不应把这种失败轻易宣判为死刑。① 传统的管理方法强调控制、秩序、预见性、无序和混乱，被认为是对组织有害的而应该被限制，然而，事实上，无序和混乱是组织所固有的，管理者一直反对的混乱包含着重要的创造性良机。因此，组织应追求一种自我颠覆的状态，并把创造危机作为超越自身界限的手段。如此，它才可能处于一个永久创新的状态。诚如德鲁克所言，“创新即使不是例行公事，也必须将其视为日常生活的一部分”②。

阅读书目

小艾尔弗雷德·D. 钱德勒. 看得见的手：美国企业的管理革命. 商务印书馆，1987.

亨利·明茨伯格，等. 战略历程：纵观战略管理学派. 机械工业出版社，2002.

理查德·惠廷顿. 战略是什么. 中国劳动社会保障出版社，2004.

迈克尔·波特. 竞争战略. 华夏出版社，1997.

迈克尔·波特. 竞争优势. 华夏出版社，1997.

迈克尔·茨威尔. 创造基于能力的企业文化. 华夏出版社，2002.

卡尔·W. 斯特恩，小乔治·斯托克. 公司战略透视：波士顿顾问公司管理新视野. 上海：上海远东出版社，1999.

W. 钱·金，勒妮·莫博涅. 蓝海战略. 商务印书馆，2005.

彼得·圣吉. 第五项修炼：学习型组织的艺术与实务. 上海三联书店，1998.

野中郁次郎. 创造知识的企业：日美企业持续创新的动力. 知识产权出版社，2006.

加里·哈默尔，比尔·布林. 管理的未来. 中信出版社，2012：30.

汤姆·彼得斯. 疯狂的时代呼唤疯狂的组织. 中信出版社，2006.

德鲁克. 创新与企业家精神. 机械工业出版社，2009.

思考题

1. 试论现代战略观的主要内涵与特点。
2. 试论决策中理性与直觉的辩证关系。
3. 试论战略管理中的精英主义及其局限。
4. 何谓“战略思维”?
5. 试比较战略制定中的“温室”模式与“草根”模式。
6. 谈谈你对“战略权变”与“战略柔性”的理解。
7. 试论竞争优势的演变逻辑。
8. 试论竞争与合作的辩证关系。

---

① C. Andriopoulos，A. Lowe. Enhancing Organisational Creativity：The Process of Perpetual Challenging. Management Decision，2000，38（10）：734-742.

② 德鲁克. 创新与企业家精神. 北京：机械工业出版社，2009：134.

9. 何谓“战略联盟”？
10. 何谓“蓝海战略”？
11. 谈谈你对知识管理的理解。
12. 试论学习型组织的基本内涵及其特性。
13. 究竟什么是“创新”？

第八章

管理理论的综合与拓展

人类最伟大的发明并不是轮子，而是轮轴。重要的是探索各领域（各种管理理论和管理工具）是如何相互补充的，以及在某个重大计划中如何将它们结合起来。

——丹尼尔·A. 雷恩、阿瑟·G. 贝德安：《管理思想史》

现代管理学在长达百年的历史演进中，其发展速度之快，很少有哪门学科可与之匹敌。尤其是自第二次世界大战以来，现代管理理论进入了一个多元发展的高潮期，出现了多个管理学派、多种管理理论共生并存的局面，这被管理学家哈罗德·孔茨称为"管理理论丛林"。① 与此同时，对管理理论的综合也一直在进行，出现了更具综合性特征的管理学派以及对整个管理学丛林进行"综合"的种种尝试。孔茨当年曾乐观预期，随着管理学家们对实际管理工作情况的不断了解，各种管理理论能够不断融合，达成共识，最终会形成一种统一的、更为有用的管理理论。然而，这种乐观的预期至今并没有实现。随着社会情势的变迁，管理界不断滋长出许多新领域和新理论，管理学的研究进入了一个"全方位拓展"的时期，不仅出现了质量管理、营销、治理等管理学的"新丛林"，而且企业管理和公共管理这两大长期分立的领域也开始表现出相互借鉴和混同的趋势。

一、"管理学丛林"及其综合

自科学管理理论和人际关系学说发轫以来，现代管理学开始表现出一种分散化的发展趋势，它们在各自的领域内又不断延伸、深化，从而使管理学表现出一种交叉发展的态势。与此同时，研究者对管理理论的综合也一直在进行，出现了更具综合性特征的系

① Harold Koontz. The Management Theory Jungle. The Journal of the Academy of Management, 1961, 4 (3): 174-188.

统管理学派、权变学派及管理过程学派试图对整个管理学丛林进行“综合”的有益尝试。

1. 管理过程学派的崛起

如前所述，泰勒开创的科学管理理论虽然一直饱受争议，但经过不断修正，最终发展出科学管理学派，成为当今占据主流的管理学科之一。而法约尔开创的一般管理理论，也一直保持着自我发展的态势。可以说，自法约尔以来，人们对管理的普遍性原则的探索和寻求就一直未曾间断。即使在人际关系理论兴起的时期，一些管理学家依然在关心组织的结构和设计问题，他们通过强调组织结构和设计，以达到更高的生产率。这种寻求组织原则以及探求一种更广泛的经营管理的原则的努力，最终在20世纪50年代后导致以孔茨为集大成者的管理过程学派（又被称为管理职能学派、经营管理学派）的出现。

作为对1929年开始的资本主义经济大萧条之后的拯救，梅奥等人提出的方针是“团结合作”论，一些学者则提出另一种可能方案：人类的命运可以通过组织效率而得到改善。譬如，詹姆斯·穆尼（James D. Mooney，1884—1957）和艾伦·赖利（Alan C. Reiley，1869—1947）从组织的有效设计和运转中探讨改善工业社会的途径与方法。他们在把组织和管理的关系比作身体一精神的关系的基础上，提出了有关组织的一些基本原则：第一个原则是协调，即有秩序地安排团体力量，采取统一行动以达成共同目标。协调是包含所有组织原则的一个广泛的原则。协调本身的原则或基础是权威或“最高的协调权力”——这是组织中合法的固有的“权力”。由于协调包含目的或目标的意思，组织的每一个成员必须了解这一共同目的或目标。成员对组织的教义愈是理解，则配合得愈好，目标愈是能达到。第二个原则是等级原则，即每一个组织都有一个上下级的等级系列，权威的实质是权力的授予，而权力始终需要承担完成所授予的工作责任。第三个原则是职能原则，即每一个组织都存在职能分化，不同的人执行各种不同的职务，并产生了协调的需要。① 穆尼和赖利对组织的这种理性化探讨，在时间上与韦伯几乎同步，且同韦伯的行政管理等级层次、权威的理性一合法概念、对职位和责任加以明确规定的要求等非常相似。同时，他们对组织原理的深入发掘，使法约尔创立的一般管理理论上升到了学理分析高度，并开创了巴纳德以协作系统研究组织的先声。

英国人林德尔·F. 厄威克与美国人卢瑟·古利克（Luther Gulick，1892—1993）于1937年汇集了以泰勒、法约尔和韦伯等人的管理理论，编撰成《管理科学论文集》一书，这在管理文献中树立起一个重要的里程碑。厄威克认为，各种管理理论是相互关联的，且有可能结合成为一种统一的管理理论。为此，他把泰勒科学管理理论及其分析方法作为指导一切管理职能的基本原则；同时把法约尔的计划、组织、控制三个管理要素作为管理过程的三种主要职能，并将法约尔的管理原则放在管理职能之下。厄威克还通过对法约尔和穆尼、赖利进行比较，以探求更广泛的“管理的原则”，最终提出了适用于所有组织的十条管理原则：一是目标原则，即所有组织都应当表现出一个目标；二是相符原则，即权力和责任必须相符；三是责任原则，即上级对所属下级的工作职责是绝对

---

① 丹尼尔·A. 雷恩，阿瑟·G. 贝德安. 管理思想史：第6版. 北京：中国人民大学出版社，2012：269-270.

的；四是等级系列原则；五是控制幅度原则，即每一个上级领导人员所管辖的相互之间有工作联系的下级人员不应超过 5 人或 6 人；六是专业化原则，即每个人的工作应限制为一种单一的职能；七是协调原则，即一个组织的各个部分应该紧密相连，以实现努力的统一；八是明确化原则，即对于每次职务都要有明确的规定；九是平衡原则，即一个组织的各个部分应该处于平衡；十是持续原则，即组织是一个持续的过程。[①] 这些工作，使厄威克成为管理过程学派的先驱人物。

古利克则将法约尔有关管理过程的论点加以展开，提出了著名的管理七职能论（POSDCORB）：其一，计划（Planning），即为了实现企业目标而制定出所要做的事情的纲要及方法；其二，组织（Organizing），即为了实现企业目标，需建立权力的正式机构，以便对各个部门加以安排、规定和协调；其三，人事（Staffing），就是将有关人员引入并加以训练，以及提供有利的工作条件等；其四，指挥（Directing），就是做出决策并使之具体化，包括对下属的领导、监督和激励；其五，协调（Co-ordination），就是使工作的各个部分相互联系起来；其六，报告（Reporting），就是使经理人及其下属通过记录、调查和检查，得到有关情报；其七，预算（Budgeting），将财务计划与会计控制纳入整个管理活动之中。[②] 古利克认为，组织的主要目的是协调，并提出了所谓“一致性原则”，即要求把相类似的活动归并于同一个人的领导之下，以免引起摩擦和效率低下。这一观点类似于穆尼和赖利“职能职位划分”的学说，但二者有所区别：穆尼和赖利强调的是各种职位之间的区分，古利克则表明这些职位和活动如何能归并为同类部门，以提高组织的协调管理能力。

就在有关组织结构的设计和组织原则被充分讨论之时，美国管理学家拉尔夫·戴维斯（Ralph Currier Davis，1894—1986）从车间管理、以生产为中心转为一种更广泛的管理职能，成为管理过程学派的代表人物之一。戴维斯的管理思想表现出明显的四个阶段，并生动地体现了现代管理思想从车间管理向最高层管理视角的转变：其一，1928 年，戴维斯出版《工厂组织和管理原则》一书，该书主要从车间作业的角度来看待管理，认为一个健全的组织是至关重要的，组织的建立应考虑到：各项基本职能及其相互关系；职责的合理划分；职责的明确规定；制度的良好运行；组织的灵活性；对未来成长的准备；个人的特点和能力；理想的树立；领导的水平。其二，1935 年，戴维斯出版《企业组织和作业的原理》一书，该书超越车间作业层面，从更高管理层次和更加广阔的视野上提出了管理的有机职能，即计划、组织和控制。戴维斯同法约尔一样，都强调管理的普遍性，都承认教授管理的必要性和重要性，但两人的思想也存在差异：一是，在法约尔的管理过程中，除了计划、组织和控制以外，还有指挥和协调；戴维斯并没有包括指挥，而是把它包括在“经理人员领导”项下，戴维斯认为协调是贯彻于其各项有机职能而发挥作用的，并不像法约尔那样把它作为一个独立的职能。二是，法约尔把人事作为一项附属职能，而戴维斯则较少留意。其三，1940 年，戴维斯出版《工业组织和管理的原理》一书，进一步发展了“管理过程”的概念。其四，1951 年，戴维斯出版《高层管理

---

① 丹尼尔·A. 雷恩，阿瑟·G. 贝德安. 管理思想史：第 6 版. 北京：中国人民大学出版社，2012：274.

② Luther Gulick，L. Urwick. Papers on the Science of Administration. London：Routledge，Taylor & Francis Group，1937：13.

的基本原理》一书，该书几乎完全从企业高层管理的角度来探讨行政管理问题。[①] 此外，戴维斯还强调了管理哲学的重要性："一个经理人员如果没有一种管理哲学作为指导，尽管他可能非常聪明，但在创造性思维方面的能力也极为有限；只有管理哲学才能为企业问题的解决提供依据。"[②]

在法约尔、戴维斯、厄威克和古利克等先驱的基础上，哈罗德·孔茨与西里尔·奥唐奈（Cyril O'Donnell，1900—1976）合作完成《管理学原理》（1955年初版，后来不断修订和再版）一书，形成了一种更具有综合性的管理理论体系——管理过程学派。法约尔曾将管理职能分为计划、组织、指挥、协调和控制五种，孔茨和奥唐奈则将管理职能分为计划、组织、人事、领导和控制五种。相比之下，二者共同认同三种管理职能——计划、组织、控制，但存在着明显差别：其一，法约尔把管理中人员的选择划入"组织"职能中，而孔茨则把人员部分单列出来，称为管理的人事职能；其二，法约尔将协调职能单列出来，而孔茨则认为协调本身不是一种单独的职能，而是贯穿在组织的一切活动之中；其三，法约尔和孔茨都认为指挥是一门艺术，但在孔茨看来，管理者更需具有激励员工的能力，并以"领导"这一概念来代替"指挥"，可解释为影响力或对人们施加影响的艺术或过程等。[③]

斯蒂芬·P. 罗宾斯（Stephen P. Robbins）等人在当今颇为流行的教科书《管理学》中，把管理职能中的指挥和人事合二为一称为"领导"，从而将管理职能划分为计划、组织、领导、控制四种。孔茨和罗宾斯都增加了"领导"这一职能，弥补了法约尔过于强调组织结构层面的不足，有力地整合了管理分析中的"组织与人"这两大层面的问题。

总的来看，管理过程学派认为，管理存在着一些普遍运用的原则，这些原则是可以通过科学方法发现的。在内容上，管理过程学派在现代管理理论诸多流派中是最为系统，也最具有影响力的一个学派。在研究方法上，管理过程学派的基本特点就是从确定管理人员的管理职能入手，将此作为他们理论的核心结构，并由此而奠定了管理学研究的主流方法——职能分析法。

2. 决策学派的奠基与发展

第二次世界大战后，管理学界出现了一个新的研究领域——决策学。它是美国卡内基-梅隆大学的赫伯特·西蒙教授以系统论为基础，运用计算机技术和统筹学的方法而开创的一个新兴的管理学派。西蒙可以称得上是一位"百科全书式"的学者，其研究领域广泛涉及心理学、计算机科学、公共行政、经济学和管理学等多个领域，并成为人工智能、信息处理、决策制定、注意力经济、复杂系统等重要学术领域的创始人之一。

组织与个人的关系，一直是管理学中充满争议的领地。在韦伯那里，组织的理性排斥了人的个性，使人变成组织的工具。同样，在阿吉里斯那里，组织是阻碍个人成长的

---

① 丹尼尔·A. 雷恩，阿瑟·G. 贝德安. 管理思想史：第6版. 北京：中国人民大学出版社，2012：276-277.

② Ralph C. Davis. A Philosophy of Management. The Journal of Insurance，1958，25（3）：1-7.

③ 哈罗德·孔茨，海因茨·韦里克. 管理学：第10版. 北京：经济科学出版社，1998：9.

怪物，故而呼吁组织上的革命。而西蒙则以逻辑实证的方法，寻求组织与个人的一致性。在西蒙看来，人们经常谈到的组织中没有“人”的位置，管理理论偏重于人的关系与行为，而忽略了组织在开始行动之前的决策。人们通常将决策制定者描绘得过于狭窄，认为其只是一位在关键时刻选定最佳路线的人，而忽略了选择之前的了解、调查、分析的复杂过程以及此后的评价过程。为此，西蒙试图从组织决策过程的角度来理解组织、分析组织，指出管理过程就是决策过程，决策行为是管理的核心。①

其实，早在西蒙之前，巴纳德就曾指出，在变化的环境下，为了使组织能够存续，必须保持组织的内外平衡。而组织平衡的基本出发点是个人参加组织的动机问题：个人为组织做出了贡献，而组织则为个人提供了“诱因”。组织的对内平衡是指有效地分配诱因，确保给每个成员的诱因与贡献的平衡，从而保持成员协作积极性的激励过程。组织保持平衡的条件是，组织向每个成员提供或分配的诱因要大于或等于个人所做的贡献。②而组织的对外平衡是指组织通过与外部环境保持平衡，以提高组织效率的过程，也称之为组织调节。巴纳德认为，凡是对组织做出贡献的人，都是组织的构成部分，既包括为组织付出了时间和劳动的雇员，又包括为组织交出了金钱和物资的投资者、供货者和顾客。巴纳德对组织概念的这种理解，使研究组织的视野从组织内部转移到了社会领域。正是从这个意义上讲，组织调节便称为各类组织成员利益折中的产物。换言之，组织平衡问题实际上就变成了组织决策问题。在巴纳德之前，组织理论大都注重的是组织的内部结构，如泰勒的职能工长制、韦伯的官僚制等，而巴纳德认为，组织的实体是组织行为即组织中人的行为，通常由两部分组成：作业和决策。传统组织理论着重探讨的是作业部分，阐明对最大限度提高作业效率有作用的各种原理和技术。而巴纳德认为，组织理论的重点应是研究组织行为中的决策问题：“同个人行为相比，决策是组织行为的特征；决策过程的描述对组织行为的理解，比对个人行为的理解更为重要。”③

正是巴纳德的这一观点，成为西蒙决策理论的出发点。西蒙认为，生命的法则是“均衡”，而要保持组织均衡，关键是确立并实现共同的目标。由此出发，西蒙在继承巴纳德关于人的决策能力有限性的思想的基础上，提出了人的“有限理性”（bounded rationality）命题。西蒙指出，长期以来，关于人类行为的理性存在着两个极端：在一个极端，从弗洛伊德开始，人们试图把所有人类的认知活动都归因于情感的支配，这种倾向在管理学中发展成为一种直觉决策；另一个极端是经济人假设赋予了人类无所不知的理性，似乎人类能够拥有完整、一致的偏好体系，始终可以在各种备选方案之中进行选择，并能够通过无限复杂的运算而确定出最优备选方案。④

在西蒙看来，个体的行为不可能是完全理性的，而是一种“有限理性”，因为：第一，人的认知范围有限，不可能对复杂多变的现实情况和未来发展完全了解。第二，人脑活动的机能有限，不可能把所有备选方案都一一列出并从中择优，不可能对须臾万变的情况进行最优处理。第三，人的时间和注意力是有限的，不可能同时处理诸多复杂的

---

① 赫伯特·A. 西蒙. 管理行为. 北京：机械工业出版社，2014：第1版前言.
② 巴纳德. 经理人员的职能. 北京：中国社会科学出版社，1997：191-192.
③ 同①147.
④ 同①83.

情况。第四，人的价值取向往往互相矛盾，没有统一的度量标准。第五，现实决策环境是高度不确定和极为复杂的，决策者所在组织及环境的各种因素都会对管理行为产生影响，因此，任何管理者的决策理性明显都是有限的。①

西蒙的有限理性原则，对实际决策行为做了比较真实的解释，从而开辟了决策研究的一个新方向。正是从有限理性这一视角出发，西蒙指出，管理者是一种具有有限理性的"管理人"或"行政人"，其决策活动具有如下两个特征：第一，由于人类行为的非理性，或者最优选择的信息不可能得到满足，或者在无限最优过程中增加决策成本，从而使"完全合理"或"最优"的决策成为一种虚妄。第二，由于组织外部环境的变化，搜集所需要的全部资料非常困难，而要列举出所有可能的行动方案则更加困难。即使能够找到最佳方案，出于对经济、时间、利益等方面的考虑，企业也往往会放弃这样做。因此，在实践中，决策者常常只能做出"令人满意的"或"足够好即可"的决策。②

为了进一步阐述作为"有限理性"存在的管理者如何能够获得管理决策的"满意解"，西蒙在吸收行为科学、系统理论、运筹学和计算机科学等学科成果的基础上，仔细考察了人们在决策中的思维过程，提出了他的管理决策过程理论。西蒙指出，决策贯穿于管理的全过程，任何一个管理决策过程都依赖于复杂的决策前提。在管理决策过程中，决策的前提包含事实因素与价值因素两类因素。前者是对环境及其作用方式的描述，后者是关于管理者对某种事物的判断。二者的区分相当于目标和手段的区分。西蒙指出，判断一项决策是否正确，应视其所采取的手段是否能有效地实现目标："只要给定要实现的目标，就可以确定决策是否正确，但是，目标的变化蕴含着评价的变化。"③

为了具体说明决策的过程，西蒙把组织的全部活动（决策）分为两类：一类是例行活动，如订货、材料的出入等，这类决策经常反复且有一定的结构，可以建立一定的程序，这类决策叫作程序化决策。与之相对应的是非例行活动，如新产品研发、经营多样化、新工厂扩建等，这类活动的决策不能程序化处理，叫作非程序化决策。④ 当然，这两类决策之间没有明显的分界线，只是像光谱一样的连续统一体：其一端为高度程序化的决策，而另一端为高度非程序化的决策。西蒙还进一步把程序化决策过程逻辑地分为四个阶段：一是搜集情报。为拟定和选择计划提供依据，对问题有清晰的认识，找出制定决策的理由，寻求要求决策的条件。二是拟订方案，即在情报活动的基础上设计、制定和分析可能采取的行动方案。三是选择方案。通过综合比较研究，从可行方案中选择一个适宜的行动方案。四是评估审查。对已做出的抉择进行评估、评价。⑤ 当然，每个决策过程不一定要遵守如上的固定顺序，议程设定和重新设定是一个连续的过程，新决策备选方案的搜索和选择也都是连续过程，先前的备选方案可能对后来的决策过程同样有效。

西蒙这一"四步走"的决策过程划分，概括了科学决策的基本进程，本质上是人的

① 赫伯特·A. 西蒙. 管理行为. 北京：机械工业出版社，2014：91.
② 同①11.
③ 同①55.
④ 赫伯特·A. 西蒙. 管理决策新科学. 北京：中国社会科学出版社，1982：40-41.
⑤ 同④33-34.

认知过程在决策中的逻辑再现。这一决策过程看似简单，但实际上制定某项特定决策的每个阶段本身就是一个复杂的决策制定过程。在现代管理实践中，计算机的广泛应用，使得程序化决策的自动化程度越来越高，许多非程序化决策也进入程序化决策的范围，大量的人工判断、洞察和直觉观察等，已经在计算机上实现模拟。当然，计算机和信息技术只是决策者的决策工具，并不能取代决策过程。管理人员还必须对可供决策的方案评价以后进行抉择，做出最后判断。

在决策研究领域，詹姆斯·马奇与西蒙同道，但他的关注点主要集中在决策的搜寻方面。马奇认为，理性决策最重要的不是选择，而是搜寻方案，而搜寻又是由注意力决定的。同时，注意力的分配会影响已获得的信息并影响决策，所以“注意力是一种关键的稀缺资源”。由此出发，马奇提出了著名的“垃圾桶理论”（The Garbage Can Theory）：其一，决策的选择基本上是模糊的；其二，决策的结果取决于问题、解决方案和决策者之间各种流动的时机，也取决于组织的结构限制。① 在马奇看来，组织天生就是冲突的场地，人们带着不同的利益和期待进入组织，因而，组织运行和组织决策体现为一个政治过程，一个讨价还价的过程，一个构造利益联合体的过程。② 按照马奇的政治分析视角，组织目标的确定，本质上就是一场权力和控制争夺的结果。这一结论显然动摇了巴纳德等管理学大师所推崇的“共享组织目标”的观点。

西蒙在现代公共行政学的发展中也占有一席之地。自 20 世纪 30 年代以来，由于科学管理等企业管理理论在全社会层面的推动，公共行政学进入发展的黄金时代。正是由于科学管理对管理科学性的彰显，这一时期的公共行政学也一直自称为行政科学，并在公共行政学研究中占据了一种“正统”地位。古利克和厄威克的《管理科学论文集》所彰显的 POSDCORB 原则，推动了这种“正统”行政学的兴起、成长与繁荣，也为公共行政学赢得了广泛的尊重。对此，西蒙却不认同，他从逻辑实证主义出发，彻底批判了这种以 POSDCORB 为代表的行政原则：其一，“专业分工”只是群体工作的本质，组织不论效率如何均需要分工，分工只不过是不同的人在同一时间做不同的工作而已，所以分工不是有效行政的条件。其二，“统一指挥”与专业分工原则本身就相互冲突。根据专业分工原则，学校的会计部门应该听从其专业上级的指挥；而按统一指挥原则，它应听从校长的指挥。所以，真正的统一指挥在组织中并不存在。其三，“控制幅度”与组织层次应力求减少的原则相冲突，因为缩小控制幅度势必增加组织层次。其四，“根据目标、程序、服务对象、地点划分组织原则”本身就是相互冲突的，因为不能同时按照目标、程序、服务对象、地点来划分组织。因此，西蒙得出结论，这些原则不能成为一门科学的基础，不能满足公共行政科学化的期望。③

西蒙进一步将矛头指向了传统公共行政的根基之一的政治与行政二分原则，指出从决策的角度看，管理（或行政）就是决策，政策制定不仅仅局限于政治范畴，在“执行政策”的行政领域也充满了决策。在政治与行政不可能分离的这一点上，德怀特·沃尔多（Dwight Waldo，1913—2000）与西蒙是相同的。不过，两人在批判政治与行政二分

① 詹姆斯·马奇．决策是如何产生的．北京：机械工业出版社，2007：41-53.

② 赫伯特·A. 西蒙．管理决策新科学．北京：中国社会科学出版社，1982：101-109.

③ 赫伯特·A. 西蒙．管理行为．北京：机械工业出版社，2014：28-35.

原则的出发点和落脚点上则大相径庭。西蒙认为，只有价值领域与事实领域相分离，并将公共行政限定在事实领域，保持价值中立，才能有“公共行政科学”。沃尔多对此针锋相对，指出，价值与事实二分在现实世界是不可能的，而只能存在于逻辑思维当中。西蒙则认为，沃尔多将他的“价值判断”和“事实判断”理解为“价值决策”和“事实决策”是一个严重的文本误读，“判断”指的是决策的某个元素，而不是指作为整体的决策。对此，沃尔多在表示“感到内疚并公开道歉”的同时，却强调：“不管‘决策’和‘判断’之间的区别对逻辑实证主义来说有多么重要，但从我的论证角度看，这种区别是微不足道的。”①

西蒙与沃尔多之争的实质，主要表现为对公共行政价值目标的认识差异。在西蒙那里，效率被当作决策前提或组织目标来讨论：“管理者必须以效率为指导。这一准则要求，以有限资源去谋求最大成果。”② 沃尔多则认为，过度强调效率和价值中立，将会模糊位于效率与理性之上的民主价值：“在民主理论未来发展的路上有一个主要的障碍，即是这样一种观念，认为效率是一个价值中立的概念，或者往更坏里说，效率是与民主相对立的概念。”③ 基于此，沃尔多提出，不能简单地陈述某事物是有效率的或无效率的，而必须同时指明事物的目的性，强调了民主价值对于公共行政的意义。正是这一论调，强有力地动摇了长期以来效率价值的统治地位，使人们从热衷于效率价值的追求转变为更多的民主价值关怀。

如果说西蒙主要是从方法论的角度批判传统公共行政学，而沃尔多则在价值方面动摇了传统公共行政的价值取向——唯效率主义。现代行政学之所以得以发生，一方面是基于以技术理性为特质的现代性，另一方面则基于以自由民主为特质的西方政治传统。这两大思想传统决定了西方公共行政学自产生伊始就在技术理性与价值理性两极中徘徊。前者构成西蒙路径的哲学基石，后者构成沃尔多路径的信念支撑。应该说，公共行政学既是公共的，必须立足于价值理性，又是行政的，必须依赖于技术理性。事实上，现代行政学正是围绕着这两条理论路径不断发展起来的。西蒙的影响主要致力于为该学科发展一种更精致的、更符合主流社会科学学科标准的身份，是一种技术层面的“自我重建”；沃尔多则主要致力于维护在公共行政研究中维护西方民主宪政的传统，是一种制度层面的“自我重建”。公共行政学也正是由于这一著名的“西蒙与沃尔多之争”而获得进一步的发展。

3. 经验主义学派的反叛

在第二次世界大战之后，管理学界出现的又一个明显迹象，就是经验主义的兴起。自管理学诞生以来，以管理过程学派为代表的绝大多数学者都认为管理具有普遍性，正如自然现象和物理学具有普遍性一样。但由于这种研究方法忽视了特殊性、具体性，因而受到来自经验主义的强烈挑战。经验主义学派（又称为经理主义学派）一般认为，从

---

① 德怀特·沃尔多．民主行政理论的发展：回应与评论//颜昌武，马骏．公共行政学百年争论．北京：中国人民大学出版社，2010：83-93.

② 赫伯特·A. 西蒙．管理行为．北京：机械工业出版社，2014：255.

③ 颜昌武，马骏．公共行政学百年争论．北京：中国人民大学出版社，2010：72-73.

企业管理的实际出发，通过研究管理中的成功和失败，自然就能学会进行有效的管理。为此，它以适用为主要目的，力图把大企业的管理经验加以概括和理论化。

可以划归为经验主义学派的人有很多，其中有管理学家、经济学家、社会学家、统计学家、心理学家，大企业的董事长、总经理及相关管理咨询人员等。比如，艾尔弗雷德·斯隆的自传《我在通用汽车的岁月》、亨利·福特的自传《我的生活与工作》，都比较详尽地记录了各自多年管理实践中的成功经验，对管理实践产生了深远影响。而在理论研究方面，经验主义学派的主要代表人物是欧内斯特·戴尔（Ernest Dale，1917—1996）。他在《伟大的组织者》一书中，断然反对有关组织和管理的"普遍原则"，认为管理知识的真正源泉就是"伟大的组织者"的经验、非凡个性和杰出才能。而要掌握这些，就要用比较的方法发现并描述各种不同组织结构的"基本类似点"，从而得出某些一般结论。① 在戴尔看来，比较的方法不是用少数定理来说明所有问题，至多只是在某些范围有限的问题上得出一些一般性的结论，并需要经过实际检验。如果再考虑到各种组织之间的差异，这种指导方针就有可能在极为有限的范围内做出预测。②

除戴尔之外，管理过程学派的代表人物厄威克也往往被划归经验主义学派的阵营。1956 年，厄威克出版的《管理备要》一书，总结了 70 位管理先驱的思想及其贡献。这与戴尔的《伟大的组织者》可谓"姊妹篇"，前者是总结管理先驱的经验，后者则是总结现实经理人的经验，可谓相得益彰（见"麦肯锡事务所"）。

麦肯锡事务所

正是在经验主义的氛围下，一个新兴的行业——管理咨询迅速崛起。其中，最为著名的便是与厄威克同一时期从事管理咨询工作的麦肯锡管理咨询公司的创始人美国人詹姆斯·麦肯锡（James O. McKinsey，1889—1937）。不过，尽管麦肯锡创立了麦肯锡事务所，但其正规的管理咨询业务，却是从马文·鲍尔（Marvin Bower，1903—2003）手上起步的。马文的一生，是对美国工商管理成熟及演变历程的活见证。这个"现代管理咨询之父"提供咨询服务的前提是：客户公司的最高决策者必须参与进来，以保证解决方案能够受到充分重视；同时，只关注最重大问题，帮助客户找到新的思路。在咨询实践中，麦肯锡完全凭借在商界的口碑和声誉，曾促成了欧洲的麦肯锡风暴，极大影响了战后欧洲的管理重建。如今，全球最大的 500 家企业中有 2/3 是它的客户。而从麦肯锡走出来的担任大型公司 CEO 的人物更是不计其数。《经济学人》杂志如此评价道："麦肯锡过去几十年的成功在业界赢得的不仅是极高的声望，而且是神话般的光环，他们自由出入世界一流公司的董事会（越来越多的董事会被他们的校友占据），最优秀的商学院精英在他们的门口排着长队。"③

经验主义学派虽然对管理过程学派构成了强烈的冲击，但究其实，理性主义的追求和经验主义的验证，对管理学而言都是不可缺少的。在现实生活中，理性主义和经验主

① 欧内斯特·戴尔．伟大的组织者．北京：中国社会科学出版社，1991：30-35.
② 同①17-21.
③ 马文·鲍尔．麦肯锡本色．北京：中国人民大学出版社，2010：封底语.

义往往存在着相互影响。当初法约尔就“先知”似的声明：“原则是灵活的，是可以适应于一切需要的，问题在于懂得使用它。这是一门很难掌握的艺术，它要求智慧、经验、判断和注意尺度。”① 同样，在这一问题上，巴纳德也颇具识见。巴纳德认为，组织的知识和经验包含着各有用途且相互补充的三种类型：一是有关特定情况下的具体行为的知识和经验。这种类型的行为具有习惯性、无意识的反应性和适应性。要获得这种行为知识，就需要个人去亲身经验。二是有关特定组织的实践方面的经验。每个组织都有自己的特有语言或行话，要获得一个特定组织的有效的实际知识，只有在该组织从事实际工作后才有可能。三是有关超越具体组织的普遍通用的知识和经验。巴纳德认为，每一种类型的知识都有相应的地位和作用。这一立论，可以说为跨越经验主义和普遍主义之间的鸿沟指明了方向。

其实，著名管理学大师德鲁克也表现出经验主义的研究倾向。如果说泰勒将管理从经验管理提升到科学层次，法约尔使管理具有了一般性的意义，那么德鲁克则从社会、历史的高度，通过冷峻地分析和预测组织及其管理的变迁，将管理由一项技术性工具，提升到思想性、文化性、战略性与社会性的层次，使人们对管理的本质和作用的理解得以升华。德鲁克在《管理的实践》中对管理的本质进行了一次全面、全新的探讨。该书将管理视为一个整体来进行探讨，并对管理进行了重新的定义。他指出，管理具有以下三种功能：其一，管理企业。德鲁克对企业的独特见解是：企业的目的不能从自身寻找，只能从外部寻找。企业的目的只有一个适当的定义：创造顾客。② 这一思想可以说为一个“顾客的时代”拉开了序幕。其二，管理管理者。管理是否有效，关键在于由谁来管理。德鲁克革命性地提出，由客体而不是由主体来管理，才可能出效率。所谓由客体来管理，就是把主观愿望化为客观目标，然后由这个客观目标来管理，即“目标管理”(MBO)。③ 在这种情况下，管理者的重要任务就是将员工的目标引向组织目标，越是高层管理者越是应该集中于组织长远目标。其三，管理员工和工作。在德鲁克看来，组织需要个人为其做出自己的贡献，个人需要把组织当成实现自己人生目标的工具，等等。④

德鲁克的一生都在强调实践是管理学的灵魂，而其本人也通过为企业提供咨询，为政府、教堂、大学、医院、美术馆及慈善机构提供管理咨询的“身体力行”，证明了他的真知灼见：“管理是一种实践。其本质不在于‘知’，而在于‘行’；其验证不在于逻辑，而在于成果；其唯一权威就是成就。”⑤ 也许是这个原因，人们习惯上把德鲁克归入“经验主义学派”。当然，德鲁克对管理学的贡献远不限于此。可以说，现代管理学几乎所有的事情都可以追溯到德鲁克那里，诸如分权、赋权、目标管理、创造顾客、自我管理、顾客导向的组织、效能与效率、时间管理、企业愿景、业绩管理、以知识为基础的组织、扁平组织、团队、后资本主义社会、私有化、高层管理团队、外包、第二职业生涯、非营利组织，等等。而深受德鲁克影响的管理思想家，如彼得·圣吉、汤姆·彼得斯和迈

---

① 法约尔．工业管理与一般管理．北京：中国社会科学出版社，1982：22.
② 彼得·德鲁克．管理的实践．北京：机械工业出版社，2009：28.
③ 同②98-110.
④ 同②206-211.
⑤ 彼得·德鲁克．管理：任务、责任、实践．北京：中国社会科学出版社，1987：7.

克尔·波特等，不胜枚举。德鲁克也因此而被人们称为“现代管理的教父”“现代管理学之父”“管理学上的常青树”“大师中的大师”等。查尔斯·汉迪（Charles Handy，1932—　）曾如此评价道：“凡是现在当红的管理概念，彼得·德鲁克大都讨论过了，随你任选一个例子，很可能早在你出生之前德鲁克就已经写过有关那个观念的文章。如果要列出一些管理思想家的名字，德鲁克必定高居首位。”①

除德鲁克之外，经验主义学派的主要代表人物亨利·明茨伯格的研究也颇具经验主义的色彩。在当今管理学界，明茨伯格和汤姆·彼得斯一样，由于他们对一些传统的管理思想的猛烈的抨击，而双双成为管理学界的“叛逆”。明茨伯格的“离经叛道”在其学术生涯的早期就已见端倪。1973 年，他在博士论文《工作中的经理》的基础上，出版了他的第一部著作——《管理工作的本质》，从此一举成名。在明茨伯格看来，从经理的角色出发，是能找出管理学的基本原理并将其应用于经理的实践当中去的。他通过调查发现，管理者总是被这样或那样的任务牵引，而无暇顾及长远的目标或计划，从而成为“此时此刻”的奴隶。根据这一发现，明茨伯格指出了管理者的工作特征：第一，工作量大，工作步伐始终不懈；第二，活动的短暂性、多样性和琐碎性；第三，更喜欢眼前的、特定的、非常规的问题；第四，“钟情”于口头交谈；第五，经理是沙漏的颈部：经理处于他的组织与外界接触的网络之间，以各种方式把他们联系起来；第六，责任与权力的混合：经理对工作做出的初步决定负责，但经理可以从他的义务中取得好处，等等。②

明茨伯格由此得出结论：经理们并不像人们通常认为的那样按照职能来工作，而是进行别的很多的工作。他由此将经理们的工作分为 3 大类 10 种角色。第一类是人际关系方面的角色：其一，挂名首脑。经理是组织的象征，有责任主持一些仪式。其二，领导者。作为企业的正式领导，要对该组织成员的工作负责，通常负责雇佣和培训职员，负责对员工进行激励或引导。其三，联络者。经理是与组织外的无数个人或团体维持关系的重要网络。第二类是信息方面的角色：其一，监控者。管理者为了得到信息而不断审视自己所处的环境。其二，信息传播者。要把外部信息传递到企业内部，同时要把内部信息传递给更多的人。其三，发言人。经理作为组织的权威，要求对外传递组织的计划、政策和成果信息。第三类是决策方面的角色：其一，企业家。经理在其职权范围之内充当组织变革的发起者和设计者。其二，危机处理者。管理者必须花大量时间对付突发事件。其三，资源分配者。管理者负责在组织内分配责任，还负责设计决定分工和协调工作的正式关系的模式，分配下属的工作。其四，谈判者。谈判是管理者不可推卸的工作职责，而且是工作的主要部分。③

如上这 10 种角色形成了一个互相联系、密不可分的整体。这 10 种角色表明，经理从组织的角度来看是一位全面负责的人，但事实上却要担任一系列的专业化工作，既需要成为“通才”，又必须尽量成为各个方面的“专家”。从现实来看，这无疑是对经理们提出了过高的要求。

---

① 查尔斯·汉迪. 大师论大师. 北京：中国人民大学出版社，2007：21.

② 亨利·明茨伯格. 管理工作的本质. 北京：中国人民大学出版社，2007：62-64.

③ 同②71-114.

4. 走出“管理学丛林”的尝试

管理过程学派作为当今占据主导地位的管理理论，虽然秉承了“只有普遍性才属于科学”的近代科学观念而蒙上了一层“普遍真理”的色彩，但是，真正在解决企业的具体问题时常常显得无能为力，由此招致了经验主义的反叛。而自20世纪60年代以来，在西方管理学界，权变学派进一步对管理学的这种“普遍性追求”带来了强烈冲击。与此同时，对管理理论的综合也一直在进行，出现了更具综合性特征的系统管理学派，以及孔茨图谋对整个管理学丛林进行“综合”的尝试。

（1）权变管理理论。20世纪60、70年代，管理的权变观点成为一股时代潮流。英国学者伯恩斯（T. Burns）和斯托克两人将企业分为“稳定型”和“变化型”两大类型。“稳定型”企业适于“机械式”的组织形式，其特征是：有一种严格规定的组织结构；有很明确的任务、方法、责任和与各个职能作用相一致的权利；管理系统内部的相互作用是上、下级垂直的命令等级；在组织活动中，具有重要意义的是职务的权利和责任，而不是工作人员的技能和经验。而“变化型”企业，则适宜采用“有机式”的组织模式，其特征是：有相当灵活的结构；系统内部的相互关系是网络型的；强调横向联系而不是垂直领导；技能与经验居于优先地位；权利分配以技术专长而不是以等级职位为基础。[①] 1962年，美国学者钱德勒在《战略与结构》一书中，通过对杜邦、通用汽车、新泽西标准石油公司等近70个大型企业的组织结构的变化机理的研究后，提出“战略决定结构”这一著名命题，即组织结构是随着企业战略的变化而变化的。[②] 1967年，美国的劳伦斯（P. R. Lawrence，1922—2011）和洛尔施（J. W. Lorsch，1932— ）合写《组织和环境》一书，他们认为组织的适应性取决于组织形式与环境需求之间的匹配程度。[③]

在领导学的研究领域，也出现了许多权变理论。美国华盛顿大学心理学与管理学教授弗雷德·菲德勒（Fred E. Fiedler，1922—2017）提出，领导形态的有效性完全取决于所处的环境（情景）是否适合，并确认出领导情景的三大要素：一是领导成员关系，即领导者是否受到下级的喜爱、尊敬和信任，是否能吸引并使下级愿意追随；二是任务结构，即工作团体要完成的任务是否明确，规范和程序化程度如何；三是职位权力，即领导者所处的职位能提供的权力和权威是否明确充分，所得到的支持是否有力。菲德勒利用上面三个权变变量来评估情境，就会得到不同的情境或类型，每个领导者都可以从中找到自己的位置。[④] 菲德勒的理论表明，不存在一种绝对的领导形态，领导者必须具有适应力，适应变化的情境。

1958年，加利福尼亚大学工商管理学院教授罗伯特·坦南鲍姆（Robert Tannenbaum，1915—2003）和加州大学洛杉矶分校的高级讲师施米特（W. H. Schmidt）提出

---

① D. S. 皮尤. 组织理论精萃. 北京：中国人民大学出版社，1990：28-39.

② 艾尔弗雷德·D·钱德勒. 战略与结构. 昆明：云南人民出版社，2002：408-410.

③ P. R. Lawrence，J. W. Lorsch. Organization and Environment：Managing Differentiation and Integration. Boston：Harvard University Press，1967.

④ 丹尼尔·A. 雷恩，阿瑟·G. 贝德安. 管理思想史：第6版. 北京：中国人民大学出版社，2012：345.

"领导方式的连续统一理论"，指出，领导风格与领导者运用权威的程度和下属在做决策时享有的自由度有关，不能抽象地认为哪一种模式是好的或差的，成功的领导者应根据具体情况，适当选择连续体中的某种领导风格，才能达到领导行为的有效性。①

不同于如上立足于领导者的领导理论，加拿大多伦多大学教授 M. G. 埃文斯与其同事罗伯特·豪斯（Robert J. House，1936—　）则立足于部下，提出了"路径—目标"模式：其一，如果下属是教条的、权力主义的，任务是不明确的，组织的规章和程序是不清晰的，那么，指导型领导方式最适合；其二，当下属从事于机械重复性的和没有挑战性的工作时，领导者应使用支持型方式；其三，当任务不明确时，参与型领导效果最佳；如果下属具有独立性、具有强烈的控制欲，参与型领导方式也具有积极影响；其四，如果组织要求下属履行模棱两可的任务，成就导向型领导方式效果最好。到了 20 世纪 90 年代中期，豪斯以"组织愿景"替换了原来的"途径—目标"概念，并强调以共同价值为基础的领导行为，比采用简单的物质奖励、地位提升或惩罚，更加持久和有效。②

如上诸种权变领导理论否认任何固定不变、普遍适用的领导方式，而代之以领导方式与情境搭配之模式，有效解释了领导现象的复杂性，从而为人们提供了研究领导现象和提高领导效能的新途径、新方法。而作为权变学派的主要代表人物，美国内布拉斯加州大学教授、美国管理学会前主席弗雷德·卢桑斯（Fred Luthans，1939—　）在 1973 年发表了《权变管理理论：走出丛林的道路》的文章，1976 年又出版了《管理导论：一种权变学说》一书，系统介绍了权变管理理论。他把组织看作社会系统中的分系统，强调组织结构、领导方式、管理机制要随着企业或组织的内外环境、条件的变化而随机应变，并提出了用权变理论统一各种管理理论的观点。这一理论的主要特点是：第一，系统性，即管理的各种因素之间是相互联系的、统一的整体。第二，实证性，即通过实践检验理论，以促进更有效的管理。第三，多维性，即管理是多种因素交互作用的结果，对不同的管理理论应加以灵活应用。③

可以说，权变管理理论的出现，克服了传统管理理论诸如科学管理理论、一般管理理论、过程管理理论、行为科学等普遍忽视外部环境因素的弊端，强有力地冲击了传统管理追求理论的普遍适用性、最合理原则和最优化模式的局限，从而促使管理理论向实用主义方向发展。虽然权变观并不能为管理一切组织提供通用的管理原则，但是可以使管理行动适合特定情境，有助于提高人们对复杂形势的更深刻的认识，从而提高正确管理的可能性。卢桑斯曾寄予权变理论以引领管理学走出"丛林"状态的厚望："权变的路径有时被称为情境的路径，尽管现在只是刚刚兴起，但这条路径将可能引导我们从管理理论丛林中开辟一条新路。"④ 但是，由于其理论框架简单化而难以穷尽所有的管理变

---

① Robert Tannenbaum，W. H. Schmidt. How to Choose a Leadership Pattern. Harvard Business Review，May-June，1973：3-12.

② Robert J. House. A Path Goal Theory of Leader Effectiveness. Administrative Science Quarterly，1971，16（3）：321-339.

③ Fred Luthans. Introduction to Management：A Contingency Approach. New York：McGraw-Hill Book Company，1976.

④ Fred Luthans. The Contingency Theory of Management：A Path out of the Jungle. Business Horizons，1973，16（3）：67-72.

量，并且权变理论容易陷入相对主义的泥坑，因为这种“视情况而定”的权变方法在强调权变的灵活性时，又往往会否定管理的“普遍原则”，从一个极端走向另一个极端。因此，权变理论试图整合各种管理理论的做法，并不为学界看好。

（2）系统管理学派。第二次世界大战是管理学发展的一个重要分水岭。在此之前，管理理论大都只侧重于管理的某个方面，或侧重于生产技术过程，或侧重于人际关系，或侧重于一般的组织结构。而在此之后，随着世界各国工业转向人们的生活领域，企业组织规模日益扩大，内部组织结构也更加复杂，因而，如何从企业整体的要求出发，保证组织整体的有效运转，便成为一个日益突出的问题。正是在此情势下，系统管理学派应运而生。

在管理研究中运用系统思想，最早始于福利特的融合统一论以及巴纳德的协作系统概念、组织平衡思想。此后，管理科学学派也把系统分析作为一种基本研究方法。而系统思想在管理中的真正应用，则源于贝塔朗菲（Ludwig von Bertalanffy，1901—1972）一般系统论的创立。随着一般系统论的出现及兴起，管理分析的层面逐步推衍到组织外部环境，一些学者尝试以系统论进行管理整合。这其中，最为著名的当推美国学者理查德·约翰逊（Richard A. Johnson）、弗莱蒙特·卡斯特与詹姆斯·罗森茨韦克于1963年共同撰写的《系统理论与管理》一文。该文运用系统观点对以往的管理理论进行了更具综合性的整合，被公认为系统管理理论的奠基之作。其主要观点有：其一，组织作为一个开放的社会技术系统，包括目标与价值分系统、技术分系统、社会心理分系统、组织结构分系统、管理分系统等。各个分系统之间既相互独立，又相互作用，构成一个不可分割的整体。其二，企业是由人、物资、机器和其他资源在一定的目标下组成的一体化系统，应力求保持各部分之间的动态平衡和连续性。同时，企业还是社会这个大系统中的一个子系统。其三，可以把企业视为一个投入-产出系统，投入的是物资、劳动力和各种信息，产出的是各种产品（或服务），等等。①

1970年，卡斯特和罗森茨韦克又合作出版《组织与管理：系统方法与权变方法》一书，把系统管理理论同权变管理理论结合起来，进一步充实了这一理论。该书认为，企业管理要根据企业所处的内外条件随机应变，组织应在稳定性、持续性、适应性、革新性之间保持动态的平衡：“权变观点强调的是组织的多变量性，并力图了解组织在变化着的条件下和在特殊环境中运营的情况。权变观点的最终目的在于提出最适宜于具体情况的组织设计和管理行动。”②

总的来看，系统管理理论通过对组织的研究来分析管理行为，虽然提出了一种十分有用的分析框架，但它只是笼统地提出一些原理和观点，而未能提出具体的管理行为和管理职能，且缺乏实用性与操作性。故而，许多人只是将其视为管理研究的一种新方法，而不是一种新的管理理论。

（3）孔茨的“综合”及其问题。从现代管理学的发展史来看，管理学是以工程学、

---

① Richard A. Johnson, Fremont E. Kast, James E. Rosenzweig. Systems Theory and Management. Management Science, 1964, 10 (2): 367-384.

② 弗莱蒙特·E. 卡斯特，詹姆斯·E. 罗森茨韦克. 组织与管理：系统方法与权变方法. 北京：中国社会科学出版社，2000：144.

经济学、个体心理学、人类学、社会心理学、社会学等为依托而建立起来的，这使得管理学成为一门多范式的软学科。此后，还有一系列新兴学科，像未来学、预测学、行为科学、社会心理学、人才学、信息论、控制论、系统科学等，都已充实到现代管理学之中，相应地形成和产生了一系列现代管理方法。这种“流派林立，杂彩纷呈”的局面，就是所谓“管理学丛林”。正如丹尼尔·雷恩（Daniel A. Wren）所言：“现代社会见证了急剧增多的管理方法，它们的共同目标是实现组织目标和满足人类需求。人们还在继续寻找更好的管理理论和管理实践，而每一种新的方法会刺激下一种新方法。正是这种探求使得管理如今成为一种激动人心的智力和实践活动。”①

根据孔茨于1961年在美国《管理学会杂志》上发表的《管理理论的丛林》一文的归纳，当时流行的管理学理论主要有六大流派：管理过程学派（又称为管理职能学派或经营管理学派）；人类行为学派（又称为人类关系、群体行为学派）；经验主义学派；社会系统学派；决策理论学派；数理学派（又称为管理科学学派）。② 从实质上看，它们大多是传统管理理论的延伸和发展：管理过程学派的理论来源是法约尔的一般管理理论；社会系统学派一般被看成行为科学管理理论的一个分支；数理学派不过是对泰勒的科学管理思想的完善，提高了管理理论的定量化成分，增强了科学性；经验主义学派虽也创立了一些新的管理原理，但主要是在验证以往的管理原理，只要经验主义学派在其研究中探求普遍性的结论，那么他们就是在做同管理过程学派一样的工作；至于决策理论学派，则在一定程度上包含或修正了古典管理理论和行为科学管理理论的某些要点，因而具有综合和完善的特征。

在孔茨看来，现代管理理论丛林中的各种理论、各种流派，在管理学研究领域中都占有各自不同的位置，涉及管理实践中不同的侧面，它们与其说是相互竞争的，不如说是相互补充的。由于这些学派都是从各自的背景出发，以不同的理论为依据来研究管理过程，因而，完全可以以管理过程学派为基础，对“管理学丛林”进行整合：“最全面和最有用的方法是运用计划、组织、人事、领导和控制这五种管理职能作为组合管理知识的框架”③。

孔茨曾乐观地预期，随着管理学家们对实际管理工作情况的不断了解，各种管理理论能够不断融合，达成共识，最终形成一种统一的、更为有用的管理理论。然而，孔茨清理管理理论丛林走向统一管理理论的企图并没有如期实现。1980年，孔茨重访“管理学丛林”，结果发现，原来的管理理论的“丛林”不仅继续存在，而且更加茂密。于是，他发表《再论管理理论的丛林》一文，在此前总结的6大管理学派的基础上进一步梳理出了11个管理学派：经验案例学派、人际关系学派、群体行为学派、社会协作系统学派、数理学派、社会技术系统学派、决策理论学派、系统学派、权变学派、经理角色学派、经营管理学派（管理过程学派）。

具体而言，管理过程学派分化成了权变或情境方法、经理角色学派两个学派。经验学派依然存在，但其案例研究法已经受到了权变或情境方法的影响。人类行为学派分化

---

① 丹尼尔·A. 雷恩，阿瑟·G. 贝德安. 管理思想史：第6版. 北京：中国人民大学出版社，2012：385.

② Harold Koontz. The Management Theory Jungle. Academy of Management Journal，1961，4（3）：174-188.

③ 哈罗德·孔茨，海因茨·韦里克. 管理学：第10版. 北京：经济科学出版社，1996：11.

成了人际关系学派和群体行为学派。社会系统方法经受了大的裂变，形成了社会协作系统学派（从协作系统总体中区分出正式组织，使人们在正式组织中能互通信息并为一个共同目的而自觉地做出贡献，因此形成了社会协作系统学派）、社会技术系统学派（将社会系统与技术系统相结合来研究管理问题而产生了社会技术系统学派）、系统学派（强调系统方法在管理学研究中的应用而自成流派）等三种。决策理论和数理学派没有什么变化，只是增加了管理科学作为数理学派的分支。①

事实上，当今管理学派的分化和发展要比孔茨的概括更为复杂。同时，孔茨只是通过给学派划定边界来区分学派的，而没有更好地诠释各个学派的思想内涵和精神实质。如今，新的管理理论、管理理念又在不断产生，诸如企业文化、全面质量管理、标杆管理、顾客导向、柔性生产、价值创造、核心能力、战略联盟、持续改进、企业再造、流程革命、学习型组织等，未来还将不断产生新的管理理论、管理流派。借用孔茨自己的话说："我们仍然处在管理理论的丛林时代。"②

尽管如此，孔茨综合现代管理理论的努力，自有其积极的意义。世界是一个统一的整体，虽然当前人们对世界的统一性有一些怀疑的观点，但获得对世界的统一性认识是人类永恒的追求。这样，哲学上便有了一个基本参照点，即认为世界的各个不同领域都受同样的基本法则和原理支配。而孔茨的努力最终之所以失败，其根本原因就在于缺乏坚实的哲学基础。他所做的综合，充其量只是一种表面的、简单的、逻辑的综合，只是在形式上或物理层面整合了各种管理要素，而没有探索深层管理逻辑层面的结合问题。说穿了，他并没有改变作为传统管理理论基石的哲学基础——机械论范式，也没有改变它所依赖的理性主义、实证主义等现代主义的分析方法。现代管理学欲实现真正的整合，需要对自身的深层逻辑问题及价值预设进行系统反思。我们在本书第九章的相关论述中将会看到，复杂性科学、后现代管理理论的兴起，为我们提供了一种对现代管理学进行深层考量和整合的契机。

二、质量、品牌与营销

从科学管理到人际关系学派，人们对管理问题的关注实际上主要集中在量化的管理效率、组织的规范化和有序化、人和组织之间的关系等问题上。而自20世纪50年代以来，随着管理实践的演进，管理学研究开始摆脱生产和组织运营的圈子，产品的质量和服务及顾客等问题日益引起人们的重视，进而引发了世界范围内的质量管理运动以及关于品牌与营销的研究热潮，由此出现了一些新兴的管理学的研究分支——质量管理、品牌管理与市场营销等。

1. 质量管理理念的流变

自20世纪中期以来，随着产品的日益丰富和人们的需求日益苛刻，以及企业间的竞

---

① Harold Koontz. The Management Theory Jungle Revisited. The Academy of Management Review，1980，5（2）：175-187.

② 丹尼尔·A. 雷恩，阿瑟·G. 贝德安. 管理思想史：第6版. 北京：中国人民大学出版社，2012：318.

争日趋激烈，产品也逐渐由价格竞争转向质量竞争。随着质量管理日益成为现代管理实践的重要组成，进而在整个企业界引发了一场全面质量管理运动。美国管理学家爱德华兹·戴明（W. Edwards Deming，1900—1993）、约瑟夫·M. 朱兰（Joseph M. Juran，1904—2008）与阿曼德·V. 费根鲍姆（Armand V. Feigenbaum，1922—2014）等人，正是这一转变中的关键性人物。正是在这一过程中，出现了享誉一时的“零缺陷”、“精益制造”与六西格玛（6σ）管理模式等质量管理的新理念。

（1）戴明与日本经济奇迹。在人类早期的制造实践中，就有一种在产品上做标记的习俗，以使人们将产品质量和制造者联系起来。在资本主义大工业时期，美国钢铁大王安德鲁·卡耐基就深深认识到了产品质量对于企业成功的重要性。他说：“即使在竞争最为激烈的那些日子，当时每一件事情似乎都成了价格问题，企业成功的分级仍然在于产品质量，这是最重要的因素。”①

不过，早期的质量管理一般只是被简单地等同于质量检验，即以专门的质量检验机构负责对产品进行检验，挑出不合格的产品。问题在于，这种事后检验的方式，不能预防废品、次品的产生和避免损失。随着大规模生产的到来，关于大批量产品的质量控制开始成为一个突出问题。一些统计学家开始将统计方法用于产品质量的控制。美国贝尔研究所工程师沃尔特·休哈特（Walter Andrew Shewhart，1891—1967）便是这一领域的先行者。他于1924年提出用数理统计方法进行质量管理，发表著名的“控制图法”，以规定任何工人的任务中随机变异的可接受范围，查明是什么原因导致了不可接受的变异，并加以纠正。这一方法的施用，使得质量管理实现了从被动的“事后把关”到“积极预防”的转变，质量也由此成为一个技术性的专门领域。

爱德华兹·戴明曾经与休哈特共同致力于研究提升质量效率的技巧，曾经在第二次世界大战期间将统计质量控制方法应用于美国的军工生产并获得了成功。虽然戴明的质量管理理论在当时的美国并没有受到充分的重视，却极大促进了战后日本的经济发展。从1950年至1965年，戴明先后五次受邀去日本讲学，受到日本政府和企业界的普遍欢迎，并引发了“日本品质革命”。到了20世纪60年代，日本的经济开始腾飞；70年代，日本企业开始大举进入西方市场；80年代，日本工业超越美国而称雄于世界。为此，戴明被尊称为“日本经济奇迹之父”“质量之神”。

正是质量管理在日本的成功，才让美国人真切认识到“美国制造”和“日本制造”在质量上的差异。1980年6月24日，戴明在80岁之际通过电视节目《日本能，为什么我们不能》，最终被美国大众熟悉。戴明在1982年出版的《质量、生产力与竞争地位》一书中指出，美国工业界在国际市场竞争力急剧下降的重要原因在于，企业高级经营者不谙经营之道，不能为公司的长远发展制定规则，也无法阻止企业在国际市场上竞争力下降的趋势，而唯有转变美国管理的风格，才能遏止这种衰退的趋势。他在该书中归纳出“管理目标十四要点”，作为拯救美国工业危机的良方。

1986年，戴明将此书重新整理出版，命名为《转危为安》（*Out of Crisis*，又译为《走出危机》），进一步阐述了这十四点管理要点。具体内容如下：

---

① 安德鲁·卡耐基. 成功的本质：钢铁大王安德鲁·卡耐基自传. 南京：江苏文艺出版社，2012：75.

1）要把改进产品和服务作为恒久的目的。传统质量控制（QC）的理念是一种静态管理，实际上质量管理是一种有组织、有计划地持续改进和不断满足市场、用户需求的动态过程。在新经济时代，企业若要求生存，就必须以品质作为最终目标。这需要处理好“今日问题”与“明日问题”的关系。“今日问题”包括产品质量的维护、产量的控制，以及预算、雇佣、利润、销售、服务、公共关系、预测等；“明日问题”包括创新、将资源投入研究及教育、经常提高产品与服务的设计等，以克服短期行为。

2）随时吸收新哲学、新方法，以应付日益发展的趋势。以往人们认为生产高质量的产品会导致成本加大，事实上，正好相反，品质提高会导致更低的成本，因为当产品或服务的品质不断提升时，顾客也会愈来愈多，生产力或利润率也必定会随之提高。

3）质量不是来源于检验而是来源于改进生产过程。质量意味着一次成功而不需要返工，因而应采用事前预防的方法，以降低次品的发生率。

4）不以价格作为采购的单一考虑准则。价格只是相对于质量才有意义。一种物料最好向同一供应商采购，并建立长期互信关系。

5）生产系统和服务系统的改变不是一劳永逸的，而应持续不断地进行。

6）建立在职培训制度。工作人员的技能直接影响着产品质量，管理者必须要对员工进行岗位培训，使员工自觉把工作要求当作自己的本分。

7）建立领导风格。管理不是监督而是领导，领导人应帮助员工并为员工未来的成败负责。

8）排除员工的恐惧感，使员工更有效率地工作。

9）整体的最优需要各部门通力合作，应拆除部门间的藩篱。

10）避免向员工喊口号、贴海报或定目标，应为员工多提供实现目标的方法和手段。

11）企业以数字化目标要求员工或设定生产配额标准，会使生产成本加倍。同时，常常把焦点放在数量而非质量上，使人们为了完成定额指标往往不顾质量而进行粗制滥造。因而，企业应取消工作标准及数量化的定额，把顾客对产品的满意程度和持续购买当成最重要的品质指标。

12）消除员工成就感的障碍。年度考级或评定等级、按时计酬，往往会成为管理者、工人享受这种权利的障碍，应致力于消除这种障碍。

13）鼓励每一个人自我教育与提高。

14）全员参与。公司的所有成员都应该参与到质量改进中，主要的参与形式有：分享决策权；代表参与，如工作委员会和董事会代表；质量圈，即由一组员工和监管者组成的共同承担责任的一个工作群体；员工股份所有制方案，使员工将自己利益与公司利益联系在一起。①

正是以如上十四点管理要点为核心，戴明建立起了一套科学的质量管理理论、方法。其中，最著名的就是PDCA循环管理法（所谓“戴明环”），即把企业管理分为计划(Plan)、执行（Do）、检查（Cheek）、处理（Action）的不断循环过程，并以整个组织的力量来进行推动。前一个循环结束，随即转入下一个循环，从而使企业的产品质量不断

---

① 戴明．转危为安．台北：天下远见出版公司，1997：30-83.

提高。

1993 年，戴明出版《戴明的新经济观——应用于产业、政府、教育》一书，进一步将西方管理主流的弊端概括为九个方面：

1）只讲技巧而忽视管理理论。

2）过分热衷考绩制度。这是一种错误的假设，一种嫁祸于人的托词，因为员工的业绩主要取决于所属的系统而非个人。

3）奖金制度。对个别业绩较高的员工进行奖励，反倒会带来员工之间的嫉妒、不公平感和失落感。

4）向部门和个人下达利润指标。这种各自为政的方式容易忽视整个组织的目标，促使人们去追求局部的眼前利益。

5）目标管理。戴明对德鲁克的“目标管理”理念进行了批判：实行目标管理将会给员工带来压力，使员工在惴惴不安中工作；为员工设定目标而不提示如何完成，使员工不知所措；“数字配额”是“平均产值”，员工一旦达到当日配额，就会停止工作，使员工养成“努力完成数字上的目标，不管企业的死活”的思想；实行目标管理往往需要进行目标细分，然而，部门成果不能简单相加，因而目标管理对企业总目标的实现并没有积极意义。

6）设定数字化目标。为了完成“数字”，致使人们作假。

7）成果导向管理。忘记了成果形成的过程，且认定结果来自个别人在特殊的情况下的反常行为，而忽略了对系统责任的追究。

8）以最低标价购买物料及服务。

9）将品质管理授权给某个人或某个团体，结果导致每道工序都达标，但不一定提升企业的整体品质。①

可以说，戴明的质量管理理论是对管理法则、管理重心、管理范畴、管理境界的全面革新。这主要表现在：其一，戴明抛弃了依赖检验进行质量控制的传统做法，排除员工的恐惧心，避免向员工喊口号、说教或定目标，并鼓励全员参与等，意味着对人的主观能动性和创造性的充分尊重。其二，戴明打破了制度控制下的传统式管理，倡导一种由员工自我约束、自我管理、自我发展的管理机制，从而充分调动了员工的自主意识。其三，传统的企业管理多限定在企业内部，而戴明的质量管理把管理范围直接延伸到“市场”。其四，在戴明那里，确立目标、进行在职训练并改善在职教育体系，都是为了企业的未来。

随着戴明思想在实践上的成功应用，福特、通用、西方电气公司、摩托罗拉等著名企业纷纷聘请他担任顾问，采用他的质量管理方法，质量管理终于成为美国人竞相追逐的目标。这一改变不仅使濒临破产边缘的美国传统经济在 20 世纪 90 年代开始重新焕发生机，并为今天美国不断的技术突破和迅速崛起的新经济奠定了坚实的基础。1991 年，《美国新闻与世界报道》杂志评选出了改变世界的九个人物或事件：“第一位的是使徒保

① 戴明. 戴明论质量管理. 海口：海南出版社，2003：351-358.

罗（St. Paulus，3～67年）；而戴明则是年代最近的一位。”①

（2）约瑟夫·朱兰与费根鲍姆。与戴明一样，约瑟夫·朱兰也多次去过日本，并对日本经济复兴和质量革命产生了巨大的影响。朱兰在实践中体会到，日本人对质量问题很认真，把质量看成工作的一部分而不是孤立的活动，他们的态度和行为已经形成一种文化，也许这就是日本成功的主要原因。而在西方，企业关注的是那些财务状况的度量指标，而不是质量改进。

朱兰在理论上最突出的贡献，就是在1951年出版的《质量控制手册》中提出的质量改进的“三部曲”：一是质量计划。朱兰强调任何活动都离不开顾客、中间商和供应商，而每个员工既是供应商也是顾客，从而确保员工能够参与质量管理，使员工目标与公司目标一致，把目光锁定在终端顾客上。二是质量控制。指用计划—实施—检查—评价循环来监控企业内部的生产运行，包括确定控制什么，建立测量单位，确立绩效标准，并弥合实际绩效和设定目标之间的差距，以确保产出质量最优化。三是质量改进。质量改进不仅涉及产品质量，还包括诸如企业中供应部门、调度部门的工作质量等。更为重要的是，质量改进需要取得“突破”，且“永无止境”。② 朱兰提出的质量策划路线图实际上形成了一个完整的管理体系，即通过自上而下的绩效改进与自下而上的创新相结合的方法，通过测量、改进和监督，保证质量与公司目标一致。

朱兰还依据大量的实际调查和统计分析，创造性地提出质量学的“帕累托原则”③：只有20%的质量问题来自基层操作人员，而80%是由于管理层的错误所引起的；同时，80%的质量问题是在20%的环节中产生的，所以要关注“关键的少数”④。究其原因，责任还在领导，因此，高层主管必须积极地参与到质量改进活动中去。朱兰进一步指出，要想真正弄明白质量问题产生的缘由，就必须仔细考察产品计划、产品开发等所组成的跨职能业务过程是如何设计和发生变化的。由于历史的原因，管理当局的方向、目标和考核通常被部署在以职能专业化为特征的等级制构造中，却没有谁对整个过程负责。事实上，很多问题都源自部门要求与整个过程的要求之间的冲突。因此，朱兰指出，管理者必须树立起一种过程的观点，并提出了衡量过程质量的三个尺度：效果（产出是否满足顾客需要）、效率（能否以最小成本实现效果）和适应性（面对诸多变化能否保持效果和效率）。⑤ 1999年，朱兰在《质量控制手册》的基础上，出版了汇集一批质量管理领域的世界级顶尖专家参与撰写的《朱兰质量手册》一书，堪称质量管理领域的集成之作。

随着管理实践的推进，质量管理逐渐被提升到经营管理的层次，越来越多的管理者开始认识到，“管理的质量”与“对质量的管理”同等重要。于是，人们开始使用“大质量”（big Q）这一术语来突出对于所有组织过程的质量的管理：“意指组织范围内的卓越绩效，它渗透到管理组织所涉及的方方面面，而不再只是一个狭义的工程学上的或只是

---

① 斯图尔特·克雷纳. 管理百年. 海口：海南出版社，2003：170.

② 约瑟夫·M. 朱兰，约瑟夫·A. 德费欧. 朱兰质量手册：通向卓越绩效的全面指南：第6版. 北京：中国人民大学出版社，2014：83.

③ 19世纪意大利经济学家维尔弗里多·帕累托（Vilfredo Pareto）曾提出：80%的财富是由20%的人所支配，这就是所谓帕累托原则，也称为“80—20原则”。

④ Debbie Phillips Donaldson. 100 Years of Juran. Quality Progress，2004（5）：25-39.

⑤ 同②188.

限于产品方面的专门用语。”① 与此相对的“小质量”（little Q）则主要是指针对制造质量的管理。

20 世纪 60 年代，美国通用电气公司工程师阿曼德·V. 费根鲍姆在戴明和朱兰等人理论的基础上，进一步提出“全面质量管理”的概念（Total Quality Management，TQM）：“为了能够在最经济的水平上，在充分满足用户要求的条件下进行市场研究、设计、生产和服务，把企业内各部门形成质量、维持质量和提高质量的活动融为一体的一种有效体系。”② “全面质量管理”的重点在于“全面”二字，就是要求把质量管理从供应商开始一直贯彻到顾客这一全过程。因此，与其说 TQM 是质量管理，不如说它是以质量为中心的、通过顾客满意和本组织及社会受益而达到长期成功的管理途径。TQM 的理念促使人们认识到，质量管理不再是企业中少数质量管理和检验人员的事，而是需要企业的所有部门、各类人员，从上到下在研制、设计、生产、使用的各个阶段，为提高及保证产品的质量而努力。因此，组织人员需要有“全面质量”的意识而避免本位“质量”意识，以保证“全面质量”的提高。经过 50 多年的实践和发展，TQM 如今已成为一种指导企业经营活动的管理理念，并在世界范围内得到广泛的应用。相应地，质量管理的概念已经远远超出了最初的制造业范围，而已渗透到医疗、教育、非营利组织、政府部门等领域。

（3）“零缺陷”与“精益制造”。与戴明、朱兰同被称为“质量管理教父”的菲力普·克劳士比（Philip Crosby，1926—2001）是一位商业传奇人物。他从商界的底层起步——检查员，一步步做到国际电话电报公司（ITT）副总裁。克劳士比的质量理念的精髓体现在“质量管理定律”中：其一，质量就是符合要求，而不是“好”。克劳士比对企业经营者把“良品率”作为产品质量标准提出异议——假设生产某产品需要 15 道工序，每道工序的良品率都达到 99%，这看起来似乎不错，但通过 15 道工序，将 99%乘上 15 次，最终结果只有 86%了。对质量的检查与评估只是一种事后弥补，如果能够预防，就不会出现质量问题。换言之，预防产生质量，而检验不能产生质量。其二，质量问题根源于各个职能部门，而非仅仅是质量部门的责任。其三，不需要什么质量经济，“第一次就把事情做对”，就可避免浪费在补救上的诸多“成本”。其四，只要做到质量的“零缺陷”，自然就不需要企业再花钱来提高质量。这意味着全神贯注于预防缺陷，而非找出缺陷来修补。③

从一个理想化的角度讲，“零缺陷”的产品根本不需要售后服务，故而是质量管理的最高境界。日本的许多企业正是“零缺陷”观念的成功实践者和受益者。正是“零缺陷”的生产观念，成为丰田公司所创造的“精益制造”（lean manufacturing）的重要内涵。在福特汽车公司创立第一条汽车生产流水线之前，流行的是单件生产方式，即用熟练工人和简单、通用的工具来制造产品，每次一件。自然，这种生产方式的价格是大多数人难以承受的，故而才有了 20 世纪初大规模生产对单件生产方式的替代。大规模生产采用

---

① 詹姆斯·R. 埃文斯，威廉·M. 林赛. 质量管理与质量控制：第 7 版. 北京：中国人民大学出版社，2010：6.

② 同①74.

③ 同①72.

昂贵的专业设备生产，可生产大批量的标准产品，故而产品价格较为低廉。当然，这种单品种、大批量的流水生产方式的局限是，产品品种单一，雇员工作单调、乏味。

第二次世界大战后，随着市场需求向多样化发展，日本丰田公司的丰田喜一郎（Kiichiro Toyoda，1894—1952）和大野耐一（Taiichi Ohno，1912—1990）等人经过艰苦探索，最终综合了单件生产与批量生产的特点和优点，逐步创立了一种独特的在多品种小批量混合生产条件下的生产方式，即准时生产（Just In Time，简称JIT）：其一，拉动式生产，即由市场需求信息决定产品组装及零件加工，从而减少或消灭库存，真正做到了所谓“要什么生产什么”“要多少生产多少”“什么时候要什么时候生产”。其二，均衡化生产，即从采购、生产到发货各个环节都要与市场合拍。[①] 日本汽车工业正是由于得益于这种小批量生产方式，既避免了大规模生产的高成本，又避免了单件生产的僵化，故而得以在汽车行业超越美国而称雄世界。

为了揭开日本汽车工业的成功之谜，美国麻省理工学院确定了一个名叫“国际汽车计划”（IMVP）的研究项目。该项目在丹尼尔·琼斯（Daniel T. Jones）教授的领导下，组织了一批专家、学者，从1984年到1989年，对14个国家的近90个丰田汽车装配厂进行实地考察，并于1992年出版《改变世界的机器》一书，把丰田的这种生产方式定名为“精益制造”，也称精益生产（Lean Production，简称LP），即通过“及时适量”“零库存”等方式，实现“订货生产”，从而确保产品质量并降低成本。

1996年，丹尼尔·琼斯等人经过第二阶段的研究，又出版《精益思想》一书，进一步将精益生产视为企业内部和关联企业之间实现协同竞争的一种全新管理思想：第一，确定价值。价值由具有特定价格、能在特定时间内满足用户需求的特定产品来表达，与此价值定义不相符或没有增加价值的任何事物都是浪费。第二，识别价值流。价值流体现在完成如下管理任务的特定活动中：从概念设想，通过细节设计，再到投产的全过程；从接订单到制定详细进度，再到送货的全过程中的信息管理；从原材料制成最终产品，再送到用户手中。第三，流动。一旦精确地确定了价值，制定出某一特定产品的价值流图，就要使保留下来的、创造价值的各个步骤流动起来，做到所有为设计、订货和提供产品所需要的活动都在连续流动中进行。在大多数情况下不用装配线，而是迅速调整，从一种产品转产到另一种产品，并使用“适当规模”的机床（小型化）。第四，拉动。从“部门”和“批量”转化到“生产团队”和“流动”，不仅所需时间大大减少了，而且可以使正在生产的所有产品任意组合，及时满足需求的变化。第五，尽善尽美。精益生产通过不断减少付出的努力、时间、场地、成本和错误，从而使产品比以往更接近用户的需求。[②]

由于丰田公司的成功实践，自20世纪末以来，全世界范围内掀起了一股学习精益生产方式的狂潮。在这一过程中，精益思想日渐越出制造业，渗透到服务行业、民航和运输业、医疗保健、通信和邮政管理等所有领域，并不断发展完善。

---

① 詹姆斯·P. 沃麦克，丹尼尔·T. 琼斯，丹尼尔·鲁斯. 改变世界的机器. 北京：商务印书馆，1999：13-14.

② 詹姆斯·P. 沃麦克，丹尼尔·T. 琼斯. 精益思想：消灭浪费，创造财富. 北京：商务印书馆，2005：13-29.

（4）六西格玛管理模式。戴明、朱兰、克劳士比及其他人的质量理念，导致出现了众多认可全面质量原则的奖项和认证。1987 年，美国政府仿效日本的戴明奖，以里根政府的商务部长马尔科姆·鲍德里奇（Malcolm Baldrige）的名字命名设立了著名的美国马尔科姆·鲍德里奇国家质量奖（Malcolm Baldrige Award）。而随着国际贸易的迅猛发展，迫切需要制定一个国际通用的质量管理标准，以减少各国间因产品质量问题而设置的贸易壁垒。为此，国际标准化组织（International Organization for Standardization，简称 ISO）于 1979 年开始着手制定质量管理方面的国际标准。经过 9 年的深入研究，1987 年 3 月，第一套管理性质的国际标准 ISO 9000 应运而生。2000 年 12 月 1 日又正式颁布了 2000 版的 ISO 9000 新标准，从而为企业实现质量管理的系统化、文件化、法制化和规范化确立了一个明确的指南。

在实践上，美国企业在全面质量管理运动中，也催生出一种管理模式——六西格玛（6σ），并逐渐演化成为一个独特的质量管理框架。六西格玛管理模式的诞生，可追溯到 20 世纪 70、80 年代的摩托罗拉公司。当时的摩托罗拉的领导人承认产品质量低劣，并开始寻求突破，而逐渐萌生出六西格玛的管理理念。“西格玛”一词源于希腊字母“δ”，在统计学中代表标准偏差值，用以描述总体中的个体离均值的偏离程度，旨在通过降低产品及流程的缺陷次数，以提升产品品质。六西格玛（6σ）管理模式通过计算 DPO（每个机会中的缺陷数）、DPMO（即每百万次采样数的缺陷率），以消除或减少工作差错及产品缺陷。σ 值越大，缺陷或错误就越少。6 个西格玛＝3.4 失误/百万机会，这个质量水平意味着 99.999 66％的产品或过程是无缺陷的。这几乎趋近到最完美的境界。

摩托罗拉公司因成功地应用了六西格玛而享誉全世界。受此影响，从 1995 年下半年开始，杰克·韦尔奇领导下的通用电气公司把六西格玛应用于公司所经营的一切活动，而成为美国业界质量管理运动的“标杆”。不仅如此，韦尔奇创造了一个最有益于人才成长的文化，其著名的“数一数二”经营理念所倡导的是，如果在行业中不能做到第一或第二，就要被砍掉。在韦尔奇的领导下，通用电气一度发展成盈利能力位列全美上市公司第一的世界级大公司。由此，质量战略变成一种企业文化，成为企业追求管理卓越性的重要表征。

具体而言，六西格玛管理模式具有如下一些特征：第一，以顾客为关注焦点，通过降低不良质量成本和提高顾客满意度来占领、开拓市场。第二，注重数据和事实，使管理成为一种真正意义上基于数字的科学。第三，重视流程管理。通过对流程的优化而非对最终产品的严格检验来提高质量。第四，积极、主动地改善管理。用动态的、即时反应的、有预见的、积极的管理方式，在缺陷产生之前进行干预，而非被动处理危机。第五，倡导无边界合作。以项目管理为基础，重视团队合作，致力于促进组织内部横向和纵向的合作。第六，追求完美，容忍失误，不断尝试用新方法去改善流程。第七，强调从上而下的全员参与，人人有责，不留死角。[①] 如今，它已成为当今许多世界一流公司追求持续进步的管理模式（见“6σ 管理方法与精益生产的比较”）。

---

① 詹姆斯·R. 埃文斯，威廉·M. 林赛. 质量管理与质量控制：第 7 版. 北京：中国人民大学出版社，2010：92.

6σ 管理方法与精益生产的比较

6σ 管理方法与“精益生产”相比，尽管都以“尽善尽美”为目标，都基于流程管理，都强调必须不断对业务流程诊断、改进，都注重人员的培训与管理，但二者也存在一些显著区别：第一，精益生产强调充分调动人的积极性；六西格玛则注重于逻辑分析，更强调专业化。第二，精益生产强调现场的重要性；六西格玛是基于项目管理，采用的是自上而下的管理方式。第三，精益生产采用渐进的持续改善策略，不需要大的投入；六西格玛则要求每个项目都有突破性成就，其投入也较大。第四，精益生产的培训倾向于“干中学”，六西格玛管理注重管理人员的系统化培训。第五，精益生产强调现场专家的作用；六西格玛则注重定量分析，避免凭经验解决问题。第六，精益生产方式侧重于消除浪费；六西格玛则力求减少和消灭波动。总的来看，精益制造的优势在于注重系统流程的管理，但缺乏定量的统计方法；而六西格玛管理能够通过统计手段准确测量影响流程变异的因素，但缺乏系统整体的优化能力。由此，出现了对二者进行结合的有益尝试——精益六西格玛（Lean Six Sigma，简写为 LSS）。①

2. “品牌热”的反思

与质量问题密切相关的一个词语，便是品牌。英文中的“品牌”（Brand）一词源于古挪威词汇“brandr”，意思是“烙印”，原指烙在动物身上以区分其所有权的标记。随着商品经济的发展，它逐渐被应用到商品领域，成为区别不同商家的标志。按照美国市场营销协会（American Marketing Association，AMA）对品牌所下的定义：“品牌是一个名称、专有名词、标记、符号，或设计，或是上述元素的组合，用于识别一个销售商或销售商群体的商品与服务，并且使它们与其竞争者的商品和服务区分开来。”② 在产品日益同质化的今天，品牌日渐成为营销活动的重要依托、手段，成为企业竞争力的象征。按照美国著名广告研究专家莱利·莱特（Larry Light）的名言：“拥有市场比拥有工厂更为重要，而拥有市场的唯一途径就是拥有占有统治地位的品牌。”③

从现代商业发展史来看，宝洁公司首开品牌管理之先河。1931 年，宝洁公司提出了“一个人负责一个品牌”的构想。在这种品牌经理制下，品牌经理统一协调生产部门及销售部门的工作，负责品牌管理的所有方面及整个过程，并对其所负责品牌的产品开发、销售及利润负全部责任。④ 宝洁公司正是通过品牌管理、渠道管理和广告管理等方面的创新，而成为全球消费品营销的标杆企业。

20 世纪 50 年代初，美国广告设计师 R. 雷斯（Rosser Reeves，1901—1984）提出“独特销售主张”（Unique Selling Proposition，USP）理论，强调寻找产品或服务的独特性，为消费者提供差异化需求。20 世纪 60 年代，随着对品牌内涵的进一步挖掘，逐渐形成“品牌个性论”（Brand Character Theory）。这一理论认为，品牌个性的塑造应独具

---

① 迈克尔·L. 乔治. 精益 6 西格玛. 北京：机械工业出版社，2003：7.
② 凯文·莱恩·凯勒. 战略品牌管理. 北京：中国人民大学出版社，2009：3-4.
③ 李晓青，周勇. 中外企业品牌管理研究综述. 商业研究，2005（21）.
④ 余明阳，姜炜. 品牌管理学. 上海：复旦大学出版社，2006：50.

一格、令人心动、历久不衰。譬如，“花旗参”以鹰为象征物；IBM以大象为象征物；等等。大卫·奥格威（David Ogilvy，1911—1999）提出品牌形象论：服务是广告最主要的目标；应不惜牺牲短期效益而去维护一个好的品牌形象；品牌形象要比强调产品的具体功能重要得多；广告应特别重视消费者的心理需求；等等。①

在品牌历史上，最具有戏剧效果且最经典的例子，首推1954年的万宝路（Marlboro）广告所展示的“勇敢、冒险、激情进取”的男子汉形象。之后，麦当劳、索尼等许多国际品牌开始出现。的确，只有独特的品牌个性，才能取得更大的成功。然而，随着产品日益同质化，企业通过形象来塑造产品差异的难度变得越来越大。1979年，美国营销专家杰克·特劳特（Jack Trout）和阿尔·里斯（Al Ries）出版的《定位》一书认为，应该从消费者角度出发，研究消费者的所思所想，寻找到产品独特的市场地位，即“定位”（Positioning）。②

20世纪90年代，“品牌形象”的概念逐渐被扩展为“品牌资产”（Brand Equity）。1991年，大卫·A. 艾克（David A. Aker）在《管理品牌资产》一书中提出了构筑品牌资产的几大要素：一是产品品牌是与产品或服务相关的实体信息，如产品范围、产品属性、产品品质、产品用途、使用者、原产地等；二是组织品牌，强调品牌与组织属性之间的关联，包括企业规模、企业历史、企业创新等；三是具有人格的品牌，包括品牌个性、品牌与顾客之间的关系；四是作为符号的品牌，包括品牌名称、品牌标志、品牌口号和品牌传奇等。可见，品牌资产这一概念，综合了消费者的态度和行为以及市场手段等，它让消费者明确清晰地识别并记住品牌的利益点与个性，从而成为驱动消费者认同、喜欢乃至爱上一个品牌的主要力量。譬如，舒肤佳的核心价值是“有效去除细菌　保持家人健康”，劳斯莱斯的核心价值是“皇家贵族的坐骑”，等等。

当然，一个品牌被消费者认同，也不可能仅仅依靠核心价值，还要有企业理念、技术形象、产品特点、品牌气质、亲和力等丰满的品牌联想。为此，1996年，大卫·A. 艾克又出版《建立强势品牌》一书，提出企业要赋予品牌独特而又明确的内涵和意义，要为品牌建立全面的识别系统，而不只是为品牌起个名称或设计一个标志而已。2000年，艾克又出版《品牌领导》一书，指出企业应把品牌识别作为战略的驱动力。③

随着品牌资产成为企业的一种新的战略资源，品牌管理也逐渐从营销学中独立出来，成为公司管理中的重大新领域，企业品牌管理的成败也越来越取决于利益相关者对品牌的积极回应和互动参与程度。美国学者布莱克斯顿（M. Blackston）最先提出了品牌关系（Brand Relationship）的概念，认为品牌关系是“消费者对品牌的态度与品牌对消费者的态度互动”④。在这种理论视野中，品牌管理实质上是对品牌关系的管理，这种关系不仅局限于品牌与顾客之间，也包括品牌与其他利益相关者之间的关系。

2006年底，美国《时代》周刊将“You”评为“年度人物”，宣告了You时代的来

---

① 张锐，刘进平. 品牌生态理论与管理方法研究. 北京：中国经济出版社，2013：9.

② 费明胜，刘雁妮. 品牌管理. 北京：清华大学出版社，2014：57.

③ 余明阳，杨珊珊. 品牌营销管理. 武汉：武汉大学出版社，2008：154.

④ M. Blackston Observations. Building Brand Equity by Managing the Brand's Relationships. Journal of Advertising Research，2000（40）：101-105.

临。这意味着个人主义价值观流行、人们的自我感受与自我要求的高度张扬。与以往不同，如今的消费者越来越不喜欢被动接受企业产品，而想要按照自己的意愿来创造产品和品牌。由此，生产者和消费者的界限将逐渐模糊，并产生新的词语“Prosumer”，即生产型消费者或专业型消费者。当今流行的视频分享、圈子、短信、微博、微信等交互式媒介，为此提供了便捷的沟通平台，导致基于某个品牌而形成消费者族群，即“品牌社群”。这就为企业实施品牌共创战略提供了可靠途径，从而开创出一个品牌共创的时代。

随着品牌观念的流行，企业界日益滋生出这样一种观念：成功企业的要务在于创造品牌而非制造产品。随着这种“要品牌，不要产品”成为新世界的“魔咒”，公司逐渐远离产品及其特质，转而从心理学及人类学的层面上见识品牌对于文化及人类生活的意义。这标志着“品牌时代”的来临。在消费者的心中，品牌不仅仅代表产品质量，更代表一种生活方式，一种身份，一种时尚。譬如说，就法国的香水品牌而言，经营的不仅仅是香水，更是法兰西民族的那种浪漫精神，一种美的梦想。由此，品牌经营已经成为企业发展的不二法则。而那些具有成功品牌的企业，也凭借其品牌的溢出效应而不断进行品牌扩张。

就在这种品牌喧嚣的时代风潮中，加拿大女学者娜奥米·克莱恩（Naomi Klein，1970— ）以其清醒的头脑，反其道而行。1999年，她出版《NO LOGO：颠覆品牌全球统治》（*No Logo：Taking Aim at the Brand Bullies*）一书，对这种“品牌文明”进行了激烈的抨击。该书分为“别无空间”“别无选择”“别无工作”“拒绝品牌”四个部分。

在第一部分“别无空间”中，娜奥米着重揭示了品牌运动和品牌观念对人类社会生活的全面渗透，指出品牌构成了对文化生产与公共空间的“新型钳制”，“城市景观被广告影像淹没，社区文化被品牌文化吞噬，人看似有了更多的选择，实则已几无选择”。企业发展过于强大，甚至取代了政府，造成无处不在的“企业统治”。逐渐地，产品制造本身已不再是企业的重要职能，反而成了品牌的“填充物”。①

在第二部分“别无选择”中，娜奥米辛辣地指出，当品牌教导你什么是“好”的生活模式时，却在不经意间窃取了你的个性和选择权。而当娱乐业和媒体业的所有触手得以成功整合，搅拌出同一种产品的各种相关副产品，包括玩具、书籍、主题乐园、杂志、电视特辑、电影、CD、光驱、超级商店、卡通和大型音乐剧等，这种“协同合作”最终造成庞大的企业空间：“我们都得向品牌致敬，而且几乎没有批评的机会，因为报纸、电视台、网络公司、街道和零售空间全都被跨国的企业利益所掌控。”②

在第三部分“别无工作”中，娜奥米指出，随着产品和品牌之间的分离，以及在人们观念中品牌对产品的“替代”，生产反而成为“单调、不重要的例行琐事”。由此导致的结果是，全世界愈来愈多高知名度、利润丰厚的企业，将就业市场的麻烦事甩到脑后。对于个人而言，要想在职场获取成功，就要将自己出租给锁定的公司，让公司反过来增加自己“可圈可点”的履历。在这种状况下，非常态工作最终变成了双重噩梦：单调的

① 娜奥米·克莱恩．NO LOGO：颠覆品牌全球统治．桂林：广西师范大学出版社，2009：17，36，46，72．
② 同①208．

工作，更少的薪水，没有任何福利或保障，时间安排甚至更难控制。收入水平愈高的人，愈能掌握自己的去留；收入水平愈低的人，就愈容易被牵着鼻子走，被迫接受更低的薪水。①

在第四部分“拒绝品牌”中，娜奥米将矛头直接指向了当今全球化经济体系下的血汗工厂。通过艰苦的调研，娜奥米深深感受到了高洁、光鲜的品牌背后，所隐藏着的凄惨、藏污纳垢的生产环境：“企业高层名人狮子大开口，要求天价的酬劳，无人能管；打造品牌和广告则花上几十亿美元——而这一切背后的支撑基础，却是临时搭建的陋屋、脏污的工厂，以及可怜、梦碎、挣扎求生存的年轻女孩……”② 而许多发展中国家政府为了确保巨额投资，都对外国企业对人民不利的过分侵权行为睁一只眼闭一只眼。西方世界国家也对这些事视而不见，不愿因为其他国家的内部问题，失去本国企业的全球竞争力。③

应该承认，全球化和自由贸易促发了商品的自由流通，但是，在种种奇迹的背后是品牌公司的贪婪。为此，娜奥米鼓动人们“拒绝品牌”，挺身抵制，清洁社区，收复街道：“虽然要拥抱全球化，但是要将之从跨国企业的手中抢救下来。”④《NO LOGO》一书，在全球范围内引起广泛回响，并催生出一个新的族群——“NoNo 族”，他们的共同特征是提倡简约、崇尚自然、回归纯真的“新节俭主义”生活。“NO LOGO”时代，品牌应该回归本质——生活才是一切。这便是娜奥米带给我们的最大启示。

3. 现代营销观的演变逻辑⑤

从泰勒关注生产的效率，到组织行为学，再到质量诉求，管理的研究一直在生产和组织运营的内部圈子里打转。虽然巴纳德、西蒙以及德鲁克等人以一种更为广阔的视角看待组织和管理，认识到顾客的存在及其价值，但在经济匮乏的时代，顾客只是一种被动的产品接收者，而没有引起真正严肃的对待。直到第二次世界大战后，随着全球经济的复苏和消费时代的到来，人们才充分认识到顾客在整个生产经营中的主导地位，由此出现了一门新兴的管理学的研究分支——市场营销或营销管理。

（1）从产品导向到顾客导向。19 世纪后期至第二次世界大战前，世界处于短缺经济时代。此时的企业是生产型企业，由于数量上的供不应求，因而是一种典型的卖方市场。与这种短缺经济相应的是一种产品推销观。企业只是生产和提供产品，通常是坐等消费者前来购买，消费者则几乎没有选择余地。在这种状况下，人们更多的是关心产品的生产和价格。伊·杰·麦卡锡（E. Jerome McCarthy）将这种营销模式概括为“4P”营销组合：产品（Production）、价格（Price）、地点（Place）和促销手段（Promotion）。随着 20 世纪 50 年代的经济复苏，产品开始由“短缺”转向“过剩”，消费市场成为买方市场（被称为“金色的 50 年代”）。福特 T 型车开创了汽车的大众消费，拉开了消费造就市

① 娜奥米·克莱恩. NO LOGO：颠覆品牌全球统治. 桂林：广西师范大学出版社，2009：274.
② 同①350.
③ 同①358-360.
④ 同①464.
⑤ 彭新武. 论当代营销观的演变逻辑. 北京行政学院学报，2016（2）.

场的历史序幕；美林证券（Merrill Lynch）改变了早期只有大资本才能进入证券市场的格局，开创了金融的大众化市场。在这种情况下，产品的数量不再是强调的重点，公司开始重视营销功能和顾客。这标志着营销管理时代的开始。

早在1946年，德鲁克在《公司的概念》一书中，就强调了消费者研究的重要性，认为要让公众理解到公司的问题，公司首先必须理解公众的问题，“从消费者的角度看待他们自身和他们的工作”①。在1954年的《管理的实践》一书中，德鲁克进一步明确把顾客放在中心位置上，提出“顾客是企业的基石”观点，并对企业的含义做了一针见血的解释：“由于企业是社会的一分子，因此企业的目的也必须在社会之中。关于企业的目的，只有一个正确而有效的定义：创造顾客”，“由于企业的目的是创造顾客，任何企业都有两个基本功能，而且也只有这两个基本功能：营销和创新”，我们的事业是什么？应该“由顾客购买产品或服务时获得满足的需求来定义”，这是“决定企业成败的最重要的问题”②。

德鲁克的观点为营销管理的研究开启了方向——满足顾客的需求，成为企业营销活动的逻辑起点和归宿。正是受德鲁克思想的影响，1960年，美国哈佛商学院教授西奥多·列维特（Theodore Levitt）提出了一个里程碑式的观点：大多数企业强调的是卖方需求，忽视了顾客需求，使营销成了“后娘养的孩子”。列维特坚信，“没有贫瘠的市场，只有贫瘠的想象力”，人们没能充分理解顾客的预期，即患上了“营销短视症”。③

为此，列维特强调“以顾客为导向”，从而将营销引入一个顾客导向的时代。在这样的时代风潮中，谁的神经末梢灵敏，谁能够对顾客的细微变化做出最恰当的反应，谁就是胜利者。作为这一时代的流行口号“为顾客着想”，意味着公司根据顾客的兴趣变化而变革公司的顾客服务。就在这种顾客导向的指引下，一种新的企业理念“顾客满意度”日益成为企业能否赢得市场的关键。“满意度”一词，作为对顾客感觉程度的表述，取决于产品的品质、服务与人们的期望之间的对比。由此而衍生出现代营销学的一个基本概念：“顾客价值”（Customer Value，CV）。这一概念是指顾客对企业产品或服务是否物有所值的评价，而评价的高低能够通过顾客获得的“让渡价值”来衡量，即顾客总价值（包括顾客在购买和消费过程中所得到的全部利益）与顾客总成本（顾客在整个购买和使用产品过程中涉及的所有“支出”）之差。显然，只有优先考虑顾客让渡价值而不是企业的利润，才能真正赢得顾客，换言之，只要“以服务顾客为最高目标，利润自然随之而来”。④ 因此，企业在经营活动中不仅要创造价值，更要为顾客提供超越竞争对手的价值。正是在这种意义上，现代营销学大师菲利普·科特勒（Philip Kotler，1931— ）将营销管理定义为：“艺术和科学的结合——选择目标市场，并通过创造、交付和传播优质的顾客价值来获得、挽留顾客和提升顾客的科学与艺术。”⑤

既然企业成功的关键是满足顾客的需求，那么，管理者必须充分了解顾客的需求和

---

① 彼得·德鲁克. 公司的概念. 北京：机械工业出版社，2009：73.

② 彼得·德鲁克. 管理的实践. 北京：机械工业出版社，2009：28，39.

③ Theodore Levitt. Marketing Myopia. Harvard Business Review，July-August，1960：45-56.

④ 汤姆·彼得斯，罗伯特·沃特曼. 追求卓越. 北京：中信出版社，2009：133.

⑤ 菲利普·科特勒，凯文·莱恩·凯勒. 营销管理：第14版. 北京：中国人民大学出版社，2012：6.

理念，包括顾客的弱点、梦想、业务障碍和决策缺陷等。不仅如此，现代商业的首要法则，不再是发现并实现需要，而是想象和创造需求，营销有时还可能是一种类似于军事战争一样的独辟蹊径的策略选择。2001 年，美国西北大学凯洛格管理学院教授斯蒂芬·布朗（Stephen Brown）提出的复古营销理论（Retro Marketing）认为，越是稀缺产品越有效用，因而限制产品的可获得性，推迟顾客获得满足的时间，使顾客对产品和服务的需求感受越来越强烈，能够创造和强化顾客需求。① 可见，复古营销理论虽然表面上反对以顾客为中心，但实际上依然是通过强化顾客需求，进而获得营销成效。

在当下，“顾客至上”的理念虽然已成为营销者的金科玉律，但是，必须承认，在特定时空下，一个企业能够“取悦”顾客的手段总是有限的。同时，还存在一种“收益递减法则”，即为了提升质量或服务，公司往往需要付出更为昂贵的成本，但对顾客来说却收效甚微。其实，列维特在 1969 年出版的《营销模式》一书中，就提出应注意“顾客导向”和“产品导向”之间的平衡：“在可以接受的风险水平下，企业必须平衡外部环境（顾客、竞争、政府和社会）的状况与内部环境（资源、能力、方案和愿望）的状况。”② 然而，这种平衡观却被人们普遍忽视了，致使一些企业出现列维特所说的“营销狂热”的现象，迷恋于“对顾客每一个一时闪现的怪念头做出反应”。事实上，单纯的顾客导向观念并不一定能够消解消费者需求与社会、人类的长远利益之间可能存在的冲突。比如，空调降低了房间温度，却加剧了地球温室效应；用氟利昂的冰箱虽然保鲜了食品，却造成了臭氧层的破坏；一次性筷子的生产和使用，给消费者带来了方便，却使森林总量趋于减少；等等。因此，如果将顾客放在主宰市场的道德中心，一切都要由顾客的需要、愿望甚至某种怪异的癖好来决定的话，则是有害的。因此，从某种程度上讲，生产者必须超越消费者个人的偏好。

（2）“营销组合”的变迁。在生产导向的时代，4P 理论占据着绝对地位。随着顾客导向时代的来临，与之相适应的营销组合理论纷纷涌现。纵而观之，当今的营销组合理论表现为如下两种路径：一是对 4P 加以扩展，把 4P 发展成 11P、4V 等营销组合理论；二是脱离 4P 的约束，向全新的 4C、4R 乃至 4S 发展。

自 20 世纪 80 年代以来，基于政府和各个社会集团对企业经营的影响日益凸显，科特勒在传统 4P 营销组合的基础上增加了政治权力（Political Power）和公共关系（Public Relation）。后来，科特勒又补充了探查（Probing，市场调研）、细分（Partitioning，对消费者加以区分）、优先（Prioritizing，首先选择能发挥企业优势的目标细分市场）、定位（Positioning，确定企业的产品在顾客心目中的形象）4 个方面。再后来，科特勒又认识到营销活动中“人”（主要是指企业的员工而不是顾客）的重要性，就又加入了另一个 P（People）。至此，科特勒把原来的 4P 发展成了 11P 的营销组合。③ 而随着高科技产业的迅速崛起，出现了独具风格的“4V”组合：其一，差异化（Variation），是指产品功能、质量、服务、营销等方面的差异性和不完全替代性。其二，功能化（Versatility），针对消费者对产品功能的不同需求，提供相应的系列化产品。其三，附加价值（Value），

① Stephen Brown. Torment Your Customer (They'll Love It). Harvard Business Review, September, 2001: 82-88.

② 西奥多·列维特. 营销想象力. 北京：机械工业出版社，2007：8.

③ 谢春昌. 营销组合理论的回顾与展望. 商业研究，2009（3）.

是指企业之间的产品竞争已不仅仅局限于核心产品与形式产品，已上升至产品的高附加价值。其四，共鸣（Vibration），是指将企业创新与顾客价值联系起来，使企业与消费者之间产生共鸣。① 这一路线的组合理论虽然强调了对消费者地位的关注，但总体上还是以生产者为中心的，是对已有4P组合的改良。

随着企业进入“需求中心论”时代，针对传统的4P理论，劳特邦（Lauterbom）等人从顾客角度提出了“4C”组合：企业应首先考虑消费者的需求（Customer）而不是产品（Product）；企业应了解消费者愿意付出的代价（Cost）而不只是关注价格（Price）；企业应考虑顾客获得商品的方便性（Convenience）而不只关注自身渠道（Place）；企业应与顾客建立良好关系（Communication）而不是一味促销（Promotion）。应该承认，4C组合的提出，顺应了消费者的时代要求，但忽视了对顾客需求的正当性的分析以及企业的付出成本。为此，1993年，舒尔兹（Don E. Schultz）提出4R营销组合理论：关联（Relativity），指为了培育和保持顾客忠诚，企业应努力在企业与顾客之间建立起互助和互需的利益共同体；反应（Reaction），指企业应对顾客的需求做出快速而正确的回应；关系（Relation），指企业应与顾客建立、维护良好的关系；回报（Retribution），指企业应重视营销活动的收获，考虑企业所付出成本的投资收益。② 而随着当下互联网的飞速发展，网络营销已成为营销活动的新领域。2002年，康斯汀奈德斯（E. Constantinides）提出了网络营销组合的4S理论：范围（Scope），主要指确定网络营销的战略目标，分析市场以及企业内部网络营销的准备情况；网站（Site），其基本的使命是吸引顾客，树立企业网络形象；协同（Synergy），指对各网络流程的整合；系统（System），指对网络营销中的技术和网站服务问题的解决③，等等。总体来看，营销组合理论从4C、4R至4S的发展，充分表明生产者和消费者在营销组合中的地位逐渐趋向平衡。

事实上，营销活动中的平衡关系不仅存在于生产者和消费者之间，还存在于他们所处的社会、自然环境之间。正是基于这种认识，科特勒独创性地提出了社会营销的观念，指出营销是一个社会的过程，而不是简单的为企业牟利的商业功能，营销行为应顾及消费者的切身利益以及社会的整体与长远利益，增进社会福利。④ 可见，社会营销实际上就是一种道德营销。当今流行的“绿色营销”这一概念，实际上就是社会营销的一种具体体现。基于工业文明以来经济的高速增长带来了生态环境的严重破坏，在20世纪70年代初，西方发达国家掀起了轰轰烈烈的环保运动和消费者权益运动。在这一过程中，绿色营销理论应运而生：产品开发要从生产、使用到回收处理的整个过程中实现“绿色”化，包括绿色技术、绿色设计、绿色生产、绿色包装及绿色服务等；制定价格要考虑环境成本；选择合适的销售渠道，使绿色产品顺利到达消费者手中；企业要加强绿色宣传，

---

① 吴金明．新经济时代的“4V”营销组合．中国工业经济，2001（6）．

② 谢春昌．营销组合理论的回顾与展望．商业研究，2009（3）．

③ Efthymios Constantinides. The 4S Web-Marketing Mix Model. Electronic Commerce Research and Applications，2002（1）：57-76.

④ Philip Kotler，Gerald Zaltman. Social Marketing：An Approach to Planned Social Change. Journal of Marketing，1971，35（3）：3-12.

培育企业绿色文化，做绿色广告等。例如，美体商店（Body Shop）于 20 世纪 70 年代在英国创立，它提倡“反对浪费”“崇尚自然”，被公认为履行企业社会责任的先行者。美国的安利公司生产的清洁用品，均有生物降解性能，并减少包装废料，从而开辟了无穷的财源。由此可见，主动关爱人类、关爱地球，同样会获得巨大的利润。

（3）从“交易”到“关系”。以 4P 组合理论为代表的传统营销，实质上是企业利用企业内部的产品、价格、分销和促销决策等可控因素，对外部做出积极的动态反应，进而促进销售，可称之为交易营销。然而，在实践中，这种交易营销往往具有明显的短期行为，在销售上常寻求一种暂时性的增长，形成一种“打了就跑”的营销，甚至有时还出现对顾客的操纵和对顾客“无知”的利用，从而不可避免造成公司和顾客之间的伦理冲突。基于此，当今的营销理论与实践出现了一种“方向性变化”——从“交易”到“关系”。人们逐渐明白，公司不仅应对顾客复杂多变的需求以及符合的产品和服务的价值有一个足够的了解，还必须在公司与顾客之间创造一个良好、长远的关系。

在传统交易营销导向下，企业通过诱使对方发生交易而获利，关注的是产品或服务的销售。而在关系营销导向下，企业通过建立良好的合作关系而实现互惠互利，客户不再是被动的营销目标，而是参与到公司的价值创造活动之中，共同谋求长远战略发展和共赢。在这种时代氛围中，顾客关系的管理（Custômer Relationship Management，CRM）受到特别重视。相应地，一种培育“终身顾客”的理念也逐渐流行开来。这一理念要求营销者从狭窄的推销产品的概念扩展到确保顾客始终满意，并表明了对一个顾客终生价值的承认。当然，由于顾客的忠实在实践上是具体的、非永久性的，因而需要持续的投资，需要根据顾客不断变化的要求对产品和服务进行思考、预测和革新。如今，顾客是“竞争者”，他们不再满足于被动地接受产品与服务，而越来越享有主动选择权。因而，管理者可以通过利用顾客来规划未来以取得成功，即公司应该做顾客的代言人，维护顾客的利益，为现在以及将来的顾客提供产品和服务。①

在当下，关系营销尽管成为一种“管理时尚”，但也不乏批判声音。英国德蒙福特大学帕尔默（A. J. Palmer）教授指出，关系营销不过是卖方通过各种努力来“购买”买方的忠诚，实质上是一种“扣留顾客”的行为。帕尔默还指出，关系营销并不适用于以下六种情况：其一，交换中的一方或各方都不希望建立长期关系；其二，双方在资源等方面不对称，一方希望减少对另一方的依赖；其三，买卖双方之间的社会联系有助于降低顾客感知风险和简化决策过程，但是正式决策过程与买卖双方之间的社会联系是互相排斥的；其四，随着卖方信心的增加，购买方对持续关系的需要反而降低；其五，营销既可能增加利润，又可能增加成本；其六，关系网络的形成容易导致垄断，违背竞争原则，等等。②

帕尔默的如上观点，使我们看到了关系营销有可能存在的负面影响。但不可否认，与传统交易导向的市场营销相比，关系营销更充满了积极的、人性的一面。不仅如此，

① David J. Collis，Cynthia A. Montgomery. Creating Corporate Advantage. Harvard Business Review，May-June，1998：71-83.

② A. J. Palmer. Relationship Marketing：a Universal Paradigm or Management Fad?. The Learning Organization，1996（3）：18-26.

与传统营销通过市场细分而确定顾客群相比，关系营销还将营销活动进一步扩展到生产商与分销商、供应商、竞争对手、公共机构及企业内部员工等层面。在这种情况下，营销职能已不再只是营销部门的独占领地，而开始演变成由企业与其相关的利益群体的合作行为。从实践上看，如今的企业越来越认识到，只有把原料采购、产品生产、销售和售后服务的整个过程视为一条完整的价值链，并实施有效的管理，才能实现企业运营的良性循环。于是，在20世纪90年代，供应链管理（Supply Chain Management，SCM）理论应运而生，其核心思想是，以顾客价值为中心，通过与供应商和顾客的互动合作，使企业、顾客创造与实现价值融为一体，最终实现各个营销环节的优势互补和互利合作。而当今流行的直销（Direct Marketing）模式实际上就是对供应链的“精简化”、高效化。在这种模式下，制造商或零售商不透过店铺等零售据点，而直接将产品出售给消费者，减少中间费用，让消费者取得较低价格，企业也为自己创造较大利润。

供应链管理理论不是孤立地看待多个企业及各个部门，而是将供应商、制造商、销售商等连接起来，成为一个有机联系的整体，以共同解决产品设计、质量改进和成本降低等问题。因此，供应链不是可有可无的一般性事务，而应被视为整个组织的核心推动器。一般来说，拥有被动型供应链的组织，总是通过拼命降低价格和殚精竭虑地构思出种种特殊优惠与促销活动来获取业务，而不能真正增加顾客想获得的价值。在这种被动型供应链中，仓储、运输与送货常常被放在最后来考虑，企业中许多员工对这个运作流程不甚明了，几乎没有管理人员对整个供应链负责，等等。由此，供应链断裂为数段职能，如销售与营销、R&D、生产、财务以及人力资源等，结果，没有管理人员能够真正、明确地为整个供应链负责。既如此，为了比竞争者做得更好或者为顾客提供更多的价值，最好是把企业视为一个完整的供应链来进行管理，并确保其敏捷性。① 这就要求企业能够深刻理解需求集中和需求细分的原则，为每个顾客群体制定不同的战略，提供优异的服务、更短的交货期、更高的质量、更好的服务支持等。

（4）营销的扩展与整合。当今信息技术的迅猛发展，使得营销的手段出现了许多新形式，诸如网络营销（Online Marketing）和移动营销（Mobile Marketing）等。网络营销借助网络等信息技术，形成一个没有地理约束和空间限制的三维市场，从而使企业营销从大规模无差异营销向个性化集中营销转变。这种购物方式的最大特征是消费者的主导性，它将传统的销售商向顾客推销的方法，改变为由消费者主导的“个人行销”，并向“一对一营销”“定制化”的方向转变。例如，亚马逊（Amazon）开创了互联网时代图书发行选购的新纪元，使网络成为巨大的购物市场。谷歌的崛起则意味着“搜索时代”的到来，从根本上改变了行业方向和市场格局，迫使微软重新制定战略。而随着当下手机或平板电脑已成为人类的“影子媒体”，故而可直接向移动终端用户定向、精确传递即时信息，通过与消费者的信息互动实现营销目标。由此，移动营销（也被称作手机互动营销或无线营销）迅速崛起。这种传统方式在信息传递的快捷、便利、准确方面，可以说超越了以往的任何媒体，并具有鲜明的个性化色彩。

当今的全球化风潮，使营销观念也得到进一步的拓展。现代营销学的奠基人列维特

① 尼尔·M.格拉斯．管理是什么．北京：中国劳动社会保障出版社，2003：270-285.

1983年在《哈佛商业评论》上发表《市场的全球化》一文，提出了“全球化营销”（Global Marketing）的概念，指出当今信息技术的发展，创造出了一个更加同质化的世界市场，在这种状况下，企业能够把具有相似需求的潜在消费者群体归入一个全球性的细分市场，从而得以在全球范围里实行标准化的营销管理。① 这种全球化营销可利用规模效应来节约成本，形成全球统一的品牌形象，还可占领更多的市场份额，有效降低风险，等等。然而，问题在于，这种通过标准化实现规模效应来节约成本的营销方式，往往会导致恶性的价格战等。于是，就出现了与其相对应的“地方化营销”，即针对各个地方的不同需求，制订与之相适应的营销策略，但成本昂贵是其明显缺点。由此产生了将二者相结合的“全球本土化营销”模式，即采取“全球化思考，地方化行动”的思维逻辑，在坚持全球化标准的前提下，实施更具有针对细分市场和准确定位的营销组合策略，以更好满足各目标市场及各类消费者的特殊需求。

就在各种营销理论风起云涌之际，当代营销观念也开始从“分立”走向“整合”。2002年，科特勒等人在《科特勒营销新论》一书中，通过借鉴和整合20世纪80年代后出现的关系营销、网络营销、整合营销、体验营销等各种理论成果，提出了全方位营销（Holistic Marketing Concept）观念：“……公司将创业资源的安排、供应链的管理和客户关系管理等信息能量整合在一起，以换取市场上的更大成功。”② 相比较而言，如果说传统的推销观念立足于企业的现有资源（产品）和满足客户的能力（营销组合），那么全方位营销观念则是以立足于企业的全面关系（顾客、企业和协调厂商的关系）为重心的。

在漫长的岁月里，科特勒一直致力于营销战略与规划的研究，他见证了半个多世纪全球经济的起伏坎坷和繁荣兴旺的历史，把社会科学、行为科学、经济学以及计量学知识运用于营销管理，赋予这门科学更为深刻的内涵，从而被称为“现代营销之父”“现代营销集大成者”。科特勒著作甚多，其中《营销管理》一书是现代营销学的奠基之作，自1967年第一版起，该书不断再版，不断更新、总结，及时反映出营销管理研究的最新进展。版本的每次更新都意味着内容的更新和结构的调整。因而，该书可谓全球公认的营销管理领域综合知识体系的集大成之作，被誉为现代营销学的“圣经”。值得注意的是，就在科特勒等人整合营销理论的过程中，科特勒在2008年出版的《营销管理》第13版中又创造出绩效营销（Performance Marketing）的新概念。这标志着营销学渗入传统的会计学的研究领域，开始关注品牌、顾客等营销要素与股东价值、财务绩效之间的关联，由此带来了营销与财务的紧密结合。可以预期，就在这种不断的分立和整合中，营销理论将得以进一步延伸和拓展。

三、从“管理”到“治理”

管理和管理学在20世纪取得的成就是有目共睹的。然而，与突飞猛进的企业管理理论相比，有关政府管理的研究显得相对沉寂。不过，到了20世纪70年代末80年代初，

---

① Theodore Levitt. The Globalization of Markets. Harvard Business Review, March, 1983: 92-102.

② 菲利普·科特勒，等. 科特勒营销新论. 北京：中信出版社，2002：8-18.

西方发达资本主义国家先后掀起了一场政府改革浪潮，即新公共管理运动，并波及世界上许多国家。然而，基于新公共管理运动的唯效率追求和市场化导向等弊端，90年代之后西方发达国家又掀起了一场以倡导公民权利、公共利益和合作治理模式的第二轮政府改革浪潮。随着这场运动的不断深入，长期以来由政府“独揽”公共权力的“管理”理念开始发生蜕变，而萌生出由政府、市场与公民共同参与、相互协作的“治理”理念，并引发了一场全球治理浪潮。这场治理运动不仅体现在公共管理领域，也体现在企业管理领域，即事关公司所有权和经营权的“公司治理”。

1. 新公共管理运动及其反思

历史地看，自伍德罗·威尔逊、马克斯·韦伯以来，一直到20世纪60年代中期以前，官僚行政模式在公共行政领域中一直居于支配地位。而自60年代后期以来，官僚行政模式开始受到强烈的冲击和挑战。1968年9月，美国行政学家德怀特·沃尔多在雪城大学（Syracuse University）的密诺布鲁克（Minnow Brook）会议中心发起了一次学术聚会。这次聚会以批判传统的政治-行政两分法、韦伯的官僚制、逻辑实证主义传统所造成的技术取向的公共行政为主旨，倡导政治与行政的关联性，并力主重塑现代公共行政的价值体系。

1971年，这次会议的论文结集出版，书名为《迈向新公共行政：密诺布鲁克观点》，这成为“新公共行政学”诞生的标志。概括而言，新公共行政学的主要观点有：传统的公共行政学推崇效率至上，以致忽略了社会正义和社会公平；公共行政的价值追求不仅仅局限于效率，而主要是其“公共性”，即公共行政应以社会公平为支点，致力于实现公共利益，并实行民主行政；公共行政学应更多地关注现实的社会问题，寻求变革，并努力实现“人类幸福”“美好生活”，等等。

新公共行政学强调以“社会公平”为核心，开创了公共行政理论研究的新格局，但在当时它并未能动摇官僚行政的主导格局。对于传统官僚行政的另一个强有力的反叛，就是政策科学的兴起。针对传统公共行政学将政治（政策制定）与行政（政策执行）分离的弊端，从1951年哈罗德·拉斯韦尔（Harold Dwight Lasswell，1902—1978）等人主编的《政策科学》一书起，政策分析（Policy Analysis）或政策科学（Public Sciences）迅速兴起。美国一些大学的公共政策学院，如哈佛大学的肯尼迪学院、密歇根大学的公共政策研究所、明尼苏达大学的汉弗莱研究所、加州大学伯克利分校的公共政策学院等，就是以与旧的公共行政学院决裂的方式创建起来的。

与西蒙的实证研究道路不同，拉斯韦尔等人所采取的是规范研究，即以民主体制作为前提，追求政策的合理性。但是，这种政策科学强调了政策制定或规划的研究，而忽视了政策执行的研究。于是，自20世纪70年代以后，查尔斯·林德布洛姆（Charles Edward Lindblom，1917—　）等人开始关注具体的公共政策问题。与西蒙的“有限理性”决策模式不同，林德布洛姆认为，决策分析并不是万能的，对一项复杂的决策来说，分析是永远没有穷尽的，有时或许还会造成错误；而且在现实中，由于受到时间限制和费用限制，决策也不可能漫无止境地分析下去；由于决策集团内部各个人的价值观存在着差异，因而在进行决策备选方案的选择时就必然会出现意见的不一致，光靠分析并不能解决这些分歧。为此，林德布洛姆提出“渐进决策”模式，即决策者采用渐进方式对现行政策加以修改，逐渐实现决策目标。①

20 世纪 80 年代中期以后，政策科学与公共行政学开始走向融合，并最终导致新公共管理理论的出现。从社会现实来看，自第一次世界大战以来，两次沉重的经济危机对现有的资本主义管理体制敲响了警钟，市场失败达到了无以复加的地步。为此，一些自由主义者逐步发展出一种新自由主义。相对于古典自由主义的弱政府和自由放任经济学主张，这种新自由主义认为：“要维持个人自由和平等，就必须扩大社会控制的范围。”②由此，英国经济学家凯恩斯（John Maynard Keynes，1883—1946）倡导的“国家干预主义”开始受到青睐。美国“罗斯福新政”就是在这种思潮推动下走向历史舞台的。罗斯福新政的主旨，就是国家发挥干预经济生活的职能，采取大兴公共工程建设、大量投放银行贷款等手段，以拉动内需、消除贫困等。其后的约翰逊政府承接罗斯福新政的余韵，推行“伟大社会”计划，从而使美国日渐成为一个福利主义国家。

由于国家干预主义在美国取得成功，因而英、法、澳等西方国家争相效仿，先后建立起与先前“小政府”价值定位截然相反的“福利国家”范式，其特征就是“从摇篮到坟墓，包办了人的一切”。这种“福利国家”范式虽然为人们充分展示了资本主义世界的美妙，但是由于政府实施过度干预经济的政策，加之两次世界石油危机的打击，这种福利国家政策开始暴露出其弊端：“通货膨胀率居高不下，实际经济增长缓慢，我们的‘正常’失业率比任何时候都高。所有这些问题是由政府扩张造成的……”③ 而从整个社会环境来看，在 20 世纪 70 年代以来日渐兴起的全球化及信息化浪潮下，西方福利国家的劳动力的高成本以及人口老龄化使得国家竞争劣势日渐凸显：“它变得机构臃肿、浪费严重、效率低下；它在变化迅速、信息丰富、知识密集的 90 年代已不能有效地运转了。”④由此，自 20 世纪 70 年代开始，以西方发达国家为先导，在世界范围内相继掀起了政府改革的浪潮，即新公共管理运动。

英国是“新公共管理”运动的发源地之一，也是这场运动的主导性力量。20 世纪 70 年代初，首相爱德华·希思（Edward Richard George Heath，1916—2005）首次提出要把私营企业的行政管理方法运用到政府机构中。1979 年，撒切尔夫人（Margaret Hilda Thatcher，1925—2013）上台后进一步引进私营企业的管理机制。

而美国以“企业家政府”为标志的政府重塑方案，则将新公共管理运动推向高潮。美国的“新公共管理”改革始于 1978 年卡特（Jimmy Carter，1924—　）政府的“文官制度改革法案”。此后，里根（Ronald Wilson Reagan，1911—2004）政府大规模削减政府机构和收缩公共服务范围，将私人部门成功的管理方法引入公共部门管理领域之中。布什（George Herbert Walker Bush，1924—2018）政府则全面推行质量管理。克林顿

① 丁煌. 西方行政学说史. 修订版. 武汉：武汉大学出版社，2004：245-246.

② 霍布豪斯. 自由主义. 北京：商务印书馆，1996：49.

③ 丹尼尔·耶金，约瑟夫·斯坦尼斯罗. 制高点：重建现代世界的政府与市场之争. 北京：外文出版社，2000：146.

④ 戴维·奥斯本，特德·盖布勒. 改革政府：企业家精神如何改革着公共部门. 上海：上海译文出版社，1996：12.

（William Jefferson Clinton，1946— ）总统执政期间又开始了大规模的政府改革——“重塑政府运动”。戴维·奥斯本（David Osborne）与特德·盖布勒（Ted Gaebler）合著的《改革政府——企业家精神如何改革着公共部门》一书，为这场“重塑政府运动”提供了理论基础。该书的主要观点有：政府应发挥催化作用，即应该“掌舵”而不是“划桨”；政府应该“授权”社区进行管理而不是直接“服务”；应在服务中引入竞争机制，建立竞争性政府；政府应该具有“使命感”，而不应该仅仅是“照章办事”；讲究效果的政府，即按效果而不是按投入拨款；政府应满足“顾客”的需要，而不是官僚政治的需要；政府应追求事业的收益而不是挥霍浪费；政府应对事态的发展有所预见，而不是事故发生之后再行治疗；政府应实施分权，提倡参与和协作；政府应借助通过市场力量进行变革，等等。①

在这场新公共管理运动中，新西兰和澳大利亚所实施的改革，更以最全面、最彻底的行政改革赢得世人的关注，并更多、更明确地采用了结构变革、分权化、公司化和私有化等方式。此后，德国、法国、荷兰、瑞典等欧洲大陆各国也施行了行政改革。20世纪初，这场运动更是扩散到了巴西、马来西亚等发展中国家，并一度成为世界范围内行政改革的代名词。

在理论上，新公共管理坚持一种“管理主义”立场，认为管理是一种纯手段性的活动，其相关原则既可用于私营企业，也适用于公共部门。20世纪以来，私人部门通过管理变革取得了极大的成功，并创造了一系列卓有成效的管理方法，如绩效管理、战略管理、目标管理、灵活且具有弹性的组织模式、顾客至上、结果控制等，一直超越于充满惰性的现代官僚组织。既如此，借鉴私营部门的成功管理方法，可以重新塑造政府，提高工作效率和管理水平。故而，新公共管理在理论建构中，广泛借鉴了现代新自由主义经济学的理论成果，如公共选择理论、新制度经济学（即组织经济学）等。

公共选择理论的代表人物詹姆斯·布坎南（James M. Buchanan，Jr.，1919—2013）最引人注目的贡献，就是提出“政府失败说”，即政府工作的低效率。在其看来，导致这一局面的主要原因存在于传统管理体制之中，主要表现为：第一，缺乏竞争机制。在官僚系统中，各类事务官是由相应的各级长官任命并由相应的参众两院认可的，这种密切的利害关系使得各类事务官不会因工作低效率而遭到解雇，各部门之间也不存在竞争，因而政府官员没有努力工作的积极性。第二，缺乏降低成本的激励机制。由于政府部门的活动大多不计成本或很难精确计算成本，导致对政府部门公共物品的过度供给，而政府各部门的工作基于其垄断地位，导致服务质量降低，服务价格提高，再加上实行信息封锁，其运行效率不能被准确评价。第三，政府机构自我膨胀。政府官员总是希望不断扩大机构规模，扩大其权力，以相应提高机构级别和个人待遇。第四，监督信息不完备。由于信息大多来自被监督部门，因而监督者可能为被监督者所操纵。第五，政府的寻租行为。由于特殊的利益集团为谋求政府保护，便会产生政府的寻租行为，进而导致政府的权力滥用、行贿受贿等腐败现象和社会资源的巨大浪费。布坎南指出，在政府决策中，

① 戴维·奥斯本，特德·盖布勒．改革政府：企业家精神如何改革着公共部门．上海：上海译文出版社，1996：24-25.

政治家、官僚和其他私人的行为一样，也存在自利性，因此，公共选择理论以“理性经济人”为基础，试图通过引导个体的自利行为，进而实现社会的协作。具体而言，在公共部门之间引入竞争，促进公共物品的生产效率；促使官僚机构采取成本最小化策略，避免预算最大化；引入市场、准市场机制，采取签约、外包等方式，以促使效率的提高等。①

新制度经济学强调制度的重要性，代表性的理论主要有委托代理理论和交易成本理论。根据委托代理理论，官僚作为代理人，应忠实于委托人的意愿，但事实上官僚自身存在其对自身利益的追求，并能够利用其在公共服务供给中的垄断地位及拥有不对称信息的优势而追求自身效用最大化，从而导致与委托人的利益相冲突。为此，委托代理理论提出，解决这一委托代理问题，需要设计一种使代理人的行为与委托人的目标、利益相一致的激励机制，并提供了相应的具体手段：第一，缩减政府规模，将公共服务外包。第二，加强监督，抑制代理人的机会主义动机。第三，提高代理人从事投机行为的成本。第四，采取绩效工资制，并尽可能实现个体利益与共同利益的兼容等。而新制度经济学中的另一个重要理论分支——交易成本理论则针对传统官僚机构垄断公共服务而产生巨大交易成本这一关键问题，主张采用签约、外包等手段，将一些公共服务转承包给非官僚机构，以降低交易成本，等等。

正是如上这些理论探索，为新公共管理运动提供了有益的理论支撑，尽管各国所采取的行动不尽相同，但大都表现出一些共性特征：

（1）市场化倾向。在政府与市场的关系问题上，亚当·斯密的自由主义经济学通过倡导自由竞争，引领了资本主义的蓬勃发展。之后，经过20世纪30年代的那场大规模经济危机，西方各国政府通过实施国家干预主义，走出了这场危机。然而，这种国家干预主义又导致了20世纪70年代资本主义世界的经济滞胀，为此，新公共管理运动以新自由主义为指针，力主重新回归“大市场、小政府”的格局。新公共管理者的一个基本信念是，既然政府可以弥补市场缺陷，纠正市场的失灵，那么，反过来，市场也可以弥补政府的不足，防止政府的失灵。正是充分认识到市场机制是改善政府绩效的一个有效手段，新公共管理运动引入竞争机制，缩小公共部门规模，让市场代替政府来配置资源，容许在公私部门之间展开竞争，通过民营化、契约外包、经营特许权等各种市场化手段，以提高社会服务的效率与质量。

（2）企业家政府。在组织模式和管理方式上，新公共管理运动积极借鉴私营管理的技术和方法，引入顾客、质量、服务、授权、灵活性等理念，以满足公众多样化、个性化的需求。美国学者拉塞尔·林登（Russell M. Linden）创造了“无缝隙政府”（Seamless Government）这一概念，即以顾客为导向、以竞争为导向、以结果为导向，使顾客能够在“任何时间”和“任何地方”得到服务（即满足顾客无缝隙的需要为目标）。戴维·奥斯本和特德·盖布勒在《改革政府——企业家精神如何改革着公共部门》一书中更是明确提出，政府不应该是一个高高在上的官僚机构，而应该是一个“企业家政府”。具体而言：其一，对公共机构实行绩效管理，关注产出或结果而非投入和过程。传统的

---

① 布坎南. 寻求租金和寻求利润//腐败：权力与金钱的交换. 北京：中国经济出版社，1993：112-113.

公共行政注重事前控制，大量的繁文缛节使官僚失去创新的主动性，而新公共管理将此改变为结果控制和绩效管理，使政府从过去由规则驱动型组织转变为任务驱动型组织。其二，顾客取向。政府不应是“自我服务”的官僚机构，而应将公众视为“顾客”，根据“顾客”需要，提供多样化的社会服务，增强对社会公众需要的回应力。其三，强调对组织的战略管理。传统公共行政关注行政过程和日常管理，缺乏对组织的外部环境、长远目标以及资源的优化配置等战略管理方面的考虑，新公共管理则将关注的焦点由内部转向外部，着眼于考虑组织的未来远景、长期目标和近期目标，以提高组织实现其使命的内在能力等。

（3）放松管制。传统官僚制模式过于注重规则，强调标准化和程序化，导致规定或标准充斥社会生活的各个角落，使得官僚机器在应对现实问题时行动迟缓、效率低下，甚至许多时候也成了公务员玩弄权力、显示地位的借口。为此，西方发达国家几乎都进行了放松规制的政府改革，它们通过解除公务员制度方面烦琐的规章、条例对公务员的限制，倡导共同的使命，并承担绩效责任，以促使公共组织更具有灵活性和创新精神。

（4）等级制改造。在传统官僚制中，政府组织位于金字塔塔尖，权力高度集中，不同层级之间交流困难，不能对新情况做出即时反应。同时，传统行政仅仅被视为执行，缺乏自主性。为此，新公共管理主张对基层实行充分授权，增进其独立决策权力，从而否定了传统决策与执行相隔离的做法。不仅如此，各国的改革运动都对官僚制进行了大刀阔斧的改革，如将大部门分解成若干小机构，或将职权下放给低层政府机关，或中央赋予地方更多的权力，实现权力分散；削减组织层级，将等级制的结构扁平化；建立开放政府，让参与决策的利益相关者知晓制定政策的相关信息，从而使政府更加灵活、更富有企业家精神，等等。

尽管西方各国的新公共管理改革在实践中取得了相当的成效，但也逐渐暴露出一定的问题。比如，在民营化和市场化过程中，随着一些公共服务的私有化，先前的公共垄断却演变为一种私人垄断；同时，随着许多公共部门日渐分解为诸多的企业化小单元，公共行政出现了严重的协调不力的问题。而在发展中国家，由于长期的政府主导型战略阻碍了市场的发育，私有化效果远远逊色于西方发达国家，“在根除贫困、减少失业、促进经济增长、减少外债和对外依赖等方面并没有明显改善，甚至使公共财产转移到少数富有的投资者手中，加剧了社会不公，等等”①。由此而引起了人们对这场运动的深入反思。② 概括而言，这类反思主要表现在如下几个方面：

（1）管理主义的局限。纵观公共行政百年来的理论与实践，其管理目标就像一个钟摆，总是在效率与民主之间摆动。从威尔逊、韦伯到西蒙，他们都强调在政府管理中效率的重要性，而自汉密尔顿、麦迪逊（James Madison，1751—1836）到德怀特·沃尔多，他们则视民主、公平为公共行政的不二法则。新公共管理运动承接了新公共行政的批判精神，对官僚制做出了淋漓尽致的批判，但是并没有改变官僚行政的“效率至上”的追求，反倒忽视了政府对公民的责任以及公民参与。这场市场导向的改革过分采用私

---

① F. R. Terry. Privatization and Public Enterprise Reform：The New Labour Agenda for Public Management in the United Kingdom. Greenwood Press，2001：136.

② 本部分内容详见彭新武. 官僚制：批判与辩护. 福建论坛，2009（5）。

人部门的方法，难免会使公共决策受制于私人利益，导致政府管理公共性的缺失。不仅如此，在这场改革实践中，私有化和合同外包的后果之一，是导致公共部门大量裁员，使一些优秀的公务员流失，从而削弱了公共部门的竞争力。此外，由于政府部门的业务大多从私人部门购买，甚至政府的众多决策咨询业往往通过合同外包，逐渐依赖于对外部的智囊机构，而失去自身的自主性，违背公共精神，导致与民主价值之间的冲突。可以说，“如果官僚制为商业模式的管理所取代，那么我们将不得不承认其代价将是平等和正义”①。话说回来，尽管公私部门之间确实存在很大的差异，但是这并不意味着不能相互借鉴。只要注意引入的方式，对这些技术进行调整以适应新的环境，借鉴私人部门的做法在公共管理的许多领域也是可行的。更何况，管理的一些基本原则是相通的，只要被证明是有效的企业管理法则，在公共部门自然也是可以被利用的。当然，在这种借鉴过程中，应充分考虑公共部门的特殊性。比如说，公共管理所面对的许多问题，如歧视、失业、贫穷、不公平等，实际上并不单纯是管理问题，而更需要通过政治手段来解决。

（2）市场化的僭妄。新公共管理确信，通过市场这只“看不见的手”，臃肿的政府就会自动变得“苗条”而灵活。应该承认，市场化确有其价值，但对市场的过分崇拜往往会忽略市场的缺陷、忽视政府干预的价值。正如政府不是万能一样，市场本身也存在诸如盲目性、滞后性等问题。换言之，如果说政府能够“失灵”，市场同样能够“失灵”。事实证明，光凭市场不足以确保人类幸福和持续进步。因而，政府不应该完全按照市场规则来办事，而必须寻求政府与社会之间的密切合作。正如世界银行在《1997 年世界发展报告：变革世界中的政府》中指出的：“全球经济具有深远意义的发展使我们再次思考政府的一些基本问题：它的作用应该是什么，它能做什么和不能做什么，以及如何最好地做这些事情。”② 同样，按照英国前首相布莱尔的说法：“大政府已经死了。……但不能把每件事都交给市场。我们相信政府还是可以有所作为的。”③ 进一步讲，公共部门引进市场竞争机制存在着很大的限制，比如，政府的产出（政策或服务）是公共财货，有时是无法分割的，在内容上是互斥的；在政府交易中，并没有一种支配性的力量来控制交易，而如果参与者只是追逐自我利益，他们将无法齐心协力地达成共同利益，等等。为此，美国著名行政学家戴维·罗森布鲁姆（David H. Rosenbloom）等人指出：“在政府将一些业务外包给非营利组织或其他第三部门的时候，公共与私营部门的行政之间的界限可能变得模糊。在公共机关像企业那样运营时，情形亦是如此。”④

（3）“顾客”抑或“公民”？新公共管理期望政府像商家对待顾客一样，为公民提供优质服务，这种愿望固然美好，然而，“顾客”隐喻无法使人们全面把握公民的真正角色，也忽视了公民作为国家主权的所有者的政治地位。毕竟，公民不仅是政府服务的对象，还是公共服务的监督者，更是政府权力的委托人和最终“所有者”。从理论上讲，政府作为公民的代理人，二者的利益是一致的，但是，在市场的交易行为中，顾客与业主

---

① Paul du Gay. In Praise of Bureaucracy. London：Sage，2000：106.

② 1997 年世界发展报告：变革世界中的政府. 北京：中国财政经济出版社，1997：1.

③ 解亚红. 新公共管理改革的新阶段. 中国行政管理，2004（5）.

④ 戴维·H. 罗森布鲁姆，罗伯特·S. 克拉夫丘克. 公共行政学：管理、政治和法律的途径. 第 5 版. 北京：中国人民大学出版社，2002：15.

相比，相对处于弱势的地位，交易双方之间经常存在着信息的不对称性，顾客往往较难影响供应商的行为。同时，把公民看作顾客进行服务，往往会导致“政府最终对每个分散的个体（即顾客）的短期自我利益做出回应”①。从实践上看，虽然新公共管理强调“顾客至上”的初衷是改进公共服务的质量，但亦有许多困难必须加以解决。比如，在开放社会中，公民要求政府服务的范围相当广泛甚至经常出现冲突，而且政府很难与每一位顾客的需求相对接，等等。总之，将公民定义为顾客，存在着理论和实践上的双重困难。

（4）企业家精神的神话。新公共管理倡导的“企业家式的政府”，彰显出政府意欲追求“足智多谋”、创新和改革的“企业家精神”的决心。奥斯本和盖布勒指出：“任何机构，无论是公营私营，都可以有企业家的精神，正像任何公私机构，都会出现官僚主义。”② 不仅如此，这种“企业家精神”隐藏着习惯于冒险和不愿意受到约束等作风：“企业家身份强调自主性、个人远见、隐秘和冒险，这些价值都是和公共行政所主张的民主责任、公开、公民参与相对立的。”③ 这种管理理念助长了管理层的权威，体现的是“尼采式超人的幽灵”，并助长了现代社会无处不在的“精英主义”。④ 这种对精英个体或阶层的过度推崇，在很大程度上会削弱组织决策的民主意识，助长独裁意识，进而影响决策的科学性。

当今风靡全球的改革官僚制、突破官僚制的新公共管理运动，给人一种官僚体制已经、正在或将要被送进历史博物馆的印象。问题在于，缩减层级的努力并不构成对层级的根本否定，在现实中，我们看到，等级制依然是现代生活的主题，“特别是当组织追寻复杂目标并需要行为的紧密协调时”⑤。韦伯也曾断言：“一旦充分实行官僚制，就会形成最难摧毁的社会实体。”⑥ 为什么会如此？“一个最重要的原因是它们庞大的规模。所有的大型组织都有很高的生存率”⑦。从根本上讲，官僚制体现为建立在理性精神支配下的法治观念、契约观念等秩序化价值，无论组织发展到任何阶段，这些都是必须遵守的原则。“在现代政治制度中……官僚制机构的作用不可或缺，人们不可能发明一种方法在没有官僚机构提供的组织、分工和专业的情况下进行大规模的社会工作。”⑧ 还有，官僚行政对政治与行政二分的推崇，本意在于避免政党分肥制对社会带来的动荡和负面影响，试图将行政管理化以摆脱党派色彩，其意在于追求高效率。这种对政治中立的强调，在一定程度上的确可以提高行政效率，但在现实中，公共管理不能脱离政治成为一个独立的领域，行政人员不仅仅承担政策执行，而且还扮演着重要的政策制定者的角色。正是

---

① 罗伯特·登哈特. 公共组织理论. 北京：中国人民大学出版社，2003：162-163.

② 戴维·奥斯本，特德·盖布勒. 改革政府：企业家精神如何改革着公共部门. 上海：上海译文出版社，1996：23.

③ Carl Bellone，George Frederick Goerl. Reconciling Public Entrepreneurship and Democracy. Public Administration Review，1992，52（2）：52-53.

④ Larry D. Terry. Administrative Leadership，Neo Managerialism and the Public Management Movement. Public Administration Review，1998，58（3）：194-200.

⑤ 彼得·布劳，马歇尔·梅耶. 现代社会中的科层制. 上海：学林出版社，2001：181.

⑥ 马克斯·韦伯. 经济与社会：下. 北京：商务印书馆，1997：309.

⑦ 安东尼·唐斯. 官僚制内幕. 北京：中国人民大学出版社，2006：25.

⑧ 阿尔蒙德·小鲍威尔. 当代比较政治学. 北京：商务印书馆，1993：154-158.

基于此种现实，新公共管理要求打破政治中立原则。然而，一旦放弃政治中立的观念，将有可能重现原先的政党分肥制等问题。因此，试图完全剔除官僚制的做法是不可取的。毕竟，官僚制的理性与冷静永远是对冲动与无序的制约。从现实看，在任何一种政府制度中，官僚体制和市场是共存的，二者相互需要、相互补充。总之，官僚制的诸多要素，注定要在我们的生活中延续很久。

2. “后公共管理”的理论与实践演绎

新公共管理对官僚制政府的改造与重塑，实际上只是一种管理学、经济学的视角，而严重忽略了政治学领域。这场运动在政府职能削弱和责任减少的同时，也使得国家与公民之间的距离更为疏远。为此，哈贝马斯（Jurgen Habermas，1929—　）呼吁，通过“商谈性民主”，恢复自由、批判地讨论公共事务的社会氛围，以获得公共管理的合法性。其实，在奥斯本和盖布勒的改革方案中，就已提出现代政府应授权给公民、扩大参与主体、强调社区作用等思想，这些实际上已触及民主治理的内容，却又经常被贴上了“新公共管理”的标签。随着对新公共管理批评的深入，“新公共服务”“公民参与”等概念开始取代“新公共管理”，促使人们走出官僚制模式下的唯效率追求和技术化倾向，转向公平、平等、公正、正义等公共性价值，公共管理由此步入“后公共管理时代”。就在这一政府改革运动中，一个更为宽泛的管理理念开始进入人们的视线——这就是治理理论的兴起以及与此相关的非营利组织的管理问题。

（1）新公共服务理论。20 世纪 80—90 年代，罗伯特·登哈特（Robert B. Denhardt）等人，基于对传统公共行政和新公共管理的批判性反思，提出新公共服务理论，大体包括如下一些基本内涵：

1）服务而非掌舵。在新公共管理的视野中，自利是公共行为的动力，然而，一个受自利动机支配的组织，往往会忽视对公共利益的关注。在新公共服务理论看来，政府应关注公民表达和共同利益，相应地，其手段也不仅仅是管制、指挥，更是政府与私人的或非营利的团体协同行动，以寻求问题的解决方案，是“服务而非掌舵”。公共官员应越来越多地扮演调解、协调甚至裁决的角色。

2）公共利益是目标而非副产品。在官僚行政中，公共行政关注的主要目标是效率，而公共利益只是“政治”的而非“行政”的直接目标。新公共管理同样以效率追求为圭臬，认为既然个人能根据自身利益做出选择，就不需要关心同伴利益，公共利益至多只是公民做出选择的一个副产品。新公共服务理论则认为，公共利益是一种共同的事业，政府应确保公共利益居于主导地位，并鼓励公民采取一致的行动。

3）战略地思考，民主地行动。新公共服务理论认为，政治领袖应明确阐述并鼓励公民责任心的增强，进而促成有效的、负责任的公民行动。相应地，政府必须是开放的、容易接近的。

4）服务于公民而不是顾客。新公共服务理论认为，政府的服务对象远不止直接的顾客；政府应致力于那些超越短期利益的事务；政府对公民的呼声必须做出快速敏捷的反应，并鼓励更多的人履行其作为公民的责任。

5）责任并不是单一的。西方传统的“三权分立”模式虽然在一定程度上实现了权力制衡，但并不能真正解决责任性的问题：其一，三权分立模式存在着责任错位（即“环式”民主）：行政组织直接面对公民，却不对公民负责，而只按照自身适应的方式行事；而真正的决策组织（议会）由于不直接面对公众从而无法真正实现契约意义上的责任，并受到利益集团和党派利益的制约，其决策并不一定反映选民的真实意志。其二，官僚制组织实际上是一种依靠内部规则程序化运行的封闭系统，官员不必担心外部群众的意见会影响自己的升迁。其三，在官僚制模式中，行政人员通常只是关心如何有效贯彻决策，避免出现错误，而不是关心决策的效果如何，从而不可避免导致行政官员逃避责任和规避风险的行为等。基于此，新公共管理论者通过公众参与来实现公共事务的治理，使公民投身于公共政策过程，并从个体需求出发来激励官僚，使之拥有较大的自主权，为较多的事情做出决策和承担责任，等等。这种责任机制强调自主性和对结果负责，然而，由于市场化机制对个人需求和利益的强调，很可能会造成维护公共利益责任的缺失。为此，新公共服务理论认为，公共行政人员不应单独做出决策，而应通过公民的广泛介入来制定政策并实施监督，从而确保公民权和责任的落实。

6）重视人而不只是生产率。传统公共行政企图通过控制来实现效率，而新公共管理则期望利用激励来提高效率，但是，如果不能培养公民或雇员的责任感、参与意识，激发其热心公益的行为的话，这种控制人们行为的理性企图最终将会失败。为此，新公共服务理论将人的尊严、信任、归属感、关心他人、服务以及基于共同理想和公共利益的公民意识作为其核心要素，在管理和组织的方法方面强调“依靠人来管理”的重要性，并认为共同领导、合作和授权是实现公共管理的有效方法。

7）超越企业家身份，重视公民权和公共服务。新公共管理鼓励官员像企业家那样去思考和行事，这导致了目标的狭隘性，忽视了为公民的服务。为此，新公共服务理论明确提出，行政官员应是公共资源的管理者、公共组织的监督者、公民权和民主对话的促进者、社区参与的催化剂以及负责任的参与者，而非企业家。①

总的来看，新公共服务以社会本位和恢复公民参与热情为前提，重新唤起公民的自豪感和社会责任，使公民从只关心私人的自我利益变成重视公共利益，变成有道德的个体；同时，通过民主对话，实现充分互动，使政府和公民扮演一种更为积极、主动的角色；此外，倡导公民通过“共同生产”，即与行政官员共担责任、共同行动，由此改变了传统的“领导”观念，而演变成“共同领导”这一新概念。② 在登哈特看来，“效率和生产力等价值观不应丧失，但应当被置于民主、社区和公共利益这一更广泛的框架体系之中。……未来的公共服务将以公民对话协商和公共利益为基础，并与后两者充分结合”③。这种从政治路向出发的改革模式，突破了新公共管理的基于组织层面的改革框架，在传统的代议制民主政治框架外建构起了新的民主参与体制，使得公民能够更有效地参与到行政过程中来，体现出民主在政治与行政领域从分离走向融合、由间接民主向直接民主的转变趋向。

---

① 罗伯特·B·登哈特，珍妮特·V·登哈特. 新公共服务：服务而非掌舵. 中国行政管理，2002（10）.

② 珍妮特·V·登哈特，罗伯特·B·登哈特. 新公共服务：服务，而不是掌舵. 北京：中国人民大学出版社，2004：147.

③ 同①.

其实，关于“民主行政”的呼声并不是独立的，早在1983年，美国弗吉尼亚学院暨州立大学公共行政与政策中心发表的《黑堡宣言》（Blacksburg Manifesto）中就对此有所体现。《黑堡宣言》全称为《公共行政与治理过程：转变美国的政治对话》，由于黑堡是弗吉尼亚理工学院暨州立大学的重要校址所在地，所以这篇论文也被称为《黑堡宣言》。《黑堡宣言》的基本主张如下：其一，应从宪法意义上确定公共行政的地位，而不仅仅限于政府、官僚制，重建公共行政在治理过程中的核心地位。同时，公共行政绝不仅仅是纯粹的管理，还是尽可能地维持最广泛的公共利益与宪政的治理过程。其二，政治与行政二分是传统公共行政的核心，《黑堡宣言》则延续了新公共行政的基本立场，反对公共行政可以完全排除政治的面向。其三，重新界定了专业主义的内涵，认为公共行政人员应维系宪政规则，并以专业的态度来行事。其四，公共行政应维护人民表达意愿的秩序，等等。①

（2）“后公共管理”改革及治理理论。从实践上看，新公共管理运动试图打破各个部门的条块分割所造成的部门的自我中心主义，然而，这样做的结果，是国家变得碎片化，从而使政府在整体上对公共治理的负责成为泡影。对于当今全球社会所面临的诸如恐怖主义、生态危机等大事件，显然不是碎片化的政府所能够解决的。为此，西方各国从20世纪90年代中后期开始了第二轮政府改革。对此，各国的具体模式称谓不一，如英国称合作政府、美国称协同政府或网络化政府、澳大利亚和新西兰称整体政府、加拿大称水平政府，等等。这轮政府改革被统称为“后公共管理”改革。其中，最典型的实践者是英国。

英国当年所推行的新公共管理改革虽然成效显著，但也出现了因为过于强调经济和效率而导致公共服务质量下降的问题。于是，1991年约翰·梅杰（John Major，1943—　）接任首相后，相继发起了公民宪章运动和竞争求质量运动，行政改革的重心开始从经济、效率向质量和公共服务转移。梅杰政府出台的《公民宪章》是这场运动的标志性文件，该文件提出“顾客中心论”的观点，强调政府应为社会提供“更有效率的服务”；同时，《公民宪章》还提出“把官僚政府变为企业政府”的口号。1997年，布莱尔（Tony Blair，1953—　）政府提出“合作政府”的概念，要求打破内部组织间的界限，形成合伙式的跨组织形态，以利于解决恐怖主义、环境恶化及社会排斥等全球性问题。具体而言：第一，大部门式治理。重新组合一些功能相近的机构，重新建立合作的、以社区为基础的联合服务供给小组，设立新的独立于部门利益之外的政策制定小组。第二，重新政府化，把先前一些外包给私人的公共部门交还政府。第三，恢复或重新加强中央过程。第四，协调性地方机构，如跨地区的青少年犯罪预防小组、地方策略性伙伴关系，等等。1999年，布莱尔政府发布“政府现代化”白皮书，提出“打造能使人民过上更好的生活的更好的政府”，等等。英国的这场改革与英国工党所奉行的安东尼·吉登斯（Anthony Giddens，1938—　）所构建的“第三条道路”密不可分。“第三条道路”的行动纲领包括构建新型的民主国家、积极的公民社会、民主的家庭、新型的混合经济、作为包容的

① 加里·L. 万斯莱. 公共行政与治理过程：转变美国的政治对话//黑堡宣言. 中国行政管理，2002 (2).

平等和积极的福利政策、社会投资型国家、世界性的国家与世界性的民主等。① 此后，新西兰、澳大利亚、美国、加拿大、荷兰、挪威等国家的地方政府也进行了类似的改革实践。

与西方发达国家的第二轮改革相呼应的，是治理理论在全球范围内的兴起。自1989年世界银行在《撒哈拉以南非洲：从危机到可持续发展》的报告中首次用“治理危机”来概括非洲的发展问题以来，全球治理运动迅速波及很多国家，并被广泛应用于政治学、经济学、管理学以及社会发展等领域的研究之中，以至于新公共行政学的代表人物之一乔治·弗雷德里克森（H. George Frederickson）慨叹道：“治理，到处是治理。”②

与以往“统治”理念不同，作为社会控制体系的“治理”的基本内涵是，倡导在公共部门与私人部门之间寻求一种多元、合作与互动机制，并重视基层公民对公共事务的参与，由此形成公民、市场与政府三者之间相互协作的综合治理网络，以最大限度地增进公共利益。由于治理理论突出了民主的行政功能，将民主的功能范围扩大到行政领域，这就对传统代议制民主形成一种矫正。本杰明·巴伯（Benjamin Barber，1939— ）将这种公民通过持续的参与、互动与协商而实现自己管理自己的直接民主称为“强势民主”（直接民主），以区别于传统的代议制下的间接民主即所谓“弱势民主”。在直接民主制下，原先代议制下具有依赖性的个人，将转化成“自由的公民”，“政治将成为每一个人的生存方式”③。不过，直接参与式民主虽然可能更接近民主的固有本质，但也可能因为民间的多元性导致对多数政治原则的违背。因此，像巴伯这样推崇强势民主的人士，也只是将强势民主视为对弱势民主的补充而不是替代。这是因为，“任何地方的公民社会都是由良莠不齐，甚至完全怪诞的成分组成的令人眼花缭乱的纵队。一味强调社会中心就可能助长一些邪恶势力的增长，从而使得公民社会的‘不自主性’发挥至极致”④。

无论如何，正如当代美国著名行政学家戴维·罗森布鲁姆所指出的：“公共行政既是管理问题，又是政治问题，也是宪政问题。单一化的管理途径不能反映公共行政复杂性与公共性的本质。因此，只有把各种研究途径整合起来，才能正确地理解公共行政问题和有效地解决公共行政的现实问题，进而促进公共行政的学科整合及知识增长。”⑤ 为此，罗森布鲁姆提倡“多元公共行政观”，即从政治、管理与法律等多元认识视角和研究途径来探究公共行政，以全面而系统地把握公共行政之本质。

（3）非营利组织管理及“社会企业”。早在1939年，德鲁克在《经济人的末日》中指出，第一次世界大战之后，欧洲社会的秩序崩溃是极权主义兴起的根源。为了避免重蹈极权主义覆辙，需要重建社会组织，恢复人们在社区中的地位，发挥人们在社会中的功能。德鲁克预言，今后将有望形成政府、企业、非营利组织三足鼎立的社会管理格局。事实也证明了德鲁克的这一“预言”，自20世纪70年代以来，非营利组织（Non-Profi-

---

① 安东尼·吉登斯．第三条道路：社会民主主义的复兴．北京：北京大学出版社，2000：74.

② 乔治·弗雷德里克森．公共行政的精神．北京：中国人民大学出版社，2003：83.

③ 本杰明·巴伯．强势民主．长春：吉林人民出版社，2006：146.

④ 卡罗瑟斯．市民社会．国外社会科学文摘，2000（7）.

⑤ 戴维·H. 罗森布鲁姆，罗伯特·S. 克拉夫丘克．公共行政学：管理、政治和法律的途径．第5版．北京：中国人民大学出版社，2002：601-625.

table Organization，NPO）作为一种社会力量在全球范围内开始崛起。非营利组织形式千姿百态，诸如致力于人权、环境、和平事业的非营利组织及基金会、慈善机构等各种民间团体、民间组织（包括教会、医院、博物馆、学校、图书馆、工商联合会、行业协会、商会、艺术文化组织和社会运动团体及妇女、儿童、农民、产业工人等社群组织）都在这一范畴之内。如今，可以说，“我们正处于一种全球性的‘结社革命’之中”①。

非营利组织又被称为非政府组织（Non-Government Organization，NGO），联合国的各种文件以及许多国家的官方文件多使用这一词汇；美国人则大多习惯用 NPO 一词、“第三部门”（“第三部门”的说法是把非营利组织视为一种与政府机构和市场机制相平行的组织形态）。一般而言，非营利组织具有如下特征：第一，组织性。经合法注册，具有成文的章程、制度和固定的组织形式、人员。第二，民间性。在制度上与政府相分离。第三，非营利性。不以营利为目的，组织成员对资产具有公开使用权。第四，自治性。组织拥有相对独立的决策和执行能力。第五，志愿性。组织成员的行为建立在自愿的基础上，等等。

正由于非营利组织具有如上特征，因而，它与“治理”具有内在的统一性。同政府以及政府间的国际组织相比，非营利组织在组织体制、机构设置以及活动方式上都具有较强的灵活性而较少官僚主义，往往在“市场失灵”领域或在政府组织不能、不愿意、不便干预的领域里工作。因而，随着经济全球化进程的加快，全球性问题不断暴露，非营利组织作为一种新的社会力量正在日益参与社会的治理进程。1992 年，德鲁克出版《非营利组织管理》一书，热切展望了非营利组织发展的前景：“我们正在通过非营利性服务机构来创建未来的公民社会。在未来的公民社会中，每个人都是领导者，每个人都肩负重任，每个人都勤勉踏实地工作；每个人都重视自己的价值；每个人都在为组织实现远景、提高竞争力和业绩而勤勉工作。”②

由于非营利组织的志愿性和公益性，故而人们一直视其为“圣洁组织”，工作人员都是志愿者，不应该领取任何报酬，也谈不上管理。不过，到了 20 世纪 70 年代，一些非营利组织的管理层开始走向职业化和市场化。一个明显的例证是，美国培养的工商管理硕士，有半数左右去了非营利组织工作。正是非营利组织的这种职业化趋势，使得管理的研究和应用开始由传统的“企业管理”扩展为“组织管理”。同时，由于企业管理领域有着悠久历史和丰富经验，故而，越来越多的非营利组织为了获得更多慈善资源，而开始向企业运作方式靠拢。于是，一种新的组织模式——社会企业应运而生。社会企业和非营利组织的区别在于，它通过商业手法来维持组织的运行与发展。当然，这种营收与获利只是手段而非目的，社会企业正是通过商业手段达到慈善等社会目的，所谓“取之于民，用之于民”。

相对于传统非营利组织，社会企业模式具有如下诸多优势：其一，社会企业一改过去单纯依靠捐赠和公众资源参与的方式，以解决慈善不足的问题；其二，社会企业可以独立选择扶助对象、竞争策略和支配组织收入；其三，社会企业参与市场和公益领域的

① 莱斯特·萨拉蒙．非营利部门的崛起．马克思主义与现实，2002（3）．

② 德鲁克．非营利性组织的管理．北京：机械工业出版社，2009：37-38．

竞争，有利于非营利组织形成良好的治理结构、资金的独立性和市场化运作；其四，社会企业的社会使命可以让受助者养成良好的工作习惯，过上一种有价值、有尊严的生活；其五，社会企业鼓励所有社会成员积极参与其中，容易赢得社会企业成员之间的信任与理解；其六，社会企业持续有效地帮助弱势群体，也培养了潜在的、忠诚的消费者。唯其如此，社会企业在当今欧美国家得到了很大的发展，而成为扶助弱势群体的一支重要力量。英国和西班牙甚至订立了"社会企业法"，清楚界定社会企业的法定地位，为社会企业经营提供政策支持。可以预期，伴随着社会管理实践的发展，社会企业将会产生越来越重要的作用。

3. 公司治理的缘起及其问题

当今轰轰烈烈的治理运动，不仅体现在公共管理领域，也体现在企业管理领域。由于企业组织不仅是一个纯粹的结构模式，而且是一个权力和利益结构——不仅包括股东和经理层的关系、大股东和中小股东的关系，还涉及股东和利益相关者的关系等，因而，对这一公司制度根本问题的研究，即公司治理（Corporate Governance），日渐成为企业经营的重要议题。就像1995—2005年担任世界银行行长的詹姆斯·沃尔芬森（James Wolfensohn，1933—　）所言："适当的公司治理将变得与适当的政府治理一样重要。"①

在19世纪末20世纪初，随着杜邦、通用汽车、标准石油公司和西尔斯等一批大型企业的崛起，现代企业制度迅速发展，大量股份有限公司开始取代传统的个人业主制和合伙制企业。在这一发展过程中，公司的所有权与经营权日渐分离，这便是所谓的"公司革命"。这场变革产生了两个显著的结果：其一，从证券市场公开募集资本，日益成为公司解决资金来源的重要方式。在这一过程中，越来越多的普通人通过股票交易成为公司的股东，从而使公司股份的持有更加分散。随着对公司业务本身并不熟悉的股东数量的增加，催生出相应的股票经纪人和金融代理机构，以及旨在整合分散资金的共同基金（Mutual Fund）。此外，投资机构将各种投资股票产品打包整合的投资组合模式也获得爆炸式增长。从这一时期开始，金融代理机构如机构投资者、投资分析师在市场中的话语权开始逐步增大。其二，所有权与经营权的分离，导致了职业经理人阶层的出现。从理论上讲，"股东也只有股东才是公司的控制者"②，但事实上，由于大多数公司的股权都非常分散，小股东对公司经营管理几乎无法施加任何有效的影响，从而使公司管理层实际掌控了企业。1974年，E. S. 赫尔曼（E. S. Herman）的研究显示，在美国最大的200家非金融公司中，属于"经营者控制型"的比例已达82.5%。③ 而随着公司规模的扩张，管理问题也变得更为复杂，管理职能逐渐成为组织中的专项职能，职业经理人阶层由此出现。这就是所谓的"经理革命"。在这一过程中，企业的控制权也逐渐由股东转向管理者。

在实践中，职业经理人在任职期间的经营业绩，决定了众多股东的投资回报和对管理层的支持。这使得经营者常常需要将精力集中在短期财务的收益上。20世纪70年代

---

① 杨茜. 21世纪：公司治理的世纪. 管理学家，2010（6）：49.

② 阿道夫·A. 伯利，加德纳·C. 米恩斯. 现代公司与私有财产. 北京：商务印书馆，2005：283-294.

③ E. S. Herman. Corporate Control，Corporate Power. Cambridge：Cambridge University Press，1981：66.

中期，在资本市场上，许多美国公司因多元化经营的低效，股东们的不满情绪持续累积，替换无效管理层的呼声不绝于耳。因而，如何通过制度安排来协调企业利益相关者间的关系尤其是企业股东和管理者间的关系，便成为公司治理研究的基本主题。委托代理理论由此应运而生。

1976 年，金融经济学家迈克尔·C. 詹森（Michael C. Jensen）和威廉·麦克林（William Meckling）根据新古典经济学的分析逻辑，将公司看成是由不同目的的人之间所缔结的契约关系组成的，其中最重要的，就是股东和经理人之间的委托代理关系。由于委托人和代理人之间的目标并不完全一致，代理人出于自谋福利的动机，而往往会做出不符合委托人利益的行为。于是，如何使经理人（代理人）按照股东（委托人）的意愿行事，便成为企业发展的焦点问题。[①] 为了解决这一问题，委托人往往会设计出兼具激励和约束作用的契约安排，如独立董事制度和股票期权制度，以加强对经理人的激励和约束，减少其机会主义行为。

即便如此，各种逆向选择和道德风险依旧存在。在这种情况下，一些学者引入了管家理论（Stewardship Theory）。管家理论又可以具体细分为古典管家理论和现代管家理论。与代理理论将管理者视为完全理性的“经济人”截然相反，古典管家理论认为，企业所有者和经营者是一种无私的信托关系，经营者只是所有者的一个忠实“管家”，以股东利益最大化为其目标，根本不存在代理问题。然而，这种建立在完全信息假设基础上的理论，与现实有着极大的出入。故而，在 20 世纪 90 年代后，唐纳森（L. Donaldson）在古典管家理论基础上发展出了现代管家理论。唐纳森认为，委托代理理论关于管理者的“经济人”假设是不合适的，经营者出于对自身尊严、信仰以及内在工作满足等方面的追求，会努力经营公司，成为公司的好“管家”。[②] 然而，这一理论忽略了经营者也是有着自利性质的经济人。公司中内部人控制与代理问题无处不在的现实表明，这种想法只能是一种“乌托邦式”的浪漫。[③]

尽管委托代理理论受到诸多的挑战，但在实践中，“企业应按照股东利益最大化的目标经营”，仍然是大多数公司进行治理的主导观念。在这种观念的主导下，以外部资本市场监管和财务控制为核心的治理机制，开始替代传统职业经理人的内部控制体系，成为美国许多公司的主要选择，并随着经济全球化向其他国家扩散。在这种管理机制下，金融学家将投资时限、回报率高低以及对自由现金流的运用，作为判断管理效率的标尺。与此同时，金融学家围绕“市场价值—账面价值”展开的复杂测算模型研究，使以股票衡量企业的方法变得具有操作性，由此，企业的资产控制权逐渐从高级管理层转移到金融机构手中。这种以资本操作为核心的投资理念，由于产生出比“墨守成规的经理们”更高的生产率和价值而受到市场的热烈欢迎，导致美国股票期货市场、公司控制权市场、职业经理人市场的空前发展，并为 90 年代的美国经济繁荣奠定了

---

① M. C. Jensen, W. Meckling. Theory of the Firm: Managerial Behavior, Agency Costs and Ownership Structure. Journal of Financial Economics, 1976, 3 (4): 307.

② L. Donaldson. The Ethereal Hand: Organizational Economics and Management Theory. Academy Management Review, 1990, 15 (3): 369, 381.

③ 吴淑琨，席酉民. 公司治理与中国企业改革. 北京：机械工业出版社，2000：19.

基础。

1984年，R. 爱德华·弗里曼（R. Edward Freeman，1951— ）出版了《战略管理：利益相关者方法》一书，明确提出了利益相关者理论（Stakeholder Theory），颠覆了传统的“股东至上主义”思想下的企业治理模式。该理论认为，公司的发展离不开各利益相关者的投入或参与，企业追求的是利益相关者的整体利益，而不仅仅是股东的利益。[①] 按照这一理念，企业的经营决策应该同时关注利益相关者的利益得失，而不仅仅是以股东利益最大化为目标。

正是以利益相关者理论为基础，20世纪80年代，英国牛津大学教授、《公司治理》杂志的首任主编罗伯特·特里克（Robert Lan Tricker，1940— ）为公司治理的相关研究打开了一扇大门。特里克认为，在“公司的权力到底归谁”这个问题没有弄清楚之前，不妨先将公司的所有权交给董事。在特里克那里，董事会构成了公司治理的核心，董事会同企业高管层又紧密交融，构成这一治理结构的内圈；向外扩展，是股东以及其他金融机构，还有独立的外部审计机构（如果是上市公司，还会同股市和投资机构关联）；再向外，是各种利益相关者，等等。按照这种分析视角，公司治理所关注的是公司内部及公司内外部之间的权力配置与制衡，是从宏观视角对公司经营管理进行的制度安排；而公司管理则更多关注公司经营目标的实现，是从微观视角对公司进行的组织、控制和协调。

自20世纪80年代以来，伴随着各国金融市场的开放，兼并和重组越来越多，尤其是恶意收购、董事会和高管层规避监控、谋取不正当利益等问题层出不穷，为此，20世纪90年代，各国纷纷起草了公司治理的行为准则。其中，比较著名的有以英国的《合并准则》为代表的公司治理规则体系，由发达国家组成的经合组织（OECD）也制定了公司治理的国际准则（1998），英联邦秘书处和世界银行又发布了《英联邦公司治理原则》（1999）等。

从世界范围来看，不同的国家和地区的公司治理是存在着明显差异的。在美国和英国，流行的是市场主导型治理模式，这种模式要求公司完全公平、及时和全面地披露公司的经营、财务、投资等重大管理资料，制定严密的审计和会计准则，实施严格的市场监管。而在以德国、法国为代表的欧洲大陆国家和亚洲的日本，银行业则控制着企业部门的资源配置，这种银行主导型治理模式更强调大股东和大债权人的监管作用。

在20世纪80年代，银行主导型治理模式被普遍看作优越的，比如，银行能够立足于长远，把资金提供给流动性困难的公司，避免了痛苦的金融衰退；当借贷公司管理不佳时，它能够用银行外部干预代替昂贵且有破坏性的接管。但是，20世纪90年代经济衰退的事实使人们看到，银行并不比其他人有“远见之明”，远远没有促进治理，而为了维护其控制权及收取银行贷款利息，反而与公司管理者相互勾结，等等。

当历史进入90年代，美国的证券市场经历了前所未有的迅猛发展，人们把这归功于美国式的公司治理机制。然而，就在全球公司治理向这种市场主导型治理模式逐渐靠拢时，以董事会和高管层为核心的治理结构却开始出现层出不穷的问题。21世纪伊始，美

① R. 爱德华·弗里曼. 战略管理：利益相关者方法. 上海：上海译文出版社，2006：37-96.

国经济的“非理性繁荣”（Irrational Exuberance）开始破裂（见“《非理性繁荣》”），安然等公司进行财务造假以蒙骗股东的丑闻，更是充分暴露了治理机制中的“搭便车”、串谋、公司接管的无效性等问题。2008 年金融危机的出现，更将脱离监管的金融市场、过度扩张的股东价值取向推到风口浪尖。由此，在全世界范围内，对安然事件的反思，使“善治”成为频繁出现的词汇，不良公司成为众目睽睽的对象，并由此产生了诸多针对董事的诉讼，等等。

《非理性繁荣》

美国耶鲁大学经济学教授罗伯特·J. 希勒于 2000 年出版《非理性繁荣》一书，对自从 1982 年以来证券市场繁荣的现象做了全面分析和说明。书名取自格林斯潘 1996 年底在华府希尔顿饭店演讲中谈到当时美国金融资产价格泡沫时所引用的一句名言。在该书第一版中，希勒教授成功地预言了股市的下跌。在第二版中，他又将研究扩展到了房地产市场。他指出，2000 年股市泡沫破灭之后，许多投资者将资金投向房地产市场，这使得美国乃至世界各地的房地产价格均出现了不同程度的上涨，因而，非理性繁荣并没有消失，只是在另一个市场中再次出现。正是以上理论贡献，2013 年，希勒获得诺贝尔经济学奖。

关于公司治理的相关议题，在当下依然存在着诸多争论：

（1）“委托—代理”问题。在所有权和经营权分离的条件下，由谁来控制公司呢？这一问题构成了治理之争的核心。在理论上，“公司是股东的”依然没错，但事实上，由于公司股权分散、股东地理分布广泛，再加上股东缺乏职位、威望或权力等因素，单个股东除非他拥有足够的股权，否则，无法对公司施加任何有意义的影响。因此，由股东决定董事的任免和公司发展方向的理论，在实践中行不通。而替代散户的机构投资者虽然能对公司产生一些影响，但机构投资者之间的利益往往很难达成一致，也很少愿意为单个投资者的利益负责。最终，公司的控制权掌握在了董事会手中。这时候，问题的关键变成了谁来行使任命董事的权力，以何种程序任命董事？通常是由外部独立董事组成的提名委员会来任命董事。如此一来，问题又变成“谁来选举外部董事”，外部董事有没有可能与经理们相互勾结？这一问题显然没有完美的答案。

（2）双重身份问题，即首席执行官是否应当兼任董事长？不兼任的好处在于便于制衡，避免决策权的垄断风险；兼任的好处在于可以避免董事长与总经理之间微妙、敏感的人际关系，消除内耗，而专注于经营业绩。显然这是一个两难选择。

（3）外部董事能否完全独立？外部董事通常需要具有一定的独立性，但是，问题的复杂性在于，如果董事的提名来自董事会成员，则很难保持其独立性。当董事们在一些重要问题上与各级管理者密切合作时，在独立性问题上也存在一定的嫌疑。最终讨论的结果是，实现外部董事的独立性，也许只能依赖于董事们的“自律”。

（4）近年来，关于董事的薪酬也成了人们的关注点。这一领域之所以遭到批评，是由于董事所拿的丰厚报酬与对公司做出的贡献度根本没有太大的关系。比如，“金握手”和“金手铐”是指不管董事是否对公司有所贡献就已经承诺的丰厚回报；“金降落伞”是公司被收购后董事得到的高额离职费；“金问候”是公司对新董事提供的补偿；等等。故而，人们经常将这些董事以“肥猫”（fat cat）相称。①

总之，关于公司治理，争论依然在继续。有些问题或许本来就没有终极答案。曾经长期担任美联储主席的艾伦·格林斯潘（Alan Greenspan，1926— ）曾指出，现在困扰国家的一个重要问题是，公司治理是否存在着根本性质的错误？显然，在目前状况下，要实现对公司治理的重新设计，所面临的困难是巨大的。公司治理问题是经理革命的副产品。只要选择了职业经理制度，就必然要承担代理成本。既如此，现在的问题是在认可经理掌握资产经营权的前提下，如何控制经理，尽可能地降低代理成本——这便是目前亟须解决的一个迫切问题。

阅读书目

哈罗德·孔茨，海因茨·韦里克. 管理学：第10版. 经济科学出版社，1996.

赫伯特·A. 西蒙. 管理行为. 机械工业出版社，2014.

欧内斯特·戴尔. 伟大的组织者. 中国社会科学出版社，1991.

彼得·德鲁克. 管理：任务、责任、实践. 中国社会科学出版社，1987.

亨利·明茨伯格. 管理工作的本质. 中国人民大学出版社，2007.

弗莱蒙特·E. 卡斯特，詹姆斯·E. 罗森茨韦克. 组织与管理：系统方法与权变方法. 中国社会科学出版社，2000.

戴明. 转危为安. 天下远见出版公司，1997.

娜奥米·克莱恩. NO LOGO：颠覆品牌全球统治. 广西师范大学出版社，2009.

菲利普·科特勒，凯文·莱恩·凯勒. 营销管理：第14版. 中国人民大学出版社，2012.

尼尔·M. 格拉斯. 管理是什么. 中国劳动社会保障出版社，2004.

戴维·奥斯本，特德·盖布勒. 改革政府：企业家精神如何改革着公共部门. 上海译文出版社，1996.

珍妮特·V·登哈特，罗伯特·B·登哈特. 新公共服务：服务，而不是掌舵. 中国人民大学出版社，2004.

乔治·弗雷德里克森. 公共行政的精神. 中国人民大学出版社，2003.

R. 爱德华·弗里曼. 战略管理：利益相关者方法. 上海译文出版社，2006.

思考题

1. 试论西蒙的“有限理性”原则以及“西蒙与沃尔多之争”。
2. 如何看待管理过程学派与经验主义学派之间的分歧？
3. 试述权变管理理论与系统管理学派的主要内涵。

---

① 杨茜，闻华. 公司治理的争论. 管理学家，2010（6）.

4. 试论戴明的质量管理理念及其价值。
5. 试比较六西格玛（6σ）管理方法与精益生产在理念上的异同。
6. 何谓“顾客价值”?
7. 何谓“关系营销”?
8. 试论新公共管理运动的基本特质及其局限。
9. 试论新公共服务理论及其治理理论的基本理念。
10. 试论“社会企业”的基本要旨。
11. 试评“利益相关者理论”。
12. 试论现代公司治理的沿革及其制度困境。

第九章

管理研究的范式转换

现代管理者是在一个迅速变革着的技术的动态系统和日益复杂的环境中进行管理的。这些力量都强烈地影响着组织理论与管理实践的发展。

——弗莱蒙特·E. 卡斯特、詹姆斯·E. 罗森茨韦克：

《组织与管理：系统方法与权变方法》

从整个管理学思想的发展看，无论是东方还是西方，理论的产生都是源于现实的需要的。从哲学视角看，以科学管理理论、管理过程学派为主流的现代管理学，其背后的哲学基础实质上就是牛顿科学所开创的机械论范式。这种管理模式，在一定程度上能够满足当时相对简单的管理实践的要求。但是，在当今时代，与以信息技术为先导的新技术革命相伴随的，是日益扩大的全球化和市场一体化，以及产品生命周期的缩短和产品品种的多样化，以及由此而引发的商务环境和战略行为的不连续性、复杂化、不确定性，这一切使得企业组织所处的经营环境发生了翻天覆地的变化。显然，变化了的环境需要一种新型的管理思维和方法。因而，如何构建出一套适应当代复杂、易变环境的管理理念和模式，便成为当今管理哲学研究的“中心问题”。

一、机械管理范式及其时代困境

管理学虽然是一门经验性极强的科学，但它的前提性、基础性问题却属于超验哲学所研究的对象。然而，从当今管理学研究的总体现状来看，现代主流管理研究更多地停留在科学和技术层面——人们或普遍热衷于数学建模，或囿于经验而使案例分析法大行其道。这种对管理的“科学”方面的过多强调，导致了管理实践的机械化：员工们为了谋生而工作，却不一定能认同公司；管理者除了牟利，没有更高的企业和生活目标；等等。隐藏在这种主流管理知识背后的是西方科学时代的机械论范式——组织是一架“机器”，其构建和运营遵循着一种单线的、决定论的因果逻辑。因而，当今管理学的发展已经到了一个迫切需要反思的时代。

1. 现代管理中的机械论“智障”

在古代中国，那种认为万物皆有“生命”、世界是一个变动不居的有机整体的有机论观念应该说并不罕见。不过，中国的传统思维大多表现为一种直观性的推测、偏于笼统的直觉了悟而鲜有实证的科学推理（见“中国传统文化的整体性特征”）。与之相对，在西方，从古希腊开始一直到20世纪初，尽管不时有各种有机论思想的显现，但是在这一历史长河中，占据主流地位的是一种机械论的世界观念。

中国传统文化的整体性特征

中国传统哲学的诸种流派，大都坚持一种“天人合一”的宇宙整体观。这种思维着重从整体上掌握事物，立足于整体与部分之间关系，以整体观去处理宇宙中的一切问题，强调事物的结构和功能，并倾向于把主体和客体综合在一起进行认识和把握。唯其如此，西方思想界出现了认同古代中国传统思维方式的某种迹象。协同学的创始人哈肯说过，强调整体性的中国传统思想具有悠久的历史。确实，当我们确定复杂系统时，这种方法就变得至关重要了。① 然而，中国传统哲学思维带有一种笼统的整体主义的特征。它着眼于事物的统一性，满足于对事物的直觉了悟，侧重于定性分析而缺乏定量分析。这种认知方式在认识事物时，常常伴有不确定性、不规范性和非优化的“模糊化”色彩，着眼于动态而不是静态，着眼于整体或系统而不是个体，着眼于事物的功能而不是事物本身的具体结构，从而妨碍了人们去从事严格的实验研究和形式逻辑分析。这可以说是中国文化缺少形式逻辑和实证科学知识体系的原因之一。

在古希腊的自然哲学中，赫拉克利特（Heraclitus，约公元前540—约前480与前470之间）关于“万物皆流”和“对立面的统一”的观点，成为动态世界观的一种最初表达。而与此相对，巴门尼德（Parmenides of Elea，约公元前515—约前445）则认为永恒变化只不过是一种感官的幻觉。作为对赫拉克利特和巴门尼德的调和，德谟克里特（Democritus，约公元前460—约前370）的原子论认为，原子按照必然性以不断旋转的方式运动，所有的现象、生成、腐朽都是组合和分离的结果。物质的凝聚态如气体、液体、固体，乃至生命至人的意识和灵魂都可用原子的相互作用来解释。这便是后来科学时代机械论纲领的最初表达。此后，柏拉图引入一个原子论的数学模型来解释宇宙中的变化和生成。在这种模型中，特定的元素是可以相互转变的，“基本粒子”可以按照几何定律发生“反复的作用”。在亚里士多德看来，德谟克里特的原子论和柏拉图的数学模型力图将生理学和生物学过程归结为物理元素的相互作用，以僵硬的几何图形或物质原子为基础来解释生命的变化和搏动，这是一种完全反自然的、推测性的结论。因为“真实”的生命显然是难以理解的“复杂”，绝非那种简单化的数学模型或物质原子所能描绘的。在亚里士多德那里，生命意味着有“灵魂”，可理解为一种物质组织力，即“隐德来希”。然而，自文艺复兴时期开始的从哥白尼、伽利略到牛顿和拉普拉斯的物理学革命，代替

① 哈肯．信息与自组织．成都：四川教育出版社，1988．

了亚里士多德将宇宙看作具有灵魂的生物这一广泛流行的古希腊概念，使几何和力学成了自然科学的新范式，从而带来了世界观的机械化。

按照这种机械思维，所有的自然系统都是由分离的元素所组成的，自然的所有效应都可以被归结到线性的因果链上，甚至生命的生理过程都可以用这种机械的方式加以解释。例如，笛卡尔的“二元论”思想认为，存在两种实体，本质为广延的物质实体和本质为意识的心灵实体，物质不能有意识，而心灵没有广延，因此二者是彼此独立的。这一原则为近代科学中自然的异离、对象化和主客二分的认识论原则开辟了道路，并已成为现代人思维中难以自省和摆脱的基本模式。按照这种理解，自然作为与人相对立的人的对象，显然是毫无内在目的性的“死的”客体，是一架巨大的机器，其运动只遵循机械运动的规律。由于自然界作为人的实践的对象，只能是一个被动的被改造的客体，是一个为人的利益提供资源的储藏库，这就为现代性肆意统治、征服、控制、支配和掠夺自然的欲望提供了意识形态上的理由。虽然笛卡尔还相信人有不朽的灵魂，但是拉美特利（Julien Offroy de La Mettrie，1709—1751）按照他的“人是机器”的箴言，则直接把人约化为一种没有灵魂的自动机，即心和灵魂并不是明确的精神成分，而只是物质躯体的产物。

建立在这种机械论纲领基础上的牛顿经典力学所描绘的世界图景是，由于二元对立的框架，把人驱逐出之后的自然是一个本质上缺乏生命活力的物质实体世界，具有广延、形状、惯性等数量化特征，并且在同样可以用数学描述的力作用下做范围无限而形式单一的机械运动。这种机械论纲领要求在科学认识中力求把多层次、多形式的自然还原为物质实体的集合，把物质实体还原为基元粒子的集合，把各种复杂运动还原为受力学定律支配的机械运动，把作为主客体耦合的认识过程还原为无主体参与的纯客观性，并往往把科学理论还原为经验归纳等。这就构成了科学和哲学思维中的力学世界观，或称机械论范式。这种机械论范式尽管也承认运动和变化的存在，但是它在处理动态、连续的现象时，总是将这种连续的运动轨迹分割为不连续的、静止的质点，其间缺乏真正的连续性、动态性，从而将“时间”排除在科学的视野之外。在这种经典科学的视野中，自然界没有任何时间的演化，没有产生和消亡，时间是可逆性的，“过去”与“未来”是等价的。就这样，人类在把自己的抽象的、阶段性的、图景式的认识范式强加给自然的同时，也把它强加给了他们自己、他们的后代及全社会。

尽管存在着机械论的滞障，但科学时代毕竟是一个充满变革的时代。这主要表现在“进步”观念对静止世界观念的冲刷几乎成了哲学家们的最重要主题。不过，在当时的许多科学和哲学解释中，还依然带有宗教神学的痕迹。例如，莱布尼茨提出的世界连续性定理虽然将动态演化的思想引入宇宙体系，但在其哲学体系中，上帝已事先提供了一种和谐图景，一切现实的努力只是不断地进行矫正以接近这种“前定和谐”。只有到了启蒙运动时期，主张生命从非生命物质中“自然发生”的唯物论纲领，才最终把上帝彻底排除在直接控制整个世界之外。然而，这种无神论观点虽然和现代的进化论哲学很相近，但却没有发展成真正严格的科学理论。

19世纪，达尔文（Charles Robert Darwin，1809—1882）率先进入以往完全由神学家和道学家把持的知识领域，主张无论它们曾经多么神圣，都应该向科学开放。这种认识生命现象的新角度，显示出一种真正的自然主义的科学态度和方式。正是进化观念的确立，才使得人们的意识开始从传统时代那种“静穆的伟大”与“和谐的不朽”的世界幻象中解脱出来，而不得不去面对一个稍纵即逝和随机变幻的外部世界。自此以后，整个自然乃至人类社会都被看作进化的产物。

达尔文自然选择学说的实质，是为自然界中生物彼此之间以及生物与环境之间的适应现象的因果关系提供一种非目的论的纯粹唯物主义的解释。达尔文开辟了一个全新的方向，他试图利用日常自然法则的盲目作用来解释适应过程。然而，自然选择总的说来只是一种消极过程，它虽然能淘汰不适应的，但不能起建设性作用。达尔文本人一度也承认对“广阔无垠、奇妙无比的宇宙”竟然是盲目的机遇或偶然的产物感到非常难于甚至无法理解，似乎只有这二者可供选择。确实，由于达尔文在解释中完全抛弃了目的性因素，把自然界的变化完全看作一个纯粹的、机械的过程，从而使得他不能对当时来自各方面的责难做出有效的反驳。达尔文对进化的这种非目的论解释乃是与当时牛顿力学的强盛所营造的机械论的时代氛围密不可分的，“他所使用的方式是与牛顿科学的特性相一致的”①，“由于当时最为推崇的成就是牛顿的物理学，所以，达尔文利用牛顿描述万有引力的方式来描述进化：抽象的原则与机械性相互作用的产物”②。

可以说，正是由于牛顿力学的强大影响，机械论范式几乎笼罩了整个经典科学时代，管理学也无可避免地带上了浓厚的牛顿力学的痕迹。这种机械论的世界观认为，世界就像一架良好运营的机器，原因和结果之间的联系是简单的、明晰的、线性的，从而为规则的、可预测的宇宙提供了前提，结果导致对预测和控制的热衷。在工业时代，牛顿科学使我们通过维持一个稳定态的系统来判断组织的成功。如果这种状态被破坏，那么领导者的作用就是去重新确立这种平衡。既然稳定态成为成功的标志，那就暗示着秩序应当从上而下地施加，从而导致垂直性的、管理-控制型的领导关系以及官僚结构和等级，企业之间以及企业各单元之间的机械分割和刚性联系，等等。

的确，泰勒正是把机器的一些特征应用到组织结构和管理当中去，通过任务的划分，使工作成为简单劳动，使生产变得单调而规范；通过寻找完成某项工作最有效率的方式，为每项任务确定明确的可衡量的目标等。因此，与其说科学管理理论是探索管理的科学，不如说它是努力在管理中应用科学。在这种努力中，数学与科学被作为工具来帮助解决在既定目标下对稀缺资源进行最优分配。对此，利昂·普拉特·奥尔福德（Leon Pratt Alford，1877—1942）和亚历山大·汉密尔顿·丘奇（Alexander Hamilton Church，1866—1936）曾批评指出，泰勒方法的缺点是“以精心设计的机制”或制度取代了领导艺术。③ 这种将复杂的管理活动进行简单化、精确化的做法，正是以牛顿力学作为其哲学基础的。后来的一些管理理论家如亨利·法约尔和德国社会学家马克斯·韦伯等人不约而同地吸收了泰勒思想中的职权与职责的划分、计划从作业中的分离、对工人奖励标准的制定以及任务专门化等内容，从而共同奠定了古典管理学的基本框架：金字塔结构、统一指挥、控制跨度、职业专业化等概念，以及适用于所有组织的一般“管理原则”等。

---

① Bruce Weber. The Philosopher's Child. Nature，2001（411）：739-740.

② 马古利斯，萨根. 我是谁：闻所未闻的生命故事. 南昌：江西教育出版社，2001：185.

③ 丹尼尔·A. 雷恩，阿瑟·G. 贝德安. 管理思想史：第6版. 北京：中国人民大学出版社，2012：182.

这种受机械论思想支配的等级结构为了使人的行为保持在预定范围之内，在设计组织结构时采用了纪律、中央决策者、集中的教义和森严的权力等级，并力图使领导者的权威合法化。在这种传统模式中，领导者通常趋向于对下属采取教导的方式，这样的方式强调个人和组织的绩效以及确保实现这些绩效的能力，领导被看成是把人力资源朝着组织目标指引的一种包含一切的职能，并被贴上了多种标签——企业家的职权、监督、指挥、命令、激励等；而个人在许多情况下，除了生存之外，不该再有任何愿望。

应该承认，这种立足于机械论原则的现代管理模式，在外部市场变化相对平稳，企业可以准确把握市场需求的时代，通过这种等级体系可以有效地安排组织内部的生产作业。然而，当今动态的、瞬息万变的和不确定的环境，使得这种管理模式的弊端暴露无遗：组织中决策与执行相互分离，束缚了员工的主动性和创造性；高度集中的企业信息流和自上而下的缓慢的单向传播模式导致了信息终端组织功能的严重僵化；官僚制使得人们把执行规章制度当成不可侵犯的最高准则，种种繁文缛节束缚着人们的手脚，使组织活动失却了应有的效率；在组织的各个相关部门和成员之间，遇事推诿扯皮，相互掣肘，从而导致组织机能的失调；等等。

在实践中，尽管人们都想具备灵活的、创新的、不断提高的竞争力，但很多时候机械论思维方式却一直强加着秩序、量化、一致性、效率和控制。所有这些都是简单的封闭式系统或机器的特点。因而，在当今日趋复杂和变动不居的全球环境下，如何破除这种机械论思维的禁锢，便成为摆在当今管理实践中的一个极为重要的问题。

2. 当代变动中的管理界

一般而言，管理模式的应用是和组织所处的内外环境密切关联的。世上没有真正一成不变和放之四海而皆准的管理模式，管理思维和管理理论会随着组织环境的变化而不断演变。在20世纪的大部分时间里，主宰商业活动的那些大型工业企业大多已经建立起与其初建时期相适应的运行方式：行动迟缓、等级制的组织结构；将员工划分为各种职能专家；“命令与控制”式的思维；由企业的高层思考，而由企业的底层执行命令；将经营活动分解为一系列便于传授、考核和控制的小任务；建立了财务报告和控制制度来适应这种企业运行的方式；等等。这种模型的有效运作依赖于如下三个假设：其一，组织是一个简单的“封闭系统”，组织决定采取的行动一般都会发生，而不会受到来自外部事件的过多干扰。其二，组织的经营环境足够稳定，管理者可以充分地理解它，从而能够发展出相关的、详细的战略，并且当战略被执行时，仍然是与环境相关的。其三，在组织中，存在着一系列明确的杠杆，其应用能够引致已知的反应（例如，如果你削减员工数量，盈利能力就会提高，或者如果你提高利率，货币价值就会上升，等等）。

在当今时代，有一系列深刻的组织及其管理模式的转变。从企业内部来看，信息扩散速度的加快、工作紧张程度的加剧、协作关系的日益密切使企业管理突破了企业传统的决策模式的界限，并使得工厂、工人和工作的本质发生了改变，即工人不像以前固定于某一地方，受到严密的监视，而是能够被安置在任何地方，能够在任何时间从事他们的工作；行动迟缓、等级制、职能式的结构正为快速行动、跨职能、面向业务流程的管理团队所取代；“命令与控制”式的思维正让位于给一线员工授权的做法，并形成以跨职能业务流程为基础的面向顾客的工作单元；等等。从企业外部环境来看，企业与环境的界限越来越模糊；企业的核心生产活动由原来的“小而全”转变成现在的合同转包、战略联盟等形式，并形成由分销商、供应商、社团组织、生态环境等互相交织的严密的生产网络体系；企业与其所处的经济社会生态环境的相互协调和共同进化已日益成为企业成功的决定因素；等等。①

这一切使得企业组织所处的经营环境发生了翻天覆地的变化：其一，组织是一个复杂的“开放系统”，既深深地受到环境的影响，也会在很大程度上影响环境。组织打算采取的行动常常会受到外部事件甚至是组织自身内部的政治或文化的干扰，而使组织偏离既定方向。其二，环境的变化是如此迅速（不断地出现新的机会和威胁），以至于高层管理人员不可能对正在发生的情况有足够的了解，因而也无法发展出非常详细的战略。并且，当战略从概念进入实际操作时，环境的关键要素常常已经发生了变化。其三，由于许多行动常常导致根本无法预测的结果，因而简单的线性因果模型很难成立。② 的确，与以往相比，如今的社会是一种以高度组织结构复杂性和信息网络连接为特征的社会，尤其是一个国家的经济越来越受到世界经济活动的影响。正是经济活动所具有的这种飘忽不定的性质，使经济人不得不面对不可预见的未来进行决策。例如，一项好的政策总是需要相当的时间来收集数据、分析结果并提出相应的立法和行政措施，但是有关的数据常常是零乱的、非定量的甚至是缺失的。结果是，任何政策当它起作用的时候可能就已经过时了。因此，管理需要正视的一个基本事实是：“对人类的一个封闭的、片段的和简化的理论的丧钟敲响了，而一个开放的、多方面的和复杂的理论时代开始了”③。

显然，“变化的环境需要一种新的管理思维模式”。④ 新的时代对企业经营提出了新的要求：企业的学习潜力、反应速度和适应能力取代了传统的资产规模、市场份额和资产收益率指标，成为衡量企业健康状态和成长趋势的指示器。事实上，我们看到，随着稳定、简单和确定性的组织环境向复杂多变和不确定环境的转变，管理中的一些基础假设和基本观念也发生重大改变：理性主义被修正为有限理性；最大化被修正为最优化或满意解；线性设计被修正为开放系统；静态均衡被修正为动态均衡；科学方法被修正为“文学与艺术”；逻辑被修正为逻辑和直觉；刚性被修正为柔性；多元化程度越低越好；规模越小越好；竞争必被协作取代；正式的权威必须被减少；时间周期必须缩短；消灭监督者；消灭内部垄断；收益与风险相匹配；加强个人权利；加强公司内部的教育；等等。这些理念背后的潜台词是：那种建立在泰勒、法约尔和韦伯的“控制和命令的经济模式”基础上的管理理念已经不复存在：机械型组织必须被学习型组织取代，后者更为“活跃”、适应性强，重视员工授权，管理模式开放，用承诺来取代控制，更为民主，等等。⑤

---

① 欧文·拉兹洛，克里斯托弗·拉兹洛. 管理的新思维：第三代管理思想. 北京：社会科学文献出版社，2001：12.

② 彭新武. 管理学研究的范式转换. 中国人民大学学报，2007（5）.

③ 埃德加·莫兰. 迷失的范式：人性研究. 北京：北京大学出版社，1999：173.

④ Michael A. Hitt. The New Frontier：Transformation of Management for the New Millennium. Organizational Dynamics，winter，2000：7-16.

⑤ 尼尔·M. 格拉斯. 管理是什么. 北京：中国劳动社会保障出版社，2003：1-8.

当今的管理界尽管充斥着种种变革，但总体来看，大多数论述是零散的、缺乏统一性的，更缺乏同哲学的自觉联系。这些理论的凌乱、内容的歧异、方法的庞杂，具有库恩所说的典型的“前范式”特征。一个难以避免的挑战是，科学管理的机械主义如何应对日益人性化、知识化的群体协作？被韦伯称作理想甚至完美的科层制度如何应对“动态的虚拟组织”的挑战？一般的管理职能为什么不再具有实践意义？对于管理学领域所发生的一切，到底有没有一种除了“丛林之说”外更好的解释？凡此种种，都促使我们尝试用新的视角为管理研究和实践去开辟一条新的出路。

二、有机管理范式及其思维特征

值得注意的是，近年来管理理论受到了自然科学发展的极大影响。一些新概念如非线性、不确定性、重复性模式和混沌等，已经开始替代我们所熟悉的机械、数学和几何模型。这些新兴的概念和理论告诉我们，世界远非以前我们认为的那样可被预测，而是包含着众多的非线性关系和不确定性，因此管理学研究应该而且必须思考这种“混沌”特征。这其中，系统自组织理论或者说复杂性科学的兴起及其在管理学中的应用最为引人注目。事实上，这些新生的理论因子的背后隐藏着的是20世纪初以来科学研究所经历的一场极为重要的范式转换，即从传统的以牛顿力学为主要表征的机械论范式，向以生物学、生态学研究为主要依据的有机论范式的转换。① 正是在这种有机论范式的基础上，当代的管理界逐渐展现出一种有别于传统统治型管理和机械组织模式的雏形，并引发了管理思维的深刻变革。

1. 有机论范式的复兴

有机论范式的形成，首先与生物学相联系。在生物学史上，一直存在着机械论和活力论之间的争论。自从维勒（F. Wöhler，1800—1882）在19世纪人工合成尿素获得成功以来，活力论受到了沉重的打击，使得机械论重新占据了一定的支配地位。19世纪末20世纪初，新的活力论重新抬头。杜里舒（H. Driesch，1867—1941）做了个实验：把海胆的原肠胚切成两半，结果是一分为二的两个半原肠胚竟然发育成为两个较小的完整的胚胎，最后发育成为完整而较小的幼虫。这表明，整体的确不是由部分简单构成的。这里的异因同果律，显然与经典物理学定律相矛盾。

作为对这种科学成果的反应，在奥地利科学家贝塔朗菲看来，经典科学的分析科学方法是以对事物的机械的、累加的观念为基础的，它通过“分解为可以隔离的因果链以便在各种科学领域里寻找‘原子’单位”。而应用分解隔离因果链的分析方法，要取决于两个条件：“首先是‘部分’之间的相互作用不存在或者微弱到某些研究任务可以不考虑的程度。只有在这种情况下，部分才能实际地、逻辑地、数理地‘求出’来，然后‘放在一起’。第二个条件是描述部分的行为的关系式是线性的；只有这样才有累加性条件，即：描述总体行为的方程和描述部分行为的方程具有相同形式，可以通过部分过程相加

① 彭新武. 论有机论范式及其思维特征. 天津社会科学，2009（1）.

来取得总体过程。”① 然而，现实世界中的复杂事物是不能满足这两个条件的。贝塔朗菲由此指出机械论范式所存在的三个错误观点：其一是简单相加的观点，把有机体分解成要素，并把要素简单地进行加和来说明有机体的属性；其二是“机械”的观点，把生命现象简单地比作机器，认为“动物是机器”乃至“人是机器”；其三是被动反应的观点，即只有受到刺激时才做出反应，否则就静止不动。正由于简单的物理化学因素无法面对复杂的生命整体，所以才有了“活力”的介入。

在贝塔朗菲看来，机械论拘泥于简单还原论观点，活力论乞求于非科学的神秘因素，但殊途同归，二者都将生命系统看作一个被动的存在。贝塔朗菲认为，生命的形式不是存在着，而是发生着的，是通过有机体同时又是组成有机体的物质和能量的永恒流动的表现形式，这种动态的过程以一种稳态的形式出现。贝塔朗菲就把这种自我调节的稳态看作生命系统的基本特征，而所有其他的特征，如代谢、生长、发育、繁殖、自主性活动等，都是这个事实的最终结果。从而与通常看法相反，贝塔朗菲认为，有机体并不是被动地对刺激做出反应，而是一个在本质上能自主活动的系统。

这种对生命系统的主动性的强调，构成了贝塔朗菲理论的核心。由此，贝塔朗菲在批判地继承前人的机体论思想的基础上，把协调、秩序、目的性等概念用于研究有机体，于 20 世纪 30 年代形成了关于一般系统的理论体系，主要包括如下一些基本观点：一是系统观点。认为一切有机体都是一个整体——系统，生物体是在时空上有限的具有复杂结构的一种自然整体。二是动态观点。认为一切生命现象本身都是处于积极的活动状态，活的东西的基本特征是组织。三是等级观点。认为各种有机体都按严格的等级组织起来。② 可以说，一般系统论的创立构成了贝塔朗菲最具深远影响的工作。他将科学与哲学有机地糅合在一起，并力图使一般系统论成为一种世界观，以替代在工业文明时期建立起来的机械论世界观。

而系统论之所以逐渐为人们所普遍接受，则又与 20 世纪由于电力的应用所引起的产业技术革命相联系。1948 年，香农（Claude Shannon，1916—2001）以系统论思想为基础，发表了《通信的数学理论》一文，宣告了信息论的诞生。同年，维纳（Norbert Wiener，1894—1964）出版了《控制论》一书，宣告了控制论作为一门新学科的诞生。正是在这些实践领域中对系统思想的成功应用，最终形成了现代科学技术中具有世界观意义的系统范式。

贝塔朗菲的一般系统论虽然把系统的有序性、目的性同系统的结构稳定性联系了起来，但并没有回答稳定性的结构到底是怎样产生的以及如何维持结构的稳定性问题。就在系统理论日益深入人们生活的各个方面之际，20 世纪 60 年代末以耗散结构理论的诞生为先导，协同学、超循环理论、突变论、混沌学和分形学等一系列系统自组织理论或者说复杂性科学蓬勃兴起，从而使系统思想发展到一个新阶段。

按照热力学第二定律，自然界中包括物理、化学、生物或信息转化的过程，都不会不以耗散能量为代价而自发地发生。这就是著名的熵增原理。克劳修斯（R. J. E. Clau-

① 贝塔朗菲. 一般系统论：基础、应用、发展. 北京：社会科学文献出版社，1987：15，16.
② 魏宏森. 系统科学方法论导论. 北京：人民出版社，1983：24-25.

sius，1822—1888）甚至将这一原理推向整个宇宙，得出了著名的宇宙热寂说的结论：宇宙总体上是走向退化之中，最终将不可逆地达到一个种种差别不复存在的“死寂”状态。在此之后，有人甚至以这一学说为基础而开始构建出一种新的世界观，例如，在里夫金（J. Rifkin）、霍华德（T. Howard）看来，由于人类世界的历史是受其物质和能源的环境状况决定的，因而“每一个由加快能量流通的新技术所体现的所谓效率的提高，实际上只是加快了能量的耗散过程，增加了世界的混乱程度”①。在他们眼里，人类的历史就是受熵定律支配的江河日下的倒退史。但是达尔文的进化论却体现出有序活系统的复杂性不断增加的发展。这样就产生了克劳修斯的自然图景与达尔文的进化论之间的矛盾。而建立在牛顿力学原理之上的熵增原理却无法解决这一矛盾。

1967年，普里戈金（Llya Prigogine，1917—2003）提出耗散结构理论，认为开放系统不仅具有内部的熵产生，还有外部的伴随着能量或物质的流动、转化而与环境之间进行的熵交换。这些系统通过耗散能量而保持其结构，被普里戈金称作“耗散结构”。一个远离平衡的开放系统，不论它是力学的、物理的、化学的、生物的系统，还是社会的、经济的系统，通过不断地与外界交换物质和能量，在外界条件变化达到一定阈值时，就可能从原先的无序状态转变为一种在时空上或功能上有序的状态。这一重要结论的提出，不仅使克劳修斯退化论和达尔文进化论的矛盾在热力学第二定律所揭示的不可逆框架中得到说明，而且过去被看作对整体行为偏差的涨落干扰在不稳定性中可以成为建设性因素，即“通过涨落达到有序”，这使得有机生命体的出现也具有了一定的必然成分，而不纯粹如达尔文等人所认为的是一种随机的、偶然的产物。这种全新的关于系统演化的自然科学的新表述，与20世纪60年代以来整体观测宇宙演化过程的系统范式思想一起，就把我们关于自然界演化发展的认识推向了一个新的阶段。正如西方著名未来学家阿尔文·托夫勒所指出的，普里戈金的工作是“当今科学的历史性转折的一个标志，一个任何有识之士都不能忽略的标志”②。

与此同时，德国物理学家哈肯（Hermann Haken，1927—　）在耗散结构理论的基础上，创造了一套处理各种非平衡相变的统一方案，以统一解决系统从无序转变为有序的过程，并最终创立了协同学。相比之下，耗散结构理论只是从宏观上研究问题，它用熵来研究自组织也过于粗糙，同时也没有揭示系统宏观现象的微观机制。而协同学则从根本上回答了系统宏观现象的微观机制，即子系统之间有规律的协同作用，使系统由无序状态走向稳定的有序状态。协同学认为，任何系统的子系统都有两种运动趋向，一种是自发地趋向无规无序的运动，这是系统走向瓦解、无序的重要原因；另一种是子系统之间的关联引起的协调、合作运动，这是系统自发走向有序的重要原因。系统是自发地发生从无序到有序，还是从有序到无序，取决于其中哪一种运动趋势占据主导地位。

同一时期，德国的生物物理学家艾根（M. Eigen，1927—　）则从生物大分子的角度，建立起超循环理论。如果说协同学是从研究物理世界的自组织现象入手，然后把它推广到生物界和社会领域中的理论，那么超循环理论则是直接从生物领域入手来研究非

---

① 里夫金，霍华德. 熵：一种新世界观. 上海：上海译文出版社，1987：59.

② 普里戈金，斯唐热. 从混沌到有序：人与自然的新对话. 上海：上海译文出版社，1987：7.

平衡系统的自组织问题的。此外，还有混沌学，它将整个世界描绘成一幅非线性、不可逆和不规则的复杂图景，从而使完全决定论遭到了最深刻的否定，也使我们对于无序和有序的转化、确定性和随机性的统一、稳定性和不稳定性的结合、自组织过程的复杂性有了更深刻的认识。

如上这些全新的关于系统演化的自然科学的新表述，在坚持自然观和历史观相统一的基础上，从观测宇宙整体上及其各个层次上向世人提供了一幅世界自组织演化的自然图景。如上思想的综合，就是所谓系统进化论，或如同詹奇所说的“自组织进化范式”或拉兹洛所说的“一般进化论”。无论是“自组织进化范式”还是“一般进化论”，它们在本质上都是一致的，即都是在自组织理论的基础上对整个世界的演化模式进行一种“广义综合”。在这种理论视野中，自组织作为一种动力学原理，构成了生物的、经济的、社会的和文化的结构丰富多彩的形式世界的基础。这是一种既起源于科学又有哲学深度和广度的新体系，“它超越仅限于一定研究领域的那些理论造成的狭隘片面的认识，囊括浩瀚的物质宇宙、生物世界和人类历史”①。这种关于进化的新范式取代了长期以来束缚人们思想的传统机械唯物史观和牛顿的绝对因果律，昭示出当今科学研究的有机论范式的复兴。

具体而言，这种有机论范式主要包含如下一些基本原理：

（1）自组织进化原理。自然界绝不是一种机械的物体，不应被当作机器去理解，生物的运动也不单纯地遵循机械运动的规律，而是具有自主性的、由许多子系统构成的高度复杂的协同系统，其中的联系是非线性的，其有秩序的形式是一种自组织行为。在这种理论视野中，任何一个远离平衡态的系统，都有使自身趋向于日益复杂的结构和秩序的能力（当然另一方面也有从秩序走向解体的趋势），这种自组织能力便构成了有机体形成和生长的原动力。于是，现代的生命哲学便出现了向目的论还原的趋势。从哲学上看，目的性最为根本的特征在于自我规定性，而若从科学上加以具体的解释，它便是自组织性。一般而言，客观世界中存在着两种不同层次的目的性，一种是非自觉的、非预定的目的性，即自然目的性；而另一种则是自觉的、预定的目的性，即人的目的性。这两种不同层次的目的性以及它们之间的相互联系和推移转化，便构成了一个新的哲学范畴——“一般目的性”。人们尽可以凭借“是否具有自觉意识性和预定计划性”对自然目的性和人的目的性做出区分，但自觉意识性和预定计划性并不是目的性存在的必要条件，我们不能以此割裂自然目的性与人的目的性的相互联系和推移转化，即否认一般目的性的存在。正是这种目的性思想，为“自在世界”与“人类世界”之间的相似性和关联性提供了一种认识论意义上的解释基础。

（2）非平衡原理。系统的自组织进化不仅需要稳定，也需要失稳。一个系统只有正好在稳定性和流动性之间保持平衡才能够产生复杂的类似生命的行为。在一种动态环境中，系统总是不断受到来自外部环境的无规则变化的扰动，从而使系统失稳。一个小的随机涨落可能在同其他涨落的竞争中迅速增长，最终取得对整个系统的支配地位，从而驱使失稳的系统上升到一个新的稳定有序状态。因此，非稳定性、非平衡性是万物的组

① E. 拉兹洛. 进化：广义综合理论. 北京：社会科学文献出版社，1988：19.

织之源。

（3）共同进化原理。在达尔文的自然选择理论中，生命的进化被完全归于一种外在的原因，即环境对不适者的淘汰，而没有考虑到有机体内在的主动性。这实际上是一种从单一物质层次和简单性原则出发考察、理解事物发展过程的机械认识。在“共生”理论的倡导者马古利斯看来，“有机体与新的生物群体融合的共生起源，是地球上所发生的进化的一个主要源泉”①。这种密切注视生命物质通过相互依存自组织和进化的途径，使得研究的注重点从传统的“进化”概念转移到“共同进化”这一新概念，即进化不是来自有机体之于一种特定环境的适应，而是来自所有系统层次上有机体和环境的共同进化。实际上，协同学内涵的要旨所表明的就是系统之间、系统各要素之间保持这种统一性、合作性、集体性的状态和趋势。同样，混沌理论也让我们重新认识到生物界充满了协同进化和合作，并揭示出这些活动对于事物的形成可能比竞争更具有重要的影响作用。“从混沌理论的角度看，注意系统间如何彼此竞争，不如关注系统间如何彼此依赖、相互关联更为重要。竞争是一个还原论者的有限的思想，无法慧眼独具地识别出大自然中无处不在的深刻创造力。”② 的确，每一种生物在一定意义上都和其他生物相互联系和相互依存。生态系统是由更大的有机体网络和各种无生命成分一起构成的，这些无生命成分通过一个不断循环的方式进行物质和能量交换的复杂关系网与动物、植物以及微生物相联系。对生命世界研究得越多，就越能认识到这种联系、建立联系和相互共生的趋势，并认识到合作是生命有机体的主要特征。

（4）不确定性原理。牛顿力学的强盛，在整个社会文化层面营造了一种强烈的机械决定论观念，即现在与未来的一切事件都是有定数的，是完全由过去的事件所决定的；只要给出宇宙现在状态的完整和精神描述，依因果律，未来便能被精确预知。这种观念在19、20世纪之交数学家拉普拉斯所提出的著名的“神圣计算者”的观点中被发挥到极致：“如果在创造世界的时候，世界的状态便为一个有无限精力而又无限勤勉的数学家把它最最微小的细节全部记录下来，这位数学家便能推断出整个世界的未来历史。”③ 这种机械决定论突出强调的是稳定、控制和可预见性，而机遇和不稳定性则被摆放在了很次要的地位。用这种传统方式表述的自然定律描述了一个理想化的、稳定的世界，一个与我们生活的动荡的、演化的世界完全不同的世界。直到20世纪量子力学的兴起，这种观念才发生改变。作为量子力学基本规律表达的薛定谔方程表明，微观客体的行为在本质上是概率性的，不能指出它出现的充分条件，不能对它做完全因果性的描述。量子力学的另一重要原理海森伯（Werner Karl Heisenberg，1901—1976）不确定原理也表明，我们根本不可能准确地把握微观客体存在的初始条件；即使在因果律严格成立的场合，也不能得到未来的确定性结果，因而事物发展并不具有牢不可破的必然性。不过由于海森伯不确定性原理的表述中包含着一个“观测者”，因而其“不确定性”并不是指一种纯粹客观的不确定性，而是包含了观测者本身所具有的主体认识的局限。此外，虽然量子力学确定了随机性的地位，但这种随机性仅被局限于微观领域，宏观上的现象依然被认为

---

① 马古利斯，萨根．倾斜的真理：论盖娅、共生和进化．南昌：江西教育出版社，1999：106.

② 约翰·布里格斯，F.D.皮特．混沌七鉴：来自易学的永恒智慧．上海：上海科技教育出版社，2001：60.

③ 唐士志，等．哲学的自然科学例证．长春：吉林人民出版社，1981：315-316.

是决定论的。唯其如此，普里戈金通过将时间不可逆性引入对“新自然法则”的描述，从而揭示了“确定性的终结”。在普氏的宇宙中，未来不能被确定，因为它受随机性、涨落和放大的支配。这种由时间的不可逆性而导致的不确定性并非如爱因斯坦所说的是出于我们人类的“无知”，而是我们这个“演化”世界的本真属性。

2. 有机管理范式的基本理念

一般进化论的新范式承认事物在进化过程中的混沌和随机现象，并以此为前提，进而去探索出一条走出混沌的发展道路。由于这种理论本身就是以生命、自然生态和社会现象为其研究对象而建立的，因而它完全适合于各种复杂的社会系统的研究，从而为我们建立起适应当今复杂动态的商务环境的、有别于传统统治型管理和机械组织模式的管理新范式奠定了一种坚实的基础。

（1）自组织原理：从机械控制到自组织管理。从组织模式上看，以泰勒、法约尔和韦伯等人为代表的传统组织理论，是以亚当·斯密的分工理论为基础的，即在层级制内进行分权化变革，以提高组织运作的效率，从而导致计划—控制型的官僚结构和等级。这种分工式组织界限分明，作业过程分解成一连串简单的“工序”，以组成统一顺序的“生产线”；分设管理工作岗位，以将管理人员按专业组合在各个职能部门内部；为了保证专业人员或管理人员的工作绩效，企业内层层向上报告，层层向下指挥或监督，从而形成金字塔型的集权控制的组织模式。在外部市场变化相对平稳，企业可以准确把握市场需求的时代，通过这种科层制也许可以有效地组织安排内部的生产作业，但是，动态、瞬息万变和不确定的环境要求组织快速反应、灵活应变，从而使得传统的这种集中控制的组织结构越来越与时代不相适应。

与此同时，随着亚当·斯密的自由放任式的经济哲学的盛行，市场成为分配稀缺资源的最佳手段。于是，对于企业家而言，计划具有了新的重要意义。例如，在科学管理中，泰勒有关把计划与执行分开的主张，就是想把专业知识应用于生产进度、工作流程和生产安排。后来，甘特在计划过程中增加了时间要素。法约尔把计划和预测确定为管理活动的第一步，并论及了计划与领导中“政令统一”的需要。戴维斯论述了制造路线、工作调度和进度计划，把它作为计划的次级职能，并强调各种目标的有机职能。人际关系主义者提到了计划与其他管理活动中的参与的需要。管理过程学派把计划概念建筑在比单纯生产更为广阔的基础之上，囊括了所有的工商业活动。而在当今计算机化的控制论时代，数量专家主张通过更复杂的统计和数学程序，用更为准确和经济的方法分配稀缺资源，从而导致建模和模拟的盛行。就这样，计划从一种高度直觉化的、以命令为中心的概念，演进成为一种凭借现代技术等复杂的辅助手段在一个更为广阔的系统中的活动。应该肯定，应用这些精确化的知识和手段可以更为有效地利用物质资源，有助于处理组织与组织之间甚至跨越国界的复杂的相互作用，但问题在于，随着未来的不确定性的增加，长时期的计划是否依然有效？

而控制活动作为对计划和实际行动的衡量评估，便于在必要时采取纠正行动。科学管理强调控制活动要通过经验性研究不定期制定精确的定额，并在工时和成本衡量方面有所改进，这在“甘特图”中得到明确反映。到了社会人时代，严格的外部控制日益成为由管理当局提供诱因的一种民主的、内在的参与，以及管理人员所显示出来的一种社会技能。此后的管理过程学派更拓宽了控制概念，使其超越了以生产为导向的范围，控制被看作各种活动的循环过程的完成，并导致重新计划、重新确定目标以及其他一些校正活动。如今，计算机、控制论概念以及管理信息系统的发展共同强调了反馈在管理控制中的作用，通过计划评审法等方式对大量数据进行计算机处理，使得更为复杂的控制方法成为可能。然而，这种由机器人、计算机辅助设计与制造过程、人工智能等构成的控制措施本身包含着自我破坏机制：集中控制的程度越高，就越不合个人的口味；越是为了提高效率而把活动集中化，则个人酌情处理的灵活性就越低；控制职能的制度化由于现代技术的发展而不断加深，但大量的规则、制度以及其他措施又可能使人与组织都产生机能失调的后果等。

如今，人类社会已迈入与传统管理时代完全不同的一个时期。在全球化趋势的影响下，个人不再像以前那样被视为巨大复杂机器中的一颗小小齿轮。相反，作为组织中最基本的单位，个人是一种有价值的人力资本，可以成为推动组织发展的具有创造性的积极力量。于是，人们开始摆脱机械式思维的制约，而将组织看作一种有生命力的自我组织的系统。按照复杂性科学的观点，像组织这样的复杂系统，其中的联系是非线性的，其有秩序的形式是一种自组织行为。所谓自组织，就是说一个有机系统在一定范围内具有自由的、自我的行动，组织系统的协调和统一是一个相互调整的过程，而不是被动的传达过程。这要求管理者必须实现一种角色的转换："从监督团队成员变为授权，因为工作已经围绕核心过程进行了重新安排，工人也可以做到自我管理。下属得到更大的自主权，对工作也更加满意。"①

在这种角色转换中，管理者可能并不需要去寻找特定的解决方案，而可能会去倾听发现"系统自身想往哪儿发展"。这意味着，我们必须改变我们管理员工的方式，即从以往的集权式管理转向参与式管理。在这种模式中，领导权不仅仅属于企业上层，而是组织中处于不同位置的很多人都可以共同参与领导，员工们由此而感受到上级主管的信任，体验出自己的利益与组织发展密切相关，从而产生出强烈的责任感和成就感。在这种动态关系中，有效的领导并不意味着必须具备所需要的解决问题的全部答案，而意味着进行综合思维以提供明确的整体设想，从而使员工即使在没有明确指导的情况下也能取得预期的结果。

这种自组织管理以发挥被管理对象的主动性、积极性为核心，通过被管理对象自身的作用使管理系统达到最优状态，从而实现管理的要求。它与中国古代道家的"无为而治"思想在某种程度上是相吻合的。"无为"是《老子》管理哲学的最高原则。"无为"理论固然有回到洪荒时代的"无为"一面，但绝不是要人们什么都不干，也不是主张听天由命，消极地、盲目地听任自然支配自己，而是认为人要在符合自然要求的情况下行动。只有人的思想行动充分符合于自然的要求，才能在花费力气较少、遇到的挫折和损失也较小的情况下实现自己的目的，达到"无为而无不为"的境界。当然，这种自组织

---

① T. McGuinness, R. E. Morgan. Strategy, Dynamic Capabilities and Complex Science: Management Rhetoric vs. Reality. Strategic Change, 2000, 9 (4): 209-220.

管理不同于所谓“自动化”。因为“自动化”只是相对机械、工具、信息而言，而相对于人的心智、智能、知识等高层次的问题，那就很难谈什么“自动化”，而必须讲“自觉化”。用孔子的话来说，就是“随心所欲不逾矩”。当然，这种自组织在社会系统中并不必然是自发的、随意的和不可预测的，因为决策者可以选择控制结果的主要规则。因此，我们需要在管理控制和自组织之间保持一种适宜的平衡和一致性。

（2）非平衡原理：从和谐布局到制造危机。在传统管理模式中，组织一般是通过组织内部诸要素的相互协调和组织结构的合理安排，进而实现提高组织效率的目的的。按照这种观念，要使人们能够过一种井然有序的社会生活，就必须保持组织系统中各要素的和谐。应该说，在一个相对稳定的世界里，这种思维方式和组织体制很有效，然而，在当今纷繁复杂和变动不居的组织环境中，这种稳定的模型往往使管理者与日益复杂的世界之间造成机能失调。因为，这种和谐布局的组织系统内部有着自己的运行逻辑，一旦这种和谐的布局已经取得或得到优化，将很难改变。在这种状态下，诸如像组织的重大改组和业务流程再造等变革一般都不是逐步调整，而是突发性的，并经常会对个人和团体带来破坏性结果。于是，这种合理布局的思想受到了质疑，人们开始认识到在动态的环境下过分的和谐组合所潜藏着的内部危险。

可以说，组织作为一种复杂系统，总是存在着和谐、危机与再生（变革与创新）的周期循环。和谐既是组织存在的前提，但过度追求和谐又会窒息组织的生命力，往往出现类似于“一团和气”的状态——无新思想、冷漠的顺从、缺乏挑战和低绩效。而冲突作为一种组织系统难以避免的现象，它往往是系统保证高绩效所必需的——当系统同环境发生冲突时，可能促使系统去寻求新的变动，获得自组织的功能，或者主动去适应外界条件的变化，或者改造外部环境本身，以克服并消除系统的停滞现象。在这个范围内，适量的冲突有助于新观念的产生，有助于创造革新和变革，有助于对新的机会和挑战做出积极反应和提高组织的绩效。当然，过多的冲突会干扰必要的活动、导致缺乏协调和近于混乱而使组织无功能。从这种意义上讲，管理者的任务不一定是减少冲突而是维持冲突的有效量——冲突水平如果过高，可能导致系统的紊乱；相反，冲突水平偏低，则容易导致系统的停滞和低效。为此，在管理过程中，既要保持系统内适当的冲突，又要注意解决冲突，从而使之有利于系统向有序方向发生转化。

由分歧和冲突引起的一种激烈现象，就是危机。在当今越来越复杂化和不确定的时代环境中，危机常常会出人意料地不期而至。信息的充分披露和全球性的迅速传播，往往会使一点点小的失误酿成轩然大波。以乌尔里希·贝克（Ulrich Beck，1944—2015）、安东尼·吉登斯等人为代表的风险社会理论更是认为，在后工业社会里，“危险成为超国界的存在，成为一种带有新型的社会和政治动力的非阶级化的全球性危机”①。当然，“每一次危机既包含导致失败的根源，又孕育着成功的种子”②。在组织生活中，危机既能给组织的生存能力以打击，使其倒退，也可以加强组织的凝聚力，并促进其变革。因此，面对危机，唯一正确的态度，不是逃避，而是积极应对，我们应抓住危机为我们所

① 乌尔里希·贝克. 风险社会. 南京：译林出版社，2004：7.

② 诺曼·R. 奥古斯丁，等. 危机管理. 北京：中国人民大学出版社，2001：5.

带来的变革机遇。这种“发现、培育，以便收获这种潜在的成功机会，就是危机管理的精髓”①。

既然和谐的组合不大可能在极端动态的组织中持续，管理者利用不和谐战略产生出新的冲突和增强新信息的能力，便成为组织生存的关键。从自组织进化论的视角看，进化是远离平衡态进行的，系统的自组织进化不仅需要稳定，也需要失稳。在这种意义上讲，有时候刻意地制造冲突和危机，应成为组织的一种自觉追求。为此，管理者有时需要通过故意打破固有的形象，引进变化，追求一种混沌的状态或不稳定的状态，也需要一种刺激、支持和培育创造性的环境。这就要求管理者在同一组织中必须要有容纳多种矛盾结构、过程和文化的能力，并能够创造一种环境使每一个人都能够进行持续的学习和自由的创造。比如说，可口可乐的组织文化格言“世界属于那些不满意的人”，英特尔公司创建维护“制造冲突”和“偏执狂”的文化，3M公司的“要么更新，要么死亡”的自律方针等，无不体现出这种新的管理理念。

当然，就像危机和变革是企业活动的常态一样，稳定性亦是必要的，这二者之间存在着一种永恒的张力。对于管理者而言，在短期内，他们必须持续地增加战略、结构和文化的安排与组合，而在长期内则要竭力破坏这种组合以使组织取得成功。这要求管理者必须使组织有足够的创造性以保障竞争，有足够的稳定性以免组织陷入整体性的混乱当中。在其中，关键是要维持变革与稳定之间的平衡：在必要的时候和必要的地方才进行转变，同时又维持着秩序。这种动态平衡将要求有足够的稳定性以利于目前的目标，有足够的持续性以保证在目标或方法方面进行有秩序的变革，有足够的适应性以对外部的机会和要求以及内部的变化条件做出反应，有足够的主动性以使组织在条件适宜时富于改革和创新，等等。

（3）共同进化原理：从竞争到合作。从组织与环境的关系看，传统管理理论，无论是泰勒的科学管理理论，还是法约尔的古典组织理论、过程管理理论、行为科学等，大都侧重于研究加强企业内部的组织管理，却忽视了外部环境的影响。系统管理理论尽管也强调系统和环境之间的关系，但是它太抽象，又把企业作为一个独立的系统来研究。然而，在许多情况下，企业不仅仅是一个独立的系统，更是深深地楔入整个人类生存环境中，同整个社会经济系统成为一体。因而，我们对组织及其行为的研究，不仅要强调组织中各个子系统及其相互关系，而且要明确地指出组织与外部环境的相互关系，以之实现企业经营活动与复杂动态的经济、社会和生态环境的有机结合。

从系统论的角度看，企业组织并不是在相对稳定环境下操作自如的孤立个体，其生存发展无疑要受外部环境的制约。于是，在传统管理的视野中，企业为求生存发展，就必须以自身的条件去适应外部环境，战略家有责任理解他们的组织与不同的环境元素之间的关系，预测这些关系是否会发生变化，并考虑采取何种方式来适应这种变化。例如，杰伊·加尔布雷思与丹尼尔·内桑森创立的“组织适应理论”认为，组织生存是一个优胜劣汰的过程，组织的存亡取决于组织内部与外部力量斗争的能力，环境所选择的是那些与其内部及周围事物相适应的组织。而领导者的职责只是负责观察、了解环境并保证

① 诺曼·R. 奥古斯丁，等. 危机管理. 北京：中国人民大学出版社，2001：5.

组织完全与之适应。这种环境相关论实际上包含着一种社会达尔文假设：组织之间彼此竞争，它们所共享的环境这只“看不见的手”则在它们中间进行选择，并让那些最符合其要求的组织存活下来，而那些不适应的组织就会在这种自然选择中被淘汰。

应该承认，环境因素是重要的，管理者必须对其做出反应。但是，在很大程度上，组织可以选择和形成环境。换言之，企业组织对环境的适应，只是问题的一个方面。毕竟，企业作为一个有机的整体，它是一个主动的存在，企业的发展不是一种被动的适应过程，而是一种充分发挥自身的能动性，创造环境，通过适应和创造的相互作用而展现的过程（见“胶树和蚂蚁共生共荣”）。换言之，进化的单元根本不是一个实体，而是一种有机体在与环境的相互制约中所采取的组织模式。进化的展现不是来自有机体之于一种特定环境的适应，而是来自所有系统层次上有机体和环境的“共同进化”。按照这种观念，系统中的一致性行为来源于行动者本身之间的相互竞争和合作。在当今全球化经营实践中，管理者越来越认识到不论公司多么强有力，它们都不再能够在价值链的每一阶段都保持竞争优势，而需要站在更高的层面，突破组织的边界，进行资源的整合。于是，“双赢模式”或“多赢模式”越来越引起人们的重视，出现了与原有竞争对手进行联合、兼并的热潮以及虚拟企业、虚拟团队的组织模式等。

胶树和蚂蚁共生共荣

有这样一个关于阿拉伯胶树和蚂蚁共同进化的例子。蚂蚁需要树胶作为自己的美味佳肴，也需要胶树提供藏身之所。而胶树需要蚂蚁叮咬那些来啃食自己的草食动物以保护自己。就这样，双方通过彼此的进化更加适应对方，即胶树通过进化使自己的刺更容易被蚂蚁蛀空来藏身，并且使蚂蚁能爬到它的花里，同时蚂蚁通过进化使自己的体形更容易钻进胶树的花里。因此，它们双方会比它们不协作时生存得更好。①

当然，强调合作，并不是那种牺牲竞争精神的、片面的人和之利，而是指最大限度地为和谐与共赢创造基础，因而这并不妨碍竞争。事实上，由于资源稀缺的普遍性，经济系统中不可避免地存在着各式各样的、激烈的竞争。这种竞争不仅能激发整个系统及各子系统的活力，而且是促进经济系统由无序化向有序化演变的重要力量和机制。因而，我们依然需要在企业内部倡导一种有利于调动积极性和创造性的竞争精神。但是，对竞争精神的强调，应以不妨碍和谐与共赢的大原则为前提。具体而言，如果各群体之间有共同的目标，且必须相互合作才能实现时，就不宜在工作群体之间鼓励竞争，而应该强调协作、配合。相反，如果工作群体之间有不同的、独立的目标，相互间也非紧密关联，各自为相对独立的实体时，就可以鼓励竞争。

（4）不确定性原理：从确定性到混沌。正是受机械决定论的影响，现代管理一般都假定：未来的很长一段时间是可知的；环境是一定的，一个成功的企业必须通过理解明确的原因和效果的关系来适应环境。比如，在泰勒的管理方法论中，人通过被动的训练而成为效率机器。而这种训练所依据的方法，可以通过对作业过程的精确研究而得到，并且只要采用了这种方法，效率的提高就是必然结果。显然，这其中所表达的确定性的

① 艾铁尼·C·温格，等. 组织的学习. 北京：中国人民大学出版社，2003：108.

因果关系充分展示了这种机械决定论的逻辑。这种机械决定论的核心，就是所谓的精确化观念，即认为现实世界本质上是简单的、精确的、完全确定的，对一切事物均可以用简单而确定的模型做出精确的描述；科学的方法必定是精确的方法。这成了经典科学时代的一种不言而喻的真理，并且在很长的历史时期，人们不加怀疑地接受了这一观点。常见的处理方式是，在本来没有明确界限的对象之间人为地划定界限，使所有事物都有一个明确的类属等。然而，这种人为地划定界限的方式，毕竟是对本来相互联系着的事物性质的一种歪曲，尤其是在界限附近，这种描述方式的失真性更明显，往往会遗失一些重要的元素。实践证明，决策问题越复杂，对其进行精确化的意义就越小。一种方法精确到难以实际应用的程度，便是无用的东西。就像模糊学的不兼容性原理所表明的：随着系统复杂性的增加，对系统行为的精确而有意义的陈述的能力将降低，经过一定阈值，精确性和有意义的陈述几乎成为相互排斥的特性。

在当今变革的时代，企业的经营实践活动越来越具有复杂性、不确定性、模糊性等特征。既然不确定性在管理中不可避免，那么就应对其有所把握。故而，在当下，对不确定性的关注正成为一个日益发展的知识领域。这无论是在物理学革命、运筹学研究，还是在经济学和金融管理中都充分表现出来。传统的做法是应用概率论来处理不确定性。然而，问题在于，概率理论假定将来状态的可知性和明确性，但对于人的活动来说，将来基本上是不可知的。在决策中，由于人类能力的有限性，使之不能够囊括所需要的信息的所有阶段，从而使不完全知识的出现具有了客观性，而概率理论却掩盖了不完全知识的其他方面，并导致一种对精确性和完美性的错误感觉。①

在当今管理学中，一种流行的用来应付未来商业环境中不确定性因素的方法，是所谓情景规划法。一般来说，由于在决策背景中所存在的不确定性因素，因而需要对未来进行思考即关注“情境”。未来主义者通常将情景当作分析、讨论与交流“大问题”的分析工具，如罗马俱乐部的《成长极限》、阿尔文·托夫勒的《未来的冲击》和丹尼尔·贝尔的《后工业社会》等。这种未来研究通常是综合的和广博的，其焦点往往放在可能与期望的未来上。而在今天这个瞬息万变的世界里，为了能够迎接挑战和利用已创造的时机，需要一个更高层的战略思考，关注的基本问题不仅是“什么会发生”，而且是“我们应该做什么”。这就需要不断将以不确定性为基础的未来思考（情景）与传统战略计划方法进行“战略整合”，即将未来轨道与每日商业计划整合起来。②

在20世纪50年代，赫尔曼·堪恩发展了一种被他称为“未来—现在”思维的技巧，并积极推进“思考不可想象的东西”的观点，这可以看作情景规划法的最初表达。在20世纪70年代，如皇家荷兰壳牌等公司，采用情景作为其战略制定的组成部分。而在20世纪90年代兴起的学习型组织中，情景规划技巧则被认定为是适于组织学习的最佳方法。然而，在现实中，大多数人通常倾向于强调迫在眉睫的威胁，完全忙于当前事务而不是遥远的机会，把工作的重心放在该领域内的变化上。虽然这是一个成功的生存战略，

---

① Steven Pender. Managing Incomplete Knowledge：Why Risk Management is not Sufficient?. International Journal of Project Management，2001（19）：79-87.

② 麦茨·林德格伦，汉斯·班德霍尔德. 情景规划：未来与战略之间的整合. 北京：经济管理出版社，2003：31-33.

却是一种十分短视的行为，因为在竞争对手已经抢占先机时才开始行动，往往太迟了。因而，为了成为一个好的情景思维者，发展未来思维能力是必要的。

在当今变革时代，我们必须以变革求生存，因此，“我们确实有必要抛开我们在过去所用的方式，以适应未来”①。毕竟，变革并不是一件随心所欲的事情。我们看到，在现实中，许多企业往往将变革过程简化成一张漂亮、整齐的任务清单，以消除变革中所隐含的模糊性和复杂性。这是一种解代数题的有效方法，恰如亚当·斯密在《国富论》中以生产针的工厂为例所说明的道理，又像泰勒以铸铁厂工人为实验所证明的理论。这种简化的思维方式可以让经理人员分摊责任，造成许多部门都在参与变革过程的感觉，结果人们埋头于他们各自独立的任务而忽略了整体目标。这种简化思维的根本局限在于，它将变革视为一连串孤立的片段，而不是一个连续的、自然演进的过程，而后者正是变革的真面目。因此，对于变革者而言，需要关注的是整个系统的动态性，而不是仅仅盲从于一张任务清单或某种“万无一失”的程序。由于改革本质上是多方面的，因而就要尽量考虑到改革的所有方面，包括组织结构、市场结构、公司未来、决策氛围和人事关系等。因此，“变革并非恣意妄为的……公司必须努力避开常规的改革模式”②。

当然，对于组织的生存和发展而言，稳定性和适应性都是必不可少的。绝大多数组织常常会在一个时期内面临相对动荡，而下一个时期又相对平静；二者之间是连续的、相互影响的。更为重要的是，一个组织的发展应包含一定的稳定性和一定的持续性以利于实现当前的目标，为有秩序的变革提供条件，同时应具有革新性以使组织在条件适宜时富于主动性，实行变革。因此，在复杂、易变的环境中，组织必须试探并摸索进入未来的方式。虽然我们都知道许多经验法则：“三思而后行”“有的放矢”“知己知彼”“吃一堑，长一智”“勿意气用事”“集思广益”等，然而，事实上，根本就不存在事先准备好的方法，教导人们如何处理复杂的、不确定的动态现实（见“‘能’还是‘不能’?”）。我们唯一能够做的，就是不断地反省我们自己的思维过程。如此，才有望成为较好的问题解决者。③

“能”还是“不能”?

我们都知道应该把目标讲清楚，却很少有人能够做到。

我们永远不能一次实现所有的目标，因为不同的目标可能彼此互相矛盾，我们必须常常在不同的目标中间采取折中方案。

我们应该知道如何使收集信息工作适合我们手头任务的需要，既不过分详细，也不草草了事。

我们能学到将某一领域所有的事件都草率地归咎于一个中心原因的后果。

我们的行动有时只是因为想给自己证明，我们能够行动。

我们必须分析错误，从中做出结论并改组我们的思维和行为。

---

① Charles Handy. The Empty Raincoat. London: Century Press, 1995: 16.

② J. R. Cooper. A Multidimensional Approach to the Adoption of Innovation. Management Decision, 1998, 36 (8): 493-502.

③ 彭新武. 管理学研究的范式转换. 中国人民大学学报, 2007 (5).

我们还必须学会从系统的角度考虑问题，必须认识到在复杂系统中不能只做一件事情。

我们能够学到这一切吗？在这个现实世界里，我们不能。犯错误对认知来说很重要。但当我们处理现实的复杂系统时，难以查明错误。现实世界不给我们提供这样做的任何机会。①

3. 管理思维的当代转向

系统自组织理论或者说复杂性科学不仅为人们提供了一幅世界自组织演化的自然图景，而且也提供了一个观察自然和社会的新角度——复杂性思维。具体而言，由于我们的世界原本就是一种有机构成，系统中无数的非线性相互作用使之成为一个复杂的层级系统，要准确地描述出来几乎是不可能的。唯其如此，才使得任何对社会生活中的事件的分析都不能孤立地进行，而必须用之以整体性思维，而那种机械地将事物孤立分解开来的还原论思维方式是无法担当这一重任的。同时，传统思维对事物的考察总是从某一实体性的事物出发的，但事实上，演化的单元并不是孤立的实体，而恰恰是由实体与其周围的环境要素所组成的一种组织模式，从而使得我们在很多情况下必须以一种关系思维来进行分析和考察。不仅如此，由于世界从本质上讲是非线性的（线性只是一种特例），因而我们又必须坚持一种非线性思维。此外，世界并不是由物质实体构成的，而是由性质和关系组成的有机体构成的，并处于不断的演化和创造中，是一个复杂的动态过程，因而我们必须坚持一种过程思维。

（1）从分析性的、还原论思维到整体性思维。自近代以来，西方哲学的主流思潮从总体上看是分析性的、还原论的。这种思维方式是把自然现象还原为机械运动，进而分解为基本的零部件来认识其构成和功能，它通过设定基元的孤立或独立不变性而忽略了实在的关系特征和整体性。然而，这每一步的还原，实际上都是对整体、对过程、对复杂性的一种抽象和切割，都是系统丧失着原有的部分关系和属性。还原论的思维方式"也就是把世界分解得尽可能小，尽可能简单。你为一系列或多或少理想化了的问题寻找解题的答案，但却因此而背离了真实的世界，把问题限制到了你能发现解决办法的地步"②。由于在基本粒子层次上的可分性将具有全新的意义，部分甚至可能大于或包容整体，因而无论对象是否无限可分，那种机械论意义上的终极基元都只是一种虚幻的实在。自20世纪初以来，自然科学开始进入整体化发展的时代。量子力学所导致的世界图景是，世界乃是一个不能最终分解为集合的整体。爱因斯坦（Albert Einstein，1879—1955）的广义相对论统一了惯性和引力，并试图把万有引力、电磁力、弱相互作用和强相互作用等四种力统一起来，从而构成一个系统总体性的"统一场论"，以此来说明在自然界的各种纷繁复杂、千差万别的现象背后的内在统一性、完善和谐性。

的确，我们"生活在同一个世界里，而且由来已久"，因此，我们必须以一个整体主

① 迪特里希·德尔纳. 失败的逻辑. 上海：上海科技教育出版社，1999：171-185.

② 米歇尔·沃尔德勒. 复杂. 北京：三联书店，1997：72.

义的视角，去把握这个世界以及各个部分的过去、现在和未来。用整体观点去看世界，要求我们建立起相应的整体方法论。贝塔朗菲的一般系统论认为，系统的性质功能和运动规律只有从整体上方能显示出来，因为系统的整体呈现了各个组成要素所没有的新特征，复杂现象大于因果链的孤立属性的简单总和。而耗散结构理论和协同学的发展，则把系统方法对整体的研究进一步动力学化了。这种理论揭示，远离平衡态的系统通过功能耦合的自组织过程，导致了远离热平衡的不可逆结构的相变，会不断自生出新的有序性。当耗散系统与其环境的能量相互作用达到某个临界值时，微观元素复杂的非线性合作产生出宏观模式。例如，场电势、光波、流体、云彩、植物、动物、社会或经济力量、情感乃至思想，都可以形成以序参量为标志的宏观现象，它们不可能还原到复杂系统的原子、分子、细胞等微观水平上，而是代表了真实的宏观现象的属性。

当然，强调事物的整体性，要求从事物的普遍联系来认识对象，并不排除对事物采取分析的方法。毕竟，仅仅从整体上把握现象和过程而忽视对部分进行认识的整体主义的方式往往是笼统的、含混的。同时，宇宙全息论认为，部分存在于整体中，而且整体也存在于部分中，因而不认识部分就不能理解整体，不认识整体也不能理解部分。分形学揭示，自然界的许多复杂的物理现象都具有分形结构，即分形体的整体与部分具有某种自相似性，因而我们在从整体中来认识事物的部分的同时，也可以通过部分来认识事物的整体。此外，由于任何一个系统又是更大系统的一个部分，由于不同系统的有机结合方式和特点的不同，从而出现了不同质的系统总体形式和多层次性，因此，我们在强调和认识整体的整体性的同时，也不能忽略部分中亦有整体性，等等。

从整体性思维的角度看，不应将组织看作一个分散的、互不相关的部分的聚合物，而应看成一个整体的系统，通过研究整体的性质和结构，进而获取对整体的认识。这就需要全面了解组织和管理行为是如何随时间变化以及导致这些变化的反馈过程，包括对机构的不同部分之间的细微的相互作用保持敏感，了解行为的结构和成因以及它们对机构的其他部分的影响，等等。

这种整体性思维在当今管理学的一些领域实际上都已得到不同程度的显现。比如，全面质量管理（TQM）便充分体现出整体性思维的特征。在全面质量管理的理念中，质量管理不应只是企业中少数质量管理和检验人员的事，而需要企业的所有部门、各类人员，在研制、设计、生产、使用的各个阶段，从上到下都为提高及保证产品的质量而努力。这就必须把技术工作与管理工作紧密结合起来。这里，需要一种系统的观念，即组织各类人员都需要有“全面质量”的意识而避免本位“质量”意识，各环节及部门需要紧密配合，以保证“全面质量”的提高。

就组织设计而言，以泰勒、法约尔和韦伯等人为代表的传统组织理论由于太过集中在组织结构，如劳动分工、工作标准化、规则的表达、书面文件和层级制权威的中央集权等，主要考虑的是任务和职位区别、角色与程序的表达、权威的描述，而严重忽视了与组织结构相联系的系统概念。其后的巴纳德虽然突破了古典学派单纯地把组织视为一个权责结构的框框，将组织定义为“协作系统”，但他所说的系统只是一个封闭的系统。事实上，组织系统是一种开放系统，它同周围环境之间存在着动态的相互作用。因而，研究组织的唯一有意义的方法，就是把组织看作开放系统来研究。从这种整体论的角度看，组织设计不仅涉及“硬结构”，而且需要考虑“软因素”。1988年，汉宁斯（Hinings）和格林伍德（Greenwood）提出了组织原型（Organization Archetype）的概念，将组织结构理解为是构成一种现行的“意义范围”“解释框架”的思想、信念和价值观的化身。① 按照这一观念，组织的基本结构不是由等级决定的，而是由组织中不同的意识形态的混合方式、对工作本质的不同理解，以及具有不同的意识形态的团体与外部利益相关者之间的关系决定的。从这种意义上讲，文化构成了组织设计最为基本的要素。这包括哈默尔所提出的深层系统设计的观点，诸如形成学习能力，形成深入思考组织变革问题的人性化过程，形成“全方位的沟通渠道”，形成恰当的价值观和信仰以支持核心顾客接受的意识形态，等等。

（2）从实体思维到关系思维。西方传统思维对事物进行考察的另一个重要特点是，它总是从某一实体性的事物出发的。这最明显地表达在笛卡尔的“实体”定义中，即实体乃是无须凭借任何事物而只需凭借自身就成为自己的东西。按照这种思维方式，个人作为独立的、自主的实体，不需要凭借任何外在之物，就可以完成自我构造。作为实体，个人与个人之间的关系也完全是外在的关系，个人的自我利益成为生活的基础，他人则成了达到自我目的的工具和手段。这构成了现代社会价值观的主要基础。就这样，现代性在强调个人独立于他人的重要性的同时，忽视、淡漠了个人与个人之间、个人与集体之间的有机内在关系。由此在认识论论域中，与自然割裂的人类以一种旁观者的地位反观被对象化的自然，从而形成主客二分的认识论模式，并且在机械论背景中被格式化、两极化、绝对化。这种对象化认识论本质上是外在性的，也就是说，人在自身从自然的存在秩序中超越出来成为主体的同时，忘却了自己的自然属性，割裂了与自然的联系；而自然仅在与主体的对峙中获得自己作为对象的地位，失去了固有的独立性和自为性，并由于主体把握对象的力学表象而失去了自己的时间性和有机性，从而沦为一架“机器”。

20世纪初的相对论通过揭示实体的时空性质对于参考系的相关依赖性，打破了客观性概念，使之成为相对的关系化的概念。怀特海强调，事件之间的相互包容关系体现出一种内在关系论的观点，真正的现实就是“彻底的患难与共”。而量子力学则由量子性质对于测量仪器的依赖性，表明作用量子本质上的不可分性，使人们不再能原则上无限精细地划分量子客体和测量仪器之间的界限而去认识客体的“自在”状态，而只能认识作为相互作用结果的量子现象整体。这些对物理世界的内在关系特征的揭示，为我们提供了一种独特的观察和分析问题的关系论视界。就像自组织理论所揭示的，演化的单元并不是孤立的实体，而恰恰是由实体与其周围的环境要素所组成的一种组织模式，从而使得我们在很多情况下必须以一种关联性的思维来进行分析和考察。如果说机械论坚持一种认识论上的主客二分模型，强调的是“分”的模式和个体的独立自主性，那么在关系论视野中，则坚持个体只有在与环境、背景的关系中才能得以存在、定义、描述和认识。在这种相互规定和相互依赖中，关系者脱离了关系就失去其意义，部分也不能离开整体而独立存在。

---

① 彼得·圣吉，等．变革之舞：学习型组织持续发展面临的挑战．北京：东方出版社，2001：425．

对关系的强调，在当今社会科学的研究中也有不同程度的体现。黑格尔早就指出，手“只有作为有机体的一部分，手才获得它的地位”[①]。解决任何一个社会问题，如同医治疾病一样，如果人体的某一部分出了毛病，那么，只有很好地了解整个复杂机体的人，才能医好它；在更复杂的情况下，只有这样的人才能正确地理解病因。这种理解的本质在于：个人作为实体主要是社会的产物，因而只具有有限的自主性；社会不是由不同的独立的个人实体堆积而成的简单的集合体，而是有着内在相互联系、制约关系的，为某种目的而自愿结合到一起的独立的个人的有机聚合体。在这里，内在关系是第一位的，个人实体则只能是第二位的。就管理学而言，从内部来看，组织是一架分工复杂、高度专业化的机器。分工的目的，在于提高功能和效率。但是，分工必然要求协作，分工与协作就成了一对孪生兄弟，形影相随。因此，在企业中需要提倡协作精神，避免由于作用方向相左而产生作用力的相互碰撞、抵消。从组织外部看，现代社会已是一个典型的“企业社会”，组织与社会之间存在一个动态的相互作用。为了企业的长期生存，企业必须与整个行业系统一道实现共同进化。

（3）从线性思维到非线性思维。从科学史上看，自德谟克里特和亚里士多德以来，科学家就笃信在世界的纷繁复杂性之下，必定潜藏着某种“简单物”和“简单力”。这使得我们习惯于从秩序的角度看世界，而认为世界具有相对简单的秩序。作为近代科学的奠基人，伽利略在其力学体系中，描述了关键性的叠加原理，即把一个系统分解成其独立元素，再把这些独立的建筑块装配或统一成整个系统，从而奠定了线性的世界观。从人类的实践活动来看，自从工业革命以来，人类社会与自然界的生态循环结合得越来越紧密，但是，线性的传统工业生产模式使复杂的自然平衡受到重大威胁。人们假想自然界中有无穷无尽的资源，工业组织会生产出无穷无尽的物品，而无须考虑臭氧洞破坏或废物利用那样的协同效应。

如今，这种“简单性思想正在瓦解，你所能去的任何方向都存在着复杂性”[②]。复杂性科学揭示，世界从本质上讲是复杂的，线性的相互作用和规则简单的秩序乃是一种特例，而非定则。当然，这并不是说过去人们就没有看到或不想研究自然界和社会中大量的非线性现象，而是说由于当时的数学工具对非线性关系还无能为力，对付非线性的唯一方法是将其“线性化”。近代经典科学就是在这种方式的支配下才得以确立的。不过，由于世界上还存在着大量不能用这种方法处理的非线性现象，它们必须用新的观点、理论与方法来加以研究，因而这种“化曲为直”的方法的作用是极其有限的。

显然，当今人类面临的主要问题是全球性的、复杂的、非线性的，生态、经济或政治系统中的局部性变化，都可能引起一场全球性危机，甚至人类的意识也是受复杂系统非线性动力学支配的。“非线性并非万能的答案，但往往是一种更好的思考问题的方式。”[③] 首先，对于一个复杂的非线性系统，如果要想比较全面地认识其本质状态，我们就需要尽量从认识的各种不同的层次、不同的角度、不同的途径将问题提出来，而不能满足于那种一因一果的简单解释。按照混沌理论，在稳定均衡状态，一个行动总会有非

---

① 黑格尔．美学：第 1 卷．北京：商务印书馆，1981：156．

② J．布里格斯，F.D．皮特．湍鉴．北京：商务印书馆，1998：271．

③ 克劳斯·迈因策尔．复杂性中的思维．北京：中央编译出版社，1999：“第二版序言”．

常明确的结果。例如，增加广告开支，销售就会上升；增加生产班次，产量就会提高。然而，在混沌状态，某一行动既会有期望中的结果，也会有未曾期望到的结果，因为复杂的变化或者要素之间持续的相互作用会放大最终的结果。有时，小的行动能够非常迅速地使你置身于恶性或良性循环之中，产生未曾预料到的后果。因此，要一直关注小的优势，无论它们在当时显得多么不起眼，却常常能够被迅速地扩大为你的自我强化的良性循环。系统思考家称此为“杠杆作用”，即以一个小的改变去引起持续而重大的改善。① 当然，由于人类认识的有限性，以及复杂系统中无穷无尽的非线性相互作用，人类很难取得那种完满的理想效果，因此，采用某种简化的方式有时也是必要的。科学认识的目的虽然并不追求简单，但却可以追求简化。

其次，非线性思维要求我们排除那种对复杂系统的演化进行长期预测的僭妄，而坚持一种有限的预测观。历史上，一些古典经济学家力图通过标志线性和机械性模型的某些特定假设来减少经济实在的复杂性，他们用从个体行为中抽象出来的一般经济行为模式来描述人们的行为，于是就有了理性经济人的虚设：人的个体行为如同遵从一定运动数学定律的机械系统中的元素一样，是可预见的、规则的。然而，复杂性科学揭示，混沌或潜在混沌是非线性系统的本性。一个系统中最小的不确定性通过反馈耦合而得以放大，在某一分岔点上引起突变，使即便是一个简单的系统也可能发生惊人的复杂性，从而令整个系统的前景变得完全不可预测。“即使我们已知初值和边界约束，系统仍有许多作为涨落的结果的态可供‘选择’。”② 因此，在非线性世界中，精确预测在实际中和理论上都是不可能的。诸如蝴蝶扇动翅膀那样的随机事件，原则上是可能影响全球的天气动力学的。当然，具有混沌事件序列的非线性系统并不排除局部的预见性，以足够高的精确度对系统的短期进化做出预测是可以的。但是，我们不能对此过于乐观。由于在进行预测中所用的可预测模型都有一定的可预测行为的时间，一旦超过这种时间限制，那么，在此后，可预测性将会减少，并以不同速度趋于零。预测系统的预测水平，既不可能通过改进测量仪器也不可能通过精确预测模型来改进。

此外，非线性思维还对实践者提出了一种更高的要求。在复杂系统中，非线性随机变化是一个永恒的主题，为此，经理人要学会在这种不稳定的和充满风险的条件下随时进行决策的艺术。在日本享有“战略先生”雅号的大前研一（Kenichi Ohmae，1943—　）通过对“日美战略观差异”的对比指出，美国对于长期战略计划高度重视，与此相反，日本企业并不总是雇佣庞大数量的战略计划人员，较少计划、不严格，但富有想象力和使命感，日本式战略特点可概括为非理性和非线性的。日本人给西方人的印象是他们的理性和不屈不挠、极富远见，正是这种独特战略思考模式决定了日本企业的成功：“现实世界中的现象和事件往往并不符合线性模式。因此，将形势分解成各个组成部分，再将各个组成部分按设想的方式重新组合的最可靠的办法，并不是按部就班的系统分析，而是使用最基本的非线性思考工具——人类头脑。因此，真正的战略思考过程既与以线性思维为基础的传统的机械系统方法完全不同，也与事事都用直观思维，不经任何归类或分

---

① 彼得·圣吉. 第五项修炼：学习型组织的艺术与实务. 上海：上海三联书店，1998：69.

② 普利高津. 确定性的终结. 上海：上海科技教育出版社，1998：55.

析就作出结论的方法大相径庭。”①

（4）从静态思维到过程思维。历史地看，从西方古希腊一直到文艺复兴，虽然有“一切动态哲学之父”的赫拉克利特，他关于“万物皆流”和“对立面的统一”的观点，成为动态世界观的一种深刻而神秘的表达，但在当时占据主导地位的，依然是一种静止的、没有进化的宇宙观，是关于“存在”的自然之梯，人们思考问题的中心都是何为万物的本原或本体，探寻世界的终极性存在。尽管人们也承认运动和变化的存在，但是他们在处理动态、连续的现象时，总是将这种连续的运动轨迹分割为不连续的、静止的质点。近代自然科学的崛起，在很大程度上正是得益于这种思维模式的鼓励。牛顿力学所处理的对象，就是一个无数质点的总和，其间缺乏真正的连续性、动态性，它在哲学上的表达即为时间的外在性、间断性，从而将真正的时间排除在科学的视野之外。科学时代的莱布尼茨提出世界绝对不间断性即连续性定理，从而将动态演化的思想引入宇宙体系。不过，在莱布尼茨的哲学体系中，上帝已事先提供了一种和谐图景，一切现实的努力只是不断地进行矫正以接近这种“前定和谐”。而达尔文的进化论则认为，真实发生的生命进化细节不是神所能预见的，真正的问题是自然选择。这种认识生命现象的新角度，显示出一种真正的自然主义的科学态度和方式。

而从哲学上看，柏格森（Henri Bergson，1859—1941）通过将创造性、新奇性带入现代科学的思维中，从而极大地冲击了近代机械的思维模式，其核心概念“绵延”是一种不能用知性和概念来描绘而只能以直觉来把握的、不可预测而又不断创造的连续质变过程，是包容着过去而又面向将来的一种现时的生命冲动。② 显然，这一概念代表了一种动态的、持续不断的存在；还代表了一种不可预测、不可重复性，意味着新形式的源源不断的出现。怀特海（Alfred North Whitehead，1861—1947）正是深受20世纪初自然科学成就如相对论、量子力学以及柏格森生命哲学的影响而创立著名的过程哲学的。其基本要义是，最好不要把这个世界看成是单个物体的集合，而要看成是一个复杂的动态过程；世界并不是由物质实体构成的，而是由性质和关系组成的有机体构成的；有机体具有内在的联系和结构，具有生命与活动能力，并处于不断的演化和创造中，这种演化和创造就表现为过程。

正是由柏格森、怀特海等人所确立的这种非确定性的、动态演化的自然观念，强有力地促使当代的自然科学家们最终解构了自牛顿至爱因斯坦这三百多年来一直占主导地位的确定性的宇宙观念。当然，这并不是说静态的逻辑分析是可有可无的，恰恰相反，它构成了认识世界的基本途径和手段。我们不能否认还原论思维方式所进行的细微分析的重要性，“这种研究可以增强解释和预言力量。理论的逻辑简明性与较强的解释和预言力量都是我们需要的，所以，两种描述和两种分析应当是相互并存、相互补充的”③。可见，这种静态的逻辑分析思维，只有与动态的、系统整体观结合起来，才具有认识的价值，并且，这种静态的逻辑分析，本身就是对进行动态的考察服务的。因而，对这种静态思维的保留和承认，并不是像以往一样，让它们“独当一面”或“自行其是”，而是让

① 大前研一．企业家的战略头脑．北京：三联书店，1986：5.
② 柏格森．创造进化论．长沙：湖南人民出版社，1989：6-10.
③ 李建会．还原论、突现论与世界的统一性．科学技术与辩证法，1995（5）.

它们密切联系，互补相关，共同应用于对现实世界问题的考察和认识。只采用逻辑的方法，就会暴露出哥德尔定理所指出的不完全性的缺陷，因为逻辑的东西是“修正过”的历史的东西，它不可能将整个历史的细节和偶然因素概览无余。如果只采用历史的方法，就会陷入无穷无尽的历史资料和事件之中，而看不到事物的规律性，因为历史现象是千差万别、错综复杂的，它们只有经过人的逻辑“修正”才能反映到人的头脑中来。可见，采用逻辑和历史相一致的方法，就可以互相补充，扬长避短，从而实现认识复杂的社会系统的目的。诚如恩格斯（Friedrich Engels，1820—1895）所言：“世界不是既成**事物**的集合体，而是**过程**的集合体”①，“历史从哪里开始，思想进程也应当从哪里开始”②。这一原则以事件的发生作为认识的逻辑起点，从而形成一种动态的考察事物变化的思维方式。

按照这种动态思维，所有的事物都是流动的，都存在于一个形成、变化和消亡的连续过程中，每个期限的时刻都吸取了前一个时刻，并将它转化，从而在过程的各个阶段组成一个新的和绝不重复的事件。因而，就像流程再造理论所强调的，我们应当从以往分析组织的视角转为分析组织过程的视角，并远离那种略带静态意味的竞争观念，如市场份额、差异化、低成本、核心竞争力等，而转向致力于业务流程上的竞争。正如自组织理论所描绘的，在耗散的生物学的、社会生物学的和社会文化的种种过程的动力学中，并不存在那种可能被一劳永逸地解决的问题，而是存在着一种动力的、演化着的问题解答。“当我们沿着我们的战略路线行进时，我们对改变我们步伐和最后的方向保持着非常的敏感，因为新的事情和出乎意料的未来使我们重新思考、重新评价和重新策划我们的未来目的地；世界不是已经在那儿等着我们去反映的，它是一个复杂过程的结果，一个了解什么安排和组织了这个世界的意愿的过程。”③

三、后现代管理的“幽灵”

在复杂性科学开始渗透进管理研究的同时，一股对现代管理模式进行基础性批判的后现代管理思潮应运而生。如果说有机论范式撼动了现代管理的哲学基础的话，后现代管理则进一步极力瓦解现代管理的文化根基——理性主义和实证主义的分析方法。后现代管理尽管在当下尚未形成一种统一性的理论体系，但是，它与以往现代管理学术共同体内部批判不同，乃是对现代管理理论从基础性、整体性上的一次颠覆性批判。后现代管理的兴起，折射出以西方话语为主导的现代管理学裂变的征兆，促使现代管理进行深刻反省和自我修复，可以说是重建管理研究范式的一次积极努力。

1. 理性主义的霸权逻辑

可以说，从古希腊城邦时代起，所有西方文明的进步都离不开理性的支撑。尤其自近代以来，无论是对于资本主义的宪政设计，还是科技进步以及工业化运动的开拓，理

① 马克思恩格斯选集：第4卷. 北京：人民出版社，2012：250.
② 马克思恩格斯选集：第2卷. 北京：人民出版社，2012：14.
③ P. Franklin. Thinking of Strategy in a Postmodern Way. Part 2. Strategic Change，1998，7（8）：437-488.

性曾经都发挥了无可替代的作用，由此，形成了西方文明中根深蒂固的理性主义传统。这种理性主义信念具有如下基本内涵：其一，理性认识是可靠的，经验不能提供关于事物本质的普遍必然性的认识；其二，人本质上是理性的，个人凭理性行事，无须别人恩赐，便可获得最大的自我利益；其三，包括人类活动在内的一切现象都是受理性规律支配的。

在这种文化视野中，理性被视为知识与社会进步的源泉，以及真理之所在和系统性知识的基础。人们普遍相信，依据通过理性而发现的理论和实践规范，社会就会得到重建。这种普遍主义原则，构成了一种"宏大叙事"（Grand Narratives），从而消除了个别性、地点和时间。按照这种观念，一个理论需要具有普遍适用性才具有意义，研究者通过寻求最合理的答案和最优化的模式而得到的知识，才能归于科学的范畴。这种对真理的"普遍适用性"的追求，构成了现代理性主义认识论的主导性逻辑。

泰勒的科学管理理论实际上突出地体现了这种理性主义观念。在泰勒的观念中，"最佳的管理是一门实在的科学，其基础建立在明确规定的法律、条例和原则上"①。具体而言，如果管理者、雇主能够依据理性原则建立起合理的劳动制度，如果能做到凭据科学理性而不是依据感觉、经验去进行管理，那么就会导致成本的降低和利润的增加；如果工人、雇员能够根据经科学研究而精确地建立起来的标准去作业，基于科学的规章办事，那么他们就能够合理地推算出自己的收入，从而获得最大的自我利益。

法约尔的一般管理理论同样也是奠基于理性假设基础之上的，有所不同的是，它更追求一种像物理学那样的管理的普遍法则和结构。韦伯的行政组织理论则从组织与权力方面反映了其理性假设基础，他试图为权力建立一个合理的基础，并认为在传统的权力、超凡的权力和理性的权力三者之中，唯有理性的权力及其秩序才是最有效的，由此他提出理想的行政组织体系也必然是一个完全的理性化体系。

人际关系学派虽然注意到了人的社会性的一面，但它仍然把管理看作运用人的客观知识并以最小的代价来取得最大效益的一门技巧，因而并没有脱离理性管理框架和方法的窠臼。事实上，这些理论由于结合了心理学、人类学以及其他社会科学的知识，而使理性管理的框架和方法得到进一步的加强。甚至就连马斯洛的"自我实现的人"的模式也可以被理性化，成为运用于任何人、任何时间、任何地点的普遍模式，等等。

可以说，在西方的管理实践和管理理论中，理性主义业已成为本质要素。无论是组织设计、组织形式、管理方式和管理思维，都无不打上了理性的烙印。在理性主义支配下，人的情感等非理性因素被视为同物一样毫无感情的被认识、被控制的对象。随着新教伦理的世俗化及普遍化，对利润和财富的理性追求逐渐嵌入进社会的各种制度之中，而官僚制与资本主义的结合，则使理性主导了社会生活的每一个方面，由此组织日益脱离人的情感生活，仅仅成为人类为了生存而不得不接受外力控制和压迫的谋生场所。这种理性主义的根本特质在于，仅仅凭借个人的聪明才智，利用科学知识去达到生存的目的；个人的成就来自艰苦的努力，这些努力的结果是使组织成员"在不确定和有威胁性的环境中"得到了一种"奇妙的权威感"；通过强调理性和对组织成员进行控制，就能够

---

① 泰罗．科学管理原理．北京：中国社会科学出版社，1984：155.

使组织成员“顺从地”进行有效的工作。这种纯粹依靠科学知识与技术控制的管理模式，可称为“理性管理”。

这种管理模式重视专业知识和技术、组织与推销能力、功利性的企业目标；充分发挥人的工具理性，并使理性演化为控制人性以获得利益的机制，从而形成一种压抑人的自由和对社会实施控制的操纵系统，导致了管理的机械化，使管理丧失了适时应变的灵活能力。随着工业化进程的推进，管理学中的工具理性不断张扬，科学主义的理性霸权逐渐主导了管理学中的各个层面。管理控制系统之所以留存至今，并仍在不断发展，就是因为企业有一种恐惧：如果让事情放任自流，那就会产生混乱；同时也是因为企业希望保有控制权——监督系统的松懈事实上的确会引起权力的滥用——这在公共团体中尤为常见，因而当人们处理那些尴尬的、具有威胁性的事务时，其推理和行动就会遵从一种应用模式，即要理性，要客观，要抑制情感。

理性的重要性是不言而喻的，但是，当理性在管理中过于张扬以至泛滥时，人的情感、价值等非理性需要的自由表现及合法发展被限定，并在工具理性逻辑中丧失其本质，成为没有灵魂、没有心灵的专业人士，成为自我奴役者并使理性因其人文色彩的丧失而逐渐蜕化为工具理性。管理则背离了它服务于人之生存与发展的目的，失去了它应有的积极意义。这种理性化的过程，同时也是人性丢失的过程：理性作为工具本来应当服务于作为目的的人，但最后却支配了目的，支配了人。正是在“理性”的步步紧逼与销蚀之下，所谓的“人性”成为消极、冷淡、无用的东西，被理性所控制而丧失了它的主动性与创造性。① 这在本质上是一种反人性的做法，违背了人类的意愿、意图和权利，并孕育了以满足人的物质欲望为价值尺度的功利主义道德体系，从而导致了以“重物轻人”的物本文化的产生。

不仅如此，这种主旋律的现代主义树立起了管理层的权威，认为管理层有能力获取一种有特权的、未经污染的知识。这种知识揭示了世界的本质，并带来了因果关系的解释、预测和最终的管理控制。如果我们能够正确地描述并表述出这个世界的样子，我们就可以理性地控制这个世界并为其规定秩序。换言之，那些高层的精英可以理性地进行组织设计，详细地（官僚化地）制定规则来控制组织成员的行动，以实现不确定性的最小化和效率的最大化。由此，导致一种“崇尚标准论断、贬斥异常论断”的专制，这也意味着否定了组织中大多数员工存在的意义。

这种理性主义是和实证主义相互影响的。实证主义承认理性主义者的信仰，认为人类思想能够揭示并控制整个宇宙运转的内在法则，这些法则的应用能够减小不确定性和无组织性，同时保证物质世界的进步。可以说，传统管理研究在方法上大多采用实证主义模式，即对过去的实践经验进行归纳，得出相对一般性的结论及其普遍的适用性。于是，进行定量分析和实证研究，探求管理中的普遍的、科学的规律，就成为现代管理学者的主流思维模式。这种实证主义先验地假定，观察者可以客观地观察外在世界，因而管理者可以通过采用合适的方法论进行知识的配置，这样他们的实践活动也就被认为是现实的一种客观代表。然而，正如库恩（Kuhn）的理论所证明的，在实际中自然科学既

---

① 成中英. C理论：中国管理哲学. 上海：学林出版社，1999：196-202.

不是运用理论的证实和证明进行归纳的产物，也不是运用理论进行演绎的产物，因此，实证主义关于一个中立的、公正的观察者的理想是荒唐的，科学家们的证明根本不是普适的科学事实，而是具有局限性的社会构造。在现实中，根本不存在这样一种理性的、普遍适用的管理基础，以保证管理层以一种客观的立场来控制组织。

2. 后现代管理的理论旨趣

早在 1959 年，德鲁克在《未来的里程碑——关于新的后现代世界的报告》一书中就声明，人不仅仅是单纯的生物和心理存在，更是一种造物主所创造并且受造物主支配的精灵和精神性存在，因而管理必须使人回归精神价值，并将其视为转向后现代世界的重要标志。① 而自 20 世纪 80 年代以来，后现代管理的话语开始大量出现，使管理的后现代转向成为一种思想运动。作为后现代管理较为激进的领军人物，汤姆·彼得斯在与罗伯特·沃特曼合著的《追求卓越》一书中，以充满激情的非理论话语，向我们描述了如何在变动不居的后现代时期赢得成功，并声称当代管理正面临着库恩所说的“范式革命”，认为管理不仅是理性、命令、控制，更是一种好奇心、创造力与想象力的游戏。在当今经济、社会及政治发生巨大变革的历史形势面前，我们需要重新想象，想象时代的变局，想象市场的瞬息万变。不管过去成功的秘密为何，未来都不适用，而答案就是要创新。②

后现代管理的另一个代表性人物，就是英国伦敦商学院管理学教授查尔斯·汉迪。伴随着人类走进信息社会，知识经济的生产消费的独特性，人们的思维和行为方式发生着颠覆性的变化。汉迪将此描绘为一个充满“非理性”（Unreason）和“不确定性”（Uncertainty）的时代。在其看来，很多企业之所以失败，就在其不能正确地应对这种非理性和不确定性，故步自封，未能及时实现组织的革新；在这个时代中，未来是由我们自己塑造的，唯一可以预见的就是一切都无法预见；非连续性变化需要非连续性的颠覆性思维来应对，要想雕塑未来，就必须大胆地“想象那些原来看似不可能的事情，并做出一些原来看似缺乏理性的行为”③。

后现代管理思潮的兴起，一方面是后现代主义思潮（见“后现代主义的诸面相”）向管理领域渗透的结果，另一方面则是人们对现实的管理实践进行反思的产物。就像后现代主义思潮一样，尽管后现代管理在当下尚未形成统一性的理论体系，但无不秉承对理性主义的反叛和对非理性的弘扬这一立论宗旨。由于后现代管理理论的出现，意味着管理理论的一种基础性、根本性的转向，故而被称为“一场公开宣告冲破现代剥削与奴役之镣铐的管理革命”④ 或“返回基点的革命”⑤。

---

① P. F. Drucker. Landmarks of Tomorrow: a Report on the New “Post-Modern” World. New York: Harper & Row, 1959.

② 汤姆·彼得斯. 重启思维. 北京：中信出版社，2007：前言.

③ 查尔斯·汉迪. 工作与生活的未来. 北京：中国人民大学出版社，2006：14.

④ David M. Boje, Robert F. Dennehy. Managing in the Postmodern World: America's Revolution against Exploitation. Dubuque: Kendall/Hunt Publishing Company, 1994: 42.

⑤ Tom J. Peters, Robert H. Waterman. In Search of Excellence. New York: Harper & Row, 1982: 201.

后现代主义的诸面相

实际上，作为“统一形态”的后现代理论是不存在的，各种理论之间常常是相互冲突的。甚至连“后现代”一词的使用也存在着诸多分歧：一方面，“后”字描述一种“不是”现代的东西，表示同此前东西的一种积极的决裂。这种决裂既可以从正面将其看成是从旧的束缚与压迫状态下的解放，是向新领域的迈进和对新话语、新观念的培育，也可以从反面将它看成是一种可悲的倒退，是传统价值、确定性和稳定性的丧失。另一方面，“后”字也表明了对此前之物的一种依赖和连续关系，只是一种进一步强化了的现代性，是一种超现代性。可大体将后现代理论分为如下三种形态：其一是激进的或极端的后现代主义，代表人物是福柯、德里达等。这种理论认为我们应该完全摒弃基础主义、普遍主义、本质主义和总体化的现代理论，以便能够接受全新的后现代理论、伦理和政治。其二是温和的后现代主义，代表人物是利奥塔（有时候）、罗蒂等。他们并不提倡同现代性或现代理论的根本决裂，而是把后现代看作仅仅是现代的一个变种，是现代性自身的转变。其三是“建设性”的后现代主义哲学。面对现代主义所带来的危机，它既不是“袖手旁观”，更不是一味地否定，而是侧重于积极寻求解决办法，重新建构世界的“蓝图”，重新建构人与世界、人与人的关系。①

概括而言，后现代管理的理论旨趣主要有如下几个方面：

（1）非理性的“解放”。在后现代主义者那里，组织的控制不是理性的专利，而是来自组织成员协商的、基于情感认同或价值观的行为。后现代管理的目的就是解放被现代管理边缘化的非理性因素，以使管理更好地服务于人性之需要。那么，如何进行价值重塑并以之来实现人的非理性因素在管理中的解放呢？后现代主义者开拓了伦理技术与审美体验两条基本路径，即建造人在组织中的道德生活与审美生活。

在科学主义范式主导的西方现代管理中，伦理虽然被主流学者置于边缘化位置，但仍有学者将之视为控制的一种有效手段。伯纳德·詹姆斯（Bernard James）认为，塑造企业战略愿景的关键要素之一是员工的伦理诉求，基于伦理的战略规划有利于组织实施更好的控制②；戴维·帕斯托里萨（David Pastoriza）等人则指出，基于伦理的管理行为有助于组织生产更多的社会资本，减少控制的成本，因而管理者的行为要受到伦理的约束。③ 这种对管理的伦理考量，要么是一种权威性的道德说教，要么是达到某种功利性目标的手段，因而都具有某种程度的压迫性与外在性。

基于此，后现代主义者提出一种基于非压迫性的后现代伦理观：其一，后现代伦理是行动中的伦理而非固定的抽象戒律，拒斥任何先验的基础主义假定。其二，后现代伦理是一种私人伦理，它只与个体相关联，拒斥任何形式的权威主义。其三，由于后现代伦理不再受某种固定化的外在教条约束，个体在行动中做出负责任选择的行为，通过

---

① 贝斯特，凯尔纳．诸种“后……”的时代．国外社会学，1999（2）．

② Bernard James. Narrative and Organizational Control：Corporate Visionaries，Ethics and Power. The International Journal of Human Resource Management，1994，5（4）：927-951.

③ P. David，A. A. Miguel，E. R. Joan. Ethical Managerial Behavior as an Antecedent of Organizational Social Capital. Journal of Business Ethics，2008，78（3）：329-341.

“自我创造”和“自我扩展”，使其主体获得了审美趣味。其四，后现代伦理的行动品质要求依照主体的感性力量对各种具体情境做出恰当的判断和选择，因而是一种拒斥任何理性主义预设的情感化伦理。[①] 后现代伦理的如上四个特征，无一例外地指向人的自由与解放这一价值主题。它拒绝了任何理性设定的外在力量对人的摆布与压迫，使伦理成为一种自我规制的主动行为，具有自我创造、自我扩展的自主性特征。换言之，后现代伦理使管理的价值考量从组织的角度转向员工，控制的主题由效率增长和行为约束转向个体自由与自治。

后现代主义者反抗理性主义的另一个重要主张是感性的解放，这方面的主要代表是法兰克福学派的领军人物之一的马尔库塞（Herbert Marcuse，1898—1979）。在其看来，生产性、攻击性的文明压抑了爱欲的、非攻击性的情愫，“取消各种压抑性束缚，就会为实存的非压抑的升华方式提供前提条件，而这就表现在审美活动的感性解放中，因为，人的本能解放之路实质上是一条通往审美的道路”。那么，审美活动如何解放人类的感性力量？后现代主义者推崇一种与先验主义相对抗的体验哲学（Embodied Philosophy）。“体验”作为一个哲学范畴是指主体与客体之间的一种特殊的关系状态，主要由感受、联想、情感、领悟、理解等诸多情感与心理要素构成。由于体验的情感性特征，主体体验的对象不是客体本身，而是客体对主体的意义。体验的出发点是情感，其归宿也是情感，主体总是从内心的情感积累和先在感受出发探求生命的意蕴，这一活动的结果则是为主体提供一种能够更深刻地把握生命活动的情感。

以这种体验哲学来考察组织行为，未来的企业组织所提供的商品和服务不过是形式，其所真正提供的价值是“体验”。体验经济中的消费者从其购买的产品和服务中能够获得一种情感体验过程，在满足其审美需要的同时为其心理感受支付费用。[②] 以体验哲学来考察组织内部的工作内涵，工作的概念就发生了革命性的转变，即由谋生的一种手段转为自我消遣的一种生活方式，从而将精神性愉悦与物质性谋生同时纳入组织之内，赋予工作更高级的精神内涵。罗尔夫·詹森（Rolf Jensen）对这种转变做了以下描述：工作将变得妙趣横生，催人上进，激发创意，引人入胜。公司将不再是一个法律经济实体，传统的会计方法将被抛弃，公司更像是一个部落，员工也不再是旧式合同之下的雇佣人员，而是平等的部落成员。[③] 相比之下，如果说为产品赋予情感价值的体验经济塑造了一种组织外部的审美生活，那么工作概念由谋生向消遣的根本转变，则塑造了一种组织内部的审美生活，从而使现代管理理念发生根本性的变革。

（2）权力的“去中心化”。现代权力大体有两种基本模式，分别是马克思的经济学模式（Economic Model）和韦伯的法权模式（Juridical Model）。前者认为权力是生产关系的反映，是维护阶级统治的工具；后者将权力视为某种可以通过契约占有和转让的商品，在合理性与合法性的规制之下，通过维护效率、秩序的契约以产生官僚制组织的权力。这两种权力模式都可以归结为由工具理性塑造的“技术—经济范式”（Technico-Economic

---

① 舒斯特曼. 实用主义美学：生活之美，艺术之思. 北京：商务印书馆，2002：316.

② B. J. Pine，J. H. Gilmore. The Experience Economy：Work is Theatre and Every Business a Stage. Boston：Harvard Business School Press，1999.

③ 罗尔夫·詹森. 梦想社会：为产品赋予情感价值. 大连：东北财经大学出版社，2003：114-133.

Paradigm)。这种权力范式是不平等交换和非对称控制关系基础之上的统治性权力，将现代管理构造为一部分人对另一部分人实施强制性控制或约束的压迫系统，从而形成现代管理中占据主导地位的集权控制模式。

这种权力模式运行的结果，既加剧了具有优势地位的资方或管理者和处于弱势地位的员工之间的分化与对立，也助长了现代管理的中心主义与霸权主义，从而导致了权力的"异化"，即权力没有被用来服务于大众支持的目标，而是以合理性与合法性的名义事实上被用来维护阶级特权、延续剥削系统以及获取狭隘利益。[①] 为此，后现代主义提倡"去中心化"，改变权力的运行模式，实施自主性的管理。这以福柯的"微观权力"论最为典型。按照福柯的诠释，微观权力具有如下内涵：其一，微观权力是人的生物本能，无处不在，渗透在社会的每一个毛细血管之中。其二，权力不是某一集团对另一集团实施控制的消极存在物，而是一种在行动中能够主动生产和塑造个体的有机体。其三，在权力的关系网络中，每个人都是权力发生和运行中的一个点，而并非能够对权力进行绝对操纵的权力主体，权力不能够被占有或转让。其四，权力没有主体，因而是分散的、多元的。福柯反复强调权力分析的关键不在于谁掌握权力，而在于权力如何发生和运用，从而淡化权力的行使主体问题。[②]

微观权力的发生及其运行与知识密切相关。这种知识不再以宏大叙事模式来陈述，而更多是具体的、体验性的"地方性知识"，即任何知识都是在特定情境中由特定的主体感受和据以行动的，员工的具体行为也更多产生于由地方性知识生发的微观权力及其交互作用中。在福柯看来，微观权力通过一种可以对地方性知识的互动进行控制的纪律来运作。这种在纪律约束下的微观权力运行轨道被福柯称为"规训"(Discipline)。换言之，这种权力运行模式通过规范化的监视、裁决和检查来运行，使"强制不知不觉地变成习惯性动作"[③]，从而区别于通过对财力、暴力、意识形态等强迫性的强迫式统治模式。这种对控制对象的规训，将结构化的宏观权力的压迫功能尽量隐性化，使控制对象产生理性的顺从，在减少控制成本的同时，提高了控制的效应。这就使传统权力模式中赤裸裸的剥削与压迫关系，转化为一种控制对象可以自觉接受的合理行为。

基于对个体自由与非压抑性文明的向往，福柯晚年将微观权力的非对抗性压迫功能，转向与后现代伦理息息相关的自我技术。这种自我技术可以减少组织用以制度、规则的建设与维护成本，并使员工在工作过程中获得一种自由的体验和某种自我实现的愉悦。在福柯看来，如果组织中的员工通过自我设定的伦理规范来控制自己的行为，就可能使其所从事的工作成为一件自我创造的工艺品，而不再是为了谋生而被迫在雇主的监控下做不情愿的事情。由此，管理便从宏观权力统治之下的压迫系统，转化为一种自我约束的自治系统，从而与自组织管理内在地相通，蕴含着一种积极的解放功能。

福柯的理论以实现人的自由解放为终极目标，其消解权力主体的主张，自然无可非议。问题在于，微观权力通过规训机制产生出自愿服从的温顺身体，实际上是以一种非

---

① R. Scott. Organizations: Rational, Natural and Open Systems. New Jersey: Prentice-Hall Inc., 1998.

② 胡国栋. 微观权力：后现代语境中权力的生物学解读. 武汉大学学报（哲学社会科学版），2015 (3).

③ 米歇尔·福柯. 规训与惩罚：监狱的诞生. 北京：三联书店，1999：153.

对抗性的形式增强控制的效应，体现出对个体进行更为精巧而委婉的统治。不仅如此，在高度组织化和结构化的现代社会，权力的主体不可能彻底消解。毕竟，在具体的管理实践中，组织行为都是宏观权力与微观权力交互作用的博弈结果。

由此，这也可以解释：为什么在现实中组织的各阶层都强烈呼吁变革的发生，然而，变革却常常会遭遇到强烈的抵制。究其因，变革意味着对既存秩序的挑战，可能会冲击部分人的利益和价值观念。正如马基雅维里曾指出的："革新者使所有在旧制度之下顺利的人们都成为敌人了，而使那些在新制度之下可能顺利的人们却成为半心半意的拥护者。"① 有时，即使组织中的个体大多支持改革，但组织整体由于其运行的惯性而使得改革难以顺利进行，这在集权化的组织中尤其普遍。于是，这些集权组织会变得更加自闭，对来自前线的警告更加置若罔闻。这种日益增长的保守主义可以看作一种组织恐慌症，一旦面临压力，这些组织就会被寻求控制的愿望驱使。如果组织是由一位极具企业家精神、勇于承担风险的人所创建，那么组织可能会试图通过承担力所不及的风险来战胜灾难；如果组织中弥漫着缺乏信任的文化，那么组织很快就会变成多疑的偏执狂，解雇一位又一位管理人员。

（3）从普遍主义到差异化。早在 20 世纪 70 年代，作为对管理理论追求普遍性的挑战，权变学派开始在具体、变化的现实环境之中去研究管理。在这种理论视野中，管理不是一成不变的，而应根据企业所处的内外环境的变化而变化。由此，管理的多元化成为一种时代潮流。同样，针对现代主义者对普遍化和总体化的追求，以及对绝对真理的迷信，一些后现代理论家采取了"视角主义""相对主义"的观点，赞成多样性、多元性、片断性和不确定性，坚持提供对社会现实之不同层次与领域的相对自主性分析。譬如，利奥塔（Jean Francois Lyotard，1924—1998）的"差异哲学"试图用"小型叙事"取代"宏大叙事"，用局部秩序消解总体秩序，以尊重差异性。按照这种立场，多数人所共有的"话语"和少数人的"话语"是平等的，不应该按照统一性的标准，让少数人服从多数人。因此，应放弃对管理统一性的追求，而给管理中的不同意见者留有席位，应强调管理研究中的多样性。

在后现代主义者看来，一个视角就是一种观察方法，多样化的视角要比一个单一的视角更能提供通向研究现象的丰富进路："视角一词意味着每个人的视点或分析框架绝不可能完全如实地反映现象，它总是有所取舍，总是不可避免地受到观察者本人现有的假设、理论、价值观及兴趣的中介。视角这一概念同时也意味着没有哪个人的视点能够充分地说明任何一个单一现象的丰富性和复杂性，更不用说去完全地说明一切社会现实的无穷的联系和方面了。"② 后现代主义者的这一立场启示我们：必须向新的理论话语和视角敞开胸襟，以避免陷入教条主义和理论上的故步自封，从而获得更加丰富而深刻的理论解释。

后现代主义还批判了实证主义的"客观性原则"。按照实证主义的假设，观察者可以客观地观察外在世界，因而管理者可以通过采用合适的方法论进行知识的配置，这样他们的实践活动也就被认为是现实的一种客观代表。对于研究者而言，这种认为科学是追

---

① 尼科洛·马基雅维里．君主论．北京：商务印书馆，2009：26.

② 凯尔纳，贝斯特．后现代理论：批判性的质疑．北京：中央编译出版社，1999：339-340.

求纯粹真理的客观性事业的观念，就是所谓价值中立（value neutrality）原则。然而，事实上，由于管理学家自身固有的文化背景、价值观念、思维方式和思想渊源对于管理理论构建的影响不容忽视，管理学家不可能或很难做到“价值无涉”。库恩的理论表明，自然科学既不是运用理论的证实和证明进行归纳的产物，也不是运用理论的歪曲进行演绎的产物，因此，实证主义关于一个中立的、公正的观察者的理想是荒唐的，科学家们的证明根本不是普适的科学事实，而只是具有局限性的社会构造。同样，在后现代主义的视野中，根本不存在这样一种理性的、普遍适用的管理基础，以保证管理层从一个客观的立场来控制组织。为此，后现代主义者批判那些理所当然地对任何问题都采取狭隘的实证主义方法的做法，而主张直接深入地研究个体的认知和行动，即从人类自身的经验，而不是被动的旁观者的立场出发来解释这个世界。以这种方式去认识世界，我们成为这个世界的一部分，并注意到一个以变化、机会和差别为特征的世界中的短暂特性，从而产生出新的洞察力。

3. 走向管理的多元范式

实际上，后现代主义与复杂性科学在思维方式上表现出相同的旨趣。这主要体现在：

其一，复杂性科学告诉我们，自然界绝不是一种机械的物体，不应被当作机器去理解，生物的运动也不单纯地遵循机械运动的规律，而是具有自主性的、由许多子系统通过内组织的方式构成的高度复杂的协同系统。同样，作为一种整体有机论哲学，后现代主义超越了二元论和机械主义，认为世界是一个有机的整体，世界中的各个部分是有机地联系在一起的；自然界及其人类社会绝不是一个纯粹外在于人的由机械物质构成的“死的”客体，而是一种自主性的存在。按照这种理解，应将组织及其管理视为一个有生命力的自我组织的系统。在这种既有系统中，人获得一种自由和解放的旨趣。就像彼得·圣吉的学习型组织理论所指出的，那种追求“自我超越”的人所找寻的自由，构成了学习型组织的中心精神，因为开创型学习的动力，源自想要创造对人们有价值与意义的新事物的欲望。如果知道命运是操在自己的手中，人们就会努力不断地学习和应变。因此当我们对自己的行动有真正的责任感时，学习的速度也最快。“自我超越”的意义在于以创造，而不是反映的观点，来面对自己的生活与生命。充满爱意的创造力就是生命的意义，它也是商业的意义的最佳诠释。①

其二，复杂性科学认为，不能以线性方法来描述现实，只有非线性而不可解的等式才能描述复杂的、混沌的和不确定的现实。同样，面对当下管理实践中的非重复性、非线性、不确定性等“混沌”特征，后现代管理的倡导者认为，企业“需要将混沌当作一种既定条件，学会在混沌之中求生存”，“学会与偶然一起生活”②。汤姆·彼得斯发现，我们花了几十年教导人们从混沌中创造秩序，但是现在将不得不从秩序中创造混沌。在这种新秩序中，成功的秘密就是不断地证明自己错误的能力，去挑战自己思维的能力，去不断地实验和验证每一种可能的选择的能力。而为了使个人或小的群体能够从事导致

---

① 彼得·圣吉. 第五项修炼：学习型组织的艺术与实务. 上海：上海三联书店，1998：166，331.

② D. Hoy，T. Carthy. Critical Theory. Cambridge：Blackwell Publishers，1994：207.

自组织行为的学习和革新，就必须允许他们具有自主性。“这种自主性并不是去分解官僚等级，而是通过其核心价值将相互独立的参与者连接起来，这种核心价值应要求合作，而不是控制，要求实验和适应，而不是毫无法则。”① 相应地，管理者的责任就是去创造一种适于组织学习和创造的环境与文化，并实行一种“圣人型”的领导风格：经常进行自我反省，有自知之明，能深刻理解他人；尽量避免拐弯抹角和控制别人；圣人的知识是与他人的知识融合在一起的，而不是凌驾于其上；他懂得如何像水一样，避开障碍，平安顺利地寻找出路，因此人们往往心甘情愿地皈依教诲等。②

其三，复杂性科学告诉我们，我们所拥有的一切是一个自组织的过程，在这个过程中意义是动态的，社会组织不是根据某些超验的原则设计的，而是动态地回答偶然信息的结果。与此相类似，对过程敏感的后现代主义要解构的，正是传统的牛顿力学所具有的那种线性的、静止的和分化的思维风格。后现代主义的基本要义是将组织作为过程而不仅仅是作为一种结构而进行思考。在这种理论视野中，人际联系的过程占有优先地位，所有的事物都是流动的，都存在于一个形成、变化和消亡的连续过程中，每个期限的时刻都吸取了前一个时刻，并将它转化，从而在过程的各个阶段组成一个新的和绝不重复的事件。这种从分析组织的视角转为分析组织过程的视角，突出了预测、思考和情景规划的智力过程的重要性，而战略目标和结果则成为第二位的：“当我们沿着我们的战略路线行进时，我们对改变我们步伐和最后的方向保持着非常的敏感，因为新的事情和出乎意料的未来使我们重新思考、重新评价和重新策划我们的未来目的地；世界不是已经在那儿等着我们去反映的，它是一个复杂过程的结果，一个了解什么安排和组织了这个世界的意愿的过程。”③

在当下，后现代管理有时被视为一种管理“噪音”，有时又被视为一场管理革命的“时尚”，但更多时候，它更似一个“幽灵”，踯躅于当代日益繁杂的管理理论丛林的边缘。显而易见，作为一种基础性批判与重建的管理理论形态，后现代管理地位的获得不会一帆风顺，正如斯图尔特·克莱格（Stewart Clegg，1947—　）所指出的，旧有的现代主义组织与管理模式受到各大社会科学研究的“正当性”支撑，后现代管理的理论地位及实践应用性依然是其存在的一大公开难题。④ 因此，管理学研究中的后现代工程任重道远。但是，随着人类追求的提升及环境的变迁，组织与管理研究的后现代之路必将日渐开阔。与以往现代管理学术共同体内部批判不同，后现代管理瓦解了现代管理的理性主义和实证主义的分析方法，是对现代管理理论从基础性、整体性上的一次颠覆性批判。后现代管理折射了以西方话语为主导的现代管理学裂变的征兆，对于解决现代管理的诸多弊端有重要理论价值，可以促使现代管理进行深刻反省和自我修复。不仅如此，作为一次重建管理研究范式的积极努力，后现代管理紧紧抓住了知识经济时代的不确定环境及知识型员工

---

① Toby J. Tetenbaum. Shifting Paradigms: from Newton to Chaos. Organizational Dynamics, Spring, 1998: 21-32.

② 加里·哈默尔，等. 战略柔性：变革中的管理. 北京：机械工业出版社，2000：204-209.

③ Peter Franklin. Thinking of Strategy in a Postmodern Way. Part 2. Strategic Change, 1998 (7): 437-448.

④ S. R. Clegg, L. Rouleau. Postmodernism and Postmodernity in Organization Analysis. Journal of Organizational Change Management, 1992 (5): 8-25.

自我实现的高层次需要，故而受到很多管理研究者与从业人员的欢迎。

当然，管理模式的应用是和组织所处的内外环境密切关联的，不同的管理环境适应于不同的实践要求和管理模式。从实践上看，等级仍然是企业管理的一大特点，有很多组织仍然保持着机械的官僚的组织结构，很多管理者仍然尊崇传统意义上的管理和计划的概念，线性的、理性的计划仍然势力强大。例如，麦当劳模式之所以成功的四个具有吸引力的核心维度（效率、精确计算、可预测性和控制）实际上包含了诸多现代元素：它在泰勒制中加入了顾客导向的概念，还提出了为“零风险”——安全娱乐做准备；它的第四个原则彻底采纳了科学管理理论原则，即建立在理性设计基础上的战略规划。因此，在一些情况下，科学管理仍然不失为一种有效的管理模式，它为我们探索和理解管理理论提供了一个有价值的框架，因此不应该被完全否定和抛弃。毕竟，理性的计划模式就是管理标准化的一种反映。

事实上，作为对现代管理基石的理性主义的批判和解构，后现代管理“极力消解科学主义和人本主义对立的倾向，代表了科学主义和人本主义思潮合流的一般趋势”①。换言之，后现代主义并不是要否定理性与主体本身，而是要确定理性的界限，还原人性的本来面目，寻求理性与非理性的融合之道。因而，现代管理和后现代管理之间并不是一种简单的取代或被取代的关系，而是一种并存共融的关系：“要想祛除现代管理的弊端，我们需要将理性去中心化而非放弃理性，从而将理性与激情、爱、希望和直觉并举。”② 可以预期，未来管理思想发展的主调，依然是管理范式和方式的多元并存与协同发展。

阅读书目

欧文·拉兹洛，克里斯托弗·拉兹洛. 管理的新思维：第三代管理思想. 社会科学文献出版社，2001.

埃德加·莫兰. 迷失的范式：人性研究. 北京大学出版社，1999.

贝塔朗菲. 一般系统论：基础、应用、发展. 社会科学文献出版社，1987.

普里戈金，斯唐热. 从混沌到有序：人与自然的新对话. 上海译文出版社，1987.

米歇尔·沃尔德勒. 复杂. 三联书店，1997.

彼得·圣吉，等. 变革之舞：学习型组织持续发展面临的挑战. 东方出版社，2001.

普利高津. 确定性的终结. 上海科技教育出版社，1998.

汤姆·彼得斯. 重启思维. 中信出版社，2007.

查尔斯·汉迪. 工作与生活的未来. 中国人民大学出版社，2006.

查尔斯·汉迪. 非理性的时代. 华夏出版社，2000.

大卫·雷·格里芬. 后现代精神. 中央编译出版社，1998.

米歇尔·福柯. 规训与惩罚：监狱的诞生. 三联书店，1999.

成中英. C理论：中国管理哲学. 学林出版社，1999.

---

① 罗珉. 后现代管理理论辩析. 管理科学，2005（2）.

② R. P. Gephart Jr. Postmodernism and the Future History of Management: Comments on History as Science. Journal of Management History, 1996, 2 (3): 90-96.

彭新武．进化管理学：复杂、动态环境下的管理思维与方法．中国社会科学出版社，2005.

胡国栋．管理范式的后现代审视与本土化研究．中国人民大学出版社，2017.

思考题

1. 试论现代管理中的机械论思维及其局限。
2. 试论有机论范式的基本特质。
3. 试论有机管理范式中的“自组织原理”。
4. 试论有机管理范式中的“非平衡原理”。
5. 试论有机管理范式中的“共同进化原理”。
6. 试论有机管理范式中的“不确定性原理”。
7. 谈谈你对复杂性思维的理解。
8. 试论现代管理中的理性主义传统及其局限。
9. 试论后现代管理的基本特质及其价值。

第十章
管理文化的交汇与融合

> 管理是一门学科，因为它是一个知识体系。管理也是一种“文化”，因为它适用于任何地方。管理不是毫无价值的科学，它是一种社会职能，存在于文化，社会，由价值观、社会习俗和信仰构成的传统，以及政府和政治体制之中。管理是也应该是以文化为前提的；但反过来说，管理和管理者也可以塑造文化和社会。
>
> ——彼得·德鲁克：《管理：任务、责任、实践》

当今管理哲学的研究，还涉及管理文化的范式问题。自 20 世纪 80 年代以来，随着日本经济的崛起和“日本式”管理的风行，如何培育企业文化成为企业经营实践中的一个重大议题。在这一过程中，比较管理的研究也开始成为人们关注的话题。就在这种宏观的管理文化研究取得诸多成果的同时，人们开始将研究触角伸向微观的组织文化层面。不仅如此，随着全球化经济的推进，伴随着文化的差异、矛盾和冲突越来越成为国际竞争和冲突的焦点，不同管理文化的交汇与融合也成为一股不可阻挡的历史潮流。

一、管理“文化热”及比较管理

自 20 世纪 80 年代以来，随着日本经济的崛起和“日本式”管理的风行，如何培育企业文化成为企业经营实践中的一个重大议题，管理学由此进入了一个“文化制胜”的时代。在这一过程中，随着不同国家企业竞争力差异的日渐凸显，比较管理的研究开始成为人们关注的话题，从而将管理的研究推进到一个更为广阔的领域。

1. 文化制胜的时代

纵观 20 世纪 70 年代后半期至 80 年代，在世界经济中一枝独秀的，实际上不是美国，而是日本。在纺织、钢铁、造船、家电、汽车和半导体等制造领域，美国完全输给了日本。日本由此一跃成为仅次于美国的世界第二大经济体。正如日本评论家界屋太一所说："明治维新以来，日本最初学德国、接着学美国，到了80年代日本达到了德、美等任何国家都未能达到的高度工业化水平。"① 为此，哈佛教授傅高义写了一本书《日本第一》，感慨日本的国土面积小，工业原料资源有限，而且人口稠密、多自然灾害，这样一个国家却能在短短的一百多年中，取得如此成绩！他甚至断言，日本将超越美国成为世界第一强国。

早在1946年，美国人类学家露丝·本尼迪克特的《菊与刀》一书的出版，被誉为"现代日本学的开端"，其研究结论曾直接被用于第二次世界大战之后美国的对日政策。从《菊与刀》一书中，我们读到的日本人形象是极端矛盾对立、分裂的人格：日本人生性好斗又非常温和；坚决忠贞又易于食言叛变；他们在乎社会规范的约束又会放荡不羁，注重自己外在形象又会毫无顾忌；既自傲自大又自卑自怜；既能完好地保持自己的传统又易于接受外来文化。没有一种文化能像日本文化那样充满了矛盾，而这些矛盾又共生并存在同一种文化中。② 这段被广泛应用的精辟之论，也确实彰显出日本民族的极端复杂性（见"山与海的交织"）。

山与海的交织

在日本文化中，不仅有菊与刀，还有山与海。日本列岛狭长、封闭的地理特性和日本人孤立的、封闭的"岛国意识"，使各个区域的人们在古代形成了非血缘式的协作群体。群山挤压了日本人的生存空间，影响日本人的第二大因素"海"便显得极为重要。大海环抱中的日本，宛如汪洋中一片脆弱的树叶，孤寂与惶惑如影随形。对日本人而言，学会在海洋中生存就变得极为关键。日本浮世绘《神奈川冲浪里》，画面远方矗立着富士山，而前景是翻卷的巨浪，船上的日本人团结合作、逆境求生。这幅作品将影响日本的两大关键元素"山"与"海"完美统一在一起。山代表着灾难频发、世事无常却依然深爱的家园，是日本文化中的内核。海则代表着困难重重，但前景无限的远方，是日本文化的外壳与延伸。只有冲向海洋，才能寻得光明的前景。这幅作品似乎也成为日本文明发展进程的最佳诠释。③

正是20世纪80年代以来日本企业在世界市场范围内的骄人业绩，极大促发了人们对日本管理文化的研究兴趣。美国企业界日益认识到，企业文化是企业生存的基础和发展的动力，没有强大的企业文化，再高明的经营战略也无法成功；美国经济增长在当时之所以落后于日本，究其根源，并不在于其科学技术、物力和财力，而在于美国式管理普遍存在着对人和文化的忽视。

1979年，美国哈佛大学东亚研究所所长沃格尔（Ezra F. Vogel，1930— ）出版了《日本名列第一：对美国的教训》一书，指出，美国企业应学习和借鉴日本经验，把对人的管理放在首位，把企业文化当作管理的中心课题来对待。④ 该书在美国引起了强烈的反响。以此为开端，20世纪80年代初，掀起了一股重构企业管理机制和美国管理文化

---

① 郁雨．"日本制造"的演变轨迹．今日浙江，2003（2）．

② 露丝·本尼迪克特．菊与刀．上海：上海三联书店，2007（3）．

③ 彭新武．"日本制造"的文化密码．北京：中国纺织出版社，2021：2-5．

④ 埃兹拉·沃格尔．日本名列第一：对美国的教训．北京：世界知识出版社，1980：214．

的热潮。其中，《Z理论——美国企业界怎样迎接日本的挑战》、《日本企业管理艺术》、《追求卓越》和《企业文化——企业生活中的礼仪与仪式》这四部著作最有影响力——被称为20世纪80年代企业文化的“新潮四重奏”。

1981年，日裔美籍加利福尼亚州立大学管理学教授威廉·大内出版《Z理论——美国企业界怎样迎接日本的挑战》一书，将美国和日本的组织的基本形式分别概括为A型和J型。A型组织的突出特点是雇员的流动性大、岗位设置专业化等。J型组织则表现为终身雇用、雇员通才化等特点。大内主张在吸收A型和J型优势的基础上建立Z型模式，即组织或企业不仅需要考虑技术、利润等硬性指标，而且还应考虑人性化因素等软性因素，诸如组织内的“信任”、“微妙性”和“亲密性”等。所谓“信任”，是指管理者要对员工表示信任，以激励员工真诚地对待企业、对待同事，为企业忠心耿耿地工作，以此促进企业各部门的协调能力和对整体利益的重视，形成有效的生产力。所谓“微妙性”，是指管理者根据员工个性和特长，组建最佳搭档或工作小组，避免强迫命令及僵化的管理模式，从而提高劳动效率。“亲密性”强调的则是亲密的个人感情在工作中的重要性，即员工之间通过建立亲密和谐的伙伴关系，使信任和微妙性得以发展，为企业的目标而共同努力。① 总之，在这种“Z型文化”中，对人和劳动者的关注很重要。

1982年，美国斯坦福大学商学院教授理查德·帕斯卡尔（Richard Tanner Pascale，1938— ）和哈佛大学商学院教授安东尼·阿索斯（Anthony G. Athos，1934—2003）出版《日本企业管理艺术》一书，认为企业管理可以用7个要素来衡量：战略、结构、体制、人员、技巧、作风和最高目标。前3个要素可以称为“硬件”，后4个要素可称为“软件”。这7个要素的英文单词的第一个字母都是“S”，故被称为“7S”模式。由于这两位教授同为美国最大咨询企业麦肯锡公司的资深咨询专家，因而该模式也被称为“麦肯锡7S框架”。他们发现，日本和美国的企业管理在战略、结构、体制等“硬件”上的差异不大，差异主要表现在人员、技巧、作风和最高目标等“软件”上。一般而言，美国企业的管理者重视硬件因素的作用，相对忽视软件因素的作用。而日本企业在引进西方管理科学和制度的同时，依然保持着本民族传统文化的精华，在“软件”方面享有得天独厚的优势。② 他们认为，日美两国企业管理模式的差异，究其根源，主要在于对企业价值观和人的看法上的差异。就企业价值观而言，日本人重视集体主义价值观，认为自我是成长的障碍，故而尽力使个人价值追求同企业价值追求相一致；而美国人信仰个人主义，主要依靠最高管理人员，他们个人的作风和技能决定着企业的成败。就对人的看法而言，日本企业家认为，员工既是供企业使用的客体，也是企业应该尊重的主体，通过考核、培养、选拔、奖励等人事制度调动员工的积极性；美国企业则把员工当作可以互换的“机器零件”，不注意人才的培养，不重视高层管理人员的接替问题。③ 这两位教授最后得出结论，美国管理文化自身，正是导致其管理水平下降的根本原因。因此，美国的“敌人”不是日本人或德国人，而是自身管理文化的狭隘性。④

---

① 威廉·大内. Z理论：美国企业界怎样迎接日本的挑战. 北京：机械工业出版社，2007：2-7.

② 理查德·帕斯卡尔，安东尼·阿索斯. 日本企业管理艺术. 乌鲁木齐：新疆人民出版社，1988：65-67.

③ 同①99-128.

④ 同②163-165.

1982 年，美国麦肯锡咨询公司研究员汤姆・彼得斯和罗伯特・沃特曼合著的《追求卓越》出版，全书以 43 家美国优秀企业为调查分析蓝本，严厉批判了美国企业传统过分强调分析、控制和决策的理性主义管理模式，指出，如果美国要想恢复其在世界上的竞争地位，就必须改变过分强调理性的状况。① 该书虽然极力强调日本的文化优势，但也认为美国有许多卓越企业管理经验值得效法，并基于对美国成功管理经验的总结，提出了“具备独特文化”的卓越企业的八大特质：第一，崇尚行动。即通过“走动式”管理，保持组织机动性，鼓励实验和开拓精神。第二，贴近顾客。即以顾客为导向，有执着的服务意识、质量意识、开拓市场意识和倾听用户意见的意识。第三，自主创新。不限制个人的创造力，鼓励务实的冒险，支持好的尝试，容忍失败。第四，以人促产。就是把普通员工视为提高质量和生产力的源泉。第五，亲身实践、价值驱动。即注重价值观的塑造、灌输，以形成共同的文化理念，激发员工创造性。第六，不离本行。强调提高生产率的着眼点在于提高质量，而不在于多元化经营。第七，精兵简政。应保持简单而又始终如一的基本组织形式，建立以创业精神及其贯彻为基础的测量考核制度，并实施定期改组以避免僵化。第八，宽严并济。强调以一种宽松自由的方式从事相关活动，奉行灵活的组织结构，强调迅疾的信息沟通和反馈，以避免不协调、偏离主流的情况发生。②《追求卓越》一经出版即风靡全球，对美国企业的管理理念和实践产生了深刻影响。

1982 年，哈佛大学教授特伦斯・迪尔（Terrence Deal）和美国麦肯锡管理咨询公司专家艾伦・肯尼迪（Allan Kennedy）出版《企业文化——企业生活中的礼仪与仪式》一书，将企业文化分成四种类型：一是硬汉型文化。该文化趋于年轻，鼓励孤注一掷的冒险，提倡相互竞争，追求最大、最优、最好的价值，随时塑造明星，也随时更替明星。缺点是带有短期行动倾向，贬低那些在职业生涯中需要花费较长时间才能达到巅峰的人，带来了行业的高流动率，很难形成坚强、紧密的文化体。二是努力工作/尽情玩乐型文化。为取得成功，员工对工作保持一种高度投入甚至是疯狂的状态。如果将强人文化形容为“寻找山峰并征服它”，那么这种文化则是“发现需要并满足它”。三是赌注型文化。这种文化包含着许多大赌注的决策，企业的价值观着眼于未来，关注未来投资的重要性，不拘于一时一事的得失，强调用充分的信心来诱导自己的行为，但容易在短期内发生波动。四是过程型文化。强调用科学的方法解决所意识到的风险，严格按程序行事，遵纪守时，拘于小节，做到过程和具体细节的绝对正确。缺点是容易忽视工作的方向，也缺乏激情，等等。③ 1999 年，两人再度合作，出版《新企业文化——重获工作场所的活力》一书，针对企业 80 年代以来对股东价值这一新型商业伦理的追求，让企业走向短效主义的弊端，疾呼不能一味地去追逐时尚的商机，要把破碎的文化重新拼装起来，重建高凝聚力的企业文化，等等。④

如上美国学界的反思和总结，引发了一场全球范围内的企业文化浪潮，美国管理界

---

① 汤姆・彼得斯，罗伯特・沃特曼．追求卓越．北京：中信出版社，2009：31-43.

② 理查德・帕斯卡尔，安东尼・阿索斯．日本企业管理艺术．乌鲁木齐：新疆人民出版社，1988：10-11.

③ 特伦斯・迪尔，艾伦・肯尼迪．企业文化：企业生活中的礼仪与仪式．北京：中国人民大学出版社，2008：109-119.

④ 特伦斯・迪尔，艾伦・肯尼迪．新企业文化：重获工作场所的活力．北京：中国人民大学出版社，2009：213，264-278.

也开始重新审视自身的文化特质和价值。1984年，美国管理学家劳伦斯·米勒（Lawrence Miller）在其《美国企业精神——未来企业经营的八大原则》一书中，大声疾呼："美国文化一直是，将来也继续是其他国家遵循的模式"①，重新肯定充满竞争精神的美国企业文化，表达了在新的国际竞争格局中重塑企业文化的信心。1994年，美国斯坦福大学吉姆·柯林斯和杰里·波勒斯的《基业长青》一书出版。两人挑选了18家广受同行崇拜、对世界有深远影响、长盛不衰的公司作为研究对象，称之为"高瞻远瞩公司"，其鲜明特征是能够从烦琐的做法和商业谋略中分离出它们永恒不变的核心价值观和经久不衰的核心使命，比较彻底地对员工灌输核心理念，创造出强有力的教派般的文化，谨慎地根据是否符合核心理念来培养和选择高级管理者，等等。②

总的来看，在这股企业文化热潮中，文化、价值观的管理功能得到空前的肯定。然而，由于受西方传统理性主义的影响，企业文化理论一开始就被当作调节和控制企业组织行为的工具。这种文化功能主义尽管由于其在管理行为中的实用性而得到推崇，但忽视了企业文化作为社会性的复杂网络而存在的事实，也忽略了企业文化对成员的社会性行动所产生的影响。

2. 管理文化的比较研究

在企业文化的研究热潮中，还陆续出现进行管理文化比较的一些经典模型。其中，以荷兰跨文化协作研究所所长吉尔特·霍夫斯泰德（Geert Hofstede，1928—　）提出的比较模式最为典型：

（1）权力距离（Power Distance）。指在一个国家的机构或组织中弱势成员对于权力分配不平等的期待和接纳程度。在企业中可以理解为员工和管理者之间的社会距离。在高权力距离环境中，上下级关系通常表现为专制型或家长式领导，组织的等级制度呈金字塔型，权力集中在少数人手中，上级拥有特权，下属按上司的吩咐行事；在低权力距离环境中，上下级认为彼此天生平等，偏好通过协商的方式解决问题，组织格局去中心化，等级制度呈扁平状，监管人员数量有限。③

（2）个人主义—集体主义（Individualism versus Collectivism）。在推崇个人主义的社会，每个人只顾及自身利益；工作按照一种既符合员工利益又符合雇主利益的方式进行；人们被看成"经济人"，或者既有经济需要又有心理需求的人，是拥有自我需求的独立个体；雇用关系基于双方签订的契约，雇用和晋升只能由技能和规则来决定；管理是对个体进行管理，工作任务重于人际关系。而在集体主义盛行的国家，每个人根据群体利益行事，组织成员对组织具有精神上的义务和忠诚，必要时为群体利益牺牲个体利益；雇用关系基于道义，晋升需考虑群体内部的因素；管理是对群体进行管理，人际关系重于工作任务。④

---

① 劳伦斯·米勒. 美国企业精神：未来企业经营的八大原则. 香港：长河出版社，1984：10.

② 吉姆·柯林斯，杰里·波勒斯. 基业长青. 北京：中信出版社，2006：76.

③ 吉尔特·霍夫斯泰德，格特·扬·霍夫斯泰德. 文化与组织：心理软件的力量. 北京：中国人民大学出版社，2010：43-73.

④ 同③78-117.

(3) 阳刚气质—阴柔气质(Masculinity versus Femininity)。在阳刚气质社会中，管理方式是决断和进取，通过“强者获胜”的方式解决冲突，以公平为基础进行奖励；偏好大型组织；人们秉持“生活是为了工作”的理念，追求物质财富的积累；从事专业技术的女性比例较低，制造业和大型化工业更具优势。在阴柔气质社会中，管理的方式是依靠直觉和共识，一般通过妥协和谈判的方式解决冲突；喜欢小型组织，认为“小即是美”；认为“工作是为了生活”，拥有更多的闲暇时间；从事专业技术的女性比例较高，农业和服务业更有优势。比如，美国是阳刚气质较强的国家，认为管理决策要像“真正的男人”，管理层要树立权威；荷兰、瑞典等北欧国家更具阴柔气质，更愿意通过妥协谈判解决冲突等。①

(4) 不确定性规避(Uncertainty Avoidance Index)。指处在某种文化中的成员在面对不确定情况时做出的反应。处于强不确定性规避社会中的人焦虑水平较高，缺乏安全感，内心督促自己努力工作；不喜欢模糊情况，强调精确和正规化；管理者受现有制度的严格约束；员工服务期限较长，善于执行而不善于发明，等等。比如，拉美世界喜欢完整体系的规章制度，即使许多规则并不切合实际。弱不确定性规避社会普遍有一种安全感，人们倾向于放松的生活态度和鼓励冒险的倾向；对成文的法规表现出深深的厌恶，认为没有必要就不需要制定规章制度；模糊和混乱有时被看作迸发创造力的条件；管理者受制度约束较少；员工较频繁更换雇主，善于发明。比如，美、英、瑞典等国家，管理者和员工对于刻板的规章制度感到非常不适，认为有些规则根本无法履行，等等。②

霍夫斯泰德还根据国家文化的维度，分析了文化对于组织结构、激励内容和领导方式的影响：其一，对组织结构的影响。权力距离和不确定性规避会影响人们的组织观。如法国的文化特征是高权力距离和强不确定性规避，人把组织看作“人员金字塔”，组织中的权力集中化和组织结构化程度都很高。德国具有低权力距离和强不确定性规避的文化特征，其组织像一台“高效运转的机器”，希望组织结构化，但管理权威不需要集中。英国的组织是“乡村集市”，其文化特征是低权力距离和弱不确定性规避，既不提倡权力集中，也不愿意组织活动结构化。其二，对激励内容的影响。在高权力距离和强不确定性规避文化中，提倡由权威上级激励下级，以有效的规章制度调动对员工的积极性。在集体主义社会中，和谐是一项比个人绩效更重要的元素。其三，对领导方式的影响。高权力距离、阳刚气质特点的文化支持阳刚型领导，低权力距离、阴柔气质的文化支持谦逊的领导者。如高权力距离的法国领导者常采用专制式的激励措施；低权力距离、强不确定性规避的德国领导者强调对管理者和员工的培训和责任；弱不确定性规避、阴柔气质的瑞典领导者强调创业冒险、关心员工的生活质量。法国人喜欢说服型和家长型领导，英国和德国人更喜欢顾问型和民主型领导，等等。③

霍夫斯泰德建立的文化分析模式为人们认识文化现象和分析比较文化间差异提供了有力工具，为跨国组织进行跨文化沟通管理奠定了一定的理论基础。后来，霍夫斯泰德

---

① 吉尔特·霍夫斯泰德，格特·扬·霍夫斯泰德. 文化与组织：心理软件的力量. 北京：中国人民大学出版社，2010：121-166.

② 同①173-214.

③ 同①261-290.

在原有的国家文化四维度模型的基础上又补充了第五个维度：短期导向—长期导向（Long-Term Orientation versus Short-Term Orientation）。长期导向意味着培育和鼓励以追求未来回报为导向的品德，如坚韧和节俭，主要是亚洲国家；短期导向意味着培育和鼓励关于过去和当前的品德，如尊重传统、维护面子，以及履行社会义务等。

如果说霍夫斯泰德提供了一个极具权威性的管理比较模型的话，日本通产省通商产业研究所松本厚治则在其1983年出版的《企业主义——日本经济发展力量的源泉》一书中，通过对日本、中国、欧美的经营文化的具体比较而引人注目。松本厚治指出，日本企业实行的是一种可以称为“企业主义”的制度。在这种“企业主义”中，公司之间相互持股，削弱了股东对公司经营的控制和约束，企业经营有很大的自由；企业内实行的终身雇佣制和年功序列制，使得员工利益与企业利益紧密结合在一起，员工通过分担企业的风险，从而形成对企业的忠诚和归属感；工会与管理者不是对立关系，遇事一般能够采取内部协商的方式来解决。在这种制度下，企业的员工成为企业人，企业成为企业人的企业，工会成为企业人的工会，每一个人都把自己置身于企业的立场上，并作为企业整体的一部分而采取自主的行动。企业主义的本质是企业与劳动的结合以及企业内部存在的经营自律。这种经营的高度自律性正是日本企业力量的根源。①

松本厚治把日本的管理模式与中国计划经济下国有企业的经营模式进行比较后，指出，从表面上看，虽然终身雇佣制类似于中国的“铁饭碗”制，年功序列制有些像“熬年头”晋升工资的做法，广泛的福利制度有些像“大锅饭”制，但实际上两国的企业制度有着根本的不同。日本的企业生存于市场经济的激烈竞争中，中国企业处在没有市场、没有竞争、没有风险的计划经济制度下；日本企业是独立自主经营，企业自主性与员工主动性的结合产生了企业强大的活力，中国企业受到指令性计划的约束，企业和员工难以发挥主动性和积极性，相反，养成了员工对国家、企业的依赖。②

对于欧美的企业制度和管理模式，松本厚治承认其合理性，认为在企业内部建立相互制衡的治理结构，既能保障股东的权益，又能使经营者自主经营，还可以对经营者进行有效监督。但是，股东特别是大股东控制着董事会，董事会拥有很大的权力，经营者的权力受到董事长和董事会的制约；企业员工与企业之间缺乏利益的一致性，没有休戚与共的关系；工会与企业对立，员工对企业的经营管理和技术改进没有责任感；员工还由于担心失业，经常本能地抵制采用新技术；员工没有归属感，流动性很大，对工作缺乏自主性、主动性和自律性等，这些因素对企业的效率和利益带来不良影响。③ 最后，松本厚治得出结论：处于个人自律的自由主义社会与国家自律的社会主义社会之间的“企业主义”是最优越的经营管理模式。④

松本厚治的这一结论固然不乏日本中心论色彩，但他对中美管理弊端的分析，确有一定的借鉴意义。事实上，日本的企业制度的确展现出其鲜明的特色。日本通过财团将

① 松本厚治. 企业主义：日本经济发展力量的源泉. 北京：企业管理出版社，1997：1-46.

② 吉尔特·霍夫斯泰德，格特·扬·霍夫斯泰德. 文化与组织：心理软件的力量. 北京：中国人民大学出版社，2010：71-86.

③ 同②47-58.

④ 同①234-244.

实业与金融、商业形成了命运共同体——综合商社。日本的三井物产、丸红商社、三菱商社、住友商社，就是西方的高盛、美林，且业务范围更广——小到螺丝、公司上市，大到宇宙航天器械，这些都是日本商社的经营范围。只要涉及有关日本企业的经营活动，就有日本商社的影子。这些综合商社从表面看是一个贸易公司，但与买办代理型贸易公司不同，它更是一个连带投资型的综合贸易公司。它以贸易为平台，介入产业里面，同时又有金融的服务功能。综合商社在日本又被称为“第二银行”或“影子银行”，但它与单纯的银行又不同，有投资银行的功能，又有对关联中小企业的融资功能，还包销它们的产品。这种模式在面临全球产业转移浪潮时，不像美国一经转移就丢掉了整个产业，而日本是丢不掉的。尽管彼此不存在从属关系，但主办银行、综合商社、制造企业之间构成了日本财团三位一体的紧密结构。财团成员通过交叉持股、互派经理、共同投资、交换情报等方式建立起横向联系。正是通过财团，日本的实业与金融、商业形成一种命运共同体。

财团对于企业的意义在于：其一，业务整合。内部企业相互竞争的情况被最大限度地避免，相互之间也有研发合作和业务往来，能透过市场的反应把各种技术综合在一起。美国的企业相互之间缺乏关联性，往往是一家公司发明了一种产品，推向市场，然后很快会被别的公司模仿、复制，从而展开激烈的相互竞争，很容易走向大鱼吃小鱼甚至共同解体的局面。而日本的公司相互之间一开始可能也有竞争，但竞争到一定阶段，它们就走向“和”，不是谁吃掉谁，而是互相持股，共同投资，甚至互相分工。其二，救急。一旦内部有企业陷入困境，相关企业可以注资帮助其渡过难关，集团内银行可以破例给予债务延期或协调融资。虽然这不是集团的义务，但是出于某种道德约束和名声观念，日本集团内部都不愿意看到集团企业破产的情况发生。其三，协同效应和分散投资风险。同一财团的综合商社往往会参股日本企业在海外的投资项目等。

日本企业的这种倾向，可称为“内和外争”。在财团与财团之间，早就形成了分工不分家、以民族和国家利益为最高原则的整体，从而在世界竞争中所向披靡。在日本财团中，综合商社对贸易、物流、信息和人才等拥有综合协调能力，就像军队的“参谋部”和“后勤部”；银行及保险公司等金融机构就像是军队的“弹药库”和“给养库”；众多的大型制造企业则如同各兵种的“野战军”和“特种兵”。综合商社负责调研、规划、人员组织和信息反馈等复杂而琐碎的工作，制定总体“战略部署”，银行体系提供强大的“弹药补给”，由此，一线的制造企业才能在随后的“战争”中勇往直前，所向无敌。日本制造的这种“链式作战”，可以说是非常凶悍的。比如，“美国制造”就曾被日本人的链式作战打得很惨。美国开创了收音机、洗衣机、电视机、汽车等许多行业，但都被日本一一击败。

自20世纪末以来，随着世界经济的新一轮发展，“日本制造”遇到了新的挑战。以资本和市场为导向的美国经济模式逐渐占优，快速研发、快速生产、快速消费的大规模生产模式成为全球化的主导模式；价格高、品质高的日本货不仅受到了价格、品质适当的美国货的冲击，也受到了质优价廉中国货的冲击。这是一个靠资本和规模决胜的年代，谁能把规模做大、成本降低，谁就能赢得市场。但是，固执的日本人并不认为胜负已经分出，他们的许多企业也在加强营销，想法降低成本，但对产业链的固守并未有更多的改变。日本人不认可美国人把金融和产业、商业分离的做法：商业通过压迫产业来获取利润；金融投资往往由于生产经营的风险而拒绝投入实业，更倾向于投入风险更小的消费领域。而日本则通过财团把商社和制造企业等产业链整合起来，遵循的是将金融投入生产领域，通过生产的扩张，到全球扩大市场、占领市场、获取利润的模式。相比之下，日本的产业链有血有肉，更富有韧性。

日本式管理还有一个更突出的特征，就是政府主导型的企业制度模式。美国日本政策研究所所长查默斯·约翰逊（Chalmers Ashby Johnson）在《通产省与日本奇迹——产业政策的成长（1925—1975）》一书中指出，日本强有力的执政机构以一种“经济总参部”的角色，通过直接和间接的行政指导来制定、引导日本的产业政策。日本当初从纺织等劳动密集型产业，到造船、机械和电子等新的快速发展领域的转变，都是处于通产省的监控之下的。而公司和产业的重组则是由通产省和财务省共同实施的。

在政府主导型的模式下，日本长期以产业政策为核心，引导资源流入特定产业部门，借此迅速造就支柱产业。20世纪70年代，日本传统制造技术水平接近美国，电子技术发展迅速，政府及时推行机械技术和微电子技术密切结合的“机电一体化”政策，实业界创造了“精益制造”“持续改进”等现代制造模式和管理方法。而美国政府只对基础研究、卫生健康和国防技术提供经费支持，不支持产业技术。自20世纪80年代以来，日本以家用电器、汽车和运输设备为主导的制造业进入鼎盛时期，美国却在国际市场上失去竞争优势，出现贸易逆差，第二、三产业比例失调，国民经济基础受到严重削弱。可以说，在一定程度上，正是由于两国产业政策的不同取向，使20世纪80年代成为全球制造业的“日本时代”。近年来，日本政府和财团认为，利用“最终产品”赚钱的时代已经过去，因此积极推行“知识产权立国”政策，即超越“技术立国”的时代，以输出知识和智力为主，生产和提供附有知识产权保护的技术信息。在这种国策的指导下，日本成为工业化成长道路上亚洲各国的技术、设备和产品的提供者，从而导致了日本对于亚洲乃至世界经济的一种控制地位。

二、组织文化及跨文化管理

就在对宏观情境的管理文化研究取得诸多成果的同时，人们开始将研究触角伸向微观的组织文化层面，即特定企业的组织文化。在这一过程中，如何培育组织文化成为一大热点问题。而随着全球化经济的发展，文化的差异、矛盾与冲突越来越成为国际竞争和冲突的焦点，跨文化管理研究也应运而生。

1. 组织文化的探索

在组织文化的研究领域，美国麻省理工学院斯隆商学院教授埃德加·沙因一直颇具盛名。沙因在《组织文化与领导力》一书中，列举了20世纪80年代以来管理学家们用来描述文化的诸种范畴：团体规范、信奉的价值观、正式的哲学、游戏规则、气氛、嵌入式技能（团体成员在完成某些任务时所表现出来的特殊胜任能力）、思维习惯、心智模型和语言范式、共享意义、“原始的隐喻”或整合的象征、正式礼仪和庆典，等等。在沙因看来，如上讨论都只是文化某方面的表现形式，并没有涉及文化的本质。基于此，他将文化定义为“在解决它的外部适应和内部整合问题的过程中，基于团体习得的共享的基本假设的一套模式”①。由此，沙因进一步将文化分解为三个层次进行了深入分析：其一，人工饰物。包括团体中外显的可视产品，是一个人进入一个新团体面对不熟悉的文化时看到、听到和感受到的所有现象。其二，信念和价值观。组织的策略、目标和哲学以及员工信奉的理由。其三，基本深层假设。根植于组织成员头脑中无意识的、视为理所当然的信念、知觉、想法和感受等深层因素——这是价值观和行动的最终来源。②

沙因指出，文化隐藏在组织成员的潜意识中，除非挖掘到基本假设层面，不然就无法正确解析人工饰物、价值观念和行为规范。为此，沙因对深层的、处于组织根底的文化的假设内容进行了分析：其一，现实和真理的本质。这是界定什么是事实，真理最终如何被确定，真理是否可以被揭示或发现的共享假设。这样的共识告诉团体成员如何确定相关信息，何时行动和采取怎样的措施。其二，时间和空间的本质。时间的本质是界定团体内时间的基本概念、定义和测量时间、有多少种时间以及文化中时间的重要性的共享假设。空间的本质是关于空间和空间分配、人周围空间的象征意义、空间在界定亲密程度或隐私关系中所扮演角色的共享假设。时空假设传递的是一种文化线索。其三，人性的本质。这是界定什么是人，什么样的人性被视为内在或根本的共享假设。其四，人类活动的本质。这是界定人类根据上述现实和人性本质的假设，所从事与环境相关的正确的事情是什么的共享假设。在个人层面，什么是恰当的主动性或被动性；在组织层面，组织与环境的关系如何。其五，人类关系的本质。这是界定个人为了分配权力采取哪些合适的方式彼此建立联系的共享假设，包括生活是竞争性的还是合作的，是个人主义、团结协作还是公有的，权威是基于传统传承、道德一致性、法律还是领导魅力，解决冲突以及如何决策的等基本假设。③ 沙因还认为一旦文化存在了，文化就开始决定领导力的标准，决定谁能成为领导者。因而，文化和领导者是同一枚硬币的两面。领导力的独特功能是创造并管理企业文化，等等。④

对组织文化进行研究的另一个杰出代表是英国管理学家查尔斯·汉迪。他用四位古希腊神祇来隐喻企业的四种管理文化或管理哲学：其一，“宙斯”（Zeus）代表权力由组织中心传递到整个企业的“团队文化”。宙斯是众神之王，代表了父系家族的传统。这种企业文化由信任和信心主导，颇具父权政治、个人崇拜和个人权力的味道。权力由组织中心传递到整个团队，决策依靠权力中心的直觉力，果断而迅速，但修正、纠错机制相对缺乏。家族企业、企业创业时期、作坊式企业大都奉行此类团队文化。⑤ 其二，“阿波罗”（Apollo）代表注重秩序和讲究阶层的“角色文化”。阿波罗是仁慈的神，是小孩、羊群与秩序的保护者，阿波罗文化让人有安全感，其特征是按部就班和各司其职，少有改变。一旦遭遇产业地震，管理也就崩溃，员工只能与神庙一起堕入废墟。⑥ 其三，“雅

① 埃德加·沙因．组织文化与领导力．北京：中国人民大学出版社，2011：10.
② 同①19-27.
③ 同①100.
④ 同①249-267.
⑤ 查尔斯·汉迪．管理之神．北京：北京师范大学出版社，2006：3.
⑥ 同⑤6-7.

典娜”（Athena）代表以项目为中心、着眼于提高技艺的“任务文化”。在古希腊神话中，雅典娜是保护神，也是一位善于解决问题的艺术家和航海先锋。在雅典娜文化盛行的企业里，专业水平是权力和影响力的基石，年轻得以绽放光彩，创造力备受尊崇。但是，这种以任务为主的文化不适合稳定下来的组织，不会持续很长时间，当组织庞大或遭遇产业危机时，“阿波罗”或“宙斯”随时可能光临。[①]（4）“狄俄尼索斯”（Dionysus）代表自由发挥、自由追求个人价值的“存在主义文化”。狄俄尼索斯在古希腊神话中是放纵的“酒神”，这种文化奉行存在主义，“把握着我们的命运的，唯有我们自己”的理念，珍惜个性化与艺术化生存的方式，从来不把共同利益摆在个人价值之上。与其他三种文化中个人从属于组织的方式不同，狄俄尼索斯文化中的组织是帮助个人完成目标的手段，但相对来说，“粘合力”不足，管理效率低下。[②]

汉迪将这“四神分治”的组织行为控制学说命名为“文化适宜性理论”（The Theory of Cultural Propriety），认为，人们之所以膜拜某位神，是出于对其所代表价值和利益的认同。人们对神的选择往往会受到自身背景的影响，这个背景不仅指周围环境，还包括国家文化及所属企业组织的行业背景等。文化本身没有好坏之分，合适的文化须放在合适的地方，即文化必须与其所处环境相适应——这便是“文化适宜性理论”的核心。尽管每个人都有自己喜欢的神，但并不否认神有多位，每个组织都需要混合式文化，高明的管理者必须比旁人更明白自己企业的组织文化倾向，知道追随哪一个神，选择怎样的企业文化，平衡众神之间或各种文化之间的力量。[③] 与其他一些管理学者相比，汉迪的管理理论渗透于伦理道德、宗教、社会、文化等方方面面，阐述视角常常借助于哲学典故，是“最具有人性化和具有较少‘科学性’的”。[④]

一般而言，组织文化的核心是共同的价值观，是企业及其员工对待和处理企业与社会、顾客、员工等各方面关系的基本价值准则和行为规范。正是共同的价值观，在企业管理中发挥着导向、凝聚、激励和约束等功能，引导和激发着员工的行为，从而塑造着企业的活力与合力。在实践上，为了生存和取得成功，任何一个企业首先要建立一套完整的信条作为所有政策和行动的前提。[⑤] 譬如，杜邦公司的“通过化学能使美好的生活更加美好”，国际商用机器公司“尊重员工、优质服务、追求卓越”等。因此，企业文化管理首要的，也是最重要的任务就是塑造并推行企业共同的价值观。

总的来看，组织文化管理从组织文化的视角来认识和实践管理，探寻更加有效的管理模式，开发企业发展的“文化力”，这是一场管理的“文化自觉”运动，代表着管理思想和管理实践发展的一种新的更高的形态：第一，管理理念从忽视人、片面认识人转向重视人的价值、全面看待人。组织文化不仅在理论上确立了人在管理中的主体地位，而且在实践上许多成功的企业都把尊重人、关心人、发展人放在首位，强调员工的发展，重视员工的参与，鼓励员工的创造性。第二，管理方式从制度控制转向价值引导。过分

---

① 查尔斯·汉迪. 管理之神. 北京：北京师范大学出版社，2006：11-13.

② 同①15-17.

③ 同①60-93.

④ 马尔科姆·沃纳. 管理思想全书. 北京：人民邮电出版社，2009：270.

⑤ 托马斯·彼得斯，罗伯特·沃特曼. 追求卓越. 北京：中央编译出版社，2001：302.

强调制度、量化的刚性管理模式，必然造成人与人之间关系的冷漠，形成管理中的人性异化，也导致企业管理者只注意经济指标，见物不见人，企业变成单纯的营利机构而失却其社会责任。组织文化理论的产生，使得企业重视价值观、重视文化的引导作用，通过价值观建设形成正确处理企业与社会、顾客、员工等方面关系的准则，从而促进管理方式从单向控制向主动参与的转变。第三，管理者从注重管理技巧到注重道德领导。传统管理理论往往过分注重管理的技术、技巧层面，管理者通过有效的管理“技巧”甚至马基雅维里式的“领导艺术”来实现对组织及其成员的控制。但是，没有道德作依托的技巧，离开组织内的充分信任，再高明的“技巧”终将难以长久。真正重要的是管理者要做到处事公正、诚实、尊重人，这就需要管理者形成自己稳定合理的价值观，提高自己的道德修养，实施有效的道德领导，从而更好地引领组织变革。当然，对于企业管理来说，最重要的不在于其价值观说了些什么，或者说得有多好，而在于企业管理者与全体员工对价值观的真心认同和躬身实践。

2. 跨文化管理

在当今全球化浪潮的推动下，大多数企业不再依赖于单一的本土化运作，而是在多种文化主体共存的经济环境中进行着全球化经营。在跨国公司中，管理者面对的常常是不同文化背景、语言、价值观、心态和行为的合作者。由于每个人都是自己文化的缔造和传承者，具有一定的思维定式，自然就会有某种文化偏见。艾里丝·瓦尔纳（Iris I. Varner）和琳达·比默（Linda Beamer）在《跨文化沟通》一书中这样写道，偏见是对某个文化群体成员产生的一种先入之见，是对某个群体或个体所形成的极端片面的看法或在没有收集到关于个体、文化和沟通情境的全部信息时，对他人不公正、不合理的感知和基于主观思维原型推测出来的结果。这种偏见经常被人们带入跨文化交往中，因此，卓有成效的沟通是跨文化企业管理的出发点，有效的跨文化沟通的第一步，是承认文化多样性的客观存在。①

多元文化虽然在管理上会造成一定的障碍，但也包含着巨大的优势。正如安德尔·劳伦特（Andre Laurent）等人所言：“对于跨国公司而言，文化差异的丰富多样性不啻一笔宝贵的资产。每种文化都有一些独一无二的认知，也都存在一些独特的盲点。”② 研究表明，就个体而言，多元文化背景显然比单一文化背景的个体具有更为全面的认知能力，也具有更强的解决综合性问题，尤其是跨文化问题的能力。如果企业对多元文化加以利用，就会具备相应的竞争优势。因此，跨国经营要求管理者学会超越自己思维定式的樊篱，尊重他国文化的基本信仰，发现他国文化中被自己所忽略的那一部分具有的价值观，兼容各种文化之长（见“泛匠人文化”）。

泛匠人文化

日本虽然是等级社会，也有士农工商之分，但壁垒并不森严。按照日本人所崇尚的

---

① 艾里丝·瓦尔纳，琳达·比默．跨文化沟通．北京：机械工业出版社，2006：前言 18-19.

② Andre Laurent，G. Amado，C. Faucheux. Organizational Change and Cultural Realities：Franco-American Contrasts. International Studies of Management and Organization，1991（1）.

“工作禅”的概念，职业之间没有高低贵贱之分，任何工作都可以承载人生的意义，将手头的工作做到极致，就能达到禅的意境。日本有个成语“一生悬命”，即一生以目无旁视的专注精神从事其职，完善技艺，然后传承给下一代职人。匠人精神由此遍布日本的各行各业，内化到日本人的骨髓中，从而形成一种“泛匠人文化”。

全球化时代的到来虽然使得各种管理文化的交流、移植和融合成为一种必然的历史发展趋势，但是，当今多元文化并存甚至将长期存在，我们必须正视文化差异的存在。在由不同文化背景的多个团队所组成的公司或国际性组织中，往往会因为相互之间的文化差异而发生冲突。“世界的各种文化中，人们对一些概念，像权威、官僚、创造性、良好的友情、信任和责任等，是以不同方式加以体验的。而我们却倾向用相同的词汇来描述它们。这使我们难以了解双方的固有文化，难以认识到双方习以为常的行为实际上内涵并不一样，甚至会在另一方引起冲突。”① 这主要表现在：第一，忽视文化传统所塑造的不同民族性格以及由此所引起的不同思维模式、处理问题时的不同行为模式。例如，西方人实证主义的思维模式与东方人演绎式的思维模式，常常是组织跨文化沟通中构成冲突的重要原因。第二，忽视文化意义符号系统的不同含义和语境的差异而引起的文化冲突。人们的文化背景不同，会对意义符号赋予不同的语境而有不同的理解。第三，忽视政治文化的不同导向可能使文化冲突时有发生。不同国家的政治文化传统、政治习惯模式以及现行的政治体系有其特殊性。由于信奉特殊的价值观，组织所提供的产品和服务有时会无意中冒犯某种政治价值观而受到抨击和抵制，从而有可能造成文化冲突。

在商业界，关于文化摩擦和冲突的事例司空见惯。一项由欧洲管理咨询公司进行的调查表明，“文化差异是在一体化的欧洲并购中最大的困难所在”。另一项调查结果也显示，“有35%的高级管理者把文化差异排在国外收购中众多困难的第一位”②。不同的民族和文化，拥有着不同的信仰，决定着人们的价值选择和判断。例如，对于组织成功的标准，不同国家的文化往往有不同的价值观：在美国的公司中，股东的利益至高无上；在日本的公司中，顾客的权力是第一位的；在一些欧洲国家像德国和瑞典，则认为公司员工具有神圣职权。

正是由于文化差异的存在，组织内文化的冲突不可避免。文化冲突会导致一些不良后果，如引起消极的情绪状态、给组织带来损失、造成部分人才流失、破坏组织结构和秩序、导致员工人际关系恶化等。在经济全球化背景下，文化冲突成为一种客观存在的现象，因此，如何进行跨文化管理（Cross Cultural Management）便成为摆在管理者面前的一个重要议题。跨文化管理又称“交叉文化管理”，是指在跨国经营中对不同种族、不同文化类型、不同文化发展阶段的子公司所在国的文化采取包容的管理方法，其研究重点是在跨文化条件下如何克服异质文化的冲突，从而形成卓越有效的管理过程。

在当前的跨国经营中，关于处理文化差异和冲突的策略通常可归纳为三种：忽略、

---

① 丰斯·特龙彭纳斯，查理斯·汉普登-特纳. 在文化的波涛中冲浪. 北京：华夏出版社，2003：3.

② 苏珊·施奈德，简·路易斯·巴尔索克斯. 跨文化管理. 北京：经济管理出版社，2001：12.

最小化和利用。

（1）忽略性策略。假设文化差异与管理是不相关的，公司总部与子公司之间的关系是建立在总部以自我民族为中心的价值观基础之上的，这种跨文化管理策略带来的好处是标准化和统一的全球性合作模式，其行为标准定位于高效率，沟通方式往往是自下而上的，而面临的挑战主要是需要得到所在国方面的认同、过于死板且缺乏灵活性以及非常容易错失有效合作的机会。

（2）最小化策略。假设文化差异会对管理产生问题并带来威胁，因而集团总部与子公司之间的关系应当具有多中心或地区文化中心倾向，这种策略带来的好处在于能够进行基于地区差异的权变管理，从而有利于提高地区面对复杂环境变化时的应变能力，然而其面临的挑战主要表现为易于分裂，并有可能错失潜在的协作机会，还可能使许多工作带有重复性。

（3）利用策略。假设文化差异既是一种挑战，更多的则是机会，强调文化差异为不同组织之间相互学习和进行创新提供了难得的机会，或者文化差异本身对于组织而言能够获取国际竞争优势。利用策略的优点是为组织进行跨文化管理提供了相互学习的便利，易于地区间进行协作，而且沟通途径具有多元化特征，但其面临的挑战在于差异均衡、无秩序和不同部门之间容易产生摩擦等。

无论采取何种策略，在当今全球化时代，对于管理者而言，关键在于如何跨越文化差异的障碍，恰当实施跨文化管理。在这一过程中，管理者需要尽可能地消除种族优越感，以平等的态度交流，进而在此基础上，找到不同管理文化的结合点，并逐步在组织内部建立起统一的价值观。正是通过智力、知识、思维等优势文化互补，跨国企业在创新能力、适应能力等方面具备更强的竞争力。因此，应在文化共通性的基础上，经过对多种文化的充分融合，建立跨文化管理模式，既保持与公司主导策略方向的一致，又充分发挥跨文化平台的凝聚作用。

三、知识整合及管理的本土化

可以说，任何一种管理思想、理论的产生，无不与各自不同的地理环境、思维方式和价值观等密切相关。中西方在不同的地域和文化中，发展出具有各自不同内涵和特色的管理思想和管理文化。自中国近代以来，随着“西学东渐”，中西方管理思想和文化也开始了相互碰撞和交流。尤其是随着全球化时代的到来和管理实践的日益国际化，管理文化的交汇与融合成为不可避免的时代潮流，由此引发了人们对构建“中国管理学”的积极探索。

1. 透视当代中国的管理界

全球化站在了大门口。当《商业周刊》《财富》《哈佛商业评论》等国际流行刊物推出一个个管理新概念，一般都会在国人中掀起一轮又一轮学习的热潮。不断推出的像《谁动了我的奶酪》《追求卓越》《没有任何借口》《蓝海战略》等畅销书，就像走马灯似的不断牵引着大众的目光。应该承认，正是通过学习，我们知道了按国际规则办事，知道了WTO，更知道了反垄断与反倾销。然而，综观中国改革开放四十多年，我们在取得不少进步的同时，也暴露出了一些学习过程中所普遍存在的问题：

其一，机械照搬、简单复制。目前人们对西方管理的照搬几乎是全方位的。当今中国大多数企业获得的管理成果，都包含或主要以西方式管理为主。甚至有一类组织，或者是追时髦，或者过于求胜心切，经常频繁地、大剂量地使用各种各样的管理思想，导致消化不良、疲于应付。在现实中，一些大型组织同时致力于削减层次、全面质量管理活动、企业流程再造和培训跨职能团队的现象并非罕见。问题在于，任何一种管理理论和方法的产生，离不开其地域、经济和文化背景。如果我们不能掌握管理中的文化层面，而是从工具层面去学习别人的东西，结果往往是似是而非的。因而，适应中国的管理理论的产生不能依赖进口，完全以西方的管理学来指导中国境内企业的管理实践，必然最终导致迷失自我。

其二，蜻蜓点水、浅尝辄止。即从理论到理论，只图新鲜，囫囵吞枣，满足于一知半解。由此产生了像“泰勒制过时了”等这样一些偏离现实的谬论。然而，事实该又如何呢？在20世纪初的美国，粗糙的工业化手段在导致自然资源被浪费的同时，一个比这更严重的问题，就是人力资源的浪费和消极怠工等各种低效率现象，由此才引发了以泰勒为代表的、以强调效率为主旨的科学管理运动。尽管泰勒从主观动机上也想通过提高效率来协调劳资双方的利益和矛盾，但是，在科学管理的严格控制下的工人，却被严重地机械化了，因而才有了此后行为科学的反叛和当今人们对人本管理的广泛推崇。唯其如此，习惯于向西方学习的国人便将这种人本管理推向了极致，甚至有人认为只要有了人本管理，就可以取缔科学管理了。

如今，科学管理已被各种时髦的管理概念和术语淹没，很多企业还没有站稳就盲目追求所谓的管理前沿，尚未建立起基本的流程管理却开始了“流程再造”，还未形成精细化的工作方式和职业化团队，就大谈“人性化管理”“企业文化”。这种浮躁使管理者在决策上不讲科学，不重标准，不重积累，盲目冒进。正如德鲁克指出的，“不发达的发展中国家现在处于急需泰勒的科学管理学说的时期。……现在正是这些国家将泰勒理论应用到知识工作领域的时候。……因此，今天我们所需要做的，既不是埋葬泰勒，也不是赞扬他，而是需要学习他”①。

其三，盲目跟风、歪曲变味。就西方文官制度（即韦伯所说的理性官僚制）而言，乃是与西方资本主义的社会和文化土壤，尤其是理性主义的精神传统相适宜的。然而，随着实践的不断推进，人们也逐渐认识到其中的机械化、封闭性等弊端，由此招致了当代以新公共管理运动为主的对官僚制的批判和改造。然而，擅长跟风的中国学术界的一些人士也不失时机地打起了反叛官僚制的大旗。其实，官僚制的基础就是所谓“合理性”，即强调按理性、规则办事，倡导法治精神，严格遵循规章制度。虽然这种制度模式也不可避免地存在一些弊端，但是，就当代中国而言，这种按规则办事的理性和法治精神传统，正是我们的社会所缺乏的。在当今新公共管理运动对理性官僚制进行改造的情

① 德鲁克．完全的心理革命：尚未认识到的泰勒对当今时代的影响．IT经理世界，2002（6）．

况下，我们更应该吸取其中的经验教训，做得比西方人更好，可事实上，我们却未能做到。①

而当学习西方管理理论在遭遇到无法认同的困境时，人们便往往从中国传统文化中挖掘管理智慧。从整个中国近代文化的历史演变来看，我们不难发现这样一种现象：每当西学过一阵之后，一定会出现对传统的重新反思及“国学热”的兴起。这似乎已经成为一种“规律”。尤其是在近几年，国人日渐认识到单纯照搬西方人的管理思想不足以应对当今中国特有的文化土壤，有了对自身传统文化价值的重新肯定。在这方面，我们取得的成绩不小，出现了很多较具创造性的成果，诸如成中英教授的C理论、苏东水教授的“东方管理学理论”、曾仕强先生的“中国式管理”等。这些理论的提出，有利于我们重新认识、关注和审视我们传统管理的一些有价值的东西，但是，我们也应正视其中所存在的一些问题：

其一，机械对应、简单嫁接。这种做法是将中国传统的一些经典著作的论点，一一对应于西方管理理论，或加以现代阐释，或将其与现代管理实践的一些案例进行简单嫁接，以此来论证中国传统管理思想的某种“普世”价值。坚持这种致思取向的人往往能够振振有词地举出个别西方国家大企业管理者学习《论语》或《孙子兵法》之类的例子来进行辩护。的确，在中国传统管理思想中，无论是儒家的和谐伦理还是道家的“无为”智慧、兵家谋略、纵横家的“捭阖”之术等，依然具有某种跨越时代和意识形态的普适性意义，对于现代管理具有深厚的借鉴价值。然而，我们必须认识到，中国传统管理思想中也有与现代文明相冲突的一面，诸如小国寡民思想、宗族观念、王权思想、人情风、裙带关系，以及对权威和权力的迷信心态，对个人价值和独立人格的忽视等。站在今天社会发展的角度看，这些是必须进行改造甚至摒弃的。

其二，自我标榜、孤芳自赏。中国独特的多层次、多元化的市场结构以及丰富复杂的企业生态和人文传统，使企业的经营管理不可避免地带有一些迥异于西方企业的管理特色。但是，这种特色并不意味着就可以简单贴上“中国式管理”的标签。应该承认，“中国式管理”的出现，意味着中国管理学自我重塑的学术品格。

其三，妄自揣度、似是而非。曾仕强先生的“中国式管理”认为，美国式管理的哲学基础是“个人主义”，强调专业性，重视专业知识；日本式管理的哲学基础是“集体主义”，关注一致性，重团体精神；而中国式管理是“交互主义”，注重事物的变动性，即“一切看着办”。② 其实，美国的个人主义与社团主义互相促进和制约，共同塑造着美国的文明。而日本虽然具有强烈的集团主义色彩，但二战之后的日本更强调自由主义和个人主义价值观，甚至这种集团主义与个人主义在日本已经变得完全交融而难分彼此了。至于中国式管理的“交互主义”，就是强调大家的相互关系。

究其实，“中国式管理”在方法上乃是以中国的管理哲学来驾驭西方的管理科学。事实上，无论是西方管理还是中国式管理，都基于某种管理哲学，而并不是说西方管理有科学、制度和流程而没有哲学。譬如，科学管理的实质是一种效率哲学，它在倡导超越

① 彭新武．透视当代中国的管理界．学术界，2008（3）．

② 曾仕强．中国式管理．企业文化，2005（8）．

经验主义、建立科学管理机制的同时，强调的是管理部门与工人之间的亲密合作，它倡导合作而不是个人主义。而德鲁克更是将管理哲学提升到前所未有的高度，建立了成就与道德合一的管理价值观，以及自我实现与企业目标合一的目标管理体系。

2. 兼收并蓄和知识整合①

可以说，每个国家的管理由于各自所处的特殊环境以及一些特殊现象，而表现出各自不同的特色。但是，不同的文化没有优劣，管理本身也并无好坏之分，只有适合与不适合之别；中、西管理思想不是简单的谁占上风谁占下风的问题，而是优劣共生、利弊相通。为此，我们必须超越中国式管理的局限，对西方的现代管理理论进行鉴别与比较，取其所长、去其所短，逐渐走向互补与融合。在当今国际化趋势日益显著、市场不分中外的背景下，文化、管理的融合成为不可阻挡的历史洪流。比如，起源于日本丰田的精细生产，今天在很多国家都在应用；中国古代的管理思想也在世界各国引起重视；发源于美国的六西格玛、项目管理等管理思想和方法都被世界许多地方采纳。因此，成功企业家基本上都是融会贯通多种管理思想和方法的人，管理只能通过汲取别人优秀的东西，根据自己情况，因地制宜地发展出适合自身的管理方法。

当然，这种互补与融合必须以特定的管理实践为前提。德鲁克说得好：管理是一种实践，其本质不在于“知”而在于“行”；其验证不在于逻辑，而在于成果；其唯一权威就是成就。② 因此，无论是对中国传统的吸收和创造性转化，还是对西方管理理念化模式的使用，都应以特定的现实需要为前提。我们必须从现实条件和现实需要出发，确定哪些可能照搬，哪些需要扬弃，哪些需要创造性发展。离开特定的实践，所谓综合创新只是一种空谈。中国式管理也好，西方式管理也罢，只要能有效地解决当代管理实践中的问题，我们就可以选择适用，也可以经过一番创造性转化再进行适用。如果离开一定的管理实践作为评判依据，一般是很难决定其取舍或进行兼收并蓄的，从而也免不了在中体西用之间来回跌宕。

中西管理融合所面对的另一个问题，就是现代管理的多样化理论形态。从国别来看，有中国管理、西方管理之分。从时间上看（尤其是西方管理），有“古典”与“现代”乃至“当代”之别。从与实践的关系来看，有理论派与实战派（咨询派）。更为突出的是，当今管理学充斥着诸多的分支，各自在不同的领域开拓、发展，虽然也偶有交叉，但大都各行其是。从管理学的发展史来看，管理学就是以工程学、经济学、个体心理学以及其他相关学科，如人类学、社会心理学、社会学等为依托而建立起来的，它从所有这些相关学科中汲取知识，借鉴研究方法，这使得管理学成为一门多范式的软学科。如今还有一系列新兴学科，像未来学、预测学、行为科学、人才学、信息论、控制论、系统科学等，都已充实到现代管理科学之中，并相应形成和产生了一系列现代管理方法。管理学的这种多重本体论、认识论范式的存在和无限发散、无限增多的趋势，使得人类对管理的认识很难再收敛聚合成一个体系，各种理论之间不再有共通性，缺乏内在的一致性

① 彭新武．管理哲学：中西融合的批判性考察．哲学研究，2011（5）．
② 彼得·德鲁克．管理：任务、责任、实践．北京：中国社会科学出版社，1987：380．

和联系性。比如说，经济学家更多关注的是市场，而将企业当作一个“黑箱”；心理学家仅仅强调个人，而忽视了组织结构与技术；社会学家仅仅关注组织中的团体和组织的社会、技术环境，而忽略了个人影响力和个人差异对组织的影响；人类学家埋头钻研组织及其成员复杂的生活过程，而忽略了理论知识的预测功能；运筹学家精心构建自己的决策模型，而忘记了一切人文特性；等等。这种多文化背景、多样化理论形态、多种分支领域的多元交汇、“各自为政”的局面，显然不利于知识的整合，不利于人们对管理的整体认识。

既如此，为了获得对管理的统一性认识，我们迫切需要让管理学朝着综合化的方向发展。否则，往往会导致只见树木、不见森林；各自为政、各执一端。因而，当今管理学的研究理应多一些“综合”的视角。在这方面，可以说德鲁克为我们提供了一个很好的范例。他不同于一般研究者的地方，就在于他不是就企业谈企业，而是把企业管理放在社会大系统中来，从一个更广阔的研究视角来分析社会变迁对企业管理变革的要求和影响。这种分析思路使得德鲁克的理论比一般管理理论具有更大的适应性，从而成为许多企业家管理智慧的源泉。值得注意的是，当今西方 MBA 课程的改革也反映出这一综合化的局势。这场改革主要是取代传统的课程设置按职能（Function）独立分科讲授（即按市场营销、财务、人力资源等专业来安排）的方式，按综合性（Integration）原则来重新设计 MBA 课程。例如，哈佛大学商学院把 MBA 第一年的十一门必修课程浓缩为四门综合性课程。明尼苏达大学把 MBA 课程综合化，并分为三个“核心”：基础核心、职能核心和领导才能核心。明茨伯格等人所创立的 IMPM（International Masters in Practicing Management）的管理教育模式更是打破了管理各专业学科之间的界限，它按照作为一个管理者必备的五种心态（管理自我的反思心态、管理关系的合作心态、管理组织的分析心态、管理环境的世界性心态、管理变革的催化心态）来设计课程，从而强有力地冲击了当今占据主流地位的 MBA 教育模式。

综合探讨的过程其实也就是一种知识整合的过程。在这一过程中，哲学不可或缺。哲学之所以如此重要，就在于作为一种世界观，它首先构成了知识的基础，为各门具体科学奠定了基本的理论前提和思维方法。当今西方主流管理学的研究之所以陷入了这种过分模型化、数理化的偏执，就在于它长期以来对哲学的忽视。毕竟，管理学虽然是一门经验性极强的科学，但它的前提性、基础性问题属于超验哲学研究的对象。

从历史上看，中国历代思想家们都对管理进行过广泛的思考，所探讨的内容几乎涵盖了管理学科体系中的方方面面，并尤以哲理与艺术见长。无论是儒、道、墨，还是法、兵、纵横各家，都为人类贡献了在今天看来依然是极为宝贵的管理智慧。只不过在哲理与艺术之间，它们的侧重点略有不同而已。概略论之，儒、道、墨重在哲理，如道家的“道法自然”“自然无为”，儒家的“修己安人”“以民为本”，墨家的“兼爱”“利人”；而法、兵、纵横各家则偏于艺术，如法家的崇法尚术、唯法为治，兵家的运筹帷幄、知人善用、随机应变，纵横家的“纵横捭阖”之术，等等。然而，从当下中国管理界尤其是企业实践层面来看，人们更津津乐道于管理的艺术和技巧，而乏于哲学层面的关注和探讨，表现出“术”盛而“道”衰，甚至“道术分裂”的局面。比如，就当今被广泛沿用的《孙子兵法》而言，人们往往更青睐于其“术”而忽视其“道”。对于兵法中一些有意义的“道”的方面弃而不顾，而将兵法权谋中的机变和巧诈发挥到极致。所谓“兵者，诡道也”，往往被演绎为国与国之间背信弃义，人与人之间尔虞我诈，最后出现推崇智巧，蔑视商业规则和商业伦理，从而使整个商业社会出现严重的信用危机和伦理危机，也使企业经营管理充满了随意性，投机盛行，缺乏整体和长远的战略管理能力。显然，对于管理者来说，不仅应熟悉各种管理之方法和手腕等“术”的东西，更应该明“道”，并以“道”来统领“术”，达到“道术合一”。因此，在管理学研究日渐成为“时尚”的今天，我们需要一套完整的管理哲学，以利于我们对管理及其价值的充分理解。

3. 立足实践，探求管理新模式

当下中国的管理界可谓一个“喧嚣的超级农贸市场”：一方面，中国传统管理思想不断被挖掘与嫁接；另一方面，不断炮制出来的现代西方各种时髦的管理学概念经常被引进和贩卖。我们的管理实践领域面临着诸多的困惑。这可以从企业界所充斥着的各种雄心勃勃的商业计划、朝三暮四的经营思想、黔驴技穷的竞争战略中略见一斑。

管理的理论与实践存在着严重脱节的一面：“丰富”的理论与“蹩脚”的实践。可以说，在当今中国的管理界，理论与实践的相互脱节已经成为一个普遍存在的现象。理论家和实践者各自使用不同的语言在思考管理问题，互不搭界，无法形成合力。即使是与企业接触最多的咨询业，因其主要工具源自西方，在推行过程中，如果没有文化比较视角，往往造成水土不服的现象，从而使效果大打折扣。因此，在中西管理交汇的时代背景下，除了要立足于实践的需要实现对既有理论的互补与融合外，一个更为重要的问题，就是立足于当代中国管理实践的现实需要而进行积极的理论创造，即所谓管理的本土化构建。

管理学的本土化建构，自然离不开对他国成功之道的借鉴，以及在此基础上的理论创新。“见贤思齐”是中国古代圣贤的教诲。任何国家再强大，也依然需要学习。现在不少人用“岛国根性”这个词来批评日本人，其实这个词原本就是日本人对传统上的排外、无知、自我陶醉、偏执等劣根性的自我批判和自我反省。综观当今的经济强国，无不是以拥有强大的制造业和产品质量为表征的。始于模仿，成于创新，这正是日本经济和“日本制造”崛起的秘诀。模仿创新作为人类发展的一种本能性的活动，也是社会经济发展的必然过程。山寨并不可耻，可耻的是只会山寨，却没有超越的决心和能力。日本人在追求现代化的过程中，他们在学习别人的同时更致力于发挥自己的优势，致力于融会贯通、培育自己的杂交优势：他们学习福特的流水线，却开创了举世闻名的“精益生产”方式；他们学习西方的“现代企业制度”，但并不抛弃自己的财团与综合商社；他们建立资本市场与产业体系，但并没有克隆美、英的做法，而是让财团＋综合商社充当着日本企业的投资者和指导者，把日本中小企业变成“父母双全”的企业，让它们既容易获取资本，又轻松获取订单，还能得到管理方面的指导；他们进军海外市场，但并不依靠规模巨大的跨国公司强势侵入，而是以综合商社为平台，从贸易入手，带领产业群体渗透到不同国家，建立起利益共同体和情报网络，共渡危机，共同发展；他们学习西方管理知识，却不放弃“终身雇佣制”“企业办社会”等被我们视为弊端的东西，故而，日本企业内部收入差距很小，员工超级稳定——这种依靠稳定的员工队伍所形成的技术积累和能力，构筑起牢固的竞争优势，甚至成为美国也不得不依赖的高端制造大国。

日本作为近代亚洲打开国门向西方学习的国家，它不仅在吸纳、过滤与融合东西方科学与文化中，积累了丰富的经验，有一套很成熟的借鉴模式，而且日本经历过战败与泡沫经济崩溃，在如何寻求国家的复兴与民众生活的安宁等领域有许多的经验教训。日本经济发展的经验表明，充分的市场竞争对保持活力和效率是十分必要的，但政府又必须通过计划、产业政策、发展战略以及各种经济手段引导市场机制的运行方向，根据各自特有的国情与产业发展情况，建立起有效的竞争秩序。现今的中国虽然在制造业上取得了长足的发展，但制造业大而不强，正面临转型升级的压力，为此，需要正确处理好政府和市场的关系：一方面，要让企业真正成为市场主体，使企业家回归初心，以消费者需求为导向提供产品和服务；另一方面，要做到“有效的市场”与“有为的政府”的良好结合，保持市场的有效竞争，保持企业创新、精益求精，提高产品质量的外在推动力。日本的经验还表明，“命运共同体”式的银企关系有助于企业的长期经营目标，有利于企业的科研创新投入。中国虽然具有强大的银行系统，但银企关系仅仅定位于借贷债权人与债务人的关系，银行过于追求短期的盈利目标，对企业往往做不到雪中送炭，不利于企业的长期生存与发展，特别是一些中小企业更难以获得银行系统的支持。因此，我们需要重构银企关系，在充分发挥银行系统的资金配置功能的同时，积极探讨银行对企业的权益性投资，等等。

面对当今“智能化”的浪潮，各国政府都不失时机地制定了各自的战略。无论是德国工业 4.0，还是美国工业互联网，不管概念具体如何阐述，但本质基本趋同：追求的是以网络化、智能化为主要特征的新工业革命生产模式。从现实来看，中国很多制造企业被逼得非常痛苦，这个时候很容易接受 4.0 的诱惑——只要是能沾上点边的，不管软件硬件都往 4.0 上靠。然而，我们必须承认一个事实：工业发展模式、管理模式是分国界的。比如说，美国社会崇尚尊重个体和契约，便形成了实用性的绩效和激励机制；日本因其地域狭小、人员众多以及资源的有限，则催生了团队合作、精益生产的管理模式；德国人精密严谨，映射到企业管理上表现为严格的技术和质量控制流程，因此推出“数字生产＋数字制造”的 4.0 模式，便显得顺理成章。显然，这些东西是不能随便转移、嫁接的。如德鲁克所言：“管理是以文化为转移的，并且受其社会的价值、传统与习俗的支配。”ERP（Enterprise Resource Planning，企业资源计划）是美国人发明的，这么多年以来中国本土企业饱受 ERP 上线失败的痛苦，深层次的根本原因是我们引进了软件而无法复制他们的文化。很多国内企业引入了日本的丰田式管理，但成效甚微，原因在于我们没有丰田型的供应商管理机制，等等。因此，中国可以借鉴工业 4.0 的理念，但不能移花接木。

从根本上讲，纵观世界制造强国，其强大莫不与工匠精神密切相关。中国要实现制造业的转型、升级，真正缺乏的不是钱和技术，而是一种深入骨髓的谦虚进取、克己奉公、忍耐执着、一丝不苟、严谨务实、精益求精的工匠精神（见“究竟什么是工匠精神?”）。历史地看，古代中国对于工匠精神的内涵曾有过诸多精微的阐释，如《诗经》所描述的工匠在制作玉器、象牙、骨器时的“如切如磋，如琢如磨”的仔细、认真与执着；墨家及其弟子所提倡的“强力而行”的敬业精神；《考工记》所倡导的“智者创物，巧者述守之”的“臻达极致”的技术追求；著名的“庖丁解牛”的故事所表达的“道技合一”的工作境界；等等。然而，自进入大工业时代以来，中国传统分散化的手工生产方式迅速衰落，传统工匠日渐沦为社会的边缘甚至成为机器的附庸；产品以标准化、单一化的形式存在，缺乏独特性、人情味，缺乏个性、亲切感；技术甚至发展为压制、支配与统治人类和社会的外部力量。虽然不能说工匠精神消失了，但在机器化和标准化生产条件下，它确实被削弱和忽略了。而自改革开放以来，以经济发展为核心成为时代的主旋律，追求经济利益的最大化成为支撑经济发展的内在驱动力，从而导致功利主义的普遍泛滥，并延伸出“重眼前，轻长远”的工作思维，很少有长期的发展眼光和战略投资，很少沉静下来进行精心研发、打磨产品，有些甚至偷工减料，拷贝山寨，等等。

究竟什么是工匠精神?

在当下的相关讨论中，人们对工匠精神的认识尽管不尽一致，但至少应包含如下几个层面的含义：其一，敬业乐业，安分淡然。就是热爱自己从事的工作，将工作不仅仅视为谋生手段，并能从理性上认识到职业的价值，从而以一种恭敬、笃信的态度对待和从事本职工作，做到各安其位、恪尽职守、各守成规。就此而言，工匠精神体现为一种职业精神。其二，执着坚韧、精益求精。工匠精神虽然就其对待工作或职业的态度而言是职业精神的一种体现，但与职业精神相比，工匠精神还具有其独特的内涵，就是尽己所能，持之以恒，精益求精。显然，要做到这一点，坚忍不拔的意志品格尤为重要。而只有做到执着坚韧，才可能做到精益求精。其三，优良的技艺、产品和服务，是工匠精神的外在体现和客观尺度。坚持制造最优秀的产品，做到质量至上，实现实用性、感官美与人性化的完美结合。其四，生产与人生相融合，工作即人生。对于一个真正具有工匠精神的匠人而言，应该突破视技艺为谋生手段的狭隘观念，将成就客户、创新产品的过程，视为成就自我的过程，即通过对技艺的不断磨炼和革新，领悟人生真谛，进而成就人生，等等。①

工匠精神深深根植于一个国家或民族的文化传统中，要让工匠精神真正落地生根，全社会应形成一种认同、共识，塑造出尊重职人和工匠精神的文化氛围。从当今中国的现实来看，传统“重道轻器”的观念依然根深蒂固，体力劳动一直被贬抑、被鄙夷，劳动者缺乏发言权、缺乏工作尊严等。在如此环境下，个体要坚守工匠精神显然是不现实的。因此，国家必须凝聚社会共识，深入贯彻“职业无贵贱”的观念意识，营造尊重劳动、尊重劳动者的氛围，超越功利主义，净化浮躁的社会风气。当然，“工匠精神”的塑造不是简单地通过宣传和思想训导所能奏效的，而需要一整套有效的制度保障。就当下中国而言，首先，政府应创造一种保障公平、自由、竞争的制度环境，创造一种使企业和员工各司其职、各安其分的社会环境，让产品不受非经济因素控制，规范市场运行的监督体制，并强化知识产权保护、产品和服务供应的问责机制，防止出现“劣币驱逐良币”的逆向淘汰。其次，需要深化劳动力市场改革，提高工匠群体的社会地位，建立合理的人才评价机制，为人才自由流动创造条件。此外，工匠精神的塑造，与国民素质的

① 彭新武. 工匠精神的“中国语境”. 光明日报，2021-09-06.

提高和国民教育的改善密切相关。当然，重视教育并不只是为了功利性地提升产品质量与职业技能，更是为了使劳动者成为具有真正自主性和创造性的自由个体。为此，我们不仅应打破那种将人作为手段的“异化”工作模式，更应通过创造性的劳动来享受生活的愉悦与满足。诚如马克思所说的，创造活动使劳动者在劳动时享受了个人的生命表现，感受到了个人的乐趣。当然，完全超越劳动的“谋生性”和“功利性”，从目前来看太过理想化。即便如此，追求独立人格、尊严和个体价值，在当今工匠精神的塑造中，应成为一种自觉的理性诉求。

中国要真正走向世界，要实现从“制造大国”向“制造强国”、从“中国制造”向“中国创造”的转变，除了管理体制的变革与创新、工匠精神的塑造之外，更需要打造出真正具有中国特色的管理文明：其一，在企业与自然之间，既不能因为单纯追求经济利益而牺牲环境效益，也不能以保护环境为由而牺牲经济发展，而应取得进入国际市场的“绿色通行证”，力求做到物资资源利用的最大化、废弃物排放的最小化、适应市场需求的产品绿色化。其二，在组织与员工之间，必须认识到人并不是工具和成本要素，而是最重要的资产，企业的战略性资产、创新之源，只有将人类与生俱来的天性因势利导，作为永不枯竭的激励来源，才能奠定持续卓越的基础；相应地，组织应当将人的发展纳入组织的目标体系，树立组织与人共同发展的意识，尊重员工个人的尊严和价值，从而实现个体与组织的共同成长。其三，在企业与顾客之间，在传统上我们往往寻求一种暂时性的增长，形成一种“打了就跑”的营销，甚至有时还出现对顾客的操纵和对顾客“无知”的利用，从而不可避免造成公司与顾客之间的伦理冲突。在当下，谁的神经末梢灵敏，谁能够对顾客的细微变化做出最恰当的反应，谁就是胜利者。因此，必须强调“以客户为导向”，满足消费者需要，维护消费者利益，在企业与顾客之间创造一种良好、长远的关系。其四，在组织与社会之间，企业不应仅仅是创造利润和实现预期的经营目标，还应在自己经济实力许可的范围内，自觉、积极地参与社会公共事务，积极承担社会责任，等等。总之，如果“可持续”是一个社会和商业不断前进的理想，那么就必须使企业的发展与自然生态的维护、社会公正、个人解放等终极价值紧密相关。

阅读书目

埃兹拉·沃格尔. 日本名列第一：对美国的教训. 世界知识出版社，1980.

威廉·大内. Z理论：美国企业界怎样迎接日本的挑战. 机械工业出版社，2007.

理查德·帕斯卡尔，安东尼·阿索斯. 日本企业管理艺术. 新疆人民出版社，1988.

特伦斯·迪尔，艾伦·肯尼迪. 企业文化：企业生活中的礼仪与仪式. 中国人民大学出版社，2008.

劳伦斯·米勒. 美国企业精神：未来企业经营的八大原则. 长河出版社，1984.

吉姆·柯林斯，杰里·波勒斯. 基业长青. 中信出版社，2006.

吉尔特·霍夫斯泰德，格特·扬·霍夫斯泰德. 文化与组织：心理软件的力量. 中国人民大学出版社，2010.

松本厚治. 企业主义：日本经济发展力量的源泉. 企业管理出版社，1997.

埃德加·沙因．组织文化与领导力．中国人民大学出版社，2011.
查尔斯·汉迪．管理之神．北京师范大学出版社，2006.
梁漱溟．东西文化及其哲学．商务印书馆，2005.
曾仕强．中国式管理．中国社会科学出版社，2005.
张羿．中国式管理批判．中国时代经济出版社，2007.

思考题

1. 试评威廉·大内的“Z理论”。
2. 试述“麦肯锡7S框架”的基本内涵。
3. 你如何看待汤姆·彼得斯和罗伯特·沃特曼关于“卓越企业”的论述？
4. 试评吉尔特·霍夫斯泰德的管理文化比较理论。
5. 试论松本厚治的“企业主义”。
6. 试述埃德加·沙因的组织文化理论的基本内涵。
7. 试述汉迪的“文化适宜性理论”。
8. 在当今全球化时代，如何进行跨文化管理？
9. 试评曾仕强的“中国式管理”。
10. 试论当代管理学综合化发展的必要性。
11. 你认为应如何进行中国管理模式的“本土化”建构？
12. 试论中国特色的管理文明的建构。

参考文献

（一）西方文献

1. 阿庇安. 罗马史. 北京：商务印书馆，1995.

2. 阿道夫·A. 伯利，加德纳·C. 米恩斯. 现代公司与私有财产. 北京：商务印书馆，2005.

3. 阿尔多·贝特鲁奇. 罗马宪法与欧洲现代宪政. 法学，1998（3）.

4. 阿尔蒙德·小鲍威尔. 当代比较政治学. 北京：商务印书馆，1993.

5. 阿克顿. 自由与权力. 北京：商务印书馆，2001.

6. 阿奇·B. 卡罗尔，安·K. 巴克霍尔茨. 企业与社会：伦理与利益相关者管理. 北京：机械工业出版社，2004.

7. 埃德加·莫兰. 迷失的范式：人性研究. 北京：北京大学出版社，1999.

8. 埃德加·沙因. 沙因组织心理学：第3版. 北京：中国人民大学出版社，2009.

9. 埃德加·沙因. 组织文化与领导力. 北京：中国人民大学出版社，2011.

10. 埃里克·詹奇. 自组织的宇宙观. 北京：中国社会科学出版社，1992.

11. 埃兹拉·沃格尔. 日本名列第一：对美国的教训. 北京：世界知识出版社，1980.

12. 艾尔弗雷德·D·钱德勒. 战略与结构. 昆明：云南人民出版社，2002.

13. 艾尔弗雷德·斯隆. 我在通用汽车的岁月：斯隆自传. 北京：华夏出版社，2005.

14. 艾里丝·瓦尔纳，琳达·比默. 跨文化沟通. 北京：机械工业出版社，2006.

15. 艾铁尼·C·温格，等. 组织的学习. 北京：中国人民大学出版社，2003.

16. 安德鲁·卡耐基. 成功的本质：钢铁大王安德鲁·卡耐基自传. 南京：江苏文艺出版社，2012.

17. 安东尼·吉登斯. 第三条道路：社会民主主义的复兴. 北京：北京大学出版

社，2000.
18. 安东尼·唐斯. 官僚制内幕. 北京：中国人民大学出版社，2006.
19. 奥利弗·谢尔登. 管理哲学. 北京：商务印书馆，2013.
20. 巴纳德. 经理人员的职能. 北京：中国社会科学出版社，1997.
21. 柏格森. 创造进化论. 长沙：湖南人民出版社，1989.
22. 柏拉图. 法律篇. 上海：上海人民出版社，2001.
23. 柏拉图. 理想国. 北京：商务印书馆，1986.
24. 柏拉图. 政治家篇. 上海：上海人民出版社，2006.
25. 保罗·格里斯利. 管理价值观：企业经营理念的变革. 北京：经济管理出版社，2002.
26. 葆琳·格雷汉姆. 玛丽·帕克·芙丽特：管理学的先知. 北京：经济日报出版社，1998.
27. 贝斯特，凯尔纳. 诸种"后……"的时代. 国外社会学，1999（2）.
28. 贝塔朗菲. 生命问题：现代生物学思想评价. 北京：商务印书馆，1999.
29. 贝塔朗菲. 一般系统论：基础、应用、发展. 北京：社会科学文献出版社，1987.
30. 本杰明·巴伯. 强势民主. 长春：吉林人民出版社，2006.
31. 彼得·布劳，马歇尔·梅耶. 现代社会中的科层制. 上海：学林出版社，2001.
32. 彼得·德鲁克. 21世纪的管理挑战. 北京：机械工业出版社，2009.
33. 彼得·德鲁克. 创新与企业家精神. 北京：机械工业出版社，2009.
34. 彼得·德鲁克. 非营利性组织的管理. 北京：机械工业出版社，2009.
35. 彼得·德鲁克. 公司的概念. 北京：机械工业出版社，2009.
36. 彼得·德鲁克. 管理：任务、责任、实践. 北京：中国社会科学出版社，1987.
37. 彼得·德鲁克. 管理的前沿. 上海：上海译文出版社，1999.
38. 彼得·德鲁克. 管理的实践. 北京：机械工业出版社，2009.
39. 彼得·德鲁克. 管理新现实. 北京：东方出版社，2009.
40. 彼得·德鲁克. 后资本主义社会. 上海：上海译文出版社，1998.
41. 彼得·圣吉. 第五项修炼：学习型组织的艺术与实务. 上海：上海三联书店，1998.
42. 彼得·圣吉，等. 变革之舞：学习型组织持续发展面临的挑战. 北京：东方出版社，2001.
43. 查尔斯·汉迪. 大师论大师. 北京：中国人民大学出版社，2007.
44. 查尔斯·汉迪. 工作与生活的未来. 北京：中国人民大学出版社，2006.
45. 查尔斯·汉迪. 管理之神. 北京：北京师范大学出版社，2006.
46. 成中英. C理论：中国管理哲学. 上海：学林出版社，1999.
47. D. S. 皮尤. 组织理论精萃. 北京：中国人民大学出版社，1990.
48. 达尔文. 物种起源. 北京：商务印书馆，1995.
49. 大前研一. 企业家的战略头脑. 北京：三联书店，1986.

50. 戴明. 戴明论质量管理. 海口：海南出版社，2003.

51. 戴明. 转危为安. 台北：天下远见出版公司，1997.

52. 戴维・H. 罗森布鲁姆，罗伯特・S. 克拉夫丘克. 公共行政学：管理、政治和法律的途径. 第5版. 北京：中国人民大学出版社，2002.

53. 戴维・奥斯本，特德・盖布勒. 改革政府：企业家精神如何改革着公共部门. 上海：上海译文出版社，1996.

54. 戴维・布坎南，安德杰・赫钦斯盖. 组织行为学. 北京：经济管理出版社，2005.

55. 丹尼尔・A. 雷恩，阿瑟・G. 贝德安. 管理思想史：第6版. 北京：中国人民大学出版社，2012.

56. 丹尼尔・贝尔. 后工业社会的来临：对社会预测的一项探索. 北京：商务印书馆，1984.

57. 丹尼尔・贝尔. 经济理论的危机. 上海：上海译文出版社，1985.

58. 丹尼尔・戈尔曼. 情商：为什么情商比智商更重要. 北京：中信出版社，2010.

59. 丹尼尔・耶金，约瑟夫・斯坦尼斯罗. 制高点：重建现代世界的政府与市场之争. 北京：外文出版社，2000.

60. 道格拉斯・麦格雷戈. 企业的人性面. 北京：中国人民大学出版社，2008.

61. 德怀特・沃尔多. 民主行政理论的发展：回应与评论//颜昌武，马骏. 公共行政学百年争论. 北京：中国人民大学出版社，2010.

62. 德鲁克. 完全的心理革命：尚未认识到的泰勒对当今时代的影响. IT经理世界，2002（6）.

63. 迪特里希・德尔纳. 失败的逻辑. 上海：上海科技教育出版社，1999.

64. 多萝西・卡内基. 卡内基每日一智. 北京：中信出版社，2008.

65. E. 拉兹洛. 进化：广义综合理论. 北京：社会科学文献出版社，1988.

66. 恩斯特・卡西尔. 人论. 上海：上海译文出版社，2013.

67. 法约尔. 工业管理与一般管理. 北京：中国社会科学出版社，1982.

68. 菲利普・科特勒，等. 科特勒营销新论. 北京：中信出版社，2002.

69. 菲利普・科特勒，凯文・莱恩・凯勒. 营销管理：第14版. 北京：中国人民大学出版社，2012.

70. 费尔巴哈. 基督教的本质. 北京：商务印书馆，1984.

71. 丰斯・特龙彭纳斯，查理斯・汉普登-特纳. 在文化的波涛中冲浪. 北京：华夏出版社，2003.

72. 弗莱蒙特・E. 卡斯特，詹姆斯・E. 罗森茨韦克. 组织与管理：系统方法与权变方法. 北京：中国社会科学出版社，2000.

73. 弗朗西斯・福山. 历史的终结及最后之人. 北京：中国社会科学出版社，2003.

74. 戈布尔. 第三思潮：马斯洛心理学. 上海：上海译文出版社，2001.

75. 古德诺. 政治与行政：一个对政府的研究. 上海：复旦大学出版社，2011.

76. 哈肯. 信息与自组织. 成都：四川教育出版社，1988.

77. 哈林顿·埃默森. 效率的十二个原则. 北京：北京理工大学出版社，2015.
78. 哈罗德·孔茨，海因茨·韦里克. 管理学. 北京：经济科学出版社，1998.
79. 海涅. 论德国宗教和哲学的历史//海涅选集. 北京：人民文学出版社，1983.
80. 汉密尔顿，杰伊，麦迪逊. 联邦党人文集. 北京：商务印书馆，2009.
81. 赫伯特·A. 西蒙. 管理决策新科学. 北京：中国社会科学出版社，1982.
82. 赫伯特·A. 西蒙. 管理行为. 北京：机械工业出版社，2014.
83. 黑格尔. 法哲学原理. 北京：商务印书馆，1961.
84. 黑格尔. 美学：第1卷. 北京：商务印书馆，1981.
85. 黑格尔. 小逻辑. 北京：商务印书馆，1980.
86. 亨利·福特. 我的生活与工作. 北京：北京邮电大学出版社，2005.
87. 亨利·勒帕日. 美国新自由主义经济学. 北京：北京大学出版社，1985.
88. 亨利·明茨伯格，等. 战略历程：纵观战略管理学派. 北京：机械工业出版社，2002.
89. 亨利·明茨伯格. 管理工作的本质. 北京：中国人民大学出版社，2007.
90. 霍布豪斯. 自由主义. 北京：商务印书馆，1996.
91. 霍布斯. 利维坦. 北京：商务印书馆，1985.
92. 霍布斯. 论公民. 贵阳：贵州人民出版社，2003.
93. J. 布里格斯，F. D. 皮特. 湍鉴. 北京：商务印书馆，1998.
94. 吉尔特·霍夫斯泰德，格特·扬·霍夫斯泰德. 文化与组织：心理软件的力量. 北京：中国人民大学出版社，2010.
95. 吉姆·柯林斯，杰里·波勒斯. 基业长青. 北京：中信出版社，2006.
96. 吉姆·柯林斯. 从优秀到卓越. 北京：中信出版社，2002.
97. 加里·L. 万斯莱. 公共行政与治理过程：转变美国的政治对话//黑堡宣言. 中国行政管理，2002 (2).
98. 加里·哈默尔，比尔·布林. 管理的未来. 北京：中信出版社，2012.
99. 加里·哈默尔，等. 战略柔性：变革中的管理. 北京：机械工业出版社，2000.
100. 加林. 意大利人文主义. 北京：三联书店，1998.
101. 杰费里·菲佛，罗伯特·萨顿. 管理者的误区. 南京：江苏人民出版社，2001.
102. 杰克·贝蒂. 管理学大师德鲁克. 上海：上海交通大学出版社，1999.
103. 杰斯珀·昆德. 公司精神. 北京：华夏出版社，2013.
104. 卡尔·W. 斯特恩，小乔治·斯托克. 公司战略透视：波士顿顾问公司管理新视野. 上海：上海远东出版社，1999.
105. 卡罗瑟斯. 市民社会. 国外社会科学文摘，2000 (7).
106. 凯尔纳，贝斯特. 后现代理论：批判性的质疑. 北京：中央编译出版社，1999.
107. 凯文·莱恩·凯勒. 战略品牌管理. 北京：中国人民大学出版社，2009.
108. 康德. 判断力批判. 北京：人民出版社，2002.

109. 康德. 实践理性批判. 北京：人民出版社，2003.

110. 克劳德·小乔治. 管理思想史. 北京：商务印书馆，1985.

111. 克劳斯·迈因策尔. 复杂性中的思维. 北京：中央编译出版社，1999.

112. 克里斯·阿吉里斯. 教聪明人学会学习//知识管理. 北京：中国人民大学出版社，2004.

113. 克里斯坦森. 创新者的窘境. 北京：中信出版社，2010.

114. 克洛德·德尔马. 欧洲文明. 上海：上海人民出版社，1988.

115. 肯尼斯·克洛克，琼·戈德史密斯. 管理的终结. 北京：中信出版社，2004.

116. 莱斯特·萨拉蒙. 非营利部门的崛起. 马克思主义与现实，2002 (3).

117. 劳伦斯·米勒. 美国企业精神：未来企业经营的八大原则. 香港：长河出版社，1984.

118. 里夫金，霍华德. 熵：一种新世界观. 上海：上海译文出版社，1987.

119. 理查德·惠廷顿. 战略是什么. 北京：中国劳动社会保障出版社，2004.

120. 理查德·帕斯卡尔，安东尼·阿索斯. 日本企业管理艺术. 乌鲁木齐：新疆人民出版社，1988.

121. 列奥·施特劳斯，约瑟夫·克罗波西. 政治哲学史. 石家庄：河北人民出版社，1993.

122. 林恩·夏普·佩因. 公司道德. 北京：机械工业出版社，2004.

123. 卢梭. “社会契约论”及其他晚期政治著作. 北京：中国政法大学出版社，2003.

124. 卢梭. 爱弥儿//卢梭全集：第七卷. 北京：商务印书馆，2012.

125. 卢梭. 论人类不平等的起源和基础. 北京：商务印书馆，1962.

126. 卢梭. 社会契约论. 北京：商务印书馆，2014.

127. 露丝·本尼迪克特. 菊与刀. 上海：上海三联书店，2007.

128. 罗伯特·B·登哈特，珍妮特·V·登哈特. 新公共服务：服务而非掌舵. 北京：中国行政管理，2002 (10).

129. 罗伯特·登哈特. 公共组织理论. 北京：中国人民大学出版社，2003.

130. 罗布·戈菲，等. 人员管理. 北京：中国人民大学出版社，2000.

131. 罗尔夫·詹森. 梦想社会：为产品赋予情感价值. 大连：东北财经大学出版社，2003.

132. 罗素. 西方哲学史. 北京：商务印书馆，1976.

133. 洛克. 政府论. 北京：商务印书馆，1996.

134. 马尔科姆·沃纳. 管理思想全书. 北京：人民邮电出版社，2009.

135. 马古利斯，萨根. 倾斜的真理：论盖娅、共生和进化. 南昌：江西教育出版社，1999.

136. 马古利斯，萨根. 我是谁：闻所未闻的生命故事. 南昌：江西教育出版社，2001.

137. 马克思，恩格斯. 马克思恩格斯全集：第10卷. 人民出版社，1998.

138. 马克思，恩格斯. 马克思恩格斯全集：第25卷. 人民出版社，1995.
139. 马克思，恩格斯. 马克思恩格斯选集. 北京：人民出版社，2012.
140. 马克斯·韦伯. 经济与社会. 北京：商务印书馆，1997.
141. 马克斯·韦伯. 新教伦理与资本主义精神. 北京：三联书店，1987.
142. 马库斯·特伦提乌斯·瓦罗. 论农业. 北京：商务印书馆，1982.
143. 马斯洛. 动机与人格. 北京：华夏出版社，1987.
144. 马文·鲍尔. 麦肯锡本色. 北京：中国人民大学出版社，2010.
145. 玛丽·福列特. 福列特论管理. 北京：机械工业出版社，2007.
146. 迈克尔·L. 乔治. 精益6西格玛. 北京：机械工业出版社，2003.
147. 迈克尔·波特. 竞争优势. 北京：华夏出版社，1997.
148. 迈克尔·波特. 竞争战略. 北京：华夏出版社，1997.
149. 迈克尔·茨威尔. 创造基于能力的企业文化. 北京：华夏出版社，2002.
150. 迈克尔·哈默，詹姆斯·钱皮. 企业再造. 上海：上海译文出版社，2007.
151. 麦茨·林德格伦，汉斯·班德霍尔德. 情景规划：未来与战略之间的整合. 北京：经济管理出版社，2003.
152. 麦克利兰. 成就与动机. 当代经理人，2010（11）.
153. 梅奥. 工业文明的人类问题. 北京：电子工业出版社，2013.
154. 梅奥. 工业文明的社会问题. 北京：商务印书馆，1964.
155. 孟德斯鸠. 论法的精神. 北京：商务印书馆，2009.
156. 米尔顿·弗里德曼. 自由选择. 北京：机械工业出版社，2008.
157. 米歇尔·福柯. 规训与惩罚：监狱的诞生. 北京：三联书店，1999.
158. 米歇尔·沃尔德勒. 复杂. 北京：三联书店，1997.
159. 摩根·威策尔. 管理的历史：全面领会历史上管理英雄们的管理诀窍、灵感和梦想. 北京：中信出版社，2002.
160. 娜奥米·克莱恩. NO LOGO：颠覆品牌全球统治. 桂林：广西师范大学出版社，2009.
161. 尼尔·M. 格拉斯. 管理是什么. 北京：中国劳动社会保障出版社，2004.
162. 尼科洛·马基雅维里. 君主论. 北京：商务印书馆，2009.
163. 涅尔谢相茨. 苏格拉底. 北京：商务印书馆，1991.
164. 诺曼·R·奥古斯丁等. 危机管理. 北京：中国人民大学出版社，2001.
165. 诺斯. 制度、制度变迁与经济绩效. 北京：三联书店，1994.
166. 欧内斯特·戴尔. 伟大的组织者. 北京：中国社会科学出版社，1991.
167. 欧文·拉兹洛，克里斯托弗·拉兹洛. 管理的新思维：第三代管理思想. 北京：社会科学文献出版社，2001.
168. 欧文·休斯. 公共管理导论. 北京：中国人民大学出版社，2001.
169. 欧文·休斯. 新公共管理的现状. 中国人民大学学报，2002（6）.
170. 彭特·赛德马兰卡. 智慧型组织：绩效、能力和知识管理的整合. 北京：经济管理出版社，2004.

171. 普里戈金，斯唐热. 从混沌到有序：人与自然的新对话. 上海：上海译文出版社，1987.

172. 普利高津. 确定性的终结. 上海：上海科技教育出版社，1998.

173. 乔恩·R. 卡曾巴赫，等. 团队的智慧. 北京：经济科学出版社，1999.

174. 乔尔·布利克，戴维·厄恩斯特. 协作型竞争. 北京：中国大百科全书出版社，2000.

175. 乔治·弗雷德里克森. 公共行政的精神. 北京：中国人民大学出版社，2003.

176. 乔治·萨拜因. 政治学说史. 北京：商务印书馆，1986.

177. 乔治·斯蒂纳，约翰·斯蒂纳. 企业、政府与社会. 北京：华夏出版社，2002.

178. R·H·托尼. 宗教与资本主义的兴起. 上海：上海译文出版社，2006.

179. R. 爱德华·弗里曼. 战略管理：利益相关者方法. 上海：上海译文出版社，2006.

180. R. 梅雷迪斯·贝尔滨. 未来的组织形式. 北京：机械工业出版社，2001.

181. 色诺芬. 回忆苏格拉底. 北京：商务印书馆，1984.

182. 舒尔茨. 人力资本投资. 北京：商务印书馆，1990.

183. 舒斯特曼. 实用主义美学：生活之美，艺术之思. 北京：商务印书馆，2002.

184. 斯图尔特·克雷纳. 管理百年. 海口：海南出版社，2003.

185. 松本厚治. 企业主义：日本经济发展力量的源泉. 北京：企业管理出版社，1997.

186. 苏珊·施奈德，简·路易斯. 巴尔索克斯. 跨文化管理. 北京：经济管理出版社，2001.

187. 泰罗. 科学管理原理. 北京：中国社会科学出版社，1984.

188. 汤姆·彼得斯，罗伯特·沃特曼. 追求卓越. 北京：中信出版社，2009.

189. 汤姆·彼得斯. 疯狂的时代呼唤疯狂的组织. 北京：中信出版社，2006.

190. 汤姆·彼得斯. 解放型管理. 北京：中信出版社，2007.

191. 汤姆·彼得斯. 重启思维. 北京：中信出版社，2007.

192. 汤姆·莫里斯. 重思管理的艺术. 海口：海南出版社，2002.

193. 汤普逊. 中世纪经济社会史. 北京：商务印书馆，1961.

194. 特伦斯·迪尔，艾伦·肯尼迪. 企业文化：企业生活中的礼仪与仪式. 北京：中国人民大学出版社，2008.

195. 托马斯·阿奎那. 阿奎那政治著作选. 北京：商务印书馆，1963.

196. W. 钱·金，勒妮·莫博涅. 蓝海战略. 北京：商务印书馆，2005.

197. 威廉·大内. Z理论：美国企业界怎样迎接日本的挑战. 北京：机械工业出版社，2007.

198. 威廉·配第. 赋税论. 北京：商务印书馆，1981.

199. 威廉姆森. 企业的性质：起源、演变和发展. 北京：商务印书馆，2007.

200. 维尔纳·桑巴特. 奢侈与资本主义. 上海：上海人民出版社，2005.

201．文森特·奥斯特罗姆．美国公共行政的思想危机．上海：上海三联书店，1999．

202．沃伦·本尼斯．成为领导者．北京：中国人民大学出版社，2008．

203．乌尔里希·贝克．风险社会．南京：译林出版社，2004．

204．西奥多·列维特．营销想象力．北京：机械工业出版社，2007．

205．西格法德·哈里森．日本的技术与创新管理：从寻求技术诀窍到寻求合作者．北京：北京大学出版社，2004．

206．西塞罗．论共和国 论法律．北京：中国政法大学出版社，1997．

207．席勒．审美教育书简．上海：上海人民出版社，2003．

208．小艾尔弗雷德·D．钱德勒．看得见的手：美国企业的管理革命．北京：商务印书馆，1987．

209．修昔底德．伯罗奔尼撒战争史．北京：商务印书馆，2018．

210．许靖华．大灭绝：寻找一个消失的年代．北京：三联书店，1997．

211．雅各布·布克哈特．意大利文艺复兴时期的文化．北京：商务印书馆，2009．

212．亚当·斯密．道德情操论．北京：商务印书馆，1997．

213．亚当·斯密．国富论．北京：商务印书馆，2012．

214．亚里士多德．政治学．北京：商务印书馆，1965．

215．野中郁次郎．创造知识的企业：日美企业持续创新的动力．北京：知识产权出版社，2006．

216．约翰·达文，菲尔·约翰逊，约翰·麦考利．战略思维创新：变革时代的企业发展战略．北京：经济管理出版社，2003．

217．约翰·布里格斯，F．D．皮特．混沌七鉴：来自易学的永恒智慧．上海：上海科技教育出版社，2001．

218．约瑟夫·L．梅西．管理学概要．沈阳：辽宁人民出版社，1985．

219．约瑟夫·M．朱兰，约瑟夫·A．德费欧．朱兰质量手册：通向卓越绩效的全面指南：第6版．北京：中国人民大学出版社，2014．

220．约瑟夫·熊彼特．经济发展理论．北京：商务印书馆，1990．

221．詹姆斯·P．沃麦克，丹尼尔·T．琼斯，丹尼尔·鲁斯．改变世界的机器．北京：商务印书馆，1999．

222．詹姆斯·P．沃麦克，丹尼尔·T．琼斯．精益思想：消灭浪费，创造财富．北京：商务印书馆，2005．

223．詹姆斯·R．埃文斯，威廉·M．林赛．质量管理与质量控制：第7版．北京：中国人民大学出版社，2010．

224．詹姆斯·马奇．决策是如何产生的．北京：机械工业出版社，2007．

225．占部都美．现代管理论．北京：新华出版社，1984．

226．珍妮特·V·登哈特、罗伯特·B·登哈特．新公共服务：服务，而不是掌舵．北京：中国人民大学出版社，2004．

227．Alfred D. Chandler，Jr．Strategy and Structure：In History of the Industrial

Enterprise. Cambridge Massachusetts: MIT Press, 1962.

228. A. A. Berle. Corporate Powers as Powers in Trust. Harvard Law Review, 1931, 44 (7).

229. A. A. Berle. The 20th Century Capitalist Revolution. 1954, New York. quoted in Dr Saleem Sheikh. Corporate Social Responsibility: Law and Practice Cavendish Publishing Limited, 1996.

230. Andre Laurent, G. Amado, C. Faucheux. Organizational Change and Cultural Realities. Franco-American Contrasts, International Studies of Management and Organization, 1991 (1).

231. A. J. Palmer. Relationship Marketing: a Universal Paradigm or Management Fad?. The Learning Organization, 1996 (3).

232. Bernard James. Narrative and Organizational Control: Corporate Visionaries, Ethics and Power. The International Journal of Human Resource Management, 1994, 5 (4).

233. Birger Wernerfelt. A Resource-based View of the Firm Strategic. Management Journal, 1984, 5 (2).

234. Bruce Weber. The Philosopher's Child. Nature, 2001 (411).

235. B. J. Pine, J. H. Gilmore. The Experience Economy: Work is Theatre and Every Business a Stage. Boston: Harvard Business School Press, 1999.

236. Carl Bellone, George Frederick Goerl. Reconciling Public Entrepreneurship and Democracy. Public Administration Review, 1992, 52 (2).

237. Charles Handy. The Empty Raincoat. London: Century Press, 1995.

238. Charles Harvey, John Denton. To Come of Age: The Antecedents of Organizational. Journal Management Studies, 1999, 36 (7).

239. Chris Argyris. Teaching Smart People How to Learn. Harvard Business Review, May-June, 1991.

240. Chris Argyris. The Individual and Organization: Some Problems of Mutual Adjustment. Administrative Science Quarterly, 1957 (2).

241. C. Andriopoulos, A. Lowe. Enhancing Organisational Creativity: The Process of Perpetual Challenging. Management Decision, 2000, 38 (10).

242. C. Eisen. Confidence: How Winning Streaks and Losing Streaks Begin and End. International Journal of Productivity & Performance Management, 2004 (5).

243. C. K. Prahalad, Gary Hamel. The Core Competence of the Corporation. Harvard Business Review, May-June, 1990.

244. Dalibor Rohác. Knight, Habermas and Rawls on Freedom, Personhood and Constitutional Choice. The European Journal of the History of Economic Thought, 2012, 19 (1).

245 David J. Collis, Cynthia A. Montgomery. Creating Corporate Advantage. Har-

vard Business Review, May-June, 1998.

246. David M. Boje, Robert F. Dennehy. Managing in the Postmodern World: America's Revolution against Exploitation. Dubuque: Kendall/Hunt Publishing Company, 1994.

247. Debbie Phillips Donaldson. 100 Years of Juran. Quality Progress, 2004 (5).

248. D. Hoy, T. Carthy. Critical Theory. Cambridge: Blackwell Publishers, 1994.

249. D. J. Teece, G. Pisano, A. Shuen. Dynamic Capabilities and Strategic Management. Strategic Management Journal, 1997, 18 (7).

250. Edmund Philip Learned, C. Roland Christensen, Kenneth Richmond Andrews, and William D. Guth. Business Policy: Text and Cases. Irwin, Homewood, 1965.

251. Efthymios Constantinides. The 4S Web-Marketing Mix Model. Electronic Commerce Research and Applications, 2002 (1).

252. E. S. Herman. Corporate Control, Corporate Power. Cambridge: Cambrige University Press, 1981.

253. Fred Luthans. Introduction to Management: A Contingency Approach. New York: McGraw-Hill Book Company, 1976.

254. Fred Luthans. The Contingency Theory of Management: A Path out of the Jungle. Business Horizons, 1973, 16 (3).

255. Friedrich August von Hayek. Profits, Interest and Investment: And Other Essays on the Theory of Industrial Fluctuations. G. Routledge and Sons, Ltd. , 1939.

256. F. R. Terry. Privatization and Public Enterprise Reform: The New Labour Agenda for Public Management in the United Kingdom. Greenwood Press, 2001.

257. George Stalk, Philip Evans, Lawrence E. Shulman. Competing on Capabilities: The New Rules of Corporate Strategy. Harvard Business Review. March, 1992.

258. Hao Ma. Anatomy of Competitive Advantage: A Select Framework. Management Decision, 1999, 37 (9).

259. Hao Ma. Creation and Preemption for Competitive Advantage. Management Decision, 1999, 37 (3).

260. Harold Koontz. The Management Theory Jungle Revisited. The Academy of Management Review, 1980, 5 (2).

261. Harold Koontz. The Management Theory Jungle. Academy of Management Journal, 1961, 4 (3).

262. Harold Koontz. The Management Theory Jungle. The Journal of the Academy of Management, 1961, 4 (3).

263. Henry L. Gantt. Organizing for Work. New York: Harcourt Brace Jovanovich, 1919.

264. Herbert Simon. The New Science of Management Decision. New York: Prentice Hall PTR Upper Saddle River, 1977.

265. H. Igor Ansoff. From Strategic Planning to Strategic Management. Physica-Verlag HD, 1990.

266. H. Mintzberg, A. McHugh. Strategy Formation in an Adhocracy. Administrative Science Quarterly, 1985, 30 (2).

267. H. Mintzberg. The Rise and Fall of Strategic Planning. Havard Business Review, 1994.

268. H. R. Bowen. Social Responsibilities of the Businessman. New York: Harper & Row, 1953.

269. Ingrid Bonn. Developing Strategic as a Core Competency. Management Decision, 2001, 39 (1).

270. I. Filatotchev. Developing an Organizational Theory of Corporate Governance: Comments on Henry L. Tosi, Jr. Quo Vadis? Suggestions for Future Corporate Governance Research. Journal of Management and Governance, 2008, 12 (2).

271. James Burnham. The Managerial Revolution. England, 1959.

272. Joao Vieira da Cunha. Miguel Pina e Cunha e Cunha and Manuela Fata Correia. Scenarios for Improvisation: Long Range Planning Redeemed. Journal of General Management, 2001, 27 (2).

273. John J. Morse, Jay W. Lorsch. Beyond Theory Y. Harvard Business Review, May 1970.

274. J. B. Barney. Firm Resource and Sustained Competitive Advantage. Journal of Management, 1991, 17 (1).

275. J. R. Cooper. A Multidimensional Approach to the Adoption of Innovation. Management Decision, 1998, 36 (8).

276. Kathleen M. Eisenhardt, Donald N. Sull. Strategy as Simple Rules. Harvard Business Review, 2001.

277. Ken Blanchard. Managing by Values. Berrett-Koehler Publishers, 2003.

278. K. Davis. The Case for and against Business Assumption of Social Responsibilities. Academy of Management Journal, 1973, 16 (3).

279. Larry D. Terry. Administrative Leadership, Neo Managerialism and the Public Management. Public Administration Review, 1998, 58 (3).

280. Luther Gulick, L. Urwick. Papers on the Science of Administration. London: Routledge, Taylor & Francis Group, 1937.

281. L. Donaldson. The Ethereal Hand: Organizational Economics and Management Theory. Academy Management Review, 1990, 15 (3).

282. Mary Parker Follett. How Must Business Develop in Order to Become a Profession//Henry Metcalf, ed. Business Management as a Profession. Chicago: A. W. Shaw, 1927.

283. Mary Parker Follett. The New State, Group Organization and the Solution of Popular Government. London: Longmans, Green and Co. , 1918 (1920).

284. Meredith Belbin. Management Teams: Why They Succeed or Fail. 3rd. Oxford: Butterworth Heinemann, 2010.

285. Michael A. Hitt. The New Frontier: Transformation of Management for the New Millennium. Organizational Dynamics, winter, 2000.

286. Michael P. Griffin. The Icarus Paradox (book reviews). Management Review, 1990.

287. M. Blackston Observations. Building Brand Equity by Managing the Brand's Relationships. Journal of Advertising Research, 2000 (40).

288. M. C. Jensen, W. Meckling. Theory of the Firm: Managerial Behavior, Agency Costs and Ownership Structure. Journal of Financial Economics, 1976, 3 (4).

289. M. Dodd. Review of Bureaucracy and Trusteeship in Large Corporations by Marshau E. Dimock, Harold K. Hyde. University of Chicago Law Review, 1942, 9 (3).

290. M. Dodd. For Whom Are Corporate Manavers Trustees. Harvard Law Review, 1932, 45 (7).

291. M. Friedman. The Social Responsibility of Business is to Increase Profits. New York Time Magazine, September 1970.

292. Paul du Gay. In Praise of Bureaucracy. London: Sage, 2000.

293. Peter Cappelli. Managing without Commitment. Organizational Dynamics. Spring 2000.

294. Peter Franklin. Thinking of Strategy in a Postmodern Way. Part 2. Strategic Change, 1998 (7).

295. Peter Senge. The Fifth Discipline. Sydney: Random House, 1990.

296. Philip Kotler, Gerald Zaltman. Social Marketing: An Approach to Planned Social Change. Journal of Marketing, 1971, 35 (3).

297. P. David, A. A. Miguel, E. R. Joan. Ethical Managerial Behavior as an Antecedent of Organizational Social Capital. Journal of Business Ethics, 2008, 78 (3).

298. P. F. Drucker. Landmarks of Tomorrow: a Report on the New "Post-Modern" World. New York: Harper & Row, 1959.

299. P. R. Lawrence, J. W. Lorsch. Organization and Environment: Managing Differentiation and Integration. Boston: Harvard University Press, 1967.

300. Ralph C. Davis. A Philosophy of Management. The Journal of Insurance, 1958, 25 (3).

301. Richard A. Johnson, Fremont E. Kast, James E. Rosenzweig. Systems Theory and Management. Management Science, 1964, 10 (2).

302. Robert J. House. A Path Goal Theory of Leader Effectiveness. Administrative Science Quarterly, 1971, 16 (3).

303. Robert M. Fulmer, J. Bernard Keys. A Conversation with Peter Senge: New Developments in Organizational Learning. Organizational Dynamics, Autumn, 1998.

304. Robert Tannenbaum, W. H. Schmidt. How to Choose a Leadership Pattern. Harvard Business Review, May-June, 1973.

305. R. Edward Freeman, Daniel R. Gilbert, Jr. Corporate Strategy and the Search for Ethics. Journal of Business Ethics, 1992, 11 (7).

306. R. P. Gephart Jr. Postmodernism and the Future History of Management: Comments on History as Science. Journal of Management History, 1996, 2 (3).

307. R. Scott. Organizations: Rational, Natural and Open Systems. New Jersey: Prentice-Hall Inc., 1998.

308. Sally Helgesen. Female Leadership: Changing Business for the Better. The Christian Science Monitor, 2008 (9).

309. Stephen Brown. Torment Your Customer (They'll Love It). Harvard Business Review, September, 2001.

310. Steven Pender. Managing Incomplete Knowledge: Why Risk Management is not Sufficient?. International Journal of Project Management, 2001 (19).

311. Sumantra Ghoshal, Christopher Bartlett. Beyond the M-Form: Toward a Managerial Theory of the Firm. Strategic Management Journal, Special Issue: Organizations, Decision Making and Strategy, 1993 (14).

312. S. R. Clegg, L. Rouleau. Postmodernism and Postmodernity in Organization Analysis. Journal of Organizational Change Management, 1992 (5).

313. Theodore Levitt. Marketing Myopia. Harvard Business Review, July-August, 1960.

314. Theodore Levitt. The Globalization of Markets. Harvard Business Review, March, 1983.

315. Thomas M. Mulligan. The Moral Mission of Business//Tom L. Beauchamp, Norman E. Bowie (ed.). Ethical Theory and Business. 4th ed. Englewood Cliffs, NJ: Prentice-Hill, 1993.

316. Toby J. Tetenbaum. Shifting Paradigms: from Newton to Chaos. Organizational Dynamics, Spring, 1998.

317. Tom J. Peters, Robert H. Waterman. In Search of Excellence. New York: Harper & Row, 1982.

318. Tom J. Peters. Thriving on Chaos: Handbook for Management Revolutions. New York: Alfred P. Knopf, 1988.

319. T. J. Watson. A Business and Its Beliefs: the Ideas that Helped Build IBM. New York: McGraw-Hill, 1963.

320. T. McGuinness, R. E. Morgan. Strategy, Dynamic Capabilities and Complex Science: Management Rhetoric vs. Reality. Strategic Change, 2000, 9 (4).

321. Vanessa Urch Druskat, Steven B. Wolff. Building the Emotional Intelligence of Groups. Harvard Business Review, 2001.

322. Victor Dulewicz. Emotional Intelligence: The Key to Future Successful Corporate Leadership?. Journal of General Management, 2000, 25 (3).

323. Victor Vroom. Work and Motivation. CA, San Francisco: Jossey-Bass, 1964.

324. Vivienne Shaw, Saleema Kauser. The Changing Patterns of International Strategic Alliance Activity by British Firms. Journal of General Management, 2000 (25): 4.

325. W. Bennis. Organizational Developments and the Fate of Bureaucracy. Industrial Management Review, 1966 (2).

326. W. R. Ashby. An Introduction to Cybernetics. London: Chapman and Hall, 1956.

（二）中国文献

1. 班固. 汉书. 北京：中华书局，2000.

2. 陈恒，鲍红信. 希腊化，还是罗马化：罗马对希腊文化的模仿、调适与创新. 史林，2011 (5).

3. 陈立，注疏. 白虎通疏证. 北京：中华书局，1994.

4. 陈奇猷，校释. 吕氏春秋新校释. 上海：上海古籍出版社，2002.

5. 陈曦，译注. 孙子兵法. 北京：中华书局，2011.

6. 成垠，刘文瑞. 阿吉里斯的“行动科学”. 管理学家，2007 (2).

7. 丁煌. 西方行政学说史. 修订版. 武汉：武汉大学出版社，2004.

8. 范成钧. 新经济探索. 成都：四川人民出版社，2005.

9. 范晔. 后汉书. 北京：中华书局，2000.

10. 方勇，译注. 孟子. 北京：中华书局，2010.

11. 费明胜，刘雁妮. 品牌管理. 北京：清华大学出版社，2014 .

12. 伏俊琏. 人物志研究. 兰州：甘肃人民出版社，1999.

13. 高亨，译注. 诗经今注. 上海：上海古籍出版社，1980.

14. 高华平，等译注. 韩非子. 北京：中华书局，2010.

15. 宫玉振. 曾国藩兵法与领导艺术. 广州：广东经济出版社，2005.

16. 顾馨，徐明，校点. 春秋谷梁传. 沈阳：辽宁教育出版社，1997.

17. 鬼谷子，详解. 陈蒲清. 长沙：岳麓书社，2005.

18. 郭华榕，陈天新. 欧洲的分与合. 北京：京华出版社，1999.

19. 郭庆藩. 庄子集释. 北京：中华书局，1982.

20. 恒宽. 盐铁论. 王利器，译注. 北京：中华书局，1992.

21. 胡国栋. 管理范式的后现代审视与本土化研究. 北京：中国人民大学出版社，2017.

22. 胡国栋. 微观权力：后现代语境中权力的生物学解读. 武汉大学学报（哲学社会科学版），2015 (3).

23. 黄朴民. 大一统兵学的奠基者：《三略》综论. 军事历史研究，2001 (3).

24. 贾谊集. 上海：上海人民出版社，1976.

25. 姜璐，时龙. 自组织管理理论. 北京：北京师范大学出版社，1995.

26. 蒋礼鸿. 商君书锥指. 北京：中华书局，1986.
27. 孔冬. 管理哲学两个基本问题的思考. 社会科学战线，2007（1）.
28. 黎翔凤，校注. 管子. 北京：中华书局，2009.
29. 李家骧. 吕氏春秋通论. 长沙：岳麓书社，1995：13.
30. 李建会. 还原论、突现论与世界的统一性. 科学技术与辩证法，1995（5）.
31. 李敬. 多元化战略. 上海：复旦大学出版社，2002.
32. 李零，译注. 司马法译注. 石家庄：河北人民出版社，1992.
33. 李晓青，周勇. 中外企业品牌管理研究综述. 商业研究，2005（21）.
34. 梁启超. 先秦政治思想史. 天津：天津古籍出版社，2004.
35. 刘安. 淮南子. 陈广忠，译注. 北京：中华书局，2011.
36. 刘澜. 领导力沉思录. 北京：中信出版社，2009.
37. 刘向. 战国策. 上海：上海古籍出版社，1985.
38. 刘泽华. 中国的王权主义. 上海：上海人民出版社，2000.
39. 刘泽华. 春秋战国的“立公灭私”观念与社会整合：上. 南开学报（哲学社会科学版），2003（4）.
40. 刘泽华. 春秋战国的“立公灭私”观念与社会整合：下. 南开学报（哲学社会科学版），2003（5）.
41. 刘泽华. 分层研究社会形态兼论王权支配社会. 历史研究，2000（2）.
42. 罗珉. 后现代管理理论辩析. 管理科学，2005（2）.
43. 那国毅. 百年德鲁克. 北京：机械工业出版社，2010.
44. 彭和平，等. 国外公共行政理论精选. 北京：中共中央党校出版社，1997.
45. 彭新武. “日本制造”的文化密码. 北京：中国纺织出版社，2021.
46. 彭新武. 中国古代治国要略. 北京：人民出版社，2018.
47. 彭新武. 中国管理智慧. 北京：首都经济贸易大学出版社，2008.
48. 彭新武. 从官僚制到后官僚制. 哲学研究，2010（5）.
49. 彭新武. 多元化经营的利弊分析及选择要素. 北京行政学院学报，2010（3）.
50. 彭新武. 法家精神：价值与缺失. 中国人民大学学报，2014（3）.
51. 彭新武. 工匠精神的“中国语境”. 光明日报，2021-09-06.
52. 彭新武. 官僚制：批判与辩护. 福建论坛，2009（5）.
53. 彭新武. 管理学研究的范式转换. 中国人民大学学报，2007（5）.
54. 彭新武. 管理哲学：中西融合的批判性考察. 哲学研究，2011（5）.
55. 彭新武. 管理哲学的问题及其当代性. 哲学动态，2007（2）.
56. 彭新武. 进化管理学：复杂、动态环境下的管理思维与方法. 北京：中国社会科学出版社，2005.
57. 彭新武. 竞争优势：流变与反思. 中国人民大学学报，2008（5）.
58. 彭新武. 论当代营销观的演变逻辑. 北京行政学院学报，2016（2）.
59. 彭新武. 论循吏与时代精神. 政治学研究，2015（5）.
60. 彭新武. 论有机论范式及其思维特征. 天津社会科学，2009（1）.

61. 彭新武. 论中国传统术治主义. 中国人民大学学报，2016（1）.

62. 彭新武. 透视当代中国的管理界. 学术界，2008（3）.

63. 彭新武. 西方管理名著赏析. 北京：高等教育出版社，2008.

64. 彭新武. 西方管理思想史. 北京：机械工业出版社，2017.

65. 彭新武. 贤人之治：价值与缺失. 山西大学学报（人文社会科学版），2016（2）.

66. 彭新武. 现代主流战略观的综合反思. 中国人民大学学报，2006（4）.

67. 骈宇骞，译注. 唐太宗李卫公问对译注. 石家庄：河北人民出版社，1992.

68. 钱熙祚，校注. 慎子. 上海：上海书店出版社，1986.

69. 钱玄，等译注. 周礼. 长沙：岳麓书社，2001.

70. 任继愈. 中国哲学发展史：秦汉卷. 北京：人民出版社，1985.

71. 世界银行1997年世界发展报告. 变革世界中的政府. 北京：中国财政经济出版社，1997.

72. 睡虎地秦墓竹简. 北京：文物出版社，1978.

73. 司马光. 资治通鉴. 北京：中华书局，2011.

74. 司马迁. 史记. 北京：中华书局，2010.

75. 宋徽宗御解道德真经：卷一//道藏：第11册.

76. 苏舆，撰. 钟哲，点校. 春秋繁露义证. 北京：中华书局，1992.

77. 孙希旦，撰. 沈啸寰，王星贤，点校. 礼记集解. 北京：中华书局，1989.

78. 孙诒让，注. 墨子间诂. 北京：中华书局，2001.

79. 孙正聿. 哲学通论. 沈阳：辽宁人民出版社，1998：156.

80. 汤漳平，王朝华，译注. 老子. 北京：中华书局，2014.

81. 唐士志，等. 哲学的自然科学例证. 长春：吉林人民出版社，1981.

82. 唐书文，译注. 六韬·三略. 上海：上海古籍出版社，2006.

83. 唐尧. 老子兵略概述//中国哲学史文集. 长春：吉林人民出版社，1980.

84. 王弼，韩康伯，注. 孔颖达，等正义. 周易正义. 北京：中华书局，2009.

85. 王利器，校注. 新语. 北京：中华书局，1986.

86. 王泉伟. 构想天下秩序：汉代中国的对外战略. 外交评论（外交学院学报），2016（5）.

87. 王世舜，译注. 尚书. 北京：中华书局，2011.

88. 王先谦. 荀子集解. 北京：中华书局，1988.

89. 王翔，朱绍华. 当代管理学名著精粹. 北京：民主与建设出版社，2005.

90. 王亚南. 中国官僚政治研究. 北京：中国社会科学出版社，1981.

91. 魏宏森. 系统科学方法论导论. 北京：人民出版社，1983.

92. 闻华，成垠. 阿吉里斯的组织学习理论. 管理学家，2007（2）.

93. 乌玉峰. 对法约尔一般管理原则的系统思考. 沿海企业与科技，2006（3）.

94. 吴金明. 新经济时代的“4V”营销组合. 中国工业经济，2001（6）.

95. 吴兢. 贞观政要. 上海：上海古籍出版社，1978.

96. 吴淑琨，席酉民. 公司治理与中国企业改革. 北京：机械工业出版社，2000.
97. 萧公权. 中国政治思想史. 沈阳：辽宁教育出版社，1998.
98. 谢春昌. 营销组合理论的回顾与展望. 商业研究，2009 (3).
99. 谢应宽. B·F·斯金纳强化理论探析. 贵州师范大学学报（自然科学版），2003 (1).
100. 熊春锦，注解. 黄帝四经. 北京：中国言实出版社，2012.
101. 徐大同. 西方政治思想史. 天津：天津教育出版社，2005.
102. 徐勇，注译. 尉缭子 吴子. 郑州：中州古籍出版社，2010.
103. 徐元诰，集解. 国语. 北京：中华书局，2002.
104. 严复. 严复集：第4册. 北京：中华书局，1986.
105. 颜昌武，马骏. 公共行政学百年争论. 北京：中国人民大学出版社，2010.
106. 杨伯峻，译注. 论语. 北京：中华书局，1980.
107. 杨伯峻，注. 春秋左传. 北京：中华书局，1981.
108. 杨茜，闻华. 公司治理的争论. 管理学家，2010 (6).
109. 杨茜. 21世纪：公司治理的世纪. 管理学家，2010 (6).
110. 杨澍. 百年福特：失落的光荣与梦想. 商学院，2010 (7).
111. 杨旭. 刍议管理学的学科属性与研究方法. 现代管理科学，2006 (3).
112. 尹卫东. 哲学视域中的管理思想演变论纲. 江海学刊，2002 (2).
113. 尹文子. 北京：中华书局，诸子集成本，1954.
114. 余明阳，姜炜. 品牌管理学. 上海：复旦大学出版社，2006.
115. 郁雨. "日本制造"的演变轨迹. 今日浙江，2003 (2).
116. 曾国藩. 曾文正公全集. 上海：新文化书社，1911—1949.
117. 曾仕强. 中国式管理. 企业文化，2005 (8).
118. 张涅. 春秋兵学对于先秦哲学思想的贡献. 文史哲，2004 (2).
119. 张锐，刘进平. 品牌生态理论与管理方法研究. 北京：中国经济出版社，2013.
120. 郑慧子. 管理哲学的问题域. 河南大学学报（社会科学版），2000 (4).
121. 周斌.《长短经》校证与研究. 成都：巴蜀书社，2003.
122. 周楠. 罗马法原论. 北京：商务印书馆，1994.

人名索引

C

D

E

F

G

H

J

K

L

Q

R

S

T

W

X

Y

Z

后　记

本书的第一版出版于2006年，曾获2008年北京市“高等教育精品教材奖”。参与第一版写作的，除本人外，还有唐伟（北京师范大学党委副书记，哲学与社会学学院教授，博士生导师）、陈晓龙（西北师范大学副校长，政法学院教授，博士生导师）、赵剑民（北京电子科技学院管理系主任，教授）、孙健（西北师范大学公共管理学院副院长，教授）。

本书的第二版修订于2014年。唐伟、陈晓龙、孙健几位教授因公务繁忙未能参加，因而，我又邀请了一些学界同仁参与了撰写、修订工作，他们是：纪光欣（中国石油大学［华东］经济管理学院，教授）、李宏伟（首都师范大学继续教育学院，教授）、胡国栋（东北财经大学工商管理学院，教授）。

这次是本书的第三版，恰好又时隔8年。这次修订充分采纳了近几年来广大读者的反馈意见，并在积极吸收近年来相关研究成果的基础上，全部进行了重新撰写，在体例上也进行了重新设计。由于之前的合作者因业务繁忙而未能参与，故而，这次写作全部由本人完成。在此，谨向本书前两版的所有合作者致以最诚挚的谢意。此外，在这次修订中，几位研究生帮助我做了如下工作：卢锐、马鹤林、蔡君溥、张严文、张艺荫、李祥校订了“参考文献”“注释”，马越核对了部分“注释”，邓鹏编写了“人名索引”，在此也一并表示感谢。

最后，恳请广大读者继续提出宝贵意见。

彭新武

2022年仲秋

图书在版编目（CIP）数据

管理哲学导论 / 彭新武著. -- 3 版. -- 北京 ：中国人民大学出版社，2023.3

新编 21 世纪哲学系列教材

ISBN 978-7-300-31466-2

Ⅰ. ①管… Ⅱ. ①彭… Ⅲ. ①管理学-哲学-高等学校-教材 Ⅳ. ①C93-02

中国国家版本馆 CIP 数据核字（2023）第 032240 号

新编 21 世纪哲学系列教材

管理哲学导论（第 3 版）

彭新武　著

Guanli Zhexue Daolun

出版发行	中国人民大学出版社		
社　　址	北京中关村大街 31 号	**邮政编码**	100080
电　　话	010－62511242（总编室）		010－62511770（质管部）
	010－82501766（邮购部）		010－62514148（门市部）
	010－62515195（发行公司）		010－62515275（盗版举报）
网　　址	http://www.crup.com.cn		
经　　销	新华书店		
印　　刷	北京市鑫霸印务有限公司	**版　　次**	2006 年 9 月第 1 版
规　　格	185 mm×260 mm　16 开本		2023 年 3 月第 3 版
印　　张	23.75 插页 1	**印　　次**	2023 年 3 月第 1 次印刷
字　　数	539 000	**定　　价**	78.00 元